高等学校 电子商务专业 教材

网络营销

潘 勇 主编

清华大学出版社
北京

内 容 简 介

在经济全球化的浪潮下,随着电子商务的应用普及与管理理念的提升,企业借助网络这一工具,突破传统营销,跨入网络营销这一全新的领域,通过网络营销大大提高了企业运营管理的效率。因此,研究和探索中国企业如何开展网络营销已经成为理论界和企业人士的共同课题。

本书基于"新文科"视角,在分析现有国内外成功案例与总结已有学术成果的前提下,从概念、模式、策略等方面系统介绍网络营销的前沿理论;同时,从操作性入手介绍了网络营销的最新模式和方法。本书力图融合教材和技术手册的特点,希望能够使本书达到理论和实用的统一。

本书既可以作为高校电子商务专业及相关专业的教材,也可以作为广大电子商务实务工作者的指导性工具书和管理培训参考书。

图书在版编目(CIP)数据

网络营销/潘勇主编. —北京:清华大学出版社,2022.5
高等学校电子商务专业教材
ISBN 978-7-302-60612-3

Ⅰ.①网… Ⅱ.①潘… Ⅲ.①网络营销－高等学校－教材 Ⅳ.①F713.365.2

中国版本图书馆 CIP 数据核字(2022)第 064495 号

责任编辑:袁勤勇 杨 枫
封面设计:常雪影
责任校对:李建庄
责任印制:刘海龙

出版发行:清华大学出版社
　　　　网　　　　址:http://www.tup.com.cn,http://www.wqbook.com
　　　　地　　　　址:北京清华大学学研大厦 A 座　　　　　　邮　　编:100084
　　　　社　总　机:010-83470000　　　　　　　　　　　　　邮　　购:010-62786544
　　　　投稿与读者服务:010-62776969,c-service@tup.tsinghua.edu.cn
　　　　质量反馈:010-62772015,zhiliang@tup.tsinghua.edu.cn
　　　　课件下载:http://www.tup.com.cn,010-83470236
印　装　者:三河市铭诚印务有限公司
经　　　销:全国新华书店
开　　　本:185mm×260mm　　　　　　印　　张:27　　　　　　字　　数:625 千字
版　　　次:2022 年 7 月第 1 版　　　　　　印　　次:2022 年 7 月第 1 次印刷
定　　　价:79.80 元

产品编号:090636-01

前　言

随着互联网的迅速发展,以互联网技术为核心的网络营销模式逐步席卷人类生活的方方面面。互联网技术的发展,使得企业的营销方式从电视、报纸、杂志等传统媒体营销方式,逐步转变为微博、微信、社群、直播等新型营销方式,不管是电子商务行业还是传统产业对网络营销人才需求巨大。

2018年,教育部全面推行"新工科、新医科、新农科、新文科"教育创新改革建设。"新文科"教育理念的提出,是基于全球信息化技术升级,注重新的信息技术融入传统人文社科领域。电子商务专业作为新文科的先行者和试验田,迫切需要研究电子商务专业人才培养的新路径,构造与"跨界复合,校企合作,产学融合,目标导向"相适应的教材,更加强调文理渗透、学科交叉融合,直面现实问题与需求。

本书基于"新文科"的理念和要求,力图达到以下目标。

(1)突出时代性。及时体现和回应技术创新和社会变革,突出国家战略需求,满足国家电商复合型人才培养需求。

(2)突出中国理论与方法,用中国理论解释中国现象、解决中国问题。

(3)体现产教深度融合。推动教学内容、课程体系、教学方法的改革,在注重理论深度的同时,满足管理应用需求。

(4)体现理论与实践相结合的特色,把电子商务的最新实践写进教材。

(5)突出差异性。突出电子商务本科专业的特色和要求,突出与高职高专电子商务专业的区分度和差异性。

本书的主要内容如下。

第1章为营销学的基本理论,重点介绍各种市场观念、不同的营销组合理论、宏观及微观营销环境、目标市场选择战略、市场定位的方法,介绍营销理论的新发展,为进一步学习网络营销打下理论基础。

第2章为网络营销的基本理论,重点介绍网络营销的概念、网络营销的特点,介绍网络营销和电子商务的区别和联系,以及网络营销的内容和特点、网络营销对传统营销的冲击与整合和网络整合营销理论。

第3章重点分析网络消费市场的特征,网络消费者进行网络消费的心理因素、需求特征和行为特征,网络消费者的购买决策过程以及影响网络消费者购买的主要因素。

第4章在讲述在线产品的分类和在线产品特征的基础上,讨论在线产品的定价策略,重点分析价格歧视、个性化定价、版本划分、群体定价、撇脂定价和渗透定价等定价策略。

第5章从网络环境对分销渠道的影响入手,介绍网络分销渠道的功能和特点,以及如何评价渠道绩效,通过对全渠道营销策略的介绍,引出网络渠道管理的发展趋势。

第6章介绍网络营销沟通。通过介绍营销沟通的特点、营销沟通的主要方式,分析网络广告的特点、网络广告的形式、网络广告的计费方式,以及网络广告投放实施的相关知识、网络促销的常见类型、网络公关的措施。

第7章以在线产品的"柠檬"问题作为出发点,通过"柠檬"市场模型和实证分析,探讨网络信任营销的特点、方法和策略。

第8章介绍网络客户关系管理。本章介绍客户满意度与忠诚度的关系,理解客户分类、客户价值管理在客户关系管理营销中所起到的作用,掌握客户关系管理营销策略。

第9章介绍网络营销服务。本章介绍网络营销服务的概念、特点、分类等基本问题,分析网络营销服务的内容和工具,并阐述网络营销个性化服务的优势和个人信息保护问题。

第10章介绍网络营销技术。本章重点分析网站建设、商业信息搜索与发布、电子支付与安全技术和网络营销前沿技术。通过本章的学习,使读者了解网络营销的常用技术,掌握以网络营销为导向的企业如何设计网站以更有效地促进网上销售,从而更好地开展网络营销实战操作。

第11章为网络营销方法。本章介绍目前常用的网络营销方法,通过学习要求掌握搜索引擎营销、E-mail营销、病毒式营销、微博营销、微信营销、直播营销、社群营销等的定义和实施方法。

第12章为跨境电子商务网络营销。本章介绍跨境电子商务主要模式、市场概貌等基本问题。通过本章的学习,了解跨境电子商务营销市场现状,掌握跨境营销理论和营销方法,能够结合企业特点制定相应的跨境营销管理策略。

第13章为网络营销战略计划。本章重点介绍和分析网络营销战略的含义与作用、网络营销计划的内容、制定原则和制定步骤。

本书由潘勇主编、统稿。其中,第1、2章由李民编写,第3、10章由陈俊慧编写,第4、7章由潘勇编写,第5、8章由丁莉编写,第6、12章由常艳丽编写,第9、13章由杨风雷编写,第11章由张晓东编写。

网络营销作为一种新兴营销手段,其技术与应用发展迅速,加之编者自身水平有限,本书难免存在迟滞和不妥之处,敬请读者与专家批评指正。

潘 勇

2022年2月

目 录

第1章 营销学基础 1

1.1 市场与市场营销 1

  1.1.1 市场与市场营销的概念 1

  1.1.2 需求与购买行为 2

1.2 市场观念 5

  1.2.1 生产观念 5

  1.2.2 产品观念 6

  1.2.3 推销观念 6

  1.2.4 市场营销观念 7

  1.2.5 社会营销观念 7

1.3 营销环境 7

  1.3.1 宏观环境 8

  1.3.2 微观环境 9

1.4 市场细分与市场定位 10

  1.4.1 市场细分 10

  1.4.2 目标市场选择 11

  1.4.3 市场定位 12

1.5 营销组合与策略选择 14

  1.5.1 营销组合理论 14

  1.5.2 产品策略 14

  1.5.3 定价策略 18

  1.5.4 渠道策略 20

  1.5.5 促销策略 23

1.6 营销理论的新发展 26

  1.6.1 关系营销 26

  1.6.2 绿色营销 28

  1.6.3 定制营销 28

  1.6.4 整合营销传播 30

CONTENTS

　　1.6.5　顾客让渡价值理论 … 31

【章末案例】 … 32

本章小结 … 33

本章参考文献 … 34

第 2 章　网络营销概述 … 35

2.1　网络营销的含义 … 35

　　2.1.1　网络营销的定义 … 35

　　2.1.2　网络营销和电子商务的区别与联系 … 36

2.2　网络营销的产生和发展 … 36

　　2.2.1　网络营销的产生 … 36

　　2.2.2　网络营销的发展趋势 … 39

2.3　网络营销与传统营销 … 41

　　2.3.1　网络营销对传统营销的冲击 … 41

　　2.3.2　网络营销与传统营销的整合 … 43

2.4　网络营销理论 … 44

　　2.4.1　网络直复营销理论 … 44

　　2.4.2　网络软营销理论 … 47

　　2.4.3　网络整合营销理论 … 48

　　2.4.4　信息经济规律 … 50

2.5　网络营销环境 … 52

　　2.5.1　网络营销的宏观环境 … 52

　　2.5.2　网络营销的微观环境 … 55

2.6　网络营销的内容和特点 … 56

　　2.6.1　网络营销的内容 … 56

　　2.6.2　网络营销的特点 … 58

【章末案例】 … 59

本章小结 … 60

本章参考文献 … 61

第 3 章　网络消费者行为分析 … 62

3.1　网络消费者行为概述 … 62

　　3.1.1　网络消费者 … 62

　　3.1.2　网络市场及其特征 … 63

3.1.3　网络消费者的心理因素　　　67

3.1.4　网络消费者的需求特征　　　69

3.1.5　网络消费者的行为特征　　　70

3.2　网络消费者的购买决策过程　　　72

3.2.1　确认需求　　　72

3.2.2　收集信息　　　73

3.2.3　比较选择　　　73

3.2.4　购买决策　　　74

3.2.5　购后评价　　　74

3.3　网络消费者的购买因素分析　　　74

3.3.1　商品的特性　　　74

3.3.2　商品的价格　　　75

3.3.3　购物的便捷性　　　75

3.3.4　安全可靠性　　　75

【章末案例】　　　76

本章小结　　　77

本章参考文献　　　77

第4章　在线产品定价　　　79

4.1　在线产品的分类　　　79

4.2　在线产品的特征　　　81

4.2.1　在线产品的不可破坏性　　　81

4.2.2　在线产品的可复制性　　　82

4.2.3　在线产品内容的可变性　　　82

4.2.4　在线产品效用评价的主观性　　　82

4.2.5　在线产品效用的短期性和积累性　　　83

4.2.6　在线产品的网络外部性　　　83

4.2.7　在线产品的先验性　　　84

4.3　在线产品的价格特点及定价策略　　　84

4.3.1　在线产品的成本特征　　　84

4.3.2　在线产品的市场结构　　　85

4.3.3　在线产品的定价策略　　　86

4.3.4　在线产品的价格歧视　　　97

CONTENTS

【章末案例】   101

    本章小结   102

    本章参考文献   103

第 5 章　网络分销   105

5.1　网络环境下的分销渠道的变革   105

    5.1.1　互联网与分销渠道   105

    5.1.2　网络分销渠道的功能   108

    5.1.3　网络分销渠道的特点   109

5.2　网络分销渠道的策略   109

    5.2.1　网络直销   110

    5.2.2　网络间接销售   113

5.3　网络分销渠道的评估和调整策略   115

    5.3.1　渠道评估   115

    5.3.2　渠道调整   116

5.4　发展趋势：全渠道营销   117

    5.4.1　全渠道营销的兴起   117

    5.4.2　4A 消费路径向 5A 消费路径的转变   118

    5.4.3　全渠道营销策略   120

【章末案例】   121

    本章小结   122

    本章参考文献   123

第 6 章　网络营销沟通   124

6.1　网络营销沟通概述   124

6.2　网络广告   127

    6.2.1　网络广告要素及特征   127

    6.2.2　网络广告的主要类型   130

    6.2.3　网络广告投放   143

    6.2.4　网络广告效果评价   148

6.3　网络促销   150

    6.3.1　网络促销的常见形式   150

    6.3.2　促销效果心理机制   152

    6.3.3　网络促销的实施   154

6.4 网络公共关系 155
    6.4.1 网络公关概述 155
    6.4.2 网络危机公关 158
【章末案例】 160
本章小结 162
本章参考文献 162

第 7 章 网络信任营销 163
7.1 网络"柠檬"问题与网络信任 163
    7.1.1 网络"柠檬"问题 163
    7.1.2 网络"柠檬"问题产生的原因 165
    7.1.3 网络"柠檬"模型的构建 165
    7.1.4 网络营销中"柠檬"问题的解决方法 168
7.2 网络"柠檬"问题与网络信任 170
    7.2.1 信任的定义及实质 171
    7.2.2 网络交易的信任机制 173
    7.2.3 产品质量博弈模型与营销信任机制 177
    7.2.4 策略建议 178
7.3 案例分析：淘宝网的信任机制 182
    7.3.1 淘宝网的发展 182
    7.3.2 淘宝网消费者信任的建立 183
    7.3.3 竞争优势：淘宝网的信用评价系统 187
    7.3.4 问题与讨论 189
【章末案例】 189
本章小结 190
本章参考文献 191

第 8 章 网络客户关系管理 193
8.1 客户关系管理概述 193
    8.1.1 客户关系管理的含义 194
    8.1.2 电子商务环境下客户关系管理的特点 195
    8.1.3 社会化客户关系管理 197
    8.1.4 客户关系管理与网络营销 200
8.2 客户分析 202

C O N T E N T S

8.2.1　客户及客户的细分 　202
8.2.2　构建客户精准画像 　204
8.2.3　客户满意与客户忠诚分析 　211
8.2.4　客户价值分析 　215
8.2.5　客户价值评价 　218
8.3　客户关系管理营销 　226
8.3.1　客户关系管理营销布局及规划 　226
8.3.2　客户关系管理典型营销方式——互动营销 　227
8.3.3　客户关系管理典型营销方式——内容营销 　231
【章末案例】　235
本章小结　236
本章参考文献　237

第 9 章　网络营销服务 　239
9.1　网络营销服务概述 　239
9.1.1　网络营销服务的兴起 　240
9.1.2　网络营销服务的概念及特点 　241
9.1.3　网络营销服务的分类 　247
9.2　网络营销服务内容及工具 　248
9.2.1　网络营销服务内容和过程 　248
9.2.2　网络营销服务工具 　252
9.3　网络营销个性化服务 　257
9.3.1　网络营销个性化服务的含义 　257
9.3.2　网络营销个性化服务的意义 　259
9.3.3　网上个性化的信息服务 　260
【章末案例】　262
本章小结　263
本章参考文献　264

第 10 章　网络营销技术 　265
10.1　网络营销中网站建设 　265
10.1.1　企业网络营销站点概述 　265
10.1.2　企业网络营销站点的建设 　266
10.1.3　网站推广 　268

10.1.4　网站文案写作　269
10.2　网络营销中的商务信息搜索与发布　273
10.2.1　搜索引擎优化的要素　273
10.2.2　关键词分析　274
10.2.3　页面内容优化分析　276
10.2.4　网站结构及链接建设　278
10.2.5　SEO 常用工具介绍　283
10.3　网络营销中的电子支付及安全技术　286
10.3.1　电子支付的含义和特征　286
10.3.2　电子支付的类型　288
10.3.3　电子支付的方式　290
10.3.4　电子支付的安全问题　294
10.4　网络营销中的前沿技术　296
10.4.1　大数据技术　296
10.4.2　人工智能技术　300
10.4.3　5G 技术　302
10.4.4　区块链技术　304

【章末案例】　306
本章小结　307
本章参考文献　307

第 11 章　网络营销方法　309
11.1　搜索引擎营销　309
11.1.1　搜索引擎　311
11.1.2　搜索引擎营销概述　314
11.1.3　搜索引擎营销的基本方法　317
11.1.4　搜索引擎营销策略　320
11.2　E-mail 营销　324
11.2.1　E-mail 营销的定义　324
11.2.2　开展 E-mail 营销的基础条件　326
11.2.3　E-mail 营销策略　327
11.2.4　E-mail 营销的基本原则　330
11.2.5　E-mail 营销的效果评价　332

C O N T E N T S

11.3　病毒式营销　333

11.3.1　病毒式营销的定义　333

11.3.2　病毒式营销的特点　334

11.3.3　病毒式营销的基本思想　334

11.4　微博营销　338

11.4.1　微博营销的定义　338

11.4.2　微博营销的原则　341

11.4.3　微博营销推广　343

11.4.4　微博营销优化　343

11.4.5　微博营销的效果评价　344

11.5　微信营销　346

11.5.1　微信营销的定义和特点　347

11.5.2　微信公众号营销　348

11.6　直播营销　353

11.6.1　直播营销的定义和特点　354

11.6.2　直播营销策略　359

11.7　社群营销　362

11.7.1　社群营销的定义　362

11.7.2　社群营销的特点和优势　364

11.7.3　社群营销策略　365

【章末案例】　368

本章小结　370

本章参考文献　373

第12章　跨境电子商务网络营销　375

12.1　跨境电子商务概述　375

12.1.1　跨境电子商务模式　376

12.1.2　跨境电商市场概貌　377

12.2　跨境电商营销理论　380

12.2.1　文化差异理论　380

12.2.2　来源国理论　381

12.3　跨境电商营销管理　383

12.3.1　跨境电商营销方法　384

　　　　12.3.2　跨境电商营销影响因素　　　　　384

　　　　12.3.3　跨境电商营销策略　　　　　　　388

　【章末案例】　　　　　　　　　　　　　　　390

　本章小结　　　　　　　　　　　　　　　　　391

　本章参考文献　　　　　　　　　　　　　　　392

第 13 章　网络营销战略计划　　　　　　　393

　13.1　企业战略管理概述　　　　　　　　　　393

　　　　13.1.1　企业战略的含义与特征　　　　　393

　　　　13.1.2　企业战略管理工具　　　　　　　396

　13.2　网络营销战略分析　　　　　　　　　　398

　　　　13.2.1　网络营销战略的含义与作用　　　398

　　　　13.2.2　网络营销战略管理过程　　　　　400

　13.3　网络营销计划　　　　　　　　　　　　402

　　　　13.3.1　网络营销计划的含义和要求　　　402

　　　　13.3.2　网络营销计划的内容　　　　　　405

　　　　13.3.3　网络营销计划的制定原则　　　　407

　13.4　网络营销战略计划的制定步骤　　　　　408

　　　　13.4.1　步骤一：形势分析　　　　　　　408

　　　　13.4.2　步骤二：网络营销战略规划　　　409

　　　　13.4.3　步骤三：确定网络营销目标　　　410

　　　　13.4.4　步骤四：策划具体的网络营销策略　410

　　　　13.4.5　步骤五：实施计划　　　　　　　412

　　　　13.4.6　步骤六：预算　　　　　　　　　412

　　　　13.4.7　步骤七：计划评估　　　　　　　414

　【章末案例】　　　　　　　　　　　　　　　414

　本章小结　　　　　　　　　　　　　　　　　417

　本章参考文献　　　　　　　　　　　　　　　417

第 1 章

营销学基础

本章学习要求

系统学习营销学的基本理论,重点掌握市场、营销、需求、市场细分、市场定位的概念和产品、定价、渠道、促销策略,理解各种市场观念、不同的营销组合理论、宏观及微观营销环境、目标市场选择战略、市场定位的方法,了解营销理论的新发展,为下一步学习网络营销打下理论基础。

网络营销源于现代营销学。营销学产生于 20 世纪初的美国,20 世纪 70 年代,营销学传入我国。20 世纪 90 年代以后,随着国内外市场经济的发展和互联网的普及,营销学在理论、内容、方法上都得到了飞速创新和发展,网络营销也应运而生。由于网络营销根植于现代营销学,因此有必要先系统介绍营销学。

1.1 市场与市场营销

1.1.1 市场与市场营销的概念

在日常生活中,谈到市场,人们往往想到琳琅满目的商品、熙熙攘攘的人群,认为市场就是商品买卖的场所。这种认识符合人们的日常感知,但和营销学中的市场是不同的。

经济学家认为,市场用来泛指对一个特定产品或某类产品进行的卖方和买方的集合。营销学家认为,市场是一个产品实际和潜在购买者的集合。市场是由购买者、购买力和购买欲望三个要素组成的,这三个要素共同决定了市场的规模。其关系为:市场=购买者×购买力×购买欲望。按照不同的分类标准,市场又可以分为有形市场与无形市场、生活资料市场与生产资料市场、现货市场与期货市场、国内市场与国际市场等。

市场营销简称营销(marketing),它包含两种含义,一种是动词理解,指企业的具体活动或行为,称为市场营销;另一种是名词理解,指研究企业的市场营销活动或行为的学科,称为市场营销学。

市场营销的定义也不尽相同。美国市场营销协会(American Marketing Association,AMA)于 1948 年提出,"市场营销是将货物和劳务从生产者流转到消费者过程中的一切企业活动",此定义在全球流传了半个世纪。1985 年,AMA 将此定义修订为,"市场营销是指通过对货物、劳务和计谋的构想、定价、分销、促销等方面的计划和实施,以实现个人和组织的预期目标的交换过程"。2004 年,AMA 的最新定义指出,"市场营销既是一种组织职能,也是为了组织自身及利益相关者的利益而创造、传播、传递消费者价值,管理消费者关系的一系列过程"。

国际营销大师菲利普·科特勒(Philip Kotler)认为,"市场营销是个人和集体通过创造并同他人交换产品和价值以满足需求和欲望的一种社会和管理过程。"这一定义强调了营销的价值导向和社会属性。

1.1.2　需求与购买行为

在市场经济环境中,消费者行为的主体分为两类:一类是个人消费者;另一类是组织消费者。世界各国多把消费者定义为个人。我国的《消费品使用说明总则》规定,消费者是为满足个人或家庭的生活需要而购买、使用产品或服务的个体社会成员。由于个人消费者更具代表性,因此把它作为市场营销研究的主体。

1. 需要

人的需要多种多样,美国著名心理学家马斯洛(Abraham Harold Maslow)教授在 1943 年出版的《人类动机的理论》一书中提出,人的需要依次从低级到高级分为 5 个层次(见图 1-1):生理需要(指人类维持自身生存的最基本要求,包括吃、喝、穿、住等方面的要求,只有这些最基本的需要满足后,其他的需要才能成为新的激励因素),安全需要(指人类要求保障自身安全,避免丧失财产威胁,避免职业病侵袭等方面的需要),感情需要(指人们需要爱情和友谊,希望有群体的归属感并互相关心和照顾),尊重需要(指个人的能力、地位和成就得到社会的承认,受到别人的尊重),自我实现需要(这是最高层次的

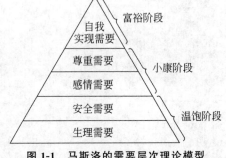

图 1-1　马斯洛的需要层次理论模型

需要,是指实现个人理想、抱负,最大限度发挥个人能力,以实现自我价值,达到最大满足)。

这 5 种需要可以分为高、低两级,其中生理上的需要、安全上的需要和感情上的需要属于低级的需要,这些需要通过外部条件就可以满足;而尊重的需要和自我实现的需要是高级需要,它们是通过内部因素才能满足的,并且是无止境的。同一时期,一个人可能有几种需要,但每一时期总有一种需要占支配地位。任何一种需要都不会因为更高层次需要的发展而消失。各层次的需要相互依赖和重叠,高层次的需要发展后,低层次的需要仍然存在,只是对行为影响的程度大大减小。上述 5 种需要像阶梯一样从低到高,按层次逐级递升,多数情况下只有低一层需要获得满足之后,高一层的需要才会产生。不过这也不是绝对的,当人们的高级需要得到满足以后,会反过来改善低一层的需要。一个国家或地区多数人的需要层次结构,是同这个国家的经济发展水平、科技发展水平、文化和人民受教育的程度直接相关的。在不发达国家,生理需要和安全需要占主导的人数比例较大,而高级需要占主导的人数比例较小;而在发达国家,则刚好相反。在同一国家不同时期,人们的需要层次会随着生产水平的变化而变化。

2. 需求

消费者的需要在市场上表现出来,就成为需求。需求是指在一定时期内,在各种可能的价格水平下,消费者愿意并且能够购买的商品数量。一种商品的需求数量由多种因素共同决定,主要因素有以下几种。

(1) 商品的自身价格。一般而言,商品的价格与需求量呈反方向变动,即价格越高,需求量越少;相反,价格越低,则需求量越大。

(2) 替代品的价格。替代品是指使用价值相近,可以互相替代来满足消费者同一需求的商品,如馒头和米饭等。一般来说,在替代品之间如果某一种商品的价格提高,消费者就会把其需求转向其替代品上,从而使替代品的需求增加,被替代品的需求减少。

(3) 互补品的价格。互补品是指必须同时使用才能满足消费者需求的商品,如手机和电池、计算机和软件等。在互补商品之间,其中一种商品的价格上升,需求量降低,会引起另一种商品的需求随之降低。

(4) 消费者的收入水平。一般来说,当消费者的收入提高时,会增加商品的需求量,反之则减少需求量(低档商品除外),如饮料等。

(5) 消费者的偏好。当消费者对某种商品的偏好程度增强时,该商品的需求量就会增加,反之则需求量减少,如喜欢吃苹果就增加苹果的需求量。

(6) 消费者对价格的预期。当消费者预期某种商品的价格将会上升时,会增加该商品的需求量以防涨价带来的损失,反之则减少该商品的需求量。如消费者预期食用油要涨价时,会提前购买而导致需求量的增加。

3. 需求的特点
消费者的需求具有以下属性。

学生笔记:
_____
_____
_____

（1）可变性。这是消费者需求的基本属性。人的需求总是不断变化的，在满足了一种需求之后，消费者很快又会追求新的需求。如很多人买完房之后，会考虑买车。即便是同一种需求，也会有不同档次、不同功能的产品可供选择，如淘汰功能简单的手机，重新购买智能手机。

（2）不均衡性。由于消费者主体的差异及其所属的社会环境各不相同，导致消费者的需求也不均衡。如面粉在北方销量高，大米在南方销量高。即便是同一时间、同一地区的消费者，消费内容也千差万别。如夏天饮料销量高，冬天乳品销量高。

（3）多样性。由于消费者的收入水平、消费习惯、兴趣爱好各不相同，也决定了消费的品种多种多样。如洗衣机有滚筒、波轮之分，而且有不同容量和不同功能可供选择。

（4）关联性。消费者在购买完一种商品之后，会影响其消费关联商品，这包括连带品和替代品两大类。如购买汽车后，一定会连带消费汽油，这属于连带品；又如购买完一个牌子的手机后，一般不会购买类似的手机，这属于替代品。

在一定时间和条件下，消费者的需求具有不同状态。需求的状态分为以下8种。

（1）有害需求（unwholesome demand）。指消费者在消费某些产品或服务过程中，会对其健康产生危害。尽管这些产品和服务是合法的，但客观上是有害健康的，如吸烟、喝酒等。

（2）负需求（negative demand）。指众多消费者不喜欢某种产品或服务，甚至产生厌恶或抵制。如许多人不吃甜点和肥肉，又如有些顾客害怕危险而不敢乘飞机。经过适当市场营销策略，负需求可以转变为需求，如适当喝红酒有利于心血管健康。

（3）无需求（no demand）。指消费者对某种产品从来不感兴趣或漠不关心，从来不会产生需求。如许多非洲国家居民从不穿鞋子，对鞋子无需求；有人对足球不感兴趣，从不会买足球装备，也不会看足球比赛等。

（4）潜在需求（latent demand）。指消费者对产品和服务有一定兴趣，但由于收入水平、使用条件等原因，暂时不能转化为有效需求；但条件一旦成熟，潜在需求会很快转换为有效需求。如很多学生对笔记本电脑感兴趣，但暂时不具备购买能力，等到工作以后就会优先购买。

（5）下降需求（falling demand）。指消费者对某些产品或服务的需求出现了下降趋势。如近年来城市居民对微型轿车的需求逐年下降。下降需求可能是临时的，会通过刺激需求改变；也可能是永久的，难以改变。

（6）不规则需求（irregular demand）。指某些产品或服务的市场需求波动大，如城市公交在上下班高峰时人满为患，其他时间又不满员。不规则需求还表现在季节和时间上没有规律，如一段时间消费者对低端计算机的需求量大，一段时间又对高端计算机的需求量大。

（7）充分需求（full demand）。指某种产品或服务目前的需求量保持相当水平，在时间和区域的分布上没有太大变化。这是需求的理想状态，也是众多企业追求的目标。如城市对电冰箱的需求是比较稳定的。

（8）过度需求（overfull demand）。指消费者对某些产品和服务的需求超过了企业供应能力，从而导致供不应求。如城市人口增长过快，导致住房需求超过供给，房价居高不下。企业可以相应增加供给，或者采取措施降低需求。

4. 购买行为

消费者的需求通过购买行为来实现,其购买行为受到文化、社会、个人因素的影响,其中文化因素的影响最为广泛和深远。

(1) 文化因素。不同国家和地区都有着不同的文化传统,人在成长过程中都会受到这一因素的影响,形成不同的风俗习惯、价值观和消费观,使得消费者的购买行为表现出一定特点,如中国的消费者喜欢喜庆的红色。同时,由于教育水平、消费水平的不同,又可将消费者划分为不同的社会阶层,每个阶层的成员都具有相似的行为方式或购买行为,如内地中等收入阶层倾向购买中档轿车。

(2) 社会因素。消费者的购买行为也受到消费者相关群体、家庭、角色地位等诸多社会因素的影响。处于不同群体的消费者,如教育、文艺、通信、建筑等,其购买行为会受到群体的强烈影响而不会有显著差异;在不同家庭中,家庭成员也会极大影响个人的购买目的和购买决策,如有子女家庭和无子女家庭的购买行为完全不同;人在不同的场合又扮演不同的角色,如既是家长又是员工,其在交流和购买时会有不同的方式。

(3) 个人因素。即使在相同的文化和社会背景下,消费者的购买行为仍有差别,因为每个人的年龄、职业、兴趣爱好不尽相同。如购买家具时,年轻消费者更多选择时尚的,中老年消费者更多选择实用的。同样是年轻消费者,有人喜欢摄影器材,有人喜欢电子产品。

1.2　市场观念

市场观念是企业进行市场营销的指导思想,是企业营销态度、思想、目标和策略的体现。市场观念贯穿于企业的整个经营活动,企业以此为基础来处理自身与顾客的关系。就全球来看,以下几种观点最具代表性,即生产观念、产品观念、推销观念、市场营销观念和社会营销观念。

1.2.1　生产观念

生产观念(production concept)是 19 世纪末 20 世纪初形成的一种最为传统的企业经营观念,这种观念是以产品生产为中心,以提高劳动生产率、增加生产量、降低生产成本为重点的市场观念。在产品供应短缺或者生产成本很高的时期,这种观念十分流行。企业的任务相对简单,就是通过提高生产效益、降低生产成本来实现大规模的生产。企业利润的实现完全来自生产规模的扩大和生产成本的降低。

持生产观念的企业普遍认为,市场需要我们的产品,消费者喜爱那些随时可以买得到、价格低廉的产品。因此,生产观念是一种"以产定销"的观念,表现为重生产轻市场、重数量轻特色。生产观念在以下两种情况下是合理、可行的:一是产品短缺的条件下,市场产品供不应求时,此时消费者最关心的是能否买到产品,企业以生产观念为指导,不断扩大生产、

学生笔记:

保证供给,从客观上讲,也就是满足了市场的需求;二是由于产品成本过高而导致产品的市场价格居高不下时。在这种情况下,企业以生产观念为指导,不断改进生产,提高生产效率,降低成本,在短期内能够取得比较好的营销效果。

因此在 20 世纪 30 年代以前,不少企业都以生产观念作为指导,从事营销活动。而把以生产观念为指导开展营销活动的企业,称为生产导向企业。然而,随着社会经济的发展,仅希望"买得到、买得起"的目标市场越来越少时,生产观念的用武之地也就越来越小。

1.2.2　产品观念

产品观念(product concept)是以产品质量为中心,以提高现有产品质量、增加产品功能为重点的市场观念。当市场供求关系发生变化、供不应求局面得到缓解时,一些企业开始转向以产品观念为指导开展营销活动。

持产品观念的企业普遍认为,消费者喜欢那些品质优良、功能齐全和具有某些特色的产品,因此将工作的重心集中在精心制作产品、增加产品功能、不断进行产品创新上。认为只要产品质量好,消费者总会出钱购买它。

在产品观念的指导下,企业的经营特点如下。第一,企业将主要精力放在产品的改进和生产上,追求高质量、多功能;第二,企业轻视销售,单纯强调以产品质量吸引消费者,一味排斥促销手段;第三,企业仍然以生产车间或部门为主要机构,但是加强了生产过程中的质量控制。

产品观念相对于单纯的生产观念而言,有了一定的进步。产品观念对于提高产品质量,改善企业形象起到了一定的作用。然而,不顾市场的实际需求,一味地提高产品质量,增加产品功能,无论是对消费者、对企业,还是对整个社会都是十分不利的。显然,产品观念的误区就在于过度地把注意力放在产品之上,而没有从需求上适应市场的变化。

1.2.3　推销观念

推销观念(selling concept)产生于 20 世纪 30 年代末至 50 年代初,是以产品的销售为中心,以激励销售、促进购买为重点的市场观念。这种市场观念是生产观念、产品观念的发展和延伸。

这种观念认为,消费者在购买中往往表现出一定的惰性和抗拒心理,如果没有一定的动力去促进,消费者通常不会自觉地、足量地购买企业的产品。因此,企业必须积极主动地组织宣传促销活动,对消费者进行劝说,促使消费者大量购买,使企业产品占有较大的市场份额。企业在注重生产的同时,开始注重广告术、推销术的运用和广设销售网点,以扩大产品销售。在推销观念的指导下,企业相信产品是"卖出去的",该类企业被称为推销导向企业。

推销观念仍然是一种"以产定销"的观念,其主要特点是:第一,产品不变,企业仍然根据自己的条件决定生产能力和生产数量;第二,注重产品销售,研究和运用广告、推销技巧和其他推销方法;第三,开始设立销售部门,但在企业的机构中仍处于从属地位。

然而,推销观念注重的仍然是产品和利润,不注重市场需求的研究和满足,不注重消费者利益和社会利益。过分强调推销不仅会引起消费者的反感,从而影响营销效果,而且可能使消费者在不自愿的情况下购买了不需要的产品,严重损害了消费者的利益。

1.2.4　市场营销观念

市场营销观念(marketing concept)产生于 20 世纪 50 年代以后,是以消费者的需求为中心,把满足目标市场的需求作为重点的市场观念。在当时社会生产力迅速发展,市场表现为供过于求的买方市场,企业之间的竞争加剧,许多企业开始认识到,只有转变市场观念,才能求得生存和发展。

市场营销观念认为,实现企业营销目标的关键在于正确地掌握目标市场的需求,并从整体上满足目标市场的需求。企业生产什么、销售什么的决定权不应该在企业手中,而应该在消费者手中。在这种观念下,消费者的需求得到重视,企业不仅将消费者的需求作为出发点,而且要将满足消费者的需求贯穿于企业营销的全过程,根据市场需求的变化趋势,调整企业的营销战略,以适应市场的变化,才能赢得消费者并获取利润。

从推销观念到市场营销观念的变化,是企业从"以产定销"的传统市场观念转变为"以需定产"的现代市场观念一个重大的、带有转折性的变化。这在国际上称为可以与产业革命相提并论的"销售革命"。

1.2.5　社会营销观念

社会营销观念(social marketing concept)产生于 20 世纪 70 年代以后,是以满足目标顾客和社会长远利益的市场观念。企业的营销行为在给目标顾客带来了巨大利益的同时,也造成了环境污染,破坏了社会生态平衡,出现了假冒伪劣产品及欺骗性广告等,从而引起了广大消费者不满,并掀起了保护消费者权益运动及保护生态平衡运动,迫使企业营销活动必须考虑消费者及社会长远利益。

社会营销观念认为,企业的任务是确定目标市场需求、欲求和利益,并且在保持和增进消费者和社会福利的情况下,比竞争者更有效率地使目标顾客满意。这不仅要求企业满足目标顾客的需求和欲望,而且要考虑消费者及社会的长远利益,即将企业利益、消费者利益与社会利益有机地结合起来。

社会市场营销观念是在市场营销观念的基础上,强调要兼顾消费者、企业、社会三个方面的利益,要求企业在追求经济效益的同时,应兼顾社会效益,因而是符合社会可持续发展要求的营销观念。社会市场营销观念是对市场营销观念的修改和补充。

1.3　营销环境

企业在营销过程中,将会面临诸多与企业有关联的各种因素的影响,这些因素的集合被称为营销环境。营销环境由宏观环境和微观环境组成。

学生笔记:
_____

_____

_____

1.3.1 宏观环境

宏观环境是指独立于企业之外的,影响企业进行营销活动的大环境,包括一个国家或地区的政治与法律环境、经济环境、人文与社会环境、科技与教育水平、自然环境、人口等因素。宏观环境对企业短期的利益可能影响不大,但对企业长期的发展具有很大的影响。

1. 政治与法律环境

一个国家或地区的政治制度、方针政策、法律法规等,在很大程度上制约和影响着企业的经营行为,尤其是企业的长期投资行为。国家政局的稳定,法律的健全,会有利于企业长期发展。对于企业而言,政治与法律环境是企业无法改变的,企业必须去适应。特别是在国际贸易中,企业一定要熟悉东道国的政治与法律环境,以此规范企业的生产和营销行为。

2. 经济环境

经济环境是内部分类最多、具体因素最多,并对市场具有广泛和直接影响的环境内容。经济环境不仅包括经济体制、经济增长、经济周期与发展阶段以及经济政策体系等大的方面的内容,如 GDP、CPI、人均可支配收入等,同时也包括收入水平、利率、汇率、税收等经济参数和政府调节取向等内容,如减息、减税等。如果全球经济处于繁荣期,经济环境比较宽松,那么企业的发展前景也是比较广阔的;如果全球经济出现危机,那么企业也会面临相当大的困难。

3. 人文与社会环境

企业存在于一定的人文与社会环境中,同时企业又是社会成员所组成的一个小的社会团体,不可避免地受到社会环境的影响和制约。不同国家、不同民族、不同地区长久以来形成的风俗习惯、生活方式、审美观念、宗教信仰、价值观念差别非常明显,无形中影响和制约着人们的消费观念、需求特点和购买行为,对企业营销行为产生巨大影响。

4. 科技与教育水平

科学技术是社会生产力中最活跃的因素,对经济社会发展的作用日益显著,科技水平的提高依靠教育。科技与教育水平的高低,决定了企业的生产经营特点;同时,企业生产的产品,也要与科教水平相适应。在当今世界,企业经营环境的变化与科学技术的发展有非常大的关系,特别是在信息等高新技术产业中,教育水平的差异会直接影响用户的特点和需求的规模。

5. 自然环境

自然环境是指一个国家或地区的客观环境因素,主要包括自然资源、地理位置、地质地形、气候天气等。自然环境是人生存的自然条件,企业的生产经营活动也不能超出自然环境的范围。自然环境在一定程度上影响企业的营销行为,但随着科技进步和社会生产力的提高,自然环境对经济和市场的影响整体上处于下降的趋势。

6. 人口

市场是由消费者构成的,人是企业营销活动的直接和最终对象。所以在其他条件固定或相同的情况下,人口的规模决定着市场容量和潜力;人口结构影响着消费结构和产品构成；人口组成的家庭、家庭类型及其变化，对消费品市场有明显的影响。我国是世界第一人口大国，这为企业的营销活动提供了广阔的市场。

1.3.2　微观环境

微观环境是企业营销所处的小环境，是由企业及其周围的活动者组成的，包括企业内部环境、供应商、竞争者、中间商、消费者等因素。微观环境影响到企业的短期营销行为，企业营销策略的制定和实施，很大程度上依赖微观营销环境。

1. 企业内部环境

企业内部环境是指企业内部各部门的关系及协调合作。企业内部环境包括营销部门之外的其他部门，如企业最高管理层、财务、研究与开发、采购、生产、销售等部门。这些部门与营销部门密切配合、协调，构成了企业营销的完整过程。营销部门根据企业的最高决策层规定的企业的任务、目标、战略和政策，做出各项营销决策，并在得到企业决策层的批准后执行。

2. 供应商

供应商是指向企业提供生产经营所需原料、部件、能源、产品的公司或个人。企业与供应商之间既有合作又有竞争关系，这种关系既受宏观环境影响，又制约着企业的营销活动，企业必须要和供应商建立良好的关系，保证企业生产要素的及时供应。

3. 竞争者

竞争者是指那些与本企业提供的产品或服务相似，并且所服务的目标顾客也相似的其他企业。竞争是市场经济活动的必然规律，企业的竞争者可能很多，企业必须识别这些竞争者，研究竞争者的特点，找准与竞争对手不同的市场定位，为消费者提供更高的价值和满意度，制定适合的营销策略，才能取得竞争优势。

4. 中间商

中间商是指在生产者与最终消费者之间，参与市场交换、促使买卖行为发生和实现的经济实体、经济组织和个人，包括批发商、零售商、代理商和经纪人等。在现代商品社会里，生产者和消费者的距离往往较远，单纯依靠卖方的力量很难及时、有效地将商品送达消费者手中，因此中间商就有了用武之地。中间商肩负着提高商品流通效率、分销产品、鉴别商品质量以及做好售后服务的任务，因而也是商品交换中的重要环节。

5. 消费者

消费者是商品和服务的最终受用者，消费者购买商品的目的主要是用于个人或家庭需要而不是经营或销售，这是消费者最本质的一个特点。企业通过各种营销活动，改善或改变消费者对企业和产品的印象，使潜在消费者成为最终消费者，实现其购买行为。

学生笔记：
_____
_____
_____

1.4　市场细分与市场定位

营销大师菲利普·科特勒认为,市场营销战略的核心,可以被定义为STP战略,即通过市场细分(segmentation)将整体市场分割为多个子市场,根据消费者需求和竞争状况选择目标市场(target),针对目标市场进行市场定位(positioning),尽可能将良好的市场机会与企业的自身优势有机结合,以赢得竞争优势。

1.4.1　市场细分

1. 市场细分的概念

市场细分(market segmentation)是企业根据消费者的需求、购买动机、购买习惯等特点,把某一产品的整体市场划分为若干不同类型的消费者群体的过程。每一个消费者群体就是一个细分市场,每一个细分市场都是具有类似需求倾向的消费者群体。企业很难将有限的资源针对所有的市场进行营销活动,因此有必要在细分市场的基础上,集中企业资源针对一个或多个目标市场展开营销活动。

市场细分具备以下优点。

(1)有利于选择目标市场和制定市场营销策略。市场细分后的子市场比较具体,比较容易了解消费者的需求,企业可以根据自己的经营思想、方针及生产技术和营销力量,确定自己的服务对象,即目标市场。针对较小的目标市场,便于制定特殊的营销策略。同时,在细分的市场上,信息容易了解和反馈,一旦消费者的需求发生变化,企业可以迅速改变营销策略,制定相应的对策,以适应市场需求的变化,提高企业的应变能力和竞争力。

(2)利于发掘市场机会,开拓新市场。通过市场细分,企业可以对每一个细分市场的购买潜力、满足程度、竞争情况等进行分析对比,探索出有利于本企业的市场机会,使企业及时做出生产销售决策或根据本企业的生产技术条件编制新产品开拓计划,进行必要的产品技术储备,掌握产品更新换代的主动权,开拓新市场,以更好地适应市场的需要。

(3)有利于集中人力、物力投入目标市场。任何一个企业的资源、人力、物力、资金都是有限的。通过细分市场,选择了适合自己的目标市场,企业可以集中人力、财力、物力及其他资源,去争取局部市场的优势,然后再占领自己的目标市场。

(4)有利于企业提高经济效益。通过市场细分后,企业可以面对自己的目标市场,生产出适销对路的产品,既能满足市场需要,又可以增加企业的收入;产品适销对路可以加速商品流转,加大生产批量,降低企业的生产销售成本,提高生产工人的劳动熟练程度,提高产品质量,全面提高企业的经济效益。

2. 市场细分的依据

1)人口细分

按照消费者的人口统计因素来细分市场称为人口细分。这方面的因素很多,如年龄、性别、职业、收入、教育、民族、宗教、社会阶层等。不同人口群体对于商品的需求不同。例如,服装市场按照性别细分可以分为男性服装市场、女性服装市场;按照年龄细分可以分为儿童服装市场、青年服装市场、老年服装市场；按照收入细分可以分为低档服装市场、中档服装市场、高档服装市场等。另外，多种细分条件可以互相结合，进行更进一步的市场细分，如年轻女性高档时装市场。

2）地理细分

按照顾客所处的地理位置和自然环境来细分市场称为地理细分。地理是有关地形、地貌、气候、陆地、海洋、国家、民族、产业和资源的统称，是每一个国际营销企业都必须面对的一种不可控的环境变量。地理变量之所以作为国际市场细分的依据，是因为处在不同地理环境下的消费者有着不同的生活习惯、生活方式、宗教信仰、风俗习惯等偏好。如外国和中国消费者由于肤质、生活条件的不同，对护肤品、化妆品的需求有很大差别，因此有的国外化妆品厂家在中国打出"特别为东方女性研制"的口号时，得到了中国女性的青睐。

3）心理细分

按照消费者的心理特征和价值取向来细分市场称为心理细分。消费者的心理因素很多，如个性、兴趣、购买动机、价值取向等。心理状态直接影响着消费者的购买倾向，根据消费者的心理活动进行市场细分也很普遍，如针对旅游爱好者的"户外装备专卖店"；针对追求新奇生活用品的消费者的"好玩的店"；针对音响爱好者的"发烧友商城"；针对汽车爱好者的"汽车用品专卖店"等。

4）行为细分

根据消费者购买或使用产品行为的不同特点来细分市场称为行为细分。由于消费者追求的利益不同，因此市场细分也不同。例如，根据消费者的购买时机不同，可以分为旺季消费市场和淡季消费市场；根据消费者追求的利益不同，可以分为追求功能型、追求质量型、追求美观型；根据消费者购买产品的数量大小，可以分为大量用户、中量用户和少量用户；根据消费者对品牌的忠诚度，可以分为单一品牌忠诚者、几种品牌忠诚者和无品牌忠诚者。

1.4.2　目标市场选择

1. 目标市场的含义

目标市场（target market）是指企业在市场细分的基础上，为满足现实或潜在需求的消费者或用户作为经营对象，依据企业自身的经营条件而选定或开拓的特定需要的市场。由于企业的资源是有限的，同时消费者的需求又是无限的，任何企业都不可能提供所有的产品和服务满足所有消费者的需求，因此企业必须选择合适的目标市场作为营销对象。

合适的目标市场应该具备以下条件。

（1）该市场具有一定购买力，能取得一定销售量及营业额。

（2）有较理想的尚未满足的消费需求，有充分发展的潜在购买力，以作为企业网络营销

学生笔记：

目标市场发展的方向。

(3) 企业有能力满足该目标市场的需求。

(4) 竞争还不激烈,竞争对手未能控制市场,有可能乘势开拓网络营销市场并占有一定的市场份额,在市场竞争中取胜。

2. 目标市场的选择

企业在市场细分的基础上,企业根据自身优势,从细分市场中选择一个或若干子市场作为自己的目标市场,并针对目标市场的特点展开营销活动,以期在满足顾客需求的同时,获取更大的利润。企业可以根据自身实力、产品特性、市场特点和竞争者的策略等因素选择目标市场,在此基础上采用不同的营销战略。

(1) 无差异化营销战略(undifferentiated marketing strategy)。就是企业把整个市场作为自己的目标市场,只考虑市场需求的共性,而不考虑其差异,运用一种价格、一种渠道、一种推销方法,向整体市场提供标准化的产品,为所有消费者服务。如美国可口可乐公司从1886 年问世以来,一直采用无差异化营销战略,生产一种口味、一种配方、一种包装的产品满足全球市场的需要,创造了世界品牌;闻名世界的肯德基,在全球市场都采用同样的原料、同样的烹饪方法、同样的质量指标,向顾客提供标准化的产品和服务。

(2) 差异化营销战略(differentiated marketing strategy)。就是把整个市场细分为若干子市场,从中选择多个或全部子市场作为目标市场,然后针对不同的子市场采取不同的营销组合,即对不同目标市场,推出不同的产品,运用不同价格,采用不同的分销渠道和促销手段,满足不同消费者的需求。美国宝洁公司是实行差异化营销的典型,洗发水中有去头屑的海飞丝、柔顺的飘柔、营养的潘婷、护发的沙宣、黑发的润妍等产品。我国海尔公司生产的洗衣机,分为滚筒洗衣机、波轮洗衣机、干衣机三类,滚筒洗衣机又分为简约式、变频式、芯平衡式多种,共同满足消费者的不同需求。

(3) 集中化营销战略(concentration marketing strategy)。就是指企业将所有的资源力量集中,以一个或少数几个性质相似的子市场作为目标市场,进行专业化经营,力图在较少的子市场上获得较大的市场占有率。企业不是面向整体市场,也不是把力量分散使用于若干细分市场,而只选择一个或少数几个细分市场作为目标市场,实行专业化生产和销售,在个别市场上发挥优势,提升品牌知名度,提高市场占有率。采用这种战略的企业对目标市场有较深的了解,大部分资源有限的中小企业多采用这一战略,大企业在某个地区业务拓展的初期也可以采用此战略。

1.4.3　市场定位

市场定位(market positioning),市场定位指的是企业和产品在目标市场上所处的位置和形象,也被称为产品定位或竞争性定位。企业根据竞争者现有产品在市场上所处的位置,针对目标市场上消费者需要的特点,为本企业产品塑造与众不同的、给人印象鲜明的形象,并将这种形象生动地传递给消费者。也就是企业为产品创造、培养一定的特色,树立一定的市场形象,使消费者产生偏好。这些特色和形象可以从形状、色泽、性能、成分及豪华、朴素、浓烈等产品实体或消费者心理上反映出来。

市场定位的方法很多,比较典型的有以下几种。

（1）第一定位法。消费者会记得进入市场的第一个产品,很少有人在乎第二个和第二个之后的产品,第一就是标准,第一就是最好。一旦进入消费者意识中成为首选,后来者就很难取而代之。所以在市场竞争中,企业及品牌是否第一的要素,将是决定企业或品牌是否快速进入和占领市场取得竞争优势的关键。如美国苹果公司,在全球第一个推出电容触摸屏手机 iPhone,立刻风靡全世界;第一个推出平板电脑 iPad,牢牢占据了消费者心中第一的位置。

（2）依附定位法。当市场上有畅销的公认的第一品牌时,企业可以借用第一品牌在市场中的地位来提升自己的形象,暗示自己与第一品牌在产品品质、性能等方面有相似之处。消费者在购买时会考虑,第一真有那么好,第一真值得购买吗? 如《河南商报》的宣传口号是:"在河南报业市场,我们只是第二"。

（3）质量定位法。质量是产品的主要衡量标准,质量的好坏直接影响到产品在市场上的竞争力。一般说来,产品质量越好,价值就越大,价格也就越高。如日本品牌空调的价格高过国内产品。但有时候,质量最好的产品不一定在市场上最受欢迎,很多消费者希望购买质量稍次,但价格更便宜的产品。如日本生产的家用电器质量虽好,但许多中国人还是会买我国生产的电器,原因就是国产家电的价格更实惠。

（4）价格定位法。价格定位,也叫作档次定位,就是把产品或服务价格定在一个什么样的水平上,即与竞争者相比,以产品在消费者心目中价值高低给产品定出不同档次的价格。质量和价格一直是消费者在进行消费选择时关注的两大因素,企业产品的定价要与其质量相匹配。价格定位有高价定位、低价定位、中价定位、固定价格定位 4 种方法。如劳力士手表的价格高高在上,普通纯净水定价总是较低等。

（5）功能定位法。功能是产品整体概念的核心部分,产品之所以为消费者所接受,主要是因为产品具有一定的功能或效应,能满足消费者某些方面的需求。如果产品具有与众不同的功能,那么该产品即具有明显的差异优势。如沃尔沃汽车被定义为安全的车,宝马汽车突出优越的操控性能,奔驰汽车强调豪华、舒适的乘坐体验。

（6）利益定位法。消费者购买产品,是因为产品能满足某些需求,得到某种利益。企业将产品的某些功能特点和消费者的关注点联系起来,向消费者承诺利益点上的诉求,以突出品牌个性,获得成功。如"云南白药创可贴,有药好得更快些""保护嗓子,请选用金嗓子喉宝""吗丁啉,让胃恢复动力"等。

（7）服务定位法。在商品同质化问题日益突出的今天,一个企业的产品要想区别于其他企业,就必须在服务上下功夫,在销售产品的同时提供更优质的服务,这才能吸引消费者。如海尔公司为消费者建立庞大的数据库,把消费者购买的产品名称、购买日期、住址、电话等都录入数据库,以此为消费者提供整体服务,突出与竞争对手的差异。

学生笔记:

_____

_____

1.5 营销组合与策略选择

1.5.1 营销组合理论

1. 4P 理论

20 世纪 60 年代,美国著名学者杰罗姆·麦卡锡(Jerome McCarthy)教授在其出版的《基础营销学》(*Basic Marketing*)专著中最早提出了 4P 理论。4P 即产品(Product)、价格(Price)、渠道(Place)和促销(Promotion)。4P 营销组合的基本思想是从制定产品策略入手,同时制定价格、渠道及促销策略,组合成策略总体,以便于将适当的产品,以适当的价格、适当的促销方式,把产品送到适当地点,实现满足消费需求、获取合理利润的目的。企业经营的成败,在很大程度上取决于市场营销组合策略的选择和综合运用效果。

4P 是市场营销过程中可以控制的因素,也是企业进行市场营销活动的主要手段,对它们的具体运用,形成了企业的市场营销战略。4P 理论为企业的营销策划提供了一个有用的框架,该理论一经提出便被广泛采用,在相当长的时间内深刻影响着企业的发展,对于营销理论发展有巨大贡献。不过 4P 理论始终以企业为中心,代表的是企业而非客户的立场。

2. 4C 理论

4C 理论是 1990 年由美国著名学者罗伯特·劳特朋(Robert F.Lauterborn)教授提出。4C 即消费者的需求和欲望(Consumer's wants and needs)、成本(Cost)、方便(Convenience)和沟通(Communication)。对比 4P 理论,4C 理论强调先不急于制定产品策略,而以研究消费者的需求和欲望为中心;暂时把定价策略放到一边,而研究消费者为满足其需求所愿付出的成本;忘掉渠道策略,着重考虑给消费者提供方便以购买到商品;抛开促销策略,着重于加强与消费者的沟通和交流。4C 理论围绕消费者为中心展开,只有深刻探究和领会到消费者真正的需求和欲望,企业才能获得最终的成功。4P 和 4C 理论的关系如表 1-1 所示。

表 1-1 4P 和 4C 理论

4P		4C
Product(产品)	------------>	Consumer(消费者的需求和欲望)
Price(价格)	------------>	Cost(成本)
Place(渠道)	------------>	Convenience(方便)
Promotion(促销)	------------>	Communication(沟通)

不过 4P 和 4C 两者并不是对立的,4P 是营销的策略和手段,而 4C 则属于营销理念和标准。4C 特别强调了顾客需求和双向互动沟通的重要性,它所提出的营销理念和标准最终还是要通过 4P 为策略和手段来实现的。

1.5.2 产品策略

1. 产品的层次

产品是能够提供给市场以满足消费者需求和欲望的任何有形产品和服务的总和。按照菲利普·科特勒的观点,产品的整体概念分为以下5个层次,如图 1-2 所示。

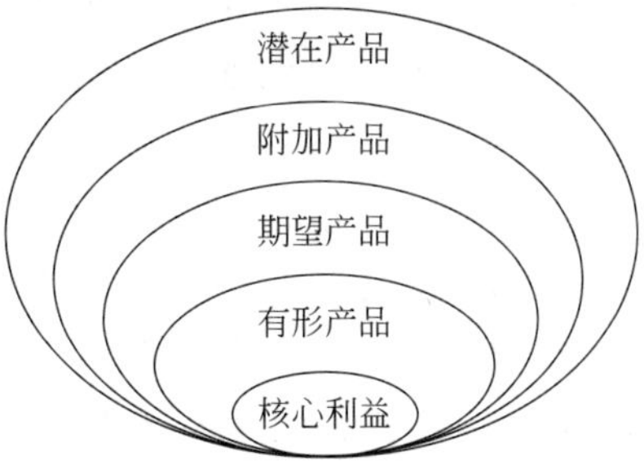

图 1-2　产品的层次

1）核心利益层次

核心利益层次是指产品向消费者提供的产品基本效用和利益,也是消费者真正要购买的利益和服务。消费者购买某种产品并非为了拥有该产品实体,而是为了获得能满足自身某种需要的效用和利益,如购买智能手机是为了随时随地通话和上网。

2）有形产品层次

有形产品层次是指产品在市场上出现时的具体物质形态,也可以称为一般产品层次。主要表现在品质、特征、式样、商标、包装等方面,是核心利益层次的物质载体。如购买空调需要有主机、样式、商标、包装等。

3）期望产品层次

期望产品层次是指消费者购买产品时期望的性能、品质和样式等内容。不同消费者对于产品的期望可能也不相同,因此产品在设计和开发中必须满足顾客的个性化消费的需求。如对于笔记本电脑的消费者来说,期望该产品速度快、功能多、外观漂亮、省电、便携、使用安全可靠等。

4）附加产品层次

附加产品层次是指产品包含的附加服务和利益,主要包括运送、安装、调试、维修、产品保证、零配件供应、技术人员培训等。附加产品来源于对消费者需求的综合性和多层次性的深入研究,要求营销人员必须正视消费者的整体消费体系,但同时必须注意因附加产品的增加而增加的成本,消费者是否愿意承担的问题。如某品牌汽车,承诺提供 3 年或 5 万千米的免费维修服务。

5）潜在产品层次

潜在产品预示着该产品最终可能的所有增加和改变。现代企业产品外延的不断拓展缘于消费者需求的复杂化和竞争的白热化。在产品的核心功能趋同的情况下,谁能更快、更多、更好地满足消费者的复杂利益整合的需要,谁就能拥有消费者,占有市场,取得竞争优势。不断地拓展产品的外延部分已成为现代企业产品竞争的焦点,消费者对产品的期望价值越来越多地包含了其所能提供的服务、企业人员的素质及企业整体形象。如华为和小米手机的竞争,在很大程度上反映了潜在产品层次的问题。

2. 产品生命周期

市场上热销的产品并不是一成不变的,产品在市场上也有自己的生存期限。产品生命周期(Product Life Cycle,PLC),也叫作经济生命周期,是产品从投放市场到被市场淘汰的整个过程。产品生命周期的结束,只表明某产品在某一市场上没有了销路,但是该产品使

学生笔记:
_____
_____
_____

用价值依然存在。典型的产品生命周期分为以下 4 个阶段。

（1）介绍期。介绍期是新产品进入市场的初期阶段。由于消费者对新产品不了解，只有少数思想开放、追求新奇、敢于冒险的人尝试，产品销售量少，销售额增长缓慢。同时，企业为了扩展销路，需要开展广告和营业推广活动，促销费用较高。企业基本处于亏损、保本或微利状态，是风险最大的时期。

（2）成长期。成长期是产品在市场上打开销路的阶段。消费者对产品逐渐熟悉，开始大量购买产品，销售额迅速上升，市场逐渐扩大；产品大批量生产，生产成本相对降低，利润迅速增加；竞争者看到有利可图，纷纷进入市场参与竞争，导致同类产品供应量增加，市场竞争激烈；市场价格趋于下降，促销费用基本稳定或略有提高，企业的利润日渐丰厚。

（3）成熟期。成熟期是产品在市场上已经普及并达到饱和的阶段。产品销售量达到较大的规模，产品普及率提高，销售量保持稳定，市场趋于饱和；企业之间竞争逐渐加剧，销售价格降低，促销费用增加，企业的盈利水平稳中有降。

（4）衰退期。衰退期是产品被市场逐渐淘汰的阶段。市场上出现了更新换代产品，消费者注意力和兴趣转移，产品销售量急剧下降，同行业竞争者竞相削价抛售，企业利润降至最低点，甚至无利可图而陆续停止生产。

产品生命周期的 4 个阶段呈现出不同的市场特点，企业应根据不同的阶段制定不同的营销策略。在介绍期，企业应采取高价撇脂策略或低价渗透策略，运用促销和价格手段，以求收回投资或加强市场渗透。在成长期，企业应采取各种措施改进产品质量，积极开拓新市场，提升企业品牌形象，降低产品售价，以求保持并且扩大市场份额。在成熟期，企业应主动出击，采取市场改良策略，发现产品的新用途，改变促销方式，使产品销售量得以扩大，使成熟期延长，或使产品生命周期出现再循环。在衰退期，企业可以当机立断，停止生产，放弃经营，或者尝试一下市场的最后机会。

3. 产品组合

从产品的生命周期理论可知，产品都有被市场淘汰的可能，因此企业不能只生产一种产品，当然，也不是生产的品种越多越好。企业在一定时期内生产经营的全部产品的结构和组合方式，被称为产品组合。产品组合通常由产品线组成。产品线是企业产品组合中的每一个大类产品，一般由产品项目组成。产品项目是某一产品线中由于不同规格、品种、型号、质量、功能、价格而形成的具体产品。

一个产品组合具有一定的宽度、长度、深度和密度，下面以美国苹果公司（Apple Inc.）的产品组合为例来解释这些概念，如表 1-2 所示（据 2022 年 1 月不完全统计）。产品组合的宽度（width）是指企业生产经营的产品线的总数，如苹果公司产品组合的宽度是 5。产品组合的长度（length）是指企业生产经营的所有产品线中包含的产品项目的总数，如苹果公司产品组合长度是 23。产品组合的深度（depth）是指产品线中每一产品有多少花色、品种或规格，如苹果公司的 iPhone 13 Pro 有 128GB、256GB、512GB、1TB 四种容量，各有 4 种颜色可选，因此 iPhone 13 Pro 产品组合的深度为 $4 \times 4 = 16$。产品组合的关联度（consistency）是各产品线在最终用途、生产条件、销售渠道或其他方面相互关联的程度。苹果公司的产品以计算机和手机为主，采用了相同的营销渠道，因此关联度较高。

表 1-2 苹果公司的产品组合

Mac	iPad	iPhone	Watch	AirPods
MacBook Air	iPad Pro	iPhone 13 Pro	Series 7	AirPods 第二代
MacBook Pro	iPad Air	iPhone 13	SE	AirPods 第三代
iMac	iPad	iPhone 12	Series 3	AirPods Pro
Mac Pro	iPad Mini	iPhone SE	Nike	AirPods Max
Mac Mini		iPhone 11	Hermes	

企业应根据企业资源、市场需求和竞争状况来选择不同的产品组合。扩大产品组合的宽度,即增加产品线的数量,实际上就是扩大了生产经营范围,实行多种经营战略,在发挥企业潜力、开拓新市场的同时,还能分散风险。延长产品组合的深度或长度,即增加新的产品线或增加每一条产品线的产品项目,这样可以占领更多的细分市场,满足更多不同消费者的需要。加强产品组合的密度,即加强产品线之间的关联性、一致性,这样在增强企业市场地位,发挥和提高企业专业能力的同时,也可以综合利用各种资源,提高企业的经济效益。

4. 产品的品牌

美国市场营销协会对品牌的定义如下:品牌是一种名称、术语、标记、符号或设计,或是它们的组合运用,其目的是借以辨识某个销售者或某群销售者的产品或服务,并使之同竞争对手的产品或服务相区别开来。如国内外有可口可乐、微软、诺基亚、海尔、联想、长虹、全聚德、青岛啤酒等知名品牌。品牌的一部分经过注册便称为商标,商标是品牌的组成部分。根据中华人民共和国商标法(2019 年修正),商标(trademark)是指能将自己的商品(含服务)与他人的商品(含服务)区别开的可视性标志(包括文字、图形、字母、数字、三维标志和颜色,以及上述要素的组合)。商标受法律保护,任何人未经商标注册人许可,皆不得仿效或使用。

品牌对于生产者和消费者都有重要的作用。品牌知名度形成后,企业可以利用品牌优势扩大市场,促成消费者对于品牌的忠诚,稳定产品的价格,并可以借助成功的品牌,扩大企业的产品组合或延伸产品线。对于消费者而言,有助于消费者识别产品的来源或产品的制造厂家,更有效地选择或购买商品,并有利于消费者权益的保护。

品牌分为制造商品牌(manufacture brand)和零售商自有品牌(private brand)两种。国内外知名品牌多是以制造商品牌为主,如戴尔、东芝、松下、华为、小米等。少数销售规模大、分销能力强的零售商,也拥有自有品牌。自有品牌是指由零售商所拥有、使用、控制和管理的品牌,如麦德龙的 aka 牌食品,家乐福的"家乐福"牌日用品,网易的"严选",京东的"京选"等。自有品牌策略具有成本价格优势、促销优势、消费者的忠诚优势和渠道控制优

学生笔记:
_____
_____
_____

势等。

企业可以选择的品牌策略如下。

(1) 单品牌策略。单品牌策略是指企业对生产的全部产品,统一使用一个品牌进行营销的策略。如格力、美的、长虹、康佳等。单品牌策略有利于企业节约产品促销费用,有利于新产品开拓市场,有利于品牌的整体建设和发展。但是这种策略经营风险较大,当某一产品出现问题时,可能影响整个品牌的形象。

(2) 多品牌策略。多品牌策略是指企业针对不同产品,采用不同品牌的策略。多品牌策略的实施有两个特点:一是不同的品牌针对不同的目标市场,二是品牌的经营具有相对的独立性。最典型的是美国宝洁公司,我国消费者熟悉的"潘婷""飘柔""海飞丝"三大洗发护发品牌都是宝洁的产品。3 个品牌分别针对不同的目标市场:飘柔强调"头发更飘、更柔";潘婷突出"拥有健康,当然亮泽";海飞丝则是"头屑去无踪,秀发更出众"。它们之间相互独立、相互竞争,从而吸引各种消费者,使得宝洁在中国的洗发水市场牢牢占据第一的位置。采用多品牌策略,可以使企业的品牌定位更加精准,更有利于做大细分市场的规模,市场风险相对较小,一类产品出问题对其他品类产品影响较小,但这使企业品牌建设成本大大增加,也对品牌管理提出更高的要求。

(3) 分类品牌策略。分类品牌策略是指企业针对不同类别的产品,采用不同品牌的策略。如果企业所经营的各类产品之间的差别非常大,那么企业就可以根据产品的不同分类归属来采用不同品牌,即为各类产品分别命名,一类产品使用一个品牌。如美国庄臣公司生产的杀虫剂用的是"雷达"品牌,皮革护理产品用的是"碧丽珠"品牌,清洁类产品用的是"威猛先生"品牌,鞋油用的是"红鸟"品牌。这种策略适合产品种类繁多的大企业,由于不同类别产品之间的差距很大,那么这些产品绝不能使用同一品牌。显然,庄臣公司的各个品牌之间不能混用。

(4) 公司名称加个别品牌策略。公司名称加个别品牌策略是指企业考虑到产品的关联性但又相对独立的情况,采用在公司名称前后加上个别品牌名称的策略。每一品牌前面均加上公司名称,表明这是同一公司的产品,可以使新产品享受到公司的良好信誉;同时不同产品采用不同品牌又可以保持自己的特色。大公司可以采用这种策略,因为公司为产品质量提供了强大的保障。如日本丰田公司生产的轿车,有"丰田雅力士""丰田威驰""丰田卡罗拉""丰田凯美瑞""丰田 RAV4"等品牌。

1.5.3 定价策略

商品的价格是价值的货币表现,在商品交换过程中,买卖双方是按照约定的价格完成交易。价格是影响需求的重要因素,价格的高低在很大程度上决定了交易的成败,也决定了企业的收益水平。因此,选择合适的定价策略是企业营销的基本任务之一。

1. 定价的目标

定价目标(pricing objectives)是企业在对其生产经营的产品制定价格时,有意识要求达到的目的和标准。企业的定价目标服从于营销目标,由于营销目标不同,企业的定价目标也会多种多样,总的来说有以下几种。

(1) 维持生存。当市场竞争激烈,产品销售下滑时,为了能消除库存和保持企业正常运转,企业必须制定较低的价格,以低价刺激市场需求,扩大销售量。也就是说,企业把维护生存作为定价目标。

(2) 利润最大化。这是企业在一定时期内获取最高利润的定价目标。利润最大化并不意味着企业制定最高售价,而在于企业的总体销售额,企业要在价格和销售量上做出选择。有时候会因为定价过高而达不到预期销售量,或者因为定价过低而达不到最大销售额而使利润降低。利润最大化有长期和短期之分。当定价过高,可能短期内对增加利润比较有效,但有可能损害企业的长远利益;当定价过低也会使企业的短期利润很难有起色。

(3) 市场占有率最大化。较高的市场占有率伴随着大量的销售使产品的生产成本、营销成本持续下降,因此可以使定价降低。从长远看,这种价格具有较强的竞争力,最终能为企业带来长期的最大利润。以市场占有率最大化为目标定价,必须具备如下条件:一是目标市场的消费需求弹性较大,偏低定价能刺激消费者购买;二是随着生产、销售规模的扩大,产品成本有明显的下降;三是低价能吓退现有的和潜在的竞争者。

(4) 产品质量最优化。产品质量优良,同时获得市场认可的产品可以以较高的价格为消费者所接受。因此,不少国际营销企业通过追求在目标市场上的质量领先地位,达到最终获得最大收益的目标。通过较高的利润水平弥补质量领先所伴随的高额生产成本和研发费用。因此,以产品质量最优化为定价目标时,企业需要在生产和营销过程中始终贯彻产品质量最优化的指导思想,并辅以相应的优质服务。

2. 定价方法

(1) 成本导向定价法。企业以单位产品在生产和经营中的成本为依据,再加上预期利润来确定价格,这是企业最常用、最基本的定价方法。成本导向定价法从本质上讲是一种卖方定价导向,它忽视了市场需求、竞争和价格水平的变化,有时候与定价目标相脱节。此外,运用这一方法制定的价格均是建立在对销售量主观预测的基础上,从而降低了价格制定的科学性。因此,在采用成本导向定价法时,还需要充分考虑需求和竞争状况,来确定最终的市场价格水平。

(2) 竞争导向定价法。在竞争激烈的国际市场上,国际营销企业通过研究竞争对手的生产条件、服务状况、价格水平等因素,依据自身的竞争实力,参考成本和供求状况来确定产品价格的方法就是竞争导向定价法。竞争导向定价法的特点是价格与产品成本和需求不发生直接关系;产品成本或市场需求变化了,但竞争者的价格未变,就应维持原价;反之,虽然成本或需求都没有变动,但竞争者的价格变动了,则相应地调整产品价格。

(3) 需求导向定价法。现代营销观念要求企业的营销活动必须以消费者需求为中心,按照消费者对产品的认知和需求的差异来确定产品价格。需求导向定价法是以市场需求为导向的定价方法,价格随市场需求的变化而变化,不与成本因素发生直接关系,符合现代营销观念要求,企业的一切营销活动都以消费者需求为中心。

学生笔记:
_____
_____
_____

1.5.4　渠道策略

分销渠道(distribution channel),也叫作销售渠道(sales channel),是指产品从生产者向消费者转移过程中所经过的所有企业、组织和个人所组成的中间路径。渠道策略的目的是使企业生产经营的产品顺利地被消费者使用,具体任务是把产品从生产者转移到消费者手中,使消费者能在适当的时间、适当的地点购买到自己需要的产品,从而便于消费,实现扩大市场销售的目的。

分销渠道所涉及的是产品实体和所有权从生产领域向消费领域转移的整个过程。在市场经济条件下,产品必须通过交换,发生价值形式的运动,使产品从一个所有者转移到另一个所有者,直至消费者手中,这称为商流。同时,伴随着商流还有产品实体的空间移动,称为物流。商流与物流相结合,使产品从生产者到达消费者手中,便是分销渠道。在整个分销过程中至少有一次所有权转移,起点是产品的生产者,终点是产品的消费者,营销中介是各种中间商,即代理商,经销商(批发商、零售商)和辅助商(物流商、广告商、策划商)。

1. 分销渠道的分类

按产品是否经过中间商,分销渠道分为直接分销渠道和间接分销渠道。

(1) 直接分销渠道。直接分销渠道是企业采用产销合一的方式,即产品在从生产者流向最终消费者的过程中,不经过任何中间商,由生产者直接将产品销售给消费者的一种方式。由于减少了中间环节,企业可以节约流通费用;企业直接面对市场,可以随时掌握市场的变化,有利于企业及时响应市场。但是直接分销渠道也有一定的限制条件,适应范围有限;生产者直接销售产品会耗费一定的人力、物力和财力,对集中精力进行产品生产活动不利;生产者在承担流通职能的同时,也承担了产品销售的风险。

一般而言,在以下情况下适合采取直接分销渠道:价值大、体积大、市场集中、销售范围较小的产品;技术性强、制造成本高的产品,以及易腐、易烂、易碎、易变质等物理化学性质活跃的产品;自身管理水平较高,经验丰富,财力雄厚,能够高度控制产品销售的企业。

(2) 间接分销渠道。间接分销渠道是指企业通过各种中间商把产品销售给消费者的一种分销形式,产品出厂后要经过代理商、批发商、零售商等中间环节,才能送达最终消费者手中。有了间接分销渠道,企业的销售就可以简单化,有利于企业集中优势发展生产,促进生产效率的提高;利用中间商的资源、经验和关系,可以增加产品销售的覆盖面,有利于提高市场占有率,并搞好售后服务。各种中间商的加入,分担了生产者的营销风险。但是,如果营销中介环节过多,会增加流通费用,并带来信息反馈难的问题。

一般而言,在以下情况下适合采取间接分销渠道:市场分散、销售范围广的大部分消费品;价值小、成本低、物理化学性质稳定的日用品、标准品等;自身缺乏国际营销的技术和经验,管理能力较差,财力薄弱,对其产品和营销的控制要求不高的企业。

此外,分销渠道还有其他分类。按照产品经过中间环节的多少,可以分为长渠道和短渠道;按照渠道每个环节使用中间商的数量,可以分为宽渠道和窄渠道等。20世纪80年代以后,分销渠道又有了新发展,出现了垂直分销渠道、水平分销渠道、复合分销渠道等。

2. 分销渠道的选择

企业在选择分销渠道时,一般都要遵循以下原则。

（1）畅通高效原则。这是分销渠道选择的首要原则,任何正确的渠道决策都必须符合物畅其流、经济高效的要求。产品的流通时间、流通速度、流通费用是衡量分销渠道效率的重要标志。畅通的分销渠道应以消费者需求为导向,将产品尽快、尽好、尽早地通过最短的路线,以尽可能优惠的价格送达方便消费者购买的地点。畅通高效的分销渠道,不仅能够让消费者在适当的地点、时间,以合理的价格买到满意的产品,而且应努力提高企业的分销效率,争取降低分销费用,以尽可能低的分销成本,获得最大的经济效益,赢得竞争的时间和价格优势。

（2）覆盖适度原则。企业在选择分销渠道时,仅仅考虑加快速度、降低费用是不够的,还应考虑及时、准确地将送达的产品能否销售出去,是否有较高的市场占有率和足以覆盖目标市场。因此,不能一味强调降低分销成本,这样可能导致销售量下降、市场覆盖率不足的后果。成本的降低应是规模效应和速度效应的结果。在分销渠道的选择中,也应避免扩张过度,分布范围过宽、过广的现象,以免造成沟通不力、协调困难,导致无法控制和管理中间商。

（3）稳定可控原则。畅通有序、覆盖适度是分销渠道稳固的基础。企业的分销渠道一旦确定,就需要花费相当大的人力、物力、财力去建设和维护,这个过程往往是复杂而缓慢的。所以,企业不会轻易更换分销渠道成员,更不会随意转换分销渠道策略。只有保持分销渠道的相对稳定,才能进一步提高分销渠道的效益。由于影响分销渠道的各种因素是不断变化的,原有的分销渠道难免会出现某些不合理的问题,这时,就需要分销渠道具有一定的调整功能,以适应市场的新情况、新变化,保持渠道的适应力和生命力。调整分销渠道时应综合考虑各种因素,尽量使渠道始终都在可控制的范围内保持基本的稳定状态。

（4）协调平衡原则。企业在选择、管理分销渠道时,应合理分配各渠道成员的利益,不能只追求自身效益的最大化而忽视其他渠道成员的利益。分销渠道成员之间的合作、冲突、竞争的关系,要求分销渠道的领导者对此有一定的控制能力,能够统一、协调、有效地引导渠道成员充分合作,鼓励渠道成员之间有序竞争,减少冲突发生的可能性,快速解决已发生的矛盾,确保总体目标的实现。

（5）发挥优势原则。企业在选择分销渠道时,为了争取在竞争中处于优势地位,要注意发挥自己各个方面的优势,将分销渠道的设计与企业的产品策略、价格策略、促销策略结合起来,增强营销组合的整体优势。

3. 中间商的选择

中间商是指在生产者与最终消费者之间,参与市场交换、促使买卖行为发生和实现的经济实体、经济组织和个人。中间商可以按照不同的标准进行分类:按照是否对产品拥有所有权,可将中间商分为经销商和代理商;按照在分销中的地位和作用,可将中间商分为批发商和零售商。

中间商是渠道功能的重要承担者,中间商可以全部或部分参与分销渠道的信息流、商

学生笔记:
_____

_____

_____

流、物流。分销渠道所具有的实现产品价值及提高交易效率和效益的功能、增强企业竞争优势的功能,多数都是在中间商的积极参与下完成的,中间商必须具有独立承担业务并与其他渠道成员通力合作的能力,因此对合格的中间商要求很高。合格的中间商具有以下两个特点:一是稳定性,中间商必须要有提供稳定服务的能力。完善的营销网络是中间商的巨大的无形资产和竞争优势,也是其开拓市场、维护市场稳定的前提条件。二是专业性,中间商要有专业服务的水平。中间商要对市场、产品、地域环境有充分的认识,要具有经济、法律、人力资源等知识与素养,在熟悉所经营产品的制造、储运、保管与使用的基础上,要有高水平的财务管理、营销管理、物流管理等专业管理知识与能力。

企业选择中间商,要把握好以下几个原则。

(1)中间商的市场范围。这是最基本的原则。企业选择中间商的目的就是要将自己的产品打入目标市场,方便消费者购买。因此企业首先要考虑预先订购的中间商的经营范围所包括的地区与产品的预计销售地区是否一致,必须了解中间商是否拥有合适的销售渠道、销售场所。市场是选择中间商最关键的原因。

(2)中间商的产品政策。中间商承销的产品种类及其组合情况是中间商产品政策的具体体现。选择时一要看中间商有多少产品组合,二要看各种经销产品的组合关系,是竞争产品还是促销产品。一般认为应该避免选用经销竞争产品(同类产品)的中间商,如同是洗衣机。但是若产品的竞争优势明显就可以选择,如功能和档次不同。因为顾客会在对不同生产企业的产品做客观比较后,决定购买有竞争力的产品。

(3)中间商的业务能力。中间商是否有足够的专业水平和开拓市场的能力。很多产品的专业性较强,要求中间商必须具备相应的专业知识,如电气知识、机械知识等,以及具有专业设备,如运输设备、仓储设施、维修保养设备等,能够按照企业的要求销售产品和提供服务。优秀的中间商能够依靠自身业务能力为企业开拓市场,为产品销售打开销路。

(4)中间商的合作程度。分销渠道作为一个整体,只有渠道的所有成员具有共同目标,明确分工,互相合作,才能建立起一个有效的分销渠道。明确分工,既是合作的前提,也是选择中间商的原则与标准。中间商与生产企业合作得好会积极主动地推销企业的产品,对双方都有益处。企业要在分析中间商的分销意愿、与其他渠道成员合作态度的基础上选择合适的中间商等。

4. 物流的组织与管理

《中华人民共和国国家标准·物流术语》(GB/T 18354—2021)指出:物流是根据实际需要,将运输、储存、装卸、搬运、包装、流通加工、配送、信息处理等基本功能实施有机结合,使物品从供应地向接收地进行实体流动的过程。

(1)物流的意义。首先,物流是商品交换的保障。为了将消费者的需求变成现实,需要将商品送达消费者手中,一切实体商品的转移都必须依靠物流来完成。物流是实现商品价值和使用价值的基本条件。其次,合理的物流对提高企业和全社会的经济效益起着十分重要的作用。当从原材料和劳动力中发掘利润的潜力越来越小的时候,企业发现从降低物流成本、提高效率的角度出发,物流可以为企业带来巨大利润,因此物流被称为"第三利润源"。对全社会而言,物流是连接国民经济各部门的纽带,如果全社会的物流体系运作高效的话,也会带来巨大的经济和社会效益。

（2）物流的分类。对企业而言,根据物流提供者的主体不同,物流分为第一方物流、第二方物流、第三方物流等。第一方物流(First Party Logistics,1PL)是指卖方,也就是生产者或者供应方组织的物流活动。这些组织的主要业务是生产和供应商品,但为了其自身生产和销售的需要而进行物流网络及设备的投资、经营与管理。供应方或者厂商一般都需要投资配备一些仓库、运输车辆等物流基础设施。第二方物流(Second Party Logistics,2PL)是指买方,或者生产企业聘请车队、仓库来完成的物流活动,这种概念都已经脱离了企业自身的服务,开始向分工合作转化。第三方物流(Third Party Logistics,3PL)是指由供方与需方以外的物流企业提供物流服务的业务模式。第三方物流本身不拥有商品,而是通过签订合作协定或结成合作联盟,在特定的时间段内按照特定的价格向客户提供个性化的物流代理服务,又称为契约物流或物流联盟。生产企业把物流业务外包给第三方物流企业,就可以集中精力搞好生产,为消费者提供更多、更好的产品和服务,同时有利于降低物流成本,为顾客创造更多的价值。第三方物流是物流专业化的体现。

（3）物流的形式。按照采用的运输工具的不同,物流分为铁运物流、水运物流、空运物流、邮政物流、集装箱物流、多式联运物流等多种形式。铁运物流(railway transport logistics)依靠火车在铁路上运输,是国内货物运输的主要方式,特点是运量大、速度快、风险小、成本低、受天气影响较小等。水运物流(waterway transport logistics)利用各种船舶在江、河、湖泊、人工水道及海洋上运输,是国际贸易运输的最主要手段,特点是运量大、运费低,但受天气影响较大。空运物流(air transport logistics)采用专门的运输机和普通客机运输,特点是速度快、安全、准时、节省包装和保险费用,但运量小、运价高。邮政物流(parcel post transport logistics)用邮政包裹运输,以空运、铁运为主,可以实现"门到门"运输和国际多式联运。集装箱物流(container transport logistics)用标准集装箱运输,以铁运、水运为主,可以高效完成国内和国际的多式联运。多式联运物流(multimodal transport logistics)至少采用两种不同的运输方式,包括陆空联运、陆海联运、海空联运,在长途运输尤其是国际货物运输中应用广泛。

（4）现代物流的发展。随着新技术、新方法的出现,现代物流呈现出新的发展趋势。各种物流技术设备如自动立体仓库、AGV、自动分拣机、分拣机器人的应用,使物流日趋自动化;计算机和互联网络的普及,使物流日趋网络化;新的电子技术,如 RFID、GPS、GIS、北斗导航的应用,使物流日趋电子化;电子商务和各种信息系统的应用,使物流日趋协同化;物联网和各种传感器的应用,使物流日趋智能化;各个环节互相沟通、互相配合,使得物流日趋协同化、集成化和共享化。

1.5.5　促销策略

促销(promotion)是指企业利用各种有效的方法和手段,将产品或服务的信息传递给消费者,激发消费者的购买欲望,促使消费者购买的营销活动。

学生笔记:
_____
_____
_____

促销的实质是信息沟通,一方面企业要把产品的信息传递给消费者,另一方面又要将消费者对产品的意见、要求、需求动向等信息反馈给企业,由此组成了一个循环的、双向式的信息沟通系统。促销的目的是引起消费者的注意与兴趣,转变消费者的态度和行为,促成更多的消费者大量购买行为的实现。

促销的基本方式分为人员推销、广告、公共关系、营业推广等,其中人员推销是通过推销员与消费者直接沟通,说服消费者采取购买行为的人际沟通方式,广告、公共关系、营业推广是非人际沟通方式。促销方式的选择取决于市场特点、产品性质、促销成本和促销效率等因素。

1. 人员推销

人员推销(personal selling)是指企业通过推销人员直接向目标市场进行直接的宣传、介绍、推销产品的促销形式。这是人类最古老的促销形式,在商品经济高度发达的今天,人员推销也成为现代营销的基本方式。

(1) 人员推销的特点。优点是双方可以一对一沟通,具有针对性;当面演示产品,当面接触产品,具有有效性;当面传递信息,当面反馈意见,具有双向性;沟通过程中能产生信任和理解,加深双方感情,密切双方关系。缺点是接触面窄,费用支出较大;对推销人员要求较高,沟通不当很容易招致消费者反感。

(2) 人员推销的类型。推销人员通常有4种类型。一是生产厂家的人员推销,即生产厂家雇佣推销员向中间商或其他厂家推销产品。二是批发商,即批发雇佣推销员在指定区域向零售商推销产品。三是零售店人员推销,这类推销往往是推销人员在顾客上门时才进行推销。四是直接针对消费者的人员推销,即推销人员主动寻找消费者进行推销,这类推销在零售推销中所占比重不大,但有其特殊的优势。

2. 广告

广告(advertising)是指广告主付出一定的费用,借助报纸、杂志、广播、电视、网络等传播媒体,向受众传播产品信息,以扩大销售为目的一种促销手段。

(1) 广告的作用。第一,传递信息,诱导消费。这是国际广告最基本的作用,广告可以帮助目标市场国的消费者了解产品的特点,诱导消费者的需求,改变消费者的消费心理,刺激消费者的购买行为。第二,介绍产品,引导消费。在市场新产品层出不穷,消费者不易识别和难于选择的情况下,广告能使新产品、新观念得以迅速流行,并形成一种消费时尚。第三,树立形象,促进销售。优秀的广告能加深消费者对企业和产品的记忆与好感,树立良好的企业形象和产品形象,消费者在自觉与不自觉中借助广告来购买产品。

(2) 广告的类型。根据使用媒体的不同,广告主要分为以下几类。第一,报纸广告。优点是信息量大、说明性强、传播面广、信任度高、易于保存,缺点是表现形式单一(不能展现声音、图像)、收费标准较高等。第二,杂志广告。除了具有报纸广告的多数特点外,还具有专业性强、制作精美等优点,以及时效性差的缺点。第三,广播广告。优点是即时性、收听方式的随意性、受众层次的多样性、激发情感的煽动性、传播面较广、播出灵活、单位时间内信息容量大、制作成本低、收费标准低等,缺点是表现形式单一(不能展现文字、图像)、易逝性(不能存储)等。第四,电视广告。优点是直观性强、传播面最广、较强的冲击力和感染力、较高的注意率,缺点是表现形式单一(不利于展现文字)、易逝性(不能存储)、收费标准过高。第五,网络广告。网络广告在很大程度上克服了上述媒体的缺点,同时集中了多种媒体的优点,还具有自身的独特优势,在网络营销中广泛应用。

除了上述这些广告的基本形式,还有电影广告、包装广告、招贴广告、车身广告、站牌广告等多种形式,特点各不相同。企业应根据自己的营销目标、营销环境、商品特性、预算水平等方面决定采用何种广告形式。

3. 公共关系

公共关系(Public Relations,PR)是指企业为了树立自身的良好形象,运用传播媒介的沟通方式,与公众建立一种平等互惠的社会关系,简称公关。公共关系的基本特征是以公众为对象,以美誉为目标,以沟通为手段,以互惠为原则,以真诚为信条,以长远为方针。公共关系的职能是树立形象,收集信息,咨询决策,传播沟通和协调关系。公共关系的对象包括媒体公众、政府公众、社区公众、金融公众、客户公众等。随着经济的发展,公共关系越来越为人们重视,许多企业家已认识到要使企业健康发展和繁荣,必须借助于公众的信赖与支持。众多企业都成立了公共关系部,积极开展公共关系。

(1) 公共关系的作用。第一,有利于树立企业形象和塑造产品品牌;第二,有利于建立企业与消费者之间双向的信息沟通;第三,有利于企业消除公众的误解和化解危机;第四,有利于沟通与协调企业内部关系,增强企业内部的凝聚力;第五,有利于沟通、协调企业与社会公众的各种联系,创造良好的营销环境。

(2) 公共关系的方式。第一,利用新闻媒体。新闻媒体宣传是一种免费广告。由于大众传播媒体进行的宣传,具有客观性和真实感,社会公众在心理上往往不设防,传媒的客观性带来的社会效益和经济效益往往高于单纯的商业性广告。第二,参与社会活动。企业是社会的一个组成部分,在进行营销活动的同时,应该积极参与社会活动,在广泛的社会交往中发挥自己的能动作用,赢得社会公众的爱戴。第三,组织宣传展览。企业宣传展览的形式应尽可能多样化,可以组织编印宣传性文字、图像资料,拍摄宣传影视片,以及组织展览等开展公共关系活动,从不同侧面充分展示企业的形象。第四,刊登公关广告。企业为形成某种进步的、具有积极意义的社会风气或宣传某种新观念而做广告,能够有效地扩大企业的知名度和美誉度,树立关心社会公益事业的良好形象。第五,建设企业文化。企业形象的传播,往往是通过员工的言谈举止来进行的。社会公众从与之交往的企业员工身上,可以感受到企业的形象。

4. 营业推广

营业推广(sales promotion)是指企业在短期内为鼓励购买、销售商品和服务而采取的除人员推销、广告、公共关系以外的营销活动的总称,也叫作销售促进。营业推广是西方企业广泛运用的促销手段,21 世纪以来营业推广的总费用有不断上升的趋势。在我国,随着市场竞争在更大范围和更深层次上的展开,营业推广也成为企业竞争的重要促销手段。

学生笔记:

_____

_____

_____

（1）营业推广的特点。第一，辅助性。营业推广是介于广告和人员推销之间，用来补充广告和人员推销不足的一种不经常的、无规则的、辅助性的促销手段，一般用于短期的和额外的促销工作，往往配合其他促销手段共同使用。第二，短期性。营业推广的措施如赠送、发放优惠券等能够引起目标市场国消费者的兴趣，刺激购买行为，在短期内促成交易，使企业销售额大幅度增长。如果长期使用会引起消费者的观望和怀疑，导致促销效果大幅降低。第三，迅速性。营业推广向消费者提供了一个特殊的购买机会，它能迅速够唤起消费者的广泛注意，对追求利益和低收入阶层的消费者颇具吸引力。第四，防御性。企业向消费者提供一些特殊的优惠条件，可以有效地影响、抵御和击败竞争者。

（2）营业推广的方式。第一，针对消费者的营业推广。可以赠送样品：把产品样品赠送给消费者。购买赠送：购买时赠送便宜品或免费品。优惠券：结账时可以冲抵购物金额。退费优待：根据购买凭证给予一定退费。折价优待：临时调低售价。抽奖与竞赛：以特定奖品抽奖或竞赛。会议促销：在展销会、博览会上促销。第二，针对中间商的营业推广。可以给予批量折扣：大批量购货时给予大比例折扣。推广津贴：支付给中间商一定的推广费用。销售竞赛：达到一定销售规模给予奖励。免费附赠：购买达到一定数量时附赠产品。返点补贴：一定时期如一年内，销量达到一定规模，按销售额的比例返还资金。第三，针对推销人员的营销推广。可以采用红利提成：一定时期内从企业销售利润中提取一定比例的金额作为奖金发放。特别推销金：推销时给予现金或礼品。推销竞赛：按业绩高低给予奖励，如现金、带薪休假、荣誉称号、培训机会等。

1.6　营销理论的新发展

1.6.1　关系营销

1. 关系营销的含义

关系营销（relationship marketing）的概念是 1983 年由从事服务营销研究的美国学者、北美学派的白瑞（Leonard L. Berry）在一篇服务营销的会议论文中率先引入文献的。1985年，美国著名学者巴巴拉·本德·杰克逊（Barbara B. Jackson）从产业营销的角度定义了关系营销，认为关系营销是"关于吸引、发展并保留与消费者关系的营销导向"。关系营销理论一经提出，迅速风靡全球，杰克逊也因此成了美国营销界备受瞩目的人物。菲利普·科特勒评价说，"杰克逊的贡献在于，他使我们了解到关系营销将使公司获得较之其在交易营销中所得到的更多。"

后来许多学者对关系营销进行了广泛研究。美国学者摩根（Robert M. Morgan）和亨特（Shelby D. Hunt）从交换关系的角度来界定关系营销，认为关系营销是"旨在建立、发展和维持成功的关系型交换的所有营销活动"。产业营销学派的哈坎逊（Hakansson）从网络理论的角度将传统的买卖双方之间的关系扩展到三方以上的角色之间的关系，强调关系各方在资金、网络地位和技能等资源上相互依赖性以及关系投资的共同性，认为关系营销就是协调各方关系，最终各方共同取得收益的一种社会活动过程。服务营销学派的科瑞斯汀·格朗鲁斯（Christian Gronroos）把公司的利益相关者界定为关系营销的对象，认为关系营销定义识别、建立、维持、加强以及在必要时结束与消费者及其他利益相关者的关系，以实现各方的经济目标和其他目标的过程,这个过程是靠双方不断做出承诺和履行承诺来完成的。英澳学派的马丁·克里斯托弗和百朗替内(Ballantyne)提出了六大市场的多重利益相关者模型和关系发展阶梯模型,强调各种营销职能的交叉,认为关系营销就是产品质量、消费者服务和营销活动三位一体的社会活动过程。

综合各种定义,关系营销是指企业在赢利的基础上,通过建立、维持、促进与消费者和其他伙伴之间的关系,充分强化和利用各种形式的关系及关系网络进行营销实践,实现参与各方目标的一种社会活动。

2. 关系营销的基本模式

(1) 以顾客忠诚为中心。在关系营销中,企业首先要分析顾客需求、顾客需求满足与否的衡量标准是顾客满意程度;满意的顾客会对企业带来有形的好处(如重复购买该企业产品)和无形产品(如宣传企业形象)。其次,采取提供满意的产品和服务、提供附加利益、提供信息通道的方法来取得顾客满意。第三,有针对性地采取措施来维系顾客。

(2) 以梯度推进为方法。一级关系营销(频繁市场营销或频率营销):维持关系的重要手段是利用价格刺激对目标公众增加财务利益。二级关系营销:在建立关系方面优于价格刺激,增加社会利益,同时也附加财务利益,主要形式是建立顾客组织,包括顾客档案和正式的、非正式的俱乐部以及顾客协会等。三级关系营销:增加结构纽带,同时附加财务利益和社会利益。与客户建立结构性关系,它对关系客户有价值,但不能通过其他来源得到,可以提高客户转向竞争者的机会成本,同时也将增加客户脱离竞争者而转向本企业的收益。

(3) 以作用方程界定关系营销的模式。作用力是指决策的权利和行为的力量。双方的影响能力可用下列 3 个作用方程表示:"营销方的作用力"小于"被营销方的作用力","营销方的作用力"等于"被营销方的作用力","营销方的作用力"大于"被营销方的作用力"。引起作用力不等的原因是市场结构状态的不同和占有信息量的不对称。在竞争中,营销作用力强的一方起着主导作用,当双方力量势均力敌时,往往采取谈判方式来影响、改变关系双方作用力的大小,从而使交易得以顺利进行。

3. 关系营销的基本原则

关系营销的实质是在市场营销中与各关系方建立长期稳定的相互依存的营销关系,以求彼此协调发展,因而必须遵循以下原则。

(1) 主动沟通原则。在关系营销中,各关系方都应主动与其他关系方接触和联系,相互沟通信息,了解情况,形成制度或以合同形式定期或不定期碰头,相互交流各关系方需求变化情况,主动为关系方服务或为关系方解决困难和问题,增强合作伙伴关系。

(2) 承诺信任原则。在关系营销中,各关系方相互之间都应做出一系列书面或口头承诺,并以自己的行为履行诺言,才能赢得关系方的信任。承诺的实质是一种自信的表现,履行承诺就是将誓言变成行动,是维护和尊重关系方利益的体现,也是获得关系方信任的关键,是企业与关系方保持融洽伙伴关系的基础。

学生笔记:
_____
_____
_____

（3）互惠互利原则。在与关系方交往过程中必须做到相互满足关系方的经济利益，并通过在公平、公正、公开的条件下进行成熟、高质量的产品或价值交换使关系方都能得到实惠。

1.6.2 绿色营销

1. 绿色营销的含义

绿色营销（green marketing）是指企业以环境保护为指导思想，以绿色文化为价值观念，以绿色消费为中心和出发点的营销活动和策略。绿色营销要求企业在营销过程中，将企业自身利益、消费者利益和社会利益三者统一起来，并以此为中心对产品或服务进行构思、设计、销售和制造。

绿色营销是适应 21 世纪消费需求而产生的，是在人们追求健康、安全、环保的意识形态下所发展起来的新的营销方式、方法和策略。绿色营销策略的制定和方案的选择及相关资源的整合还无法也不能脱离原有的营销理论基础。

2. 绿色营销的内容

（1）设计绿色产品。产品策略是市场营销的首要策略，所谓绿色产品是健康、安全、环保的，对社会、对环境改善有利的产品。企业实施绿色营销必须以绿色产品为载体，在产品的功能、实体、包装上为社会和消费者提供满足绿色需求的绿色产品。

（2）制定绿色产品价格。一般来说，绿色产品在市场的投入期，生产成本会高于同类传统产品，因为绿色产品在产品设计、制造、工艺、材料、营销上增加多种成本。绿色产品的价格上升是暂时的，随着科学技术的发展和各种环保措施的完善，绿色产品的制造成本会逐步下降，趋向稳定。所以，企业生产经营绿色产品不仅能使企业盈利，更能在同行竞争中取得优势。

（3）选择绿色渠道。企业实施绿色营销必须建立稳定的绿色营销渠道，在绿色渠道建设中，企业要结合产品特点，充分发挥产品的绿色特质，启发和引导中间商的绿色意识，开设绿色专营店，选择绿色的运输工具，尽可能建立短渠道，从而实现绿色渠道。

（4）进行绿色促销。通过绿色广告、绿色推广、绿色公关等促销手段，传递绿色信息，指导绿色消费，启发引导消费者的绿色需求，最终促成绿色购买行为。

（5）做好绿色服务。绿色服务对绿色营销最终价值的实现发挥着极其重要的作用，绿色营销必须开展绿色服务。企业可以传播绿色消费观念，指导消费者进行纯绿色消费，通过绿色服务等减少资源浪费。

1.6.3 定制营销

1. 定制营销的含义

定制营销（customization marketing）是指企业在大规模生产的基础上，将每一位消费者视为一个单独的细分市场，根据每一位消费者的特定需求，单独设计、生产产品并迅速交货的营销方式。定制营销是消费者在生产中居于核心地位，消费者能够按自己的意志参与所需产品的设计或提出意见，企业据此生产出符合消费者需要的产品的营销活动。

从营销的起点看,定制营销是零起点营销,而传统营销是非零起点营销,传统营销通常是利用较多的库存缩短供货时间,而定制营销的库存较少甚至为零。而消费者在通过定制化获得优质的个性化产品或服务的同时,更希望企业提供的产品或服务准时、快捷,以减少购买决策的不确定性,降低购买决策的风险。这就要求企业在较短的时间内做出快速反应,采取零时间企业运作管理模式,零时间就是指能够立即满足消费者的需要,即意味着企业能即时行动和响应市场的变化。对于实施定制营销的企业而言,关键在于能否在零时间内——最短的时间内或者在最准确的时间点上,提供消费者所需要的产品或服务,即时满足消费者的需要。

2. 定制营销的内容

(1) 信息化是定制营销的基础。信息化是指企业在科研、生产、营销和办公等方面广泛利用计算机和网络技术,构筑企业的数字神经系统,全方位改造企业,以降低成本和费用,增加产量与销售,提高企业的市场反应速度,提高企业的经济效益。定制营销的一个重要特征就是数据库营销,通过建立和管理比较完全的消费者数据库,向企业的研发、生产、销售和服务等部门和人员提供全面的、个性化的信息,深刻理解消费者的期望、态度和行为,建立和维持一系列与消费者之间卓有成效的协同互动关系,从而可以更好、更快捷地为消费者提供服务,增加消费者的价值。

(2) 选择合理的定制营销方式。定制营销的方式有以下几种:合作型定制、适应型定制、选择型定制和消费型定制。当产品的结构比较复杂时,消费者一般难以权衡,不知道选择何种产品组合适合自己的需要,在这种情况下可以采取合作型定制。企业与消费者进行直接沟通,介绍产品各零部件的特色性能,并以最快的速度将定制产品送到消费者手中。如果消费者的参与程度比较低,企业可以采取适应型定制营销方式。消费者可以根据不同的场合,不同的需要对产品进行调整,变换或更新组装来满足自己的特定要求。当产品对于消费者来说其用途是一致的,而且结构比较简单,消费者的参与程度很高时,可以采用消费者设计方式。在有些情况下企业需要通过调查,识别消费者的消费行为,掌握消费者的个性偏好,再为其设计好更能迎合口味的系列产品或服务,如金融咨询、信息服务等行业可以采用这种方式。

(3) 企业业务外包是定制营销的重要形式。业务外包是某一企业(称为发包方),通过与外部其他企业(称为承包方)签订契约,将一些传统上由企业内部人员负责的业务或功能外包给专业、高效的服务提供商的营销形式。业务外包的本质是把自己做不了、做不好或别人做得更好、更安全、更快捷的事交由别人去做。也就是说,首先确定企业的核心竞争力,并把企业内部资源集中在那些有核心竞争优势的活动上,然后将剩余的其他活动外包给最好的专业企业。由于发包方和承包方专注于各自擅长的领域,更高的生产效率提供了更快捷的产品或服务,取得时间竞争优势。

(4) 敏捷制造系统是定制营销的保证。敏捷制造是信息时代最有竞争力的生产模式,

学生笔记:

它在全球化的市场竞争中能以最短的交货期、最经济的方式,按消费者需求生产出消费者满意的具有竞争力的产品。敏捷制造系统的关键是采用适当的技术和先进的管理,如先进加工技术、质量保证技术、零库存管理技术、物流技术、制造资源计划、企业资源计划等。企业的生产装配线必须具备快速调整的能力,使企业的生产线具有更高的柔性和更强的加工变换能力,从而使生产系统能适应不同品种、式样的加工要求。

1.6.4　整合营销传播

1. 整合营销传播的概念

美国广告代理商协会(American Association of Advertising Agencies,4As)认为,整合营销传播(Integrated Marketing Communication,IMC)是一个营销传播计划概念,要求确认评估各种传播方法的战略作用,如一般广告、直接反应、销售促进和公共关系,并且组合这些方法,通过对分散信息的整合,以提供明确的、连续一致的和最大的传播影响力。

整合营销传播具有以下特点。

(1) 从广告主的角度看。整合营销传播以广告、推销、公共关系等多种手段传播一贯的信息,整合传播战略,以提高品牌和产品形象。

(2) 从媒体机构上看。整合营销传播不是个别的媒体实施运动,而是以多种媒体组成一个系统,给广告主提供更好的服务。

(3) 从广告公司的角度看。整合营销传播不仅是广告,而且灵活运用必要的推销、公共关系、包装等诸多传播方法,把它们整合起来,给广告主提供服务。

(4) 从企业研究者或经营战略研究者的角度看。从消费者立场出发进行企业活动,并构筑传播方式,以容易接受的方法提供消费者必要的信息。关注消费者的购买行为,实施能够促进与消费者良好关系的传播活动。

2. 整合营销传播的方法

(1) 建立消费者资料库。整合营销传播的起点是建立现实消费者和潜在消费者的资料库,资料库的内容至少应包括人员统计资料、消费者态度的信息和以往购买记录等。

(2) 研究消费者。在整合营销传播中,可以将消费者分为对本品牌的忠诚消费者、其他品牌的忠诚消费者和游离不定的消费者三类。很明显,这三类消费者有着各自不同的品牌渠道,而想要了解消费者的品牌渠道就必须借助消费者资料库。

(3) 接触管理。所谓接触管理就是企业可以在某一时间、某一地点或某一场合与消费者进行沟通。在消费者主动找寻产品信息的年代里,"说什么"比"什么时候与消费者接触"重要。然而,在市场由于信息超载、媒体繁多,干扰的噪声大大增加的今天,最重要的是"如何、何时与消费者接触",以及采用什么样的方式与消费者接触。

(4) 发展传播沟通策略。这意味着在什么样的接触管理下,传播什么样的信息,而后为整合营销传播计划制定明确的营销目标。对大多数的企业来说,营销目标必须非常正确,同时还必须是数字化的目标。对一个擅长竞争的品牌来说,营销目标可能是激发消费者试用本品牌产品;消费者试用过后继续使用并增加用量;促使其他品牌的忠诚者转换品牌并建立起本品牌的忠诚度。

（5）营销工具创新。营销目标确定后，就是决定要用什么营销工具来完成目标。显而易见，如果将产品、价格、渠道都视为与消费者沟通的要素，整合营销传播策划人将拥有更多样、广泛的营销工具来完成策划，其关键在于哪些工具，哪种结合最能够协助企业达成传播目标。

（6）传播手段组合。选择有助于达成营销目标的传播手段，除了广告、人员推销、公共关系及事件营销以外，产品包装、产品展示、店面促销活动等，只要能协助达成营销及传播目标的工具，都是整合营销传播的有效手段。

1.6.5 顾客让渡价值理论

1. 顾客让渡价值的概念

顾客让渡价值（customer delivered value）是菲利普·科特勒在《营销管理》一书中提出的，他认为，"顾客让渡价值"是指顾客总价值（total customer value）与顾客总成本（total customer cost）之间的差额。顾客总价值是指顾客购买某一产品与服务所期望获得的一组利益，它包括产品价值、服务价值、人员价值和形象价值等。顾客总成本是指顾客为购买某一产品所付出的一系列成本，包括货币成本、时间成本、精神成本和体力成本等。

由于顾客在购买产品时，总希望把有关成本包括货币、时间、精神和体力等降到最低限度，而同时又希望从中获得更多的实际利益，以使自己的需要得到最大限度的满足，因此，顾客在选购产品时，往往从价值与成本两个方面进行比较分析，从中选择出价值最高、成本最低，即"顾客让渡价值"最大的产品作为优先选购的对象。企业为在竞争中战胜对手，吸引更多的潜在顾客，就必须向顾客提供比竞争对手具有更多"顾客让渡价值"的产品，这样，才能使自己的产品为消费者所注意，进而购买本企业的产品。

2. 顾客让渡价值理论的启示

（1）顾客支付的不仅仅是货币成本。顾客让渡价值理论从另一个侧面提醒公司，顾客购买产品的总成本不仅包括支付的货币成本，还包括购买产品或服务时所消耗的时间成本、精神成本和体力成本。从这些成本概念出发，企业应该明白，当企业通过营销活动，既完善了售后服务，又方便了顾客购买，这时即使不降低购买的货币成本（价格），但由于购买的非货币成本已下降，顾客仍能从中获得较大的价值和满足，产品销售量仍能增加。提高顾客的满意程度，增加顾客对企业的好感和信任，销售量就可以增加，企业竞争并不一定靠价格的下降，价格只是影响购买产品或服务的决策因素之一。因此，企业之间的竞争应是全方位的，不应只集中于价格竞争上。

（2）产品创新可增加顾客总价值。产品价值是由产品的功能、特性、品质、品种等所产生的价值构成，它是顾客需求的中心内容，也是顾客选购产品的首要因素。因而，一般情况下，它是决定顾客购买总价值的关键和主要因素。但在经济发展的不同时期，顾客对产品有不同的需求，构成产品价值的要素不同，各要素对总价值的重要程度也不同；在同一经济

学生笔记：
_____
_____
_____

发展时期,不同类型的顾客对产品价值也会有不同的要求。这就告诫企业,在营销时必须认真分析不同经济发展时期顾客的需求共性,以及同一经济发展时期,不同消费群体的需要个性,据此进行市场细分和市场定位,确定目标顾客和目标公众,进行产品的设计与开发,从而为顾客创造更大的价值。因此,在市场竞争日益激烈的条件下,企业更要在产品功能上下功夫。企业应在市场调研的基础上,通过增加科技投入、注重产品创新及新产品开发等途径来引导顾客的购买。

(3)提供服务能增加顾客总价值。产品的服务价值是指伴随产品的出售,企业向顾客提供的各种附加服务,它包括产品介绍、产品保证等所产生的价值。服务价值是构成顾客总价值的重要因素之一,随着收入水平的提高和消费观念的改变,顾客在选购产品时,不仅注意产品本身价值的高低,而且更看重产品附加价值。企业向顾客提供的附加价值越大,顾客从中获取的实际利益就越大,从而购买的总价值也就越大。无论产品多么完善,价格多么合理,当它们投放市场时,都依赖于服务,缺乏服务的保证,所有努力都将功亏一篑。顾客让渡价值理论应使企业意识到,企业如果多从用服务满足顾客需求方面动动脑筋,也许企业就有更为广阔的市场空间。

(4)提高人员价值能增加顾客总价值。人员价值是指企业员工的经营思想、知识水平、业务能力、工作效率与质量、经营作风及应变能力等产生的价值。企业员工的素质直接决定着企业为顾客提供的产品或服务的质量,决定着顾客购买总价值的大小。一个综合素质较高,又具有顾客导向经营思想的员工,会比知识水平低、业务能力差、经营思想不端正的员工创造更高的价值,从而创造更多满意的消费者,进而创造出更大的市场。希尔顿饭店集团的创始人唐纳·希尔顿有句名言:"今天你对顾客微笑了没有?"为什么要对顾客微笑?因为顾客能从中得到满足感、尊重感、精神的愉悦感。员工能否提供这种超常的、高于一般标准的劳动,取决于他是否具有丰富的知识和娴熟的服务技巧。

(5)提高形象价值能增加顾客总价值。形象价值是指企业及企业产品在社会大众中形成的总体形象所产生的价值。它包括产品、商标、工作场所等所构成的有形形象所产生的价值,企业员工的职业道德、经营行为、服务态度、工作作风等行为形象所产生的价值,以及企业的价值观念、管理哲学等理念形象所产生的价值。形象价值与产品价值、服务价值、人员价值密切相关,在很大程度上是上述三方面价值综合作用的反映和结果。形象是企业的无形资产,良好的形象对产品产生巨大的支持作用,赋予产品较高的价值,给顾客带来精神上和心理上的满足感和信任感,使顾客的需要获得更高层次和更大限度的满足,正是在形象价值的激励下,创名牌才成为现代企业的时尚。

【章末案例】

东鹏特饮的营销案例

东鹏特饮成立于 1987 年,总部位于广东省深圳市,在目前中国大陆的功能饮料市场占有率排名第二。自 2015 年提出"年轻就要醒着拼"的品牌理念,东鹏特饮全面开启"品牌年轻化"的战略布局,尤其是通过体育营销完成与年轻人的新一轮沟通和互动,得到了行业和消费者的高度认可,从而走出了一条属于自己品牌的年轻化之路。

东鹏特饮近几年持续发力体育营销。从 2017 年赞助 ICC 国际冠军杯,初步涉猎足球领域,到 2018 年持续赞助 ICC,并首次牵手中超联赛,绑定世界杯 IP。再到 2019 年东鹏特饮再度牵手中超,涉猎极限赛车,赞助 2019 年 CEC 中国汽车耐力锦标赛,试水网球领域,赞助 2019 珠海 WTA 超级精英赛。东鹏特饮在体育营销领域,赢得了较好的口碑。

东鹏特饮初步涉猎足球领域,牵手 ICC 国际冠军杯,不仅源于足球对年轻人的吸引力,更源于东鹏特饮作为功能饮料与足球和体育的关联性。一方面东鹏特饮能迅速为球员补充体力和能量;另一方面东鹏特饮"年轻就要醒着拼"的品牌精神与足球运动的拼搏精神天然契合。东鹏特饮希望通过与 ICC 的合作,将"年轻就要醒着拼"的品牌精神传递给更多热爱足球和热爱体育的年轻人。

东鹏特饮 2018 年牵手中超,成为中超联赛官方能量饮料,并斥巨资成为中央电视台 2018 年 FIFA 世界杯转播赞助商。春季糖酒会期间,东鹏特饮更是邀请到世界足球先生路易斯·菲戈和葡萄牙国家足球队官员代表来到发布会现场参加签约仪式。会上宣布东鹏特饮正式成为葡萄牙国家队官方能量饮品。2019 年东鹏特饮再度牵手中超,持续深耕足球体育,成为与足球领域合作最好的功能饮料品牌。

近几年来,东鹏特饮除了持续深耕足球领域,还积极与极具特色的体育活动合作,如 2015 年东鹏特饮与中国女排合作,助力中国女排时隔 12 年后重回巅峰,此外还涉猎旱地冰球、China GT 中国超级跑车锦标赛、世界无人机锦标赛、WTA 珠海网球精英赛等小众体育赛事。

东鹏特饮自从 2015 年提出"年轻就要醒着拼"的品牌理念,就全面开启"品牌年轻化"的战略布局,不仅在体育营销上风生水起,还通过大剧场景营销、IP 综艺内容深度绑定、IP 电视剧内容植入等花式广告完成与年轻人的新一轮沟通和互动,走出了一条属于自己的品牌年轻化之路。

2019 年中国能量饮料市场份额排行,红牛、东鹏特饮、乐虎为前三名,分别占据市场份额 57%、15% 和 10%。2021 年 5 月 27 日,东鹏饮料(集团)股份有限公司正式在上海证券交易所挂牌上市。

思考题
1. 东鹏特饮如何进行市场定位?
2. 东鹏特饮采用哪些营销策略?

本章小结

本章从市场的概念出发,引出营销学的基本内容。在分析需要和需求差别的基础上,详细介绍了影响需求的主要因素、需求的特点和状态,以及影响购买行为的因素。然后,介绍了几种典型的市场观念,如生产观念、产品观念、推销观念、市场营销观念、社会营销观

学生笔记:
_____
_____
_____

念。在企业认识宏观和微观营销环境的基础上,介绍企业常用的 STP 营销战略,即市场细分、目标市场选择、市场定位。在营销策略的选择上,重点介绍产品策略、定价策略、渠道策略、促销策略。最后,介绍了营销理论的新发展,以期开阔眼界。

重点概念和知识点

- 市场;
- 营销;
- 需求;
- 市场细分;
- 目标市场选择;
- 市场定位。

练习题

1. 营销观念和生产观念、产品观念、推销观念有什么不同?

2. 当地企业的宏观和微观营销环境怎么样?

3. 如何为企业产品进行市场细分、选择目标市场和市场定位?

4. 如何为企业制定产品、定价、渠道和促销策略?

5. 你从顾客让渡价值理论得到了哪些启示?

本章参考文献

[1] 菲利普·科特勒,加里·阿姆斯特朗. 市场营销:原理与实践[M]. 楼尊,译. 17 版. 北京:中国人民大学出版社,2020.

[2] 菲利普·科特勒,凯文·莱恩·凯勒. 营销管理[M]. 何佳讯,于洪彦,牛永革,等译. 15 版. 上海:格致出版社,2019.

[3] 张占东. 国际市场营销[M]. 北京:北京师范大学出版社,2021.

[4] 瞿彭志. 网络营销[M]. 5 版. 北京:高等教育出版社,2019.

[5] 高鸿业. 西方经济学[M]. 7 版. 北京:中国人民大学出版社,2019.

[6] 孙睿,宋冀东. 电子商务原理及应用[M]. 北京:北京大学出版社,2008.

第 2 章

网络营销概述

本章学习要求

　　系统学习网络营销的基本理论,重点掌握网络营销的概念和特点、网络软营销理论的概念和特点,理解网络营销和电子商务的区别和联系、网络营销的内容和特点、网络营销对传统营销的冲击与整合、直复营销理论和网络整合营销理论,了解网络营销的产生和发展、网络营销的宏观和微观环境,为深入学习网络营销奠定理论基础。

　　现在,互联网已深入我国经济和社会活动的方方面面,越来越多的人已经把网络作为购物、生活、娱乐的基本工具,越来越多的企业已经把网络作为基本的工作平台。企业利用网络开展的营销活动就属于网络营销,网络营销有着与传统营销不一样的含义、特点、理论和内容。

2.1　网络营销的含义

2.1.1　网络营销的定义

　　网络营销(e-marketing)是在市场营销(marketing)的基础上发展来的。在国外,网络营销有多种称谓,如 internet marketing、network marketing、web marketing、online marketing、cyber marketing、electronic marketing 等。这几个概念都有"网络营销"或者"互联网营销"的含义,但对于不同称谓其含义的差别却并不明显。一般在应用的时候,对于"网络营销""网上营销""互联网营销"等概念也很少真正去严格分辨它们之间的差别,关键是使用习惯问题。

本书采用如下定义:网络营销是指以互联网为基础,利用计算机通信和数字交互式媒体来实现企业营销目标的各种活动。企业的营销目标就是在满足消费者需求的基础上,最终获得利润。在这里,网络营销使用了 e-marketing 的定义,即 electronic marketing 的缩写,就是为了和电子商务(e-commerce)的概念统一起来,便于大家识别和理解。

网络营销的本质是营销,网络是前提和手段,在网络上开展营销活动才是本质。在商品交换过程中,如果用传统营销手段,可能在时间、空间等方面存在各种障碍。而利用网络营销的各种技术手段,就可以减少或消除这些障碍,通过网络引导商品和服务从生产者转移到消费者手中。由此网络营销也产生价值。网络营销的价值就在于,它可以使商品从生产者到消费者的价值交换更便利、更充分、更有效。

2.1.2 网络营销和电子商务的区别与联系

网络营销和电子商务是两个紧密相关却又有明显区别的概念。电子商务(Electronic Commerce,E-Commerce 或 EC),是指通过互联网等信息网络销售商品或者提供服务的经营活动。网络营销是电子商务的组成部分,开展网络营销并不等于一定实现了电子商务(指实现网上交易);但实现电子商务一定是以开展网络营销为前提的,因为网上销售被认为是网络营销的职能之一。具体表现如下。

(1) 网络营销与电子商务研究的范围不同。电子商务的内涵很广,其核心是电子化交易,电子商务强调的是交易方式和交易过程的各个环节,而网络营销注重的是以互联网为主要手段的营销活动。这种关系表明,发生在电子交易过程中的网上支付和交易之后的商品配送等问题并不是网络营销所能包含的内容,同样,电子商务体系中所涉及的安全、法律等问题也不适合全部包括在网络营销中。

(2) 网络营销与电子商务的关注重点不同。网络营销的重点在交易前阶段的宣传和推广,电子商务的标志之一则是实现了电子化交易。无论传统企业还是基于互联网开展业务的企业,也无论是否具有电子化交易的发生,都需要网络营销。但网络营销本身并不是一个完整的商业交易过程,而是为了促成交易提供支持,因此是电子商务中的一个重要环节,尤其在交易发生之前,网络营销发挥着主要的信息传递作用。从这种意义上说,电子商务可以被看作网络营销的高级阶段,一个企业在没有完全开展电子商务之前,同样可以开展不同层次的网络营销活动。

2.2 网络营销的产生和发展

2.2.1 网络营销的产生

网络营销的产生,是科技进步、消费者价值观念的变革、商业竞争等因素共同作用的结果。

1. 网络营销产生的技术基础

网络营销是在互联网进入商业应用以后产生的,尤其是万维网、搜索引擎等技术广泛应用以后,网络营销的价值才逐渐显现出来。1969 年,美国建立了为军方服务的 Arpanet (阿帕网),这就是 Internet(因特网,互联网)的前身,在以后的若干年时间内,网络只是为美国军队和大学服务,不能用于民用;尽管 E-mail 早在 1971 年就已经出现,但在互联网普及以前,E-mail 并没有被用于营销领域;直到 1989 年,美国才允许服务商通过 Internet 收发商业邮件,从此 Internet 的商业应用正式开始;1993 年 WWW(万维网)的出现,使企业建立网站成为可能。1994 年是网络营销发展中最重要的一年:在这一年,世界第一个搜索引擎 Yahoo 成立;世界上第一个网络广告也在这一年出现。网络营销从此正式宣告诞生。

网络营销从诞生至今不足 30 年的历史,这期间 Internet 的基础资源发生了巨大变化。根据互联网监测网站(www.netcraft.com)发布的数据显示,截至 2021 年 12 月,全球网站数量为 11.7 亿个(注:数据包含所有站点,包括一个服务器上有多个网站、博客的情况),是 2003 年 0.46 亿个的 25.4 倍,如图 2-1 所示。

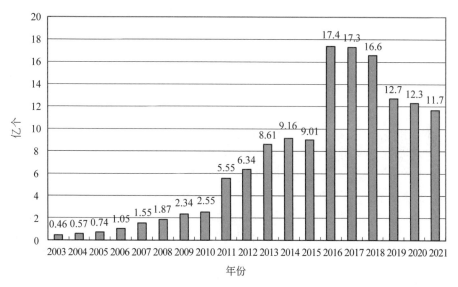

图 2-1　全球网站数量统计

根据互联用户统计网站(www.internetworldstats.com)发布的数据显示,截至 2021 年 6 月,全球网民数量已达 46.51 亿人,是 2003 年 7 亿人的 6.6 倍,互联网普及率为 59.7%,如图 2-2 所示。互联网已经在全球范围内逐渐普及。

2. 网络营销产生的观念基础

当今企业正面临前所未有的激烈竞争,竞争格局正在由卖方市场向买方市场转变,消

学生笔记:

_____

_____

_____

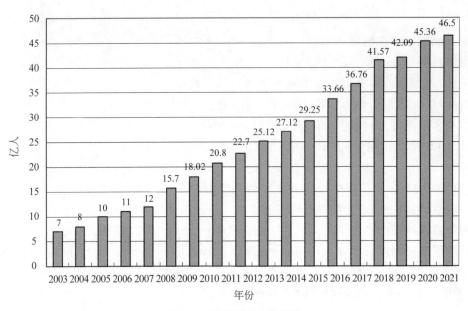

图 2-2　全球网民人数统计

费者主导的营销时代已经来临，消费者价值观的变革是网络营销产生的观念基础。在买方市场，消费者将面对更为纷繁复杂的商品和品牌选择，这一变化使当代消费者心理与以往相比呈现出一种新的特点和趋势。消费者个性消费的回归、购买主动性增强、对方便性与购物乐趣的追求，以及对价格的充分比较都会影响消费者的购买行为。

　　而网络营销具备了传统营销所无法替代的吸引力，使其在网络时代比传统营销更加有效。第一，网络营销是一种以消费者为导向，强调个性化的营销方式。这种个性消费的发展将促使企业重新考虑其营销战略，以消费者的个性需求作为提供产品及服务的出发点，企业也应该具备以较低成本进行多品种小批量生产的能力，为个性营销奠定基础。第二，网络营销具有极强的互动性，是实现全程营销的理想工具。即必须由产品的设计阶段就开始充分考虑消费者的需求和意愿。企业可以通过公告板系统（BBS）、在线讨论和电子邮件等方式，以很低成本在营销的全过程中对消费者进行即时的信息搜集，消费者则有机会对产品从设计到定价和服务等一系列问题发表意见，提高了消费者的参与性和积极性，同时也使得企业的决策具有针对性，从根本上提高消费者的满意度。第三，网络营销能满足消费者对购物的方便性需求，提高消费者的购物效率。在传统的购物方式中，消费者必须到市场当面购买，其间不得不付出大量的时间和交通成本，无暇进行其他活动。网络营销能简化购物环节，节省消费者的时间和精力，将购买过程中的麻烦减少到最小。第四，网络营销能满足追求价格利益的消费者的需求。网络营销能为企业节省巨额促销的流通费用，使产品成本和价格的降低成为可能。而消费者则可在全球范围内找寻最优惠的价格，甚至可以绕过中间商直接向生产者订货，因而能以更低的价格实现购买。

3. 网络营销产生的现实基础

　　随着市场竞争的日益激烈化，为了取得竞争优势，企业都想尽办法吸引顾客。一些营销手段即使能在一段时间内吸引顾客，也不一定能使企业盈利增加。市场竞争已不再依靠表层的营销手段的竞争,更深层次上的经营组织形式上的竞争已经开始。经营者迫切地去寻求变革,以尽可能地降低商品在从生产到销售的整个供应链上所占用的成本和费用比例,缩短运作周期。

而对于经营者求变的要求,网络营销可谓一举多得。开展网络营销,可以节约大量昂贵的店面租金,可以减少库存商品资金占用,可以使经营规模不受场地限制,便于采集客户信息等,这些都使得企业经营的成本和费用降低,运作周期变短,从根本上增强企业的竞争优势,增加盈利。

2.2.2　网络营销的发展趋势

1. 互联网基础资源将继续增长

(1) 互联网将在全球范围内进一步普及。从全球来看,互联网的发展水平极不平衡,根据 www.internetworldstats.com 的统计(2020 年 6 月),发达国家和地区的互联网普及率都在 80% 以上,远高于全球 59.7% 的平均水平,见表 2-1。

表 2-1　部分发达国家的互联网普及率(%)

	美国	英国	法国	德国	瑞士	日本	韩国	新加坡
普及率	89.8	93.6	92.3	96.0	93.2	93.5	95.9	88.4

而多数发展中国家的互联网普及率相对较低,多数在 80% 以下,见表 2-2。

表 2-2　部分发展中国家的互联网普及率(%)

	中国	俄罗斯	印度	巴西	南非	埃及	古巴	越南	印尼	泰国	蒙古
普及率	62.8	79.7	40.6	70.8	55.0	48.1	58.0	70.4	64.1	81.7	61.0

从以上数据可以看出,互联网普及率与当地的经济发展水平密切相关。随着经济的不断发展,互联网的普及率还会进一步提高,尤其是发展中国家和地区增长更快。据中国互联网络信息中心发布的统计数据显示,2008 年 6 月,我国的网民数量达到 2.53 亿,首次超过美国成为世界第一大网民国家;2008 年 12 月,我国的互联网普及率达到 22.6%,首次超过 21.9% 的全球平均水平;2021 年 12 月,我国网民规模达 10.32 亿,较 2020 年 12 月增长 4296 万,互联网普及率达 73.0%,较 2020 年 12 月提升 2.6 个百分点。尽管目前我国的互联网普及率与发达国家和地区相比仍有差距,但我国互联网用户增长速度较快,增长空间巨大,这种差距正逐渐缩小。

(2) 网速将继续提升。据中国互联网络信息中心发布的统计数据显示,1994 年我国刚接入互联网的时候,国际出口带宽仅 64Kb/s;而到了 2020 年年底,国际出口带宽达到 11 511 397Mb/s,增长了 1.8 亿多倍,我国与世界的互联将更加顺畅。2021 年 12 月,我国

学生笔记:

固定互联网宽带接入用户总数达 5.36 亿户,其中 100Mb/s 及以上接入速率的固定互联网宽带接入用户达 4.98 亿户,占总用户数的 93.0%;光纤接入用户规模达 5.06 亿户,占固定互联网宽带接入用户总数的 94.3%。2020 年第一季度,我国固定宽带网络平均下载速率为 43.49Mb/s,是 2015 年同期的 5.2 倍,网速已不再是我国互联网的瓶颈。

(3) 手机上网已基本普及。据中国互联网络信息中心发布的统计数据显示,在 2006 年以前,我国网民主要使用台式计算机上网,比例超过 95%,鲜有人使用手机等无线终端上网。2009 年随着 3G 时代的到来,使用手机上网的网民出现了爆炸式增长。2012 年 6 月我国手机网民规模达 3.88 亿,台式计算机网民为 3.80 亿,手机网民首次超越台式计算机网民,手机成为第一大上网终端。2013 年 12 月工信部正式向中国的三大移动通信运营商颁发了 TD-LTE 制式的 4G 牌照,我国进入 4G 时代。2019 年第三季度我国 4G 平均下载速率达到 24.02Mb/s,正逐步接近光纤宽带的网速。2019 年 6 月工信部正式向中国电信、中国移动、中国联通、中国广电发放 5G 商用牌照,中国正式进入 5G 商用元年,也是全球唯一一个 5G 商用化的国家。2021 年 12 月,我国手机网民规模达 10.29 亿,网民中使用手机上网的比例为 99.7%。手机上网的普及为移动商务、移动支付的应用铺平了道路。

2. 电子商务将飞速发展

(1) 电子商务交易额增长迅速。进入 21 世纪以来,电子商务在全球得到了飞速发展,我国的电子商务交易额从 2000 年的 93.3 亿元增长到了 2010 年的 4.5 万亿元,10 年间增长了近 500 倍,远高于实体经济的增长幅度。近 10 年来,国务院多次将发展电子商务写入《政府工作报告》,从政策、法律等方面全面支持电子商务的发展。我国电子商务交易额也从 2010 年的 4.5 万亿元增长到了 2020 年的 37.21 万亿元,10 年又增长了 6 倍多,见图 2-3(数据来源:中华人民共和国商务部)。

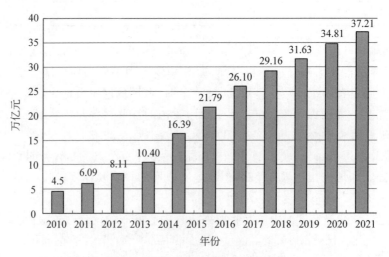

图 2-3 我国电子商务交易额统计

(2) 网络购物市场的竞争将更加激烈。首先是电子商务企业之间的互相竞争。为争夺市场,电子商务企业纷纷扩大经营品种,主营 3C(Computer、Communication、Consumer Electronic)类商品的京东在 2011 年进入图书、医药、奢侈品销售等领域,直接向当当网、卓越亚马逊发起挑战;传统主营图书的当当网、卓越亚马逊开放平台,持续推进百货化;同样主营 3C 类商品的苏宁易购也从主营家电数码向图书、百货拓展;而依靠手机 App 起家的拼多多,也在向老牌电商企业发起挑战,电子商务企业之间的互相竞争日趋白热化。其次是电子商务企业与传统商业企业之间的竞争。随着京东、天猫等大型购物网站市场范围的逐渐扩大,不断挤压传统商业企业的市场空间,最终将不可避免地和传统商业企业如国美电器等产生正面竞争,拼价格、拼物流、拼服务将成为竞争的常态。正是在不断竞争当中,中国的电子商务才能高速发展。

3. 网络营销手段将丰富多彩

(1) 网络广告大有可为。网络广告充分体现了网络媒体的特点,其传播范围广,投放精准,以及受众可统计等优点,使得网络广告成为最常用的网络营销手段之一。据美国艾瑞咨询发布的报告显示,2011 年我国的网络广告市场规模达 511.9 亿元,首次超越报纸广告;2014 年我国网络广告市场规模达到 1539.7 亿元,首次超越电视广告成为第一大广告投放媒体。据"中关村互动营销实验室"发布的报告显示,2021 年我国网络广告市场规模达到 5435 亿元,同比增长 9.32%。网络广告的市场规模增长到一个新的量级,未来互联网广告市场将继续保持高速增长。

(2) 网络营销手段更加丰富。就网络广告本身而言,其形式不断创新发展,尤其是2012 年国家广电总局禁止在电视剧中间插播广告的"禁广令"发出以来,不少广告业主便将眼光投向了视频网站,很多网站甚至在热门电视剧每集的片头都插入了视频广告。除网络广告外,搜索引擎营销、社区营销、微博营销、病毒营销、移动营销等多种网络营销手段被企业综合应用。随着互联网的发展,网络媒体对于传统媒体的冲击越来越明显,网络营销也成为企业最重要的战略实施手段之一。

2.3　网络营销与传统营销

2.3.1　网络营销对传统营销的冲击

以互联网为基础的网络营销,有着与传统营销不同的工具手段、业务模式和发展规律,它的发展速度是前所未有的。随着我国市场经济的规模化、国际化的发展,网络营销必将对传统营销产生巨大冲击。

1. 网络营销对传统营销战略的冲击

(1) 对不同市场地位的企业的影响。由于互联网具有的开放、平等、自由等特性,以及网络营销的低成本,营销的主体可以是大、小企业,跨国公司拥有规模经济的竞争优势对小企业的威胁变小了,从而有利于小企业在全球范围内参与竞争。而如何适时获取、分析、运用这些自网络上获得的信息,分析、研究竞争对手的产品信息与营销作为,对于竞争策略具有至关重要的作用。同时,战略、策略联盟将是网络时代的主要竞争形态,如何运用网络来

学生笔记:
_____
_____
_____

建立战略、策略联盟,并以联盟所形成的资源规模创造竞争优势,将是未来企业经营的重要手段。

(2)对企业全球营销战略的影响。网络的跨时空特点,虽然有利于企业的全球营销,但另一方面,对于企业的全球营销战略,反而构成了巨大的挑战。传统营销战略中委托国外代理商或批发商的做法,在网络时代很难行得通。在网络营销时代,企业不得不独立面对全球市场,进入跨国经营时代。如何将差异化营销运用于全球营销战略,如何解决全球化与本土化营销策略的矛盾,包括产品与品牌上的矛盾,如何建构全球化的物流管理系统,都是企业要面对、解决的问题。

(3)对企业营销组织的影响。互联网的发展带动了企业内部网(intranet)的蓬勃发展,使得企业内、外部沟通与经营管理均需要依赖网络作为主要的渠道与信息源。对企业带来的影响包括:业务人员与直销人员的减少,组织层级的减少与扁平化,经销代理与分店门市数量的减少,渠道的缩短,虚拟经销商、虚拟门市、虚拟部门等企业内、外部虚拟组织的盛行。这些影响与变化都促使企业加强了对于组织再造工程的迫切需要。

2. 网络营销对传统营销策略的冲击

(1)对标准化产品的冲击。传统机器大工业生产的特点,就是在短时间内生产出大量标准化的产品,这在很大程度上满足了传统市场的需求。但在网络时代,消费者崇尚个性,单一的标准化产品已不能满足消费者的需求,传统的、一成不变的、统一规格的产品渐渐让位于个性化的产品。在互联网普及的今天,企业通过网络市场调查获知不同消费者的需求,根据不同的需求定制生产不同的产品,并非遥不可及。

美国戴尔公司是世界知名的计算机制造商,它为顾客提供网上定制计算机的业务。顾客可以按照自己的要求选择计算机的功能、型号。即便是同一个型号的计算机,戴尔公司也允许用户选择个性化配置,如计算机的颜色、CPU 的高低、硬盘和内存的大小,是否选购办公软件、相关配件,以及选择不同的硬件保修时间、上门安装服务等。如何把消费者的个性化需求转化为产品,是很多公司面临的一大挑战。

(2)对品牌策略的冲击。网络营销的另一个挑战是如何对全球品牌和共同的名称或标志识别进行管理。常见的品牌策略包括单品牌策略和多品牌策略等,传统营销企业可以根据自身的特点来选择。但在网络时代这些品牌策略可能都会遇到新问题。采用单品牌策略的公司,如果针对不同地区推出不同的产品,那么在统一进行网络营销时,很可能引起不同地区消费者的困惑。采用多品牌策略的公司,虽然可以利用品牌的知名度带动相关产品的销售,但也有可能因为某一产品出现问题而导致公司整体形象受损,而且网络传播比传统媒介传播更加迅速。如何适应品牌的全球化管理,企业采用什么样的品牌策略,以及如何加强区域管理,是网络营销企业面临的现实问题。

(3)对定价策略的冲击。传统营销中应用广泛的各种定价策略,可能会在网络营销中遇到困难。网络信息的透明使得消费者很容易比较产品的价格,如果公司某种产品的价格标准不统一或经常改变,消费者将会通过 Internet 认识到这种价格的差异,并可能因此而对公司产生不信任,这对于执行差别化定价策略的公司来说不能不说是一个严重问题。相对于传统媒体,Internet 先进的网络浏览功能会使变化不定的且存在差异的价格水平趋于一致。这将对有分销商分布在海外并在各地采取不同价格的公司产生巨大冲击。例如,手机制造商如果对当地的顾客提供 70％的价格折扣,那么在世界各地的互联网用户都会了解到这项交易,从而可能会影响那些通过分销商或本来并不需要折扣的业务。另外通过互联网搜索特定产品的代理商也将认识到这种价格差别,从而加剧公司采取价格歧视策略的不利影响。

(4) 对传统营销渠道的冲击。通过互联网,生产商可与最终用户直接联系,中间商的重要性因此有所降低。这造成两种后果:一是由跨国公司所建立的传统的国际分销网络对小竞争者造成的进入障碍将明显降低;二是对于目前直接通过互联网进行产品销售的生产商来说,其售后服务工作是由各分销商承担,但随着他们代理销售利润的消失,分销商将很有可能不再承担这些工作。那么在不破坏原有营销渠道的前提下,如何做好售后服务将是网络营销企业面对的又一难题。

(5) 对传统广告策略的冲击。首先,相对于传统媒体来说,由于网络空间具有无限扩展性,因此在网络上做广告可以较少地受到空间篇幅的局限,尽可能地将必要的信息一一罗列出来。其次,网络广告的效果更易监测、检验,可以科学、准确地获知广告用户的信息,可以便于及时修订广告计划、方案、形式,更具针对性、实效性。很多购物网站如淘宝网就已经做到,当用户查看过某类商品信息,淘宝网的后台系统会记录用户的点击行为,等到用户下次上网的时候,淘宝网通过"阿里旺旺"软件向用户推送相关商品信息的广告。

2.3.2　网络营销与传统营销的整合

1. 网络营销不能代替传统营销

毫无疑问,互联网对传统经营方式产生了巨大的冲击,网络营销正在形成新的营销理念和策略。但是,正如电子商务不能完全取代传统商务一样,网络营销一样不能完全取代传统营销。原因有以下几点。

(1) 到目前为止,在互联网上的电子商务市场仅仅是整个商品市场的一部分,从交易额来看,也只是占其中一小部分。2021 年我国网上零售额为 13.1 万亿元,同比增长 14.1％;其中实物商品网上零售额 10.8 万亿元,首次突破 10 万亿元,同比增长 12.0％,占社会消费品零售总额的比重为 24.5％。(数据来源:中华人民共和国商务部)。

(2) 作为在网上新兴的虚拟市场,其所覆盖的消费群体也只是整个市场中的某一部分,其他许多群体由于各种原因还不能或是不愿意使用互联网,如老年人等。

(3) 消费者因为个人生活方式和消费习惯问题,不愿意接受或使用新的沟通方式和营销渠道。尽管网络购物有诸多好处,但是传统商场的购物环境无法在网上实现,很多消费者还是习惯逛传统商场。

(4) 互联网作为一种有效沟通方式,虽然可以使企业与客户方便地直接进行沟通,但有些消费者因个人偏好和习惯,仍愿意选择传统方式进行沟通,如打电话或当面沟通。

(5) 网络营销面对的是有灵性的人,而互联网只是一种技术工具,因此传统的以人为本

学生笔记:
_____
_____
_____

的营销策略所具有的独特亲和力是网络营销所无法替代的。

网络营销的不足恰恰是传统营销的优势,两者具有极强的互补性。尽管随着网络技术的发展,某些问题可能得到解决,但从长期来看,网络营销与传统营销不能互相代替,两者的整合发展是市场的必然选择。

2. 网络营销与传统营销的整合

网络营销与传统营销的整合,就是利用整合营销策略实现以消费者为中心的传播统一、双向沟通,实现企业的营销目标。

(1) 整合的共同基础。营销的一些核心概念,如需要、欲望和需求,产品,价值、成本和满意,交换和交易,关系和网络,市场,营销者和预期顾客,同样存在且同样重要,并发生作用;营销的一些基本原则,如通过质量、服务和价值建立顾客满意,通过市场导向的战略计划赢得市场,分析消费者市场和购买行为、行业与竞争者,确定细分市场和选择目标市场,依然没有改变。

(2) 传播信息的统一性。企业应根据企业的经营目标和细分市场,整合网络营销和传统营销策略,以最低成本达到最佳的营销目标。企业要整合各种营销工具和内部资源,以统一的传播信息向消费者传达,即用一个声音来说话(speak with one voice),保证消费者无论从哪种媒体所获得的信息都是统一的、一致的,建立、维持既有较高忠诚度的顾客群,最终实现在企业与消费者之间建立长期的、双向的、维系不散的关系。

(3) 营销渠道的整合。网络营销和传统营销的整合应用,可以充分发挥网上渠道和网下渠道的优势,针对不同的产品选择合适的营销渠道。如针对虚体产品,企业可以将信息流、商品流、资金流、物流完全通过网上渠道实现;而对于实体产品,企业就可以把物流通过网下渠道实现,其他环节通过网上渠道实现。企业也可以同时利用网上和网下两个渠道,针对不同的目标市场采用不同的营销手段,去实现企业的营销目标。

2.4 网络营销理论

2.4.1 网络直复营销理论

1. 直复营销的基本概念

(1) 直复营销(direct marketing)又称为直接营销、直效营销,是指依靠产品目录、印刷品邮件、电话或附有直接反馈的广告以及其他相互交流形式的媒体的大范围营销活动。它是个性化需求的产物,是传播个性化产品和服务的最佳渠道。美国直复营销协会(ADMA)的营销专家将它定义为"一种为了在任何地点产生可以度量的反应或达成交易而使用一种或几种广告媒体的互相作用的市场营销体系"。

(2) 直复营销的起源。直复营销起源于邮购活动。1498 年,阿尔定出版社的创始人阿尔达斯·马努蒂厄斯(Aldus Manutius)在意大利威尼斯出版了第一个印有价目表的目录,这被普遍认为是最早有记载的邮购活动。1926 年,谢尔曼(Sherman)和沙克海姆(Sackheim)在美国创办了第一个现代图书俱乐部——月月图书俱乐部(The Book of the Month Club)。他们开始运用免费试用方式,即先向消费者寄书,直到消费者不再订购或者不再付款为止。这与传统的先收款后寄书的方式截然不同。这也是营销人员试图测量顾客终身价值(lifetime customer value)的首次尝试。文德曼(Wunderman)先生在 1967 年首先提出直复营销的概念,他认为人类社会开始的交易就是直接的,那种古典的、一对一的销售(服务)方式是最符合并能最大限度地满足人们需要的方式,而工业革命所带来的大量生产和大量营销是不符合人性的、是不道德的。正当消费者对一些产品普遍不信任,对大量的广告感到厌倦并无所适从时,特别是保健品企业无所适从而营销人员苦苦思考、寻找新的营销方式的时候,直复营销应运而生并以强大的生命力和适应性迅速席卷所有西方国家,掀起了一场 21 世纪的营销革命。我们国家的保健品企业很多采用了直复营销的方法,但系统使用的还没有。

(3) 直复营销与直销的区别。根据我国 2005 年公布的《直销管理条例》,直销是指直销企业招募直销员,由直销员在固定营业场所之外直接向最终消费者推销产品的营销方式。显然,这和直复营销的无店面、非人员媒介在本质上是不同的。直销在理论上分为单层次直销和多层次直销两种。单层次直销(uni-level marketing)是直销商(兼消费者)将公司产品或服务销售给消费者,根据其销售业绩向公司领取奖金的销售模式;多层次直销(muti-level marketing)又称为"传销",是根据公司的奖励制度,上线直销商(兼消费者)除了将公司的产品或服务销售给消费者之外,还负责吸收、辅导、培训消费者成为下线直销商,上线直销商根据下线直销商的人数、代数、业绩晋升级别获得奖金。根据 2005 年我国出台的《禁止传销条例》,传销在我国是非法的,直销是合法的。2006 年 7 月 24 日,雅芳公司正式获得商务部和工商总局批准直销业务,从而成为国内首家被允许进行直销试点的企业。

2. 直复营销的种类

随着信用手段和信息技术的快速发展,直复营销形式得到了空前的发展,其形式不再局限于邮购活动。随着电话、电视以及互联网等许多媒体的出现,直复营销形式变得越来越丰富,常见的直复营销形式如下。

(1) 直接邮寄营销。营销人员把样品、产品直接邮寄给目标顾客的营销活动,目标顾客的名单可以租用、购买或者与无竞争关系的其他企业相互交换。使用这些名单的时候,应注意名单不要重复,以免将同一份样品多次寄给同一顾客,引起反感。

(2) 邮寄目录营销。营销人员给目标顾客邮寄目录,或者备有目录随时供顾客索取。经营完整生产线的综合邮购商店使用这种方式比较多,如蒙哥马利 · 华德公司(Montgomery Ward)、西尔斯 · 罗巴克公司(Sears Roebuck)等。

(3) 印刷媒介邮购。印刷媒介邮购是指在杂志、报纸和其他印刷媒介上做直接反应广告,鼓励目标成员通过电话或回函订购,从而达到提高销售的目的,并为顾客提供知识等服务。

(4) 电话购物。营销人员通过电话向目标顾客进行营销活动。电话的普及,尤其是800 免费电话的开通使消费者更愿意接受这一形式。现在许多消费者通过电话询问有关产

学生笔记:

_____

_____

_____

品或服务的信息,并进行购买活动。

(5)广播购物。广播既可作为直接反应的主导媒体,也可以作为其他媒体配合,使顾客对广播进行反馈。随着广播行业的发展,广播电台的数量越来越多,专业性越来越全,有些电台甚至针对某个特别的或高度的细分小群体,为直复营销者寻求精确目标指向提供了机会。

(6)电视购物。营销人员通过在电视上介绍产品,或赞助某个推销商品的专题节目,开展营销活动。在我国,电视是最普及的媒体,电视频道也较多,许多企业已开始在电视上进行营销活动。

(7)网络营销。营销人员通过互联网、传真等电子通信手段开展营销活动。目前,像书籍、计算机软硬件、旅游服务等已普遍在网上开始了其营销业务。除此之外,营销人员还利用报纸、杂志、广播电台等媒体进行营销活动。如1996年1月成立的麦考林国际邮购公司,是我国第一家获得批准的从事邮购业务的三资企业,从事服装、饰品、美容、家居、保健品的销售;该公司于2000年3月建立电子商务网站"麦网"(www.m18.com),开展网络直复营销业务。

3. 基于网络的直复营销

网络作为一种交互式的可以双向沟通的渠道和媒体,它可以很方便地为企业与顾客之间架起桥梁,顾客可以直接通过网络订货和付款,企业可以通过网络接收订单、安排生产,直接将产品送给顾客。基于互联网的直复营销将更加符合直复营销的理念。这表现在以下4个方面。

(1)直复营销的互动性。作为一种相互作用的体系,特别强调直复营销者与目标顾客之间的"双向信息交流",以克服传统市场营销中的"单向信息交流"方式的营销者与顾客之间无法沟通的致命弱点。互联网作为开放、自由的双向式信息沟通网络,企业与顾客之间可以实现直接的、一对一的信息交流和沟通,企业可以根据目标顾客的需求进行生产和营销决策,在最大限度满足顾客需求的同时,提高营销决策的效率和效用。

(2)直复营销的及时响应特征。直复营销活动的关键是为每个目标顾客提供直接向营销人员反应的渠道,企业可以凭借顾客反应找出不足,为下一次直复营销活动做好准备。互联网的方便、快捷性使得顾客可以方便地通过互联网直接向企业提出建议和购买需求,也可以直接通过互联网获取售后服务。企业可以从顾客的建议、需求和要求的服务中,找出企业的不足,按照顾客的需求进行经营管理,减少营销费用。

(3)直复营销的跨时空性。直复营销活动中,强调在任何时间、任何地点都可以实现企业与顾客信息的双向交流。互联网的全球性和持续性的特性,使得顾客可以在任何时间、任何地点直接向企业提出要求和反映问题,企业也可以利用互联网实现低成本的跨越空间和突破时间限制与顾客的双向交流,这是因为利用互联网可以自动地全天候提供网上信息沟通交流工具,顾客可以根据自己的时间安排任意时间上网获取信息。

(4)直复营销效果的可测性。直复营销活动最重要的特性是营销活动的效果是可测定的。互联网作为最直接的简单沟通工具,可以很方便地为企业与顾客进行交易时提供沟通支持和交易实现平台,通过数据库技术和网络控制技术,企业可以很方便地处理每一个顾客的订单和需求,而不用管顾客的规模大小、购买量的多少,这是因为互联网的沟通费用和信息处理成本非常低廉。因此,通过互联网可以实现以最低成本最大限度地满足顾客需求,同时了解顾客需求,细分目标市场,提高营销效率和效用。

2.4.2　网络软营销理论

所谓网络软营销理论,实际上是针对工业经济时代的大规模生产为主要特征的"强势营销"而提出的新理论。软营销强调企业在进行市场营销活动时,必须尊重消费者的感受和体验,让消费者愿意主动接受企业的营销活动。

1. 网络软营销与传统强势营销的区别

所谓"强势营销",是指营销的主动权掌握在企业手中,顾客在处于被动地位。在传统工业化大规模生产时代的"强势营销"中,最能体现强势营销特征的是两种促销手段:传统广告和人员推销。对传统广告,人们常常会用到一个词:"狂轰滥炸",它企图以一种信息灌输的方式在消费者心中留下深刻印象,根本就不考虑顾客需要不需要这类信息;人员推销也是一样,根本就不事先得到推销对象的允许,而是企业推销人员主动上门,强行展开推销活动。这种方式很容易招致顾客的反感,营销效果极差。

互联网发展之初的重要目的就是信息共享与降低信息交流的成本,人们可以利用互联网去自由地获取自己所需要的信息,可以说网民对于网上的商业行为有一种与生俱来的反感。如果企业已在网上采用强势营销手段,不但不会起到很好的宣传与推广效果,反而会使消费者产生逆反心理,使企业形象也受到损害,同时随着同质信息的泛滥,企业也会成为受害人之一。所以在新的传播途径与媒介上,企业应该变换主动方的角色,将主动权交给消费者,努力去通过某种营销氛围的营造去刺激消费者,使其能够在个性化的需求上主动地寻找企业相关信息。促进企业与消费者需求点的结合,从而形成一种微妙的营销效果。同时明确企业自己的诉求点,转强势性的销售变为满足消费者需求的软营销,拉近与客户之间的距离,使其成为企业的忠实客户。

概括地说,软营销与强势营销的根本区别在于:软营销的主动方是消费者,而强势营销的主动方是企业。消费者在心理上要求自己成为主动方,而网络的互动特性又使他们变为主动方真正成为可能。顾客会在个性化需求的驱动下自己主动到网上寻找相关的信息、广告等,并自己掌握查询内容的广度和深度。网络软营销正是从消费者的体验和需求出发,采取"拉"式策略吸引消费者关注企业来达到营销效果。

2. 网络社区与网络礼仪

网络社区(network community)和网络礼仪(network etiquette)是网络营销理论中所特有的两个重要的基本概念,是实施网络软营销的基本出发点。

(1)网络社区。网络社区是指那些由具有相同兴趣和目的的单位或个人所组成的,能够经常互相沟通和学习、互惠互利,并能满足每个成员的感情、尊重、自我价值实现需要的交流空间。社区包括 BBS/论坛、贴吧、在线聊天、群组讨论、交友、个人空间、博客、微博等。

学生笔记:
_____

_____

_____

网络社区打破了传统社区地域的限制,它把全国具有相同爱好的人聚集起来,规模要比传统社区大得多,大型网络社区的注册用户量可能达到百万级别;同时社区也具有完善的管理规定和服务手段,能够吸引人们长期访问,大型社区每日访问量会达到十万级别,活跃用户也有上千人。网络社区的用户都是平等的,人们在交流时只需注册一个虚拟的 ID(身份)就可以畅所欲言,没人会知道你的职业、收入等隐私,这就增加了网上交流的安全感。人们在社区中经过长期交流积累和沉淀的价值认同,形成了社区文化。社区文化丰富了人们的网络生活,满足了人们对感情、尊重、自我价值的需要。基于网络社区的特点,不少敏锐的营销人员已在利用这种普遍存在的网络社区的紧密关系,使之成为企业利益来源的一部分。

(2) 网络礼仪。网络礼仪是互联网自诞生以来所逐步形成与不断完善的一套友好的、约定俗成的网络行为规范,有人也称为"网络礼仪"(metiquette)。在真实世界中,人与人之间的社交活动有不少约定俗成的礼仪,在互联网虚拟世界中也同样有一套不成文的规定及礼仪,即网络礼仪,供互联网使用者遵守。忽视网络礼仪的后果,可能会对他人造成骚扰,甚至引发网上骂战或抵制等事件,虽然不会像真实世界中动武造成身体损伤,但对当事人也不会是一种愉快的经历。企业在互联网上开展网络营销活动,特别是促销活动一定要遵循一定的网络社区形成的网络礼仪。

下面是常见的一些网络礼仪,可供企业及用户参考:一是文明用语,记住别人的存在,粗鲁和无礼在哪里都不受欢迎;二是入乡随俗,不同的社区有不同的规则,在一个社区能做的事可能在另一个社区不能做;三是言行一致,即便是在网上,承诺的事也要做到;四是尊重别人的时间和带宽,在提问以前最好自己先花时间去搜索和学习,很可能同样的问题已问过多次;五是分享你的知识,解决别人的问题,别人也会解决你的问题,同时会让你体会到自我实现的价值;六是心平气和地讨论,争论是正常的,但不要人身攻击;七是尊重别人的隐私,不经对方同意不要公布他人的真实资料;八是不要滥用职权,哪怕是版主(管理员)也要珍惜手中的权力;九是学会理解与宽容,对新手更是如此,因为我们也犯过同样的错误;十是不欢迎不请自来的广告,不经用户同意不要在社区、E-mail 中滥发广告。

2.4.3　网络整合营销理论

1. 网络整合营销理论的含义

(1) 网络整合营销的定义。网络整合营销(network integrated marketing 或 E-IMC)是近年来发展起来的一种新的营销模式,是指企业以消费者为核心,利用互联网特性和技术,综合协调使用以互联网渠道为主的各种传播方式,以统一的目标和形象,传播连续、一致的企业或产品信息,迅速树立品牌形象,建立产品与消费者的长期密切关系,更有效地实现企业营销目的。

网络整合营销就是把各个独立的营销工作综合成一个整体,以产生协同效应。这些独立的营销工作包括广告、直接营销、销售促进、人员推销、包装、事件、赞助和客户服务等。主要包括以下 3 个含义:首先是传播信息的统一性,即企业用一个声音说话,消费者无论从哪种媒体所获得的信息都是统一的、一致的。其次是互动性,即公司与消费者之间展开富有意义的交流,能够迅速、准确、个性化地获得信息和反馈信息。再次是目标营销,即企业的一切营销活动都应围绕企业目标来进行,实现全程营销。

(2) 网络整合营销理论的核心。网络整合营销从理论上离开了在传统营销理论中占中心地位的 4P 理论,而逐渐转向以 4C 理论为基础和前提。传统的 4P 理论的基本出发点是企业的利润,而没有把顾客的需求放到与企业的利润同等重要的位置上,而网络营销需要企业同时考虑顾客需求和企业利润。其核心思想是,必须时刻关注消费者的价值取向或者说必须能够深刻理解什么正在吸引消费者的眼球;协调使用不同的传播手段,发挥不同传播工具的优势;在深刻理解消费者价值取向的基础上,将价值观融入品牌,通过品牌传达让消费者产生相应的价值取向和心理体验,让品牌通过价值取向心理体验深深印入消费者脑海中,从而形成品牌体验,达到口碑营销、品牌传播的目的。网络营销整合优势在于能以最小的投入获取最大的回报。当然这些都要建立在营销策略的准确把握上,立足于对客户营销需求与受众关注热点的分析研究,对客户信息进行整合式推广,使网络整合营销的优势得到最大程度发挥。

利用互联网特性和技术,网络整合营销可以达到传统的 IMC 不能达到的高效客户关系管理等,更加有效、高性价比地完成营销计划,从而精准地实施营销策略,实现企业营销的高效率、低成本、大影响。顾客在整个营销过程中的地位得到提高。网络互动的特性使顾客真正参与到整个营销过程中来成为可能;顾客不仅参与的主动性增强,而且选择的主动性也得到加强。这样,网络营销首先要求把顾客整合到整个营销过程中来,从他们的需求出发开始整个营销过程。不仅如此,在整个营销过程中要不断地与顾客交互,每一个营销决策都要从消费者出发而不是像传统营销理论那样主要从企业自身的角度出发。

2. 网络整合营销的内容

网络整合营销在理论上强调了 4C 营销组合的重要性,利用互联网,传统的 4P 营销组合可以更好地与以顾客为中心的 4C 相结合。

(1) 以顾客为中心的产品和服务。由于互联网络具有很好的互动性和引导性,用户通过互联网络在企业的引导下对产品或服务进行选择或提出具体要求,企业可以根据顾客的选择和要求及时进行生产并提供及时服务,使得顾客跨时空得到满足所要求的产品和服务;另一方面,企业还可以及时了解顾客需求,并根据顾客要求组织及时生产和销售,提高企业的生产效益和营销效率。如美国 Dell 公司,在 1995 年还是亏损的,但在 1996 年,Dell公司通过互联网络来销售计算机,业绩得到 100% 增长,由于顾客通过互联网络,可以在公司设计的主页上进行选择和组合计算机,公司的生产部门马上根据要求组织生产,并通过邮政公司寄送,因此公司可以实现零库存生产,特别是在计算机部件价格急剧下降的年代,零库存不但可以降低库存成本,还可以避免因高价进货带来的损失。

(2) 以顾客能接受的成本定价。传统的以生产成本为基准的定价在以市场为导向的营销中是必须摒弃的。新型的价格应是以顾客能接受的成本来定价,并依据该成本来组织生产和销售。企业以顾客为中心定价,必须测定市场中顾客的需求以及对价格认同的标准,否则以顾客接受成本来定价是空中楼阁。企业在互联网络上则可以很容易实现,顾客可以通过互联网络提出能接受的成本,企业根据顾客的成本提供柔性的产品设计和生产方案供用户选择,直到顾客认同后再组织生产和销售,所有这一切都是顾客在公司的服务器程序的导引下完成的,并不需要专门的服务人员,因此成本也极其低廉。美国的通用汽车公司允许顾客在互联网络上,通过公司的有关导引系统自己设计和组装满足自己需要的汽车,用户首先确定接受价格的标准,然后系统根据价格的限定从中显示满足要求式样的汽车,用户还可以进行适当的修改,公司最终生产的产品恰好能满足顾客对价格和性能的要求。

(3) 产品的分销渠道以方便顾客为主。在传统分销渠道中,中间商能够在广泛提供产品和进入目标市场方面发挥较高的效率,占有重要地位。但互联网的发展和商业应用,使得传统营销中间商凭借地缘原因获取的优势被互联网的虚拟性所取代,同时互联网的高效率的信息交换,改变着过去传统营销渠道的诸多环节,将错综复杂的关系简化为单一关系。网络营销是一对一的分销渠道,是跨时空进行营销的,顾客可以随时随地利用互联网络订货和购买产品。

(4) 强势促销转向加强与顾客沟通和联系。传统的促销是以企业为主体,通过一定的媒体或工具使顾客压迫式地加强对公司和产品的接受度和忠诚度,顾客是被动的,缺乏与顾客的沟通和联系,同时公司的促销成本很高。互联网络上的营销是一对一和交互式的,顾客可以参与到公司的营销活动中来,因此互联网络更能加强与顾客的沟通和联系,更能了解顾客的需求,更易引起顾客的认同。

2.4.4 信息经济规律

1. 摩尔定律(Moore's law)

摩尔定律是由美国英特尔(Intel)公司创始人之一戈登·摩尔(Gordon Moore,1929—)提出来的。其内容为:当价格不变时,集成电路上可容纳的晶体管数目,大约每隔 18 个月便会增加一倍,性能也将提升一倍。这一定律在很大程度上揭示了信息技术进步的速度。

1965 年,戈登·摩尔要准备一个关于计算机存储器发展趋势的报告。他整理了一份观察资料。在他开始绘制数据时,发现了一个惊人的趋势。每个新芯片大体上包含其前任两倍的容量,每个芯片都是在前一个芯片产生后的 18～24 个月内出现的。如果这个趋势继续的话,计算能力相对于时间周期将呈指数式上升。摩尔的观察资料,就是现在所谓的摩尔定律,所阐述的趋势一直延续至今,且仍保持相当的准确性。人们还发现这不光适用于对存储器芯片的描述,也精确地说明了处理器能力和磁盘驱动器存储容量的发展。该定律成为许多工业对于性能预测的基础。

2. 梅特卡夫定律(Metcalfe's law)

梅特卡夫定律是 3Com 公司的创始人、计算机网络先驱罗伯特·梅特卡夫(Robert Metcalfe,1946—)提出的。其内容为:网络价值以用户数量的平方的速度增长。网络外部性是梅特卡夫定律的本质,即网络用户数量越多,网络越有价值。

如果一个网络中有 n 个人,那么网络对于每个人的价值与网络中其他人的数量成正比,这样网络对于所有人的总价值与 $n \times (n-1) = n^2 - n$ 成正比。如果一个网络对网络中每个人的价值是 1 元,那么规模为 10 倍的网络的总价值等于 100 元;规模为 100 倍的网络的总价值就等于 10000 元。网络规模增长 10 倍,其价值就增长 100 倍。正是由于"梅特卡夫定律"的存在,让无数互联网从业者对规模和增长前仆后继,因为他们深刻地理解,规模能带来指数级的回报,这一回报通常会超出正常的预期。

3. 达维多定律(Davidow's law)

达维多定律是美国英特尔公司原副总裁威廉·H.达维多(William H. Davidow)于 1992 年提出的。其内容为:任何企业在本产业中必须不断更新自己的产品。一家企业如果要在市场上占据主导地位,就必须第一个开发出新一代产品,第一个淘汰自己现有的产品。如果被动地以第二或者第三家企业将新产品推进市场,那么获得的利益远不如第一家企业作为冒险者获得的利益,因为市场的第一代产品能够自动获得 50% 的市场份额。

英特尔公司在产品开发和推广上奉行达维多定律,获得了丰厚的回报。英特尔公司始终是微处理器的开发者和倡导者,他们的产品不一定是性能最好的和速度最快的,但他们一定做到是最新的。为此,他们不惜淘汰自己哪怕是市场上卖得正好的产品。然后通过一边消减旧芯片的供应,一边降低新芯片的价格,使得计算机制造商和计算机用户不得不听其摆布。英特尔公司通过使用这种战略,把许多竞争对手远远抛在了后面,因为这些竞争对手在此时生产出的产品尚未达到英特尔公司制定的新标准。

同样,美国微软公司(Microsoft)的 Windows 操作系统和 Office 办公软件也体现了此定律。微软公司每隔几年就会推出新的操作系统或办公软件,每隔几个月就会更新操作系统或办公软件的版本,做到自己淘汰自己的产品,从领先走向进一步领先。

4. 长尾理论(long tail theory)

长尾理论是由美国《连线》杂志原主编克里斯·安德森(Chris Anderson,1961—)在 2004 年提出的。其内容为:只要产品的存储和流通的渠道足够大,需求不旺或销量不佳的产品占据的市场份额,可以和少数热销产品所占据的市场份额相匹敌甚至更大(见图 2-4)。

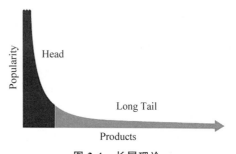

安德森发现,当时亚马逊网络书店的图书销售额中,有四分之一来自排名 10 万名以后的书籍。这些"冷门"书籍的销售比例正高速成长,预估未来销量可占整个书市的一半。在这个市场里,长尾书的库存和销售成本几乎为零,于是长尾图书开始有价值了。销售成千上万的小众图书,哪怕一次仅卖一两本,其利润累计起来可以甚至超过那些动辄销售几百万册的畅销书。

图 2-4　长尾理论

长尾理论被认为是对传统的二八定律的彻底叛逆。传统的二八定律认为,20% 的商品带来 80% 的销量,所以应该只保留主流产品,其余的都应舍弃。长尾理论则关注长的尾部

学生笔记:

市场,认为这部分积少成多,可以积累成足够大、甚至超过主流部分的市场份额。

2.5 网络营销环境

和传统营销类似,企业在进行网络营销的过程中,会面临网上与企业有关联的诸多因素的影响,这就是网络营销环境。网络营销环境分为宏观环境和微观环境,但这和传统营销环境的内容是不同的。

2.5.1 网络营销的宏观环境

网络营销的宏观环境包括一个国家或地区的政治与法律环境、经济环境、人文与社会环境、科技与教育水平、自然环境、人口等因素。

1. 政治与法律环境

我国政治稳定,政府明确支持发展电子商务等新经济业态,国家领导人在多个场合表示,要支持信息技术、电子商务的发展。从1993年起,我国政府实施的"金桥""金卡""金关""金税"等多个"金"字工程,极大促进了网络基础设施建设。近年来,国务院《政府工作报告》多次提出要大力发展电子商务。2010年《政府工作报告》提出要"加强商贸流通体系等基础设施建设,积极发展电子商务";2015年《政府工作报告》提出要"发展外贸综合服务平台和市场采购贸易,扩大跨境电子商务综合试点"和"促进电子商务、工业互联网和互联网金融健康发展";2020年《政府工作报告》提出"电商网购、在线服务等新业态在抗疫中发挥了重要作用,要继续出台支持政策,全面推进'互联网+',打造数字经济新优势"和"加快跨境电商等新业态发展,提升国际货运能力"。

我国出台了多项法律法规以保障和促进互联网和电子商务的发展。《中华人民共和国电子签名法》于2005年4月实行;《互联网信息服务管理办法》于2009年9月实行;《互联网著作权行政保护办法》于2005年5月实行;《第三方电子商务交易平台服务规范》于2011年4月实行;《中华人民共和国网络安全法》于2017年6月实行;《条码支付业务规范(试行)》于2018年4月实行;《中华人民共和国电子商务法》于2019年1月实行。

2. 经济环境

我国经济多年来稳步发展,国内生产总值(GDP)从2010年的412119亿元,增长到2021年的1143670亿元,10年增长了1.78倍。其中2005年我国GDP超越英国成为世界第四大经济体;2007年我国GDP超越德国成为世界第三大经济体;2010年我国GDP超越日本成为世界第二大经济体,见图2-5(数据来源:国家统计局)。

我国全国居民人均可支配收入从2010年的12520元,增长到2021年的35128元,增长了1.81倍,见图2-6。良好的宏观经济环境给网络营销的发展带来了巨大的发展机遇。

3. 人文与社会环境

企业存在于一定的社会环境中,同时企业又是社会成员所组成的一个小的社会团体,不可避免地受到社会环境的影响和制约。人文与社会环境的内容很丰富,在不同的国家、地区、民族之间差别非常明显。在营销竞争手段向非价值、使用价值型转变的今天,营销企

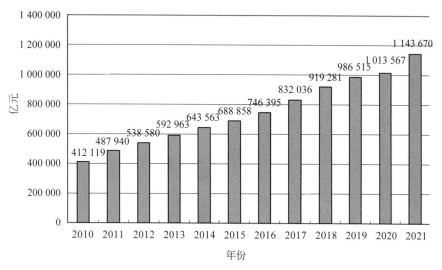

图 2-5　我国 GDP 统计

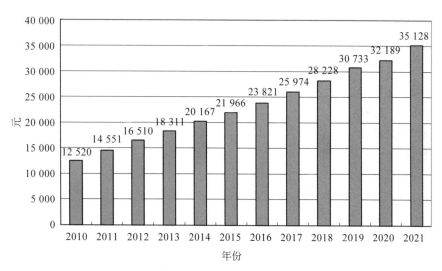

图 2-6　我国全国居民人均可支配收入统计

业必须重视这方面的研究,使网络营销同人文与社会环境相适应。

4. 科技与教育水平

科学技术是第一生产力,近年来我国科技水平得到了飞速发展。在超级计算机的研制上,我国走在了世界的前列。2010 年 11 月,我国"天河一号"超级计算机以峰值速度 4700 万亿次每秒、持续速度 2566 万亿次每秒浮点运算,排名全球第一;2013 年 6 月,"天河二号"超级计算机以每秒 33.86 千万亿次计算速度再夺全球第一,此后连续 3 年蝉联第一;2016 年

学生笔记:

6月,我国"神威·太湖之光"超级计算机以峰值速度12.5亿亿次每秒、持续速度为9.3亿亿次每秒,超越"天河二号"成为全球第一;此后"神威·太湖之光"和"天河二号"连续两年排名全球前两位。超级计算机在人工智能、民用制药、预测地震、地质探测、模拟天体演变、材料科学等方面有重要的应用,能为生产生活带来巨大变革,并能创造惊人的经济效益。

全民教育水平普遍提高,为网络营销提供了人才保证。2021年5月,国家统计局发布的第七次全国人口普查公告显示,全国人口共141178万人,与2010年的133972万人相比,增加了7206万人,增长5.38%。其中,具有大学文化程度的人口为21836万人,与2010年相比,每10万人中具有大学文化程度的由8930人上升为15467人;15岁及以上人口的平均受教育年限由9.08年提高至9.91年,文盲率由4.08%下降为2.67%。受教育状况的持续改善反映了10年来我国大力发展高等教育以及扫除青壮年文盲等措施取得了积极成效,人口素质不断提高。

5. 自然环境

企业的传统营销活动不可避免地受到自然环境,如自然资源、气候、地形地质、地理位置等的影响。网络营销中跨越了时空的限制,企业的营销活动是依靠互联网上的技术手段开展的,除了物流环节外,很难受到场地、天气等自然环境的影响,这就为网络营销的开展提供了极大的便利条件和广阔的发展空间。

6. 人口

全体网民构成网络营销的人口因素。根据中国互联网络信息中心(CNNIC)发布的第1次《中国互联网络发展状况统计报告》显示,截至1997年10月31日我国网民为62万人;而第49次《中国互联网络发展状况统计报告》显示,截至2021年12月31日我国网民为10.32亿人,互联网普及率为73.0%,见图2-7。我国网民人数24年间增加了1600多倍,比世界上绝大多数国家的人口还多,庞大的网民群体构成了网络营销的总体市场规模。

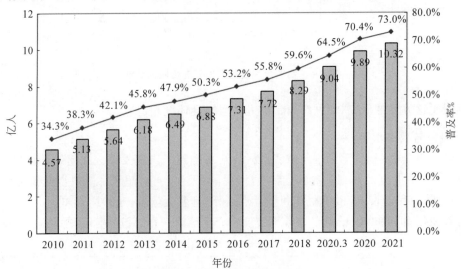

图 2-7　我国网民数量统计

2.5.2　网络营销的微观环境

网络营销的微观环境由企业及其周围的活动者组成,直接影响企业营销计划的制订和实施,包括以下因素。

1. 企业内部环境

首先是组织结构的调整。传统企业的等级制组织结构已不能适应网络营销的发展,网络营销要求组织结构向扁平化、网络化发展,这样有利于企业内部各部门之间、员工之间的交流与合作,从而快速响应顾客的需求。其次是企业内部的信息化建设。企业是否依托内部网建立一套高效的信息化处理系统,并把日常工作通过建立这套系统来完成,使各种资源的流向更趋合理化,通过网络凝缩时间和空间,加速企业全方位运转,提高企业组织的工作效率。再次,网络营销部门的高效化。例如企业营销网站的建设、网络客户服务人员的素质、解决问题的能力都关系到网络营销的效果。

2. 供应商

在网络营销中,企业的供应商同样可以通过网络来选择。大型企业可以自建网络营销平台,在这个网络营销平台上和供应商进行交易。如宝武钢铁集团自建了电子商务采购平台(http://baowu.ouyeelbuy.com),集团所需的生产原料、工业设备、办公用品、电子产品、劳防用品、运输工具等都可以通过这个平台采购;旗下的第三方支付机构"东方付通"在2011 年底获得中国人民银行颁发的《支付业务许可证》,成为国内工业企业首家获得第三方支付牌照的公司。中小企业可以登录第三方交易平台如阿里巴巴,完成和供应商的谈判、签约、转账等交易活动。阿里巴巴是全球最大的第三方交易平台,为全球两百多个国家和地区的数千万注册用户提供交易服务,旗下包括 3 个市场:集中服务全球进出口商的国际交易市场(www.alibaba.com)、集中国内贸的中国交易市场(www.1688.com)以及在国际交易市场上的全球批发交易平台(www.aliexpress.com),为规模较小、需要小批量货物快速付运的买家提供服务。

3. 竞争者

首先,网络营销可以方便识别竞争者。网络营销企业识别竞争者要比传统营销企业方便得多,最直观的方法就是研究竞争对手的网站。通过网站的导航栏目,可以获知竞争者的网络营销目的;通过网站的新闻动态,可以获知竞争者的网络营销策略;通过网站的财务报告,可以获知竞争者的盈利能力;通过商品的售价,可以获知竞争者的定价策略;通过商品的配送方式,可以获知竞争者的渠道策略;通过网站的计数器,可以获知竞争者的网络营销效果等。其次,网络营销使企业之间的竞争更加激烈。由于网络的开放性,使得网站没有秘密可言,企业网络营销的一举一动都会暴露在竞争者的面前,竞争对手可以从容采取对策。这就要求企业综合运用多种网络营销手段,取长补短,达到更好的营销效果。如当

学生笔记:
_____
_____
_____

当当网和卓越亚马逊互为竞争者,双方图书的定价通过网站一目了然,因此双方对相同图书的定价几乎相同;如果一方采用新的促销手段,那么对方会很快跟进,加剧了市场竞争。

4. 中间商

网络中间商是为企业电子商务提供服务的公司。传统中间商是要直接参加生产者和消费者交易活动的,而且是交易的轴心和驱动力;而网络中间商作为一个独立主体存在,它不直接参与生产者和消费者的交易活动,但它提供一个媒体和场所,同时为消费者提供大量的产品和服务信息,为生产者传递产品服务信息和需求购买信息,高效促成生产者和消费者的具体交易实现。网络中间商主要包括网上批发商、网上零售商、网上支付商、目录服务商、搜索服务商、网络出租商、站点评估商等,这些企业共同为网络营销的发展提供中间服务。如京东和天猫属于网上零售商,支付宝属于网上支付商,百度和谷歌属于搜索服务商。

5. 网络消费者

企业网络营销的最终对象是网络消费者,全体网民构成整个网络营销市场。但是,单个企业的资源有限,任何一个企业都不可能提供所有产品,把所有网民作为网络营销对象。因此,企业需要在市场细分的基础上,选择合适的网民群体作为目标市场,再进行市场定位。如京东主营全品类商品,目标市场是全体网民,定位于大而全、价格实惠和特色物流;苏宁易购主营家用电器,目标市场是家庭用户,定位于实体经济和虚拟经济的结合;当当网主营图书,目标市场是受教育人群,定位于品种全和低价格;凡客诚品主营服装,目标市场是年轻人,定位于中低档休闲类服饰。

2.6 网络营销的内容和特点

2.6.1 网络营销的内容

1. 网上市场调查

企业主要利用 Internet 交互式的信息沟通渠道来实施调查活动。它包括直接在网上通过问卷进行调查,还可以通过网络来收集市场调查中需要的一些二手资料。利用网上调查工具,可以提高调查效率和加强调查效果。Internet 作为信息交流渠道,由于它的信息发布来源广泛、传播迅速,使它成为信息的海洋,因此在利用 Internet 进行市场调查时,重点是如何利用有效工具和手段实施调查和收集整理资料。获取信息不再是难事,关键是如何在信息海洋中获取想要的资料信息和分析出有用的信息。

2. 网上消费者行为分析

Internet 用户作为一个特殊群体,它有着与传统市场群体截然不同的特性,因此要开展有效的网络营销活动必须深入了解网上用户群体的需求特征、购买动机和购买行为模式。Internet 作为信息沟通工具,正成为许多兴趣、爱好趋同的群体聚集交流的地方,并且形成一个个特征鲜明的网上虚拟社区,因此了解这些虚拟社区的群体特征和偏好是网上消费者行为分析的关键。

3. 网络营销策略制定

不同企业在市场中处于不同地位,企业在采取网络营销实现企业营销目标时,必须采取与企业相适应的营销策略,因为网络营销虽然是非常有效的营销工具,但企业实施网络营销时是需要进行投入并且有风险的。同时企业在制定网络营销策略时,还应该考虑到产品周期对网络营销策略制定的影响。

4. 网上产品和服务策略

网络作为信息有效的沟通渠道,它可以成为一些无形产品如软件和远程服务的载体,改变了传统产品的营销策略,特别是渠道的选择。作为网上产品和服务营销,必须结合网络特点,重新考虑产品的设计、开发、包装和品牌的传统产品策略,因为传统的优势品牌在网络市场上不一定占优势。

5. 网上价格营销策略

网络作为信息交流和传播工具,从诞生开始实行的便是自由、平等和信息免费的策略。因此在制定网上价格营销策略时,必须考虑到 Internet 本身独特的免费思想和 Internet 对企业定价影响,比如采用免费策略或低价策略等。

6. 网上渠道选择与直销

Internet 对企业营销影响最大的是对企业营销渠道的影响。美国 Dell 公司借助 Internet 的直接性和互动性建立的网上直销模式获得了巨大成功,改变了传统渠道中的多层次的选择、管理与控制问题,最大限度降低了营销渠道中的费用。但企业建设自己的网上直销渠道必须进行一定的投入,同时还要根据网络营销的特点改变传统的经营管理模式。

7. 网上促销与网络广告

Internet 作为一种双向沟通渠道,最大优势是可以实现沟通双方突破时空限制直接进行交流,而且简单、高效、费用低廉。因此,在网上开展促销活动是最有效的沟通渠道,但网上促销活动开展必须遵循网上一些信息交流与沟通规则,特别是遵守一些虚拟社区的礼仪。网络广告作为最重要的促销工具,主要依赖 Internet 的第四类媒体的功能,目前网络广告作为新兴的产业得到迅猛发展。网络广告作为在第四类媒体发布的广告,具有传统的报纸杂志、无线广播和电视等传统媒体发布广告无法比拟的优势,即网络广告具有交互性和直接性。

8. 网络营销管理与控制

网络营销作为在 Internet 上开展的营销活动,它必将面临许多传统营销活动无法碰到的新问题,如网上销售的产品质量保证问题,消费者隐私保护问题,以及信息安全与保护问题等。这些问题都是网络营销必须重视和进行有效控制的问题,否则网络营销效果可能适

学生笔记:
_____
_____
_____

得其反,甚至会产生很大的负面效应,这是由于网络信息传播速度非常快,并且网民对反感问题反应比较强烈而且传播迅速。

2.6.2　网络营销的特点

随着 Internet 技术的逐渐成熟以及使用成本的降低,公司和个人都得以享受到 Internet 带来的便利。通过 Internet,企业、组织、个人跨越时空联结在一起,他们之间信息的交换变得唾手可得。市场营销中最重要也最本质的是组织和个人之间进行信息传播和交换。如果没有信息交换,那么交易也就是无本之源。正因如此,互联网具有营销所要求的某些特性,使得网络营销呈现出以下特点。

1. 超时空

营销的最终目的是占有市场份额,由于 Internet 能够超越时间约束和空间限制进行信息交换,使得营销脱离时空限制进行交易变成可能,企业有了更多时间和更大的空间进行营销,可以每周 7 天,每天 24 小时(即 7×24 小时)随时随地地提供全球性营销服务。

2. 多媒体

Internet 被设计成可以传输多种媒体的信息,如文字、声音、图像等信息,使得为达成交易进行的信息交换能以多种形式存在和交换,使得信息内容更加丰富,信息交换更加有效,可以充分发挥营销人员的创造性和能动性。

3. 交互式

Internet 通过展示商品图像,商品信息资料库提供有关的查询,来实现供需互动与双向沟通,这是其他任何媒体不能比拟的。企业还可以进行产品测试与消费者满意调查等活动。Internet 为产品联合设计、商品信息发布以及各项技术服务提供最佳工具。

4. 个性化

Internet 上的促销是一对一的、理性的、消费者主导的、非强迫性的、循序渐进式的,而且是一种低成本与人性化的促销,避免推销员强势推销的干扰,并通过信息提供与交互式交谈,与消费者建立长期良好的关系。

5. 成长性

Internet 用户数量遍及全球并快速增长,用户多以年轻人为主,教育水平和收入相对较高,接受新事物的能力较强。由于这部分群体购买力强而且具有很强的市场影响力,因此是一项极具开发潜力的市场渠道。

6. 整合性

Internet 上的营销可以由商品信息至收款、售后服务一气呵成,因此也是一种全程的营销渠道。另一方面,可以借助 Internet 将不同的传播营销活动进行统一设计规划和协调实施,以统一的传播信息向消费者传达信息,避免不同传播中不一致性产生的消极影响。

7. 超前性

Internet 是一种功能最强大的营销工具,它同时兼具渠道、促销、电子交易、互动顾客服务以及市场信息分析与提供的多种功能。它所具备的一对一营销能力,正是符合定制营销与直复营销的未来趋势。

8. 高效性

计算机可以存储大量的信息,代替消费者查询,可传送的信息数量与精确度远超过其他媒体,并能应市场需求,及时更新产品或调整价格,因此能及时、有效地了解并满足顾客的需求。

9. 经济性

通过 Internet 进行信息交换,代替以前的实物交换,一方面可以减少印刷与邮递成本,可以无店面销售,免交租金,节约水电与人工成本,另一方面可以减少由于迂回多次交换带来的损耗。

10. 技术性

网络营销是建立在高技术作为支撑的 Internet 的基础上的,对于企业来讲,要进行网络营销,必须引进懂营销与网络技术的复合型人才,有一定的技术投入和技术支持,还要改变传统的组织形态与新的营销方式相适应,并提升企业各管理部门的功能。

【章末案例】

"双十一"网络购物狂欢节

"双十一"购物狂欢节,是指每年 11 月 11 日的网络促销日,源于淘宝商城(现为天猫)于 2009 年 11 月 11 日举办的网络促销活动,当时参与的商家数量和促销力度有限,但营业额远超预想的效果,于是 11 月 11 日成为天猫举办大规模促销活动的固定日期。"双十一"已成为中国电子商务行业的年度盛事,并且逐渐影响到国际电子商务行业。

天猫 2009 年的销售额为 0.52 亿元,27 家品牌参与;2010 年的销售额为 9.36 亿元,711 家品牌参与;2011 年的销售额为 33.6 亿元,2200 家品牌参与;2012 年的销售额为 132 亿元,10000 家品牌参与;2013 年的销售额为 352 亿元,20000 家品牌参与;2014 年的销售额为 571 亿元,27000 家品牌参与;2015 年的销售额为 912 亿元,40000 家品牌参与;2016 年的销售额为 1207 亿元,98000 家品牌参与;2017 年的销售额为 1682 亿元,140000 家品牌参与;2018 年的销售额为 2135 亿元,180000 家品牌参与;2019 年的销售额为 2684 亿元,同比增长 25.71%,再次创下新纪录。2020 年 11 月 1 日至 11 日,天猫"双十一"期间累计总交易额达 4982 亿元,同比增长 26%。2021 年天猫"双十一"期间总交易额为 5403 亿元,同比增长 8.5%。

各大电商网站也积极参与"双十一"网络购物狂欢节。京东 2021 年的"双十一"预售活动于 10 月 20 日 20 点正式开始,10 月 31 日 20 点全面放"价"支付尾款,早于往年"0 点开启"4 小时,让消费者提前开抢不熬夜。11 月 10 日 20 时,京东开启打响 2021 年"双十一"的最后一战。开始仅 5 分钟,家电成交额就突破了 20 亿元。截至 2021 年 11 月 11 日 23:59,

学生笔记:

_____

_____

_____

京东累计下单金额超 3491 亿元,创造了新的纪录。其中,31 个品牌销售破 10 亿元,苹果产品破百亿元;43 276 个商家成交额同比增长超 200%,其中,中小品牌新增数量同比增长超 4 倍。

苏宁易购在 2021 年 11 月 11 日前 30 分钟,中高端家电销售同比增长 43%,手机一站式以旧换新同比增长 186%,智能家装同比增长 88%。格力电器在 2021 年 11 月 13 日晚间发布"双十一"全网战报:全网空调零售第一,销售额超 30 亿元;厨卫品类销售额同比增长 84%;冰箱品类同比增长超 33%。

中国人民银行发布数据显示,2021 年"双十一"期间(11 月 1—11 日)网联和银联共处理支付交易 270.48 亿笔,金额 22.32 万亿元,分别同比增长 17.96% 和 14.98%。11 月 11 日当天,网联、银联合计最高业务峰值 9.65 万笔/秒。

国家邮政局监测数据显示,2021 年 11 月 1—11 日,全国邮政、快递企业共处理快件 47.76 亿件,同比增长超过两成。11 月 1—16 日,全国邮政、快递企业共揽收快递包裹 68 亿件,同比增长 18.2%;共投递快递包裹 63 亿件,同比增长 16.2%。其中,11 月 11 日当天共处理快件 6.96 亿件,稳中有升,再创历史新高。

思考题

1. "双十一"网络购物狂欢节的意义是什么?

2. 分析天猫的网络营销环境。

3. 网络营销和电子商务的关系是什么?

本章小结

本章从网络营销的定义出发,分析了网络营销和电子商务的区别与联系。在介绍网络营销的产生的基础上,详细分析了网络营销的发展现状和发展趋势。然后阐述了网络营销对传统营销的冲击和整合,并介绍了基本的网络营销理论:网络直复营销理论、网络软营销理论、网络整合营销理论以及信息经济规律。之后引用客观数据分析了网络营销的宏观环境和微观环境,最后总体介绍了网络营销的内容和特点,为进一步学习"网络营销"课程打下基础。

重点概念和知识点

* 网络营销;

* 直复营销;

* 网络软营销;

* 网络整合营销。

练习题

1. 网络营销和电子商务的区别和联系有哪些?

2. 网络营销的发展现状是怎么样的?

3. 网络营销包括什么内容?其特点是什么?

4. 请分析京东(www.jd.com)的宏观和微观网络营销环境。

本章参考文献

[1]　黄敏学.网络营销[M].4 版.武汉:武汉大学出版社,2020.

[2]　沈凤池,王伟明.网络营销[M].北京:北京理工大学出版社,2016.

[3]　冯英健.网络营销基础与实践[M].5 版.北京:清华大学出版社,2016.

[4]　李民.基于 C2C 比较的 B2C 网络购物发展探讨[J].商业时代,2011(22):42-43.

[5]　王全胜,吴凡.B2C 环境下信任服务机制作用的实证研究[J].情报杂志,2009,28(3):10-13,18.

[6]　李民.B2C 电子商务的信用风险及防范[J].科技资讯,2008(31):155-156.

学生笔记:_____

_____

_____

第 3 章

网络消费者行为分析

本章学习要求

本章重点分析网络消费市场的特征，网络消费者进行网络消费的心理因素、需求特征和行为特征，网络消费者的购买决策过程以及影响网络消费者购买的主要因素。通过本章内容的学习，使读者在了解网络市场特征的前提下，把握网络消费的心理因素以及影响网络消费者行为的主要因素，熟悉网络消费者的购买决策过程，从而更好地开展网络市场营销。

3.1　网络消费者行为概述

3.1.1　网络消费者

消费者行为是指感情、认知、行为以及环境因素之间的动态互动过程，是人类履行生活中交换职能的行为基础。与传统的消费者行为相比较，网络消费者行为在生活方式、价值观、个性、心理以及环境方面都有较大差异。网络消费者是指通过互联网在电子商务市场中进行消费和购物等活动的消费者人群。

消费者行为以及购买行为永远是营销者关注的一个热点问题，对于网络营销

者也是如此。网络用户是网络营销的主要个体消费者,也是推动网络营销发展的主要动力,它的现状决定了今后网络营销的发展趋势和道路。要搞好网络市场营销工作,就必须对网络消费者的群体特征进行分析以便采取相应的对策。网络消费者群体主要有以下 4 方面的特征。

1. 注重自我

由于目前网络用户多以年轻、高学历用户为主,他们拥有不同于他人的思想和喜好,有自己独立的见解和想法,对自己的判断能力也比较自负。所以他们的具体要求越来越独特,而且变化多端,个性化越来越明显。因此,从事网络营销的企业应想办法满足其独特的需求,尊重用户的意见和建议,而不是用大众化的标准来寻找大批的消费者。

2. 头脑冷静,擅长理性分析

由于网络用户是以大城市、高学历的年轻人为主,不会轻易受舆论左右,对各种产品宣传有较强的分析判断能力,因此从事网络营销的企业应该加强信息的组织和管理,加强企业自身文化的建设,以诚信待人。

3. 喜好新鲜事物,有强烈的求知欲

这些网络用户爱好广泛,无论是对新闻、股票市场、网上娱乐还是网上购物都具有浓厚的兴趣,对未知的领域抱有永不疲倦的好奇心。

4. 好胜,但缺乏耐心

因为这些用户以年轻人为主,因而比较缺乏耐心,当他们搜索信息时,经常比较注重搜索所花费的时间,如果链接、传输的速度比较慢的话,他们一般会马上离开这个站点。

网络消费者的这些特点,对于企业加入网络营销的决策和实施过程都是十分重要的。营销商要想吸引顾客,保持持续的竞争力,就必须对本地区、本国以及全世界的网络用户情况进行分析,了解他们的特点,制定相应的对策。

3.1.2　网络市场及其特征

根据国家统计局发布的数据显示,2015—2020 年我国网络购物交易规模呈现连续增长趋势,虽然 2017 年后交易规模增长幅度逐渐减少,但增速仍然在 10% 以上。2020 年在疫情影响的背景下,网购的便捷性更加显现,使得我国网络购物市场规模仍然保持增长,达到了 11.76 万亿元,同比增长 10.6%。2018Q2—2020Q2 中国网络购物市场交易规模如图 3-1 所示。据中国互联网络信息中心第 48 次中国互联网络发展状况统计报告显示,截至 2021 年 6 月,我国网民规模为 10.11 亿,互联网普及率达 71.6%,网络购物用户规模达 7.1 亿。我国已经发展成为互联网大国,是全球互联网重要的组成部分,十亿用户接入互联网,形成了全球最为庞大、生机勃勃的数字社会。截至 2021 年 6 月,我国手机网民规模达 10.07 亿,较 2020 年 12 月增长 2092 万,网民使用手机上网的比例为 99.6%,与 2020 年 12 月基本持平。

学生笔记:

_____

_____

_____

图 3-1　2018Q2—2020Q2 中国网络购物市场交易规模

截至 2021 年 6 月,8.88 亿人看短视频、6.38 亿人看直播,短视频、直播正在成为全民新的娱乐方式;8.12 亿人网购、4.69 亿人叫外卖,全民的购物方式、餐饮方式正在发生悄然变化;3.25 亿人使用在线教育、2.39 亿人使用在线医疗,在线公共服务进一步便利民众。

推动中国网络购物市场交易规模增长的主要因素有两方面:第一,从供给层面,电商企业不断完善产业链,加大仓储物流支付等体系建设,而品牌商、渠道商及其他互联网巨头在 2011 年纷纷加大在电子商务行业的布局力度,由此极大地提高了网络购物商品服务质量,丰富了网络购物用户的选择并且推动了网络购物市场的规范。第二,从需求层面,网络购物用户规模稳步增长,用户对网络购物依赖程度和信任程度进一步加深,人均网络购物消费支出持续增加。

1. 网络市场演变的阶段

从网络市场交易的方式和范围看,网络市场经历了 3 个发展阶段。第一阶段是生产者内部的网络市场,其基本特征是工业界内部为缩短业务流程时间和降低交易成本,所采用电子数据交换系统所形成的网络市场。第二阶段是国内的或全球的生产者网络市场和消费者网络市场。其基本特征是企业在 Internet 上建立一个站点,将企业的产品信息发布在网上,供所有客户浏览,或销售数字化产品,或通过网上产品信息的发布来推动实体化商品的销售;如果从市场交易方式的角度讲,这一阶段也可以称为"在线浏览、离线交易"的网络市场阶段。第三阶段是信息化、数字化、电子化的网络市场。这是网络市场发展的最高阶段,其基本特征是虽然网络市场的范围没有发生实质性的变化,但网络市场交易方式却发生了根本性的变化,即由"在线浏览、离线交易"演变成了"在线浏览、在线交易",这一阶段的最终到来取决于以电子货币及电子货币支付系统的开发、应用、标准化及其安全性、可靠性。

2. 网络市场的特征

随着互联网络及万维网的盛行,利用无国界、无区域界限的 Internet 来销售商品或提供服务,成为买卖通路的新选择,Internet 上的网络市场成为 21 世纪最有发展潜力的新兴市场,从市场运作的机制看,网络市场具有如下基本特征。

（1）无店铺的经营方式。运作于网络市场上的是虚拟商店,它不需要店面、装潢、摆放的货品和服务人员等,它使用的媒体为互联网络。无店铺的经营方式包括网上销售、电话销售、电视直销、邮购等。无店铺的形式为顾客节约了光顾商店的时间,被称为是"把服装店搬到顾客家里"的一种经营方式。无店铺销售的经营方式具有节省开设店面和雇用营业员的费用,通过广告扩大业务和销售范围,便于集中管理公司,市场反应快捷等优点。

(2) 无存货的经营形式。万维网上的商店可以在接到顾客订单后,再向制造的厂家订货,而无须将商品陈列出来以供顾客选择,只需在网页上呈现出货物菜单即可。这样一来,店家不会因为存货而增加成本,其售价比一般的商店要低,这有利于增加网络商家和"电子空间市场"的魅力和竞争力。

(3) 成本低廉的竞争策略。网络市场上的虚拟商店,其成本主要涉及自设网站成本、软硬件费用、网络使用费,以及之后的维护费用。它通常比普通商店经常性的成本要低得多,这是因为普通商店需要昂贵的店面租金、装潢费用、水电费、营业税及人事管理费用等。Cisco 在其 Internet 网站中建立了一套专用的电子商务订货系统,销售商与客户能够通过此系统直接向 Cisco 公司订货。此套订货系统的优点是不仅能够提高订货的准确率,避免多次往返修改订单的麻烦;最重要的是缩短了出货时间,降低了销售成本。据统计,电子商务的成功应用使 Cisco 每年在内部管理上能够节省数亿美元的费用。EDI 的广泛使用及其标准化使企业与企业之间的交易走向无纸贸易。在无纸贸易的情况下,企业可以将购物订单过程的成本缩减 80% 以上。因此,对于企业,尤其是大企业,采用无纸交易就意味着节省少则数百万美元,多则上千万美元的成本。

(4) 无时间限制的全天候经营。虚拟商店不需要雇佣经营、服务人员,可以不受劳动法的限制,也可以摆脱因员工疲倦或缺乏训练而引起顾客反感所带来的麻烦,而一天 24 小时、一年 365 天的持续营业,这对于平时工作繁忙、无暇购物的人来说有很大的吸引力。

(5) 无国界、无区域界限的经营范围。联机网络创造了一个即时全球社区,它消除了同其他国家客户做生意的时间和地域障碍。面对提供无限商机的 Internet,国内的企业可以加入网络行业,开展全球性营销活动。如浙江省海宁市皮革服装城加入了计算机互联网络,跻身于通向世界的信息高速公路,很快就尝到了甜头。把男女皮大衣、皮夹克等 17 种商品的式样和价格信息输入 Internet,不到两小时,就分别收到英国"威斯菲尔德有限公司"等十多家海外客商发来的电子邮件和传真,表示了订货意向。该服装城通过网上交易仅半年时间,就吸引了美国、意大利、日本、丹麦等 30 多个国家和地区的 5600 多个客户,仅雪豹集团一家就实现了外贸供货额一亿多元。

(6) 精简化的营销环节。顾客不必等经理回复电话,可以自行查询信息。客户所需信息可以及时更新,企业和买家可以快速交换信息,网上营销使商家在市场中快人一步,迅速传递出信息。今天的顾客需求不断增加,对欲购商品资料的了解,对产品本身要求有更多的发言权和售后服务。于是精明的营销人员能够借助联机通信所固有的互动功能,鼓励顾

学生笔记:
_____
_____
_____

客参与产品更新换代让他们选择颜色、装运方式、自行下订单。在定制、销售产品的过程中,为满足顾客的特殊要求,让他们参与越多,售出产品的机会就越大。总之,网络市场具有传统的实体化市场所不具有的特点,这些特点正是网络市场的优势。

3. 网络市场的功能

网络公司利用网络市场的功能主要体现在利用它实现公司多元化的目标价值链:树立先锋形象、发展公共关系、与投资者保持良好关系、选择最合格的顾客群体、与客户及时地在线交流、让客户记住公司的网络通道。

(1)树立公司先锋形象。利用 Internet 改善公司形象,使其成为一个先锋的、高科技型的公司,是现代企业开拓网络市场最具有说服力的理由。在网络市场竞争中,作为一个拥有实力可以在竞争中制胜的公司,必须率先进入万维网系统,以先入为主的资格去迎合普通计算机使用者的需求,满足他们追求个性化产品及服务的欲望;先锋者形象赋予公司一种财力充足、不断创新的表象,这是公司最稀缺的、最珍贵的无形资产。如北京城乡华懋商厦是京城较早开设网上商城的零售企业,该公司负责人认为公司这样做的目的是要通过网上商城来扩大知名度,使公司时刻站在信息高速公路的前沿阵地,成为网上营销的先锋;公司的先锋者形象对于提高公司的人力资本的效用有着巨大的作用,它对于想成为先锋成员的雇员来说具有莫大的吸引力,也有利于公司在网上公开招聘一流的人才,使公司的人力资源更加雄厚。一个顽强的、机敏的、能力值高的、热情值高的员工队伍,将大大增强公司在网络市场和现实市场这双重市场上的开拓力。

(2)发展公共关系。网络公司必须在网络空间的公共关系网中占有绝对的优势。在具体的做法上,一是公司可以在电子广告栏目中描述公司发展的历史、公司的目标价值、公司的管理队伍、公司的社会责任及其对社区发展的贡献,以提高公司的社会知名度;二是公司能够利用多媒体技术(如图片、文件、音像、数字等)提供一种更为独特的服务,为顾客提供有价值的咨询信息,使访问者主动地进入网址,并进一步详细地阅读所有新近的资料。对于访问者来说,能获得有价值的信息是令人兴奋的事,获得有价值的信息越多,访问的次数也越多,访问的频率随之提高,被访问的网络公司在访问者心目中知名度随之提高,访问者对被访问的网络公司的忠诚度随之增强。总之,网络公司通过不断地向顾客提供有价值的咨询信息来吸引访问者的注意力,来提高访问者对网络公司的忠诚程度。

(3)与投资者保持良好的关系。对于现代公司来讲,与投资者关系的好坏对公司的发展至关重要。公司可以利用万维网网址来建立与投资者保持良好信息沟通的渠道,最大限度地降低信息的不对称性,从而降低投资者对公司可能存在的"道德风险""机会主义行为"的担心,提高公司与投资者之间的信用度,保持长期的、双向的合作关系。

(4)选择最合格的顾客群体。对于一个网络公司来讲,选择最合格的顾客群体是公司实现网络营销战略的关键。公司通过万维网,可以大大地缩小销售的范围,而以特色的产品和特色的服务来选择最合格的、最忠实的目标顾客群体,从而实现优良的客户服务。

(5)与客户及时地在线交流。公司的万维网网址中包括了许多可以填写的表格,以解答顾客的疑问并进行有效的建议。它们就像电子邮件,沟通公司与客户。同时顾客也可以向公司的网址发来他们的忠告与建议,供公司及其他所有客户阅读。通过这种方式,公司可以同所有的顾客共同分享有关产品的有效信息。在线上,公司可以与顾客更为自由地进行信息往来,并允许目标顾客发出更多的反馈意见。第一件产品的发展、定位和提高全依赖于那些聪明的、有经验的顾客的往来信息,这是公司不可或缺的强大的推动力之一。更重要的是,顾客在网络上完成互动,如果他觉得很满意,就会与好朋友分享。

(6) 要想让客户记住网络通道并将产品销售中的宣传效应回告,应尽可能地使商家的名字醒目地出现于人们面前。产品给人们留下的印象越深,人们越有可能记住它们,进而考虑、信任,并最终买下。一些设计很好的网址能使自己的通信管道深深地嵌入人们的记忆之中。

3.1.3　网络消费者的心理因素

消费者的动机、知觉、学习和态度是影响消费者购买行为的主要心理因素。

1. 动机

动机是指人发动和维持其行动的一种内部状态,是一种升华到一定强度的需要,它能够及时引导人们去探求满足需要的目标。美国心理学学家、人本主义心理学创始人马斯洛(Abraham Harold Maslow,1908—1970)在 1943 年发表的《人类动机的理论》一书中,提出人类"需要层次理论"(hierarchy of needs theory),也称为马斯洛动机。他认为人类的需要是以层次的形式出现的,由低级需要开始逐级向上发展到高级需要。他将个人需要分为如下 5 个层次。

(1) 生理需要。生理需要是指为了满足生存而对必不可少的基本生活物质条件的需要,如衣、食、住、行等。它是人体最基本的需要。

(2) 安全需要。安全需要是指满足人身安全和健康的需要。由于我国生活水平的提高,对这方面的需要日益增多,如医疗保健品、社会保险、防盗物品等。

(3) 感情需要。需要是指参与社会交往,取得社会承认和归属感的需要,如爱情、友谊、婚姻等。人是群居动物,他们的生活离不开社会,人们在社会交往中互相了解,产生爱慕、信赖的感情。随着我国人际交往的频繁,生活方式的变动,社会上出现的茶社、酒吧、咖啡馆、KTV 包房就是为满足这种需要而产生的。

(4) 尊重需要。尊重需要是指在社交活动中受人尊敬、取得一定社会地位、荣誉和权力的需要。正如项羽所说的要"衣锦还乡"。人们购买名贵服装等高档消费品,获取高学历就是这种需要的表现。

(5) 自我实现需要。自我实现需要是指发挥个人最大潜力,实现理想的需要。自我实现是需要的最高层次,自我实现的人是理想的人,建立人与人之间无条件的关怀和真诚关系,是自我实现的关键。满足自我实现需要的产品有书籍、教育、知识等。

生理需要与安全需要属于物质需要,感情需要、尊重需要和自我实现需要属于精神需

学生笔记:
_____
_____
_____

要。一般来讲,人的需要由低到高逐渐上升,在人的低级层次需要被满足之后,才能追求高级层次的需要,但是在现实生活中,也有飞跃,在低层次需要未被满足的情况下,实现高层次需要。我国大部分居民的生理需要得到满足,正向安全需要、感情需要过渡,企业针对这种需要特征,要创新产品、改变产品来满足消费者的需要。

2. 知觉

知觉是人对客观事物各部分或属性的整体反映。它同感觉一样,由客观事物直接作用于分析器官而引起,但比感觉更完整、复杂,人们常常根据实践活动的需求和心理倾向主动地收集信息,辨认物体及其属性。人们对同一刺激物会产生不同的知觉,原因在于知觉具有选择性的特征。

知觉的选择性是人对同时作用于感觉器官的各种刺激有选择地做出反应的倾向。它使人的注意力指向少数重要的刺激或刺激的重要方面,从而能更有效地认识外界事物,它包括选择性注意、选择性曲解和选择性记忆。

(1)选择性注意。选择性注意是人在注意时,从当前环境中的许多刺激对象或活动中选择一种或几种刺激,使自己产生高度的兴奋、感知和清晰的意识。引起选择性注意的原因有两种。一是客观因素,如刺激强度大、新奇、对比鲜明、反复出现、不断变化等;二是主观因素,如需要、动机、精神状态、知识经验、任务、世界观、价值观等。如消费者在家电商场买电视,他只注意收集电视的品牌和价格等有关电视的信息,而对冰箱等其他家用电器视而不见。

(2)选择性曲解。选择性曲解是指人们有选择地将某些信息加以歪曲,使其符合自己想象。由于选择性曲解的作用,人们容易忽视自己喜爱品牌的缺点和其他品牌的优点。

(3)选择性记忆。选择性记忆是指人们由于观点、兴趣、生活经验的不同,对所经历过的事物有选择地识记、保持、再现或再认。如"脑白金"广告一经播出,消费者对其广告词记忆深刻,"送礼就送脑白金",但是没有记住脑白金保健品的功效,把"脑白金"曲解为一种送给老年人的礼品,这种效果的出现正是知觉选择性在消费者购买行为中的反映。

3. 学习

学习是指由于后天经验引起的个人知识、结构和行为的改变。人类的行为大都来源于学习,人们的学习过程就是驱使力(即动机)、刺激物、提示物、反应和强化的结果。如在中国,是右侧通行,司机见红灯就停,见绿灯就行是一种后天学习的结果。

4. 态度

态度是人们对人或事物持有的一种稳定性的行为反应倾向。它可以分成如下 3 种成分。

(1)认知成分。认知成分是指个人对有关事物的信念。消费者对产品的认知决定其产品或服务的品牌信念。消费者的品牌信念一旦形成,就会对品牌产品产生偏好,因此把握住消费者的品牌偏好进行产品市场定位,是企业获取竞争优势的有效手段之一。

(2)情感成分。情感成分是消费者对产品或服务的情感反应,它是消费者对品牌的评估,是决定消费者购买行为的因素。如喜欢或厌恶等情绪反应。

（3）行为成分。行为成分是指消费者是否购买消费品的行为倾向。

在现实生活中,可以根据态度的 3 种成分,通过促销手段改变消费者的品牌信念,使消费者形成新的品牌偏好,通过舆论领袖的示范效应,改变消费者对产品属性理想标准的认识,形成一套全新的产品理想标准,使消费者喜欢本企业产品。

3.1.4　网络消费者的需求特征

由于互联网商务的出现,消费观念、消费方式和消费者的地位正在发生着重要的变化,互联网商用的发展促进了消费者主权地位的提高;网络营销系统巨大的信息处理能力,为消费者挑选商品提供了前所未有的选择空间,使消费者的购买行为更加理性化。网络消费需求主要有以下 8 个方面的特点。

1. 消费者消费个性回归

在近代,由于工业化和标准化生产方式的发展,使消费者的个性被淹没于大量低成本、单一化的产品洪流之中。随着 21 世纪的到来,这个世界变成了一个计算机网络交织的世界,消费品市场变得越来越丰富,消费者进行产品选择的范围全球化、产品的设计多样化,消费者开始制定自己的消费准则,整个市场营销又回到了个性化的基础上。没有一个消费者的消费心理是一样的,每一个消费者都是一个细小的消费市场,个性化消费成为消费的主流。

2. 消费者需求的差异性

不仅是消费者的个性消费使网络消费需求呈现出差异性;对于不同的网络消费者因其所处的时代环境不同,也会产生不同的需求;不同的网络消费者,即便在同一个需求层次上,他们的需求也会有所不同。因为网络消费者来自世界各地,有不同的国别、民族、信仰和生活习惯,因而会产生明显的需求差异性。所以,从事网络营销的厂商,要想取得成功,就必须在整个生产过程中,从产品的构思、设计、制造,到产品的包装、运输、销售,认真思考这些差异性,并针对不同消费者的特点,采取相应的措施和方法。

3. 消费的主动性增强

在社会化分工日益细化和专业化的趋势下,消费者对消费的风险感随着选择的增多而上升。在许多大额或高档的消费中,消费者往往会主动通过各种可能的渠道获取与商品有关的信息并进行分析和比较。或许这种分析、比较不是很充分和合理,但消费者能从中得到心理的平衡以减轻风险感或减少购买后产生的后悔感,增加对产品的信任程度和心理上的满足感。消费主动性的增强来源于现代社会不确定性的增加和人类需求心理稳定和平衡的欲望。

学生笔记：
_____
_____
_____

4. 消费者直接参与生产和流通的全过程

传统的商业流通渠道由生产者、商业机构和消费者组成,其中商业机构起着重要的作用,生产者不能直接了解市场,消费者也不能直接向生产者表达自己的消费需求。而在网络环境下,消费者能直接参与到生产和流通中来,与生产者直接进行沟通,减少了市场的不确定性。

5. 追求消费过程的方便和享受

在网上购物,除了能够完成实际的购物需求以外,消费者在购买商品的同时,还能得到许多信息,并得到在各种传统商店没有的乐趣。今天,人们对现实消费过程出现了两种追求的趋势:一部分工作压力较大、紧张程度高的消费者以方便性购买为目标,他们追求的是时间和劳动成本的尽量节省;而另一部分消费者,是由于劳动生产率的提高,自由支配时间增多,他们希望通过消费来寻找生活的乐趣。今后,这两种相反的消费心理将会在较长的时间内并存。

6. 消费者选择商品的理性化

网络营销系统巨大的信息处理能力,为消费者挑选商品提供了前所未有的选择空间,消费者会利用在网上得到的信息对商品进行反复比较,以决定是否购买。对企事业单位的采购人员来说,可以利用预先设计好的计算程序,迅速比较进货价格、运输费用、优惠、折扣、时间效率等综合指标,最终选择有利的进货渠道和途径。

7. 价格仍是影响消费心理的重要因素

从消费的角度来说,价格不是决定消费者购买的唯一因素,但却是消费者购买商品时肯定要考虑的因素。网上购物之所以具有生命力,重要的原因之一是因为网上销售的商品价格普遍低廉。尽管经营者都倾向于以各种差别化来减弱消费者对价格的敏感度,避免恶性竞争,但价格始终对消费者的心理产生重要的影响。因为消费者可以通过网络联合起来向厂商讨价还价,产品的定价逐步由企业定价转变为消费者引导定价。

8. 网络消费仍然具有层次性

在网络消费的开始阶段,消费者偏重精神产品的消费;到了网络消费的成熟阶段,等消费者完全掌握了网络消费的规律和操作,并且对网络购物有了一定的信任感后,消费者才会从侧重于精神消费品的购买转向日用消费品的购买。

3.1.5　网络消费者的行为特征

1. 网络消费者的特征与结构

中国互联网络信息中心(CNNIC)2021 年 8 月发布《第 48 次中国互联网络发展状况统计报告》显示,截至 2021 年 6 月,我国网民规模达 10.11 亿人,较 2020 年 12 月增长 2175 万人,截至 2020 年 3 月,中国网民中男性占比为 51.9%,比女性高出 3 个百分点。当前网民增长进入了一个相对平稳的阶段,互联网在易转化人群和发达地区居民中的普及率已经达到较高水平,下一阶段中国互联网的普及将转向受教育程度较低的人群以及发展相对落后地区的居民。目前,随着移动互联网的繁荣发展,移动终端设备价格更低廉、接入互联网更方便等特性,为部分落后地区和难转化人群中的互联网推广工作提供了契机。

（1）年龄结构方面。截至 2020 年 12 月,中国网民结构如图 3-2 所示。20～29 岁和 30～39 岁网民占比分别为 17.4％和 20.3％,高于其他年龄群体;40～49 岁网民群体占比为 18.7％;50 岁及以上网民群体占比为 28.1％,互联网持续向中、高龄人群渗透。

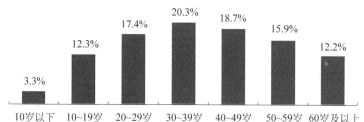

来源：中国互联网络信息中心（CNNIC）第48次中国互联网络发展状况统计报告

图 3-2　网民年龄结构

（2）职业方面。学生仍然是网民中规模最大的群体,占比为 26.9％,远远高于其他群体;其次,个体户/自由职业者占比为 22.4％。企业公司中,中高层管理人员占整体网民的 3.0％,一般职员占 8％。党政机关事业单位中,领导干部和一般职员分别占整体网民的 0.4％和2.4％。另外,专业技术人员占比为 6％,比较历年数据,与网民年龄结构变化相对应,学生群体占比基本呈现出连年下降的趋势。

（3）收入方面。截至 2020 年 3 月,月收入在 2001～5000 元的网民群体合计占比为 33.4％,月收入在 5000 元以上的网民群体占比为 27.6％,有收入但月收入在 1000 元以下的网民群体占比为 20.8％。

2. 网络消费者购买的主动性较强

网络不仅改变了人们认识世界、观察世界的方式,也改变了人们的生活方式。网络环境下的消费者会很主动地借助网络技术条件去浏览、查询甚至搜索某些商家、产品、市场的一些广告和消费信息,而这些信息也会去指导网络购物消费者的购买行为或者作为网络购物行为的知识储备和经验积累。对于满意的产品,网络消费者会通过网络或者其他通信技术,在第一时间积极主动地与商家取得联系,并产生购买行为,甚至通过网络支付手段,实现足不出户买遍全球商品的新时代消费体验。

3. 网络消费者购买的选择性较强

在网上销售的消费品,无论在数量上,还是种类上都已极为丰富,加之网络系统的强大信息功能,使得消费者在选择产品时有了巨大的选择余地和范围,网上销售还可以为消费者提供完全个性化的定制服务,所以网络消费者能够以个人心理愿望为基础挑选和购买商品或服务,从而满足追求个性化、差异化的需求。

学生笔记：

_____

_____

_____

4. 网络消费者更追求购物的乐趣

对于消费者而言,网上购物不仅是满足实际的购物需求,还可以通过网上购买的过程得到大量信息或娱乐情报,结识新的朋友,节省了体力,也节约了时间。灵活的支付方式和快捷的送货上门服务,让消费者体验到传统购物方式无法具备的乐趣。网络购物消费者十分重视商品新的款式、格调和社会流行趋势,追求时尚和新颖的产品,体验新的购物方式给自己带来的新鲜感和刺激,并且由此炫耀自己的行为。

3.2 网络消费者的购买决策过程

网上购物是指用户为完成购物或与之有关的任务而在网上虚拟的购物环境中浏览、搜索相关商品信息,从而为购买决策提供所需要的必要信息,并实现决策的购买过程。电子商务的热潮使网上购物作为一种崭新的个人消费模式,日益受到人们的关注。消费者的购买决策过程,是消费者需要、购买动机、购买活动和买后使用感受的综合与统一。消费者购买行为是指消费者为满足自身需要而发生的购买和使用商品的行为。而网络消费者购买行为是消费者通过网络发生的购买和使用商品的行为活动。

网络消费的购买过程一般可以分为 5 个阶段:确认需求→收集信息→比较选择→购买决策→购后评价。这 5 个阶段只是消费者购买过程中所经历的一般步骤。需要指出的是,不是说消费者任何一次购买的过程都会按照次序经历所有步骤,在某些情况下消费者可能会跳过某些阶段。如某购买固定品牌服装的年轻人会越过信息收集和比较选择阶段,直接对其喜好的服装进行购买。与此同时,由于各方面的因素,消费者在购买决策过程中都有可能放弃购买,导致购买决策的提前终止。不过本书还是要用此模式,因为它全面地阐述了参与过程度较高的消费者在购买产品时所需的全部思考过程以及影响其决策的各种因素。

3.2.1 确认需求

需求的识别是消费者购买决策过程的起点。当消费者察觉到实际与需求之间存在一定的差距,便萌发了想要弥补这一差距的想法,这时就开始了购买的决策。这种需求的产生,可能是由人体机能的感受引起的,也可能是由外界某种刺激所导致的,当然也可能是内外因同时作用的结果。在经济学中,需求是在一定的时期,在既定的价格水平下,消费者愿意并且能够购买的商品数量。需求显示了随着价钱升降而其他因素不变的情况下,某个体在每段时间内所愿意买的某货物的数量。引起需求是消费者要确认自己需要什么来满足自己的需求。消费者的需求一般由两种刺激引起:一是内部刺激,如饥饿感;二是外部刺激,如广告宣传等。

消费者购买过程从确认需求开始。购买者发现了现实情况和理想状态的差距,这就产生了需求。这种需求可能由内部刺激引起,如个人的正常需求强烈到一定程度,变成了一种动力,像饥饿、干渴等。需求也可以由外部刺激引起。一个小孩路过一家烤鸭店,新烤出的烤鸭香味可能刺激他购买。在这一阶段,营销人员应研究消费者,及时发现他们的问题和需求。

在确认需求阶段,网络营销人员的主要任务:第一,了解引起与本企业产品有关的现实需求和潜在需求的驱使力,即是什么原因引起消费者购买本企业产品。如了解消费者为什么购买蜂产品,就可以开发出多种蜂产品满足消费者需求,如蜂蜜、蜂王浆等产品。第二,设计引起需求的诱因,促使消费者增强刺激,唤起需求,引发购买行为。如"脑白金"一到节日前夕就加大广告播放的频率,让消费者牢牢记住"送礼就送脑白金"。

3.2.2　收集信息

为了满足需求,消费者要收集信息。消费者的信息来源主要有个人来源、经验来源、公共来源和商业来源 4 个方面。个人来源是指来自亲朋好友的信息;经验来源是从使用检查产品中获得的信息;公共来源是从网络、电视等大众传播媒体、社会组织中获取的信息;商业来源是指从企业营销中获取的信息,如从广告、推销员、展览会等获得的信息。个人来源和经验来源信息对消费者购买行为影响最直接,公共来源和商业来源的影响比较间接,但诱导性强。如人们从媒体中获取禽流感的信息之后,很多人不敢吃鸡肉、鸡蛋,后来人们又从媒体中获知鸡肉经过高温烹饪,会杀死鸡肉中的禽流感病毒,才又开始吃鸡肉、鸡蛋。

在收集信息阶段,网络营销人员的主要任务:第一,了解不同信息来源对消费者购买行为的影响程度。第二,注意不同文化背景下收集信息的差异性。第三,有针对性地设计恰当的信息传播策略。

3.2.3　比较选择

消费者在获取足够的信息之后,要对备选的产品进行评估,即比较选择。对产品评估主要涉及以下问题。

1. 产品属性

产品属性是指产品能够满足消费者需求的特征。它涉及产品功能、价格、质量、款式等。在价格稳定的情况下,消费者对提供产品属性多的产品感兴趣。由于使用者不同,对产品属性的要求也不同,如消费者对汽车轮胎的安全性要求低于航空公司对飞机轮胎安全性的要求,正是由于安全性能高,因此飞机轮胎价格昂贵。

2. 属性权重

属性权重是消费者对产品有关属性给予的不同权重。如买电冰箱,如果消费者注重它的耗电量,他就会购买耗电量低的电冰箱。现在电冰箱厂家针对消费者这一购买特征纷纷在冰箱外观上标出每天耗电量的度数来吸引消费者购买。

3. 品牌信念

品牌信念是消费者对某种品牌产品的看法。它带有个人主观因素,受选择性注意、选

学生笔记:

择性曲解、选择性记忆的影响,使消费者的品牌信念与产品的真实属性往往并不一致。

4. 效用要求

效用要求是消费者对某种品牌产品的各种属性的效用功能标准的要求。如果满足消费者的效用要求,消费者就愿意购买。

在比较选择阶段,网络营销人员的主要任务:第一,增加产品功能,改变消费者对产品属性的认识。同样是蔬菜,由于人们强调绿色环保,需要无污染的绿色蔬菜,增进身体健康,因此愿意付出高价购买绿色蔬菜。第二,重新进行心理定位,树立新的品牌信念。

3.2.4　购买决策

购买决策是指通过产品评估,使消费者对备选的某种品牌产品形成偏爱,形成购买意向,引起实际购买行为。消费者的购买决策主要有产品种类决策、产品属性决策、品牌决策、购买时间及地点决策等。

消费者的购买意向是否转化为购买行动受他人态度和意外因素的影响,也受可觉察风险的影响。可觉察风险大小取决于产品价格、质量、功能及个人的自信心。

在购买决策阶段,网络营销人员的主要任务:第一,消除或减少引起可觉察风险的因素。第二,向消费者提供真实可靠的产品信息,增强其购买自信心。

3.2.5　购后评价

购后行为是指消费者在购买产品以后产生的某种程度的满意或不满意所带来的一系列行为表现。消费者对产品的期望值越高,不满意的可能性越大,因此企业在采取促销措施时,如果盲目地扩大消费者的期望值,虽然在短期内会扩大产品的销售量,但会引起消费者的心理失衡,退货、投诉增加,从长期来看有损企业形象,影响消费者以后的购买行为。

在购后评价阶段,网络营销人员的主要任务:第一,广告宣传等促销手段要实事求是,最好是有所保留,以提高消费者的满意度。第二,采取有效措施减少或消除消费者的购后失望感,及时处理消费者的意见,给消费者提供多种解除不满情绪的渠道。第三,建立与消费者长期沟通机制,在有条件的情况下进行回访。研究和了解消费者市场的特征及其购买决策过程是企业市场营销成功的基石,是制定正确的目标市场策略的有效保证。

3.3　网络消费者的购买因素分析

3.3.1　商品的特性

首先,由于网上市场不同于传统市场,网上消费者有着区别于传统市场消费者的需求特征,因此并不是所有的产品都适合在网上销售和开展网上营销活动。根据网上消费者的特征,网上销售的产品一般要考虑产品的新颖性,即产品是新产品或者是时尚类产品,比较能吸引人的注意。追求商品的时尚和新颖是许多消费者,特别是青年消费者重要的购买动机。

其次,考虑产品的购买参与程度,一些产品要求消费者参与程度比较高,消费者一般需要现场购物体验,而且需要很多人提供参考意见,对于这些产品不太适合网上销售。对于消费者需要购买体验的产品,可以采用网络营销推广功能,辅助传统营销活动进行,或者将网络营销与传统营销进行整合。可以通过网络来宣传和展示产品,消费者在充分了解产品的性能后,可以到相关商场再进行选购。

3.3.2　商品的价格

价格是一个非常重要的因素。对于一般商品来讲,价格与需求量之间经常表现为反比关系,同样的商品,价格越低,销售量越大。

此外,消费者对于互联网有一个免费的价格心理预期,那就是即使网上商品是要花钱的,那价格也应该比传统渠道的价格要低。一方面,是因为互联网的起步和发展都依托了免费策略,因此互联网的免费策略深入人心,而且免费策略也得到了成功的商业运作。另一方面,互联网作为新兴市场,可以减少传统营销中中间费用和一些额外的信息费用,可以大大削减产品的成本和销售费用,这也是互联网商业应用的巨大增长潜力所在。

3.3.3　购物的便捷性

购物的便捷性是消费者选择购物的首要考虑因素之一。购物的便捷性是指网络消费者可以在更大的范围内挑选、对比各家的产品,只要登录不同的网站或者选择不同的频道,就可以在很短的时间内完成,而且在实施购买行为之后可以直接由网络商家负责送达,能够足不出户、简便快捷地收到该产品,不仅免去了传统购物中舟车劳顿的辛苦,同时也大大降低了时间和费用成本。对于传统购物来说,这一点是无法做到的。由于在网络购物过程中购物方便已成为网络卖家的共同特点,因此他们更多的则是通过提高自身服务质量和投递服务质量来试图打动潜在顾客。所以网购中的服务体验也就成为网络消费者购物时重要的影响因素之一。

3.3.4　安全可靠性

网络购物另外一个必须考虑的是网上购买的安全性和可靠性问题。由于在网上消费,消费者一般需要先付款后送货,这时过去购物的一手交钱一手交货的现场购买方式发生了变化,网上购物中的时空发生了分离,消费者有失去控制的离心感。网络购物安全主要是指网络消费者在面对虚拟店铺购买产品时所要承担的各种风险。我国学者井森等在实证研究中提出我国消费者网络购物时的感知风险由 8 个维度构成:经济风险、功能风险、隐私风险、社会风险、时间风险、身体风险、服务风险和心理风险。在决策过程中,如果感知风险超出了网络消费者所能承受的风险范围,他们就会推迟或打消购买的念头。哈佛大学的 Raymond Bauer 曾于 1960 年首次将"感知风险"的概念从心理学延伸到市场营销学的研究领域,并特别强调消费者行为的研究应该着重于主观的(即感知的)风险,因为个人在产品购买过程中,消费者可能会面临各种各样的风险,这些风险有的会被消费者感知到,有的则不一定被感知到;有的可能被消费者夸大,有的则可能被缩小;个人只能针对其主观感受到的风险加以反映和处理。因此,感知风险与消费者在购买产品时遇到的客观风险是有区别的,即感知到的风险与客观风险可能并不一致,因为无法感知的风险,不论其真实性或危险性多高,都不会影响消费者的购买决策。因此,为减低网上购物的这种失落感,在网络购物各个环节必须加强安全措施和控制措施,保护消费者购物过程的信息传输安全和个人隐私保护,以及树立消费者对网站的信心。

【章末案例】

危机事件对消费者行为的影响分析

危机事件中消费者的转换和替代行为可能会让零售商和品牌损失数百万美元的销售额。同时,也可以为行动迅速的品牌创造独特的增长机会。疫情期间,许多品牌的缺货率上升,在线零售商的许多产品缺货达到了 100%,这引发了疯狂的转换行为。

(1) 有更低价格的选择。品牌必须努力留住购物者,因为当他们最喜欢的商品脱销时,消费者会毫不犹豫地更换产品。2020 年 1—4 月间,消费者品牌转换的比例增长了 75%,高达 127%。

(2) 隐形就会变得无关紧要。缺货使大品牌在数字货架上消失,而小品牌正在崛起。2020 年 1 月份对“卫生纸”的搜索显示,长尾占据了第一页的 8%;到了 2020 年 3 月份,这一比例跃升至 51%。

(3) 竞争可能比你想象得更大。品牌必须重新评估竞争,不再只是与所属类别的产品竞争,而是与任何类别的产品竞争,只要这些产品可以为消费者解决问题或履行职责。例如,2020 年 4 月份搜索“消毒湿巾”,但购买了完全不同类产品的消费者比例是 2020 年 1 月份的 2.5 倍。

(4) 产品是新的服务。餐馆、理发店、健身房等的关闭促使消费者寻找“产品”来替代“服务”,为品牌创造新的增长机会。例如,与 2020 年 1 月份相比,2020 年 4 月下旬亚马逊上搜索的“理发刀”的消费者增长了 90 倍。

(5) 走向数字化。从线下到线上和数字化购物的转变正在迅速发生,让没有做好准备的品牌面临市场份额迅速流失的挑战。自疫情大流行开始以来,发生在网上的食品杂货销售比例同比增长了 150%。

思考题

1. 危机事件对线下消费者购买行为的影响体现在哪些方面?

2. 如何理解数字化营销?

3. 消费者的购后行为重要吗?

本章小结

本章探讨了网络市场特性;分析了影响消费者消费行为的因素;对购买的决策过程进行了详细的阐述。通过本章的学习,读者应该了解网民的结构、网络消费者群体特征、网络消费者需求特征,掌握网络购买者的行为分析思路,理解影响网络消费者购买的主要因素和网络消费者的购买决策过程。

重点概念和知识点

- 网民的结构;
- 网络消费者的群体特征;
- 网络消费者的需求特征;
- 网络消费者的购买动机;
- 网络消费者的购买决策过程。

练习题

1. 简述网络消费者的需求特征。

2. 影响网络消费者购买动机的因素有哪些?

3. 网络购物的基本过程有哪几个?

4. 影响网络消费者购买行为的因素有哪些?

5. 当当网推出的货到付款的支付措施考虑到网络消费者购买行为的哪些因素?

6. 网络上出现的礼品定制网站如优礼品(http://www.youlipin.com/)考虑到网络消费者购买的什么需求特点?

本章参考文献

[1] 华春芳. 网络市场调研与消费者行为分析[M]. 北京:机械工业出版社,2017.

[2] 利昂·希夫曼,乔·维森布利特. 消费者行为学[M]. 江林,张恩忠,等译. 10 版. 北京:中国人民大学出版社,2011.

[3] 刘业政,姜元春,张结魁,等. 网络消费者行为:理论方法及应用[M]. 北京:科学出版社,2020.

[4] 迈克尔·所罗门. 消费者行为学[M]. 杨燕,等译. 12 版. 北京:中国人民大学出版社,2018.

[5] 苏文. 消费者在线互动行为——网络口碑对中国旅游者的影响机制研究[M]. 厦门:厦门大学出版社,2017.

[6] 艾斯琪. 网络消费者行为和电子商务的服务质量有何关系[J]. 现代商业,2018(3):28-29.

[7] 崔剑峰. 感知风险对消费者网络冲动购买的影响[J]. 社会科学战线,2019(4):254-258.

[8] 董京京,许正良,方琦,等. 消费者与商家在线体验式互动对其购买意愿影响的模型构建[J]. 管理学报,2018,15(11):1722-1730.

学生笔记:

［9］　黄华,毛海帆.负面在线评论对消费者购买意愿的影响研究[J].经济问题,2019(11):71-80,88.

［10］　潘佳,周来友.网络消费者行为特征分析——以新余市立木网络信息有限公司为例[J].新余学院学报,2019,24(1):154-156.

［11］　王崇,李一军.B2C 环境下基于多属性效用理论的消费者行为模式[J].系统管理学报,2010,19(1):62-67.

［12］　王崇,肖久灵.成本视角下"迟钝型"与"敏感型"网络消费者商品效用模型构建[J].2018,30(6):104-111.

［13］　王丽丽.基于移动社交网络的消费者信息搜索行为研究[J].山东社会科学,2020(10):183-187.

［14］　王志辉.网购节日氛围对消费者网购行为影响的实证研究[J].价格理论与实践,2017(8):152-155.

［15］　闫强,麻璐瑶,吴双.电子口碑发布平台差异对消费者感知有用性的影响[J].管理科学,2019,32(3):80-91.

［16］　闫世桢.分析大数据背景下的网络消费者行为[J].中国高新区,2019(2):201.

［17］　闫秀霞,董友衡,张萌萌,等.直播带货对消费者购买行为的影响研究——以感知价值为中介[J].价格理论与实践,2021(6):137-140.

［18］　杨锴,路雯雯.基于网络环境下的消费者冲动性购买行为分析[J].现代管理科学,2013(8):102-104.

［19］　尤天慧,张瑾,樊治平.基于情感分析和证据理论的多属性在线评论决策方法[J].系统管理学报,2019,28(3):536-544.

［20］　张鹏,谢毛迪,赵动员.消费者冲动性购买行为研究述评[J].合作经济与科技,2018(17):84-88.

［21］　中国互联网络信息中心.第 48 次中国互联网络发展状况统计报告[R/OL].(2021-09-25)[2021-11-01].http://www.cnnic.net.cn/hlwfzyj/hlwxzbg/hlwtjbg/202109/P020210915523670981527.pdf.

第 4 章

在线产品定价

本章学习要求

无论是传统营销还是网络营销,利用价格进行竞争总是它们必须使用的武器。本章介绍网络交易中的价格竞争方式,如产品定制化和产品差异化等。尽管在传统的实物市场中,仍然存在产品差异化的现象,但产品差异化的现象在电子商务市场中应用得更为广泛,因为数字产品的可变性使之高度多样化。此外,在电子化的市场环境中,关于用户喜好的详细信息要比传统营销市场中丰富得多。用户也可以从定制化的产品中获得比一般质量的产品更高的满意程度,价格也可以有效地反映成本和用户的喜好。本章在讲述在线产品的分类和在线产品特征的基础上,讨论在线产品的定价策略,重点分析撇脂定价、渗透定价、价格歧视、个性化定价、版本划分、群体定价等定价策略。

4.1 在线产品的分类

什么是在线产品?从经济学本质上讲,产品是一个收益的集合,它能满足一个组织或消费者的愿望从而愿意以货币或者其他有价值的东西来交换它。随着 Internet 的发展,电子商务市场中产品的基本特征也会改变。在线产品的定义应包括通过网络传播的软件以及其他可被数字化并通过网络来传播的知识产品。目前有数千种基于互联网技术的在线产品,服务于 B2B 的产品主要出售给内容提供者(content providers)或互联网基础公司(Internet infrastructure companies),而在 B2C 市场上在线产品是为了获得消费者的注意力。按照这个思路可以将在线产品做出如表 4-1 的分类。

表 4-1　在线产品的分类及实例

	内容提供商	互联网基础公司	最终使用者
硬件	服务器公司,高速交换机(high-speed switch)	路由器,卫星,光纤骨干网	调制解调器,PC,Web TV,个人数字助理(PDA)
软件	Web 授权,加密,音(视)频数字化	网络协议(TCP/IP),网络域名服务(DNS)	浏览器,电子邮件,解密,音(视)频游戏
服务	电子商务顾问,网络策划,网络设计,应用服务提供商	网络服务提供商(ISP),骨干服务提供商	网络病毒扫描,自动更新,日历,电子邮件

尽管在 Internet 上销售实物产品是很多在线商店的主要目标,但它们的核心目标还是提高商业交易的效率或改善服务、扩大市场份额,它们创造性的想法可以使很多实物产品和过程转变成数字产品。信息是数字产品的首选实例,例如,可数字化并通过网络来传输的知识产品。信息产品包括范围广泛的纸上产品,如书籍、杂志、报纸、期刊、照片、地图和其他图形,这些产品中的大多数都先制成数字形式,再被印在纸上。而某些信息产品如数据库、计算机软件就以数字形式传播和使用。音像产品可以数字化,那么多媒体产品如电影、电视节目和声音制品就可以与信息产品混合出售,或是作为娱乐产品单独出售。另外,在 Internet 上收发的任何东西都可以成为数字产品。各种纸上产品都可以通过扫描或改变人们使用这些产品的方式而变成数字产品。例如,机票、音乐会门票或棒球票不需印在纸上,它可以被数字化地分派、传输、存储在个人 ID 卡中,用户也可以登录一个网站来做预订,可以数字化地付款。票也可以下载到顾客的存储设备中,登机时只需扫描电子票就行。

同样,商业和政府表格都完全可以被数字化。一些产品或服务虽然没有相应的实物形式,但它们只要是以知识或过程的形式存在都可以成为数字产品。例如,售货员或医生的知识和经验可以数字化,做成一个文件或程序,然后卖给顾客。类似地,人类的相互作用与相互交流的过程也可以归整成一个数字过程或一个电子化的市场。例如,所有虚拟产品的拍卖行为可以组成一个电子拍卖市场,在这里可以在线浏览待拍卖品并可以电子化地竞价与付款。网上送的花同样能表达问候、安慰、爱或其他任何情感的表达。一束虚拟花(花的图形文件)的主要存在目的是作为意义的象征,它是实物产品数字化的实例。

数字产品多得无法想象,但是,它们有很多共性:除了都是比特流以外,它们的生产和使用都没有物理界限。它们可以分为如表 4-2 所示的三大类。

表 4-2　数字产品分类与实例

大　类	小　类	示例产品
信息和娱乐产品	纸上信息 产品信息 图形图像 音频、视频	报纸,杂志,书籍,期刊 用户手册,产品说明书 地图,海报,照片 音乐,电影,电视节目
象征、符号和概念	票务 财务金融	酒店,音乐会,航班 信用卡,证券,支票
过程和服务	政府 电子消费 商业价值过程 拍卖和电子化市场 远程教育和医疗及其他交互式服务 数字咖啡馆和交互式娱乐	福利金支付,表格 电话,传真,信件 订货,盘点,签约 — — —

4.2　在线产品的特征

在线产品是一种特殊的产品,很多情况下它是虚拟的、不需要物理存在的,同时它可以以多种方式传播。所以在网络经济时代,人们可以根据其物理和经济学的特性,来总结在线产品的特征。

4.2.1　在线产品的不可破坏性

数字产品是不可能磨损的,无论用得多久或多频繁,数字产品的质量是不会下降的,因此,数字产品无耐用和不耐用之分,这就是很大的不同。也正是这个原因导致数字产品的生产商是在和自己已卖出的商品竞争。因为对于同一种数字产品,大多数消费者可能只购买一次。因此,生产商不得不推出一个很有竞争力的最低价格,即使没有竞争者也是如此。产生这种独特的市场行为的原因是,随着耐用品生产商销售的进行,市场规模在缩小。网络厂商往往在不同的市场时期把不同的或"已升级"的产品卖给同一个顾客,这是一种蓄意过时的策略。频繁的升级使老版本的软件很快过时,销售商就可以把耐用品继续卖给同一个顾客了。软件生产商经常改变用户界面,以有效地与旧版本相区别,但用户必须学习使用新软件,这会导致浪费,而且在某些情况下,新版本的质量是否高于旧版本还未可知。

数字产品的不可破坏性,使得数字产品销售商采取许可使用或出租而不愿出卖的销售策略。如果是租用耐用品而不是买,消费者要定期交费。因此卖方市场始终存在。租用期间,消费者不必考虑将来的销售和价格情况。公司也没必要生产补丁或考虑今后降价。因此,许可使用软件可以取得与频繁升级同样多的最大利润。

学生笔记:

_____

_____

_____

4.2.2　在线产品的可复制性

所有数字产品的最大价值在于它们可以被方便地复制、存储和传输。这就是说,在做了最初的固定投资后,生产的边际成本几乎是零。但是,如果生产商连固定成本都收不回来的话,产品质量就可能降低,或者产品干脆退出市场。一旦价格被确定,固定成本就决定了达到收支平衡所需的最低销售量。因此,保护知识产权的核心是防止数字产品的不正当复制和转手销售。能否利用技术来防止复制还未可知,但受到的怀疑已经不少了。而且,生产商必须不断地改变和升级它们的产品,以使复制品贬值。

很明显,数字产品的边际成本被假定为零。就生产、复制和损耗而言,这个假设是有道理的。但是,每份拷贝的成本中应加入版权费用。一旦把这种可变成本加到总的生产成本中,数字产品的边际成本就不再是零了。一些定价模型理论的推理方法假定是有边际成本的,因为它在经济学分析中有重要地位。尽管数字产品可以以最小或零附加成本来复制,但还是不能说它的边际成本为零。

4.2.3　在线产品内容的可变性

数字产品的内容是随时可变的,它们很容易被定制或随时被修改。这种修改无论是无意的、有意的还是欺诈性的都是不可避免的。因此,由于数字产品的本质,生产商不能控制其产品的完整性。尽管 Internet 上的免费文档只允许未经修改的副本的传播,但在 0 和 1 的世界里,这种规定实际上是无法执行的。尽管如此,生产商仍在使用各种办法对付这种修改行为,例如某种防止随意修改的技术,像 PDF 文件可用 Adobe 的 Acrobat Reader 来读,但用户不能用数字形式来存储文件,因此,尽管可以无限制地打印,还是不能任意修改文件。Acrobat Reader 是独立平台,用来发布包含图形和公式的技术论文。尽管有这些优势,就其有限的功能而言,它还是过于庞大且传播很慢。

在线产品的可变性使得网络生产者的生产不在于应该保护内容完整,而在于生产商应差别化它们的产品,例如,定制和升级其产品,以及把它们作为交互式服务而不是标准的缩水包装的产品来销售。产品差异化不仅是可能的,而且应该是数字产品公司的全方位战略。其实,数字产品的可复制性也强调这一方面。

4.2.4　在线产品效用评价的主观性

因为概念上的具体的人类思想、知识、智力、信息等产品没有实物形式,被消费的是信息所代表的思想和信息的用处,从而造就了消费者对其效用评价的主观性。任何产品的需求都随消费者的内在口味差异而变化,而对信息产品的需求似乎更容易变化。这一差异的主要原因是,知识或信息的用途经常跨越了已有种类的界限。因此,信息产品的销售者要更多地依赖消费者信息以便根据偏好来对消费者进行分类。也正因为如此,在网络营销中有必要根据消费者类型或其他身份信息进行产品定制和差别定价,因为它们的用途和价值是相对不同的。对于差别化产品,应根据消费者的评估意见或他们的边际支付意愿而不是边际生产成本来制定定价策略。

4.2.5　在线产品效用的短期性和积累性

人们常说,"过时的信息就不是信息",这是因为很多信息产品的价值依赖于时间。例如,天气信息用来预报农作物产量,昨天的天气信息不再有用,除非是用作归档和参考。但短期信息用作归档和参考也有自己的价值,这种价值在于积累效应。任何信息文件的一部分可以被循环利用,以生产不同的产品。不只消费就连信息的生产也是一个积累的且通常是合作的过程。在通过积累、修改、增加和改良而传播的过程中,信息经常演化。研究和学习行为是从阅读已有的知识文本开始的,然后才对它们做出改进,一代一代都是这样。在数字产品时代,这种增加是指数级的。因为创造信息产品是连续积累的过程,因此描述及保护作者的权利就不是一件简单的事情。数字产品积累性的消费和生产过程为制定定价策略带来了难度。

4.2.6　在线产品的网络外部性

在经济学中,外部性(extensity)是指不能完全用价格原理和市场理论解释的经济后果,这种后果既可能是事先没预料到的收益也可能是没有预料到的损失。例如,汽车虽然污染了空气,但因污染环境而增加的成本没有反映在汽车的价格中,这就是一种消极的外部性。如果你邻居家的树木带给你绿荫,这就是一种积极的外部性。一项新的农业技术——中世纪的休耕法,由一个人发明,却使所有农夫受益。别人使用新技术不妨碍发明者的使用,因此,这项技术有积极的外部性。

很多产品都有网络外部性。就是说,如果更多的人使用某种产品,它的价值就会增大。网络外部性是积极外部性的一种,网络外部性可以通过增加用户数而直接获得。例如电话,如果没人用电话,它的价值就低,但如果大家都用它,它的价值就大得多。拥塞是一种能够抵消积极的网络外部性的消极外部性,如果大家都用电话,你就会受益,而如果他们在不停地打电话,以至于你打不进去,那你就会为打电话老是占线而苦恼。网络外部性的另一个例子是软件工业。更多的公司会为使用流行操作系统(如 Windows)而不是非流行操作系统的用户开发应用程序。其他数字产品也有网络外部性。

对许多信息技术来讲,使用普及的格式或系统对消费者来讲有好处,因为消费者消费数字化产品所获得的效用随着购买这种产品的其他消费者数量的增加而不断增加,这样就形成了消费的规模经济效应,由于这种规模经济效应具有积极的外部性,因此,共享信息、计算机软件和其他数字产品的行为是受鼓励的。因为通过共享,由网络外部性带来的收益是实实在在的——如果能对侵犯版权的行为处以罚款,共享收益甚至会超出共享带来的潜在成本。因此,必须建立起合适的技术和有效的法律手段来适应新环境。

学生笔记:

_____

_____

_____

4.2.7 在线产品的先验性

对数字化产品消费偏好的确立,消费者必须事先对其进行使用,然后才能进行效用比较并进行选择。只有市场营销人员通过种种营销手段减少了商品质量信息的不确定性和信息的非对称性,来帮助消费者了解新产品的效用,消费者才能确立自己的购买偏好。例如,MS-DOS 和 Windows 操作系统在进入中国市场的时候,它是通过低价、免费安装和赠送等方式从而达到了普及的目的,甚至对盗版现象也视而不见,但到了 20 世纪 90 年代末期,也就是 Windows 操作系统在中国基本普及了之后,便抬高了它在中国的零售价格,甚至高于在美国的价格,并且加大了打击盗版的力度,一度造成微软公司与国内计算机销售商之间的关系紧张。微软公司的这种做法或营销策略就是利用数字产品的先验性,使消费者对其产品产生路径依赖,增加消费者的转移成本。

4.3 在线产品的价格特点及定价策略

传统营销的定价方法是成本加成法,而在线产品的成本特征表现为:开发成本很高,复制成本很低;期间费用很高,产品成本很低;固定费用很高,变动成本很低;沉没成本很高,付现成本很低。这种成本特征使成本加成显得极困难,因此,在线产品只能采用差别定价的方法进行在线产品定价。下面从决定和影响价格的因素入手,探讨在线产品的定价方式,为企业制定价格战略提供客观依据。企业要进行合理的定价必须使用合理的定价工具,所谓定价工具,就是辅助企业拟定价格策略并确定最终价格的过程和方法。这套过程和方法的设计和应用应结合具体的营销实践过程进行,并没有固定的模式,但有几个要素是必须要注意的。

(1) 确定企业生存目标。而这种目标不一定就指的是利润,这要取决于企业在市场上所处的环境。

(2) 确定企业的销售成长目标。只有单位成本的降低,长期利润才会增高。这取决于市场对价格的敏感程度,灵敏度高时才能通过较低的定价进行市场渗透。

(3) 确定市场最大可能"撇脂"幅度。产品的质量和现象必须能够支撑产品的价格,同时要了解竞争对手对市场的占有程度,这样企业才能估计出产品的最高定价,并根据此价格最大限度地"撇脂"。

4.3.1 在线产品的成本特征

在分析在线产品的价格之前,先来分析在线产品的成本。

所有的信息产品都具有的一个重要特征就是信息在网络上以数字的形式进行分销时极端地显示出了原始拷贝成本问题:一旦第一份信息被生产出来,多拷贝一份的成本几乎为零。也就是说,信息的生产成本很高,但是复制成本很低。

信息产品的这种特征用经济学的语言来说就是,生产的固定成本高、复制的可变成本低。然而,这种成本结构产生了巨大的规模经济:生产得越多,生产的平均成本越低。不仅如此,信息生产的固定成本和可变成本都具有特殊的结构。

首先,信息生产的固定成本的绝大部分是沉没成本(sunk cost),即如果生产停止就无法挽回的成本。沉没成本通常必须在生产开始以前预付。除了原始拷贝成本之外,大部分信息产品的营销和促销成本也越来越高。因此,在网络营销中注意力也是一项稀缺资源,内容的销售者必须对新产品的营销进行投入才能抓住潜在顾客的吸引力。

其次,信息产品的可变成本也有一种特殊的结构,那就是即使已经生产了数量很大的拷贝,多生产一张拷贝的成本也不会增加。如果能生产一份拷贝,就能以相同的单位成本生产 100 万份拷贝,或 1000 万份拷贝。在线产品的这种特征就是它的低增量成本和大规模。信息产品的低可变成本为营销提供了巨大的机会。信息是经验产品(experienced goods),也就是说你必须亲身体验才能知道它到底怎么样。因此,信息产品的销售商也可以通过互联网发送免费样品,因为信息的销售者多发送一份免费拷贝的成本几乎为零。信息产品的拷贝对消费者和生产者来说都是免费的。

信息产品的高固定成本和低增量成本特征对于在线产品的定价战略有着重要意义。第一,网络市场不会也不可能有一个像教科书中所描述的那种完全竞争市场——在其中有许多供应者提供大致相似的产品,每个人都没有能力去影响价格。第二,当信息被商品化时,竞争的驱动总是会使价格向边际成本(即生产"另一份"拷贝的成本)移动。由于产品基本上一样,消费者倾向于便宜的产品,因此很难阻止价格由于厂商的相互竞争而造成的盘旋下降的趋势。一旦沉没成本木已成舟,价格就没有自然下限,除非它跌到生产和分销另一份光盘的成本。作为一种极端的情况,信息的销售者之间的竞争把价格推向零。例如,网上的品牌产品(像电话号码、新闻故事、股价、地图和电话簿这样的信息商品)只是在以边际成本为零的价格出售。所以数字产品与传统实物产品的差别在于:传统实物产品存在着边际成本递增的现象,而数字化产品的边际成本可以保持不变或递减。

4.3.2　在线产品的市场结构

数字化产品在网络销售中要想占领市场,实现企业利润的最大化,必须根据自身的特点和网络市场发育的程度,针对不同的网上消费者,实行不同的定价策略。信息市场高沉没成本、低边际成本的特征对于确定网络产品的市场营销的定价策略有着重要的意义。实际上,一个信息市场只有两种可持续的结构。

(1) 龙头企业的产品不一定是最优秀的,但是它凭借规模和规模经济享受对较小的竞争对手的价格优势。例如,微软就是凭借这样的优势控制了桌面计算机的操作系统市场。

(2) 在差别产品市场中有一批生产同"类"信息的公司,但是具体内容大不一样。这是网络产品市场上最普遍的市场结构。因此,在网络营销中采取竞争战略的原则应该是:对你的产品进行区别或者获取成本的领导地位。如果处于有龙头企业的产业中,你的策略应该是通过规模经济获取成本领导地位。实施差别定价必须具备 3 个条件:

① 企业对价格至少有一定的控制能力。

学生笔记:

② 有可能根据价格弹性的不同把企业的产品市场分为几个不同的市场。企业通过对弹性较小的市场制定相对较高的价格就能增加总利润。

③ 企业的市场必须是能够分割的,人们不可能在不同的市场进行倒卖。

软件市场属于垄断性竞争市场,企业对其价格有一定控制能力;软件市场可以根据消费对象、地点、产品版本划分不同的市场;软件产品的消费者一般都是单个企业或个人,购买数量一般也是单个的(中间代理商除外),且售后服务要求的技术水平较高,不可能在不同市场进行倒卖,因此,符合差别定价条件的定价策略是成功的关键。要想成功,要么必须通过规模经济获得价格和成本的领导地位,要么必须创造出自己独有的信息源,根据它为消费者提供的信息收费。要分析和理解在信息的生产和销售中的投入。庞大的首期沉没成本、可以忽略的容量限制和低增量成本使能够存活的市场结构寥寥无几。了解你的公司如何能够开拓市场对制定有效的长期战略至关重要。即使你已经支配了市场,并且不必担心竞争对手,仍必须关心定价问题,因为你对产品的定价必须使它的价值最大化。在电子商务中,3 方面的要素综合起来决定了完全价格差异的可能性。第一,销售商有关于用户兴趣的详细资料;第二,产品可以定制而不需添加额外成本;第三,用户可以单独付账。在以上的每个方面,实物市场在很大程度上受到包括信息费用、产品变动费用、复杂支付费用等交易成本的约束。

4.3.3 在线产品的定价策略

【案例】

国产网红雪糕定价营销新思路——钟薛高

什么是钟薛高?据其官网介绍,采集对应的百家姓形成了"钟薛高"这一名字,是中式雪糕品牌,雪糕采用中式瓦片型设计,辅以顶部"回"字花纹,意为"回归"本味。

和大部分的国产雪糕不一样,钟薛高一开始就坚持高定价来明确品牌形象。钟薛高旗下产品官方售价,从低至 13 元/片到高达 66 元/片均有。

"击败"哈根达斯

曾几何时,哈根达斯是贵族雪糕的象征,一个最便宜的冰激凌球 25 元,一份"梦幻天使"78 元,一份豪华的主题冰激凌,动辄上百元。如今,国产雪糕纷纷推出高价雪糕,让冰柜里的哈根达斯都显得"平平无奇"。

钟薛高成立 8 个月后,就在当年(2018 年)的"双十一",打造出一款"厄瓜多尔粉钻"雪糕,称其"以稀缺的天然粉色可可、昂贵的日本柚子为原料,再用以秸秆制作的环保棒签",仅生产成本就要 40 元,定价每支 66 元。

这是钟薛高第一款引起全网轰动的雪糕品种,价格刷屏、颜值刷屏,"双十一"期间 15 个小时售罄。后来因为缺乏原材料,这款雪糕也没有复刻过。

钟薛高凭此款雪糕一炮而红,一举战胜了雪糕界的"洋巨头"哈根达斯,荣登冰品类销售第一的宝座。2019 年,钟薛高全渠道销售 GMV 过亿。2020 年,销售过亿的目标,钟薛高用了不到半年。

值得一提的是,在 2018 年前,还没有一支国内雪糕敢卖出 66 元的高价,钟薛高强行提高了雪糕总体不高的价格上限。

打造"中式雪糕"概念,进行差异化定位

长久以来,国内高端市场被哈根达斯、八喜、DQ等外资品牌占领,中低端市场则是蒙牛、伊利和众多地方品牌占据份额,而高端国货雪糕品牌存在明显的空缺。钟薛高敏锐地捕捉了这一空白市场,洞察到消费升级大趋势,成立之初就将品牌定位为"中式高端雪糕",还宣称"要做一片中国人自己的品质雪糕"。

正是由于差异化定位,在消费者心中树立了清晰的标签,让人一提到中式高端雪糕就联想到钟薛高。差异化定位也给予了钟薛高更大的生存空间,在一定程度上规避了与其他品牌的直面竞争,同时更有利于钟薛高在高端市场进行品牌扩张。

多元化发展,提升产品竞争力

在市场同质化产品越来越多的情况下,消费者很难被相似产品打动。品牌想要提高竞争力,就必须放大产品力与品牌力,进一步强化产品的稀缺性,让品牌销量实现可持续增长。

在产品设计上:钟薛高以国潮风尚为灵感,将传统文化中的"瓦片"元素转移到产品外观上,形成独一无二的"中式雪糕",打造出极具辨识度和独有特色的产品,逐渐形成品牌的独特符号。钟薛高还获得了瓦片设计的专利认证,避免了同行进行跟风模仿,有效保障了产品的独特性,赋予品牌价值与内涵,为品牌带来了高溢价。

在产品创新上:钟薛高在保证口味纯正的基础上,通过精细化的营销策略打造基本款、季节款、爆款3种品类,并设置不同价位去满足消费者的需求。如根据季节特点推出"记忆中秋冬的味道""专为9月定制的雪糕""温暖系列雪糕"等口味,不仅给消费者制造了口味上的新鲜感,还弱化了雪糕的季节属性,使钟薛高成为消费者日常休闲的必备单品。

通过独特的产品设计与不断的产品创新,钟薛高迅速成为消费者的"心头爱",建立起消费者对品牌的认知度和记忆度。在同质化产品竞争中成功脱颖而出,拉开了与同行之间的品牌距离,实现对手的品牌区隔。

年轻化创新营销,不断为品牌赋能

钟薛高之所以能在3年时间一跃成为网红品牌,离不开精准的年轻化营销。为了打开与年轻消费者的沟通阀门,钟薛高乐此不疲地与各界品牌展开跨界联名合作,为品牌制造了源源不断的社交话题。

2019年"双十一",钟薛高一口气"撩拨"了泸州老窖、三只松鼠、荣威、小仙炖、奈雪的茶、飞亚达6个品牌,用刷屏式传播达到流量暴增效果之余,还帮助品牌实现精准获客与销量转化的目的。此外,钟薛高还与娃哈哈、五芳斋等品牌进行联名,助力品牌扩大圈层影响力。

不仅如此,钟薛高还运用社交生态去触达更多目标群体。借助明星和网红影响力,在

学生笔记:

_____

_____

小红书、微博、抖音等社交媒体大量投放广告内容抢占消费者注意力。据了解,仅小红书平台关于钟薛高的种草和测评就达到了1万多篇,明星和网红的背书,让钟薛高在短时间内就获得了较高的认知度,并成功将粉丝群体转化为钟薛高的用户,有效撬动品牌销量增长。

(资料来源:http://www.cmmo.cn/article-216978-1.html)

企业营销策略有很多种,和传统营销策略一样,价格策略也是网络营销最富有灵活性和艺术性的策略,是企业营销组合策略中的重要组成,是企业的一种非常重要的竞争手段。所有的营利或非营利性组织都必须为自己的产品或服务定价。从狭义上讲价格是对产品或服务所收取的金钱,从广义上讲价格是指消费者用来交换拥有或使用产品或服务利益的全部价值量。在进行网络营销时,企业应在传统营销定价模式的基础上,利用互联网的特点,特别重视价格策略的运用,以巩固企业在市场中的地位,增强企业的竞争能力。网络营销价格是指企业在网络营销过程中买卖双方成交的价格。网络营销价格的形成是极其复杂的,它受到多种因素的影响和制约。一般来说,影响企业产品网上定价的因素包括传统营销因素和网络本身对价格的影响因素。其中,传统营销因素有内部的(成本和利润等)和外部的(消费者需求和市场竞争等)因素(见图4-1),由于网络及时性和互动性等特点,网络营销会节省一定的经营成本,这必然会对价格产生一定的影响。

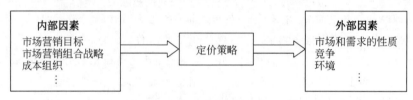

图 4-1　影响定价的因素

企业在进行网络营销决策时必须对各种因素进行综合考虑,从而采用相应的定价策略,很多传统营销的定价策略在网络营销中得到应用,同时也得到了创新。目前在网络市场上的定价策略主要有渗透定价策略、捆绑销售定价策略、撇脂定价策略、心理定价策略、参照价格、促销定价、跟踪定价、产品生命周期定价策略以及品牌和声誉定价策略等。

1. 渗透定价策略

在进入市场的初期,可以实行渗透定价策略。由于互联网技术的发展,产品的差异性在逐渐地缩小,丰富的信息使得注意力成为企业进入市场时首先要进行营销的产品或因素之一。在这个时候,在线企业可以实行渗透定价的营销策略。实行渗透定价就要在进入市场的初期采取低价格、零价格或者负价格的办法,也就是先发制人,以争取更多的安装基础,达到必要的临界值,其目的是对消费者进行"锁定",也就是培养消费者对产品的忠诚度。有的数字化产品在进入市场时宜采用低价和零价销售的策略,如网景浏览器在开始进入市场时就以低价甚至赠送的方式,把它们安装在新机器上,从而取得了在网上浏览器市场上先入为主的有利地位。有的数字化产品宜采用负价格的策略来争夺消费者,如一些新建立的网站多采用付费的方式,将其网址链接在知名的网站上,让用户通过超级链接去浏览其产品。

2. 捆绑销售定价策略

捆绑销售定价策略是企业常用的营销策略,它是指商家将两种或两种以上的相关产品组合在一起出售,并制定一个合理的价格。采用这种方式,企业会突破网上产品的最低价格限制,利用合理、有效的手段,去减小顾客对价格的敏感程度。在市场标准化时期可以实行捆绑销售的定价策略。当数字化产品进入市场标准化时期后,产品的生产标准就很具体,每个生产者在遵守共同的生产标准的同时很难将自己的产品差别化。因此,尽管共同的生产标准减少了网络兼容性的问题,增强了数字化产品的网络效应,但同时降低了数字化产品差别化的能力,使产品从差别化竞争转向了价格竞争。在这种情况下在线厂商要想保持自己的领先地位,除了对标准产品单独定价外,还必须开发产品的扩展功能,即在现有产品的基础上开发互补产品,利用标准产品的市场定位,与标准产品一起进行捆绑定价销售,从而获得最大的利润。

捆绑销售就是将不同的产品打成一个包裹以一个价格出售。信息技术为捆绑销售策略的实施提供了大展拳脚的空间。在软件业中最明显的例子就是微软的 Office,这种产品是由一个文字处理程序、一个电子表格、一个数据库和一个演示工具捆绑而成的。这些产品也都被单独提供,这就是捆绑(bundling)和集成(tying)的不同之处。在后者中,单个产品只在包裹中提供。即使没有对各组件进行整合带来的好处,捆绑也是具有吸引力并且有利可图的。由于捆绑产品的价格通常比分开的组件价格之和低,将两种产品捆绑销售实际上等于向一名顾客销售一种产品,同时以低于单独销售价格的增量价格向他出售另一种产品。如果两种组件的售价都是 70 元,而捆绑产品的售价为 100 元,第二种组件的增量成本就是 30 元,低于单独出售的 70 元。在考虑捆绑时,需要决定是否要向无论如何都会购买另一种产品的顾客提供折扣。捆绑销售所以奏效的原因是人们的口味各有不同,把信息产品捆绑在一起减少了支付意愿的分散性。此外,网络技术为数字化产品定制捆绑销售提供了技术支撑,网上客户可以在数字化产品的数据库中自由选择组合,进行定制捆绑购买。

应该看到,企业采用定制化定价策略,极大地提高了经济效益。然而,要有效地实施定制化定价策略,企业还必须掌握顾客对产品消费价值的看法,分析顾客需求的价格弹性,同时对销售量变化对产品成本结构的影响进行预测,另外还要分析新的定价体系对企业的影响。企业可以使用决策辅助模型等分析工具,分析不同的定价策略与价格水平对营业收入和利润的影响,了解各个顾客细分市场需求的价格弹性。此外,企业还必须关注顾客对价格公平性和合法性的看法。

【案例】　OTA(在线旅游)平台的花式捆绑销售

2019 年北京市消费者协会发布消息:途牛、高铁管家、马蜂窝等平台涉嫌捆绑搭售,被点名的基本都是人们耳熟能详和常用的在线旅游或机票/车票预订平台,也就是俗称的OTA 平台。

学生笔记:

_____

_____

_____

App 捆绑搭售的花式操作

携程当年的捆绑搭售问题，主要是强制勾选了出行保险和各种各样的优惠券。还把相关展示放在比较隐蔽的位置，让消费者一不注意就会多消费。

2019 年 1 月,《中华人民共和国电子商务法》出台,规定各大电商平台搭售商品或服务应以显著方式提醒用户注意,不能作为默认同意的选项。这算是彻底封杀了 App 强行捆绑搭售的路子。

不过,上有政策,下有对策。现在这些 App 已经放弃了携程当初"默认勾选"的做法,取而代之的是各种花式操作……

1. 用模糊语言误导用户

在马蜂窝平台选购了一张机票,进入订单支付页时发现,明明是"购买保险",但平台却用"安全出行"来代替。这种模糊的文案其实在一定程度上带有很强的暗示,可能会误导消费者。并且通过后台制造较高的虚假百分比,来诱惑用户购买。甚至有些平台会用"让家人更安心""搭配保险、守护全家""长途飞行有保险更安心"等各种花式文案来诱导消费者购买保险。

2. 突出搭售选项、弱化无搭售选项

语言误导已经算是非常"温柔"的操作了,有些平台直接玩起视觉游戏,利用视觉重点来误导用户。一般来说,在 App 的 UI 设计中,通常会把最后交付的那个按钮进行强调设计,引导用户点击。在高铁管家平台选购了一张高铁票,进入订单支付页面后却发现,被强调设计的"立即预订"按钮居然捆绑了 30 元的出行券,而"普通预订"的按钮就设计得不够显眼。一不小心,就可能多花几十块钱……虽然平台也提供了不捆绑出行券或额外服务的"普通预订"方式,但如果不仔细看的话,真的留意不到。这种利用字号大小和浅色值来误导用户的行为只能说太狡猾了!更过分的是,有些项目直接来一招"双管齐下":不仅弱化了无搭售选项,还用模糊语言诱导用户。在高铁管家平台上预订一张高铁票,订单支付页面出现了这样的套路,被强调设计的"开始 VIP 抢票"按钮默认捆绑了 50 元的所谓的加速包。套路更深的是,它还用"成功率"来诱导用户购买加速包。如果给 50 元,成功率就可以高达 93.5%;如果不给钱,不好意思,只能低速抢票,成功率只有 19.7%。在成功率上,VIP抢票比普通抢票高出较多,用户一对比就会感到买了加速包成功率会更高,但实际效果就只有平台才知道了。

3. 优先展示搭售选项,无搭售选项入口深

与"突出搭售选项"有异曲同工之处的还有这个操作:优先展示搭售选项。

这种操作在携程、马蜂窝等平台的机票购买业务上十分普遍,也是大部分人容易误踩的"坑"。当你选择一张机票打算进入支付界面的时候,平台会弹出几个选项供选择。而这几个选项中,被优先展示的产品基本上都搭售了增置服务(请注意看小字!)。很多用户的习惯是直接选择第一个选项进行预订,如果没有仔细看,就很容易被坑。当然,也可以选择普通预订。但是有些平台上的无搭售项目藏得比较深,不仔细对比一下,还是很容易误点。

以携程为例,第二个机票选项显示的是原价 760 元,结果点开一看,还是有搭售项目。如果想用"普通预订",还得看 5 秒的公益广告。

为了拿到广告主的投资赞助,平台真的无所不用其极,要求用户去观看广告。不禁让人想起与各大视频平台一样,看一个十几秒的视频,可能就要看 90 秒的广告,真的是广告比正片还要长。

在预订中有搭售的选项都是在最前面供用户优先选择,没有搭售的"普通预订"要拉到最后才能看到。而当你选中了有搭售的选项时,进入旅客填写资料页面,这时候也没有明显显示出搭售的情况,需要点击明细才能清楚看到"金牌服务包"。这样一来,消费者就会在不知不觉中多花费。

花招频出的原因

通过上面这么详细的案例,相信大家可以看到,这些捆绑搭售的问题主要出现在 OTA(在线旅游)平台上。那么,这些 App 为何总是搞出一些让人防不胜防的花招呢?

这主要还是与 OTA 平台的盈利模式有关。OTA 平台的主营业务是交通、住宿和旅游景点及其他服务。在这之中,交通业务和住宿业务为 OTA 平台贡献了大部分收入,尤其是交通业务。这意味着,作为国内机票、高铁票的代理商,OTA 平台的首要盈利模式就是代理抽佣。然而,这几年,随着航空公司不断推进"提直降低"(提高直销比重,降低代理商销售比重),在 2014—2015 年,航空公司分 3 次将代理费中的保底代理费率降低为 0。简单来说,就是 OTA 的机票预订业务几乎无利可图。而高铁票务也同样承受着来自官方直销渠道的竞争压力。以携程为例,2019 年第二季度的财报显示,住宿和交通两大板块各贡献了 34 亿元的营业收入,同比分别增长了 21% 和 13%。相较于前几年,这两大主营业务对整体业务增速的贡献率下滑得很厉害。2014 年价格战最激烈时,酒店业务贡献了 50% 的增速;2016 年并购"去哪儿"后,交通业务贡献了 57% 的增速。因此,携程这样的平台迫切地在寻找新的利润增长点。

尽管目前主营业务的利润空间越来越小,但他们绝对不会放弃这些业务。因为,这些业务是流量型产品,能够帮助平台聚合流量。对于用户来说,他们首先会预订机票或车票,可能会需要办理签证、预订酒店、预订接送机、购买保险等服务。而这些增值服务,才是带来利润的东西。也就是说,通过机票、高铁票这些流量入口,可以引导用户在平台上订购其他利润型服务或产品。

首先要满足消费者的基本需求,这样才能在后续的浏览中增加额外消费,进而能更好地为平台获取更大的利润。从 OTA 平台搭售的产品可以看到,这些产品大多数都是保险,或者是出行券(专车礼包)和酒店券(酒店礼包)。以保险为例,众所周知,保险本身就是一个利润很高的行业,而捆绑销售保险,可以给这些 OTA 平台带来很高的收益。

根据媒体报道,由于 OTA 平台常年垄断了出行市场的用户,所以他们从保险公司拿到的佣金非常高,至少有 80%,这可比机票、高铁票的代理费用好赚多了。而出行券和酒店券本身是没有成本的,需要更多的是平台对销售中产品的成本核算,怎么通过搭配来诱导消费者去使用。并且所购买或赠送的优惠券使用的规则也是比较局限的。

学生笔记:
_____
_____
_____

所以这种模式有点像以前旅行社的跟团游,用优惠、低廉的跟团游套餐吸引游客,然后与购物点合作,带游客去购物,用这种方式赚高额的佣金。

产品价格"捆绑"用户心理预期

这些捆绑搭售的产品在价格的设置上也有一些门道。

为了让用户尽快地掏钱买套餐,这些搭售服务项目的单价都不会超过主售产品价格的15%。以机票为例,一般来说价格是几百到几千元不等,各大平台固定搭售的"机票礼包"均价都在30元左右。花了几百、几千块钱买一张机票,如果再搭售一个30元左右的礼包或者保险,看起来好像也没有花多少钱。这利用的就是心理学上的锚定效应。同时,根据用户消费的价位不同,搭售的产品也有阶梯式的价格变动,变动的幅度也都符合各个消费梯度的用户的心理预期。

以高铁管家为例,找了4个不同价格梯度的高铁票,发现他们搭售的出行券是不同的,分别是5元、10元、20元和30元这4个价位。虽然在低价产品时搭售的出行券占的比例比较高,是因为平台设置了最低5元的出行券,不然对于消费者来说只优惠一两元就无关紧要了。

(资料来源:http://www.woshipm.com/it/3030217.html)

3. 撇脂定价策略

在市场成熟期实行撇脂定价的策略。在线产品进入产品的成熟期之后,为了有效地防止竞争对手的进入,在线企业可以在新产品出现时最初设定高价。当最初的销售量下降时,或者当竞争对手开发出类似的产品时,就必须马上降低其价格,以便吸引对价格敏感的新顾客群。这样虽然要牺牲一些短期的利益,但是它可以达到长期占领市场的目的。在网络营销中,往往为了宣传网站,占领市场,采用低价销售策略。另外,不同类别的产品应采取不同的定价策略。如日常生活用品,对于这种购买率高、周转快的产品,适合采用薄利多销、宣传网站、占领市场的定价策略。而对于周转慢、销售与储运成本较高的特殊商品、耐用品,网络价格可以定高些,以保证盈利。

由于数字化产品的价格具有向下的刚性,因此,潜在的竞争对手在试图占领市场的同时,会面临进入以后的利润不足以收回巨额沉没成本的风险,从而放弃进入的选择。当然,撇脂定价策略只有在一定的条件下才有合理性:首先,产品的质量和形象必须能够维持产品的高价格,并且有足够的购买者想要买到这个价格的产品;其次,生产较小数量产品的成本不能高到抵消设定高价格所取得的好处。

4. 心理定价策略

网络营销能满足重视价格型消费者的需求,消费者可以在全球范围内找寻最优惠的价格,甚至可以绕过中间商直接向生产者订货。与电视直销或多层次传销相比,消费者不必负担高昂的广告费用或传销员的多层销售提成,因而能以更低的价格实现购买,受到了消费者的欢迎。虽然营销工作者倾向于以各种差别化来减弱消费者对价格的敏感度,避免恶性削价竞争,但价格始终对消费心理有重要影响。这说明即使在当代发达的营销技术面前,价格的作用仍旧不可忽视。由于这种定价策略是否能够实现很大程度上受到心理因素的影响,需要根据消费者的心理来制定价格策略,如图4-2所示。

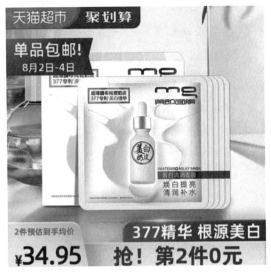

图 4-2　某网络卖家利用消费者的求廉动机,采用第二件 0 元的心理定价策略

　　掌握消费者的价格心理,并根据消费者的价格心理制定适宜的定价策略,是企业营销制胜的关键。常见的心理定价策略有尾数定价、整数定价、声望定价、招徕定价、习惯定价等,企业必须根据产品的特性、所处的环境,通过研究、把握顾客的消费心理,及时地调整与变化,才能制定出更加切实可行的价格。尾数定价是企业利用消费者求廉的心理,为商品制定一个以零头数结尾的非整数价格,这种定价策略是利用消费者对商品价格的感知差异所造成的错觉而刺激购买,大多数消费者在购买产品时,尤其是购买一般的基本生活用品时,更倾向于接受尾数价格。有心理学家的研究表明,价格尾数的微小差别,能够明显影响消费者的购买行为。一般认为,五元以下的商品,末位数为 9 最受欢迎;五元以上的商品末位数为 95 效果最佳;百元以上的商品,末位数为 98、99 最为畅销。整数定价是利用消费者追求名利、地位或力图方便的心理,将商品价格有意定为整数,以显示产品具高贵的品质和质量,这种策略是利用了消费者按质论价心理、自尊心理与炫耀心理。以整数值来定价能帮助消费者确定商品的质量和形象,如对于高档商品、耐用品,价值较高,顾客难以掌握其质量性能,所以在外观条件相近情况下,消费者会产生价高品质也高的心理。如分别标价为 4999 元和 5000 元的两台计算机,消费者可能认为 5000 元的计算机货真价实,质量要更好一些。另外对于高档商品制定整数价格,会使商品愈发显得高贵,满足部分消费者的虚荣心理。

5. 参照价格

　　调高消费者心目中的参照价位有利于扩大目标产品销售,提高经济效益。可以通过增加高价产品项目的方式,推动产品线向上延伸。在网络营销产品线中增添高价产品项目,

学生笔记:

无形中提高了消费者的参照价格,使得产品线上的其他产品显得便宜。定位一种折中的产品会获得更多的购买者。向产品系列中增加一种高档产品不一定会使该产品本身销量更好。但是,它确实改变了购买者对产品系列中的低价产品的看法,并且影响低端顾客向高端的产品靠拢。如果不能决定应该推出多少版本,就选择 3 种。重要的是要认识到真正想出售的是中档产品——高端产品只是为了把人们推向折中的选择。如果出售一份时事通讯,可以考虑提供一份新闻事件的立即通知服务。如果出售图像,可以提供一份超过大多数人需要的超高分辨率版本。如果在不同的特征的基础上进行版本划分,可以增加一些几乎没有人用得着的特征,使高端产品具有独特性。一个很重要的策略就是提供额外收费的技术支持作为"黄金版"的主要不同点。只要没有太多的人选择黄金版,增加这种支持的成本就会很小。

6. 促销定价

促销定价是一种常用的营销策略,它的常见形式有减价销售、优惠券和回扣等。在实际营销过程中,网上商品可以采用传统的折扣价格策略,如数量折扣和现金折扣策略来进行产品促销。所谓数量折扣策略就是企业在网上确定商品价格时,可以根据消费者购买商品所达到的数量标准,给予不同的折扣。购买量越多,折扣越多。在实际应用中,其折扣可以采取累计和非累计数量折扣策略。累计数量折扣是指中间商或顾客在一定时期内,累计购买总量达到规定数量或金额时,给予一定的折扣,这种方式可以鼓励消费者长期性地购买本企业的产品,成为企业可信赖的忠实顾客。例如奶茶店经常采用的"购满八杯赠送一杯"的促销策略;商场规定顾客消费满一定金额可以办理高级会员卡,享受折扣服务。非累计数量折扣是购买者一次性购买某种产品或多种产品的数量或金额达到规定标准,而给予折扣优惠,其目的是鼓励客户大量购买,促进产品多销、快销,以节约销售中的流通费和劳动耗费。例如淘宝网商家常会采用"本店选购满三件免邮费",或"单笔订单满＊元立减＊元"的销售策略即属于非累计数量折扣策略,如图 4-3 和图 4-4 所示。所谓的现金折扣策略就是在 B2B 方式的电子商务中,由于目前网上支付的欠缺,为了鼓励买主用现金购买或提前付款,常常在定价时给予一定的现金折扣。例如,某商品的成交价为 480 元,交易条款注明"3/20,Net30",即在成交后 20 天内付款可以享受 3％的现金折扣,最迟应在 30 日内付清全部货款。再如,商家设定的条款中标明:收到货物后 24 小时内付款,立返 5 元现金。此外,还包括同业折扣、季节折扣等策略。如为了鼓励中间商淡季进货,或激励消费者淡季购买,可以采取季节折扣策略。例如,滑雪橇制造商在春夏季给零售商以季节折扣,以鼓励零售商提前订货;酒店、旅行社、航空公司等在经营淡季期间给旅客提供季节折扣;羽绒服生产企业为夏季购买产品的顾客提供折扣;许多电子商务平台都设置了反季清仓的版块,低价出售反季商品,以减少库存回收资金。所有这些营销技巧都有一个共同特征:它们都对顾客造成一些不便(如搜寻和等待)作为成本。如果每个人都使用优惠券的话,它就不会成为一种有价值的营销策略。优惠券只是支付意愿的可靠信号,只有支付意愿低的顾客才可能用优惠券。如果每个人都使用它们,销售者还不如直接降价,省去处理优惠券的费用。对减价销售来说也是一样,降价时来购买的人是那些认为减价销售有价值的人,这些人很可能是对价格敏感的人。因此,促销定价只有对市场进行了细分才有价值。它的作用是把市场细分为价格敏感市场和价格不敏感市场。假设信息技术降低了搜索成本,这样每个人都可以"无成本"地找到最低的价格。这意味着减价销售再也不是有效的市场细分方式了。或假设软件代理人可以不花成本地在网上搜索优惠券。在这种情况下,优惠券就没有什么用了。因此,在实施这种类型的促销策略时,只有在让顾客付出成本时才有用,因为只有这样才能鉴别出价格敏感的顾客。如果计算机能不花成本地进行搜索或剪下优惠券,这种营销技巧就没有作用了。

图 4-3　京东图书网站上的价格折扣

图 4-4　当当网上图书的折扣形式

7. 跟踪定价

前面已经讲过,由于网络产品的价格方式是否能够实现很大程度上受到消费者心理因素的影响,需要根据消费者的心理来制定价格策略,所以通过利用网络的技术条件如顾客跟踪系统(customer tracking)经常关注顾客的需求,时刻注意潜在顾客的需求变化和心理变化,来保持网站向顾客需要的方向发展。在大多购物网站上,经常会将网站的服务体系和价格等信息公开申明,这为了解竞争对手的价格策略提供方便。同时,可以随时掌握竞争者的价格变动,调整自己的竞争策略,时刻保持同类产品的相对价格优势。

学生笔记：
_____

_____

_____

8. 产品生命周期定价策略

所谓的产品生命周期是指产品销售和利润在整个产品生命期间的变化过程,它包括产品开发期、导入期、增长期、成熟期和衰退期 5 个阶段。在产品开发期,销售量为零,企业投资逐渐增加。在导入期,产品进入市场,由于导入费用较高,所以这个时候企业必须实行低价并承担利润损失。增长期时产品被市场快速接受,可以施行较高价的定价策略也就是撇脂定价。在成熟期由于产品已被绝大多数潜在购买者接受,所以销售量增长速度减慢,为了在竞争中保护产品,应施行低价或者类似低价的策略。而在衰退期因为销售量急剧下降、利润跌落,价格应更低以尽快回笼货币。而在网上定价中可以沿袭传统的营销理论:每一产品在某一市场上通常会经历产品开发期、导入期、增长期、成熟期和衰退期,产品的价格在各个阶段通常要有相应反映。网上进行销售的产品可以参照经济学关于产品价格的基本规律。并且由于对于产品价格的统一管理,能够对产品的循环周期进行及时的反映,可以更好地伴随循环周期进行变动。根据阶段的不同,寻求投资回收、利润、市场占有的平衡。

9. 品牌和声誉定价策略

品牌(brand)是一个名称、术语、标记、符号、图案,或者是这些因素的综合,用来识别产品的制造商和销售商。它应是卖方做出的不断为买方提供一系列产品特点、利益和服务的许诺。由于消费者视品牌为产品的一个重要的组成部分,因此建立品牌能够增加产品的价值。信息经济学告诉我们,品牌作为一个强烈的市场信号(signalling),可以减少消费者在市场所面临的信息劣势,减少"柠檬"问题(有关的内容在第 6 章进行详细的分析),减少逆向选择,它同时可以减少消费者的搜寻成本,有利于消费者。因此,在网络营销中,产品的品牌和质量会成为影响价格的主要因素,它能够对顾客产生很大的影响。如果产品具有良好的品牌形象,那么产品的价格将会产生很大的品牌增值效应。名牌商品采用高价策略,既增加了盈利又让消费者在心理上感到满足。对于这种本身具有很大的品牌效应的产品,由于得到人们的认可,在网络产品的定价中,完全可以对品牌效应进行扩展和延伸,利用网络宣传与传统销售的结合,产生整合效应。

和品牌一样,信息经济学同样告诉我们,声誉(reputation)是一个企业重要的市场信号和示意,可以作为一个减少逆向选择的方法。因为声誉表明了该企业拥有高质量的产品和高质量的服务,所以应施行"高质高价"的定价策略。在网络销售中,由于网络的虚拟性,消费者对网上购物和订货往往存在着许多疑虑,如在网上所订购的商品,质量能否得到保证,货物能否及时送到等。如果网上商店的店号在消费者心中享有声望,则它出售的网络商品价格应比一般商店要高,并且会受到较多消费者的青睐和信任。这便是许多商家和网站在成立初期不断刷信誉,积累人气和流量的原因。声誉定价策略通常适用于名牌产品、优质产品,不少高级名牌产品和稀缺产品,如豪华轿车、高档手表、名牌时装、名人字画、珠宝古董等,在消费者心目中享有极高的声望价值。购买这些产品的人,往往不在乎产品价格,而最关心的是产品能否显示其身份和地位,价格越高,心理满足的程度也就越大。

电子化市场在通信和交流的效率上可能是最先进的。但是,因为定价方式不能忽略市场的每个环节,所以以对待实物产品的方式来对待数字产品或认为能简单地使用现有的经济模式来解释电子商务是非常不明智的。从经济学角度看,产品的差异化和非一致定价所带来的信息的非对称问题("柠檬"问题)也给判断整个市场是否合理带来了困难。由于这些定价方式相对较易分析和掌握,它们和混合式捆绑销售及非线性定价方式一起得到广泛的运用。电子商务还为质量选择、多产品定价方面的研究开辟出一片新天地,吸引经济学家们不断地去探索。

4.3.4　在线产品的价格歧视

在目前网络经济迅猛发展的情况下,价格歧视被网络厂商作为现代化的营销手段加以利用。那么,什么是价格歧视呢? 关于价格歧视的概念有多种表述。在经济学界比较公认的定义就是泰勒尔于 1988 年所给出的表述:"当两个单位的同种商品对同一消费者和不同消费者售价不同,我们就可以说生产者实行了价格歧视"。因此,价格歧视的基本含义就是指厂商在销售同一产品的不同数量时向相同或不同的消费者索取不同的价格,它不包括因运输费用的差别而导致的产品价格的不同,也不包括因品牌、质量、包装和售后服务的不同而产生的价格差别。

英国经济学家庇古于 1920 年将价格歧视划分为 3 种最基本的形式。

(1) 一级价格歧视:亦称为完全价格歧视,指卖者对每一单位的产品收取不同的价格,而且价格恰好等于买者的保留价格,此时卖者得到了全部的消费者剩余。

(2) 二级价格歧视:指价格依赖于购买数量,但不依赖于消费者,这种定价方式也被称为非线性定价(nonlinear pricing)方式。此时每一个消费者都面临着一份相同的价目表,它规定了不同的购买数量所对应的不同价格。这种价格歧视消费者一般都遇到过。

(3) 三级价格歧视:指不同消费者付不同的价格,但同一消费者所付价格不依赖于其购买量,如学生乘火车享受半价优惠就属于这种情况。

1. 网络营销中的价格歧视

前述的三级价格歧视主要是对实物市场而言,如果被运用于网络营销中,它们可以被分别表述为下面 3 种形式。

(1) 一级价格歧视:个人化定价。一级价格歧视又称为完全价格歧视,但在实物市场上或传统市场上很难歧视到这种程度。最明显的原因就是,决定某人愿意支付的最大金额是极为困难的。而且即使知道某人愿意为产品支付多少钱,也不可能再向那些不愿支付更多钱的人提供产品的同时防止更愿意购买的人利用这一优惠条件。而在电子商务中,有 3 方面的要素综合起来决定了完全价格差异的可能性。首先,销售商可以获得关于用户兴趣的详细资料,通过账单和注册 E-mail 来获得消费者的有关的信息;其次,产品可以定制而无须添加额外成本;第三,用户可以单独付账。由于互联网比目录更为个人化,更具有交互性,为在线厂商实施完全价格歧视提供了其他媒介望尘莫及的机遇。减价销售、抛售和其他形式的促销定价在互联网上不费吹灰之力,因为价格可以在瞬时改变。这些促销可以帮

学生笔记:

_____

_____

_____

助商家很快地流转产品,同时可以估测出市场对价格变化的反应。

(2) 二级价格歧视:版本划分。个人化定价要求对消费者个人有一定的了解。这种了解往往来自消费者自己,如当他们提出自己的要求,并指明他们想要见到的产品或他们感兴趣的信息类型时。但是,如果没有顾客提供的档案,没有顾客的积极参与,这时就需要进行版本的划分,即以不同的版本向不同的市场提供信息产品。实际上,在传统营销中出版商往往通过设计版本以强调顾客差异。他们对书进行版本划分的关键就是把便宜的版本推迟出版。与实物市场比较起来,网络营销可以利用在线技术比较容易地进行二级价格歧视。例如,利用在线技术进行与延迟紧密相关的版本划分,这种策略就是通过对一项信息服务的使用时间和地点进行限制,控制它的方便程度。一些在线的数据库供应商提供了一种图书馆授权,允许在图书馆内阅读的人不受限制地使用,而身处图书馆之外的读者在使用时受到限制。也可以通过对操作速度、使用的灵活性和功能的完整性进行版本划分。软件公司出售软件时,可以使用两种版本,一种低价但不可拷贝的版本,另一种高价但没有写保护的版本。

(3) 三级价格歧视:群体定价。与实物市场相比,在电子商务市场上实行三级价格歧视更加具有优势。首先,利用网络的外部效应。在电子商务市场上,如果某种产品对一个用户的价值取决于其所属群体有多少其他成员使用该产品,把一种产品定为标准就可以利用它进行三级价格歧视。例如,微软在它的 Office 组件中就利用了这种标准化的欲望。其次,利用数字产品的锁定效应。如果一个组织选定一种产品作为标准,由于协调和重新培训的成本,它要进行转移就非常昂贵,这个时候就可以进行三级价格歧视。微软的操作系统 Windows 就是一个明显的例子。再次,利用数字产品的共享效应。在许多情况下,单个用户管理或组织其消费的所有信息产品是很不方便的,像图书馆和系统管理员这样的信息中介可以完成这种协调工作。在线厂商可以进行站点授权,可以以高价向图书馆出售,以低价向个人出售学术刊物。

2. 网络营销中价格歧视的实施障碍与原因

网络营销中信息非对称性的原因与表现如下。电子商务市场的优势在于其较低的进入障碍与较低的管理成本。之所以说它具有较低的进入障碍,是因为 Internet 给所有的市场参与者提供了平等的机会,在这里大公司并不比小公司具有先天优势。电子商务市场的另一个特点是可以全面搜索,可以借助搜索服务大量地、有效地去搜索信息。同时由于这种网上的信息搜索低代价和无代价,它还意味着比较低的交易成本。电子交易中数字产品的可变性和用户对信息的易取得性可以帮助所有者和企业来进行差别定价。

虽然电子商务市场有着显著的市场营销优势,但并不意味着有着很高的市场效率,其中的一个重要原因就是在网络市场上买卖双方的信息非对称性。事实上,与传统市场比较起来,电子商务市场的信息非对称性不仅存在,而且更加严重,它影响了价格歧视的实施效果,其主要原因如下。

(1) 网络厂商身份的不易识别性。在电子商务市场上,一家网上商店可以在一天内建立起来,也可以在第二天就消失。由于这种不确定性的存在,厂商的身份很难识别,产品的质量也就更难以把握。

(2) 由"信息悖论"所引发的问题。因为数字产品多为经验产品,它们的质量只有在使用之后才能被了解。然而,一旦消费者掌握了数字产品信息内容以后,消费者就不再愿意购买了,这就是信息产品生产中无法克服的"信息悖论"。这一特点使得厂家没有一个好的方式来使消费者相信它们产品的质量。

(3)隐私和匿名。对于一些产品,用户自愿地透露他们的需求和偏好。对于其他的产品,用户却不愿如此,这就带来了交易过程中的隐私和匿名问题。面对信息的不确定性,销售商像购买者想知道产品的质量一样想尽可能多地知道用户的私人信息可能是很困难的。

(4)网络生产者的多样性。与实物产品不同,数字产品是由网上的虚拟组织来制造和销售的,市场销售者的销售时间短而且数量多。通过今天的个人主页和将来可能在任何一台个人计算机上运行的 Web 服务器,每个用户都是生产者和潜在的销售者,因而质量信息的不对称性更大。

(5)网络产品质量评价的主观性。个性化服务是网络营销的特色之一,然而产生的问题就是供应商给顾客提供的产品和服务是不同的,质量的评估将越来越主观和个性化。

价格歧视可能会产生不利后果。由于上述的信息不对称性,实施网络营销中的价格歧视策略可能会产生以下的不利后果。

(1)消费者所面临的逆向选择更加严重。逆向选择是指市场参与者由于信息劣势而被迫处于对己不利的选择位置上。利用现代网络技术进行市场营销,虽然可以实现在传统营销中很难实现或者无法实现的具有网络营销特色的价格歧视,力求达到了"价格-质量"的最佳点。但因为这种方法包含着卖主比较强烈的对产品质量的主观评价和质量偏好,产品只是选择不同而不是质量不同,会造成同样质量的产品存在巨大的价格差异,这样反而会加剧消费者对产品质量面临的信息劣势,也加剧了消费者所面临的逆向选择。在这种形式的市场条件下,用户被迫在购买符合他们兴趣的产品和以保守价格支付之间做出选择,而这对消费者恰恰是比较困难的。

(2)价格歧视会更多地引起利益由买方转移到卖方。由于网络的虚拟性,消费者要购买产品不仅要设法了解产品的质量分布还要了解卖主的销售动机,而网络的虚拟性会更加造成消费者的信息劣势,降低交易的效率。为了确定哪一种选择会带来更大的用户利益,必须对产品适合于用户需要所表现出的价值有一个完整的认识。当卖主对产品的质量评价更具有主观色彩时,会加剧信息的不对称性。其结果是,价格歧视会引起利益由买方转移到卖方,相对而言,用户所得到的利益比销售商要少。

(3)用户会失去最基本的价格支配能力。在理想的差别定价模式中,销售商通过按用户愿意支付的最大价格出售商品,这样对社会可能是有效的,但很少消费者愿意支付最高的价格而毫无怨言。更有甚者,销售商可能通过了解顾客的资料来决定限制数量或拒绝出售。从某种意义上说,由于向厂家提供了个人信息,用户会因此失去最基本的价格支配能力。

学生笔记:
_____
_____
_____

3. 消除网络营销中价格歧视的方法

网络营销中价格歧视的弊端,并不是要完全杜绝和取消它,当我们对网络为人们带来的某些便利而欢欣鼓舞时,应理性地对待现代网络营销中的营销手段。只有确立合理的网络营销战略,才能更好地运用它,以满足市场和消费者在网络经济时代的需要。要避免网络营销中价格歧视可能发生的弊端,应该主要借助于下面3个主要途径或方法。

(1) 声誉途径。在实物市场上,声誉在消除信息非对称性方面有着十分重要的作用,它的实质在于在市场的交易方之间建立起相互信任的关系。由于网络的虚拟性和电子商务兴起的时间较晚,不存在明确的长期运作的利益动机去诱使大量的资金投在信誉上,在线产品的品牌和公司的信誉要成为产品质量的保证可能要比实物市场困难更大。但这并不是说在电子商务市场上声誉信号就失去地位和作用,相反,要充分地利用它来加强买卖双方信任感。要进行在线声誉的管理,可能更要注意以下的问题。

① 要实施声誉转移的策略,即实现由实物市场向虚拟市场的声誉转移。事实上很多在线公司实际上正是那些在实物市场上已经有一定声誉的公司,它们将其声誉转移到电子化市场中。例如,网景公司是最早进入网页浏览器市场的公司,在微软进军浏览器市场之前,它占有80%的市场份额,但当微软的 Internet Explorer 浏览器面市之后,仅用一年的时间,微软即凭借其在实物市场的声誉优势,抢走了网景公司20%的市场。另外,还可以利用在线和离线相互结合的办法,来弥补离线的劣势。

② 要充分利用网络技术的优势。现代网络技术为树立网络声誉创造了传统市场所不具有的独特条件。三维立体动画等先进的网页设计技术和表现形式,使得网络品牌和声誉的传播手段更具有强大的力度和视觉冲击力,信息传播的效率大大提高。

(2) 法律途径。要避免和减少网络市场上发生恶性的或者不合理的价格歧视,引入政府的行为或法律手段等非经济方法是十分必要的。事实上,在实物市场上美国等西方国家一直将某些对市场竞争造成损害的价格歧视,作为典型的不正当竞争行为加以研究和规范。在我国,《中华人民共和国价格法》第十四条第五款规定,经营者提供相同商品或者服务不得对具有同等交易条件的其他经营者实行价格歧视。但值得注意的是,《中华人民共和国价格法》中的价格歧视行为没有涵盖最终消费环节的价格差别现象,这里的价格接受者仅指经营者,而不包括消费者。更为遗憾的是,有关的条款仅仅只是对实物市场中的价格行为而言的。因此,有必要对网络交易中恶性的价格歧视行为作出界定,并从法律上进行规范,以保护消费者的根本利益。

(3) 实施网络忠诚战略。营销战略的实质在于创造并获取价值。但是,要清醒地认识到,电子商务最终的目的是实现商务,它并没有改变顾客的消费心理和感受。电子商务虽然改变了经营与竞争等多方面的法则,但并未改变企业生存的理由,顾客的满意及愿意购买仍是企业竞争的焦点。在线企业要想成功地实施价格歧视,就必须通过现代互联网提供各种信息以及个性化服务来留住顾客,提升顾客的忠诚度是企业必须考虑的战略问题。应该利用网络技术的有利条件吸引并留住更多的忠诚顾客,以利于在线企业形成持续销售及顾客之间的口碑传播,从而增加在线企业的销售量,保证企业业务的可持续发展。

【章末案例】

拼多多的拼团购物的定价模式

拼多多近年来在网络技术的快速发展下，被用户广泛应用。除此之外，拼多多还借助了腾讯公司旗下的社交媒体——微信实现了高效的用户引流，开展其独具创新性的"社交＋电商"购物拼单模式。拼多多正是因为这种独特的营销模式，上线后仅用 3 个月的时间，就突破单日成交额 1000 万，付费用户远超 2000 万。如今，拼多多凭借其活跃的用户数和过高的交易数量超过了许多老牌电商平台，跻身我国电商平台前三位。

拼多多开启了二至三人的拼团购物方式。拼团，顾名思义，当参与拼团的人数达到平台要求时，就能以团购的价格购买商品，对消费者来说可以获得更大的议价空间，而商家往往也乐于通过让利获得更多用户。

1. 拼多多拼团购物的流程

（1）消费者通过好友的分享或直接在商城中选择欲购商品。

（2）在商品界面选择"去拼单"，参团后如满足人数要求，则拼团成功。

（3）消费者可以自主开团，在规定时间内，参团人数达到规定数就判定拼团成功，规定时间未成团就判定拼团失败。

（4）除此之外，消费者可以选择"单独购买"，即不参与拼团，原价购买。

（5）拼团成功的订单变更为待发货，开始向仓库流转；拼团失败的订单则取消，原路退款。拼多多拼团模式共有 3 种状态。①未成团：仍在拼团时间内，但未达到拼团人数；②已成团：已达到参团人数，并已付款，拼团成功；③拼团失败：拼团时间到，未达到拼团人数。

在进入商品付款界面时，拼多多和淘宝、京东的不同之处在于，其没有"加入购物车"和"立即购买"而是"单独购买""去拼单""发起拼单"。一种是单买价，一种是拼单价，消费者可以任选一种进行购物，对于价格敏感型用户，自然会选择拼团价，要么参加拼团，要么发起拼团。在同种商品购买价格因选择购买的方式不一样，就是所谓的"性价比"的一个展示面，另一个展示面是同种商品拼团价格与其他电商平台的价格比较，如表 4-3 所示。

表 4-3　同种商品拼团价格与其他电商平台的价格比较

商品名称	拼多多单独购买价（元）	拼多多拼单专享价（元）	淘宝/天猫价（元）	京东价（元）	拼单价优惠的程度（较淘宝）	拼单价优惠的程度（较京东）
心相印茶语抽纸巾300 张/包＊18 包	66.9	37.5	44.9	73.9	17％	49％
憨豆熊每日坚果礼盒组合 924g	55.9	37.9	49.9	59.9	24％	37％

学生笔记：

_____

_____

_____

商品名称	拼多多单独购买价(元)	拼多多拼单专享价(元)	淘宝/天猫价(元)	京东价(元)	拼单价优惠的程度(较淘宝)	拼单价优惠的程度(较京东)
蓝月亮洗衣液 12 斤亮白增艳薰衣草香	107.9	69.9	79.9	79.9	12%	12%
飞科专卖店电吹风机(家用大功率)	69.9	55	49.9	55	−10%	0%

显然,除了拼团的优惠,拼多多平均能以比其他平台低 20%～30% 的价格提供这些商品,极大地满足了"价格敏感型"用户的偏好。

2. 开展多种类别优惠促销活动

拼多多为了吸引顾客,提升顾客消费意愿,在诱导顾客购买商品方面下了极大的功夫,推出了各式各样的促销活动。例如,直接打折优惠活动;以打折活动吸引更多客户,实现流量和促销的双赢;现金领取,诱惑客户消费;拼单式购买以量大低价促使更多客户消费。主要优惠活动如表 4-4 所示。

表 4-4　拼多多主要优惠活动

优惠类型	优惠活动	介　　绍
分享优惠类	砍价免费拿、助力享免费等	用户必须通过分享链接才能享受折扣/免单,以此低成本获取更多用户
现金优惠类	天天领红包、签到领现金、签到返利、边逛边赚等	用户参与活动即可领取现金(最后以优惠券的形式发给用户),以此吸引用户登录 App
直接优惠类	限时秒杀、品牌清仓、名品折扣、9 块9 特卖等	用户可以直接享受折扣,以此吸引客户购买商品
游戏优惠类	多多果园、一分抽大奖等	用户以游戏的方式获得优惠/产品,以此吸引用户更长的使用时长

拼多多利用这些让利给消费者的低成本活动,获得消费者的关注,加上拼团所带来的消费端的裂变式增长,实现销售量、消费者流量、消费者心理满意度的多方共赢,为平台带来了更多的用户量和点击量。

(资料来源:见本章参考文献[16])

思考题

1. 拼多多平台的拼团购物模式都运用了哪些定价策略?

2. 拼多多平台能够成功的原因是什么?

3. 拼多多平台的拼团购物模式给我们哪些启示?

本章小结

本章以在线产品的种类作为出发点,介绍了在线产品的特征。在分析一般在线产品价格特点的基础上,详细介绍了网络定价的策略。传统营销的定价方法是成本加成法,而在线产品的成本特征表现为开发成本很高,复制成本很低;期间费用很高,产品成本很低;固定费用很高,变动成本很低;沉没成本很高,付现成本很低。这种成本特征使成本加成显得极困难,因此,在线产品只能采用差别定价的方法进行在线产品定价。企业在进行网络营销决策时必须对各种因素进行综合考虑,从而采用相应的定价策略,很多传统营销的定价策略在网络营销中得到应用,同时也得到了创新。根据影响营销价格因素的不同,网络定价策略可以分为如下几种:渗透定价策略、捆绑销售定价策略、撇脂定价策略、心理定价策略等。通过本章的学习,读者应了解在线产品的种类和性质,掌握在线产品的定价措施和实施过程,熟悉和掌握网络价格歧视方法及应用。

重点概念和知识点

- 价格歧视;
- 撇脂定价;
- 渗透定价策略;
- 个人化定价;
- 版本划分;
- 群体定价。

练习题

1. 在线产品的分类有哪些? 它们有哪些特征?
2. 如何理解在线产品的网络外部性? 并举例说明。
3. 在线产品的成本特征如何影响它的定价?
4. 在线产品定价策略有哪些?
5. 举例说明在线产品营销中如何实施价格歧视策略。

本章参考文献

[1] 卡尔·夏皮罗,哈尔·R.瓦里安. 信息规则——网络经济的策略指导[M]. 孟昭莉,牛露晴,译. 北京:中国人民大学出版社,2017.

[2] 马克·斯考森,肯那·泰勒. 经济学中的困惑与悖论[M]. 吴汉洪,苏晚囡,译. 北京:华夏出版社,2002.

[3] 罗伯特·S.平狄克,丹尼尔·L.鲁宾费尔德. 微观经济学[M]. 李彬,译. 9 版. 北京:中国人民大学出版社,2020.

[4] 潘勇. 网络营销中价格歧视的利与弊[J]. 中国流通经济,2003(4):43-46.

[5] 潘勇. 网络交易中的逆向选择——基于柠檬市场模型的分析[M]. 北京:经济管理出版社,2005.

[6] 潘勇,陈禹. 网络市场中的"价格悖论"与逆向选择[J]. 商业经济与管理,2005(3):10-14.

[7] 白云峰,靖继鹏. 信息商品价格理论与实证研究[J]. 情报学报,2003(10):626-631.

[8] 陈学彬. 价格竞争决策的博弈分析[J]. 外国经济与管理,1997(5):8-12.

学生笔记:

_____

_____

_____

［9］　黎志成,刘枚莲.电子商务环境下的消费者行为研究[J].中国管理科学,2002(6)：88-91.

［10］　李国民,郭宗杰.美国针对价格歧视的立法[J].价格与市场,1999(9)：45-46.

［11］　李向阳.信息不对称与市场缺陷——诺贝尔奖获得者阿克洛夫的经济学理论述评[J].国际经济评论,2001(6)：59-61.

［12］　刘宝宏.信息不对称条件下的消费者行为[J].商业经济与管理,2001(7)：18-21.

［13］　刘立.信息技术条件下的消费者行为特征[J].情报学报,2002(2)：237-241.

［14］　刘向晖.网络营销差别定价策略的一个案例分析[J].价格理论与实践,2003(7)：59-60.

［15］　潘勇.网络营销中价格歧视的利与弊[J].中国流通经济,2003(4)：42-46.

［16］　林序伊.基于价值链视角下拼多多盈利模式研究[D].泉州：华侨大学,2020.

第 5 章

网络分销

本章学习要求

本章从分析网络环境对分销渠道的影响入手,主要分析介绍网络分销渠道的功能和特点。读者应了解分销渠道的新模式,以及如何评价渠道绩效,并通过对全渠道营销策略的学习来了解网络渠道管理的发展趋势。

5.1 网络环境下的分销渠道的变革

分销渠道作为价值链的重要组成部分,是一个整合的系统,在这个系统中,各相关利益企业为了实现产品或服务从制造商到客户手中的有效传递,而建立相互依赖、相互制约的合作关系。因此,分销渠道成为企业的核心竞争力的主要来源,在网络时代,企业更加关注传统的分销渠道与网络分销渠道的整合,以及如何更好地发展及保持企业分销渠道的竞争优势。

5.1.1 互联网与分销渠道

在传统经济条件下,由于制造商难以逾越时空障碍,无法独立完成产品的分销过程,所以消费品多采取间接分销方式,而工业品则多采取直销方式。互联网的开放性、便利性、互动及网上信息的丰富性和服务的多样性使互联网在人们的日常生活和企业的经营活动中发挥着越来越重要的作用。

1. 网络环境下消费者需求及行为的改变

第 3 章重点分析过在网络经济时代,消费者行为具有的新的特征,即购买决策权向消费者转移,对产品或服务个性化需求、便利性的要求更高。而消费者是企业分销渠道的终端,为适应全球化竞争的需要,企业的生产和经营目的只能是从比竞争对手更好地满足消费者需求出发。为了迎合消费者的这种变化,企业通过搭建网络销售平台,提供更加便利的网上购物渠道,同时为满足客户的个性化需求而进行定制化生产,注重产品定位、提供特色产品或服务,消费者行为的这些变化促进了网络营销渠道的进一步变革和发展。

2. 营销沟通方式的改善

基于信息交互的特点,使得营销沟通可以全天 24 小时,在全球范围内,通过网络、呼叫中心、传真等多种方式得以有效地实现,不仅降低了企业沟通的成本,而且为客户提供了更多的便利,使一对一营销可以低成本地实现。同时,利用信息技术和网络技术,可以即时收集有价值的商业信息,为企业制定营销策略,提高营销活动的针对性,降低营销成本,提供有力的依据。

3. 企业的分销渠道组织结构的新变化

为了更及时地掌握市场动态,更好地分析、满足消费者需求,随着互联网技术和信息技术的发展,以电子数据交换为基础的电子商务得到了越来越广泛的应用,从而导致企业的分销渠道组织结构有了新的变化趋势。

1) 从金字塔式向扁平化转变

传统企业的渠道结构多采用"金字塔式"垂直结构,在这种传统的渠道结构中,从生产的最初环节到渠道的终端,信息以单向的"一对多"的方式传递。因此,信息难以准确快速地传递,效率低下,消费者的需求无法及时反馈给企业。为了改变这种劣势,越来越多的企业将分销渠道改为扁平化的结构。

扁平化的分销渠道组织结构减少了企业产品的流通环节,缩短了销售周期,并能更好地及时反馈客户的需求,成为目前渠道发展的主要趋势。这里的扁平化并非简单地削减中间环节,而是对原有供应链的优化,是剔除供应链中不增值或增值少的环节,从而达到提高渠道效率,并为渠道合作伙伴获得更多赢利的目的。

2) 集权制向分权制转变

传统企业的渠道结构多采用单一决策中心,从营销渠道层次来看,制造企业处于渠道顶端,出于监控成本的考虑,一级经销商作为下一层次渠道环节,必然会得到企业最多的重视。而作为渠道终端的客户需求却被企业疏忽,影响了企业对客户需求的认知。

随着全球经济一体化进程的加快和互联网技术的广泛应用,使得企业的营销活动必须"以客户为中心"不断进行营销战略的创新,相对而言,企业之间产品与服务的复制较为容易,这导致了产品的同质化竞争趋势越来越明显,但渠道与市场却需要长期积累才能获得回报。

因此,企业为了获得更强的综合竞争力,就必须重视客户的需求,提高他们的实际体验效果。为了达到这一目标,企业必然要调整传统的渠道结构,从集权制向分权制转变,保证客户可以实现最低成本的付出,获得最大价值的服务,即在恰当的时间、地点、以客户最低成本的方式获得能满足其需求的产品或服务,这样才能使企业和客户获得更稳定的合作关系,达到双赢的目的。

4. 渠道中间商的改变

电子商务和网络信息技术的发展在某种程度上削弱了传统渠道中间商的作用,尤其是在信息采集和处理方面,但另一方面,过多的信息也给企业和消费者带来交易成本的增加。因此,适应信息分析需要的新型的渠道中间商得以产生,他们在营销渠道的活动过程中发挥着诸如价格比较、在线商务、物流信息、咨询服务等功能。

5. 渠道冲突出现了新的特点

在渠道管理中,渠道冲突(conflict in channel)是指当分销渠道中的一个成员将另一个成员视为敌人,且对其进行伤害、设法阻挠或损害该成员基础上获得稀缺资源的情景。简而言之,只要当渠道中的某一个成员认为另一个成员的行为妨碍了他实现自己的目标时,就会产生冲突。

传统渠道成员之间的关系基本上以交易型关系为主,渠道的成员多为独立的,他们都以追求其自身利益最大化为目标,没有一个渠道成员能完全或基本控制其他成员。因此,渠道成员之间由于角色不互补、资源稀缺、认识上的差异、期望值方面的差异、决策领域无共识和沟通不足等原因会导致渠道冲突。

随着电子商务的日益普及,渠道冲突出现了新的特点。

1) 多渠道冲突日益突出

不同类型的渠道之间的冲突,愈演愈烈,这种冲突主要存在于网络渠道与传统渠道之间。企业不仅要对代理商之间的冲突进行管理,还要面对网络渠道与传统渠道之间的冲突。尤其在某一渠道降低价格(一般发生在大量购买的情况下),或降低毛利时,表现得尤为强烈。

2) 渠道关系从竞争向合作转变

以制造企业为主导的分销渠道为例,在传统的分销渠道中各成员之间是买卖关系,制造企业以自身利益为中心,为了提高价格等方面的竞争力,通常会以牺牲渠道其他成员的利益为代价。随着网络经济时代的来临,消费者不仅获得信息的能力越来越强,同时个性化需求也越来越突出,企业必须调整工作的重心,要将消费者的满意程度作为最主要的目标。这就要求尽量保证产品会以最方便的途径让消费者购买;以快捷的速度反馈消费者的购买要求和评价。传统渠道中各成员之间的这种买卖而非合作关系在一定程度上制约了企业与消费者的直接沟通,使渠道效率下降,不利于企业的经营决策。因此,企业发现为了维持渠道关系而压低采购或营销成本虽然短期能够达到赢利的目的,但从长远考虑,将破

学生笔记:
_____
_____
_____

坏整个供应链并降低企业的长期盈利能力。

与传统的分销渠道管理方式相比,基于网络分销渠道管理更为强调企业与渠道成员、渠道成员之间的合作,如表 5-1 所示。

表 5-1　传统的分销渠道管理与网络分销渠道管理的对比

	传统分销渠道	网络分销渠道
渠道成员数目	较多	较少
企业与渠道关系	短期、买卖关系	基于供应链的长期合作、战略伙伴关系
沟通程度	限于销售和采购部门之间	供应链上多方多个部门间的沟通
信息交流	仅限于订货售货信息	供应链上多项信息共享
渠道选择	单一渠道为主	多渠道整合

从表 5-1 可以看出,网络分销渠道管理具有以下几方面的特征。

(1) 高层次的整合。

与以往的渠道关系相比,企业间的战略伙伴关系能够实现更高层次的整合,即不仅仅表现在操作层(如传统的购销关系)和战术层(如纯粹的物流关系),而且表现在战略层次,他们有共同的战略目标与战略计划,同步进行战略管理。

(2) 广泛的合作。

在合作范围方面,企业间不仅仅在物流、资金流方面相互融合,而且在信息流上高度集成,形成横向、纵向的信息的交流。这些信息不仅包括操作层的物流、资金流的信息,而且也包括较高层次的决策信息。因此,企业间的战略伙伴合作关系在成本、资产管理等方面具有更高的优越性。

(3) 高程度的相互信任。

战略合作伙伴关系一般是企业间多次反复合作的结果。合作时间越长,彼此越能够深层次地相互了解,并通过共同投资达到相互融合,从而使该合作关系具有相当程度的、对等的信任。

5.1.2　网络分销渠道的功能

与传统营销渠道一样,以互联网作为支撑的网络营销渠道也应具备传统营销渠道的功能。营销渠道是指与提供产品或服务以供使用或消费这一过程有关的一整套相互依存的机构,它涉及信息沟通、资金转移和事务转移等。一个完善的网上销售渠道应有三大系统:订货系统、结算系统和配送系统,这三大系统具备订货、结算和配送三大功能。

1. 订货系统

订货系统为消费者提供产品信息,同时方便厂家获取消费者的需求信息,以求达到供求平衡。一个完善的订货系统,可以最大限度降低库存,减少销售费用。

2. 结算系统

消费者在购买产品后,可以有多种方式方便地进行付款,因此厂家(商家)应有多种结算方式。目前国外流行的几种方式有信用卡、电子货币、网上划款等。而国内付款结算方式主要有电汇、承兑汇票、现金结算等。

3. 配送系统

一般来说,产品分为有形产品和无形产品,对于无形产品如服务、软件、音乐等产品可以直接通过网上进行配送;对于有形产品的配送,要涉及运输和仓储问题。国外已经形成了专业的配送公司,如著名的美国联邦快递公司(http://www.FedEx.com),它的业务覆盖全球,实现全球快速的专递服务,Dell 公司将美国货物的配送业务都交给它完成。因此,专业配送公司的存在是国外电子商务发展较为迅速的一个原因所在,良好的专业配送服务体系作为网络营销的主要支撑之一,起到非常重要的作用。

5.1.3　网络分销渠道的特点

在传统营销渠道中,中间商是其重要的组成部分。因为企业利用中间商能够在广泛提供产品和进入目标市场方面发挥最高的效率。营销中间商凭借其业务往来关系、经验、专业化和规模经营,提供给公司的利润通常高于自营商店所能获取的利润。但互联网的发展和商业应用,使得传统营销中间商凭借地缘原因获取的优势被互联网的虚拟性所取代,同时互联网高效率的信息交换,改变着过去传统营销渠道的诸多环节,将错综复杂的关系简化为单一关系。互联网的发展改变了营销渠道的结构。

利用互联网的信息交互特点,网上直销市场得到大力发展。因此,网络营销渠道可以分为两大类。一类是通过互联网实现的从生产者到消费(使用)者的网络直接营销渠道(简称网上直销),这时传统中间商的职能发生了改变,由过去的环节的中间力量变成为直销渠道提供服务的中介机构,如提供货物运输配送服务的专业配送公司,提供货款网上结算服务的网上银行,以及提供产品信息发布和网站建设的 ISP 和电子商务服务商。网上直销渠道的建立,使得生产者和最终消费者直接连接和沟通。另一类是通过融入互联网技术后的中间商机构提供网络间接营销渠道。传统中间商由于融合了互联网技术,大大提高了中间商的交易效率、专门化程度和规模经济效益。同时,新兴的中间商也对传统中间商产生了冲击,如美国零售业巨头 Wal-Mart 为抵抗互联网对其零售市场的侵蚀,在 2000 年元月份开始在互联网上开设网上商店。基于互联网的新型网络间接营销渠道与传统间接分销渠道有着很大不同,传统间接分销渠道可能有多个中间环节如一级批发商、二级批发商、零售商,而网络间接营销渠道只需要一个中间环节。

5.2　网络分销渠道的策略

一个消费者准备购买一台笔记本电脑,目前通常的做法是:首先,上网查询自己感兴趣的品牌的笔记本电脑的口碑如何,同时也会通过比价网,查看各个销售平台的报价;其次,

学生笔记:

_____

_____

_____

会走访实体店铺,查看实物并比较网络和实体店铺中同类型产品和服务价位之间的差异;然后,可能会通过 800 免费服务电话或网络即时聊天工具进行咨询,解决疑问;最后,可能选择某个网络店铺或实体店铺完成购买。

因此,企业在进行营销活动时首先面临的问题是针对客户的不同类型,如何选择渠道的类型,如何选择该渠道主要实现的功能。企业结合不同消费者的特点可以合理运用渠道冲突以发挥其正面效应,通过差异化的定价进行渠道整合从而获取较大的销售量。

5.2.1 网络直销

网络直销是指生产厂家借助联机网络、计算机通信和数字交互式媒体且不通过其他中间商,将网络技术的特点和直销的优势巧妙地结合起来进行商品销售,直接实现营销目标的一系列市场行为。按照网络直销在企业中的地位,可以划分为多种类型。

1. 网络直销模式的分类

1) 主营网络直销模式

企业在很长时间范围内或在较大的程度上,开展业务的最主要的渠道就是网络,网络直销占主导地位。Dell 公司是这类型企业的典型代表。

Dell 公司的蓬勃发展,受益于独特的直接经营模式,作为全球领先的系统与服务公司,Dell 公司 90% 的销售收入来自企业,10% 来自个人客户,但在线销售量中 90% 的销售收入来自中小企业和普通个人用户。为了给客户提供简便易行、卓有成效的解决方案,并在降低客户成本的同时,使其能享受到更卓越的服务和产品价值。在 Dell 公司网络直销商务模式中,建立了如图 5-1 所示的价值链。

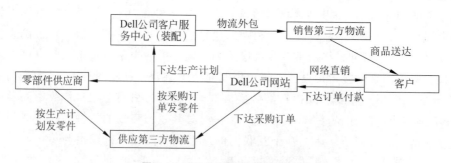

图 5-1 Dell 公司网络直销价值链

(图表来源:《电子商务案例分析教程》,司林胜主编)

这种直接的商业模式消除了中间商,这样就减少了不必要的成本和时间,让 Dell 公司更好地理解客户的需要。这种直接模式允许 Dell 公司能以富有竞争性的价位,为每一位消费者定制并提供具有丰富配置的强大系统。通过平均四天一次的库存更新,Dell 公司能够把最新相关技术带给消费者,而且远远快于那些运转缓慢、采取分销模式的公司。

Dell 公司还在 2011 年开通了自己的一站式服务网站:"戴尔知道",如图 5-2 所示。它主要是针对于目前中小企业所面临的一些现实中存在的问题,或者说是其预见未来可能会发生的一些问题,所提出的一种切实可能且能降低成本的有效解决问题的方案,帮助客户做出更明智的决定,取得更有效的管理成果。在内容的编排中,"戴尔知道"从用户所考虑的几大类问题及针对不同行业的需求,分别从智能数据管理、虚拟化、成本控制、解决方案、案例分析、产品介绍等多个角度为中小企业提供更加有效的帮助与支持。

图 5-2　"Dell(中国)知道"官方平台

这种模式的优点是效率比较高,成本相对较低;缺点是并非面对面直销,容易带来不便。

2)辅助网络直销模式

传统的生产制造企业为了适应网络经济环境的变换,通常会采取辅助网络直销模式,即企业在保持传统营销模式的同时,开展网络直销作为一种补充的模式,例如海尔、联想、美的等企业,如图 5-3 所示。

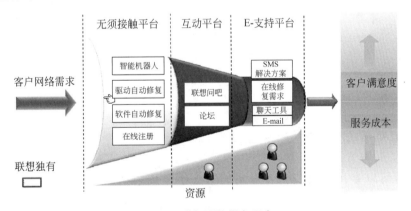

图 5-3　联想网络服务平台

(图表来源:联想官方网站,http://www.lenovo.com.cn)

学生笔记:

_____

_____

_____

联想是一家成立于中国的全球化科技公司。它不仅在第三方交易的平台——淘宝商城开设了品牌旗舰店,主要经销时尚、新颖或专供网络销售的特色机型或价格优惠的机型。同时客户通过联想官方网站可以享受网上订货、付款、仓储、配送等服务之外,还会为其公司提供个性化的电子商务解决方案。

联想渠道的成功也正是在细分客户需求的情况下,为了最大化满足不同消费者需求而采取不同的分销渠道,通过各个分销渠道有机的结合,建立合理的渠道结构,健全有效的内部激励机制,采用合理的价格控制手段,结合商品物流透明化和对经销商负责等渠道管理措施的实施,使其获得更多的竞争优势。这种模式优点是风险小;缺点是网络模式与传统模式容易产生冲突。

3)单一网络直销模式

开展这种类型直销模式的企业,可能没有自己的实体店铺,没有大规模的仓储设备,依靠第三方物流,开展网络直销业务,例如凡客诚品。

VANCL(凡客诚品)选择自有服装品牌网上销售的商业模式,并以现代化网络平台和呼叫中心为服务核心,业务的主要渠道是 B2C 网上零售和目录邮购业务,其中网上零售占近八成的订单比例,如图 5-4 所示。

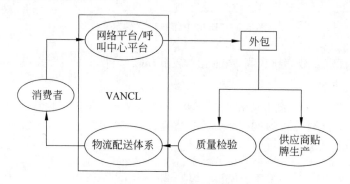

图 5-4　凡客诚品运营模式

(图表来源:凡客诚品官网,http://www.vancl.com)

这种模式的优点是针对性强;缺点是,单纯依靠网络开展直销业务,资金链容易断裂,同时供应链管理能力比较薄弱,渠道整合难度大。

2. 网络直销模式的利弊

1)网络直销模式的优点

(1)企业可以直接获得消费者真实的第一手市场数据,合理利用资源,安排生产和销售。

(2)企业与消费者在互动的过程中,达到双赢的目的。网络直销可以帮助企业利用网络工具,如电子邮件、公告牌等,及时获得真实、有价值的需求信息,提高产品质量,改善经营管理的同时,降低了企业的营销成本;而消费者不仅降低了购买成本——包括货币成本、时间成本、精神体力成本等,同时也能得到个性化的产品或服务,从中获得更多的价值。

(3)可以变推式供应链为拉式供应链。企业根据客户的实际订单结合预测来采购资源,安排生产,这样可以有效地降低库存,提高库存周转率。

（4）市场运作的规范性。与分销模式相比，企业的统一定价，以及运作的规范化，避免了中间商对产品价格的影响。

2）网络直销模式的弊端

网络直销模式的实现是以成熟的市场机制、信用服务体系、高效的物流配送体系为基础，缺一都不可能实现。

（1）渠道冲突更为复杂。网络直销模式增强了新的中间商的作用的同时，必然对传统中间商的利益造成威胁。这种威胁主要体现在跨区销售、网络低价冲击，以及信息平台发布的市场信息不一致等方面。这种冲突不仅给企业带来损失，同时也会由于地区价格、服务差异悬殊，降低消费者对企业的品牌忠诚度。

（2）信息超载引发商务成本上升。随着网络越来越受到企业和消费者的重视，成千上万的企业开始建立自己的网站，面对大量的、分散的域名，企业必须加大投入，才能吸引消费者打开企业主页。这就需要从两方面入手解决：一是尽快组建高水平的专门服务于商务活动的网络信息服务点；二是从网络间接分销渠道寻求解决方案。

5.2.2　网络间接销售

网络间接销售是指生产者通过融入互联网后的中间机构把商品销售给最终用户。一般适合于小批量商品和生活资料的销售。

由于网络的信息资源丰富、信息处理速度快，基于网络的服务可以便于搜索产品，但在产品（信息、软件产品除外）实体分销方面却难以胜任。目前出现许多基于网络的提供信息服务中介功能的新型中间商，可称为电子中间商，其提供的服务主要有以下几种。

1. 目录服务

利用 Internet 上目录化的 Web 站点提供菜单驱动进行搜索，现在这种服务是免费的，将来可能收取一定的费用。现在有 3 种目录服务，一种是通用目录（如 Yahoo!），可以对各种不同站点进行检索，所包含的站点分类按层次组织在一起；另一种是商业目录（如 Internet 商店目录），提供各种商业 Web 站点的索引，类似于出版的工业指南手册；最后一种是专业目录，针对某个领域或主题建立 Web 站点。目录服务的收入主要来源于为客户提供 Internet 广告服务。

2. 搜索服务

与目录不同，搜索站点（如 Lycos、Infoseek）为用户提供基于关键词的检索服务，站点利用大型数据库分类存储各种站点介绍和页面内容。搜索站点不允许用户直接浏览数据库，但允许用户向数据库添加条目。

3. 虚拟商业街

虚拟商业街（virtual malls）是指在一个站点内连接两个或以上的商业站点。虚拟商业街与目录服务的区别是,虚拟商业街定位某一地理位置和某一特定类型的生产者和零售商,在虚拟商业街销售各种商品、提供不同服务。站点的主要收入来源依靠其他商业站点对其的租用。如我国的新浪网(Sina.com)开设的电子商务服务中,就提供网上专卖店店面出租。

4. 网上出版

由于网络信息传输及时而且具有交互性,网络出版 Web 站点可以提供大量有趣和有用的信息给消费者,目前出现的联机报纸、联机杂志属于此类型。由于内容丰富而且基本上免费,此类站点访问量特别大,因此出版商利用站点做 Internet 广告或提供产品目录,并以广告访问次数进行收费,如 ICP 就属于此类型。

5. 网上商店

虚拟零售店不同于虚拟商业街,虚拟零售店拥有自己的货物清单和可直接销售的产品。通常这些虚拟零售店是专业性的,定位于某类产品,它们直接从生产者进货,然后按折扣价销售给消费者(如 Amazon 网上书店)。目前网上商店主要有 3 种类型:第一种是电子零售型(e-tailers),这种网上商店直接在网上设立网站,网站中提供一类或几类产品的信息供选择购买;第二种是电子拍卖型(e-auction),这种网上商店提供商品信息,但不确定商品的价格,商品价格通过拍卖形式由会员在网上相互叫价确定,价高者就可以购买该商品;第三种是电子直销型(e-sale),这类站点是由生产型企业开通的网上直销站点,它绕过传统的中间商环节,直接让最终消费者从网上选择购买商品。

6. 站点评估

消费者在访问生产者站点时,由于内容繁多、站点庞杂,往往显得束手无策,不知该访问哪一个站点。提供站点评估的站点,可以帮助消费者根据以往数据和评估等级,选择合适的站点。通常一些目录和搜索站点也提供站点评估服务。

7. 电子支付

电子商务要求能在网络上交易的同时能实现买方和卖方之间的授权支付。现在授权支付系统主要是信用卡,如 Visa、Mastercard,电子等价物如填写的支票,现金支付如数字现金,或通过安全电子邮件授权支付。这些电子支付手段,通常对每笔交易收取一定佣金以减少现金流动风险和维持运转。我国的商业银行也纷纷上网提供电子支付服务。

8. 虚拟市场和交换网络

虚拟市场提供一个虚拟场所,任何只要符合条件的产品可以在虚拟市场站点内进行展示和销售,消费者可以在站点中任意选择和购买,站点主持者收取一定的管理费用。如我国对外贸易与经济合作部主持的网上市场站点——中国商品交易市场就属于此类型。当人们交换产品或服务时,实行等价交换而不用现金,交换网络就可以提供此以货易货的虚拟市场。

9. 智能代理

随着 Internet 的飞速发展,用户在纷繁复杂的 Internet 站点中难以选择。智能代理是这样一种软件,它根据消费者偏好和要求预先为用户自动进行初次搜索,软件在搜索时还可以根据用户自己的喜好和别人的搜索经验自动学习、优化搜索标准。用户可以根据需要选择合适的智能代理站点为自己提供服务,同时支付一定的费用。

5.3　网络分销渠道的评估和调整策略

企业在进行营销活动时首先面临的是选择何种类型的渠道的问题。信息技术的发展扩大了渠道提供信息和服务的能力,使渠道的功能日趋多元化。企业结合不同消费者的特点可以合理运用渠道冲突以发挥其正面效应,通过差异化的定价进行渠道整合从而获取较大的销售量。在这种情况下,如何确定由哪种类型的渠道承担销售任务呢?

5.3.1　渠道评估

渠道评估的内容包括分销渠道畅通性评估、分销渠道运行效率评估、分销渠道的信息沟通质量评估和渠道成员的评估。

1. 分销渠道畅通性评估

分销渠道要求商品所有权的转移、商品实体流动、贷款返还、信息沟通等方面保持畅通,从而使产品的分销有效地进行。分销渠道是由市场经营主体构成的,它所承担的各种渠道功能实际上要落实到各个渠道成员的身上,并且要充分发挥有关成员的积极性,彼此有机地联结起来,才能持续不断地有效运转。在供应链管理的环境下,分销渠道中成员的合作已经具有长期的稳定性。因此,可以从以下几方面来对渠道的畅通性进行评估。

1) 分销渠道的主体到位与否

不论有关的主体的数量多少,也不论他们是谁,只要需要他们承担特定的功能,他们就一定要明确并严格承担起自己的责任与义务,否则分销渠道就不能高效运转。

2) 分销渠道的配置合理与否

由于渠道成员的企业具有不同的专用资源,因此在承担相应的渠道功能上存在一定的能力差异。进而渠道中是否存在有相关主体不能胜任其指定职能的情况也通常成为渠道畅通性评估过程中的一个重要因素。

3) 分销渠道的衔接紧密与否

渠道成员的紧密衔接也是保证分销渠道高效畅通的一个重要因素。例如在渠道中,渠道成员之间的功能衔接容易出现问题,这是由于前后环节的各个成员缺乏沟通和配合意识、存在利益摩擦等造成的。一旦出现一系列的渠道功能环节的衔接问题,就会影响到产品的整个分销过程。

2. 分销渠道运行效率评估

渠道运行效率就是指渠道的投入、产出比,在投入(或产出)一定时,产出的越大(或投入的越小),渠道的效率就越高。通过对渠道效率的评估可以检测和估计分销渠道的本质

学生笔记:

功能以及实现预期分销目标的能力。一般通过计算分销渠道的流通能力增长率、分销渠道流通能力的平均误差、分销渠道流通能力变化趋势以及分销渠道流通能力利用率等方面进行评价。

3. 分销渠道的信息沟通质量评估

分销渠道不仅承担着产品的销售功能,而且还担负着信息搜集与沟通、广告促销和实体分配等基本功能。信息沟通在整个产品的分销过程中起着不可忽视的作用。在渠道的运转中各个成员之间的信息的沟通能力、合作程度和积极性等因素都会影响到分销渠道功能的发挥与执行。对信息沟通的评估从下面几个方面进行:信息沟通的频率、信息沟通的内容以及信息沟通的时间和方式。

4. 渠道成员的评估

渠道成员的评估可以从渠道成员之间的关系和互动、渠道满意程度以及渠道氛围等方面进行。制造商搜集这些评估信息的能力,很大程度上依赖于对渠道成员施加的控制程度,在关联渠道中渠道成员是特许经营商,制造商可以通过特许合约的法律权力来获取这些信息。

5.3.2 渠道调整

1. 渠道调整方式

企业的分销渠道建立以后并不是永远不变的,而是随着渠道环境的变化、企业总体战略的变化而不断地进行调整和改进。渠道的调整是在渠道监测与渠道效率评估发现偏差时所采用的纠偏行为。渠道的调整方式主要有如下几种。

1)调整渠道结构

调整渠道结构即将原来采用的分销渠道的构成方式加以改变。如从以直销渠道为主的渠道结构体系改为以中间商渠道为主的分销渠道结构体系。

2)调整渠道中的代理方式及渠道成员的关系

调整渠道中的代理方式及渠道成员的关系即调整他们在渠道中的地位,给予一些优惠政策。

3)调整渠道政策

企业的渠道政策包括价格政策、市场推广政策、信用额度政策以及奖励政策等。它们服务于一定的环境,也要根据环境的变化而改变。

4)重组和更新整个渠道体系

由于自身的条件、市场条件、商品条件等发生了较大的变化,企业原有的分销渠道体系制约了企业的发展,这时就必须对整个渠道体系进行调整。

2. 分销渠道整合

分销渠道整合是指企业为了达到分销渠道整体优化的目的,而将企业的渠道任务分解和分配给适当的渠道和适当的渠道成员的过程。它也是企业对渠道的一种调整,不过它通常是出现在渠道管理人员对于分销渠道有了更深的认识,觉得有必要对企业的不同渠道或渠道中的不同功能重新组合的时候,分为渠道间整合和渠道内整合两种基本类型。

（1）渠道间整合适用于采用多渠道策略的企业使用。随着企业细分市场和可使用分销渠道的增加，企业倾向于建立多渠道。通过使用多种渠道，企业可以增加市场的覆盖率，更好地满足顾客需求。

（2）渠道内整合，既适合采用多渠道策略的企业使用，也适合于单一渠道策略的企业使用。它的目的就是要使企业某一渠道内的各个渠道任务——分配给有比较成本优势的渠道成员去做，从而提高该渠道的效率。

5.4　发展趋势：全渠道营销

5.4.1　全渠道营销的兴起

全渠道指的是企业采用尽可能多的渠道包括线下（体验店、专卖店、购物中心、社区便利店、超市等）和线上（电商平台、电视购物、微信群、微商城等）进行有效组合或跨渠道销售的形式，目的是更好地满足个性化消费需求。全渠道营销就是整合所有的渠道，为客户创造无缝衔接的客户体验，这就必须打破原来各自为政的渠道管理方式，统一战略目标，重新统筹规划。

与多渠道营销中各个渠道相互独立业绩考核、运营不同的是，全渠道营销从思维上是在数字化渠道的基础上，以客户为中心的整合。所以，全渠道营销首先要做好产品的定位，明确产品的目标客户群体，尤其明确目标客户人群的消费特点和信息获取渠道。例如，针对老年人目标客户群体可以从电视购物、社区服务等渠道来进行营销信息的传播，而对于"00 后"更加倾向于 SoLoMoCo 的营销方式，即社会化（social）的、本地定位服务（local based serves）的移动（mobile）商务（commerce）。

良品铺子全渠道销售网络

良品铺子是国内休闲零食行业唯一拥有结构均衡且高度融合的线上、线下全渠道销售网络的企业。目前，线下开设了 2700 家门店。线上细分运营 99 个子渠道入口。2020 年 2 月，良品铺子在 A 股主板正式挂牌上市，是 A 股历史上首家"云上市"的企业。

良品铺子 2012 年上线天猫旗舰店，而后入驻京东、1 号店、美团、大众点评、百度外卖等平台，进而扩展到包括微信、微博等在内的社交媒体及自有官网和 App。由此率先打造了线上、线下全面覆盖的全渠道运营网络。实现了订单的快速获取、智能审核、发货后及时同步，形成整个渠道销售闭环产品，全流程实现了数字记录；通过 App、小程序等自有渠道采集用户登录、注册、点击、浏览、下单、领券、核销券、购物评价等行为数据，精准洞察消费者行为，提供个性化产品服务，社交电商年销售突破 2 亿元；产品 SKU（Stock Keeping Unit，库存保有单位）达数千个，实现了多个现象级网红产品的爆款营销。

学生笔记：

5.4.2　4A消费路径向5A消费路径的转变

数字经济时代的到来,消费者的行为模式已经由 4A 向 5A 转变,即从 4A:了解(Aware)、态度(Attitude)、行动(Act)、再行动(Act Again),转变成为 5A:了解(Aware)、吸引(Appeal)、问询(Ask)、行动(Act)、倡导(Advocate)。

全渠道营销运用多种可能的渠道与客户建立连接和传递内容,包括产品的研究、购买、交付和服务的全过程。图 5-5 展示了客户在全渠道营销模式下的购车"旅程"。客户可以便捷地在手机应用、网上商城、经销商(4S 店)等多个渠道选择钟爱的车型,通过 VR 看车对车的内、外部进行深入了解,客户还可以在线完成试驾预约,进行车辆的个性化定制,并在 4S 店进行购买。

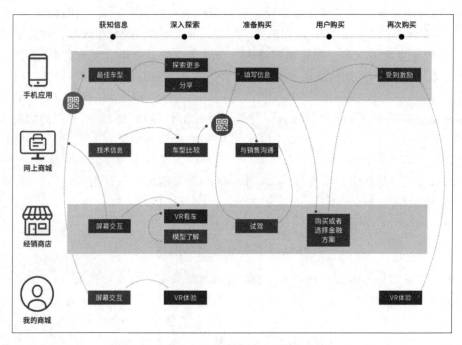

图 5-5　客户在全渠道营销模式下的购车"旅程"

(图表来源:ThoughtWorks 洞见,https://insights.thoughtworks.cn/)

全渠道营销模式成功实现了跨渠道的客户引流、决策、购买、交付、留存和传播。二维码扫描、拍照购物(图片搜索)、虚拟现实/混合现实、在线个性定制等技术为实现多渠道间无缝协同提供了有力的技术支持。全渠道营销的思维促进了多种渠道间的协同和整合进程,也让企业开始从整体上思考如何向客户提供更具一致性的无缝体验。

1. 了解

在了解阶段,客户对企业品牌的认知一般来源于过去与品牌接触的经验、营销推广和社交媒体上其他客户的体验反馈等各种有关于企业品牌或者产品、服务等的信息。在这个阶段,企业的广告和其他用户的口碑是品牌认知度的主要来源。因而,企业如何通过全渠道进行有效的营销干预,是该阶段的主要任务。

2. 吸引

了解了一些企业信息后,客户会将已知的信息加工成短期记忆或者长期记忆,随后锁定几个特定的企业产品或服务,这就是吸引阶段。如果某个企业的产品或服务与众不同,有容易被识别或记忆的信息,才能在这个阶段脱颖而出,如井冈山"红色书店"。

阅读红色记忆

全国首家以红色文化为主题的书店——井冈山"红色书店",以红色文化元素为装饰主风格,融入了红军草帽吊灯、红军怀旧背包、红军老照片等众多井冈山元素,置身其中,仿佛被带回了烽火连天、流光溢彩的峥嵘岁月。店内不仅有聚焦井冈山时期革命历史的近万种红色书籍和党史音像资料,还有设计独特的明信片和文具等红色文创衍生产品,并提供中国出版及文化系统的红色文化旅游服务。

3. 问询

对企业品牌认知引发的好奇心会驱动客户主动从家人、朋友、媒体甚至直接从企业官方开放平台搜寻更多有关企业品牌或产品的信息,这是问询阶段。问询阶段横跨了线上数字世界和线下现实世界。例如客户在商场购物时,路过某一个专柜时,客户将在自己的手机上获得该专柜打折优惠、礼品推荐等信息。随着客户在该商场的包括交易记录在内的所有活动的记录不断地完善,客户收到的推送信息将变得更加定制化。问询阶段,客户的消费路径由个人行为转变为社交行为,社交活动提供的信息能够在很大程度上影响客户的购买意愿,正面信息的获得有助于客户采取购买行动。

4. 行动

在问询阶段,客户如果获得了他做决策所需要的足够多的信息,就会进入行动阶段(决定购买)。客户会通过消费、购买、使用以及售后服务,更深入地与企业产生互动。企业需要让客户有参与感,确保他们有着良好的拥有感和用户体验。当客户抱怨产品或服务时,企业必须及时关注,主动沟通以确保问题被有效解决。

5. 倡导

良好的互动体验有助于客户对企业形成较高的企业忠诚度,这反映在留存率、再购买率和最终的倡导上,这就是倡导阶段。客户线上的倡导行为可能发生在社交圈的分享、热门话题的讨论及在线营销活动的互动交流上,一旦企业品牌或产品遇到质询和差评,他们就会自发进行推荐及维护。

5A消费路径中的各个阶段并非严格依次进行,客户往往可能跳过其中的某些阶段。例如在冲动的消费环境下,很多客户会跳过问询阶段,仅凭着在了解和吸引阶段获得的信息就买下产品。也可能,客户对企业没有任何了解的情况下,因为信任朋友的推荐也会跳过了吸引阶段到达问询阶段甚至会直接进入行动阶段。

学生笔记:

5.4.3　全渠道营销策略

当越来越多的客户开始具备 SoLoMoPe 消费特征、遵循 5A 消费路径时,企业必须通过适当的转型升级来迎合当前的主流消费需求。制定全渠道营销策略时,需要以客户为中心,标出目标客户 5A 消费过程中所有可能的触点和渠道。

1. 明确客户路径所有可能的触点和渠道

制定全渠道的营销策略,第一步就是明确 5A 进程中客户所有可能的触点和渠道。触点是每一种线上线下、直接与间接的、客户与企业和其他客户交流产品相关内容时的交流活动。必须将 5A 过程中客户的行为进行细致、具体的表达,例如在了解阶段的客户触点就包含他人推荐知晓企业产品,无意间接受企业营销推广或想起来过去的用户体验等;在行动阶段就变成了在线上或线下购买产品,首次使用产品,反馈问题和享受产品服务。

渠道指的是任何客户同企业交互的线上或线下的媒介。渠道可以分为交流渠道和销售渠道。其中,交流渠道包括所有传达内容和信息的渠道,如电视、纸媒、社交媒体、内容网站、客服中心等。而销售渠道包括所有交易所需的渠道,如零售店、销售人员、电子商务网站、电商专员和产品展。有时候这两种渠道联系紧密,很难清楚地分隔开。

一个触点可能涉及一个或者多个渠道,客户可能通过网络广告、客服中心和销售人员了解到产品。同样,一种渠道也可能为多个触点服务,例如客服中心既是客户了解产品的渠道,也是购买的渠道之一。这些触点和渠道的相互交织确保了客户能够享受到无缝贴合的体验。

对营销人员来说,触点和渠道越多,品牌的市场占有率就越高,但制定全渠道营销策略也就越难。因此需要找出关键的触点和渠道,构建单一客户视图。

2. 构建单一客户视图

企业全渠道营销的开展让品牌能够辐射更多的客户群体,每个客户选择的触点和渠道组合顺序可能是不同的。例如,买笔记本电脑的消费者可能在网上看到广告,然后访问官方网站了解笔记本电脑的信息,随后在实体专卖店体验了笔记本电脑的性能,并决定购买。还有其他的一些场景,如消费者可能在电视上看到广告,打电话给客服中心,随后在实体专卖店体验了笔记本电脑的性能,最后在网上购物平台进行了购买。同一个客户可能会在某一时段在微信、微博和线下门店等多个渠道与品牌进行互动,产生不同类型的数据,因此需构建单一客户视图。

单一客户视图(SCV)是用结构化、可识别化、完整化的形式体现的消费者数据,并集合了所有消费者与品牌的互动和消费反馈,进而把同一消费者的零散数据整合成以消费者为主体的视图。客户在不同触点产生不同类型、不同结构的各类数据:人口/家庭特征及联系数据、社交媒体数据、市场活动互动数据、交易数据、用户行为数据,以及其他非结构化数据,如社交媒体上的评价、服务请求等,如图 5-6 所示。

只有当这些异源异构的数据有机地组合在一起,形成单一客户视图,企业才能在合适的时间点,根据不同客户的购买习惯和产品偏好,根据生命周期为客户提供有针对性、相关性和个性化的相应的产品信息、促销活动和客服关怀等服务,优化客户体验,最终提升产品

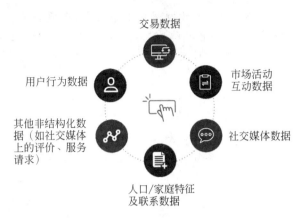

图 5-6　异源异构的客户数据有机组装成单一客户视图

（图表来源：ThoughtWorks 洞见，https://insights.thoughtworks.cn/）

或服务的购买率。

3. 优化全渠道营销

利用单一客户视图，能让企业评估客户忠诚度和现阶段营销效果，评估并改善这些关键触点和关键渠道，并进行全渠道营销优化。

利用单一客户视图，可以实现个性化的沟通和互动。企业可以基于客户的行为和兴趣来推送其可能感兴趣的商品或信息，营销人员在线上与客户进行沟通时，能够查看到客户的过往购买记录、投诉与建议，这样能够更准确地了解客户需求，进而为客户提供优质的客户服务和产品建议。不少企业在进行个性化营销的同时使用拟人化沟通，以加强客户对个性化的感知，如聚美优品从"它"转型至"她"，化作美少女"小美"与客户沟通；三只松鼠将单纯的品牌 Logo 发展成为一个完整的"萌"系品牌形象和故事。

利用单一客户视图，可以降低营销成本的同时完善营销策略。根据客户的完整数据，可以做到将客户感兴趣的信息以最合适的时间通过最合适的方式进行精准投放。这样在降低营销成本的同时，提升了营销的转换率。

为了保证更好地实现全渠道营销，企业需要进行组织机构及业务流程的重组以保证全渠道营销的实施效果，尤其要建立企业内部的信息共享平台，使得客户的信息得以在企业内部做到有效共享，以提升客户体验。

【章末案例】

孩子王的全渠道数字化营销

孩子王是一家以数据驱动、基于用户关系经营的创新型亲子家庭服务商，专业地为准妈妈及 0～14 岁儿童提供全渠道一站式商品解决方案、育儿成长及社交互动服务。孩子王

学生笔记：

以"商品＋服务＋社交"的大店模式、育儿顾问式服务模式、重度会员制下的单客经济模式，快速成长为中国母婴童零售行业知名品牌，获得业界与消费者良好口碑。2017—2020年，连续四年荣登"中国连锁百强榜"，入选商务部"首批线上、线下融合发展数字商务企业名单"。

企业构建了全渠道数字化营销，形成了线上、线下两个服务平台，集连锁门店、电子商务、社群分享三大销售渠道于一体。

线下实体门店首先注重升级迭代，已在全国17个省3个直辖市、累计超180个城市开设超500家大型数字化门店，门店全部开设在10万平方米及以上的Shopping Mall内，店平均面积达3000平方米，最大店面积超7000平方米。其次致力于注重增强客户到店体验，丰富到店社交互动。重构零售体验场景、服务内容及用户关系，打造围绕会员的全渠道、全场景数字化新零售智慧门店，通过扫码签到、App、微信小程序、触屏终端、"扫码购"自助下单、"店配速达"等数字化服务，为客户从进店到离店提供更加流畅的消费体验。孩子王每年每家门店打造近1000场、全国每年累计超过数十万场成长亲子活动，打造线下儿童超级社区，给目标会员多样化的服务与体验，包含妈妈班、一日父母体验、宝宝爬行大赛、抓周、生日会等四十余种互动产品，满足不同年龄段的不同需求。同时，每年会以城市为单位，定期举办各种大型城市间亲子互动。

线上搭建了覆盖微信生态（小程序、微信群）、天猫以及自有App、自建社群电商平台、母婴服务平台的线上渠道。孩子王主App属于自建社群电商平台，位列TrustData大数据移动互联网全行业排行榜母婴电商类第一名，通过组织孕妈妈学院、抚触课、手工课等品牌社群活动，建立潜在客户与"孩子王"品牌的关系；通过不定期开展大型讲座、提供伴手礼等活动让客户对品牌产生温暖、知心、安全等印象，增强社群归属感。"成长加"则是集玩、教、学为一体，构建的本地化成长服务平台。包含成长加App、成长加微站、成长加订阅号、成长加PC站。同时，孩子王通过"人客合一"App实现了用户、产品、员工、管理的全部在线，以及线上、线下全渠道全场景的数字化融合，随时随地解决会员的各种育儿难题，全渠道服务超5000万亲子家庭。

（资料来源：https://www.haiziwang.com/）

思考题

1. 全渠道数字化营销的数字化体现在哪些方面？
2. 线上渠道如何促进社交互动，提升用户体验？

本章小结

本章在介绍网络分销渠道的功能和特点的基础上，通过分析互联网对渠道的影响，分销渠道的新的模式等方面入手，对如何评价渠道绩效，如何协调渠道管理提出了基本思路。同时强调了全渠道营销的重要性，全渠道营销从思维上是以客户为中心的整合，在运作上以更好地适应客户的购物"旅程"作为实现多渠道间无缝协同的出发点。

重点概念和知识点

- 网络分销渠道的功能；

- 网络营销渠道的特点；
- 5A 消费路径；
- 全渠道营销。

练习题

1. 分销渠道中有哪些类型的电子中间商？

2. Dell 和凡客诚品都属于网络直销模式，它们之间的区别主要体现在哪里？

3. 网络分销渠道的功能价值表现在哪些地方？

4. 试分析你所熟悉的某一个行业最重要的客户触点和渠道是什么？

5. 企业应该怎样统筹渠道，为客户创造无缝体验？

本章参考文献

[1]　陈明洋,孙毅,吕本富. 网络环境下主要营销渠道选择策略[J]. 管理评论,2008,20(9)：9-13.

[2]　陈祥兵. 网络营销渠道浅析[J]. 商场现代化,2008(533)：130.

[3]　雷兵,司林胜. 电子商务案例分析教程[M]. 2 版. 北京：电子工业出版社,2015.

[4]　雷蒙德·弗罗斯特,亚历克萨·福克斯,朱迪·斯特劳斯. 网络营销[M]. 时启亮,陈育君,黄青青,译. 8 版. 北京：中国人民大学出版社,2021.

[5]　菲利普·科特勒,何麻温·卡塔加雅,伊万·塞蒂亚万. 营销革命 4.0：从传统到数字[M]. 王赛,译. 北京：机械工业出版社,2018.

[6]　崔明,黎旭阳. 基于 5A 消费路径的实体书店全渠道营销策略[J]. 科技与出版,2019(10)：86-92.

[7]　许丽萍. 良品铺子"云上市"数字化赋能智慧零售[J]. 上海信息化,2020(04)：31-34.

[8]　史雁军. 数字化客户管理：数据智能时代如何洞察、连接、转化和赢得价值客户[M]. 北京：清华大学出版社,2018.

[9]　贾钊,张璇,刘智强. 红色阅读升温红色书店受追捧[EB/OL]. (2021-04-22)[2021-10-25]. https://baijiahao.baidu.com/s?id=1697731710233297576&wfr=spider&for=pc.

[10]　艾司隆. 单一客户视图,让品牌真正了解客户[EB/OL]. (2019-10-17)[2021-10-25]. https://mp.pdnews.cn/Pc/ArtInfoApi/article?id=8435119.

学生笔记：
_____

第6章

网络营销沟通

本章学习要求

本章学习网络营销沟通的特点、网络营销沟通的主要方式，需要掌握网络广告的特点、网络广告的形式、网络广告的计费方式，以及网络广告投放实施相关知识；网络促销的常见类型、网络公关的措施。

6.1 网络营销沟通概述

网络营销沟通也叫作营销传播，是指卖方（企业或个人）协调其尽可能有的传播资源，建立其销售产品、服务或推广某种观念的信息渠道，直接或非直接地告知、劝说、激励和提醒买方（消费者或组织）购买其销售产品、服务或者接受某种观点的所有方式。

1. 网络营销沟通阶段与模式

网络营销沟通可以分为接触、交互、交易、关系维护 4 个阶段（见表 6-1）。企业生存的根本就是实现消费者对其产品的购买，而营销沟通以一定的媒介载体、通过各种沟通的方式手段帮助企业实现

销售目的,它代表了一个公司或品牌与消费者就产品所提供的价值而进行的对话,对于企业在激烈的商业竞争中立足并获得市场优势至关重要。

表 6-1　网络营销沟通的 4 个阶段

阶　　段	主 要 内 容
接触	发布企业产品/品牌/服务信息、企业联系方式、宣传企业形象
交互	与目标市场的消费者进行深入的信息交互和沟通
交易	进行在线交易(下单、支付、物流)
关系维护	组织线上和线下活动与消费者持续互动,形成双向关系

　　网络营销沟通的本质是将信息纳入消费者或顾客的头脑中,并希望这些信息能影响他们未来的购买决策。营销沟通中,营销人员能告知、劝说、提醒、激励消费者,能提供详细的产品信息,还能告诉消费者或向他们展示为什么要用某种产品、如何使用、哪些人可以使用、在哪里及何时使用。而消费者也可以了解谁生产了这种产品,这家公司或品牌代表着什么。

　　不管是传统的营销沟通还是现代网络营销沟通,它都包含着 3 个最关键的要素:沟通对象、沟通方式和沟通目的。传统的营销沟通模式如图 6-1 所示。

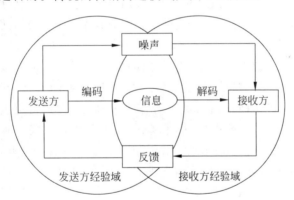

图 6-1　传统的营销沟通模式

　　从这个模式可以看到,发送方(主要是营销者)利用有效的传播媒体将信息传达给接收方(消费者),其中接收方是否接收到信息通过反馈告知发送方,而"噪声"则表明信息发送中存在外部的干扰因素影响接收方的信息接收。由于信息收发双方存在认知差异,两个大圆圈表示发送方和接收方的经验域,这是发送方和接收方以某种形式的概念和分类构成的知觉。为了实现有效的营销沟通,发送方必须了解接收方的价值观和生活态度,才能保证传达的沟通信息适合接收方的经验域(产品背景知识、使用经验、注意力焦点等),能够引发消费者关注。然而,传统的营销沟通是一种被动的和单向的方式,它是通过强势的信息灌

学生笔记:

输的方式力图用某种印象去进行诱导,这种表现方式是典型的"推"式策略,它不可能将信息准确送到细分的目标市场上。而由于网络技术所具有的优势,网络营销沟通可以改变过去"推"式沟通策略,改单向沟通为双向多渠道沟通,使营销沟通效果更显著。

2. 网络营销沟通的特点

(1) 实现全过程的沟通。传统企业都是产品开发、生产出来后才运用沟通手段传递产品信息、刺激需求。而在网络市场上由于市场不确定性比较严重,无论是企业还是消费者都没有历史数据、经验用来判断消费者的需求状况、发展趋势,企业必须在产品开发立项前就同消费者沟通,以确定其需求;在开发过程中,向消费者传递产品信息,根据消费者的反馈进行针对性的调整,使产品更贴近消费者;在事后,则应多方保证,消除消费者的忧虑心理,使顾客满意。只有这样,才能实现既快捷推出产品,又很好满足需要的目的。

(2) 沟通的内容更加全面。传统的营销沟通主要是鼓励、吸引消费者购买,使消费者安心并给消费者提供消费指导。而网络沟通的使命除此之外,还要传授给消费者有关运用产品的知识,消除顾客的疑虑,并传递出能使消费者获得利益的信息。

(3) 沟通的成本大幅度降低。电子商务市场的特点之一是可以全面搜索,以低代价或无代价去获得信息,因为自动搜索和分类技术解决了这个问题,可以借助搜索服务大量有效地去搜索信息,因此,与传统市场比较起来进行网络营销沟通的成本会更低。

(4) 沟通的对象更加广泛。沟通的对象包括从制造商到供应链的所有人,即包括顾客,销售链(销售代表、承销商、分销商以及其他创造最佳产品的第三方),供应商,行业观察家,金融机构,新闻界及公众等。

(5) 沟通的方式更加多样化,由传统营销的单向沟通向双向互动发展。一般产品的营销方式都是由企业散发产品信息吸引消费者,而后导致购买行为发生;而网络企业为了生存和发展,不仅要快速地推出与消费者需求相适应的产品,更重要的是通过营销手段吸引消费者,同时由于市场不确定性,它要求在线企业必须高度重视消费者的信息反馈,并在此基础上对产品做出及时调整,以更好地适应消费者。因此,那种单纯地对消费者进行推或拉的信息传播方式将是不合时宜的。网络沟通的互动性使企业能更准确地掌握顾客的需求和反应,为顾客提供更个性化的产品,即网络数据库为企业实施定制化营销提供了有利的支撑。以电子商场为例,商家通过数据库可以全面了解网络顾客的生日、对产品的偏好习惯等,便可在适当的时间,利用电子邮件向目标顾客推荐相关产品或服务。

(6) 沟通的手段更加丰富化。传统营销的沟通手段主要是广告、公共关系等,它主要利用的是有形的要素,而网络企业还必须通过无形的因素来达到目的。由于在线消费者产品市场知识很少,因此,企业形象等无形要素在影响顾客购买决策上起着越来越重要的作用。诸如技术的领先程度,产品、服务的质量等还可以通过一些能让消费者觉察的方式体现出来,这些因素在沟通中的作用日益重要。之所以如此,是因为大多数顾客对于高技术产品间的微小技术差别并不了解,而且人们对此也确实不大关心。相反,他们更容易受有形化了的无形因素的影响。

6.2　网络广告

6.2.1　网络广告要素及特征

1. 网络广告的概念

广告一词来源于拉丁文 AdVerture(诱导),其原意是吸引人注意、诱导和披露,英文中常用 advertising 来指代广告。广告的定义比较多,从市场营销的角度来看,广告强调的是产品、服务等促销或销售的功能,即广告的目的在于促销或销售;从传播学的角度来看,广告作为一种传播手段,其主要目的在于传递信息或劝说。

网络广告诞生于美国,1994 年 10 月 14 日美国著名的 Wired 杂志推出 hotwired.com 网站,并首次在网站上推出了网络广告,吸引了包含 AT&T 在内的 14 个客户(IBM、沃尔沃等)在其主页上刊登广告。1994 年 10 月 27 日,当像素为 468×60 的 Banner 广告出现在页面上,网络广告正式诞生,成为广告史上里程碑式的标志事件。中国的第一个网络广告比美国晚三年,诞生于 1997 年 3 月。当时风头正劲的 IT 巨头 IBM、Intel 在 ChinaByte 上发布了网络横幅广告,IBM 为 AS400 的宣传支付了 3000 美元。这是中国历史上第一个网络广告,开创了中国互联网广告业的历史。随着计算机网络的蓬勃发展,网络广告作为一种新型的营销手段逐渐成为网络媒体与广告界的热点,成为电子商务及全球互联网市场的重要组成部分。

网络广告是广告在互联网环境下的一种应用形式,也称为数字媒体广告,它是基于计算机、网络通信和多媒体技术,以双向互动的方式将广告主的信息通过网络媒体传递给目标消费者的一种双向营销传播活动。与传统的广告形式相比,网络广告具有跨时空性、强交互性、形式更丰富、成本更低廉、效果可测可控性等特点。

2. 网络广告的要素

网络广告活动的参与主体主要包括广告主、广告代理商、广告信息、广告媒体和广告受众。

(1) 广告主。广告主是指为推销商品、提供服务或者传达某种观念,自行或者委托他人设计、制作、发布广告的组织或者个人。广告主是广告活动的行为主体,要做广告就必须付费;广告的费用是由广告主来承担的,广告主对广告的发布具有一定的控制权,广告主对自己的广告活动负有法律责任。

(2) 广告代理商。广告代理商是指受广告主委托,负责广告活动的策划与执行的广告经营机构。广告代理商为广告主提供广告的设计、制作、代理等服务。在广告主与广告媒体之间,广告代理商起着沟通桥梁的作用。

(3) 广告信息。广告信息是指广告的内容及其传达的形式,包括商品(产品或服务)信息以及广告主的某种主张或理念。广告代理商则是广告信息的"加工者"和"传达者"。

学生笔记:
_____
_____
_____

（4）广告媒体。广告媒体又称为广告媒介，是联结广告主与广告受众的纽带，是广告信息得以传播的工具。传统的广告媒体有广播、电视、报纸、杂志，网络广告媒体有 PC 网络媒体、移动端媒体。

（5）广告受众。广告受众是广告信息的接受者，是广告信息传播的对象。广告受众可以是广告主所要推广产品的消费者，可以是广告主的服务对象，也可以是广告所要传达观念的接受者。

3. 网络广告的本质特征

（1）网络广告需要依附于有价值的信息和服务载体。

用户是为了获取对自己有价值的信息来浏览网页、阅读电子邮件，或者使用其他有价值的网络服务如搜索引擎、即时信息等，网络广告是与这些有价值的信息和服务互相依赖才能存在的，离开了这些对用户有价值的载体，网络广告便无法实现网络营销的目的。因此在谈论网络广告的定向投放等特点时应该正确认识这个因果关系，即并非网络广告本身具有目标针对性，而是用户获取信息的行为特点要求网络广告具有针对性，否则网络广告便失去了存在的价值。网络广告这一基本特征表明，网络广告的效果并不是单纯取决于网络广告自身，还与其所存在的环境和依附的载体有密切关系，这也说明了为什么有些形式的网络广告可以获得较高的点击率，如搜索引擎关键词广告和电子邮件广告等，而网页上的一般 Banner 和 Button 广告点击率却在持续下降。

（2）网络广告的核心思想在于引起用户关注和点击。

由于网络广告承载信息有限，因此难以承担直接销售产品的职责，网络广告的直接效果主要表现在浏览和点击，因此网络广告的核心思想在于引起用户关注和点击。这与搜索引擎营销传递的信息只发挥向导作用是类似的，即网络广告本身所传递的信息不是营销信息的全部，而是为吸引用户关注而专门创造并放置于容易被发现之处的信息导引，浏览网络广告者并不一定点击，浏览者也可以在一定程度上形成转化。这也为网络广告效果的准确测量带来了难度，而且某些网络广告形式如纯文本的电子邮件广告等本身也难以准确测量其效果。网络广告这个特征决定了其效果在品牌推广和产品推广方面更具优势，而其表现形式以新、大、奇等更能引起注意，这也说明了为了解决网络广告点击率不断下降的困境，网络广告形式不断革新的必然性。

（3）网络广告具有强制性和用户主导性的双重属性。

网络广告的表现手段很丰富，是否对用户具有强制性关键取决于广告经营者而不是网络广告本身。早期的网络广告对于用户的无滋扰性也使其成为适应互联网营销环境和营销手段的优点之一，但随着广告商对于用户注意力要求的扩张，网络广告逐渐发展为具有强制性和用户主导性的双重属性。虽然从理论上讲用户是否浏览和点击广告具有自主性，但越来越多的广告商采用强制性的手段迫使用户不得不浏览和点击，如弹出广告、全屏广告、插播式广告、漂浮广告等，虽然这些广告引起用户的强烈不满，但从客观效果上达到了增加浏览和点击的目的，因此为许多单纯追求短期可监测效果的广告客户所青睐，这也使得网络广告与传统广告一样具有强制性，而且表现手段越来越多，强制性越来越严重。目前对于网络广告所存在的强制性并没有形成统一的行业规范，更没有具有普遍约束性的法律法规，因此这种矛盾仍将继续存在下去。

（4）网络广告应体现出用户、广告客户和网络媒体三者之间的互动关系。

网络广告具有交互性，因此有时也称为交互式广告，在谈论网络广告的交互性时，通常是从用户对于网络广告的行为来考虑，如一些富媒体广告中用户可以根据广告中设定的一些情景做出选择，在即时信息广告中甚至可以实时地和工作人员进行交谈，但是这种交互其实并没有反映网络广告交互的完整含义，何况，事实上这种交互性也很少得到有效的体现，大部分的网络广告只是被动地等待用户的点击。网络广告交互性的真正意义在于体现了用户、广告客户和网络媒体三者之间的互动关系，就是说，网络媒体提供高效的网络广告环境和资源，广告客户则可以自主地进行广告投放、更换、效果监测和管理，而用户可以根据自己的需要选择自己感兴趣的广告信息及其表现形式。只有建立了三者之间良好的互动关系，才能实现网络广告最和谐的环境，才可以让网络广告真正成为大多数企业都可以采用的营销策略，网络广告的价值也才能最大限度地发挥出来。这种互动关系具有一定的理想特征，但离现实并不遥远，目前在搜索引擎营销中常用的关键词广告、竞价排名等形式中已经初步显现了其价值。

4. 网络广告的价值

（1）网络广告对广告主的价值。

① 通过内容吸引客户，提升品牌知名度。传统的广告往往受制于时间、版面、形式，无法通过有意义又有意思的内容来吸引消费者，或者无法用大量的信息来进行消费者告知、对产品进行详尽介绍。而网络广告可以和内容进行很好的结合，一般来说，网页上可以用文字详细地描述有关公司、产品或者品牌的丰富信息，而且图文兼备，消费者会在阅读内容的同时，对企业品牌产生好感和认知度。

② 与销售建立直接关联，增加产品销量。对广告主而言，网络广告还具有投放和变更便捷、迅速的优势，能做到经营决策变化与广告变化之间的无缝衔接。很多时候，与企业网站、网上商店等网络营销手段相结合时，网络广告其实也可以算是一个销售平台，直接促进了销售。当然，网络广告对销售的促进作用，不仅表现为直接的在线销售，也表现为获取产品信息后对线下销售的促进。

③ 维护客户关系，提高客户价值。通过网络平台，企业可以获得有关消费者行为的各种海量数据。例如，通过受众点击，网络广告可以帮助了解用户的网络浏览行为、特定需求和购买特点；通过在线问卷调查，可以了解消费者对网络广告效果的评价、对新产品的看法。这些信息不仅成为网上调研内容的组成部分，也为建立和改善顾客关系提供了必要条件，可以更有针对性地为目标客户提供产品和服务，提高客户价值。

④ 加强和潜在消费者的互动沟通，扩大潜在客户数量。网络广告是向用户传递信息的一种手段，因此可以理解为信息沟通的一种方式。通过网络广告投放，不仅可以将信息发布在自己的网站上，也可以将信息发布在用户数量更多、用户定位更精准的网站上，或者直接通过电子邮件发送给目标用户，从而获得更多用户的注意。此外，用户可以和企业进行

互动,在线留言反馈,企业可以迅速掌握用户的相关信息,缩短沟通时间和提高沟通质量。

(2)网络广告对广告受众的价值。

① 网络广告引导消费观念。现在消费者的消费观念越来越受广告的影响,广告可以引导他们的消费观念,进而改变他们的消费习惯。传统广告是为了吸引消费者走进商场,而网络广告让消费者直奔产品而去。网络广告的内容逐渐强化为交易,吸引消费者直接通过网络从广告页面点击进去购买。

② 帮助受众选择合适的产品。网络广告能够提供有关企业、产品和服务方面的详细信息,会告知消费者产品的核心功能、产品的使用方法、产品的售后服务;广告受众同时可以在网络上进行多方比较,这有利于受众做出正确的选择,购买到自己喜欢和需要的产品。

③ 提供方便高效的购物渠道,节约受众的时间。现在人们的生活节奏越来越快,工作压力越来越大,城市交通越来越拥堵,许多人不愿意再把难得的休息时间浪费在交通和购物上,特别是对那些时间、精力宝贵,以购物的方便性为原则,不将逛街、购物当乐趣的人来说,网络广告提供了一个极佳的渠道。

④ 丰富受众的娱乐生活。很多网络广告和消费者感兴趣的内容交叉在一起,界限越来越模糊,有时候消费者本来是在浏览自己感兴趣的内容,不知不觉就接受了广告的信息。还有一些网络广告本身拍得较有趣味性和娱乐性,内容较丰富,可观赏性较强,丰富了受众的娱乐生活。

(3)网络广告对社会的价值。

网络广告的经济价值主要体现在以下两方面。一是网络广告具有沟通产销、刺激需求的功能。企业的产品生产、销售与消费者的购买在时间、空间上都存在距离,网络广告传播的企业信息和商品信息,能在一定程度上缩短甚至消除这种距离。网络广告的沟通是通过不断地刺激消费者的需求来实现的。二是网络广告具有加速流通、扩大销售的功能,网络广告能对信息和传播方式进行有效的控制,利用网络媒介更好地细分市场,结合多种创意,网络广告加速流通的优势更加明显。

网络广告的文化价值具有潜藏性和无形性的特点,网络广告的传播功能、推销功能和审美功能都是以文化的形式呈现并发挥作用的。网络广告传播的信息为消费者所接受,要以文化和心理的认同为前提;网络广告说服消费者做出购买行为,要靠文化和艺术的说服力量;网络广告给消费者带来审美的愉悦情绪,更需要靠文化的魅力。网络广告的文化影响力提醒广告主注重网络广告正面效应的同时,也要关注网络广告的负面效应。

6.2.2　网络广告的主要类型

网络广告形式丰富,具体可以从展现形式、投放媒体、投放位置、目标受众、投放终端的差异进行不同的分类。如根据网络广告内容的信息载体不同,可以分为文字广告、图文广告、视频广告、语音广告,以及融合多种媒体形式在内的富媒体广告等;根据广告内容与媒体资源的融合程度,可以分为硬广告、软广告,包括各种形式的植入广告和原生广告;根据网络广告投放终端的不同,可以分为 PC 端广告、移动端广告、OTT 广告。下面重点从网络广告投放媒体、展现形式、目标受众差异等角度加以介绍。

1. 按照网络广告投放媒体差异分类

网络广告按照投放的媒体不同,可以分为电子邮件广告、搜索引擎关键词广告、数字视频平台广告、电商平台广告和社交媒体广告。

(1) 电子邮件广告。

电子邮件广告指利用企业所搜集的客户电子邮件资源或者第三方电子邮件列表,将广告信息传达给用户的形式。具体可以分为如下 3 类。

电子邮件广告一般是电子邮件服务商为企业广告主投放的广告,包括箱体广告与信尾广告两种。箱体广告在免费电子邮箱中更为常见,一般出现在个人邮箱或个人邮件的上方或底部中央。图 6-2 所示就是网易邮箱中的一个箱体广告。信尾广告则出现在信件末端,一般是文本链接广告或网址链接广告。

图 6-2 电子邮件箱体广告示例

企业直邮广告是指企业利用自己的邮件系统直接向用户发送广告、营销宣传信息的形式,宜家家居长年向客户邮箱发送的电子产品目录《家居指南》就属于企业直邮广告。

邮件列表广告是企业将广告与邮件列表捆绑在一起,向订阅邮件列表的客户发送广告信息,类似于订阅的报纸中夹带广告页。邮件列表是一个邮件地址,能实现一对多的群发功能,所有订阅邮件列表的成员都能收到该邮件地址中的邮件,网易、腾讯都提供邮件列表服务。

(2) 搜索引擎关键词广告。

关键词广告早期称为竞价排名,开始于 2000 年。关键词广告已经成为搜索引擎服务商的主要盈利模式,百度、谷歌、搜狗等都有各自的关键词广告服务。此外,在存在商品搜索的电商平台,也存在关键词广告的应用,如淘宝网站的直通车广告,本质上是一种关键词广告。

关键词广告是用户使用搜索引擎检索信息时,在搜索引擎检索结果页面出现的、与用

学生笔记:

户所检索信息有一定相关性的广告内容,这些广告与自然检索结果共同组成了检索结果页面的内容,如图6-3所示。关键词广告一般标注为"广告",多以文字、图片类型呈现,主要出现在搜索结果左侧靠上、靠下的位置以及搜索结果的右侧,各家搜索引擎在检索结果中规定的关键词广告数量不同,输入相同的检索词,各家搜索引擎中出现的关键词广告内容也不同;不同时期的关键词广告的展现形式也会有变化。

图6-3　百度搜索引擎关键词广告示例

（3）数字视频平台广告。

投放在视频分享平台的网络广告按照用户接收终端的不同,可以分为传统视频广告和移动视频广告两类,视频平台的网络广告主要形式有视频贴片广告、视频暂停广告、视频角标广告等。

① 视频贴片广告一般投放在在线视频网站的视频内容播放前、播放中或播放后,视频贴片广告时长一般为 15s,30s,极少有 60s 的贴片视频广告。一般分为前贴片、后贴片、中插;尺寸为 640×480 等;投放文件格式为 VIDEO、SWF、MP4 等,如图 6-4 所示。

② 视频暂停广告在在线视频网站视频播放器内,若用户暂停视频播放,就会自动弹出此类广告;尺寸为 600×500、400×300 等;投放文件格式为 JPG、PNG 等,如图 6-5 所示。

③ 视频角标广告一般出现在视频播放器的左下角或右下角;尺寸为 240×200、180×150;一般小于 20KB;投放文件格式为 JPG、PNG 等,如图 6-6 所示。

近年来基于短视频平台的短视频广告也比较流行,短视频广告是指通过短视频传输的广告(6～15s)。这些广告一般出现在社交 App、短视频 App 和新闻类 App 中。在视频信息化和视频社交化的推动下,短视频广告成为新的品牌营销渠道。短视频广告具有表现力

图 6-4　视频贴片广告示例

图 6-5　视频暂停广告示例

图 6-6　视频角标广告示例

学生笔记：

好、时效性强、传播速度快等特点,容易吸引用户的注意,增加用户对广告内容的记忆,比起传统广告更容易引发病毒式传播效应。

(4)电商平台广告。

电子商务平台广告是 B2B、B2C、C2C 电子商务平台为入驻平台的网店商家推出的广告服务,淘宝、京东、天猫、当当、唯品会等都提供形式丰富的站内广告和站外广告投放。电商平台广告具有如下三大特点。

① 广告主要来自平台入驻商家,基于平台内部媒体资源的广告投放作为一项延伸服务,站内网络广告投放及管理更便捷、高效,商家无须从第三方购买广告媒体资源,可获得快速推广效果。

② 可实现全信息广告流程,通过站内广告链接,用户点击后可直达商家商品页面或促销页面,无须制作专用的广告着陆页即可展示完全的产品信息并直接订购,在平台内部完成从推广到购买整个流程,因此电商平台内部广告可以认为是信息量最大的网络广告形式。同时由于广告效果与销售直接关联,数据分析更具有说服力。

③ 具有平台广告的原生属性,当用户浏览电商网站的产品页面或搜索结果页面,网站内容与广告内容都属于相关产品,两者共同组成了用户所浏览的网页内容,广告具有明显的原生属性,为用户获取相关产品信息提供了方便,更容易被用户接受。

(5)社交媒体广告。

社交媒体广告是在基于互联网的社会化媒体上发布的广告,而社交媒体就是互联网上基于用户关系的内容生产与交换的平台,如图 6-7 所示。社交媒体广告具有内容原生性强、精准投放、互动性强并且令人信服的优势。

图 6-7　社交媒体广告示例

新浪微博、微信都是国内主流的强社交媒体广告平台,今日头条、抖音、知乎是衍生性社交媒体广告平台;而在国外,Facebook、Twitter、Flick 等都是用户使用较多的社交媒体广告平台。社交媒体上的广告通常会与用户使用场景相结合,力求最佳的用户体验,社交媒体上的广告主要分成两大类:以信息流广告为主、展示广告为辅。以微信广告为例,它分为朋友圈广告和公众号展示广告。

2. 按照网络广告展现形式差异分类

在网络广告中,展示类的广告类型是发布在媒体网站或 App(手机应用程序)上,实现广告商业化变现的主要形式,按广告形式可以分为横幅广告、按钮广告、弹出广告、浮动标示/流媒体广告、"画中画"广告、摩天楼广告、跨栏广告、通栏广告、插屏/全屏/开屏广告、对联广告、视窗广告、导航条广告、焦点图(幻灯片)广告、弹出式广告、背投广告、文字链接、互动小游戏、富媒体广告、信息流广告等。下面介绍几类较为常见的形式。

(1) 文字链接(text link)广告。

一般媒体首页、频道首页、内容页、客户端均有,文字链接一般有 10～20 个字符,如图 6-8 所示。

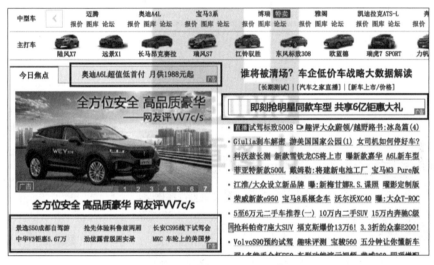

图 6-8　文字链接广告示例截图

(2) 按钮广告(button)。一般媒体首页、频道首页、内容页均有;常见尺寸为 300×250、140×280、240×120、300×120、300×150 等;投放文件格式有 SWF、GIF、JPG 等,如图 6-9 所示。

(3) 通栏/横幅广告(full column/banner)。一般媒体首页、频道首页、内容页均有,常见尺寸为 640×90、1000×90、960×90、370×120、750×90、640×100、320×50 等;一般小于20KB;投放文件格式为 SWF、GIF、JPG,如图 6-10 所示。

(4) "画中画"广告(rectangle AD)。一般频道首页、内容页均有;内容页大多称为"画中画";

学生笔记:
_____
_____
_____

图 6-9　按钮广告示例截图

(a) PC横幅广告示例截图　　　　　　　　(b) 移动端Banner广告示例截图

图 6-10　横幅广告示例截图

常见尺寸有 250×230 等;一般小于 30KB;投放文件格式有 SWF、GIF、JPG 等,如图 6-11 所示。

　　(5) 竖栏/摩天楼广告(vertical banner)。一般出现在媒体首页、频道首页、内容页;常见尺寸为 160×260 等;一般小于 20KB;投放文件格式为 SWF、GIF、JPG 等,如图 6-12 所示。

　　(6) 焦点图(幻灯片轮播)广告(focus picture)。轮播广告指网站主在同一个广告位设置投放多个广告,这些广告按照一定的规则进行轮播展示,如固定时间切换展示广告,或用

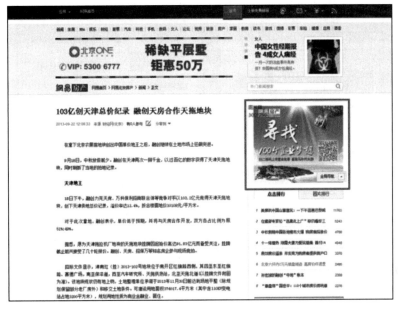

图 6-11　"画中画"广告示例截图

图 6-12　竖栏/摩天楼广告示例截图

户刷新页面后切换。它一般出现在频道首页；投放文件格式为 JPG 等，如图 6-13 所示。

（7）悬浮广告（floating）。一般媒体首页、频道首页均有；尺寸为 100×100；一般小于 8KB；投放文件格式为 SWF 等，如图 6-14 所示。

（8）对联广告（double skyscrapers）。一般出现在媒体首页、频道首页；尺寸为 20×270（小于 20KB）、25×270（小于 8KB）等；投放文件格式为 SWF 等，如图 6-15 所示。

学生笔记：

_____

_____

_____

图 6-13　焦点图广告示例截图

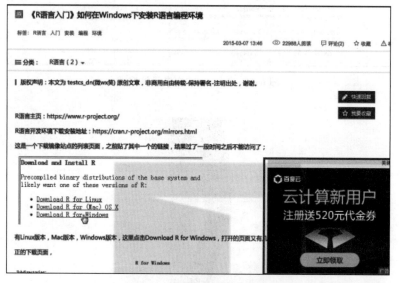

图 6-14　悬浮广告示例截图

图 6-15　对联广告示例截图

（9）跨栏广告（mini-skyscraper）。一般在网站首页和频道首页；尺寸为 25×300（小于 10KB，触发前为分布在页面两侧的窄条）、950×90（小于 30KB，鼠标移上触发，播放 5s 后自动消失，点击关闭 24h 内不再触发）；投放文件格式为 SWF、JPG、GIF 等，如图 6-16 所示。

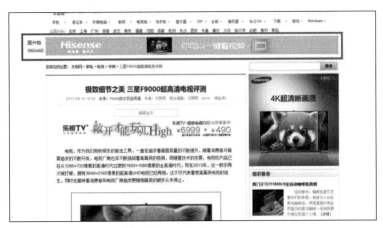

图 6-16　跨栏广告示例截图

（10）背投/弹出广告（super pop under）。一般媒体首页、频道首页均有；尺寸为 750×450 等；一般小于 35KB；投放文件格式为 SWF、GIF、JPG 等，如图 6-17 所示。

图 6-17　弹出式广告示例截图

（11）插屏/全屏/开屏广告（interstitial）。一般媒体首页、频道首页均有；尺寸为 950×450 等；一般小于 50KB；投放文件格式为 GIF、JPG 等，如图 6-18 所示。

学生笔记：

_____

_____

_____

手机开屏广告是基于移动端 App 的广告样式,即用户启动 App 时显示的广告。开屏广告基本上是移动端占据空间最大的广告形式,广告展示时间一般为 3～5s,用户可以选择跳过广告直接进入 App,形态可以是静态图片、动态图片甚至是 Flash。

插屏广告是用户在 App 上进行暂停、切换等动作时触发的广告,常用于视频、工具和游戏类应用,这类广告通常占据半个手机屏幕,且位于屏幕的正中间。插屏广告形式直接插入用户的使用过程中,会影响用户的操作效率,体验较差。但是由于其占据的屏幕空间较大,用户误操作进入的概率高,对急于进行产品推广和流量变现的广告主来说也是不错的选择。

图 6-18　插屏广告示例截图

（12）富媒体(rich media)广告。一般媒体首页、频道首页均有,有多种尺寸和形式,如浮层、视频结合、联动、触发等类型;尺寸为 400×300、750×500、900×300;一般小于400KB;投放文件格式为 SWF 等,如图 6-19 所示。

图 6-19　富媒体广告示例截图

（13）信息流广告。信息流广告是原生广告的一种常见广告形式，由于其形式上类似于原生的新闻内容，展示在新闻列表中，很容易诱导用户点击，导致其点击率是传统网络广告形式的 2～3 倍，如图 6-20 所示。

图 6-20　信息流广告示例截图

3. 按照网络广告投放的目标受众差异分类

按照网络广告目标受众差异（精准程度）分类，网络广告可以划分为一般广告、分类广告、定向广告。

分类广告是充分利用计算机网络的优势，对大规模的生活实用信息按主题进行科学分类，并提供快速检索的一种广告形式。网络分类广告一般版面位置相对固定，内容是一组短小广告内容的集合，多为租让、出售、招商、家政、搬迁、招聘、留学等与人们日常生活紧密相关的小规模商业信息，由于价格相对低廉，一般来说分类广告比较适合地方性的中小企业。

定向广告是指网络服务商利用网络追踪技术收集、整理用户信息，并对用户按照年龄、性别、职业、爱好、收入和地域等不同标准进行分类，记录存储用户对应的 IP 地址，然后利用网络广告配送技术向不同类别的用户发送内容不同的一对一式的广告，从而最大限度地提高广告的到达率与点击率。

常用的定向广告的发布方法如下。

（1）内容定向。内容定向即定位不同偏好的受众，它是最常用的定向方法，也是广告管

学生笔记：
_____
_____
_____

理软件最基本的功能之一。要选择广告出现的位置,主要取决于广告主对受众广度的要求,分类页面的访问者一般已经有了明显的内容偏好倾向,投放与访问者偏好一致或相关的广告更容易引起访问者的注意和点击,所以内容定向是最直接的一种定向。

(2) 时间定向。每一项广告活动、每一次宣传活动,都会有周期的设定。在一个投放活动项目被制定出来后,在某种媒介、每个媒体上的投放周期就已经确定了。互联网广告是以开始日期、结束日期以及投放时段来决定投放周期的。时间定向是按照时间段和特殊日期进行广告投放的。一般来说,商务类广告适合在白天上班的时间出现,休闲娱乐类广告适合在晚上出现,部分特殊产品的网络广告,适合在某些特定时刻出现,如一些通过网络订餐的服务,最适合出现在午间和晚间用餐的时间。

(3) 地域定向。地域定向即针对某一地区进行广告渗透,地域定向适合商场、健身房、餐厅等面向本地商圈的商家,能够为店铺带来流量。PC 时代的网络广告地域定向,主要是基于用户的 IP 地址进行地区的定位;随着移动互联网的出现,GPS+IP 共同进行精准地域定位的方法得到了应用,如今日头条推出了以 GPS+IP 为标准的第三方网络广告投放监测,今日头条通过客户端将 GPS 信息发送给广告主,剩余未授权地理位置信息的用户,依然以 IP 为标准进行监测地域定向。

(4) 行为定向。行为定向是根据用户的日常浏览习惯,如浏览的网页、停留的时间、点击或者购买的产品、广告或者其他浏览行为来进行用户的识别,利用 Cookie 技术进行追踪,获取人们的上网行为和偏好等用户数据来进行精准的定向广告发布。

(5) 其他方式的定向。在国际上对访问者域名的判断一般集中在".com"和".edu"两类上,前者主要定向商务人士、公司白领,后者主要定向大学生。此外,还有天气定向,主要针对不同天气、不同温度情况下,为移动设备用户展现不同广告创意的目标,从而提高广告针对性以及点击转化率。

4. 其他新兴网络广告形式

(1) 微电影广告。

2010 年开始,充满草根气质的微电影营销登堂入室,成为广告营销市场的新宠。微电影广告是新兴的广告传播形式,是为了宣传某个特定的产品或品牌而拍摄的有情节、时长一般在 5~30min、以电影为表现手法的广告。它的本质依旧是广告,具有商业性或者目的性。其采用电影的拍摄手法和技巧,增强了广告信息的故事性,能够更深入地实现品牌形象理念的渗透和推广,从而取得润物细无声的效果。2014 年蒙牛的焕轻牛奶产品在上市推广时,与爱奇艺合作推出向母爱致敬的微电影《世界上最好吃的饭》,很多人被视频内容感动并积极分享,蒙牛焕轻借助视频的传播让消费者了解了产品定位与功能。

(2) 直播广告。

直播广告利用互联网的优势,以视频方式进行网上现场直播,可以将产品展示、相关会议、背景介绍、方案测评、网上调查、对话访谈和在线培训等内容及时发布到互联网上,利用互联网的直观、快速、表现形式好、内容丰富、交互性强、地域不受限制和受众可划分等特点,增强活动现场的推广效果。现场直播完成后,还可以随时为消费者提供重播、点播服务,有效延长了直播的时间,发挥了直播内容的最大价值。

直播广告有发布会直播和网红直播两种形式。很多手机厂商都利用发布会直播进行新品宣传,而这种形式无疑是一种很有效的口碑营销方式,配合社交媒体以及新闻媒体,可以很好地将相关信息传递给目标人群。网红直播是目前使用最多的直播方式,利用网红进行产品和服务的直播无疑是一种创新。例如,淘宝直播平台利用网红营销,由淘宝店主进行直播,吸引粉丝然后增加销量。这里的网红不仅是粉丝数量众多的真人帅哥美女,还包括吉祥物等。

（3）OTT(over-the-top)广告。

OTT 指任何用于将数字内容传输到电视或类似设备上的设备或者服务。通常归类为 OTT 的设备包括流媒体盒子、HDMI 电视棒、智能 TV、游戏机、DVR 机顶盒、支持互联网的智能蓝光/DVD 播放器。OTT 广告很像电视广告,但通过 OTT 平台上的流媒体传播。

OTT 广告的主要形式有开机广告、关机广告、待机广告、贴片广告、暂停广告、角标广告、退出广告、视频播放准备栏广告、购物商场广告、推荐位引导广告、品牌专区广告。

开机广告是指开机后全屏显示的广告,一般有静态图片和动态视频两种形式,后者时长为 5～15s。关机广告同开机广告对应,一般有静态图片和动态视频两种形式,后者时长也为 5～15s。待机广告多数以图片形式相互切换,或者会以视频形式播放。贴片广告在视频播放前以动态视频形式展现,时长为 15～90s。暂停广告即在视频播放过程中,点击暂停所弹出来的广告。退出广告是看视频时要退出程序后弹出来的广告。角标广告一般在界面的左下角或者右下角,不影响视频观看,显示时间较长。视频播放准备栏广告会在视频被选择后,在准备栏中插入相应的广告。购物商场广告是在进入应用中可以看到购物商场,商场中显示各式各样的广告。推荐位引导广告指在进入应用中首页可以看见推荐位,推荐位中会出现一些广告界面。有时候大的品牌会形成对应的品牌专区,品牌专区中会有很多对应的广告。

6.2.3　网络广告投放

广告投放的本质是广告信息的传递与接收,在效果不可准确估计的情况下,它是一种十足的投资行为。广告界有句名言:我知道广告费浪费了一半,但我不知道浪费在哪。其中一个重要原因就是广告在错误的时间、在错误的媒体、针对错误的对象、投放了错误的广告。了解网络广告投放流程、投放模式、网络广告投放效果等影响因素,针对性提高网络广告投放精准度,才能收到理想的广告效果。

网络广告的投放可以分为 3 个阶段:网络广告计划制订、网络广告投放实施、网络广告效果评价。

1. 网络广告计划制订

网络广告计划是广告主或广告经营单位根据企业的营销目标、营销策略和广告任务而制订的关于未来一定时期内广告活动的整体安排,具有事前性和可操作性两个重要特征,可以指导企业的网络广告活动的规划。网络广告计划的内容主要包括网络广告市场分析、

学生笔记:

_____

_____

_____

网络广告目标、网络广告对象、网络广告传播区域、网络广告主题、网络广告投放策略、网络广告费用预算、网络广告效果预测。

（1）网络广告市场分析，即对企业与产品、市场与环境、消费群体、竞争者和市场发展机会进行分析，确定恰当的网络广告投放计划。

（2）网络广告目标，网络广告的目标是投放网络广告所要实现的预期成果，如提高商品知名度、提高企业美誉度、激发消费者购买欲望等。

（3）网络广告对象，分析目标受众的特点及对企业产品的接受情况，如网络广告对象是谁？关心什么信息内容？消费水平如何？对产品及广告的态度如何？

（4）网络广告传播区域，根据目标受众所处的地域范围，广告传播区域可以划分为全国范围、国内特定区域和海外市场3个层次。互联网虽然打破了地域限制，可以使各个地区的消费者都能看到相同的广告内容，但部分企业的产品或服务具有明显的地域限制，在资金约束下仍需要考虑恰当设置网络广告的投放地域。

（5）网络广告主题，这是网络广告所要表达的重点内容和中心思想，需要结合目标受众需求和产品特点进行策划设计，体现出产品与众不同的个性，在一个广告中不能有太多的诉求主题。

（6）网络广告投放策略，是网络广告投放活动中所运用的具体措施与手段，主要包括网络广告媒体的选择、网络广告内容创意、网络广告投放实施。

（7）网络广告费用预算，网络广告预算规定网络广告计划期间从事广告活动所需经费的总额和使用范围，它与网络广告目标密切联系。

（8）网络广告效果预测，是指对投放的网络广告所要达到的目标和完成任务情况的预先估计，主要包括网络广告传播效果和网络广告销售效果两项内容，广告效果的预测应该是建立在科学分析的基础上，不能凭空臆造。

2. 网络广告投放实施

网络广告的投放实施可以分为广告主直接投放和基于中介的投放两大模式。

（1）广告主直接投放。

广告主直接投放是指广告主直接将网络广告投放到各种类型的网络媒体，其中又可以细分为如下3种情况。

① 广告主直接在自有网络资源投放网络广告，如在企业的官方网站、官方商城、官方网店、官方微博、官方微信、官方App等资源投放网络广告。该模式下，企业对网络广告的自主管理控制能力比较强，对网络广告的内容、投放时间、投放位置有充分的自主权；缺点是传播效果受制于自有资源的访问流量。

② 广告主直接在其他广告媒体投放广告，如广告主（广告代理公司）直接联系门户类、导航类、传媒类或符合企业目标受众的垂直类网站或App，围绕网络广告目标商谈网络广告投放位置和投放周期，实施网络广告投放。该模式可以扩大网络广告投放范围，广告主需要了解不同广告媒体的网络广告形式、投放价格，针对性设计广告形式投放到不同类型的广告媒体。

③ 广告主交换广告模式，是指拥有自有网站（App）的两个或多个广告主之间，通过相互建立超链接或者投放横幅广告扩大宣传效果、实现多方共赢的方法。以交换广告模式进

行广告投放时,需要考虑对方网站(App)的规模、用户访问量、与企业产品或服务的相关性,优先选择与企业规模相当、知名度高、目标用户一致的网站(App)进行广告交换。

(2) 基于中介的投放。

广告媒体数量众多,企业在广告投放中往往面临多个广告媒体的选择、多个平台网络广告批量管理、网络广告效果统计等问题,因此诞生了一些中介组织专门服务于企业的网络广告投放,如基于广告交换网站(App)的广告投放、基于广告联盟的广告投放、程序化广告(programmatic advertising)投放。

网络广告联盟也称为网站联盟,是 1996 年亚马逊公司实施的一种广告投放机制,它通过利益关系和计算机程序将无数个网站链接起来,将商家的分销渠道扩展到地球的各个角落,同时为会员网站提供简易的赚钱途径。网络广告联盟系统包括广告主、联盟主、联盟营销平台、联盟会员网站、终端消费者。广告主向网络广告联盟支付广告费用,广告联盟将广告主的网络广告投放到加入联盟的多个网站,当有用户通过联盟会员网站浏览或点击网络广告时,广告联盟会统计网络广告展示效果并向加盟的网站主支付相应的报酬,如图 6-21 所示。

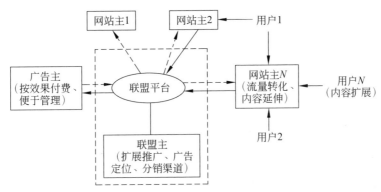

图 6-21　网络广告联盟价值关系图

程序化广告投放是指广告主通过数字平台技术手段进行广告交易和管理,利用算法和技术自动实现精准的目标受众定向,由程序自动化完成广告内容向所匹配受众的精准展示,并实时反馈投放分析的一种广告投放方式,实现了整个数字广告的自动化。与传统的网络广告投放模式相比,程序化广告投放过程自动化、投放更为精准、投放效果更好,如图 6-22 所示。

接下来详细介绍程序化广告投放。

(1) 程序化广告参与主体。

需求方:购买流量进行广告投放的最终需求方,可以是广告主或广告代理商。

需求方服务:包括需求方平台(Demand-Side Platform,DSP)和采购交易平台(Trading Desk,TD)。DSP 为需求方(即广告主或代理商)提供实时竞价投放平台。需求方可以在平

学生笔记:
_____
_____
_____

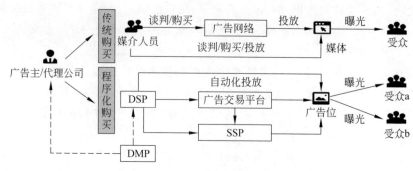

图 6-22　程序化广告交易流程示意图

台上管理广告活动及其投放策略,包括设置目标受众的定向条件、预算、出价、创意等。DSP通过技术和算法自动优化投放效果并提供数据报告。

流量供应方:媒体网站或App,广告网盟AdN(Ad Network)。广告网盟,即广告联盟,通过为广告主采购媒体方流量,赚取中间差价,其代表有百度网盟等。

流量方服务:整合多平台/主体的流量,包括广告交易平台(Ad Exchange)和供应方平台(SSP)。SSP负责对接媒体,然后对接进Ad Exchange(AdX),由于现在SSP的功能基本与Ad Exchange一致了,因此可以把两者放到一起来讲,统称为广告交易平台。DSP通过API接口对接Ad Exchange或SSP,实时竞价其流量。

广告服务和数据管理:包括程序化创意平台(Programmatic Creative Platform,PCP)、广告验证平台(Ad Verification Platform,AVP)、数据管理平台(Data Management Platform,DMP)和监测分析平台(MAP)。PCP专注于广告创意的投放优化,通过技术自动生成海量创意,并利用算法和数据对不同受众动态地展示广告并进行创意优化,这个过程叫作动态创意优化。每个人看到的广告都可以是不一样的,即使同一个人,在不同场景下看到的广告也是不一样的,俗称千人千面。广告验证平台通常是为品牌广告主服务,为其提供广告投放过程中的品牌安全(Brand Safety)、反作弊(Anti-Fraud)、可视度(Viewability)、无效流量验证(Invalid Traffic Verification)等保障,通过分析投放媒体的内容合法性、正面性,为品牌广告的投放提供和谐健康的媒体环境。DMP能够为广告投放提供人群标签,进行受众精准定向,并通过投放数据建立用户画像,进行人群标签的管理以及再投放。

(2) 程序化广告交易模式。

① RTB(Real-Time Bidding)实时竞价。

广告主可以在RTB交易市场自由挑选媒体资源,竞价购买目标人群。媒体可以接入RTB交易市场,获取更多广告主,迅速实现流量的变现。RTB实时竞价包括公开竞价和私有竞价两种。

公开竞价(Open Auction,Open RTB):广告主可以在公开交易市场进行实时竞价购买剩余流量。公开竞价模式下的流量库存和价格都是不固定的。剩余流量不代表是劣质流量,而是媒体通过传统售卖或者其他排期售卖、优先售卖后剩余的流量。竞价规则是"价高者得,次高价结算",即广告交易平台从众多出价中选出最高价,并用比次高价多一分钱的价格结算。

私有竞价(Private Auction,Private RTB):有些优质媒体为了保护自身媒体环境,只邀请部分广告主竞价购买;有些媒体为了最大化媒体收入,会把流量先经过 PMP 私有交易市场,然后再进入公开交易市场。PMP 的媒体质量更优质,因而价格也会更高。行业中所说的 RTB 一般代表的是公开竞价,而 PA 代表私有竞价。

② 程序化直接交易(Programmatic Direct Buying,PDB)。

PDB 可以使广告主和广告媒体双方按照协商好的价格或流量,绕过竞价直接进行一对一交易。品牌广告主通常会选择这种模式,并称为程序化直接采购,具体分为首选交易和程序化保量两种。

首选交易(Preferred Deals,PD):保价不保量,广告位价格(一般高于 RTB 价格)确定、广告位不预留,展现量不能预先确定。

程序化保量(Programmatic Guaranteed, Programmatic Reserved, Programmatic Premium),简称为 PDB 或 PGB,其特点是保价、保量,即广告价格固定、广告位预留,展现量预先确定。品牌客户目前使用较多的是程序化保量采购。

③ 头部竞价(Header Bidding)。

该模式下,需求方平台可以绕过广告交易平台 AdX/SSP,通过在媒体网站或 App 中插入 JavaScript SDK 代码直接对接媒体,而媒体在加载时将优先向已对接的需求方发送广告请求。未购买的剩余流量才会调用广告服务器,进入广告交易平台进行售卖。Header Bidding 也是遵循 RTB 交易规则的,其交易模式跟私有竞价有点类似,但其挑选流量的优先级最高,需求方掌握流量购买的主动权,而在私有竞价模式中,需求方能购买的流量库存是由媒体决定的。

Header Bidding 在数据安全性上存在一定的风险,JS 代码的插入使得需求方可以获取更多的用户行为数据。目前这种方式在国内还没能推行。

程序化广告交易模式对比如表 6-2 所示。

表 6-2　程序化广告交易模式对比

优先级	交易模式	价格	流量	工作流程	订单交易	主要计费方式
1	头部竞价	竞价	不保量	自动	否	CPM
2	程序化保量	固定	保量	半自动	是	CPM,CPC,CPT
3	首选交易	固定	不保量	半自动	是	CPM,CPC
4	私有竞价	竞价	不保量	自动	是	CPM
5	公开竞价	竞价	不保量	自动	否	CPM

学生笔记:

_____

_____

_____

6.2.4　网络广告效果评价

1. 网络广告计费方法

（1）CPT（Cost per Time）：按时间付费。渠道市场推荐位就是按时间结算的，其中多数网络广告都是按天结算（Cost per Day，CPD）的。

（2）CPM（Cost per Mille impression，千人成本）：每千次广告展示的成本，即广告主为其广告展示 1000 次所付的费用。如果一个 Banner 广告单价是 10 元/CPM，则意味着每被 1000 人次看到就收 10 元。以此类推，每 10000 人次看到就是 100 元。CPM 是评估广告效果的指标之一。类似的还有经过定位的用户的千次印象费用 CPTM（Cost per Targeted Thousand Impressions），它与 CPM 的区别在于，CPM 是所有用户的印象数，而 CPTM 只是经过定位的用户的印象数。

（3）CPC（Cost per Click，点击成本）：每次点击的费用。根据广告被点击的次数收费。CPC 是评估网络广告效果的常用指标之一。类似的还有 PPC（Pay per Click），是根据点击广告或者电子邮件信息的用户数量来付费的一种网络广告计费模式。

（4）CPA（Cost per Action）：每次行动的费用根据广告最终投放的效果，即回应或激活的数量收费，而不是广告的投放量进行收费。对于用户行动有特别的定义，包括形成一次交易、获得一个注册用户或者对网络广告的一次点击等。

（5）CPL（Cost for Per Lead）：以搜集潜在客户名单多少来收费，即每次通过特定链接，注册成功后付费的一个常见广告模式，通常称为引导注册，如"亚洲交友"。

（6）PPL（Pay per Lead）：根据每次通过网络广告产生的引导付费的定价模式。例如，广告客户为访问者点击广告完成了在线表单而向广告服务商付费。这种模式常用于网络会员制营销模式中为联盟网站制定的佣金模式。

（7）CPS（Cost per Sale）：以实际销售产品数量来计算广告费用，即分成模式结算。

（8）CPD（Cost Per Download）：按照每次下载收费，下载就付费，不管是否安装。当然，不同的渠道，其下载激活率也不同。

（9）CPO（Cost per Order）：也称为 Cost per Transaction，即根据每个订单/每次交易来收费的方式。

（10）PPS（Pay per Sale）：根据网络广告所产生的直接销售数量而付费的一种定价模式。

2. 网络广告效果评价方法

网络广告的效果评价关系到网络媒体和广告主的直接利益，也影响到整个行业的正常发展，广告主总希望了解自己投放广告后能取得什么回报，在最容易检测的浏览数量和点击率不能反映网络广告效果的情况下，如何全面衡量网络广告的效果，下面从定性和定量的不同角度介绍 3 种基本的评价方法。这些并非评价测量网络广告的所有方法。

（1）对比分析法。

无论是 Banner 广告，还是 E-mail 广告，由于都涉及点击率或者回应率以外的效果，所以除了可以准确跟踪统计的技术指标外，利用比较传统的对比分析法仍然具有现实意义。

对于 E-mail 广告来说,除了产生直接反应之外,利用 E-mail 还可以有其他方面的作用。E-mail 关系营销有助于企业与顾客保持联系,并影响其对产品或服务的印象。顾客没有点击 E-mail 并不意味着不会增加将来购买的可能性或者增加品牌忠诚度。从定性的角度考虑,较好的评价方法是关注 E-mail 营销带给人们的思考和感觉。这种评价方法也就是对比分析的方法。

对于 Banner 广告或者按钮广告,除了增加直接点击以外,调查表明,广告的效果通常表现在品牌形象方面,这也就是为什么许多广告主不顾点击率低的现实而仍然选择 Banner 广告的主要原因。品牌形象的提升很难随时获得可以量化的指标,不过同样可以利用传统的对比分析法,对网络广告投放前后的品牌形象进行调查对比。

(2) 加权计算法。

所谓加权计算法就是在投放网络广告后的一定时间内,对网络广告产生效果的不同层面赋予权重,以判别不同广告所产生效果之间的差异。这种方法实际上是对不同广告形式、不同投放媒体或者不同投放周期等情况下的广告效果进行比较,而不仅仅反映某次广告投放所产生的效果。加权计算法要建立在对广告效果有基本监测统计手段的基础上。

下面以一个例子来说明这一方法。

某企业在宣传方面选择了网络广告,并在一个月时间内同时在 3 个网站投放了 Banner 广告,投放效果各有不同,基本情况如表 6-3 所示。

表 6-3　某企业投放广告方案对比

方　　案	投 放 网 站	广告点击次数	产品销售量
方案一	A 网站	2000	260
方案二	B 网站	4000	170
方案三	C 网站	3000	250

首先,为产品销售和获得的点击分别赋予权重,权重的设定对加权计算法的最后影响较大(如何确定权重需要在大量统计资料分析的前提下,对用户浏览数量与实际购买之间的比例有相对准确的统计结果,这里采取平均权重):

$$(260+170+250)/(2000+4000+3000)\approx0.07$$

由此可得,平均每 100 次点击可形成 7 次实际购买,可将销售量的权重设为 1.00,每次点击的权重为 0.07。

然后将销售量和点击数分别乘以其对应的权重,最后将两数相加,从而得出该企业通过投放网络广告可以获得的总价值。

方案一的总价值为 $260\times1.00+2000\times0.07=400$;

方案二的总价值为 $170\times1.00+4000\times0.07=450$;

方案三的总价值为 $250\times1.00+3000\times0.07=460$。

学生笔记:

_____

_____

_____

通过计算可以发现,虽然方案一的直接销售量最高,但从长远来看,第三种方案更有价值。这个例子说明,网络广告的效果除了反映在直接购买之外,对品牌形象或者用户的认知同样重要。

(3)点击率与转化率。

点击率是网络广告最基本的评价指标,也是反映网络广告最直接、最有说服力的量化指标。对点击以外的效果评价问题渐渐显得重要。转化率用来反映那些观看而没有点击广告所产生的效果。

6.3 网络促销

促销,也称为销售促进,是企业为了提高消费者购买某种产品/服务的意愿,在网络平台上利用多种诱导工具进行短期的、临时性的刺激消费者的活动。营销大师菲利普·科特勒曾经说过:"广告为消费者提供了购买的理由,而销售促进则是激发消费者购买的动因"。可见,促销是营销活动的重要组成部分。

6.3.1 网络促销的常见形式

促销的方式多种多样,根据诱因提供的时间长短,促销可以分为短期促销(折扣和赠品)和长期促销(集点兑换);根据提供诱因的性质,促销可以分为加量促销(加量不加价和买一送一)和降价促销(降价和打折);根据提供诱因的时机,促销可以分为立即性促销(打折和赠品)和延迟性促销(抽奖)。总而言之,根据促销给予消费者利益的不同,促销可以分为两大类:一类是作用于产品或服务的经济层面的促销活动,主要给予消费者经济价值;一类是作用于消费者心理层面的促销,主要使消费者感到幸福、愉悦。下面重点介绍几种常见的网络促销方式。

1. 折扣促销

折扣促销又称为打折促销,是企业在特定市场范围和经营时期内,根据商品原价确定让利系数,进行减价销售的一种方式,是现代市场上最频繁的促销手段之一。数量折扣、季节折扣、批量折扣、"满 200 减 10 元"、返券、电子优惠券等都是常见的折扣促销方式。

折扣促销是一把"双刃剑",它可以降低消费者的感知成本,有效地提高商品的市场竞争力,从而增加消费者的购买欲望、增加产品销量;但折扣促销也会让消费者对产品的未来价格变动趋势有所期待,而产生观望心理,频繁的价格折扣会降低消费者对产品质量的判断,有损企业形象。

2. 赠品促销

赠品促销是指商家为消费者提供的额外产品,这些赠品通常以捆绑或小包装的形式呈现,有即买即赠、兑换券、包装盒内/外/旁赠品、自费赠品,如"买一送一""满＊＊元送＊＊元""抽奖"都是常见的赠品促销手段。不同赠品的目标不同,即买即赠和兑换券有利于促进品牌体验和再体验消费;包装盒内/外/旁赠品是奖励现有的消费者持续购买商品从而保留顾客的手段;自费赠品则同时具有保留消费者和加强品牌印象的双重功效。

　　赠品促销能够在保持目标商品正常价格有效的前提下维持商品的品牌形象、帮助商家减少库存压力、增加消费者使用频率、激发消费者冲动性购买。在电子商务中,商品包邮能够在不降价的情况下增加顾客的利益获得感,也可以视为一种赠品促销活动;一些服务企业推出的会员服务额外赠送免费服务时长或次数也是一种赠品促销形式。

3. 拍卖促销

　　开展网上拍卖也是一种常用的促销方式,网上拍卖由于快捷方便,可吸引大批用户参与,其主要目的是吸引消费者的注意力、树立品牌形象和引起购买欲望。如今拍卖已经成为一种网络常态化的交易范式,除艺术品、古玩和字画等特殊商品外,对于绝大多数商品来说,网上拍卖是一种促销方式。企业更应该利用该方式吸引消费者广泛关注和参与,获取参与促销活动的消费群体特征、消费习惯以及对产品的评价等信息,为企业的经营战略和营销策略的调整提供依据。

4. 免费促销

　　网上免费促销采用的主要范式是通过互联网为用户提供各种免费试用的产品,其目的是通过用户的试用获得现实体验,以刺激其购买或促使顾客尝试并转换品牌,或协助已有品牌强化分销渠道。实施免费促销应注意:产品是否适宜采用免费促销方式,对于数字化产品,可以通过限制使用功能或限制使用时间、次数、用户数、用户权限等方式来防止产品使用权失控,小家电之类的耐用品不适宜免费促销,保健、美容等快速消费品适宜采用免费促销。

5. 限时促销

　　限时促销又称为限时特卖,是指互联网商家为了吸引更多的消费者、扩大销售额,将限定消费者可进行信息搜寻和做出决策的时间和消费者在这一限定的时间段内可享有的优惠结合起来,使消费者在限定时间内迅速购买的营销模式。消费者购买商品的过程是个消耗时间的过程。消费者需要对多款商品的信息进行搜寻并将多款商品的属性进行对比分析和评价,最终选出满意的商品。在做出购买决策的过程中,对商品的信息搜寻和属性对比分析是需要花费一定时间的,而时间充足与否会影响消费者后来的购买决策。时间不足时,消费者的购买决策方式和决策质量会有很大变化。

　　限时促销的最大特点就是有时间限制,是目前网络商家使用较多的一种促销模式,在京东、天猫、唯品会等电子商务网站均有限时促销的应用,通过限时、限量、品牌效应叠加为消费者制造时间紧迫感,使消费者在做出购买决策前大幅减少对商品信息的搜寻、属性的对比和信息的加工,消费者来不及对商品进行信息搜寻并判断其质量,反而减少了备选商品的数量、增加了消费者的购买意愿。

6. 预售促销

　　预售促销,即在产品正式发售之前,通过电商平台提前一段时间发布产品信息并采取

学生笔记:

刺激消费者在短期内迅速和大量购买商品的手段,从而增加产品订单量,而后商家在承诺的时间内按订单量发货。例如京东生鲜平台对原产地农产品进行预售,预售一般都发生在产品正式销售之前的较短时间,用于满足一部分尝鲜用户的需求,如9月中旬阳澄湖大闸蟹开始为期半个月的预售促销活动。预售促销可以协助企业进行销售预测、更新需求信息,减少消费者需求的不确定性,并且由于进行了提前计划,也能够为消费者在发货期获得商品提供一定的保证。

7. 排他性促销

排他性促销又称为针对性促销,即只有部分顾客可以获得参加促销活动的机会,而其他顾客无法得到。极端情况下,企业甚至会定制最独家的价格折扣,以迎合个别消费者。例如,瑞幸咖啡根据顾客购买咖啡的历史数据,向选定的顾客发送1.8折、2.8折咖啡优惠券,只有收到优惠券的顾客才能使用折扣价格购买咖啡。排他性促销本质上是企业为选定的顾客提供促销优惠,只有被选定的顾客才能参加这种促销,具有较高的交易排他性。

排他性促销有利有弊,它为选定的顾客提供优惠待遇的诸多优势,顾客优先级会导致更高的盈利能力和更高的销售回报,以及更低的销售成本;然而,消费者对企业的偏好不仅受到自己所得到的价格的影响,也受到其他人所能得到的价格的影响,在促销中处于价格劣势的消费者,往往会有更为消极的反应。例如,当企业向新顾客提供优惠价格,忠诚的老顾客因为没有享受优惠就会觉得价格不公平,从而降低对于企业的偏好,这种现象称为"背叛效应"。

8. 捐赠促销

捐赠促销是指消费者购买产品能够带来商家对慈善机构的捐赠,捐赠促销能够缓解折扣促销因降低价格敏感性而给市场带来的伤害、增加销量。捐赠促销之所以能够在促销策略中出现的频率越来越高,有赖于其异常的有效性:80%的消费者认为当产品或品牌间价格和品质相同时,他们更愿意选择支持慈善事业的品牌。捐赠促销能给慈善事业或社会而非个人带来更多的好处,捐赠促销的消费者以利他为目的,注重利他行为的发生。

6.3.2 促销效果心理机制

1. 促销框架理论

框架效应指人们在面临一个客观上完全相同的问题时,由于叙述方式的差异导致了不同的决策判断。促销框架理论认为通过对促销信息的不同表述,给消费者带来不同的心理感知(收益的获得或损失的减少),进而影响消费者的购买决策。例如,赠品促销作为一种不涉及金钱的促销方式由于不直接与价格相联系,因此消费者将其视为一种"额外获得",而价格促销由于直接产生了价格折扣,因此消费者将其视为一种"减少损失"。消费者更愿意选择"额外获得"而不是"减少损失",因此赠品促销往往会带来更好的效果。

2. 心理账户理论

心理账户理论认为人们会自动将财富划归不同的心理账户中,并且这种过程是无意识的,各个账户之间是相互独立的,并且遵循着不同的运算规则,而这些方式与运算规则不同于简单的数学计算进行加减。于是研究者提出不同的促销方式会激活消费者不同的心理账户,进而影响消费者的购买决策。价格促销由于优惠金额和原价的直接相减,更容易被看作是损失的减少,而赠品促销由于赠品与价格的区分计算方式,更容易被看作是收益的增加;也就是说,这两种促销方式是由于心理账户对促销利益的计算方式差异,一种倾向于整合,而另一种是隔离开的。

3. 内部参考价格理论

内部参考价格指的是消费者将过去经验和记忆中的价格作为参照标准,是消费者对商品的实际价值进行判断的重要依据。消费者倾向于把当前机会价格和参考价格之间的差距视为交易价值,如果商品的价格高于参考价格,会认为当前商品比较贵,进而购买的可能性比较小;如果商品的价格低于这个参考价格,会认为当前商品比较划算,进而购买的可能性也大大提高。研究证明,价格促销和赠品促销对消费者的内部参考价格产生影响,进而影响消费者购买决策。价格促销和赠品促销的差异主要是由于赠品促销的内部参考价格高于价格促销,价格促销会降低消费者的内部参考价格,因为消费者倾向于将促销价格和参考价格相比较并以此代替过去的参考价格。

4. 预期后悔理论

预期后悔是指个人在做出决定前担心决定的结果对未来产生负面影响而带来的后悔情绪。由于这种后悔情绪的实质是面向未来的,所以决策者通常拿未来的事件结果作为现在发生事情的评估标准。后悔最小化是消费者认为自己在购物情境中做出的最佳决定。

在购物环境中消费者预期将来可能引起后悔的情绪归因于当下没有做出购买决策叫作预期不行动后悔;而预期到将来可能引起后悔的情绪归因于当下做出了购买决策叫作预期行动后悔。预期行动后悔有助于帮助消费者更加谨慎和警觉地去决策,防止消费者因为具有吸引力的外界刺激因素而做出冲动性的决定,预期不行动后悔将促使消费者在外界刺激下做出无计划性的冲动决定。

从购买时间点看,在当前的促销期和等待更好的促销期之间,带有预期后悔倾向的消费者偏向于现在购买;从品牌选择看,带有预期后悔倾向的消费者偏向选择品牌产品等知名度高的产品而非普通的产品;从价格角度看,有预期后悔倾向的消费者更愿意选择高价产品而不是低价产品。

5. 心理抗拒理论

心理抗拒理论包含的核心要素有自由、自由威胁、抗拒和自由重拾 4 个。根据心理抗拒理论的解释,消费者在消费过程中拥有并会珍惜他们在众多产品中进行选择的自由感知。而当外界信息试图限制或缩小消费者的自由选择阈时,消费者会感受到压力或者威胁,从而产生抗拒心理,此时为了重拾自由,消费者会根据所受威胁的程度及自由重要性采取逆反心理。带有劝说性的语言,如促销广告、健康宣传广告等可能会适得其反,原因是当消费者面对劝说主体时产生的逆反心理。

学生笔记:
_____
_____
_____

6.3.3　网络促销的实施

网络促销的实施可以分为确定促销对象和目的、选择促销方式、设计促销内容、制定促销预算方案和评估促销绩效5个步骤。

1. 确定促销对象和促销目的

网络促销对象是指在网络市场上可能产生购买行为的客户群体，一般包括产品的使用者、产品购买的决策者、产品购买的影响者。所以，首先需要准确识别促销的目标受众，具体可以根据人口统计特征、网络行为追踪发现最佳的促销对象，将其作为促销重点。一旦确定促销重点对象，要有效地影响他们就需要进一步数据挖掘，深入研究他们接触媒体的方式、行为偏好等特征。

基于用户行为导向的数据采集和分析挖掘，目前主要采用两种方法：一种是通过对客户数据的掌握确定促销行为的导向，利用数据库进行分析挖掘，如顾客收入与需求、年龄与需求、职业与需求、性别与需求、学历与需求之间的关系，细分出不同价值观、不同心理偏好特征的顾客群，针对性实施促销策略。第二种方法是数据关联式分析，通过对用户网上行为习惯、浏览习惯的跟踪、了解用户的购买兴趣，并作为促销或广告投放的标准。

确定促销对象之后，就需要确定促销目标。促销目标可以分为3类：一是建立品牌的认知，如果企业的产品和服务对本项促销活动的目标受众来说是新鲜陌生的，促销就应以建立品牌认知为目的，衡量指标一般是促销活动对提高目标受众品牌认知、记忆与偏好方面的影响程度；二是提供即时购买刺激，即销售促进以减少库存或加速资金周转为目标，衡量指标是促销对销售的直接影响；三是激励客户参与交互，以实现市场份额争夺、扩大企业影响面、获得受众信息，衡量指标一般是点击率、注册率、请求信息数量等。

2. 选择促销方式

产品种类及潜在销售对象不同，促销组合方式及具体促销方法、手段也有所不同。不同行业或同一行业的不同企业选择什么样的促销组合也会有很大的差异，企业在具体选择促销方式时，需要考虑促销目标、产品类型、购买行为、产品生命周期等因素。

以扩大产品销量、提高市场占有率为目标的促销可以采用网络广告、销售促进、人员促销等方式；以品牌宣传、树立良好形象为目标的促销，可以采取关系营销、加强与客户的沟通等方式。

从产品类型来看，网络广告和销售促进是消费品市场尤其是快速消费品市场的主要促销方式，顾客做出购买决策的时间非常短，大多数属于冲动性消费，产品的广告、促销、价格甚至包装都对销售起到重要作用。而工业品市场中营销过程复杂、客户决策周期长、单笔交易金额较大，所以关系营销和人员促销是主要促销方式，企业需要与客户保持长期稳定的关系，加强营销沟通，随时为客户获取信息、做出决策提供方便。

对于不同类型的购买行为和购买行为的不同阶段，顾客需要获取的信息是不同的，对于习惯性、选择性以及社会性购买行为，以及在确认需求、搜集信息、备选评估阶段，一般采用广告和销售促进方式，而对于复杂性和减少风险性的购买行为，采用公关和人员促销方式的效果更好一些。

在产品的介绍期、成长期、成熟期、衰退期，由于促销的重点不同，促销组合也应进行相应的调整。在产品介绍期和成长期，促销活动的重点应放在广告和销售促进上，在产品成熟期和衰退期，应以公共关系营销和人员促销为主，产品衰退期还有必要采用销售促进方式。

3. 设计促销内容

促销的最终目标是引发用户需求、产生购买行为，设计促销内容对实现这一目标至关重要。促销活动主题的策划是促销内容设计的第一步，促销主题及表现形式既要符合促销目标，又要符合产品或服务的功能及品牌特性，还要以目标受众乐于接受的方式进行表达。

促销主题确定后，即可进行促销内容的设计，可先进行文案创作、再进行技术实现方式的创作，促销内容的表现形式包括文字、图片、视频、动画等，各种表现形式都要围绕和烘托主题，并且要与促销目标、品牌个性、受众偏好相符，此外，所选择的媒体和技术手段及表现形式还应与内容相适应。

4. 制定促销预算方案

不同的网络促销方式其成本及费用有很大差异，而且实现同一促销方式相应功能的服务提供商的服务质量、费用也各不相同。因此，企业应根据促销方案所需，结合服务提供商的质量、价格、知名度等参考指标，在确定适合本企业的促销方案及服务商的基础上，制定出合理的网络促销预算方案。

5. 评估促销绩效

企业对已经实施的促销活动，可根据最初确定的促销目标和指标进行评估，评价促销方式的适用性、成本收益比，看促销的实际效果是否达到预期的目标，并为调整促销策略、改善日后的促销活动提供依据。

促销效果的评估可依赖两类数据，一类是各种网络统计软件或第三方提供的评价服务资源，如网站访问人数、广告浏览次数等；另一类是销量、利润变化的数据，以及与促销成本的比例升降情况，判断促销活动是否奏效。

6.4　网络公共关系

6.4.1　网络公关概述

公共关系（简称为公关）营销实际上是企业开展一系列的品牌活动和积极影响目标市场的免费媒体报道，目的是改善企业在各个群体（如公司股东、员工、媒体、供应商、社区、消费者、企业用户及其他利益相关者）中的印象、影响公众的观点、提高企业的声誉。严格来讲，公共关系可以分为内、外两部分，对外主要指处理与消费者等外部公众的关系，对内则要处理好员工、股东等内部公众的关系。对于企业而言，处理外部关系与其商业收益的联

学生笔记：

系最为紧密、最为直接,涉及企业与其商品、服务的口碑,作为最主要的购买依据,它直接影响着人群消费行为的形成与改变。

网络公关是企业在网络空间的公众关系,指组织借助互联网媒介,在组织与公众之间开展的各种有计划的传播与沟通活动,以达到信息传播、关系协调和形象管理的目的。网络公关的最大特点就是突破了传统公关在时间、空间和传播范围上的局限,使企业公关策略的传播能够实现随时、随地、随意,并且对网络公众的个性化需求更有针对性。

1. 网络公关的主要方式

网络公关的主要方式如下。

(1)建设公关型的企业网站。企业网站是企业传递信息、树立形象的最佳工具之一,网站上的企业背景资料、商标、广告语、经营理念、视觉形象识别系统等公关信息元素可以源源不断地向公众进行传播,公众也可以通过网站提供的联系方式提出自己的疑问、咨询及投诉,并快速地得到企业的答复。

(2)借助网络媒体发布新闻稿。新浪、搜狐、网易、腾讯等门户网站是重要的网络媒体,也是传递企业营销信息的主要途径。通过这些网络媒体来发布关于企业的新闻,还可以通过公共论坛、新闻组等来发布新闻。企业公关人员可以进入相应的公共新闻组和论坛,或者进入媒体的论坛和聊天室与记者编辑交流,促进企业公关活动目的的实现。

(3)刊登网络公关广告。公关广告是企业推销自身形象的一种特殊手段,是一种特殊形态的广告。在网络上做的形象广告、公益广告、观念广告,都能有效加强公众对企业的理解,融洽企业与公众的关系。

(4)赞助公益事业。在网上赞助公益事业,可以在推动公益事业发展的同时为企业赢得良好的声誉,是一种有效的网络公关手段。在网上举办各种专项社会服务活动,无偿为相关的公众提供服务,以行动和实惠吸引公众的兴趣,获得公众对企业的好感,也是较好的公共关系活动。

(5)召开网上新闻发布会。在传统公关活动中,新闻发布会是组织和公众沟通的例行方式。网上新闻发布会完全摒弃了传统新闻发布会需花费大量人力、物力和财力进行筹划和安排的方式,可以以较少的费用、最快的速度将新闻传播出去。网络新闻发布会可以与网络新闻服务商联合召开,企业也可以借助自己的官网召开。

2. 企业网络公关策略

企业网络公关策略如下。

(1)网络公关与病毒式传播相结合。

网络的开放式环境允许持有不同观点的人各抒己见,使得某些信息能够在网络用户人群中产生"蝴蝶效应",呈几何级数量、爆炸式的传播,这对于企业网络公共关系来说,是一种前所未有的好途径。公共关系讲究聚众而谋,企业可以将策划或精心准备的公关信息在相关的网络上抛出,利用病毒式传播的方式,借助网民的力量,同时利用网民之间的口碑传播更好地吸引各方的关注和参与。但是一些关于企业组织的负面信息,病毒式传播同样可以使信息无法控制地快速传递给网络公众。企业一定要注意预防负面信息的病毒式传播,避免造成灾难性的名誉损失,甚至影响企业的健康发展。

【案例】

封杀王老吉

2008 年 5 月 18 日中央电视台为四川汶川地震举行的赈灾晚会上,凉茶品牌一口气捐出 1 亿元人民币,成为国内单笔最高捐款。大笔的善款令一个之前知名度并不算高的饮料企业一夜之间红遍大江南北。就在王老吉出人意料地以巨款捐助感动公众的社会心理下,次日晚,国内一知名网络论坛上出现了一个叫嚣要"封杀王老吉"的帖子,帖子标题为《让王老吉从中国的货架上消失! 封杀它!》。这个引人注目且不合时宜的标题吸引了足够多的眼球,并激起了被王老吉义举所感动的公众的愤怒。

但打开帖子看,发帖者所指的"封杀",其实是要表达"买光超市的王老吉,上一罐买一罐"的意思。正话反说产生的强烈反差刺激了无数公众跟帖留言,"今年夏天不喝水,要喝就喝王老吉",类似这样的跟帖出现在众多网站的论坛上。

网络上数量惊人的讨论、转载和点击量,使这一事件引起众多传统媒体的关注和跟进报道,超市货架上的王老吉茶饮料一度断货,王老吉实现了名利双收的营销效果。

(资料来源:刘艳春.等.王老吉汶川地震事件营销案例[EB/OL].(2008-12-12)[2021-10-20]. https://www.sohu.com/a/281231667_100012730).

(2) 利用社会化网络进行网络公关。

社会化网络改变了网上信息流动以及网络用户的互动方式,以往的网站只是单纯聚集信息并向网络用户传播、缺少互动。社会化网络的盛行,使得网络用户接触信息的渠道越来越多。社会化媒体用户之间会分享内容,互动频繁、传播效力极大,使得品牌容易被传播。正面的信息极易被传播,同样,负面的信息也容易被传播。在社会化网络上爆发危机的可能性比较高,因此,社会化网络也是企业网络危机公关与形象管理不可忽视的领域。

【案例】

微信为盲胞读书

2015 年,微信发起了"为盲胞读书"公益活动,人们只需要关注微信公众号"为盲胞读书",就可以根据自己被分配到的文章段落,为盲胞贡献出一段声音。而那些贡献出来的声音将通过智能筛选,最适合的声音被收录库中。活动上线后,该活动关注度与好评度直线上升,平均每天收到 15000 条语音捐献。为号召更多的人加入活动,微信还邀请了高圆圆、胡歌、倪妮等明星来领读书本。在 10 月 15 日国际盲人日之时,微信将录制好有声读物的"悦读盒子"送到有视力障碍的孩子身边,帮助这些孩子在聆听中感知,充实、丰富他们的精神世界。

(资料来源:何晓兵,何杨平,王雅丽.网络营销——基础、策略与工具[M].2 版.北京:人民邮电出版社,2020.)

学生笔记:
_____
_____
_____

（3）策划网络公关事件。

传统的公关事件需要由主流媒体，如报纸、电视的配合，企业向媒体发布直接或间接的信息。而网上公关事件，则是由例如论坛之类的渠道爆发并传播。成功的公关事件都是经过精心策划并组织实施的，并且借助网民的配合。在网络上公众变得更加积极主动，他们不仅单纯接收相关信息，还主动的讨论、发布相关信息，因此网络公关事件离不开网络公众的支持与参与，并推动事件继续发展。

（4）整合传统公关方式与网络公关方式。

传统公关与网络公关，两者在受众特征、传播工具、公关形式方面都有着巨大的差异，但两者又在公关诉求达成、传播途径设计等方面存在着共通之处。第一，将传统出版物与电子出版物（如电子报纸、电子宣传册、电子杂志等）相结合，兼顾不同目标受众的媒体选择偏好设计公共关系信息。第二，网络广告和线下广告相结合传递公关信息，网络视频广告、网络广播等是整合公关营销可以利用的传播渠道。

6.4.2　网络危机公关

企业被广大公众广泛关注的负面事件，通常称为危机事件。危机事件具有突发性、传播速度快的特点，公众在短期关注下大范围传播，对企业形象、声誉造成巨大的危害。在网络环境下，危机事件还体现出源头不确定、内容不可控、传播方式多元化、信息长期残留性等特点。

危机公关有别于"应急管理"或"突发事件"，主要指运用传播方式和手段，解决公关主体与公关公众之间的关系危机。危机公关重在危机事件信息的传播管理，即如何在各个方面与环节上，做好信息交流、意义沟通和利益价值劝说工作，以降低危机事件对企业品牌和声誉造成的不良影响。

1. 网络危机的特点

网络危机的特点如下。

（1）危机引发原因多样化、微妙化。

传统环境下的危机事件多由有一定影响力的主流媒体对企业问题的曝光所引起，传统媒体出于保证其"权威性和严肃性"的考虑，一般要对所报道的事件进行专门调查核实后才给予客观的披露。而网络媒体信息传播比较自由和随意，尤其是社会媒体中一些个体的评论、吐槽很容易引发危机事件。

（2）危机蔓延速度快、波及范围广。

危机事件一般要经历潜伏、爆发、波动、衰退、消亡的过程周期。传统媒体有固定的传播时间和空间，信息披露的轨迹节奏和模式容易掌握，企业有可能把握危机发展的动向，采取更为有效的应对措施。而网络传播的特点却让企业难以对危机事件的变化与发展进行有效的评估和采取应对措施。

（3）危机影响程度深、公关难度增大。

在网友热议和一些机构推波助澜的炒作下，危机事件爆发的时间短、影响程度深，为企业的应对增加了难度。尤其是社交媒体环境下危机事件四散传播，企业的任何解释工作都有可能被站在不同立场的网友进行反向解读，使危机进一步扩大。

2. 网络危机的类型

造成企业危机的风险因素多种多样,目前国内外主流的分类标准分别是事件诱因、事件的爆发程度、事件对消费者利益的影响分类。按照诱因分类法,危机可以分为外生性危机和内生性危机。

外生性危机:由于外部环境的变化而产生的危机。外部环境的变化包括外部的政治、经济、文化、科技以及自然环境的变化,媒体对负面事件的报道、商业利益竞争、形象代言人危机都是常见的外生性危机诱发因素。

内生性危机:指因组织的内部管理不善所引发的危机。内部管理不善包括战略决策失误、内部管理不到位、执行沟通失误、产品质量问题等状况。企业过度追求自身利益、营销组合策略不当、缺乏社会责任感、缺乏诚信、员工言行不当都会引发内生性危机。如经常被曝光的产品质量缺陷、餐饮卫生不达标等都属于内生性危机。

3. 网络危机的公关对策

网络危机的公关对策如下。

(1)组建一支网络危机处理队伍。

进行企业网络危机公共关系管理,首先要做好相关的人员准备。事先组织一支网络危机处理队伍,人员构成应包括企业组织的高层管理人员、专业的公共关系人员和具备一定网络技术知识的技术人员等。网络危机处理队伍需要建立相应的危机预警机制和操作性强的危机公关执行程序,在危机事件处理中体现企业的责任感,并且管理好所要传递的信息,确保新闻和信息在网络上能够及时传递。

(2)进行积极有效的危机沟通管理工作。

处理危机事件速度是关键,要尽快把掌握的信息公布出去,防止网络公众从其他地方得到不实的信息,且态度要真诚,不能有半点懈怠。企业可以直接通过本企业组织网站发布新闻信息或者借助网络媒体特别是一些权威网站间接透露有关信息,也可以通过企业组织的网络新闻发言人传达相关信息,还可以通过企业高层领导人士主动接受网络媒体访问的方式化解危机。无论哪一种方法,企业在营销沟通中都要表明立场和态度,以取得相关网络媒体的理解与信任,网络媒体也会更好地做出正面报道。

(3)借助舆论力量赢得支持。

危机是企业在非正常情况下突发的不可预知的事件,无法防范,只能从日常的技术和知识方面做好相关准备。在网络传播环境下,危机事件信息传递的速度与数量都会超出企业想象,网络往往会成为危机传播的源头,同时也是重灾区。危机发生后,企业的正面解释是必要的,但作用有限,因此需要借助"第三方"或者公众的舆论去冲淡危机事件的负面影响。网络公共关系活动就承担着及时公布真实信息,争取各个媒体的理解、信任与支持的任务。公关部门特别要与一些大的权威网络媒体及门户网站建立联系,以保证将最新和最权威的内容在网络上发布。

学生笔记:

_____

_____

_____

【章末案例】

案例一：旅游公司网络广告投放

某国际旅行社主营欧洲游和北美游,最近推出了一款新的针对精英、时尚、白领一族的旅游产品——"爱琴海新娘"蜜月游。该线路的目的地是希腊爱琴海,那里风景秀丽、历史悠久,是世界各地情侣向往的爱情圣地。公司经过调研发现很多潜在顾客根本就不知晓这款新产品,同时发现竞争对手在其网站上发布同类产品的广告,刚刚发布几天名额就报满。于是,公司决定效仿竞争对手的做法,利用网络广告进行推广宣传。

思考: 假设你是该旅行社营销人员,你将如何开展此次网络广告投放?

案例二：网络广告效果评估

某企业在 3 个网站首页投放 Banner 广告一个月,获得数据如表 6-4 所示。

表 6-4　某企业在 3 个网站首页投放旗帜广告一个月的数据

方案	网站	广告点击次数	产品销售量	CPC	CPA
方案一	A 网站	3300	290	0.54	2.01
方案二	B 网站	5000	150	0.37	1.48
方案三	C 网站	4100	240	0.48	1.65

根据上述资料回答下面两个问题:

(1) 计算在 CPC 和 CPA 模式下,该企业在 A 网站所投入的广告成本分别是多少?

(2) 根据一般统计数据,每 100 次点击可形成 3 次实际的购买。请计算 3 种方案中哪个效果最好?

案例三：光山电商扶贫走向世界

光山县位于河南省东南部鄂豫皖三省交界地带,总面积 1835 平方千米,总人口 86 万,是革命老区、大别山片区、国家级重点扶贫开发县、中央办公厅定点帮扶县。"电商＋产业扶贫"的新路子为该县经济发展插上"互联网＋"的翅膀。光山有县级电商运营中心 1 个、乡级电商服务站 19 个、村电商精准扶贫服务中心 50 个、村级服务点 306 个,服务覆盖村民 45万余人,举办电商长期培训班 128 期、培训专职从业人员 6500 余人,举办各类电商普及班(专题班)260 余期、培训人员 6 万余人次,与腾讯、阿里公司合作开展抖音培训、"村播计划"网红培训等,吸引了全县 50 个农村合作组织、2300 余名电商达人参加。通过电商拓宽销售渠道,打造了一批叫得响的农副产品品牌。2019 年,光山电商从业人员 5 万余人、开设各类网店 2 万多家,农产品网销额近 10 亿元。

2020 年发生疫情以来,光山县副县长邱学明在抖音平台直播 700 多场,成为田间地头特色农产品代言人,因为组建光山"电商军团"而得名"邱教头"。"目前我们累计服务的群众有 1 万多户,每天的访问量突破 5 万人次,销售额达 4 万元以上。一方面为群众购物提供了便利,另一方面把农民滞销的农产品都销售出去,达到疫情防控和发展经济两不误的效果。"邱学明信心满满地说。他带领 10 人团队推介光山特产,销售额达 6000 万元。如今他的抖音获赞 43.3 万,粉丝近 10 万人。在邱学明和其团队的努力下,"光山十宝"2020 年销售额达 5.2 亿元。

（资料来源：①吴彦飞,李玲玲,金正义.光山：插上"电商"翅膀 助力村级集体经济腾飞［EB/OL］.(2020-05-20)［2021-10-15］. http://xy.hnr.cn/202005/20/10453.html.;②杨书贞,普春兰. 大别山"邱教头"：让光山电商模式走向世界［N］.大河报,2021-01-16(A1).）

思考题：光山县农产品销售中利用了哪些营销沟通方式?

案例四：视频网站"超前点播"风波

2019 年,热播 IP 网剧《庆余年》收获了不错的点击和收视成绩,其播放平台腾讯、爱奇艺也因此获得了 VIP 会员服务销量的猛增。普通用户可以在每周看 6 集,VIP 会员可以抢先看 6 集,在该剧播放到 21 集时,两个平台都相继推出了"超前点播"的限时权益,也就是在 VIP 会员的基础上再付 50 元可抢先再多看 6 集,或者会员也可以以每集单价 3 元的方式购买已解锁的剧集。这种 VIP"套娃"的玩法一下子就让广大 VIP 用户难以接受,纷纷觉得自己受到了欺骗,也觉得花了钱还要被平台"薅羊毛",自己的权益并没有得到尊重,一时间两大平台被吐槽与愤怒淹没,很快站在了舆论的风口浪尖上。

随着这一事件登上话题热搜,并在持续的几天时间里保持着相当高的热度,两大视频平台相继遭到了网民的上诉,也进一步恶化了在大众面前的形象。在舆论的攻势下,腾讯视频和爱奇艺官方给出了回应,两家平台回应的内容和处理的方式如出一辙。关于"超前点播"的争议,给出的回应是为了满足"用户更多元的需求""贴合用户的深层需求",但在用户的心理层面上没有把握好,未来会完善告知工作和排播设计;对于这一争议做法的处理,两者对"超前点播"进行了修改,将"会员基础上付费 50 元抢先看 6 集"改为了"会员基础上可 3 元购买单集进行二次点播"。这种回应和处理,实际上和之前的操作并没有本质区别,也并没有给消费者一个满意的答案,这使得舆论再一次对准了爱奇艺和腾讯视频。在这之后,《庆余年》的盗版资源出现了大规模的盗链和传播。面对盗版横行的局面,剧方和播放平台先后发出抵制盗版声明,但依然没有很好地改变观众的心态。

（资料来源：佚名.腾讯爱奇艺回应"超前点播"争议,如何评价其危机公关水平?［EB/OL］.(2019-12-23)［2021-10-16］.http://www.gongguanzhijia.com/article/3987.html.）

思考题

1. 腾讯视频和爱奇艺面临的是哪种类型的危机事件?
2. 两家视频网站的危机公关有何不足?
3. 你觉得应该如何应对这次危机事件?

学生笔记：
_____
_____
_____

本章小结

网络营销沟通是企业实现营销目标的重要手段,本章介绍了网络营销沟通的特点,对 3 种网络营销沟通方式进行了详细介绍。通过本章的学习,读者应能够了解网络广告的主要类型、掌握网络广告的计费方法和效果评价;理解消费者面对促销的心理机制,掌握网络促销的常见形式;了解网络公关的方式,掌握网络公关的策略,具备开展网络营销沟通的基本知识和技能。

重点概念和知识点

- 关键词广告、通栏/横幅广告、程序化广告;
- CPM、CPC、CPA;
- 网络促销、折扣促销、限时促销、预售促销。

练习题

1. 哪些因素影响网络广告的投放效果?
2. 如何提高网络广告的投放效果?
3. 网络广告效果评价存在哪些问题?
4. 哪些因素影响网络促销的效果?
5. 网络危机公关中需要注意哪些问题?

本章参考文献

[1] 冯英健. 网络营销基础与实践[M]. 5 版. 北京:清华大学出版社,2016.

[2] 刘新燕,陈志浩. 网络营销[M]. 3 版. 武汉:华中科技大学出版社,2020.

[3] 王永东. 网络营销学[M]. 北京:清华大学出版社,2018.

[4] 刘勇,林红珍. 网络广告学[M]. 大连:东北财经大学出版社,2018.

[5] 李东进,秦勇. 广告学理论、方法与实务(微课版)[M]. 北京:人民邮电出版社,2019.

[6] 莫梅锋. 广告投放[M]. 武汉:华中科技大学出版社,2019.

[7] 梁丽丽. 程序化广告:个性化精准投放实用手册[M]. 北京:人民邮电出版社,2017.

[8] 何晓兵,何杨平,王雅丽. 网络营销——基础、策略与工具[M]. 2 版. 北京:人民邮电出版社,2020.

[9] 许婷婷. Internet 环境下交互式营销沟通模型研究[D]. 合肥:合肥工业大学,2008.

[10] 张晓菲. 网络传播环境中的企业公共关系探析[D]. 南昌:江西财经大学,2010.

[11] 杜珺. 网络环境下的企业公共关系策略研究[D]. 北京:北京交通大学,2009.

[12] 金颖. 电子商务促销模式及其对消费者购买行为的影响研究[D]. 南京:东南大学,2018.

第 7 章

网络信任营销

本章学习要求

本章以在线产品的"柠檬"问题作为出发点，通过"柠檬"市场模型和实证分析，探讨了网络信任营销的特点和策略。本章的目的是对网络信任营销做概述和讨论，并从考虑质量的不确定性问题和它对市场的影响方面将网络营销进行一些拓展。

7.1 网络"柠檬"问题与网络信任

网络营销具有传统营销所不具有的优势，但网络营销也可能会因为网络的虚拟性影响了网络营销的效果，降低了网络沟通的目标，其中的主要原因就是信息的不对称性问题。下面就这个问题进行分析并提出在网络营销中的解决策略。

7.1.1 网络"柠檬"问题

"柠檬"问题是由 2001 年诺贝尔经济学奖获奖者之一美国经济学家乔治·阿克洛夫（George A. Akerlof）教授提出的，它主要研究产品质量信息的不对称性对市场效率的影响。阿克洛夫通过他所构造的"柠檬市场"模型,证明了信息不对称的后果:由"柠檬"问题("柠檬"是美国口语中对于"旧汽车"和"缺陷车"的统称)所导致的逆向选择降低了市场交易的效率。他还提出和解释了减少和避免"柠檬"问题的途径和方法。然而,阿克洛夫所做的分析是对传统市场或者传统商务而言的。那么,基于 Internet 的网络市场中的情形又将如何呢?

我们所观察到的事实是:虽然互联网的广泛应用在很大程度上改善了信息不对称的情况,但互联网上的"柠檬"问题因为网络的虚拟性实际上是被强化了(Choi, Stahl & Whinston,1997)。例如,在线产品内容的可变性、差别化、网络交易者身份的不易识别性以及市场参加者对在线产品效用评价的主观性等,这些都会造成网络市场的"柠檬"问题。

美国《财富》(Fortune)杂志曾经刊登了一篇题目为《互联网是一个柠檬》的文章。这篇文章揭示了网络市场当中存在的"柠檬"问题,并将网络消费者的在线搜寻行为与购买行为进行了比较(见表 7-1)。

表 7-1　网络消费者在线搜寻与购买的比较

产品或服务	在线搜寻/%	在线购买/%
飞机票	35	19
预订酒店	29	13
计算机硬件	24	13
汽车	31	1

表 7-1 说明即使是在商业环境较好的美国,人们对在线产品的质量还持一种观望、谨慎甚至是怀疑的态度。更多的人只是利用互联网进行搜寻,实际购买者比例比较低,对汽车销售更是如此。另据美国消费者联盟(CU)在 2001 年发布的汽车购买年度调查报告,尽管有近三分之二的用户会借助互联网制定购买决策,但是实际上只有 1.5% 的用户通过网络购买汽车。调查表明,有 42% 的用户对在线购买的安全性和信息不放心。该事实说明,在网络虚拟性环境下,人们所面临的信息不对称性并没有因为互联网的出现而消失或下降,反之,在某些情况下还比较严重。美国联邦调查局的统计数字显示,近年来在美国互联网上欺诈案件大幅度增加,在 2002 年美国消费者向检察机构起诉的网络欺诈案件超过了 48000 起,这一数字是 2001 年的 3 倍。2002 年因互联网欺诈事件造成的损失高达 5400 万美元,上年的这一数字为 1700 万美元。正是由于网上拍卖交易中存在的"柠檬"问题,产生了严重的网络欺诈行为,对社会和经济带来了一定的损失,美国专门成立了一个名为 IFCC(美国互联网欺诈投诉中心,the Internet Fraud Complaint Center)的机构来分析和应付这些问题。据 IFCC 报道,这些投诉的每年总损失高达 320 万美元,每一投诉的平均损失为 776 美元。

另外,根据我国互联网络信息中心(CNNIC)发布的《第四十六次中国互联网络发展状况统计报告(2020/9)》调查结果显示,在我国网民中选择购物作为主要目的并实施交易的网民数量为 7.49 亿,占总上网人数的 79.7%。在网民遭遇各类诈骗问题中,网络购物诈骗占比 31.8%。由此可以看出,近年来我国电子商务发展迅速,网络交易频繁,但由于网络市场中"柠檬"问题比较严重,它往往会导致网络交易诈骗与纠纷,甚至可能影响到我国电子商务的发展。

7.1.2　网络"柠檬"问题产生的原因

网络市场或电子商务市场的优势在于其较低的进入障碍、较低的管理成本和市场信息获取的容易性。之所以说它具有较低的进入障碍,是因为 Internet 给所有的市场参加者提供了平等的机会,在这里大公司并不比小公司具有先天优势。电子商务市场的另一个特点是可以全面搜索,你可以借助搜索服务大量地、有效地去搜索信息。同时由于这种网上的信息搜索低代价和无代价,因此它还意味着比较低的交易成本。虽然电子商务市场有着这样的优势,但它并不意味有很高的市场效率。事实上,与传统市场比较,电子商务市场的"柠檬"问题不仅存在,而且更加严重。其主要原因如下。

首先,由"信息悖论"所引发的问题。因为数字产品多为经验产品(experience goods),它们的质量只有在使用之后才能被了解,然而,一旦消费者掌握了数字产品的信息内容以后,消费者就不再愿意购买了——这就是信息产品生产中无法克服的"信息悖论(information paradox)。这一特点使得厂家没有一个好的方式来使消费者相信它们产品的质量。其次,网络厂商身份的不易识别性。在网络市场上,一家网上商店可以在一天内建立起来,也可以在第二天就消失。由于这种不确定性的存在,厂商的身份很难识别,产品的质量也就更难以把握。第三,网络产品质量评价的主观性。个性化服务是网络营销的特色之一,然而产生的问题就是供应商给顾客提供的产品和服务是不同的,因此质量的评估将越来越主观和个性化。最后,网络生产者的多样性。与实物产品不同,数字产品是由网上的虚拟人来制造和销售的,市场销售者的销售时间短而且数量多。通过今天的个人主页和将来可能在任何一台个人计算机上运行的 Web 服务器,每个用户都是生产者和潜在的销售者。因而质量信息的不对称性更大,"柠檬"问题会更严重。

7.1.3　网络"柠檬"模型的构建

既然与传统市场比较起来网络交易中的"柠檬"问题不仅存在而且可能会更加严重,需要对网络市场中所产生的"柠檬"问题及对市场运行的效率进行分析和讨论,需要建立网络交易中的"柠檬"模型或者 Akerlof 模型。根据前面的分析,该模型应该具有如下两个突出的特点。

首先,在 Akerlof 模型中,由效用函数推导出需求发生的条件都是建立在平均质量 μ 与价格 p 的关系上的。但在网络交易中由于网络交易具有虚拟性的特点,它使得消费者期望通过对产品质量的概率分布来对网络产品平均质量进行判断要比传统市场更为困难,这样的特点将会导致消费者通过降低他对网络产品的质量偏好来弥补对质量判断的不足。

其次,在 Akerlof 模型中所有的卖主实际上都隐含着这样的假设,即被认为具有相同的

学生笔记:
_____

_____

_____

质量偏好,例如,在关于卖者的效用函数 U_1 中所有卖者都被认为他的消费偏好为 1。在网络交易中,虽然卖方对产品质量具有确定性的信息优势,但是,由于网络的虚拟性和便利性,出于某种营销策略(如"价格歧视")的需要,它对产品质量的评价可能会针对同一产品的不同销售群有所不同,也就是说对质量的评价会更具主观色彩,这将导致对产品更具有不同的质量偏好。

现在,根据以上这些特征来构造一个网络交易的 Akerlof 模型或者"柠檬"模型。在模型构建过程中,主要参考了 Molho(1997)和 Wilson(1979,1980)在分析、扩展 Akerlof 模型时的部分工具和结论。首先,将网络市场分为买方和卖方这两部分,并以 $q \in [q^0, q^1]$ 表示网络产品的质量。接下来分下面几部分来进行讨论。

1. 卖方

对网络销售商(即潜在的卖主)来讲,其效用函数为

$$U_S = c + mqn$$

这里 c 为卖主对其他物品的消费;n 表示卖主是否出售产品的变量,$n=1$ 表示不出售产品,$n=0$ 表示出售产品;m 是网络产品质量与其他物品消费相比的相对评价参数,它反映了卖主对产品质量的偏好。因为影响决策的是绝对价格而不是相对价格,可以以 p 代表产品的质量,把其他商品的价格定义为 1。

假定它的预算约束为

$$Y_S = c + pn$$

这里 Y_S 为卖主的收入。把预算约束式代入效用函数后就有:

$$U_S = Y_S + (mq - p)n$$

如果要使卖主在出售产品即 $n=0$ 时效用提高,应有:

$$mq - p < 0,即 mq < p \tag{7-1}$$

2. 买方

对于网络消费者(即潜在的买主)来讲,假定其效用函数为

$$U_B = c + tqn$$

这里 c 为买主对其他物品的消费;n 表示卖主是否购买产品的变量,$n=1$ 表示购买,$n=0$ 表示不购买;t 表示网络产品质量与其他物品消费相比的相对评价参数,它表达了潜在的买主对产品质量的评价,反映了消费者对网络产品质量的偏好。显然,为了保证交易能够顺利进行,需要有 $t \geq 1$。和卖方的假设一样,同样以 p 代表产品的质量,而把其他商品的价格定义为 1。

假定它的预算约束为

$$Y_B = c + pn$$

这里 Y_B 为买主的收入。

由于网络消费者并不知道网络产品的质量实际如何,他所知道的只是平均质量水平 μ,因此,在存在质量不确定性的前提下,决定他是否购买的决策依据应是期望效用:

$$E(U_B) = c + tE(q)n = c + t\mu n$$

这里 $E(q)$ 所反映的是网络产品的期望质量水平,实际上也就是它的平均质量 μ。把预算约

束式代入期望效用函数有：

$$E(U_B) = Y_B + (t\mu - p)n$$

如果要使买主在购买产品即 $n = 1$ 时效用提高，应有：

$$t\mu - p > 0，即 t\mu > p 或 \mu > p/t \tag{7-2}$$

3. 供需双方可能的均衡结果

按照 Wilson 模型(1980)，产品价格与平均质量的关系应为

$$\mu = E(p \mid mq < p) = \int_{q^0}^{p/m} qf(q)\mathrm{d}q \Big/ \int_{q^0}^{p/m} f(q)\mathrm{d}q (q^0 < p < q^1) \tag{7-3}$$

由于它同时满足了式(7-1)的条件，因此，式(7-3)实际上表明了达成交易的产品平均质量水平，更重要的是它表明了供给方的决策边界。将它与式(7-2)联立，就可以分析出供需双方的交易均衡条件。

4. 例证与说明

为了说明问题，现在赋予产品质量以一定的概率分布，假定 q 服从均匀分布，即它的密度函数为 $f(q) = 1/(q^1 - q^0)$；同时对买方来讲先考虑 $m = 1$ 的情况。这样，式(7-3)就变为

$$\mu = \int_{q^0}^{p} \frac{q}{q^1 - q^0}\mathrm{d}q \Big/ \int_{q^0}^{p} \frac{1}{q^1 - q^0}\mathrm{d}q = \frac{p + q^0}{2} \tag{7-4}$$

那么，供需双方可能的均衡结果如图 7-1 所示。

在图 7-1 中，射线 $S(q^0 > 0)$ 和射线 $S(q^0 = 0)$ 表达了网络产品的平均质量，同时也是供给方的决策意愿和依据。射线 $D(t \geq 1)$ 的右下方则为需求者的决策边界，由前所述，为了保证交易能够顺利进行需要有 $t > 1$，所以射线 $D(t = 1)$ 为所有表达需求的射线簇 $D(t \geq 1)$ 的最低边界。显然，供给区域和需求区域的交集就是瓦尔拉斯均衡区域。这个交集就是曲线 D 的右下方区域和射线 S 的交集。由于网络交易具有虚拟性，导致消费者通过降低对网络产品的质量偏好来弥补对质量判断的不足，反映消费者对网络产品质量的偏好的 t 值会更加趋近于 1，从图 7-1 上看形成

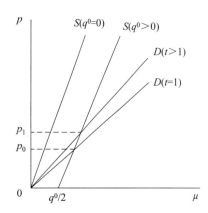

图 7-1　供需双方可能的均衡结果

均衡的边界会缩小，所反映的均衡价格会下降（在图 7-2 中由 p^1 趋于 p^0）。另外，如果网络产品的最低质量为零，相应的 $S(q^0 = 0)$ 和 $D(t \geq 1)$ 的右下方区域的交集也就是唯一可能的均衡为原点 $(0, 0)$，它已经没有什么实际意义。这就说明，如果网络产品的最低质量被假定为零，整个交易市场可能就会完全瓦解。

如果继续考虑卖主对产品质量偏好 $m \neq 1$ 的情况，则式(7-3)就变为

学生笔记：

_____

_____

_____

$$\mu = \int_{q^0}^{p/m} \frac{q}{q^1 - q^0} \mathrm{d}q \Big/ \int_{q^0}^{p/m} \frac{1}{q^1 - q^0} \mathrm{d}q = \frac{1}{2}\left(\frac{p}{m} + q^0\right) \qquad (7\text{-}5)$$

假定卖者对产品质量偏好 $m \neq 1$，将它与式（7-2）联立以后，供需双方可能的均衡范围如图 7-2 所示。

从图 7-2 中可以看出，随着 m 的增加也就是当潜在的网络卖主对产品的质量偏好增加时，供给区域也就是射线 S 和需求区域也就是射线 D 右下方的交集会缩小，这同样意味着瓦尔拉斯均衡区域在缩小，所反映的均衡价格会下降（在图 7-2 中由 p^1 趋于 p^0）。

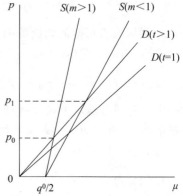

图 7-2 供需双方可能的均衡范围

5. 结论

从以上的分析可以得出如下结论：

（1）在网络市场或电子商务市场上，由于网络交易的虚拟性所导致的消费者对网络产品质量偏好的降低，其结果只会造成瓦尔拉斯均衡区域的缩小和瓦尔拉斯均衡价格的下降。这说明网络的虚拟性可能会减低网络交易的便利性。因此，在传统市场上比较奏效的解决"柠檬"问题的方法在网络市场中可能并不适用，如以价格判断质量的方法、制造和传播信号方法等在网络交易中的作用会受到很大的限制。

（2）当考虑网络交易中卖主的消费偏好时，它会对均衡结果产生影响。当卖主对产品的质量偏好增加时，其结果同样会造成瓦尔拉斯均衡区域的缩小和瓦尔拉斯均衡价格的下降。直观地解释这种现象，就是因为在这种情况下消费者要购买产品不仅要设法了解产品的质量分布还要了解卖主的销售动机，而由于网络的虚拟性这更加造成消费者的信息劣势，降低交易的效率。

（3）网络产品的质量分布会对均衡结果产生影响。极端的情况是如果某种网络产品的最低质量被假定为零，那么整个交易可能会完全瓦解。但当最差的产品的质量大于零的时候，市场均衡才具有实际的意义。

（4）如果一个市场是在低价格水平上取得均衡，这可能意味着市场协调的失灵，因为它表明市场交易中福利水平的下降。所以，与实物市场比较起来网络市场更加呼唤市场协调者的出现。

7.1.4 网络营销中"柠檬"问题的解决方法

由上所述，因为电子商务市场的"柠檬"问题和传统市场的"柠檬"问题具有不同的特点和表现，这也就决定了解决信息非对称性的手段会有所不同。就传统市场而言，可以把传递质量信息的方式分为直接和间接两种。当厂商为其产品提供质量担保时，它们也就传递了直接的信息。然而为担保产品质量所采取的措施如无条件退货政策，在电子商务市场中是很难实现的。这是因为，首先，数字产品很容易复制，实际上"退回"的产品已没有意义；其次，退款也是不可行的，因为对于购买低价值物品的情况，其处理花费要比物品的价值高得多。间接信息是通过标识和信誉传递给消费者的。然而这种方式是建立消费者进行重复购买时的基础上的,当消费者不会重复购买时,声誉好的公司几乎不占多大的优势。又如在传统市场上厂商可能会建立规模和档次都很高的商店和保修店,以便使消费者能从商店的优雅环境或卖主的标识判断商品的质量,从而愿意购买该厂商的产品。但是,在电子商务的虚拟市场上,这些间接信号是无法提供的或是变化频繁的。因此,传统市场可用的间接信号在电子商务市场上几乎是毫无意义的。

那么,有哪些机制可以有效地降低电子商务市场中的"柠檬"问题呢?就目前情况来看,在电子商务市场所采取的营销策略,如产品的差异化、差别定价和产品定制化等对消除网上产品的质量不确定性具有一定的作用,可以将产品的价格建立在用户的评价之上,力求达到价格-质量的最佳点;但它们在解决"柠檬"问题上所起的作用却是很有限的。因为这些营销策略最基本的经济动机是厂家为了减少相同产品之间的竞争和对消费者进行锁定(lock-in),无形中会形成对产品的垄断,这样反而会加剧消费者对产品质量所面临的信息劣势。

在电子商务市场中通过发展和使用中介可能是解决"柠檬"问题比较好的方法。中介的定义包括除了卖主和买主以外的各种类型的市场代理商和机构,它们参与市场,但是自己不消费这些产品。在买卖双方不能充分解决质量不确定性的市场中,以中介为基础的市场机制可以比没有中介或规则制度下的市场机制更有效。中介可以通过提供质量信息解决"柠檬"问题的一个决定性原因是中介可以出售许多厂家的产品。单个产品的中介可以与生产商勾结以共享利润,不顾消费者的抱怨继续销售;然而,多个产品的中介如果与某个供应商相勾结,并且继续卖有问题的产品时,消费者就会同时停止购买这个中介的其他商品。这种"信息溢出"的机制会促使中介停止销售不道德厂商的产品,并对其进行惩罚,从而鼓励生产商维持高质量。需要指出的是,虽然中介的参与实际提高了交易成本,如需要一定的技术知识和资金投入,但它同时也提高了市场的交易效率。另外的一种办法,就是消费者可以利用 Internet 无比强大的传递和搜索优势,来改变自己的信息劣势,这也是一种比较有效避免"柠檬"问题的办法,如利用搜索引擎(Web)、Usenet 新闻组等。此外,使用捆绑销售也是比较好的方法,因为它既可以节约消费者的搜寻成本,又可以使高质量的销售商以足够低的价格和过去产品的高质量所产生的信号效应来吸引顾客。当然,这时消费者也面临着被锁定的局面。

根据前面的分析,如果将两种市场上"柠檬"问题的解决途径及其作用作一个总结与对比的话,可以用表 7-2 将它表示出来。

表 7-2　两种市场"柠檬"问题解决途径及其作用的比较

解 决 途 径	传 统 市 场	电子商务市场
将价格作为判断质量的依据	较弱	很弱
品牌和广告	强	较弱
向客户提供质量保证书、保修、退回等办法	强	很弱

学生笔记:

_____

_____

_____

续表

解 决 途 径	传 统 市 场	电子商务市场
政府、行业协会等机构建立质量合格标准	弱	弱
市场中介	较强	强
"捆绑"销售	弱	较强
差别定价	弱	较弱
产品定制化	弱	较弱
消费者的信息搜寻	较弱	较强

应该指出,不管是在传统市场上或电子商务市场上,虽然通过一些方法使得由于逆向选择而出现的低效率市场重新获得了市场的效率。但是,方法的失灵又可能使重新获得效率的市场陷入新一轮效率循环当中。当经济体制普遍存在逆向选择和道德风险等由于非对称信息所带来的问题时,人们难以相信能够实现帕累托(Pareto)最优效率。

在 Akerlof 模型中,市场失灵的根源在于市场赋予价格的角色是双重的,一方面它要反映市场上的供求均衡价格,另一方面它又要反映产品的质量水平。价格的这种双重角色只有在完全竞争市场上才会出现。但在实际市场中完全竞争很少见到,因为它要满足几个基本的假设:

(1)潜在的买卖双方可以自由地进入和退出市场;

(2)买卖双方均不能单独影响市场,他们只能是价格的接受者;

(3)没有产品差异,即产品同质;

(4)买卖双方都完全了解产品的价格和质量,即买卖双方均具有完全信息。

然而,不管是传统市场或电子商务市场都是不满足以上假设的,尽管满足的程度不同。在电子商务市场上尽管它有较低的进入障碍和更高的信息获取效率,但这并不意味着电子商务市场一定能够获得更高的市场交易效率。基于 Internet 的电子商务市场虽然提供了一个可以减少交易成本的途径,但它并没有改变市场交易中的信息非对称性。在电子商务出现和发展的过程中,新技术是电子商务的交易工具,但它将来的发展将主要依赖于经济问题而非技术问题的解决方案。这是人们在网络营销和网络沟通的过程中必须要注意的问题。

7.2　网络"柠檬"问题与网络信任

解决逆向选择问题实际上就是消除信息不确定性的过程,前面几章的分析也围绕这个核心来探索解决途径。阿克洛夫指出:许多市场机制其实是为解决不对称信息问题时出现的,因为经济主体有强烈的动力去抵消有关市场效率问题的逆向选择。其中,信任作为对一种社会秩序的认同和接受,在解决网络"柠檬"问题中起着非常重要的作用,具有重要的意义。

7.2.1 信任的定义及实质

英文中关于"信任"一词，有 trust、credit、confidence、reputation 等多种解释。trust 意指一方主体对另一方的恪守承诺的肯定预期，也是合作守信，取得他人信任的意思。credit 意指金融领域的借贷，同时也包含相信、信仰某事的正当合理，事物的可信性等。confidence 有自信、确信的感觉，尤指自信。reputation 意指一方主体内在可信性特征所获得的外在积极评价，对应于中文的"信誉"。本研究所讨论的信任，与 trust 最接近，但是由于 trust 定义包含两方面，可以将其划分为广义的信任和狭义的信任：前者主要指双方共同合作的信念，相互信任并切实合作，即"互信"；后者主要指一方对另一方合作的预期，即"信任"。因而，狭义的 trust 是本研究着力需要展开的主题。

有关人类社会中各种现象的研究和信任都是密不可分的(Hosmer，1995)。卢曼(1979)定义的信任是"对一个人的期望的确信"，BAYER(1994)和 Gambetta(1988)认为信任是"对被信任者的善意的期望的一种确信"，Barber(1983)和 Alpern(1997)认为信任是"对被信任者愿意履行他(她)的信托义务的一种确信"。定义的提法多种多样，很多学者都指出信任缺乏一个广泛接受的定义(Lee&Turban，2001；Lewis&Weigert，1985；Yoon，2002)。

关于传统信任理论的研究由来已久，社会学、心理学、社会心理学、经济学、营销学等多种社会科学都曾经涉及这个概念，而不同学科领域因角度差异对信任的研究各不相同。信任是个处于多学科交叉综合领域的复杂概念。对信任的理解的分歧导致了信任研究的不同方向。信任最早是在心理学的领域中用于探讨其与人际关系的影响，后来在社会学、经济学、组织行为等领域皆有有关信任的文献及讨论。心理学侧重于个体角度，认为信任是一种基于个性的品质，不同的个性特质造就不同的信任倾向。Rotter(1980)将信任定义为"对于另一个人或团体的话语、承诺、口头或书面陈述认为可靠的一般期望"。Moorman 等学者(1992)认为信任是交换关系中一方愿意去依赖有信用(confidence)的交换对象。

社会学角度把信任看成是人际间的交流过程，源于合作和互助的基本需要。社会学家认为在理性预期没有效果时，信任就会起作用。信任能够比理性计算更加快速地、经济地和完全地降低复杂性。社会学家 Lewis & Weigert(1985)把信任定义成为一种集体内部的品质，只与人们之间的交互有关，而不与个人的特质有关，他们提出信任由认知、情感和行为因素来组成。Gambetta(1988)中表述，对另一方的信任意味着，即使给对方提供机会，对方也不会损害己方。

古典经济学理论把信任作为一个复杂的情感和心理现象，信任行为直接来自理性计算和早先交易经历。信任发展像是个人行为、理性和决策的元素。从经济学视角来看，Williamson (1993)提出了"可计算性"理论，"信任，简单地说，是在一次商品交换时的风险计算和估计。换句话说，当你信任你的合作方，你计算出他们正确行动的特定概率，然后得到一个结论认为你将冒着对方基于此概率的机会主义的一定的风险。"即认为信任是在经过一番理性计算后所期望的收益。现代社会经济学家福山(1995)从一个完全崭新的视角来阐释信任,认为信任是"社会资本"的一种形式,宛如一种社会媒质,一种是其他所有社会机制和方方面面得以植根于其中普遍存在的基本要素。他定义信任是基于共同规则在社会内部对正常的、诚实的和合作的行为的预期。这种观点不仅肯定了人际间信任的存在,而且还把视角扩展到了文化和社会的维度。制度经济学家对信任的关注是与生俱来的,要维持交易所必需的信任,制度就必须具有明确性、一致性,必须对违反制度的行为进行必要的惩罚。

中国人民大学社会学教授郑也夫与福山一样,也认为信任是"非理性"的。他说:"信任是一种态度,相信某人的行为或周围的秩序符合自己的愿望。它可以表现为三种期待,对自然与社会的秩序性,对合作伙伴承担的义务,对某角色的技术能力。它不是认识论意义上的理解,它处在全知与无知之间,是不顾不确定性去相信。"

营销学研究交易活动中的信任问题,从心理学和社会学概念出发,既关注买卖双方的个人特质,又重视买卖过程中的交互关系。与社会学学者 Lewis 和 Weigert(1985)类似,营销学学者 McAllister(1995)、Ganesan(1994)和 Doney & Cannon(1997)都发现信任是基于可靠(credibility)和善良(benevolence)的。可靠基于认知角度,善良基于情感角度。Doney & Cannon(1997)认为信任由认知可靠性和善意组成。可靠直接与认知可靠性维度相关,被定义为对交易者一方在话语、书面承诺可依靠的预期程度。善意直接与情感基础相关,被认为是一方对另一方利益的关心,并试图寻找双赢的合作点。除了对信任维度的研究,该领域的营销学学者还对信任影响因素和形成过程特点做了详细的研究。

此外,许多经济学家通过博弈论模型对信任进行了研究(Kreps,1990;Dasgupta,1988;张维迎,2002;艾克斯罗德,1996;庞川,2003)。他们的主要研究结论如下。

(1) 在一次性交易的前提下,交易双方的最优选择是互不信任;

(2) 在重复交易的前提下,交易双方的合作(互相信任)就可以在信誉机制等作用下出现。

Wang&Emurian(2005)认为电子商务交易信任有如下 4 个要点。

(1) 施信方和受信方。在网络信任中,施信方是由经常上网浏览的消费者所组成,受信方是电子商务网站或者电子商务网站的实际运营商。有时候受信方也包括互联网技术。

(2) 易伤害性。因为电子商务存在较高的复杂性和匿名性,商人的行为变得更加不可预测。消费者对于网络购物变得顾虑重重。有时甚至出现这样的情况:消费者只是浏览了一下该网站的主页,他的一些个人信息、行为特点就已经被系统自动收集并存储起来,并把这些信息非法地用于其他商业手段中。由于网络环境中的种种不确定性因素,使得消费者利益受到了严重的伤害(被骗取钱财或被侵犯隐私)。

(3) 行为后果。消费者网络信任可能会产生两种行为:①从网络商人处购买商品,提供信用卡信息和个人其他相关信息;②只是在网上商店逛逛,不购买商品。这两种行为都会给网络商人带来较好的结果,如实际的或潜在的收入。在商人能得到利益的情况下,消费者必须很有把握能够不上当受骗,从而保护自己的利益。

(4) 主观性。网络信任也是一个主观问题。人们对于网络和计算机都有着不同的信任倾向,从而影响网络交易的信任程度。

网络信任体系(trust system in network)是 2018 年全国科学技术名词审定委员会公布的计算机科学技术名词。它的在网络环境中构建的身份识别、权限分配和责任认定的体系,表明在网络中的系统、部件、进程等实体之间建立的一种信任关系。

综合以上的定义,可以看出信任是一个主观的概念,很难对其进行严格精确的定义,电子商务中的信任被广泛接受的描述是 Gambetta 给出的:"信任(不信任)是一个实体评估另一个或一群实体将会进行某一特定行动的主观概率水平,这种评估先于该实体对此特定行为的监控之前,需要在一定的情形之下做出,并会影响到该实体自身的行动。"结合 P2P 网络环境,本书给出电子商务中信任的定义如下:信任是在特定应用环境和特定应用时间段中,事先期望实体执行某具体商务行为的主观可能性程度,其量化结果即为该实体的信任值。

7.2.2　网络交易的信任机制

1. 传统交易中的信任机制

Doney & Cannon(1997)的分析和描述反映了信任过程的发展机制(见表 7-3)。

表 7-3　商业信任过程的发展机制

发 展 阶 段	作　用	影 响 因 素
计算过程 (calculative process)	计算交易伙伴欺骗或保持关系的成本或报酬,推测对方是否有欺骗的意图	供应商的声誉,供应商的信息分享,供应商交易次数,供应商客户化的意愿
预测过程 (prediction process)	交易伙伴间反复的互动可以提供可预测性的基础以解释交易伙伴的行为结果	与供应商交易的次数及时间的长短,买方过去的经验
能力过程 (capability process)	此过程主要在于判断交易伙伴是否有能力实行其承诺	供应商的专业能力
意图过程 (intentionality process)	信任者试图解释被信任者行为背后的动机,若双方可发展出共享价值或规范时,则会产生意图,促使某一交易伙伴了解另一伙伴的目的	供应商的信息分享,买方过去的经验
转移过程 (transference process)	此过程代表将信任由一个可信任的证明来源转移到与委托人有极少或没有直接经验的另一个人或群体	供应商的声誉,买方对供应商的信任

Chow(1997)利用信任因素探索买卖双方的忠诚关系建立了买卖关系中的信任模式,如图 7-3 所示。

2. 网络交易中的信任机制

Kini & Choobineh(1998)研究了电子商务环境下信任的来源,他们认为,电子商务环境下信任的来源是信息环境、系统、个人特质和作业。其中,信息环境包括展示的平台、组织

学生笔记:

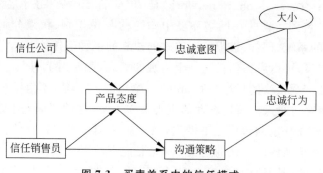

图 7-3　买卖关系中的信任模式

情况及效益；系统包括系统的安全和可依赖性；个人特质包括个性中信任倾向是否有效益；作业即指交易风险。据此提出了电子商务环境下的信任整合模式，如图 7-4 所示。

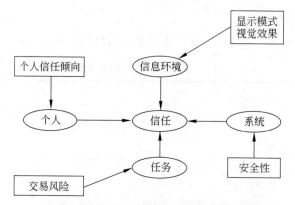

图 7-4　电子商务环境下的信任整合模式

Yao-hua 和 Thoen(2001)认为消费者的信任由两部分构成：对交易对象的信任和对交易控制机制的信任。他们还假设存在一个信任阈值，只有当消费者的信任值大于阈值时消费者才会真的信任该电子商务厂商，并且消费者的潜在收益和风险偏好都会对信任阈值产生影响，如图 7-5 所示。

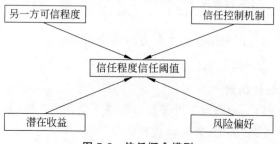

图 7-5　信任概念模型

Corritore(2003)认为消费者的外部因素会影响他的感觉因素，而感觉因素直接影响信任。外部因素主要指消费者的特征和一些环境变量，感觉因素指关于电子商务厂商的信息、电子商务网站的技术信息和一些交易风险信息等。信任客体在在线风险环境中不暴露主体弱点的期望。Corritore 等认为在线信任同非在线信任类似，是一个多维度的概念。根据一般性可以分为普遍信任(general trust)和特定信任(specific trust)，普遍信任是指个体对其余个体、组织或者技术整体的一般信任，而特定信任是指个体在特定的情况下对特定的个体、组织的信任。根据类型可以分为缓慢信任(slow trust)和快速信任(swift trust)或者认知信任(cognitive trust)和情感信任(emotional trust)，缓慢信任是随着时间的进程，在长期工作关系中发生的信任；快速信任是指在短期内产生和中止的关系中产生的信任；认知信任依赖于对他人的充分了解和值得依赖证据的掌握，已有的了解和良好的理由都表明他人将来的行为是可预测的，构成了认知信任的基础；情感信任则建立在人们之间的感情纽带之中，这种纽带表现了对对方的福利的关心，它往往通过人与人之间相当长时期频繁发生关系来建立和深化，它依赖于良好的沟通和对误解的排除。根据程度可以分为基础信任(basic trust)、受保护信任(guarded trust)和扩展信任(extended trust)，基础信任是社会生活的前提，是信任的潜在形式；受保护信任是指被正式的合同、协议和承诺保护的信任；扩展信任是一种开放性的信任，是建立在深厚关系下的信任。根据阶段可以分为初始信任(initial trust)和成熟信任(mature trust)。同时，Corritore 等也给出了在线信任的一般概念模型。

国内学者中，庞川和薛华成(2004)建立了一个影响消费者网络信任的路径模型，认为影响电子商务中信任的因素包括如下几种。技术因素，即网站系统的稳定性、网站技术的先进性、信息下载的速度(如打开页面的速度)、网页设计的美观性和实用性、网站有无权威的网络安全认证。环境因素，即整个社会道德水准的高低；社会上是否建立有权威的企业信用评估体系；有无关于电子商务的明确、权威的法律规范。商业因素，即企业品牌的知名度、可供选择商品的种类、商品质量的可靠性、商品的价格因素、有无详尽的产品介绍和客观评价、购物流程是否方便、支付方式是否方便多样、物流配送是否周到、有无明确的退货保障、有无让消费者交流经验的论坛。个人因素，即是否担心个人资料会得到不妥当的处理、有无朋友或权威第三方的介绍和推荐、过去的网上购物经历。作者用了上海市 224 名18 岁以上的包括在校学生、公司职员、教育和科研工作者以及公务员在内的网络使用者为调研对象，用 SPSS 处理数据并验证了 5 个假设。

马君和文庆能(2005)运用博弈论分析方法探讨了嵌入关系网络中信任的本质及产生机制。他们首先用一个简单的例子分析了信任的"囚徒困境"("霍布斯状态")。然后在上述博弈结构中引入可置信的威胁战略(法律机制)均衡结果就会改变。发现强有力的完善公正的法律制度是实现有效率的分工合作，保障社会公正、公平，提高经济活动效率的有力保证。但是法律制度必须满足两个条件：对正当权益保护的力度要大，对违规者有足够的威慑作用。王晓燕(2005)分析了 C2C 网站的信任问题，用大群体博弈分析了复制动态进化博弈模型，得到了一个结论，要解决网上信任问题：一方面要建立网下的个人信用制度，发

学生笔记：

_____

_____

_____

展信用服务中介机构,着力推行第三方认证;另一方面,可以在中国现有的状况下,通过鼓励同城交易、代收货款信用担保服务等方法增进用户间的信任。

相对于传统实体交易,网络交易具有虚拟性、随机性、动态性和匿名性,交易的双方不直接见面,而且互不相识,仅是通过网络来信息交换,甚至于整个交易过程都在网上完成。传统用户标识、数字证书等信用评估标签都是静态指标,而网络环境下的用户个体是动态变化的,特别是在网络交易活动中,交易双方的身份可能被证实是完全真实的,但双方的交易行为未必真实。为了推动网络交易的健康发展,必须对网络交易中信任机制的原理、评价和模型进行探讨和研究。

余以胜(2017)在前人研究基础上提出,网络交易信任受交易主体、交易时间、交易频次、交易规模、交易领域及网络环境等诸多要素约束。对于网络交易服务平台,信任评价涉及的影响因素包括网站界面、导航功能、信息数量、信息质量、品牌促销信息、社会因素设计、用户友好及系统易用性、沟通反馈机制、安全控制、隐私控制、第三方认证、支付方式、法律机制、系统容错性、承诺的履行等。对于网络交易系统的商家,信任评价涉及的影响因素包括卖方特征(能力、善意、诚实),买方的信任倾向,企业声誉,企业规模,信息数量,商品质量和实用性,提供无偏见的和完整的信息以及履行承诺等因素。对于用于交易的商品或服务,信任评价涉及的影响因素包括性能、功能、质量、价格、外观、品牌、节能、环保、物流服务、售后服务等。

对于近几年集中于电商领域的假冒伪劣产品的问题,《中华人民共和国电子商务法》(以下简称为《电商法》)给出了规范,法案明确指出,消费者通过电子商务第三方平台购买商品或者接受服务,其合法权益受到损害的,可以向商品生产者、销售者或者服务提供者提出赔偿;如果电子商务第三方平台不能向消费者提供平台内经营者的真实名称、地址和其他有效联系方式的,消费者可以要求电子商务第三方平台先行赔付。从短期来看,《电商法》的发布会对一些劣质平台和不法网店带来一定的影响,从长期来看,它对保护消费者合法权益及保护优质平台十分重要。

3. 结论

信任从某种程度上讲是解决逆向选择问题的非经济因素,它表现出对一种社会秩序或者价值观的认同和接受,它通过影响人们的人格特质等要素来影响人们的决策和判断。随着时代和社会的发展,信任的形式和内容都会有所改变。电子商务的发展除了技术问题以外,还有制度以及社会心理层面的问题,是信任机制的重构问题。

2001年10月,作为中国拥有一定知名度的电子商务网站——my8848,因为收取消费者订购商品的货款却不予发货以及质量与价格不符等原因,被许多的消费者投诉,北京市工商局不得不向消费者发布紧急警示:不要再向my8848网站汇款购物,并奉劝人们最好选择货到付款的方式进行交易。虽然这个事件的发生有许多复杂的原因,如自营的方式、物流体系的不完善和追求点击率等,但它确实降低了中国消费者对网络交易的信任感。因此,必须要重视以信任为核心的伦理文化环境的营造,必须要了解网络信任的发展及组成要素,否则,解决网络逆向选择也无从谈起。

作为中国最早也是最大的电商平台,淘宝网曾经撑起了一批"草根"创业人的梦想,但也孕育了一批卖假货的"蛀虫"。事实上,这些年在打假方面淘宝网也做了多方面尝试,如与世界百余品牌搭建全球首个"电商＋权利人"共建体系平台；与部分世界品牌组建"大数据打假联盟"；以及对外披露"售假账户操控人""假货生产企业"两张大数据打假地图和首批"百家售假企业黑名单"等。看得出淘宝网在打假上的态度，还是值得称赞的。

建立电子商务的信任机制问题是目前发展网络经济中所面临的十分重要而紧迫的问题，它也需要一个过程，甚至于是一个比较漫长的过程。但是，如果离开了网络市场的技术环境特点来谈网络伦理问题显然是不现实的，它同时还需要人们把它与制度等因素结合起来。

7.2.3　产品质量博弈模型与营销信任机制

考虑两个交易者 X 和 Y，分别赋予他们两种产品 x 或 y 的全部存货，同种商品的质量是不完全相同的，可以分为高质量产品和低质量产品（相应地，y 也分为高质量产品和低质量产品）。只有存货的所有者才能区分哪些是高质量产品，哪些是低质量产品。假设一单位 x 和一单位 y 进行对等交换，同时，假设 X 给交易的各种所有可能的收益为得到一单位高质量产品 y 的效用为 u_1，得到一单位低质量产品 y 的效用为 u_2，卖出一单位高质量产品 x 的效用为 v_1，卖出一单位低质量产品 x 的效用为 v_2。

假使 Y 的定价方式是只要将 x、y 进行交换，其余的和 X 的定价相同。则每个交易者存在两种策略选择，即卖出高质量产品或者卖出低质量产品。他们的支付情况如图 7-6 所示。

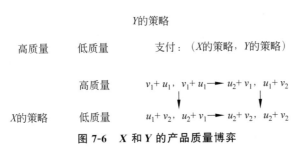

图 7-6　X 和 Y 的产品质量博弈

如果 $u_1+v_2>u_1+v_1$ 且 $u_2+v_2>u_2+v_1$ 时，也就是说，当 $v_2>v_1$ 时，X 会选择用低质量产品 x 进行交易，并且，这个前提会导致 Y 选择向 X 提供低质量产品 y。当然，在这里 v_2 和 v_1 都是负数。于是，可以得出结论：只要当交易一单位低质量产品比交易一单位高质量产品会导致交易者损失的效用要小些时，低质量产品会驱逐高质量产品。如果把例子的条件复杂化，例如，对两个交易者 X 和 Y 的交易可能的不同情形进行区分定价，结论则恰好相当于 $v_2(X)>v_1(X)$ 和 $v_2(Y)>v_1(Y)$。

如果产品的交换被视作不合作博弈，则博弈的一个纳什均衡（Nash equilibrium）是策略组合（低质量，低质量），这就是"囚犯难题"的效果。但现在假设交易者希望交易不仅进行一次，而是在后续的时间段里能每阶段一次地、持续地彼此往来进行交易时，面对的博弈则

学生笔记：
_____
_____
_____

是一种超级博弈,即一个无限重复多次进行的博弈。

可以考虑如下战略组合:假如 X 在第一阶段用高质量产品参与交易,在第 t 阶段($t>1$)用低质量品进行交易当且仅当在前面某一阶段 Y 用低质量产品参与了交易(称此为战略 S_X)。对 Y 只需将 S_X 中的 X 换成 Y,其余不变即可(战略 S_Y)。

令交易两方都以 $\delta(0<\delta<1)$ 的贴现率对未来收益进行贴现,并且回到最初的例子中。若 Y 实施战略 S_Y,X 也实施战略 S_X,则 X 的收益就是

$$(v_1 + u_1)\sum_{t=1}^{\infty}\delta^t \tag{7-6}$$

若 Y 实施战略 S_Y,X 就从战略 S_X 中脱离出来,从 $t=1$ 到 $t=T$ 一直实施"高质量产品"策略,但到 $T+1$ 阶段采取"低质量产品"策略;由于 Y 采用 S_Y 战略,他会从 $T+2$ 阶段起,开始实施"低质量产品"策略,于是 X 可以采取的最优策略也就是出售低质量产品。于是,X 从 $T+1$ 阶段脱离 S_X 可以获得的最高收益就是

$$(v_1 + u_1)\sum_{t=1}^{T}\delta^t + (u_1 + v_2)\delta^{T+1} + (u_2 + v_2)\sum_{t=T+2}^{\infty}\delta^t \tag{7-7}$$

对 X 来讲是继续 S_X 还是脱离 S_X,哪样更有利? 也就是说,希望知道式(7-6)与式(7-7)的差是正还是负。根据推导和计算,当且仅当满足下列条件时,二式差为正,即有:

$$\delta > \frac{v_2 - v_1}{u_1 - u_2} \tag{7-8}$$

从上述博弈过程可以得出如下结论。

(1) 高质量产品驱逐低质量产品需要满足一个"分离均衡"条件。这个"分离均衡"条件可以从式(7-8)看出:只要 δ 满足式(7-8),形成的战略组合为 (S_X, S_Y),即在市场上就只有高质量产品才能参与交易。其中,δ 值的大小取决于一个比例值,即卖出低质量产品与卖出高质量产品带来的效用差值和得到高质量产品与得到低质量产品的效用差值之比。即只有当交易者"目光短浅"时,才能肯定地说低质量产品会驱逐高质量产品,否则,市场参加者都愿意以高质量产品进行交易。

(2) 高质量产品驱逐低质量产品的过程是一个要对长远的未来做出适当贴现的过程(即 δ 足够大)。随着 δ 的增大,赋予未来收益的权重也随之增大,于是随着交易者赋予未来收益的权重的上升,低质量产品驱逐高质量产品的机会在减少。隐藏在背后的原因是,如果厂商对未来有足够的耐心(类似无限次的重复交易),厂商才有积极性为自己产品质量建立声誉。因此,对网络欺诈的管理实际上是一个对"声誉链"的管理过程。

7.2.4 策略建议

在人们为减少或消除网络欺诈行为提出策略建议时,首先应确立这样的一个观点:虽然基于 Internet 的网络市场提供了一个可以减少交易成本的途径,但它并没有改变市场交易中的信息非对称性。当人们陶醉于现代网络技术便利的同时,不能忽略由网络虚拟性所带来的信息不对称性,以及由此而引起的问题。这是人们观察、利用和发展电子商务不可忽略的前提。

从 7.2.3 节的产品质量博弈模型可以发现,要想使市场参加者都愿意以高质量的产品

进行交易,不至于"目光短浅",在网络交易中发生欺诈行为,必须有相应的机制来保证和驱使市场参加者进行合作的博弈并重复下去——这种机制可能是制度,也可能是法律或道德规范。具体来讲,应注意以下的问题。

1. 制定和培养网络交易的道德准则

美国的做法可以提供一些启迪。美国营销协会(American Marketing Association, AMA)曾颁布过相关的内容,提倡道德规范和信仰。这些要求包括工作成员禁止与有疑问的客户或第三者交易,对于从事了危害事例的予以撤销。AMA 颁布的内容起到了鼓舞消费者信任的作用。另一种专门涉及道德方面的在线交易的方法是对全体消费者进行教育的鼓励。

在国内,淘宝网为消费者和商家建立互相评价机制,可以从评价中观察商品的优劣和服务质量。同时,为了规避虚假刷单行为,淘宝网还上线了购物稽查系统,在 2020 年已经发展到 3.0 版本。这个系统可以检测市场上虚假的刷单评价行为,可以更大地保障网络评价的真实性,更有效地为消费者提供可以参考的购物建议。

2. 规范在线厂商的行为并向消费者提出忠告

针对网络交易中发生的欺诈行为,政府机关应该制定相应的行政措施,规范在线厂商的行为,并向消费者提出忠告。同时,消费者可以向司法机关告发可疑的欺诈行为,请求司法救济。例如,美国联邦贸易委员会(Federal Trade Commission, FTC)就专门接受在线消费者的投诉,并向消费者警示。FTC 曾根据消费者投诉,运用委员会的投诉数据库做出相关分析,总结出十大网络商业欺诈行为(见表 7-4)。

表 7-4 美国联邦贸易委员会(FTC)总结出的十大网络商业欺诈行为[①]

类 型	内 容
网络拍卖欺诈	在虚拟市场放出大量的拍卖信息,但消费者得到的往往是价值较低的商品或者什么也没有
ISP 接入服务欺诈	以免费为诱人上钩的手段,让消费者与他们签订长期合同。如果要解约或提前终止合同,那就必须支付高额罚金
信用卡欺诈	在进入时宣称免费,但要提供信用卡号码。消费者一旦输入号码,浏览就会产生费用
国际电话欺诈	可以免费浏览网站,但必须下载某个特别的浏览和拨号软件。在使用这些特别软件后,调制解调器被中断,电话线被接入国际长途
免费网站欺诈	一段时间内免费使用而无须支付,但即使没有超时使用,也会收到账单
网络传销欺诈	与传销一样,通过发展下线来赚钱。但此时的下线是商家自己或商家精心策划的网络。消费者一旦入网,即被套住

---

① 笔者译自美国联邦贸易委员会官方网站(网址为 **http://www.ftc.gov/**)。

学生笔记:

类　型	内　容
网络旅游欺诈	以低价旅游或"零团费"为诱饵,旅行者报团后旅行社提出各种隐蔽费用
网络创业欺诈	提出宏大的创业计划,保证消费者能得到高额回报,但完全是一场骗局
网络投资欺诈	商家要求消费者参与风险投资,并承诺可以迅速得到回报,但往往会受骗上当
网上兜售假药	商家宣称他们的药品还未上市,但可以治愈重病。实际上该药物对重病根本就没有疗效

FTC 还向所有的在线消费者提出如下忠告。

(1) 在签约前要仔细研究合同。

(2) 注意商家的文字表述和链接是否有隐藏"秘密"。

(3) 要注意隐私条款,如果商家未提供或含糊其词,一定要放弃交易。

(4) 对未在网站上提供其详细住所、营业处所地址、电话的企业必须保持高度警觉。

一些较大的电商平台也会将网络交易规则和规范跟消费者说明,如淘宝网专门设立的淘宝、教育网站(daxue.taobao.com/),俗称"淘宝大学",是阿里巴巴集团对外唯一的电子商务在线培训服务平台。它不仅提供消费者平台交易使用和防受诈骗的技巧,也可以帮助商家快速提升营销推广、网店运营、图片处理、信息排名、客户管理、搜索引擎优化(SEO)、整合营销、询盘及销售等工作能力。

3. 实施网络营销和传统营销的有机结合

由于网络市场具有虚拟性,因此,为了减少网络市场上欺诈现象,必须强调在线营销和传统营销的有机结合。7.2.3 节的模型告诉我们,网络欺诈的管理实际上是对"声誉链"的管理过程之一。因此,要促使网络企业出售高质量的产品,就应该使在线企业拉长自己的"声誉链",应利用它们在实物市场中的信誉和品牌作为进入电子商务的"敲门砖"。

线上和线下不是相互孤立的,要相互借势、相互支撑、相互推动、相互营销。线上、线下同步运作,有利于企业整合自身的内外资源,有利于积累品牌影响力,有利于加深同企业目标顾客的沟通。网上营销和传统营销有机结合,线上、线下同步运作是大势所趋。

4. 提供法律保障

美国的大多数州都制定了电子商务法,这些法律在减轻消费者的担忧、减少网上欺诈方面起到了重要的作用。我国的《中华人民共和国消费者权益保护法》《中华人民共和国价格法》《中华人民共和国产品质量法》《中华人民共和国合同法》等法律对消费者在获得高质量产品、减少消费者的逆向选择方面有一定的保护作用,但有关的条款仅仅只是对实物市场而言的。对我国来讲,为网络交易提供法律,应着眼于在电子商务这一新的交易方式与传统交易方式下的异同。

令人感到欣慰的是,《中华人民共和国电子商务法》(以下简称为《电子商务法》)已于 2019 年 1 月 1 日正式实施。《电子商务法》的颁布和实施是我国电子商务发展史上的一个里程碑。它的出台使得电子商务的发展有了法律的保障,它的正式实施,对规范当前网络消费中大量存在的质量安全、虚假宣传、网络售假、刷单炒信、物流滞缓以及隐私泄露等问题起到关键作用。

《电子商务法》集合了《中华人民共和国合同法》《中华人民共和国消费者权益保护法》《中华人民共和国网络安全法》《中华人民共和国侵权责任法》等多部法律法规的内容,同时也新增了具有针对性的条款。以往,电子商务在此前法律框架下,存在较多不明确、可有可无、三不管的情况,此种情况即将结束,整个电商行业将往更为健康、合法的方向发展。

《电子商务法》共有 7 章 89 条,主要就是对电子商务经营者、电子商务合同的订立与履行、电子商务争议解决、电子商务促进和法律责任 5 部分做了详细的规定,使蓬勃兴起的电子商务活动有法可依。《电子商务法》的意义体现在 4 方面:一是对电子商务各方主体都平等对待;二是使电子商务行为遵守规范,得到调整,回归法律和道德的框架内;三是让电子商务市场有序、依法、合乎道德地运行;四是要让电子商务跟实体商务一样,长期地、健康地运营,逐步地解决目前发生的各种各样的问题。

《电子商务法》对电子商务经营者的相关要求,部分条款摘录如下:

第十条　电子商务经营者应当依法办理市场主体登记。但是,个人销售自产农副产品、家庭手工业产品,个人利用自己的技能从事依法无须取得许可的便民劳务活动和零星小额交易活动,以及依照法律、行政法规不需要进行登记的除外。

第十二条　电子商务经营者从事经营活动,依法需要取得相关行政许可的,应当依法取得行政许可。

第十五条　电子商务经营者应当在其首页显著位置,持续公示营业执照信息、与其经营业务有关的行政许可信息、属于依照本法第十条规定的不需要办理市场主体登记情形等信息,或者上述信息的链接标识。

前款规定的信息发生变更的,电子商务经营者应当及时更新公示信息。

第二十三条　电子商务经营者收集、使用其用户的个人信息,应当遵守法律、行政法规有关个人信息保护的规定。

《电子商务法》对平台交易过程中的争议解决的相关规定,部分条款摘录如下:

第五十八条　国家鼓励电子商务平台经营者建立有利于电子商务发展和消费者权益保护的商品、服务质量担保机制。

电子商务平台经营者与平台内经营者协议设立消费者权益保证金的,双方应当就消费者权益保证金的提取数额、管理、使用和退还办法等作出明确约定。

消费者要求电子商务平台经营者承担先行赔偿责任以及电子商务平台经营者赔偿后向平台内经营者的追偿,适用《中华人民共和国消费者权益保护法》的有关规定。

第五十九条　电子商务经营者应当建立便捷、有效的投诉、举报机制,公开投诉、举报方式等信息,及时受理并处理投诉、举报。

第六十条　电子商务争议可以通过协商和解,请求消费者组织、行业协会或者其他依法成立的调解组织调解,向有关部门投诉,提请仲裁,或者提起诉讼等方式解决。

学生笔记:

_____

_____

_____

第六十一条　消费者在电子商务平台购买商品或者接受服务,与平台内经营者发生争议时,电子商务平台经营者应当积极协助消费者维护合法权益。

第六十三条　电子商务平台经营者可以建立争议在线解决机制,制定并公示争议解决规则,根据自愿原则,公平、公正地解决当事人的争议。

7.3　案例分析:淘宝网的信任机制

7.3.1　淘宝网的发展

淘宝网(www.taobao.com)成立于2003年5月,它是由中国最大的B2B电子商务集团公司——阿里巴巴,投资4.5亿元建立的一个C2C网络交易平台,致力于成为全球最大的消费者购物网站。淘宝网这个名字意味着这样的意思,即"没有淘不到的宝贝,也没有卖不出的宝贝"。在淘宝网成立之前,易趣是中国唯一的一家电子商务网站,占据着绝对的领导者地位。然而淘宝网从零做起,基于诚信为本的准则,在最初短短的两年时间内,迎头赶上并超过易趣,迅速成为中国网络购物市场的第一名,占据了中国网络购物市场70%左右的市场份额,创造了互联网企业发展的奇迹。

近些年来,淘宝网逐渐拥有近5亿的注册用户数,每天有超过6000万的固定访客,同时每天的在线商品数已经超过了8亿件,平均每分钟售出4.8万件商品。随着淘宝网规模的扩大和用户数量的增加,淘宝网也从单一的C2C网络集市变成了包括C2C、团购、分销、拍卖等多种电子商务模式在内的综合性零售商圈。目前已经成为世界范围的电子商务交易平台之一。

根据Alexa的评测,淘宝网为中国访问量最大的电子商务网站,居于全世界网站访问量排名的第8位,中国的第5位。淘宝网倡导诚信、活泼、高效的网络交易文化,坚守"宝可不淘、信不能弃"的经营理念。在为淘宝会员打造更安全高效的网络交易平台的同时,淘宝网也全心营造和倡导互帮互助、轻松活泼的家庭式氛围,已经成为越来越多网民网上创业和以商会友的最先选择。由于淘宝网营造了网上交易的诚信氛围,较好地解决了消费者网上信任的问题,赢得了中国广大消费者的好评和信赖。

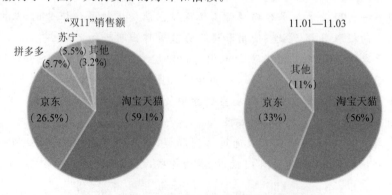

图 7-7　2020 年"双 11"销售额各平台占比情况

淘宝网建立了店铺展示系统、信用评价体系、商家成长机制、即时沟通工具、商品编码系统、API 平台开放系统、正品保障机制、SNS 社区和淘江湖系统、支付体系等机制体系，构建电子商务网络购物生态圈，为商家提供电子商务整体解决方案，为消费者打造一站式的购物体验平台。

7.3.2　淘宝网消费者信任的建立

根据 Kini & Choobineh(1998)研究的电子商务环境下的信任整合模式，即信任的来源包括信息环境、个人特质、系统和作业，接下来分析淘宝网如何进行网络信任战略的组成与实施，以建立消费者网站上进行购买的信任。

1. 信息环境的建立

淘宝网的网站质量在同类网站中是出类拔萃的，这对培育消费者的初始信任具有极大的帮助。在网站界面设计方面，淘宝网一直坚持不断地改进和创新，使得网站的画面更加简洁，让网站访问者一目了然。

位于主页面右上角的导航系统简单明晰，即使是新手也不会感到无所适从，如图 7-8 所示。网站上的每一项功能都有丰富而完备的辅助知识和提示，犹如一个随身顾问。网站的布局和颜色搭配合理，给人舒适、轻松的感觉。促销广告减到最少，这既增强了网站页面的可看性，又不会使消费者感到晕头转向。网站上的商品分类井井有条、一览无余、图字清晰。在系统可靠性方面，由于淘宝网采用先进的互联网技术，使得消费者在浏览网页的过

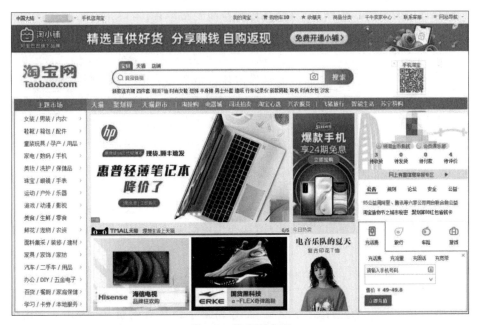

图 7-8　淘宝网主页

学生笔记：

程中十分流畅,进入网页的速度很快,且在服务过程中几乎不出现什么错误。在信息质量方面,淘宝网不断更新商品和交易记录,使信息更加及时。同时,淘宝网开发了名为"阿里旺旺"的及时通信工具。阿里旺旺类似于腾讯公司开发的聊天工具,通过它交易的双方可以及时、准确地传达各自的想法,大大促进了双方交流的效率,为达成交易提供了有利的支撑。

2. 个人熟悉度与倾向的建立

淘宝网没有国内 C2C 市场的先发优势,只是一个市场跟随者,而之所以能够在短短的时间内超过易趣网,在消费者心目中拥有广泛的知名度和信任度,这与淘宝网实施的沟通策略紧密相关。为了提高淘宝网在消费者心目中的熟悉度,淘宝网采用了广告和公共关系两张王牌,正是这两方面为淘宝网的消费者建立了熟悉度与信任倾向。

在广告方面,淘宝实行立体的网站推广策略,除了利用现代化网络广告工具之外,它还是第一家利用电视媒体和露天路牌等传统媒介做广告的电子商务公司。建立初期为了应对易趣网在门户网站的封杀,淘宝网采取了将广告投放到人气比较旺的个人网站、人流集中的路牌、灯箱、车身、电视媒体等传统广告上面,结果获取了消费者的关注。同时,淘宝网将娱乐营销和体育营销等网站联盟策略运用得十分到位,与搜狐、雅虎等门户网站进行多方位的结盟,借助这些具有高知名度的门户网站的庞大客户群体来进一步提高自己在消费者中的熟悉度。淘宝网利用热卖的贺岁片《天下无贼》充分提高了其知名度。它不仅在《天下无贼》中采取了常见的广告贴片、海报宣传和新闻发布等宣传推广手段,而且还把道具拿到网上拍卖,从刘德华的数码摄像机、开机仪式上的藏式马靴到李冰冰的数码相机。2020年1月11日,淘宝网和中央广播电视总台(以下简称为央视)联合宣布,淘宝成为 2020 年春节联欢晚会(以下简称为春晚)独家电商合作伙伴。整个春节期间,聚划算"百亿补贴"入口将会发放总额 20 亿元的补贴,其中有 10 亿元将会在除夕夜当晚投入。互联网企业豪掷数亿资金"入驻"央视春晚,当然不只是为了在除夕夜出一次风头。对于互联网企业来说,春晚舞台是一个"寸土寸金"的地方,可以说谁能拿到这个合作,谁就抓到了全中国,甚至全世界最大的一波流量。

在公共关系方面,淘宝网通过网络、户外广告和广播电视等可以与外界接触的手段来传达其品牌信息,形成一个温暖、诚信、互助和充满人情味的个人电子交易社区。例如,在印度洋海啸之后,淘宝网以自己的实际行动举办了最受业界瞩目的义拍活动。张醒生的古董电话、潘石屹的商品房、金庸的横幅、马化腾的 QQ 号等都成为了拍卖品,拍卖款全部通过中华慈善总会捐献给东南亚灾区。同时,淘宝网还善于运用新闻媒体的力量,时时处处收敛锋芒,赢得了媒体的同情和支持。通过这些公共关系策略的运用,淘宝网不仅让广大消费者知道了有这么一个电子商务网站,而且赢得了消费者的赞扬,达到了大得人心的目的。

3. 系统信任

很明显,商家和消费者处于对立位置,平台作为规范市场和促成交易的中间角色,为了设计出优秀的评价系统可谓煞费苦心。淘宝网作为最早的电商平台之一,对业务逻辑的处理也最为完善,在维护买卖双方利益的条件下满足各方对评价的诉求。

在网络平台交易中，消费者所感知的风险更大，对网络交易的安全的担心更为普遍。由于交易的参与者一般为个人或者小型的企业，没有什么知名度，交易双方彼此不了解，无法获知交易对象的身份和可信任程度，所以更容易产生信任缺乏的问题。而如果双方的信任难以达成，那么交易就很难进行下去。这时交易网站提供的信用评价体系就显得格外重要，它可以提供交易对象以往的交易经历及获得的评价，大大增强交易双方的信任。淘宝网充分认识到构建高质量的声誉系统的重要性，着力打造一流的声誉系统。淘宝网通过不断审视其自身的声誉系统，一旦发现其存在的缺陷，就及时提出相应的改进措施，取得了良好的结果。

与易趣网的声誉系统相比，淘宝网的声誉系统向消费者传达了更多有用的信息。它区分了用户作为买家和卖家的信用指数，这使得消费者在特定的交易中可以利用这两种不同的声誉统计来判定交易风险。同时，淘宝网在声誉系统中凸显了用户的消极反馈，并说明其遭到警告或处罚的原因。由于潜在买家在准备购买商品时，对消极反馈比积极反馈更加敏感，淘宝网的这种做法就显得格外重要，这明显提高了声誉系统的质量。

淘宝信用等级是淘宝网针对会员购物实行的评分累积模式。用户每在淘宝网上购物一次，可以获得一次评价的机会，通过点击相应数量的星星从"描述相符""卖家服务""物流服务"3 方面评分，星星数量越多则代表评分越高，如图 7-9 所示。淘宝平台不会产生默认评分，即若顾客在进行店铺评分时，只对其中一项或几项指标评分，平台仅根据已经提交的评分进行计分，剩余未评的指标视作放弃评分，不会默认评分。通过客户评价评分，再加上纠纷解决、品牌力、服务咨询等方面的综合考量，淘宝网会为店铺提供一个综合体验星级的评价。此外，声誉系统还根据卖家给买家的好评率与买家历史购买行为，将买家的信用度划分了 15 个等级，从最低级别的一颗红心到最高级别的五颗皇冠。通过不断的努力，淘宝网的声誉系统在中国是最受消费者欢迎和最成功的声誉系统。

图 7-9　淘宝网用户购买后的商品评价

但是，淘宝网的声誉系统仍存在问题，主要体现在如下几方面。评价内容与评价标准

学生笔记：

过于笼统。由于评价等级只有 5 项,对于认为指标水平处于两个等级之间的顾客,如中等和较差之间,则无法给出准确的评分。同时对于商品质量这个重要指标,仅用与描述相符程度来衡量,明显不足以全面反映店铺商品的质量水平差异;免费策略降低了交易门槛,容易滋生信用炒作现象;交易价格不一样的商品,获得的信用分数却是一样的,由于在低价格商品交易时体现高信用度并不能保障,在高价格商品交易中也是如此,淘宝缺乏分类别、变权重的信用体系。鉴于上述问题,淘宝网仍然需要进一步完善其声誉系统,使其信用评价体系不断得到升级。

4. 交易支付中介流程

交易支付流程是电子商务环境下确定消费者风险高低的重要环节。一个良好的交易支付流程是需要恰当的制度和稳固的安全措施进行保障的。在淘宝网购物的流程中,支付宝扮演了第三方认证的关键角色,如图 7-10 所示。假如没有支付宝的产生,或许淘宝网的购买并不会受到大批消费者的青睐。

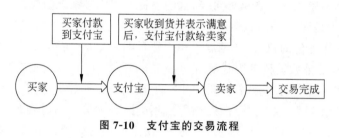

图 7-10 支付宝的交易流程

"支付宝认证"系统可以说是一项具有创新性的第三方认证项目。支付宝认证服务是由浙江支付宝网络科技有限公司与公安部门联合推出的一项身份识别服务。支付宝认证除了核实身份信息以外,还核实了银行账户等信息。通过支付宝认证后,相当于拥有了一张互联网身份证,可以在淘宝网等众多电子商务网站开店、出售商品。支付宝认证包括支付宝个人实名认证与支付宝商家实名认证两种形式。如果卖家只想卖几件物品而不是专门在网上开店做生意,则只需要进行支付宝实名认证。如果卖家希望在网上开店做生意,则需要通过支付宝商家实名认证。无论是个人实名认证还是支付宝商家实名认证,一般都需要几天的工夫,一旦卖家提出的申请通过审核,则可以从事交易活动,否则不能在淘宝网上卖东西。支付宝认证系统具备以下 4 方面的优势:①支付宝认证为第三方提供,而不是交易网站本身认证,因而更加可靠和客观;②由众多知名银行共同参与,更具权威性;③除身份信息核实外,增加了银行账户信息核实,极大地提高了其真实性;④认证流程简单并容易操作,认证信息及时反馈,用户实时掌握认证进程。支付宝认证虽然比手机、地址认证复杂,但对淘宝网的卖家信用的严格过滤,极大地保证了交易的可靠性,对于网上买家的信任的形成具有积极的作用。同时,应当看到支付宝认证具有一定的局限性,它只对淘宝网上的卖家进行了限制,对于买家却没有什么限制。对于买家来说,这方便了交易的进行,但不利于卖家对买家的信任的形成。

为了给交易平台的信用安全建立提供一个坚实后盾,淘宝网于 2005 年起在原有工作的基础上,专门成立了网络安全部。特意聘请了原公安系统具有多年刑事侦查经验的高手负责,由富有网络技术和反网络诈骗的人员组成。网络安全部将专职负责跟踪监视淘宝网的日常在线交易,并不断制定和完善系统流程中的所有安全保护措施。该部门还和各地的公安部门和网监部门积极配合,联手行动,一旦发现存在网络交易欺诈等不诚信的犯罪行为,立即与各地公安网监部门一起进行严厉打击,绝不姑息。

7.3.3　竞争优势:淘宝网的信用评价系统

作为电子商务市场的"中介",淘宝网并不负责对产品质量进行鉴定,但淘宝提供了一个信用评价系统。本书以淘宝网的茶叶销售数据为例,采用信用评价系统中主要指标——卖家信用、卖家好评率、商品好评数以及价格为解释变量,以月累计销售量为因变量。为了得到卖家信用、卖家好评率、商品价格、商品好评数等因素对销售数量的影响,构造如下模型:

$$y = \beta_0 + \beta_1 x_1 + \beta_2 x_2 + \beta_3 x_3 + \beta_4 x_4$$

其中,x_1、x_2、x_3、x_4、y 分别代表卖家信用、卖家好评率、商品价格、商品好评数、月累计销售量,x 的不同系数代表每个自变量对因变量 y 影响的权重,β_0 为方程常数项。使用 Eviews5 进行多元线性回归分析,得到的结果如下:

$$y = -1791.34341 + 0.000335417x_1 + 1788.300826x_2 - 0.031288987x_3 + 2.768445893x_3$$
$$t = (-2.46827577)(2.73257637)(2.458156457)(-1.921534007)(28.13484116)$$
$$R^2 = 0.800 \quad F = 25.851 \quad DW = 2.017$$

拟合优度 $R^2 > 0.7$ 代表方程拟合优度良好。显著性检验 F 值较大,说明方程中自变量 x 对因变量 y 产生显著影响,方程模型表现佳。DW 值一般为 1.8~2.3,该模型中 DW 值没有超出范围,证明模型不存在序列相关性。

从这个分析结果可以发现:

(1) 卖家的信用水平对于商品的销售有显著影响,虽然这个影响系数看上去并不大。这是由于在采集数据时,有效数据总是集中于高信用值卖家,这个事实恰恰说明,卖家的信用值对商品的销售影响非常大。通常,信用值较低的新手可能很长时间内都无法售出商品。

(2) 卖家好评率对销售量的影响系数显著,而且数值较大。通过对一些网上购物者的随机调查发现,许多买家把可以接受的好评率底线甚至定在了 95%。

(3) 商品价格对销售量的影响是比较显著的,但其系数为负值,绝对值较小。这说明,价格越高的商品越难以卖出。该结果说明,在淘宝网的茶叶销售市场上,网络"柠檬"问题依然是存在的。

(4) 商品好评数对销售量的影响系数显著,而且数值比较大。这说明,当不能确定一件商品质量的时候,参考别人的意见就是一个明智的选择。这类似于传统市场中的口碑营销。

以上的结果说明,在淘宝网的网络销售市场上,一定程度的"柠檬"问题仍然是存在的,

学生笔记:
_____
_____
_____

但是,由于卖家信用、卖家好评率这两个指标对卖家历史信用水平的披露,以及消费者评价对商品质量信息的补充,削弱了"柠檬"问题的影响。其中,消费者评价产生的作用尤其明显。

信用评价系统与声誉机制可以为电子商务市场的"柠檬"问题发挥特别重要的作用。淘宝网作为一家成功的 C2C 电子商务网站,虽然并不负责对产品质量进行鉴定,但该网站推出的信用评价系统等措施,很大程度上减弱了网络"柠檬"问题所带来的负面影响。淘宝网的信用评价系统可以比较好地衡量交易者的声誉。另外,淘宝网的信用评价系统是通过分散化的方式来处理信息的,交易者和网站需要付出的信息收集和传递成本非常低。因此,与网下社区相比,网络技术极大地提高了信息传递的效率,使声誉机制可以在更大的范围内发挥,减少"柠檬"问题的发生。

在网络经济的条件下,很多人认为,由于 Internet 既便于供应厂商和最终使用者迅速进行直接接触,又可以降低双方交易成本,因此,中介服务性企业将完全消失。然而,事实上,电子商务市场中电子中介依然存在。为了营造买卖双方的信任感,在电子商务市场上使用网络中间商也就是质量信息中介可以为降低网络产品质量不确定性发挥特别重要的作用。所以,当有些在传统市场比较奏效的方法失灵之后,应该特别重视网络质量中介的作用。淘宝网事实上就承担了质量中介的角色,同时也是市场的协调者。

降低网络交易中的"柠檬"问题,还要充分考虑我国消费者对创新的接受程度和接受能力,设计出符合中国国情和特点的管理模式。淘宝网采用一口价而不是竞价的销售方式,将交易者作为卖方和买方获得的信用评价分开计算,比较适合中国的实际情况。另外,在淘宝网上满足一定条件的卖家还可以加入商盟。商盟可以对成员与买家之间的争议进行裁决,出于维护整个商盟集体声誉的考虑,如果商盟成员有欺骗行为,商盟必须对其进行惩罚。因此,加入商盟的卖家更值得买家信赖,商盟的集体声誉可以起到补充卖家个人声誉的作用。

当然应该看到,在伴随着网络"柠檬"问题的同时,网络"柠檬"问题不仅存在,而且具有一定的持续性,解决"柠檬"问题的"恶性循环",影响了信用评价系统在解决"柠檬"问题时的效果。之所以出现这种状况,其中的一个很重要的原因就是,虽然淘宝网上的信息收集和传递是由信用评价系统自动完成的,但信息发布虽然是由交易者自己做出的。这样就会出现卖家用不真实的交易来"炒作"信用,或者买卖双方互相吹捧甚至互相报复的现象。因此,防止卖家用不真实的交易来"炒作"信用十分重要。淘宝网虽然也认识到了这个问题并采取了相关的措施,例如,规定每个自然月中相同买家和卖家之间的评价计分不超过 6 分,超出计分规则范围的评价将不计分,还采用了实名制、加大处罚力度(甚至取消 ID)等措施,但效果仍然不理想。

信用评价模型还需要不断地进行改进和修正,以适应和激励买卖双方披露真实质量,以诚实的交易来获取声誉度,使得声誉机制体系能够有效解决网上交易的逆向选择问题。笔者认为可以在以下方面进行修正:对于纯虚拟产品给予较小的权重,对于实物商品可以给予较高的权重;强化近期权重并弱化远期权重;信誉度和商品的价格挂钩等。另外,有必要探讨非市场化方法在降低逆向选择负效用时的作用。我们有理由相信,随着我国网络交易政策法规的逐渐明朗,必将为解决网络逆向选择问题提供更多的方案。

7.3.4　问题与讨论

近年来,国内电子商务发展十分迅速,越来越多的消费者开始在网站上进行买卖活动。然而,在电子商务环境中,买卖双方的信息不对称程度加重,使得消费者感知网上交易风险比传统商业模式更高,这极易导致消费者对网上交易持不信任的态度。而在实际交易中的网络欺诈行为更是进一步加重了消费者的不信任感。如果消费者对电子商务这种商业模式持不信任的态度,就不大可能在网络交易平台再进行交易,这将直接导致电子商务企业无法生存下去。实际上,消费者信任的缺乏问题已经成为我国电子商务发展的最大障碍。淘宝网在消费者信任的建立方面取得了不俗的业绩,但存在的一些问题需要在今后加以解决。淘宝网的各种信任建立手段为其带来了巨大的商业成功,淘宝网的成功揭示这样的一个论断:尽管在电子商务中建立信任是个复杂、困难而又漫长的过程,但是通过种种手段加以不懈的努力,电子商务中的信任依然能够被建立起来。

淘宝网的成功对我国电子商务市场的发展具有一定的借鉴意义。

(1)网络信用评价系统在网络市场中扮演了重要的角色。它可以为降低网络产品质量不确定性(网络"柠檬"问题)发挥特别重要的作用。对我国电子商务行业来讲,需要发展更多的质量中介,尤其需要值得信赖的质量中介。

(2)角色的准确定位。网络信用评价系统主要应承担质量专家中介的角色。为了更好地赢得消费者的信任,还必须保证交易的公正性、便利性,消除恶意差评和"刷好评"等违规操作。同时,支付中介模型定位第三方金融工具,提供安全有保障的支付功能。

(3)技术和非技术要素的有效结合。成功的电子中介企业要保证产品信息的正确性,除了需要先进的技术条件外,还需要谨慎地设计它的制度规则。

(4)对"声誉链"的认识和维护。"声誉链"的维护和管理可以保证信任的延续性。对"声誉链"的管理过程实际上是信任战略的一个重要的组成部分。如果企业善于声誉管理,声誉价值将会随着"声誉链"的扩展而与日俱增。良好的声誉必须经过长期的、日积月累的努力来造就。

【章末案例】

日本 AUCNET 株式会社的信任营销模式

AUCNET 的创始人藤崎在 1967 年开始从事二手车行业,在东京成为一家主要的二手车零售企业。1984 年后,公司通过电视拍卖(TV Auto Auction,TVAA)和卖主相联系,卖主可以通过终端出价进行购买。此外,公司还通过实时连接系统(live link auctions)和互联网报价服务(Internet bidding services)与日本当地许多现场拍卖市场签订了协议,为寄卖车辆提供报价服务。AUCNET 通过网络系统每年为其伙伴传送的二手车数量达到 1950000 辆。公司的收益主要依赖于拍卖会员和参与者的增长,也依赖于寄卖车数量的增长。于是,客户是

学生笔记:

否相信二手车的质量是首先要解决的问题。

AUCNET 实施信任战略的第一步是建立系统信任。为了减少和消除网络"柠檬"问题所带来的交易风险,公司建立了一套非常严格的二手车检验程序——汽车检测系统(AIS),并建立了检验服务有限公司,培养检验员、建立检验标准和精炼相关的技术。经过近十年的努力,AIS 的检验标准已受到了同行的广泛接受并提供给了日本著名汽车制造商(丰田、本田、尼桑和马自达等)属下的二手车经销商,还包括新西兰等其他国家的二手车经销商。此外,独特的拍卖交易系统可以用清晰的图像以及专用终端的便利性使拍卖者有身临拍卖场的感觉。这种技术保证了交易的公正性和便利性,是拍卖过程中必不可少的因素。

尽管先进的技术条件是成功的必要条件,但该公司在制度和规则方面的创新也充分保证了交易过程中的产品质量。二手车的卖主必须请 AUCNET 自己的技师对汽车进行检验,然后进行分级。检验员是建立公司网络信任的"形象大使"。检验员的工作非常琐碎和辛苦,公司对每个检验员的敬业精神有严格的要求。其次,参加交易的经销商都必须和AUCNET 签订电子合同。它规定了参与人的责任和结算款项等具体内容,并且还详细规定了电子合同的实施过程。如果买卖任何一方不按照合同履行,则会被处以罚款,甚至是被开除市场或扣除会员的使用权。

AUCNET 作为网络质量中介,为了更好地赢得消费者,还必须保证交易的便利性,同时还要承担协调者的角色。公司通过全程式服务、公共信息展示、调解纠纷、检验员沟通给消费者提供了舒适的人际信任关系。同时,为了适应网络经济环境的特点,公司将信任管理动态化。公司围绕"声誉链"的管理与维护来进行动态信任管理。AUCNET 的"声誉链"开始于二手车的电视拍卖,并且从时间(1985 年开始)和空间上(现场二手车拍卖市场、二手摩托车市场和鲜花市场)向外延伸。"声誉链"延伸的结果是,更好地发挥和保持自己的竞争优势,实现了联合与多样化经营。

AUCNET 的质量中介运行模式改变了传统市场中介竞争的基础。先进的技术系统所支撑的信任战略大大减弱了地域、劳动力资本、规模等因素在经济发展中的作用,而难以模仿的车辆检验系统和严格的检验制度正逐渐成为竞争成败的关键因素。虽然技术系统和技术标准是成功的关键,但如何将技术的可行性转化为制度性的现实却是建立电子化质量中介要面对的挑战。AUCNET 的成功就在于实现了这种转化,并最终形成了富有特色的质量中介模式。

(资料来源:潘勇,网络信任战略——日本 AUCNET 株式会社案例分析[J],现代日本经济,2007,37-40.)

思考题

1. 简述网络营销中"柠檬"问题的特点。
2. 该公司的信任营销模式给了我们哪些启示?

本章小结

本章以在线产品的"柠檬"问题作为出发点,通过"柠檬"市场模型和实证分析,探讨了网络信任营销的特点和策略。

重点概念和知识点
- "柠檬"模型；
- 信任营销。

练习题

1. 简述网络营销中"柠檬"问题的表现。
2. 简述网络营销中"柠檬"问题的解决方法。
3. 淘宝网的信任机制给了我们哪些启示？

本章参考文献

[1] 艾里克·拉斯穆森. 博弈与信息[M]. 4 版. 北京：中国人民大学出版社, 2017.

[2] 潘勇. "柠檬"问题：传统市场与网络市场比较分析[J]. 商业经济与管理, 2002(2)：5-8.

[3] 潘勇, 根来龙之. 网络信任战略与网络质量中介运行模式[J]. 经济管理, 2007(23)：63-66.

[4] 潘勇. Cyber "Lemons" Problem and Quality-Intermediary Based on Trust in the E-Market[R]. 早稻田大学 IT 战略研究所, Working Paper, 2006(17).

[5] 潘勇, 廖阳. 电子商务市场中欺诈行为产生的内在机理与规治[J]. 商业研究, 2009(3)：197-199.

[6] 潘勇, 廖阳. 中国电子商务市场"柠檬"问题与抵消机制——基于淘宝网的数据[J]. 商业经济与管理, 2009(2)：11-16.

[7] 潘勇, 乔晓东. 逆向选择与中国电子商务市场声誉机制的本土性研究——以淘宝网为例[J]. 商业经济与管理, 2012(1)：13-18.

[8] 潘勇. 柠檬市场模型的演进轨迹和最新进展[J]. 经济学动态, 2004(2)：50-53.

[9] 谢康, 陈禹. 知识经济思想的由来与发展[M]. 北京：中国人民大学出版社, 1998.

[10] 谢康, 肖静华, 赵刚. 电子商务经济学[M]. 北京：电子工业出版社, 2003.

[11] 严中华, 关士续, 米加宁. 电子商务信任与风险的文献综述与评析[J]. 科技进步与对策, 2004(9)：166-168.

[12] 杨晓梅. 基于 C2C 电子商务网站的声誉评价机制研究[J]. 经济学研究, 2009(3)：116-120.

[13] 杨晓燕. 中国消费者行为研究综述[J]. 经济经纬, 2003(1)：56-58.

[14] 余以胜. 一种基于上下文感知的网络交易信任评价模型[J]. 电脑编程技巧与维护, 2017, (08)：70-71, 92.

[15] Akerlof G A. The market for Lemon：qualitative uncertainty and the market mechanism[J]. Quarterly Journal of Economics, 1970, 84(3)：488-500.

[16] Chow S, Reed H. Toward An Understanding of Loyalty：The Moderating Role of Trust[J]. Journal of Management Issues, 1997, 9(3)：275-298.

[17] Doney P M, Cannon J P. An Examination of the Nature of Trust in Buyer-Seller Relationships[J]. Journal of Marketing, 1997, 4(61)：35-51.

学生笔记：

[18]   Grossman S J, Stiglitz J E. On the impossibility of informational efficient markets[J]. American Economic Review, 1980,70(3): 393-408.

[19]   Ian Molho. The Economics of Information: Lying and Cheating in Markets and Organizations [J]. Blackwell Publishing Company,1997.

[20]   Kini A, Choobineh J. Trust in Electronic Commerce: Definition and Theoretical Considerations[J]. HICSS,1998 (4): 51-61.

[21]   Lee H G. Do electronic marketplaces lower the price of goods[J]. Comm. ACM,1998, 41(1): 73-80.

[22]   Tam T H, Walter Thoen. Toward a Generic Model of Trust for Electronic Commerce [J]. International Journal of Electronic Commerce,2000,15(2): 23-26.

第 8 章

网络客户关系管理

本章学习要求

随着互联网技术和信息技术的发展，市场营销正在从"以产品为中心"向"以客户为中心"转变；企业也从关注一次性交易是否成功转变为关注如何维系良好的客户关系，提升客户价值，并且随着数据分析技术的不断发展也为深入研究、维系客户创造了条件。通过本章的学习，掌握客户满意度与忠诚度的关系，理解客户分类、客户价值管理在客户关系管理营销中所起的作用，掌握客户关系管理营销策略。

8.1 客户关系管理概述

在经济全球化、社会平均生产力不断提高的宏观环境下，企业的传统资源，如产品质量、价格、生产能力等，已经无法再为企业带来新的竞争动力，客户作为能为企业带来效益的重要源泉，越来越受到重视；但是，客户的消费行为模式发生变化，企业内部客户信息零散分割导致客户服务效率低下，营销活动的针对性和成功率大打折扣，企业迫切需要新的管理模式、管理理论指导其生产经营活动,在这种情况下,客户关系管理理念得以产生并发展壮大。

8.1.1　客户关系管理的含义

对于客户关系管理(Customer Relationship Management,CRM)目前还没有一个公认的定义,不同的研究机构从不同角度提出了自己的看法。

最早提出 CRM 概念的 Gartnet Group 认为:客户关系管理是整个企业范围内的一个战略,这个战略目标通过组织细分市场,培养客户满意行为,将从供应商到客户的系列处理过程联系在一起,使得利润、收益、客户满意程度最大化,明确指出了 CRM 并非某种单纯的 IT 技术,而是企业的一种商业策略,注重企业盈利能力和客户满意度。

IBM 公司认为:客户关系管理提高产品性能,增强客户服务,提高客户交付价值和客户满意度,与客户建立长期、稳定、相互信任的密切关系,从而为企业吸引新客户、维系老客户,提高效率和竞争优势。

CustomerThink 公司认为:CRM 是在营销、销售和服务业务范围内,对现实的或潜在的客户关系以及业务伙伴关系进行多渠道管理的一系列过程和技术。该定义重点指出了 CRM 的管理手段,即过程和技术,并界定了 CRM 的业务领域。

综上所述,CRM 包含的 3 层含义如图 8-1 所示。

图 8-1　CRM 包含的 3 层含义(铁三角)

1. 客户关系管理是一种先进的经营管理理念

CRM 的核心是将企业的客户(最终使用者、分销商和合作伙伴)作为企业最宝贵的资源,利用数据库营销、关系营销和一对一营销等最新管理思想,来满足有价值客户的特殊需求,从而使企业在与客户的长期交往中获得更多的利润。

2. 客户关系管理是一种旨在改善企业与客户之间关系的新兴管理机制

CRM 通过向企业销售、市场和客户服务专业人员提供全面的、个性化的客户资料,强化其跟踪服务、信息分析能力,帮助他们和客户之间建立和维护一种信任关系,为客户提供更快捷和周到的优质服务,同时还可以通过信息共享和优化商业流程来有效地降低企业的经营成本。例如,依靠 CRM 可以随时发现和捕捉客户的异常行为,及时启动适当的营销活动流程。这些营销活动流程可以千变万化,但基本指导思想是不变的:在提高服务质量和节约成本之间找到一个客户满意的平衡。如把低利润的业务导向低成本的流程(自动柜台机、呼叫中心),把高利润的业务导向高服务质量的流程(柜台服务)。

3. 客户关系管理是一整套解决方案

CRM 既是帮助企业组织管理客户关系的手段和方法,又是一系列实现销售、营销、客户服务流程自动化的软件乃至硬件系统。CRM 作为解决方案来讲,集成了电子商务、数据挖掘、人工智能等当今最先进的信息技术,CRM 作为一个应用软件来讲,体现了许多的营销管理思想。任何一个 CRM 系统都要包括客户关怀和客户满意测评这样的内容。

综上所述,本书给出 CRM 的定义为:CRM 是一种以信息技术为手段,树立"以客户为中心"的战略,并以此对企业组织结构、业务流程及客户信息等资源进行系统化的设计及管理,形成自动化的解决方案,以提升价值在客户与企业之间的相互传递,最终实现双方的共赢。

【资料】

关系营销的六市场模型

关系营销把对企业有影响的主要因素概括为 6 方面,从而形成了关系营销的六市场模型,如图 8-2 所示。其中,最重要的是客户市场,另外 5 个是支持性市场。客户市场居于中心地位,企业在其他市场上的营销活动都是为了更好地满足客户的需求。企业在实施营销时,需要根据自身及市场的特点,选择相对重要的市场(当然,客户市场对企业来说都是非常重要的),有侧重地分配资源和精力,集中资源处理好对企业有重要影响的关系,由此构建基于关系的竞争优势。

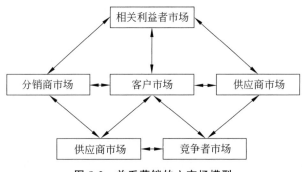

图 8-2 关系营销的六市场模型

其中,相关利益者包括金融机构、新闻媒体、政府、社区、工商、卫生、环保及相关组织,它们与企业有千丝万缕的联系,对企业的各项营销活动起着支持、检查、监督或阻挠、干预的作用,对于企业的生存与发展都会产生重要的影响。企业要想进入一个新的市场,必须要遵守该国的法律法规,得到当地政府部门、消费者协会等组织的理解和支持,协助政府解决社会上存在的问题。此外,舆论监督的作用和对企业的影响日益增大,这就要求企业要善于处理好和新闻媒体的关系,鼓励传媒多做有利于企业的客观报道,尽量淡化不利的宣传。

8.1.2 电子商务环境下客户关系管理的特点

随着互联网技术和信息技术的发展,以电子数据交换为基础的电子商务得到了越来越广泛的应用。可以说,电子商务正在造就一个全球范围内新的经济时代。在电子商务的环境下,企业与客户进行沟通更依赖于在线进行,信息交流可以实现低成本的实时共享,在这种情况下,CRM 具有了以下新的特点。

1. 客户关系中客户具有更多的主动权

互联网是一个快速的信息交流平台,人们足不出户就可以获得分布在世界各地的多媒体信息,更重要的是还可以将这些信息进行有效的存储、处理和分析。从图 8-3 中可以看出

学生笔记:

_____

_____

_____

客户和厂商的权利平衡随着时间的推移,逐渐向客户方向移动,而且互联网的出现加剧了这种变化趋势。

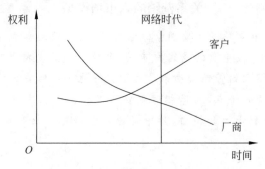

图 8-3　客户和厂商的权利转移示意图

在这种大背景下,客户的消费行为也更加理性和具有个性化消费倾向。首先,由于电子商务具有开放性和资源高度共享性的特点,客户能够借助互联网了解关于企业的相关信息,包括企业产品使用的技术信息和产品行业信息等,客户会主动借助各种有效途径搜集这些信息并进行鉴别。其次,客户不会再纠结于没完没了的讨价还价,他们会借助互联网比价功能进行横向综合比较或者利用各种定量分析模型做出更加理智的购买决策。最后,随着人们知识水平的提高和收入的增加,越来越多的客户开始追求个性化消费,客户会根据自己的需要主动在网络上寻找合适的产品。如果没有合适产品,也会通过网络向企业直接表法自己对某种产品的需求,享受定制化的商品服务,甚至参与到企业新产品的设计及生产过程中。因此,在电子商务环境下,企业和客户建立的关系中,客户具有更多的主动权。

2. 企业与客户之间具有更多的沟通渠道

客户关系的管理是一种全方位、立体化的管理,需要充分考虑客户的便利性以及服务体验,实体店的客户关系管理主要依靠导购人员与客户之间面对面的交流为主,电话沟通为辅来实现。电子商务环境下的 CRM 更加倾向于线上进行,可以利用呼叫中心、QQ、App、企业网站、微博、微信甚至是抖音、快手等平台与客户进行沟通,企业可以雇佣相关的工作人员在对应的联系方式上为客户提供更加便捷的服务,提升客户的归属感与优越感,实现客户群体的维护。

3. 客户关系管理更加依赖数据分析

传统线下的 CRM 更类似于客户档案整理,只是将每个客户及其消费行为作为一个记录保留在企业的一个系统中,甚至有些企业或商家只是记录下销售终端 POS 机的购买记录,而不会去关注某个客户到店后看重产品的哪些特点及其浏览行为。

而电子商务中的客户关系管理不仅是对客户信息的管理,它更注重的是客户本身,如我的客户是谁?他们活跃的平台有些?他们平时关注的媒体信息是什么?他们是男是女?可支配收入有多少……电子商务中的客户关系管理需要关注的是客户静态与动态信息的关联分析与推算,从而为以后开展客户营销做出最精准的推送。

例如,有一位年轻的妈妈到线下门店购买了一包宝宝纸尿裤,很快她就选定了产品并完成了付款,整个交易过程可能只用了 10 分钟,传统线下的 CRM 中往往只会记录下某人某天购买了某物等信息。而在电子商务的 CRM 中,则会记录这位妈妈在购买产品时是通过搜索某品牌关键词进店购买,还是通过点击广告进店购买。通过对这位妈妈浏览宝贝详情时长、整个付款时长、购买的产品适合什么年龄阶段的宝宝等信息进行分析,从而判断出这位年轻妈妈当时的购买行为是理性的还是冲动的,是否存在对她营销其他产品的可能性,并判断出大概多长时间这包纸尿裤会消耗完,推算出下次回购的时间点,以及可以对其进行的回购推荐等。

因此,电子商务环境下的 CRM 更多是建立在数据分析的基础上,包括客户的访问路径、页面停留时间和跳失率等。这些数据可以帮助企业还原客户的购买过程,了解客户体验设计中的不足,然后对其进行优化。又因为有了海量的数据,让企业对客户的画像及行为分析变得更加具体、形象,从而对客户更好地进行精准营销和个性化服务。

8.1.3　社会化客户关系管理

社会化客户关系管理(Social Customer Relationship Management,SCRM)是通过社交媒体与客户建立紧密联系,在社交媒体中与客户互动,并通过社交媒体提供更快速、周到的个性化服务的综合解决方案。社交平台的出现和应用为企业和商家提供了更多的营销机会,使企业和商家能够与客户展开一对一的互动。基于社交平台上丰富的用户数据,能够让企业和商家对客户地址、兴趣、社交行为和影响力等进行详细的分析,让企业和商家更加深入地了解客户,并与其形成新型连接关系,有效地帮助企业和商家提升营销效率。其于CRM 的区别如图 8-4 所示。

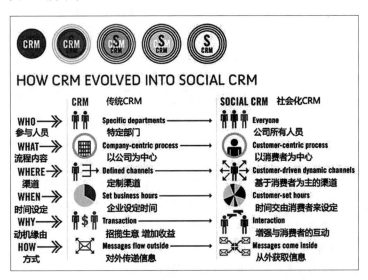

图 8-4　CRM 与 SCRM 的区别

(图表来源:MBA 智库·百科,https://wiki.mbalib.com/wiki/社会化客户关系管理)

学生笔记:

_____

_____

_____

与传统客户关系管理相比,SCRM 从特定的渠道拓展到以客户为决定条件的多种渠道,从向外传递消息到向内聚集信息,除此之外,还具有以下特点。

1. 利用社交媒体与客户建立稳定的互动关系

社会化客户关系管理和传统客户关系管理的一个核心区别就是强化对社交渠道的运营,以提升企业与客户的互动能力。

在欧美国家的市场,开展 CRM 营销的主要工具是电子邮件,而在中国,电子邮件从未成为商家与客户沟通互动的主要渠道。短信曾经是商家普遍使用的工具,但由于在技术上缺乏反垃圾短信的能力,最终沦为低效渠道。

从我国营销实践中获得的数据来看,当前最有效的数字营销渠道是社交渠道。2011 年上线的微信,拥有 12 亿用户,是国内当之无愧的社交之王。从仅有即时通信、分享照片和更换头像等简单功能,不断迭代更新,发展形成了生态圈。其中朋友圈、公众号、微信支付、微信红包、小程序、小游戏等均成为企业与客户互动活动的触点,是企业必须重点维护的社交渠道。企业利用微信等社交媒体,可以开展多种富有创意性、趣味性的活动,与客户进行互动的同时,客户在活动中留下的个人信息、消费数据以及其他的行为特征数据,为企业对客户进行个性化服务奠定了基础。

2. 客户价值分析以社交价值为中心

传统的客户关系管理的管理对象仅限于客户本人,管理的核心数据是客户的以静止状态为主的交易数据,企业有意识地对客户进行主动的沟通和交流。业务的核心逻辑为先对客户的历史交易数据进行自动化分析,然后将客户按照一定的规则进行分类,对分类后的客户群体采用不同的营销手段推送个性化的营销信息,进而提升营销的有效性,实现自动化处理。这种传统观点看重的是客户的钱包价值,企业努力控制营销成本的同时,尽可能地挖掘出客户的最大购买能力。

新型的社交媒体是一个交互式传播模式,每个用户都是一个节点,用户之间形成了社会化关系网络,形成了自身的社交价值。通过社交媒体用户可以便利地参与评价和信息传递,因此社会公众普遍愿意利用社交媒体分享信息,并信任那些经由互联网取得联系的同伴,而不在意彼此是否真实了解。客户不再仅仅是企业产品和服务的购买者,更是口碑的贡献者,是企业网络流量、热门话题的参与者。管理的核心数据是一个动态的、持续变化的过程数据,除了客户在每个活动中留下的个人信息、消费数据以外,更加关注的是客户的其他的行为特征、社交属性,以及为企业提供了大量的消费者信息,为客户数据的分析提供了基础。社会化客户关系管理的核心在于全方位地实现以客户为中心,充分发挥每个客户的社交价值,并以此进行组织结构、业务流程的创新。

和传统媒体广告相比,社交媒体平台上的广告具有明显的两大优势:个性化推送,以及社交情境引发的用户参与互动。大多数的互联网社交媒体平台都开展了基于社交的营销,目前微博平台上已包含多种广告形式,包括微博关键词广告、平台自助式广告、功能植入式广告、意见领袖软文广告和品牌活动营销等。国内另一具有代表性的社交媒体——腾讯微信也于 2015 年 1 月结合广告主的需求,首次在朋友圈中根据用户数据来为潜在的目标受众推送信息流广告。

互动性打破了消费者在过往传统媒介环境下的单向接受模式。用户生成内容（UGC）和自媒体等用户自发行为更为便捷和容易，每一个用户所处的节点的传播影响力被扩大，刺激了用户之间更为活跃的传播行为。

在计算每个具体的客户价值上，除了要计算客户购买所带来的直接收入的货币价值以外，客户在营销上的参与度、影响力等数据也要被充分地记录和纳入分析维度，以形成最有利于企业品牌和销售转化的策略和模型。

3. 构建数字化营销环境，提升客户体验

以传统商场为例，线下的数据没有太多客户触点连接，收集客户数据主要依赖于 POS系统，该系统是相对封闭、私有化的系统。线上销售平台上售卖哪些商品、有多少人对商品感兴趣、选择商品放入购物车等数据与线下实体的销售渠道没有形成数据的共享。线下实体商店使用社交媒体可以加快形成数字化营销环境。例如，利用微信支付、小程序，不仅可以加快线下场景的数字化，而且其社交属性可以进行很多裂变以收集更多维度的数据，从而建立更全面、清晰的用户画像。企业的 SCRM 能力对于实现管理优化、生产协调、与客户连接和及时响应等有重要作用，可以为企业带来客户满意度、忠诚度和留存率，进而积极影响客户关系绩效。

天虹商场的 SCRM

天虹商场成立于 1984 年，是以百货店、大型购物中心、超市、便利店为主的实体零售业态，致力于打造以"亲和、信赖、享受生活"为核心价值的品牌。截至 2019 年 3 月，天虹商场在全国 8 省 25 市开设了购物中心 13 家、综合百货 68 家、超市 81 家、便利店 156 家。

1995 年，天虹商场开始使用 POS 管理系统，是国内最早触网的实体零售企业之一。2015 年率先打造出全国首家拥有"自定义菜单"的零售微信服务号"天虹"，随后逐步创新，在实体门店的基础上增加了购物中心与便利店结合的一大一小两种业态，并通过天虹官方App、天虹微信号形成线上线下融合的数字化、多业态战略发展格局，建立了 SCRM 体系。

借助 SCRM，天虹商场对客户群体进行了更精细化的分类管理，天虹微信服务号有百万级的粉丝量，具有向天虹 App 引流、会员服务、会员精细化管理等功能；目前重点以"虹领巾"App 为中心开展数字化服务，推广顾客宅在家中即可购物的模式，即采取支付即会员的方式获得新会员。并通过向客户发送小程序，邀请客户一键开会员卡，领取全渠道优惠券，使用微信支付参与优惠活动吸引客户使用小程序。在商场购物后还可以直接获得停车优惠券，享受微信无感支付停车服务。通过一系列数字化服务及全方位多点互动、触达，天虹商场与客户建立了稳定可持续的互动关系，同时根据客户在账号中点击的微信内容、询问的问题和互动的话题等信息，获得客户偏好，结合客户的消费能力、兴趣特征、行为特征等多个维度利用大数据技术构建用户画像，为接下来的互动和精准营销提供重要依据。依靠SCRM，天虹商场实现了大规模个性化服务，有效地降低了客户流失率。

学生笔记：

_____

_____

_____

8.1.4　客户关系管理与网络营销

CRM 和网络营销是现代信息技术和网络环境条件下有关营销管理的两大理论。二者从其产生的理论基础,到影响其发展的经济环境,再到应用两种理念的企业最终希望实现的目的、实现的具体流程和技术都有着可以重叠和可以互相借鉴的部分。

新经济的代表,如 Dell、Amazon,传统企业的代表,如 UPS、宝洁,都引入客户关系管理理念,"以客户为中心"重新设计其产品或服务、重建组织流程,并激励组织内的所有成员为客户创造更多的价值。

为了满足网络本身的特性和消费者需求的个性化特征而产生的网络营销,是传统营销在营销手段上的一种创新,它促进了"以客户为中心"的营销观念的发展。对客户信息的掌握程度影响着整个营销活动的效果,建立和维系与消费者、供应商及合作伙伴的良好关系是企业实施电子商务,发展网络营销的重要基础。

因此,CRM 与网络营销不仅有着共同的理论基础,而且在营销策划和客户服务等具体的流程设计上有共同的特点和目标——注重客户数据的收集、分析,在细分客户的基础上,为客户提供个性化的产品或服务,使得企业在竞争中获得有利地位。两者的有机融合,不仅能提高企业具体业务的效率,而且能为企业带来持续的竞争动力。

企业网站一般通过用户注册开始建立客户数据,在注册系统中,一般重要的信息有电子邮件地址、手机号、即时通信方式、邮寄地址等,例如京东商城还按客户分类,进行进一步信息的收集(见图 8-5),这些都是以后进行客户维系的渠道。

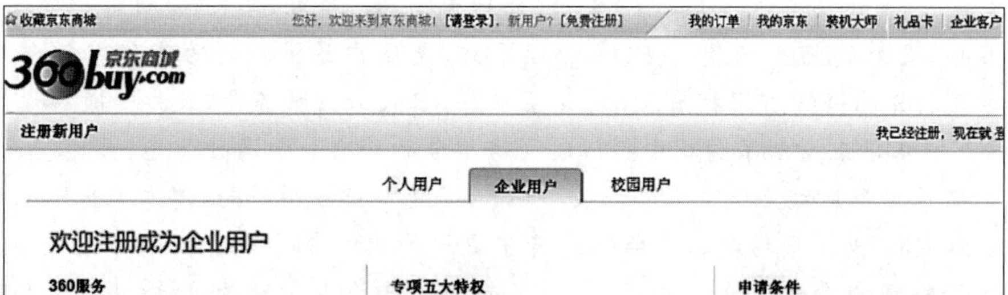

图 8-5　京东商城注册界面

如果是 B2B 或 B2C 购物平台,一般还要有年龄、性别、兴趣爱好、从事职业、收入水平等信息。这些信息可以与客户的购物行为相联系,让企业能为客户提供更具有针对性的信息,例如在其成功购买儿童玩具后,可以向其推荐儿童图书、衣服、食品等相关产品;对于周期性较强的产品,可以随着销售周期组织营销活动或提示用户有哪些活动可以参加。只有合理利用这些信息,并在客户与企业不断交易、了解的基础上,才能实现深度的数据挖掘,为客户提供更具有个性化的信息服务,降低客户的搜索成本,提高客户的满意度。

1. 客户的行为成为营销的主导

首先,企业通过各种媒介传递与企业产品或服务有关的信息,引起潜在客户关注;潜在客户通过进一步主动关注,例如搜索或电话咨询,进一步了解产品或服务信息的同时,潜在客户的信息也就被企业所收集。进而,企业就有了更为准确的营销对象,如果双方的供需契合,则有可能达成交易。交易之后客户往往乐于通过网络主动分享购物心得、产品体验等。在此过程中的三方,即客户与企业以网络为纽带,形成一种信息的双向沟通关系,如图 8-6 所示。

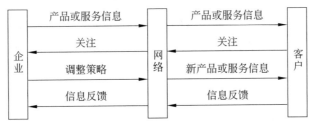

图 8-6　营销过程中的企业—网络—客户关系示意图

2. 以客户为中心、以网络为依托的网络营销传播模式

如果能够依据交互式信息流及客户对信息的接受程度,有效地组织网络营销,则可以递进式地把客户卷入营销活动,形成以客户为中心的网络营销传播模式。

(1) 企业针对既有的客户数据库进行客户细分,通过已有客户数据库的研究,识别特定客户的行为,初步判断其潜在产品需求,客户分化为"现有客户""潜在客户""新兴使用者"3类。客户细分是企业的前期研究过程,网络并未直接参与。随着客户主动卷入营销,交互式的信息流产生,形成互动的客户接触阶段。

(2) 企业借由网络与客户进行交互动态的营销传播活动,这个阶段的信息流在企业、网络、客户三者之间螺旋式地纵深传播。

① 企业在网络平台发布营销信息,引起潜在客户的网上关注。

② 在客户进行网络浏览的时候,暴露出潜在兴趣点,企业通过网站向潜在客户进行推介引导。

③ 潜在客户根据自身兴趣点,在网络上进行主动搜索,而企业通过前期研究,了解潜在需求,并提供网上可供客户搜索的内容。

④ 有购买意愿的客户采取线上或线下的行动,与企业达成交易,潜在客户正式升级为新客户。在这个过程中,企业与客户在信息流当中形成"交易缔结",这是网络营销的关键

学生笔记:

所在。

由于网络传播的互动性与便捷性,客户评估及信息分享有意无意间将成为营销的一部分。交易形成后,客户将消费体验与其他客户及更多人群分享传播,或将产品意见反馈给企业。如果客户将产品评价直接反馈给企业可以省去企业回收产品反馈信息的成本;如果客户通过口碑相传的方式扩散传播,则还需借由网络或其他渠道收集客户的反馈。在最后的评估环节中,企业尽管不如第二个环节——客户接触环节那样与客户产生频繁密集的信息流,但网络依然在该环节中扮演了信息收集、信息整理的关键角色,为下一个营销单元提供了新的"客户数据库"基础。在这个模型中,通过客户细分、客户接触、客户评估 3 个阶段,基本完成了网络营销的全过程。同时在营销过程中,企业与客户深度互动,通过网络渠道形成了多向交互式的信息流。

总之,企业要低成本、高效率地满足不同地区、不同层次的客户的需求就必须利用网络营销做好客户关系的管理;同时在网络营销中,通过 CRM 将与客户有关的销售、市场、客户服务等模块有机结合在一起,搭建信息共享平台,使信息可以即时、有效传递,优化各个流程,在更好地加强与客户沟通的前提条件下,提升企业的产品和服务的整体价值,帮助企业更好地完成营销策略。

8.2 客户分析

CRM 本身是自成体系的庞大学科分支,本书不可能也没有必要在这里涉及该理论的过多细节,本节的重点放在该理论的基本概念、原理、框架体系及其对网络营销的理论指导意义上。

8.2.1 客户及客户的细分

客户是企业最宝贵的资源,没有客户资源,企业就丧失了生存和发展的土壤。客户有狭义和广义之分。从狭义的角度来讲,企业产品或服务的最终使用者或接受者称为客户。当今全球范围内的竞争,与其说是企业之间的竞争,不如说是一系列以核心企业为中心的供应链之间的竞争,对于核心企业来说,它处于供应商、分销商、零售商以及最终消费者的链条之上,并接受政府相关部门和相关的非政府组织的监督和管理。从广义的角度来讲,企业的客户不仅是最终消费者,还应包括它的分销商、零售商、供应商、政府相关部门和相关的非政府组织。因此在 CRM 中认为,只要是能影响企业活动和行为的个人和群体,就可以认为是企业的客户。

客户细分的目的,就是要更精确地回答谁是我们的客户,客户到底有哪些实际需要,企业应该去吸引哪些客户,应该重点保持哪些客户,应该如何迎合重点客户的需求等重要问题,进而使 CRM 真正成为业务获得成功、扩大产品销量的助推器。

在 CRM 中,对客户进行细分的方式有很多。企业可以根据不同的需求选择按照不同的因素进行客户细分,如客户的个性化资料,客户的消费行为(消费习惯、数量和频率),客户购买方式,客户的地理位置,客户的职业,客户的关系网,客户的规模,客户对企业的贡献,客户的价值(特别是客户生命周期价值)等对客户进行分类。这些变量还由更为详细的细分变量组成,这些变量按照企业产品或服务的特点可以单独或组合应用,目的是帮助营销人员识别客户,为制定营销策略提供依据。

从企业进行客户细分时选择的因素的个数角度来看,可以将客户细分方法划分为 3 类:单因素的客户细分方法、双因素的客户细分方法和多因素相结合的客户细分方法。最常见的单因素客户细分是 ABC 分类法,其原理是根据企业利润额区分不同的客户,如表 8-1 所示。

表 8-1　ABC 分类法

客户类型	客户名称	客户数量比例/%	客户为企业创造的利润比例/%
A	贵宾型	5	50
B	重要型	15	30
C	普通型	80	20

运用 ABC 分类法的缺陷就是只考虑客户对企业带来的利润总额,而没有区分本企业经营中不同客户所带来的资金利润率高低,以及客户的成长情况。

企业中常采用的方法是结合两种因素的标准来对客户进行细分。例如,在线提供服务的公司只在其能提供服务的范围内开展营销;或者如果企业要建立网络社区,则必须要调研当地目标市场中网络用户所占的比例,企业进行客户细分的时候必然要将地理位置作为一个关键的因素。

随着时代的进步和客户的成长,企业对多因素相结合的客户分类需求越来越明显,最普及的多因素客户分类方法是 RFM 模型。在 RFM 模式中,R(Recency)表示客户最近一次购买的时间有多远,F(Frequency)表示客户在最近一段时间内购买的次数,M(Monetary)表示客户在最近一段时间内购买的金额。一般的分析型 CRM 着重于对客户贡献度的分析,RFM 则强调以客户的行为来区分客户,用 R、F 的变化,可以推测客户消费的异动状况。这种多因素相结合的客户分类方法能够比较全面地区分不同的客户,它已经成为客户分类方法的主流。常用的客户细分维度有以下几个。

1. 地理变量

地理变量是指按照消费者所处的地理位置和自然环境来进行客户细分,常用的地理变量如表 8-2 所示。

表 8-2　客户细分常用的地理变量

细分变量	变量描述
地区	省份、城市
联系地址	根据客户填写的联系地址中的关键词对客户进行初步定义。例如,可以根据地址中包含的企业名称来判断客户所处的行业或写字楼的位置从而对客户的活动区域进行初步界定
气候特征	沿海气候、内陆气候、高温、严寒、干燥

学生笔记:
_____
_____
_____

2. 人口统计变量

人口统计变量是区分消费者群体量最常用的方式。不同的家庭结构对其商品有不同的要求,例如有孩子的家庭根据孩子的年龄所处阶段会关注不同的母婴用品及教育产品。常用的人口统计变量如表 8-3 所示。

表 8-3　客户细分常用的人口统计变量

细分变量	变量描述
性别	男、女。女性客户与男性客户具有不同的消费习惯和商品偏好,表现为对同一商品的同一属性具有不同的要求及决策权重
职业	学生、教师、医生、公务员等
年龄层次	"70 后""80 后""Z 世代""银发族"
教育程度	高中、本科、研究生
婚姻状况	未婚、已婚、离婚、丧偶
生日	开展客户关怀服务

3. 消费行为属性变量

客户的消费行为属性是指反映客户与店铺之间交易活动的数据,这类数据是动态的,能够更实时地反映客户的行为偏好与价值变化,进一步挖掘、预测客户需求,常用的消费行为属性变量如表 8-4 所示。

表 8-4　客户细分常用的消费行为属性变量

细分变量	变量描述
RFM 属性	客户最近消费时间、累计消费次数、累计消费金额
消费渠道	京东、拼多多、淘宝等
消费时段	工作日、节假日、中午 12—14 点、傍晚 18—22 点、深夜 22—7 点(次日)
平台偏好	单一平台购买、多平台购买
购买商品	购买过的商品数量、类型、规格等
购买备注	通过备注中特定的关键词,可以找出有特定需求的客户
退货情况	退货次数、退货原因、退货金额、退货商品
客户评价	客户对商品或服务做出的评价,如好评次数,中、差评次数,中、差评原因等

8.2.2　构建客户精准画像

在数字化环境下,企业和客户之间的营销接触方式发生了巨大变化,客户掌握了接触的主动权,在更多情况下通过移动应用、互联网工具和数字化渠道发起交互,企业与客户之间发生人际接触的机会有所减少。在这种情况下,企业需要更准确的用户画像信息来识别客户的接触并持续优化营销互动策略。

1. 客户画像数据的来源

客户画像数据根据来源方式的不同划分为以下 3 种类型：直接收集的第一方数据、间接收集的第二方数据和来自外部的第三方数据。

第一方数据是企业或组织在经营管理或向客户提供服务的过程中直接记录和获得的数据信息。例如，开立账户时提交的身份信息、在线注册时输入的用户信息、登录浏览网站的点击行为记录、在线购物的商品交易支付记录、联络呼叫中心的通话交互记录、参与调查的直接响应反馈记录等。

第二方数据是企业、组织在经营管理或业务合作过程中间接获得的，如通过协议可以获得来自合作伙伴收集和管理的第一方数据，或者与合作伙伴共同收集和共享的数据信息。例如，多方联合发起的用户调查、系统接口产生的交换数据、与合作伙伴交换的数据信息、与监管机构交换的数据信息等。

对于商业机构来说，常见的第三方数据有登记的房产信息、工商登记注册的信息、第二方征信公司的信用信息、社会化技术公司收集的数据、相关行业积累的数据信息等。

2. 问卷设计及问卷效信度检验

在"粉丝"经济时代，用户画像在任何领域都能够起到非常重要的作用。通过用户调研、数据分析、问卷访谈等方式，将用户的一些基本信息和行为属性综合起来，可以得出用户的精准画像。问卷调查法是调查者运用统一设计的问卷向被选取的调查对象了解情况或征询意见的调查方法。问卷调查的一般程序是设计调查问卷、选择调查对象、分发问卷、回收和审查问卷、对问卷调查结果进行统计分析和理论研究。

1）问卷设计的格式

一份完整的调查问卷通常包括标题、封面信、指导语、主体 4 部分。

（1）标题。每份问卷都有一个研究主题。标题应明确反映这个研究主题，使人一目了然，增强填答者的兴趣和责任感，如"××网店客户满意度现状调查"这个标题，将调查对象和调查内容和盘托出，十分鲜明。

（2）封面信。封面信应包括调查的目的、意义、主要内容、调查的组织单位、调查结果的使用者、保密措施（减少被调查者的心理压力）、问卷的填答方法、回收方式、致谢等。说明调查目的在于引起受访者对填答问卷的重视和兴趣，使其对调查给予积极支持和合作。封面信一般在问卷的开头，篇幅宜小不宜大，一般不超过 100 字。

例如，"郑州市在校大学生留学市场调查"的问卷封面信："亲爱的同学：您好！××出国留学服务中心为了了解大学生的出国留学意向，特进行这次问卷调查，请您提供宝贵的意见。它将帮助我们以后为您和您的亲友更好地提供服务，请您在您认为合适的答案的标号上打'√'，您所提供的情况，我们将严格保密，谢谢您的合作。"

（3）指导语。指导语可以根据问卷的情况而定，并非一定要明确写明。一般分为两种类型，一种为卷头指导语，类似"填表说明"，如："请在每一个问题后适合你自己情况的答案

学生笔记：

序号上画圈,或在'_____'处填上适当的内容";另外一种为卷中指导语,一般针对具体某个问题作指示,如"注:无特殊说明的情况下,一律只选一项!"或者"您心中理想的出国留学地(可以选多种答案)"。

(4) 主体。主体是问卷的核心部分,主体的关键在于问题及答案的设计。从形式上看,问题可分为开放型问题:不提供答案,如"您的建议_____"和封闭型问题:提供答案以备被调查者选取,如常见的选择题。

① 开放型问题。开放型问题是只提出问题,不提供任何具体答案,而由被调查者自己填答。允许回答者充分自由地按自己的方式发表意见,所以能最大限度地发挥被调查者的主动性和创造性,因此,用于了解人们对社会问题的看法颇为适宜,但不适合大量使用,多放在问卷末尾。

② 封闭型问题。封闭型问题是将问题的几种主要答案、甚至一切可能的答案全部列出,然后由被调查者从中选取一种或几种答案作为自己的回答。其中常用的有以下几种。

第一种,填空式,即在问题后面的横线上或括号内填写答案的形式。这种问题方式适用于各种答案比较简单的问题。

第二种,两项式,即只有两种答案可以供选择,通常放在调查问卷的卷首,作为鉴别被调查者身份来使用。例如,"您是否订阅过××微信公众号?"。

第三种,多项选择式,给出的答案至少两个,回答者根据要求选择其一或者选择多项,这是问卷中最常用的方式。

第四种,顺序式,要求被调查者从备选答案中选出部分或全部答案,并按一定原则进行排序。这种问答方式适用于同类的几个问题或答案的排序问题。例如,"以下是几个选择出国留学国家的标准,它们在您心目中的重要程度如何? 第一重要的是_____,次重要的是_____,第三重要的是_____"。

第五种,等级式,即列出不同等级的答案,由被调查者根据自己的意见或感受选择答案的问题方式。这种问答方式适用于要表示意见、态度、感情的等级或强烈程度的定序问题。三、五、七项式都可以,一般常用五项式,如"非常满意""比较重要""中立""不满意""非常不满意"等。

图 8-7 相倚问题示意图

第六种,相倚问题,属于逻辑跳转问题,有些问题只适用于样本中的一部分对象,而某个被调查者是否需要回答这一问题常要依据他对前面某个问题的回答结果而定,如图 8-7 所示。

2) 问卷设计的原则

(1) 明确性。明确性是指问题及选项设置规范。具体来说,是指命题准确、提问明确,便于受访者做出明确的回答。如果题目有误,就会让受访者很难作答。如"高校新生心理健康状况问卷"中的如下两题:

① 您进入高校后最想做的事是什么?

A. 提高学习成绩   B. 加入学生社团,提高综合素质

C. 参加社会实践活动,增强社会适应性   D. 没想过/不知道

② 您家庭年收入大约为多少元?

在这两个题目中,第一个题目的答案没有包括所有可能的情况。这使参与者无法从中选出最符合自身观点的选项,这样就会降低调查结果的可信度。这道问题的最大缺陷就在于备选答案中只有积极的观点,而没有涉及消极的感受,如退学等。虽然这些消极感受在现实校园中是极少量存在的,但是如果受访者确实存在这些消极想法而问卷中没有涉及,那么在问卷分析时就只有积极的一面,无法反映消极态度,过于片面化。第二个题目本身有问题,"家庭年收入"是一个内涵、外延可大可小的概念。家庭年收入可能分别是家庭成员年工资总收入、经营总收入、投资总收入、财产总收入等,也可能是这些收入的总和。因此,一旦出现这种情况,不同的受访者可能给出不同标准下的"家庭年收入"数据,从而使不同受访者提供的数据既不具有可加性,也不具有可比性。

(2) 具体性。具体性是指问题的内容要具体,不要提抽象、笼统的问题。举例如下。

您访问携程网站的频率是(　　　　)。

A. 经常　　　　　B. 一般　　　　　C. 很少　　　　　D. 从不

在这个问题中,不能笼统地使用像"有时""经常""偶尔""很少""很多""相当多""几乎"这样的词,对于不同的人有不同的理解。因此这些词应用定量描述代替,以做到统一标准。可以换为"一周7次以上"或者"一周少于2次"等。

(3) 单一性原则。单一性是指问题的内容要单一,一个问题只能有一个问题点,一个问题如有若干问题点,不仅会使受访者难以作答,其结果的统计也会很不方便。在问卷中要特别注意"和""与""、"等连接性词语及符号的使用。如:"有人认为应提高工资待遇,降低福利待遇,你同意吗?"这个问题包含了"你认为应提高工资待遇吗?"和"你认为应降低福利待遇吗?"两个问题,防止出现这类问题的最好方法,就是分离语句,使得一个语句只问一个要点。

3) 问卷的编制

调查信息主要包括了3种信息类型:一类是基本信息,是达到研究目标所必带的信息,如对产品、价格、分销、促销信息的调查;一类是分类资料,即将被调查人按年龄、性别、职业等予以分组归类的资料;第三类是鉴别性信息,如被调查人的姓名、住址等。一般来说,应将最主要问题(基本信息)置于最前面,然后列举后两类问题,只要前面的问题得到回答,那么后面的问题如果被调查者不愿回答或因事中止也不影响调研的主要目的。问卷编制的流程(以问卷星为例)如图8-8所示。

4) 问卷效信度检验

(1) 描述性统计分析。在 SPSS 中,可以通过平均数、中位数、众数等集中趋势指标分析数据的集中位置,也可以通过方差、标准差等离散趋势指标分析数据的波动程度。这些统计指标都可以通过 SPSS 的描述性统计分析来实现,实现的方法主要包括"频率"菜单、"描述"菜单和"表"菜单等。以某个调查问卷为例,调查对象的企业规模—员工数量描述性统计如表8-5所示。

学生笔记:
_____
_____
_____

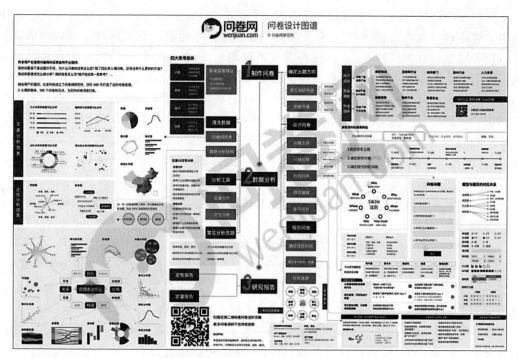

图 8-8　问卷星问卷设计图谱 V2.0

表 8-5　调查对象的企业规模—员工数量

		频率	百分比	有效百分比	累积百分比
企业员工总数	50 人以下	24	13.3	13.3	13.3
	50～500 人	67	37.2	37.2	50.6
	501～5000 人	45	25.0	25.0	75.6
	5000 人以上	44	24.4	24.4	100.0
	总计	180	100.0	100.0	

（2）调查问卷的信度分析。调查问卷的信度分析的主要目的在于，通过信度分析来检测问卷结果的一致性和稳定性，从而确定调查结果的可信度。问卷调查的信度分析方法主要有内在信度和外在信度两类方法，一般研究中常用的是内在信度分析，主要通过分析内部一致性来检验样本数据是否真实可靠，以确定受访者是否真正如实地回答了问卷中的问题。较常使用的分析方法主要是克龙巴赫系数（内部一致性系数）。通常来讲，如果克龙巴赫系数大于 0.9，就可以认为量表具有极高的内在信度；如果该系数为 0.8～0.9，则可以表明该量表具有较高的可信度；如果该系数在 0.7～0.8 属于可以接受的范围；如果该系数小于0.6，则表明量表存在较大的问题，就需要对量表进行修改；如果该系数低于 0.4，可考虑将该项进行删除。

在 SPSS 中，可以在"分析"下拉式对话框中找到"标度"中的"可靠性分析"进行信度分析。从左边的变量清单中选择问卷中的量表题项至右侧"项（I）"，如图 8-9 所示。"模型"选择 Alpha(克龙巴赫系数);单击右侧的"统计"按钮开启"信度分析:统计量"对话框,在"叙述统计量对象"方框中勾选(A),单击"继续"按钮回到图 8-9 所示界面,单击"确定"按钮。

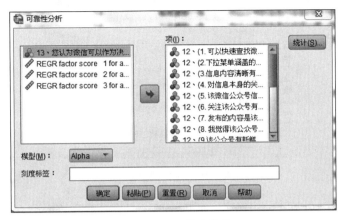

图 8-9　SPSS 信度分析

从表 8-6 所示的分析结果可以看出,该问卷的克龙巴赫系数大于 0.9,就可以认为问卷具有极高的内在信度。

表 8-6　可靠性统计分析结果统计表

克龙巴赫(Alpha)	基于标准化项的克龙巴赫(Alpha)	项　　数
0.923	0.927	20

(3) 调查问卷的效度分析。

效度分析是用于检验定量数据的设计合理性的分析工具。效度分析使用因子分析这种数据分析方法进行研究,分别通过 KMO 值、共同度、方差解释率值、因子载荷系数值等指标进行综合分析,以验证出数据的效度水平情况。其中,主要的参考指标是 KMO 值,如果该值高于 0.8,则说明具有高效度;如果该值为 0.7～0.8,则说明具有较好的效度;如果该值为 0.6～0.7,则说明效度是可以接受的;如果该值小于 0.6,说明效度不佳。另外,还需要分析题项与因子的对应关系,如图 8-10 所示。其分析结果如表 8-7 所示。

表 8-7　KMO 和巴特利特检验分析结果统计表

KMO 取样适切性量数		**0.911**
巴特利特球形度检验	近似卡方	2675.597
	自由度	190
	显著性	0.000

学生笔记:

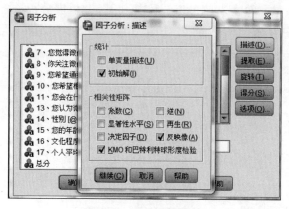

图 8-10　SPSS 效度分析

该问卷的 KMO 值为 0.911，高于 0.8，则说明该问卷具有高效度。

根据效信度分析的结果可以表明该问卷是否可以支撑进一步的研究分析。

3. 构建客户画像

构建客户画像需要利用所有自有和第三方可以收集和利用的数据信息，通过信息综合和特征分析，形成对该客户整体特征的全面认识。客户画像包括面向企业、组织的机构客户画像和面向消费者的个人客户画像。客户画像面向的对象不同，需要利用的信息基础也不同。以消费者为对象的个人客户画像如表 8-8 所示。

表 8-8　个人客户画像的信息类型

人口属性信息	行为特征信息	轨迹旅程信息	交易消费信息
身份信息	设备信息	浏览路径	消费记录
背景信息	联络信息	社交偏好	支付信息
地理信息	内容偏好	互动内容	消费特征
信用信息	生活方式	位置轨迹	忠诚奖励

社交用户画像应用

社交网络的兴起不仅吸引了数量庞大的年轻人活跃在各类社交媒体上，大量传统消费者也被社交网络所吸引。社交网络的发展促进了新型在线用户群体的出现。

人们在社交媒体上的表现各不相同。只有少数人会保持与现实中相似的行为，大多数人的社交行为与现实中相比变化很大。营销人员基于社交信息的用户画像来认识社交网络中用户的真实社会特征，避免有偏差的客户认知而导致错误的营销决策。

社交控（Fear Of Missing Out，FOMO）专指重度使用社交网络的用户，例如那些经常使用社交网络查看朋友圈动态的智能手机用户。社交控是 2013 年版《牛津英语词典》增加的 65 个新词之一。

"社交控"群体表现出行为特征如下。

• 他们担心被遗忘。

- 他们担心错过什么。
- 他们往往最先使用新的手机应用程序。
- 他们每天在社交网络上花费较长时间。

你也许会认为"社交控"都是年轻人,事实上并不是如此,在一有时间就不停地看手机、每天在移动互联网上花费超过 2 小时的用户群体中,年轻人只是所占的比例较高而已。

随着互联网的社交化,社交网络上的应用越来越丰富,人们在社交网络上花费的时间越来越长,社交用户画像在商业上的应用也越来越广泛。

8.2.3　客户满意与客户忠诚分析

客户忠诚是基于客户对企业的信任度、来往频率、服务效果、满意程度及继续接受同一企业服务可能性的综合评估值,客户忠诚度可以根据具体的指标进行量化。留住老客户要比寻求新客户更加经济,保持商家与客户之间的不断沟通、长期联系,维持和增强客户的感情纽带,是企业保持竞争优势的有效手段之一。满意度与忠诚度之间具有密切的关系,因此,如果想要提升客户忠诚度,必须提升客户的满意度。那么,什么是客户满意度,如何提升企业的客户满意度呢?

1. 客户满意

对于单个人来说,满意是一个不确定的概念,因为满意的标准因人而异;但如果将大量的个体集结为一个整体来观察,只要个体数量足够多,就能体现出规律性来;因此,依据统计学原理对客户进行调查,就能得到正确反映大群体客户满意状况的有用信息。

客户满意是客户对某种产品或服务可感知的实际体验与他们对产品或服务的期望之间的比较。客户满意度是客户满意程度的度量。

客户的满意状况是由客户的期望和客户的感知两个因素决定的,如期望越低就越容易满足,实际感知越差越难满足;可见客户是否满意与期望成反比关系,与感知成正比关系。可以用一个简单的函数式来描述。

客户满意度指标公式:

$$c = b/a$$

其中:c 为客户满意度;b 为客户对产品售后服务所感知的实际体验;a 为客户对产品或服务的期望值。

当 c 等于或接近 1 时,表示客户对产品或服务比较满意,即"一般",对整个购买决策过程没有留下特别印象。既可以重复购买,也可以转买竞争对手的产品。当 $c < 1$ 时,表示为不满意、投诉、抱怨。当 c 接近 0 时,客户的期望完全没有实现。当 $c > 1$ 时,获得了超出期望的满足感。当这个感知远大于期望时,演变成忠诚,满意 ≠ 忠诚。满意是进行某种消费后的心理状况,忠诚则是一种购买行为,代表了企业的盈利能力。

根据公式可以知道,对企业而言,若要实施以客户满意为中心的经营战略,必须尽力消

学生笔记:
_____
_____
_____

除客户满意度 $c<1$ 的情况,即通过提高产品和服务相对于客户的价值来满足甚至超越客户的期望,实质上就是平息和预防客户抱怨的产生。

要实现客户满意战略,就必须有一套衡量、评价、提高客户满意度的科学指标体系。这套体系至少应该具有如下 3 点功能:①测量和评价企业目前的顾客满意度;②提供提高顾客满意度的思路;③寻求实现顾客满意度的具体方法。客户满意度测评指标体系建立流程如图 8-11 所示。

在建立客户满意度测评指标体系时,首先要对企业所属行业有大致的了解,如有行业客户满意度测评指标体系,则从成本以及指标相关性角度考虑,将其剔除,仅保留与企业顾客满意度指数有较强相关关系同时能够量化的因素作为满意度测评指标。

客户满意度测评指标体系应该具有一定的"柔性",即会随着市场环境及客户的心理、行为而变化,对客户的期望和要求应做连续跟踪研究,从而了解客户期望和要求的变化趋势,使得指标体系能做出及时的调整和采取应对措施。

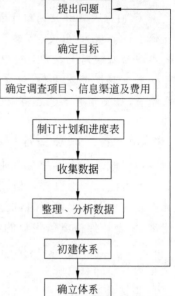

图 8-11　客户满意度测评指标体系建立流程

零售行业客户满意度测评指标体系如图 8-12 所示。

图 8-12　零售行业客户满意度测评指标体系示意图

2. 客户忠诚

客户忠诚是指客户对某一特定产品或服务产生了好感,形成了偏好,进而重复购买的一种趋势。客户忠诚度是指客户在单位时间内对于企业的产品、服务和品牌的粘贴程度。根据定义,可以从如下两方面加以理解。

(1)态度的取向。态度的取向代表了客户对企业产品积极取向的程度,也反映了客户将产品推荐给他人的意愿,如果产品的品牌个性与客户的生活方式或价值观吻合,那么客户就会对产品品牌产生共鸣,甚至引以为荣,并当成一种精神寄托。

(2)行为重复。这是指客户在实际的购买行为上能持续购买某个企业产品的可能性,以客户购买的比例、顺序、购买的可能性等作为指标来衡量。这种持续的购买可能和对企业的满意有关,也可能无关,如垄断、惰性等原因。

通过分析客户忠诚的内涵,可以将客户忠诚分为如下几类。

(1) 垄断忠诚。一些企业在行业中处于垄断地位,在这种情况下,无论满意与否,客户别无选择,只能够长期使用这些企业的产品和服务。客户必须使用他提供的服务,即使客户对他们的服务很不满意,也不可能放弃使用,例如电力公司。

(2) 亲缘忠诚。企业自身的雇员和雇员的亲属会因为种种原因使用该企业的产品和服务,这是一种很牢固的客户忠诚,虽然很多情况下,这些客户对该产品或服务并非感到满意。

(3) 利益忠诚。客户的这种忠诚来源于企业给予他们的额外利益,如价格刺激、促销政策激励。有些客户属于价格敏感型,较低的价格对于他们有很大的诱惑力,因此,同类型产品中对于价格低的产品保持着一种忠诚;另外一些新进入市场的企业在推广产品的时候会突出一些优惠政策,在这期间,这些用户是忠诚的,但是这类客户的忠诚极不稳定,一种倾向是客户通过初期的使用慢慢对产品有了真正的兴趣,或是对该企业感到真正的满意,这种忠诚会变得更加稳定和持久。另外一种倾向则是一旦产品的价格上涨,这些客户就会离开企业。

(4) 惰性忠诚。有些客户出于方便的考虑或是因为惰性,会长期保持一种忠诚,这种情形在一些服务行业尤为突出。如到离家最近的超市购物,采购员因为熟悉订货流程选择固定的供货商。

(5) 信赖忠诚。企业和客户之间通过多次接触建立起一种互相信任的忠诚,这种忠诚具有高持久性,也是企业最渴求的忠诚,CRM 所要研究并帮助企业最终获得的,正是这种忠诚。

(6) 潜在忠诚。指客户虽然拥有但是还没有表现出来的忠诚。指偏好态度高但重复购买率低。通常情况是,客户可能很希望继续购买产品或享受服务,但是该公司的一些特殊规定或是一些额外的客观因素限制了客户的这种要求。如缺货,这时应调整企业的战略使其转变为忠诚客户。

因此,可以简单地认为,客户忠诚在狭义上就是信赖忠诚——当企业为客户提供便利,并由此而导致客户能在信赖的基础上保持好增加从该公司的购买行为;当客户在没有诱因也能成为公司的拥护者时,客户忠诚就产生了。正是这样,当企业觉察到客户的各种忠诚之后,就应当想办法努力将其向信赖忠诚的方向发展。

客户的忠诚只是一个定性的指标,因此就出现了客户忠诚度的概念。客户忠诚度是指客户在单位时间内对于企业的产品、服务和品牌的粘贴程度,具体表现在产品、服务的使用频率,客户推荐数量,推荐客户价值和抵御竞争对手的吸引等。客户忠诚度可以根据企业的实际情况进行量化评估。

对客户的忠诚度有了一个清晰的认识,那么对于企业来说,下一步就是如何判断、提升建立客户的忠诚度。客户忠诚度可以采用如下多种指标进行评价。

学生笔记:

_____

_____

_____

（1）客户重复购买率。在某个特定的时间段内，例如产品、服务的一个销售周期或一年的时间内，客户重复购买同一个产品的次数越多，则客户对该产品的忠诚度越高；如果客户重复购买同一品牌的不同产品或服务的次数越多，则客户对该品牌的忠诚度越高。

（2）对企业竞争者的态度。竞争企业的相关产品和服务，不论是降价促销还是有其他优惠政策，对客户购买本企业的产品或服务的影响力越小，则客户的忠诚度越高。

（3）推荐潜在的客户。如果客户经常向朋友或通过网络等渠道直接或间接地对企业的产品或服务表示高度的认同，并推荐他人购买，则该客户的忠诚度较高。竞争导致了争取新客户的难度和成本上升，使越来越多的企业转向保持现有的客户，提高客户忠诚度。忠诚的客户可能一辈子都为企业担当免费宣传员的角色，使企业新客户不断增加的同时，降低了企业的营销成本。忠诚客户有很强的示范效应，1个满意的客户会引发8笔潜在的生意，其中至少有1笔成交；1个不满意的客户会影响25个客户的购买意愿。若从负面的角度来看，如果对公司不满，只要对客户表现出不在乎、无所谓的态度，客户迟早会流失，而且，他的抱怨将一传十、十传百，对公司造成很坏的影响。

（4）挑选产品或服务的时间。从理论上讲，客户挑选产品或服务的时间，时间越短，则其忠诚度越高。

（5）对价格的敏感程度。客户对企业产品或服务的价格的敏感程度越低，则其忠诚度越高。

（6）顾客份额。顾客份额衡量的是企业在一个顾客的同类消费中所占的份额大小，形象地说，即"钱夹份额"。份额越大则客户忠诚度越高。

（7）对质量事故的承受能力。客户对企业出现的质量事故越宽容则忠诚度越高。

客户忠诚度的衡量指标很多，企业应该结合行业特征及自身的产品或服务的特点选择合理的评价指标并给予相应的权重，设计适合本企业的指标体系，通过测评找到提高客户忠诚度的解决方案。

3. 客户满意与客户忠诚的关系

通过前面的分析，可以看出客户满意≠客户忠诚。即使客户对你很满意，他们仍然有很多理由离开你。研究表明，客户满意度与态度相关联，争取客户满意的目的是尝试改变客户对产品或服务的态度。而忠诚客户所表现出来的却是购买行为，并且是有目的性的，经过思考而决定的购买行为。据《哈佛商业评论》报告显示，在对商品满意的客户中，仍有65%～85%的客户会选择新的替代品。如图8-13所示，客户满意与客户忠诚之间的关系，主要有以下几点：

（1）由于受到随机因素的影响，满意与忠诚之间成相关关系但不是强相关关系。

（2）为客户提供优质的服务，不一定是额外附加的服务，不需要对服务流程做多大的改动，有小惊喜就行。

（3）一次优质服务没有意义长期才行。长期互动关系是提高忠诚度的根本之道。

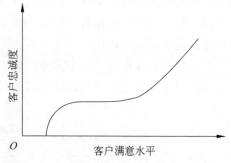

图8-13　客户满意度与客户忠诚度关系曲线

8.2.4　客户价值分析

通过上面的分析,可以发现客户满意度不一定必然导致客户的忠诚。国外研究表明,客户忠诚是由价值驱动的,客户满意的结果是该品牌进入客户下次购买的备选集合,但不能保证客户的重购;客户价值论认为每一个客户都会从经验或使用目的出发,确定产品或服务应该具有的、重要的价值因素如产品的价格、服务、环境等因素进行评估,然后选购价值最高的产品,因此要使客户忠诚必须为客户提供满足他们需要的价值。可以认为客户价值是客户忠诚的最终驱动因素,是客户忠诚的内在原因。

客户是在有限的知识、有限的搜索渠道和成本下追求价值最大化;企业只有提供超越客户期望的价值,也就是说不仅满足了客户的基本期望,也满足了客户的潜在期望,客户才会忠诚,才会与企业建立长期稳定的关系。

1. 客户价值与客户关系价值的含义

目前,在使用客户价值的概念时,主要有两个方向:企业为客户创造或提供的价值和客户为企业创造的价值。两者传递的价值方向不同,所采用的营销策略也有所不同。

伍德洛夫从客户的角度给出的客户价值的定义如下:"客户价值是客户对产品属性、属性效能以及使用结果(对实现客户目标和初衷的促进或阻碍)的感知偏好和评价。"这个概念强调价值来源于客户感知、偏好和评价,同时也将产品与使用环境和相应的客户感知效果紧密地联系起来,抓住和反映了客户价值的本质。

与此相对应,将"客户为企业带来的价值"归结为关系价值,即"企业维持与客户的关系,能够为企业带来的价值"或"一个客户在未来所能给公司带来的直接成本和利润的期望净现值"。

客户价值与客户关系价值从不同的角度对客户价值进行描述,共同构成 CRM 的两大价值支柱。两者是一种矛盾统一的关系,如果企业想要向客户传递更多的客户价值,就必须充分了解客户的需求,加强与客户之间的良好沟通和互动;在产品的设计、销售、客户服务等环节注重以客户为中心设计流程,让客户能方便、快捷地购买或享受到企业的产品或服务,这些都需要加大企业成本的支出,在某种程度上降低了企业的利润率。但是,企业为客户创造的价值越多,越可能增强客户忠诚度,提高客户保持率,因此,从长期看来,为客户创造价值有利于增加客户为企业创造的价值。

2. 客户价值的层次模型

为了说明客户价值的内涵,伍德洛夫提出了客户价值的层次模型,如图 8-14 所示。该模型描述了客户对期望价值的感知方式,表明期望价值是从低向高,逐层实现的,即只有低层次期望价值得以实现,才有可能实现较高层次期望价值;同时,各层次期望价值的实现程度影响客户该层的满意度水平。各价值层次上的满意程度,与客户所赋予的不同权重相结合,得到客户的总体满意结果。

学生笔记:

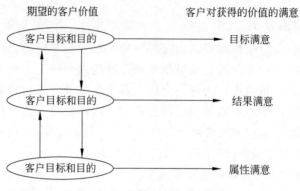

期望的客户价值　　　　　　客户对获得的价值的满意

图 8-14　客户价值的层次模型

3. 客户价值与客户满意度

客户满意理论和客户价值理论实际上是一致的,只是前者指客户购买后评价的感觉,后者指客户购买前的评价,如图 8-15 所示。

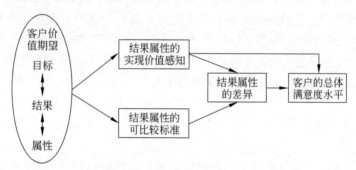

图 8-15　客户价值与客户满意度之间的关系

客户的总体满意度水平是客户对产品的使用经历的总体评估,客户在进行评估时,先根据过去的或现在的经验,明确自己期望的价值。实现价值可能会直接形成一个总体满意度影响总体满意水平。

4. 顾客让渡价值

菲利普·科特勒提出了"顾客让渡价值"的概念,以此说明客户满意度与客户价值之间更根本的关系。"顾客让渡价值"是指顾客总价值与顾客总成本之间的差额。

顾客总价值是指顾客购买某一产品与服务所期望获得的一组利益,它包括产品价值、服务价值、人员价值和形象价值等。其中每一种价值因素的变化都会对客户总价值的变化产生影响。

产品的价值:客户购买和使用过程中由产品的功能、特性、品质、价格、品种和式样等所给客户带来的价值。产品价值是客户需要的核心内容之一,是客户选购商品的首要因素,由客户的需求决定。在产品个性化的今天,如何针对个性化的客户需求进行新产品的设计、开发、生产和销售,是提高产品价值的基本要求。

服务价值:企业向客户提供各种服务带给客户的价值。服务价值一方面可以直接在企业为客户提供无形产品和服务的过程中来获得,另一方面也可以伴随有形产品的实体销售和物流过程来提供。服务的过程即是与客户接触的过程,客户正面的感受往往会给企业带来无限的商机,力争超越客户期望。

英国"客户难题研究所"所长的故事

所长的一位同事因做报告要复印一些照片并贴到一张 A4 纸上,这些照片年代不一,色彩纷呈,大小各异:最小的仅有 1 英寸,最大的有 7.5 英寸。照片被送到 JIMHAQMER 经营的复印中心。经过调整,他们使复印出的照片几乎是一样大小,并调整了照片的颜色——所有这一切都没有额外收费。他的那位同事对此很是高兴,而且,令她甚感欣慰的是,见了这种复印结果的人都想向她要一份。JIMHAQMER 说他不嫌客户要他干的活儿小,"总有一天他们会要我们干更多的活儿,这样他们就知道自己可以满怀信心地来接受我们提供的服务了。"

所谓服务无小事,任何大事都是建立在小事基础上的。只要企业用心一点点,多做一点点,超越客户期望是不难做到的。

人员价值:指企业和客户的关系交往或接触的过程中,企业员工经营思想、知识水平、业务能力、工作效率、应变能力等因素给客户带来的影响和价值。员工的素质直接决定着为客户提供产品或服务的质量和效率,从而也影响着客户购买整体价值的大小。

另外,员工对企业的忠诚和满意度也很重要,只有企业员工拥有高度的满意度和责任感,他才能尽心尽力地为客户服务,实现更好的人员价值。

麦当劳"另一个另一半"

麦当劳(中国)有限公司有 86% 的员工完全敬业,该敬业度分数远远高于其他雇主的平均敬业度分数 57%。"这与麦当劳在吸引留用人才、创造敬业文化方面的长期努力密不可分,而其中最具特色的就是麦当劳的'雇员价值定位'。这包括 3 个 F:Family/Friends(家人/朋友)——营造一个很快乐的大家庭的环境,Flexibility(灵活性)——在一个具有灵活性的工作环境中,让员工可以在不同的岗位上发展,还有 Future(未来)——企业的发展也意味着员工个人的发展。由此,麦当劳以可靠的领导团队,更好地支持员工发展,成为员工的'另一个另一半',激励员工并带来更为卓越的经营成绩。"(资料来源:麦当劳官方网站)

形象价值:指企业及其产品品牌在社会公众面前的形象对客户所产生的影响和价值。形象价值是企业内在要素质量的反映。

形象价值与产品价值、服务价值、人员价值密切相关,在很大程度上是上述 3 方面价值综合作用的反映和结果。形象对于企业来说是宝贵的无形资产,良好的形象会对企业的产品产生巨大的支持作用,赋予产品较高的价值,从而带给顾客精神上和心理上的满足感、信任感,使顾客的需要获得更高层次和更大限度的满足,从而增加顾客购买的总

学生笔记:
_____
_____
_____

价值。

顾客总成本是指顾客为购买某一产品所耗费的时间、精神、体力以及所支付的货币资金等,因此,顾客总成本包括货币成本、时间成本、精神成本和体力成本等。

货币成本:是客户所支付的最重要的成本,也是最为关心的成本。企业可以通过技术创新、流程重构等方式来提高生产效率,从而达到降低产品或服务售价的目的;同时,合理选择、利用销售渠道和售后服务网络,为客户减低使用企业产品过程中可能需要支付的货币成本。

时间成本:是客户为想得到所期望的产品或服务而必须处于等待状态的时间和相关代价。在客户总价值和其他成本不变的情况下,时间成本越低,客户购买的总成本就越小,因此实质上就是在保证产品或服务质量的前提下,尽量提高企业的效率。

精神体力成本:客户购买行为过程,是一个产生需求、寻找、判断选择、决定购买到实施购买,以及使用后的消费体验和评价的全过程。在购买过程的每一个阶段,客户都要付出一定精神和体力。因此,对企业来讲,通过有效的服务措施和通畅的信息沟通等方法来降低客户的精神体力成本,也是非常重要的,如送货上门、安装调试、定期维修、供应零配件等。以销售商为例,降低顾客付出的精力成本,可以从以下几方面入手。

(1)加大产品宣传力度,从广告、展览、网上信息发布、销售咨询热线等多方面入手,使顾客可以轻易得到所需的产品资料,减少在搜寻信息方面花费的精力和体力。

(2)建立广泛分布的销售网点,使顾客可以就近购买。

(3)为顾客提供一条龙服务,最大限度地减少需要顾客完成的工作,减少顾客精力与体力的付出。例如,目前贷款购车成为消费者的一种选择,汽车销售企业就可以与银行、保险企业等联合,提供汽车消费信贷服务,实行上牌、保险一条龙服务,减少顾客体力、精力花费。

顾客在购买产品时,总希望把有关成本包括货币、时间、精神和体力等降到最低限度,而同时又希望从中获得更多的实际利益,以使自己的需要得到最大限度的满足,因此,顾客在选购产品时,往往从价值与成本两方面进行比较、分析,从中选择价值最高、成本最低,即"顾客让渡价值"最大的产品作为优先选购的对象。

不同的顾客对产品价值的期望与对各项成本的重视程度是不同的。企业应根据不同顾客的需求特点,有针对性地设计和增加顾客总价值,降低顾客总成本,以提高产品的实用价值。例如,对于工作繁忙的消费者而言,时间成本是最为重要的因素,企业应尽量缩短消费者从产生需求到具体实施购买,以及产品投入使用和产品维修的时间,最大限度地满足和适应其求速求便的心理要求。

总之,企业应根据不同细分市场顾客的不同需要,努力提供实用价值强的产品,这样才能增加其购买的实际利益,减少其购买成本,使顾客的需要获得最大限度的满足。

8.2.5 客户价值评价

汤普森(Thompson)和斯通(Stone)给出了客户价值管理(customer value management)的定义:客户价值管理是为了获得具有营利性的战略竞争地位、实现企业能力(如过程、组织结构)和价值链之间协调、统一的一套系统方法,其目的在于确保当前的或未来的目标客户能够从企业提供的服务、过程或关系中获得最大化的利益满足。

也就是说，客户价值管理的内容主要包括两方面，一方面是按照客户关系价值的大小对客户进行分类，找到目标客户；另一方面分析企业能给目标客户所带来的客户价值。在价值双向传递的过程中，找到实现双方获得最大化价值的均衡点。

【资料】

价　值　链

1985 年，哈佛大学商学院的迈克尔·波特教授在其所著的《竞争优势》一书中首次提出了价值链的概念："每一个企业都是在设计、生产、销售、发送和辅助其产品的过程中进行种种活动的集合体。所有这些活动可以用一个价值链来表明。"

"消费者心目中的价值由一连串企业内部物质与技术上的具体活动与利润所构成，当你和其他企业竞争时，其实是内部多项活动在进行竞争，而不是某一项活动的竞争。"

该理论揭示，企业与企业的竞争，不只是某个环节的竞争，而是整个价值链的竞争，而整个价值链的综合竞争力决定企业的竞争力。

1. 客户价值分析

根据对于客户价值的研究，可将客户价值的基本概念总结如下。

（1）客户价值是一个时间性的概念，它的评估必须考虑客户整个生命周期内的各个阶段；它的计算是以当前时间为基准，对将来价值的折现。不仅体现了客户过去和现在给企业带来的收益，同时考虑客户在将来可能带给企业的收益的大小，即客户价值的增长潜力。

（2）客户价值包括客户带给企业的收益（包括货币因素和非货币因素的）以及企业为获取和保持客户而付出的成本。

（3）全面反映客户价值，不仅要评估客户带给企业的货币价值，同时要评估客户带给企业的非货币价值。

在此，借用客户生命周期价值的概念对客户价值进行概念的界定，将客户价值理解为客户的生命周期价值，即客户与企业保持关系的过程中，为企业所创造的全部净利润的现值。

2. 客户关系价值分析

菲利普·科特勒将营销定义为"发展、维系并培养具获利性顾客的科学与艺术"，并强调需求分析"客户获得成本"与"客户终生收益"，指出营销符合"20/80/30"定律，即最能让公司获利的 20％的客户，贡献了公司总利润的 80％，而最差的 30％的客户会使公司的潜在利润减半。如何区分客户能给企业带来的价值，就成为企业必须解决的问题。

如何计算客户给企业带来的价值，并不是一件容易的事情，目前主要有 3 种分析方法：ABC 分析法、RFM 以及 CLV。

学生笔记：

_____

_____

_____

Roberts 和 Berger 最先提出了客户终身价值(Customer Lifetime Value,CLV)的定义,即"客户将来给企业的管理费用和利润所贡献的净现值",即客户在与企业保持关系的全过程中为企业创造的全部利润的现值。

【资料】

可口可乐公司:一位忠诚客户 50 年的价值是 1.1 万美元。

万宝路公司:一位忠诚的烟民 30 年的价值是 2.5 万美元。

AT&T 公司:一位忠诚客户 30 年的价值是 7.2 万美元。

北欧航空公司:一位忠诚的商务旅行者 20 年的价值是 48 万美元。

客户终身价值的测度一直是客户价值研究领域的热点之一,也是难点之一。营销科学学会(MSI)已连续多年将"客户价值"列为营销学研究的优先领域;然而,由于相关研究工作开展的时间较短,该领域研究总体上还处于探索阶段。下面介绍几种比较流行和具有代表性的顾客终生价值预测方法。

Dwyer 将 Barbara 的客户分类应用到直复营销领域,根据两类客户(永久流失型和暂时流失型)的行为特征差异,开发了分别针对两类客户的 CLV 预测模型——适用于忠诚型客户与非忠诚型客户的客户保留模型和客户迁移模型。

永久流失型客户的特点为:其业务由于无法分割或转移成本很高,只能全部给予一个企业,而且双方交易关系建立以后,一般很难将业务转向其他企业。这种客户一旦流失,便很难再回头。

暂时流失型客户指将其业务分为很多部分,同时给予多个企业。这类客户的业务转移成本低,他们可以容易地在多个企业之间转移业务份额,有时可能与某个企业停止交易往来,但也有可能突然恢复购买,甚至给予更多的业务份额。

DWYER 方法的缺陷是:它只能预测一组客户的终生价值或每个客户的平均终生价值,无法具体评估某个客户对于公司的终生价值。

Berger、Nasr 根据 Dwyer 划分的忠诚型客户与非忠诚型客户的行为建立了 CLV 模型。该模型通过对历史数据分段拟合以得出客户周期利润函数,再按固定的客户保持率分别得出离散性交易与连续性交易客户的价值。

离散性交易客户的价值数学表达式为

$$\text{CLV} = \sum_{t=0}^{g} \pi_1(t) \times r^t \times (1+d)^{-t} + \sum_{t=g+1}^{n} \pi_2(t) \times \gamma^t \times (1+d)^{-t} \tag{8-1}$$

$$\pi(t) = \pi_1(t) = ht^2 + v, t \leqslant g \tag{8-2}$$

$$\pi(t) = \pi_2(t) = \pi_1(g) + \left[N(1 - e^{-t+g}) \right] \tag{8-3}$$

公式中 $\pi_1(t)$、$\pi_2(t)$ 分别为客户生命周期中两个阶段的利润函数。

连续性交易客户的价值数学表达式为

$$\text{CLV} = \int_0^g \pi_1(t) \times r^t \times (1+d)^{-t} \, dt + \int_g^n \pi_1(t) \times r^t \times (1+d)^{-t} \, dt \tag{8-4}$$

Mihai、Salerno 综合了 Berger、Nasr 与 Dwyer 的 CLV 模型提出了一个综合扩展模型,用代数与矩阵计算的方法将客户保留模型、客户迁移模型进行了综合。Rust 等人建立了一个客户的品牌转移概率矩阵,通过引入品牌转移概率矩阵构建了客户终身价值模型,即当市场上存在多个品牌时,客户可能会产生转移购买。但并没有详细介绍如何获得转移概率值及该概率会受到何种因素的影响。

Wayland、Cole 在 CLV 模型中引入客户购买率参数,用来表示客户未来在每年购买的可能性,同时将企业用于客户认知、保持和发展的成本从客户净利润中分离出来,突出了企业的关系引导投入对 CLV 的影响,公式转化为

$$\text{CLV} = \sum_{i=1}^{n} GC_i(t) \times pr \times (1+d)^{-i} - \sum_{i=1}^{n} (R_i + D_i) \times (1+d)^{-i} - A \qquad (8\text{-}5)$$

式(8-5)中,GC_i 表示第 i 年的毛利润;$Pr(i)$ 表示客户在第 i 年的购买概率;A 表示客户认知成本;R_i 和 D_i 分别表示客户在第 i 年的客户保持和发展成本。

Amoy X.Yang 为了解决新客户终生价值的问题,提出了客户终身价值均值 LTVA 的概念,即新客户由于没有购买的历史数据,无法测度该客户的终身价值,但是用平均客户终身价值可以替代新客户的价值,在形成历史数据后再单独计算

$$\text{LTVA} = \sum_{i=1}^{n} \frac{GSM_i - GPC_i}{(1+d)^i \times N} \qquad (8\text{-}6)$$

在式(8-6)中,GSM 为总销售毛利,GPC 为促销总成本,N 为客户数量,n 为计算周期。

Schmittlein、Morrison 和 Colombo 建立了预测客户交易行为的模型组,他们在 NBD 模型的基础上,假设客户流失服从 Pareto 分布,提出了 Pareto/NBD 模型。

David 等对早期的 Pareto/NBD 模型进行了改进,增添了客户未来每次交易的平均交易量预测模型,并综合前期的模型,得到任意个体客户在未来一段时间内交易量的期望值。

表 8-9　测量模型的比较

模型类别	代表人物	多数行业	品牌转换	交叉购买	模拟竞争	获取和保留
考虑净现值模型	Barbara	否	否	否	否	否
考虑客户流失模型	Dwyer	是	否	否	否	是
考虑客户成本模型	Robert E	否	否	否	否	是
考虑客户保持率模型	Berger	是	否	否	否	是
考虑品牌转移概率模型	Roland T	否	是	否	是	是
考虑客户预测模型	David	否	否	否	否	是

3. CRM 价值链

CRM 是通过围绕客户细分来组织企业鼓励满足客户需要的行为,并通过加强企业与客户、分销商及供应商等之间联系来提高客户满意度和客户盈利能力的商业策略。CRM 的核心是客户价值管理,如果把企业创造价值的过程按 CRM 管理理念分解成一系列互不相同但又相互关联的经济活动,其总和即构成企业的"CRM 价值链",如图 8-16 所示。其目

学生笔记:

标在于企业与目标客户建立一种长期的、互惠互利的关系,企业如果比竞争对手更好地进行这些活动,就能赢得竞争优势。

图 8-16　CRM 价值链

CRM 价值链由基本环节和支持环节两部分构成。由于在一个企业众多的"价值活动"中,并不是每一个环节都创造价值。这些真正创造价值的经营活动,就是企业价值链的"基本环节",把握了这些关键环节,就控制了整个价值链。

CRM 价值链的基本环节如下。

1) 客户分析

通过分析客户数据,识别具有不同终生价值的客户或客户群;客户的价值包括 3 部分:历史价值(到目前为止已经实现了的客户价值)、当前价值(如果客户当前行为模式不发生改变,在将来会给公司带来的客户价值)、潜在价值(如果公司通过有效的交叉销售、调动客户购买积极性或客户向别人推荐产品和服务等,从而可能增加的客户价值)。步骤:收集客户数据,定义和计算终生价值,客户分组。

2) 确定目标客户需求

确定目标客户,并与其建立有效、顺畅的沟通渠道,了解其需求,为其提供个性化服务,与客户建立良好关系。

企业可以利用 CRM 系统提供给客户多种形式的沟通渠道,例如,网络社区、E-mail、Internet 呼叫中心等收集客户资料,同时,CRM 又确保各类沟通方式中数据的一致性和连贯性,帮助增进客户与企业之间的感情。

利用这些数据,企业可以快速响应客户的个性化需要,提供便捷的购买渠道、良好的售后服务与经常性的客户关怀等,让客户在对购买产品满意的同时也认可并愿意保持与企业有效的沟通关系。

首先,必须真正树立以客户为中心的观念,并将此观念贯穿于企业生产、经营的全过程。产品的开发应注重客户的需要,产品的定价应符合客户的心理预期,产品的销售应考虑客户的购买便利和偏好等。其次,切实关心客户利益,提高客户的满意程度,为顾客提供高附加值的产品和服务。第三,重视情感在客户做购物决策时的影响作用。

亚马逊网上书店采用了 CRM 系统,当客户购书后,系统会采集到客户的个人信息和浏览、购买过程,当客户再次访问该站点,系统会识别出客户,并根据原有记录的分析向客户推荐所感兴趣的书目,该系统使得亚马逊的客户回头率高达 65%。同样,淘宝网的阿里旺旺登录后,弹出的"每日焦点"中有"热卖"产品推荐,这也是根据客户的上次浏览记录生成的,如图 8-17 所示。

图 8-17　淘宝旺旺"每日焦点"

3）建立客户关系网络

企业同客户、供应商、分销商及合作伙伴等建立一个强有力的关系网;在新的竞争环境中,不再是单个企业之间的竞争,而是以核心企业为中心的整个供应链的竞争。因此,建立客户关系网络必须包括员工、客户、供应商、分销商等与供应链相关的利益群体。良好的网络能及时快捷地在客户和企业之间双向传递有价值的信息,并将价值通过网络传递给每一个关系网络成员,形成共赢的局面。这就需要整个网络必须树立以客户为中心的价值观,建立保证这种价值观可以有效实施的制度。

4）创造和传递客户价值

在确定了以客户为中心的关系网络模式之后,关系各方必须协调一致,为增进客户满意度和忠诚度而努力。这就需要进一步创造和传递客户价值给目标客户,维系那些真正有价值的目标客户,客户维系的关键在于创建和传递客户价值来满足甚至超出客户的期望。

保持与顾客的双向沟通至关重要,据美国营销协会研究表明,只有 1/3 顾客是因为产品或服务本身有问题而不满,其余 2/3 的顾客不满都是由于沟通不良而造成的。可见正确地与顾客沟通是提高传递价值的一个易于改善、见效快的重要环节。

根据 Gartner 的抽样统计,通过 CRM 采用主动式客户服务的企业,其销售收入增加了15%～20%不等。由企业主动和客户联系进行双向交流对于加深客户对企业的认识、察觉需求变化、满足客户的特殊需求以及维系客户等方面更有重要意义。

5）管理客户关系

为了与目标客户建立长期互惠互利的关系,企业必须适当地调整产品设计生产、企业

学生笔记:
_____
_____
_____

组织结构和相关流程。客户的需要和期望永远是网络经济条件下企业设计产品的唯一标准。在 Dell 公司的经营模式下,客户可以从设计开始,通过网络与 Dell 公司进行密切合作。客户根据自己的需求特点增加或减少某种功能,成为产品设计主体,或在线构建系统。Dell 公司的核心能力是了解和集中客户的需求信息,依据客户的要求装配计算机,并提供售后服务和解决方案,如图 8-18 所示。

图 8-18　Dell 计算机中国官方直销网站(www.dell.com.cn)

　　企业通过建立集成化的、精简的和客户导向的业务流程和共享数据库;建立客户识别、维系、流失等管理制度,加强对客户关系的管理,以此达到共赢的目的。

　　CRM 价值链的支持环节如下。

　　1)企业文化及领导的支持

　　企业文化是 CRM 能否发挥效能的前提条件,企业需要建立以客户为中心、重视客户利益、关注客户个性需求的企业文化。麦当劳公司的黄金准则是"顾客至上,顾客永远第一"。提供服务的最高标准是质量(Quality)、服务(Service)、清洁(Cleanliness)和价值(Value),即 QSC&V 原则。其中 V 是为了进一步传达"向顾客提供更有价值的高品质"的理念。

　　企业实施 CRM,必然会带来企业内部人员的变更、权力的重新分派,因此很容易触动一些人员的利益,在这方面,公司高层管理人员要态度坚决,并亲自参与客户关系管理的实施中,起到表率作用。

　　2)企业组织结构和业务流程的重新设计

　　目前,企业一般都存在客户信息管理、技术服务、市场开发职能相对薄弱等问题,严重影响了企业的客户维持与市场竞争力,为解决上述情况,必须建立以客户为中心的、新的组织流程,成立专门的市场营销部、销售部和技术服务部。同时通过上层的销售副总统一协调,消除各个相关部门之间的沟通障碍,使公司能为客户提供快速周到的优质服务。例如,福特公司北美货款支付处通过业务流程重组将 500 名雇员缩减到 120 名,把原来从接受采购部门订单、有关文件和供应商发票到确认付款所需要审查的 14 项不同数据再造成通过订货单和发票输入计算机系统并进行自动核对,从而把人工审查的数据项减至 3 个。

3) IT 支持

CRM 实施的基础是建立在客户数据分析的基础上。因此,企业在对数据的收集中要确保数据的质量和可靠性,通过采用信息技术使公司的市场营销、销售管理、客户服务等经营流程信息化,实现客户资源共享。

4) 相关管理制度

相关管理制度的支持也是必不可少的支持条件。例如,以客户为中心的员工培训与激励措施。企业员工的观念和提高员工技能的培训工作是实现 CRM 非常重要的一环。培训中最重要的是使其接受管理思想和管理模式的变革,更好地管理好客户资产。

客户关系管理的目标是增加客户的满意度和忠诚度,实现客户价值最大化。顾客让渡价值理论及价值链模型为实现这一目标提供了很好的理论依据。CRM 价值链在实施中会遇到很多困难,如数据仓库需要很多的投资,而且,数据挖掘工具还不理想;企业组织和流程的再造也会遇到很多阻力,因为不可避免地会涉及某些人的利益;一些相应的评价和激励方法还有待研究;企业人员观念的转变也不是一蹴而就的。总之,CRM 作为一种可行的商业模式还需在实践中不断完善。

方太 CRM

宁波方太厨具有限公司(以下简称"方太")创建于 1996 年。自成立以来,方太始终专注于高端嵌入式厨房电器的研发和制造,致力于为追求高品质生活的人们提供具有设计领先、人性化厨房科技和可靠品质的高端嵌入式厨房电器产品。方太建立了涵盖家电连锁、建材超市、传统百货、橱柜商、工程、专卖店、电子商务、网络团购等各方面完备的销售通路系统。

CRM 实施背景:面对每年七八十万左右的服务增长需求,方太对售后服务速度要求越来越快,质量要求越来越高。方太需要建立一个完善的、可不断增长的信息管理平台来提高售后服务管理各方面需要。

解决方案:方太利用 Microsoft Dynamics CRM 提供统一的信息平台,进行售后服务的预约、跟踪管理甚至提供主动服务,通过统一信息平台,信息传递迅速,内部管理电话量节约了 98%;

服务反馈时间由两个月缩短为 1 天,核算速度提高近 30 倍;

变被动服务为主动服务,提高了客户满意度和忠诚度,忠诚度达到了 55%;

提供知识管理系统,员工培训以及考核标准统一,全面提高了员工工作能力;

进行消费者行为研究,为产品开发和市场销售指引方向。

学生笔记:
_____
_____
_____

CRM 帮助方太实现了,其"人品、企品、产品三品合一"的核心价值观,和"让家的感觉更好"的企业使命,帮助方太向着"成为受人尊敬的世界一流企业"宏伟愿景大步迈进。

(资料来源:微软中国案例中心)

8.3 客户关系管理营销

CRM 营销是企业实现更有效产品推广、构建品牌效应的有效方式,它可以帮助企业获得更为精准、更具有商业价值的机会,从而提升客户的价值挖掘,提升企业的效益。

8.3.1 客户关系管理营销布局及规划

想要较好地实施客户关系管理营销布局应先从明确企业产品和服务的定位开始。

1. 界定事业——关注最可能的顾客群

在这一环节,企业需要寻找固定的模式,确定谁是目前最好的顾客,企业应该知道到哪里去寻找最可能的顾客,这个过程就是市场细分和确定目标市场。通过把具有相同特征的潜在顾客分成相应的顾客群,企业就可以确定目标市场。选择了目标市场之后,企业就可以有针对性地开展企业活动。

例如,成立于 20 世纪 70 年代初期的美国西南航空公司(以下简称为"西南航空"),一开始便以短程航线及廉价的机票为经营定位,旅客在自动售票机购票,飞机上不提供餐点。西南航空的经营定位控制了顾客的期望,因此,搭乘西南航空的旅客,不会要求豪华的商务舱服务。没有过分的期待,自然不会有不满意的情况产生。如果要让顾客满意,一定要清楚自己的定位。

要想做好客户关系管理营销规划,最关键的一点就是要明确企业的定位、品牌的定位以及产品或服务的特性。

2. 设计运营体系

当企业对自己的品牌和产品、服务定位有了清晰的认知之后,接下来要做的就是从自己企业的品牌和产品定位出发,找出客户的行为属性(相对属性),然后制定出一套适合自己长期发展的 CRM 营销体系。它的目标是通过重新设计运营的流程,以使这些流程的增值内容最大化,其他方面的内容最小化,从而获得绩效改善的跃进。体系的作用就是帮助企业明确:什么时间,什么情况下,企业该做什么,如何做等问题。

3. 提升效益和效率

客户关系管理改变了原有的面对客户的模式,借助于信息技术和网络技术,使得客户沟通、客户服务等全面得以提升效率。在有了运营体系后,企业要考虑的是找到一套适合自己的工具或技术来帮助自己更加快速、高效地实现需求和想法。有效的工具有 Excel、数据库分析软件以及各种专业的营销软件等。

4. 文案优化

企业要根据品牌、商品定位、运营体系及传播平台的特点为自己的品牌设计某些有特色的内容标签,将品牌理念融入各种营销文案中,最终形成品牌效应。

文案写作中,要融入故事性内容,为产品设置一个合理的故事情节,如"当逛街的时候"或"当坐地铁的时候"等,有了这些不同场景的人物、时间、地点等元素的融入,能够更容易让客户有代入感。企业也可以通过讲述真实取材的企业故事、名人故事或者历史故事来传递企业的无形属性,塑造品牌形象,加深客户的认同感。

文案写作中,要使文字朗朗上口。例如,格力空调的广告文案"好空调,格力造",大宝面霜的广告文案"要想皮肤好,早晚用大宝",皆能简洁传达出产品的好质量与好保障的诉求,这相较于烦琐的广告文案更具吸引力。

文案写作中,要注意传播平台的特点。以 eBay 平台为例,eBay 平台语言热点内容多,在文案写作中巧妙利用热点信息,可以借势提升平台影响力。如可以将抖音、微博、知乎等的 cozy、splendid、elegant、simple、natural、stylish 等热点词汇融合到文案中。

5. 效果分析

对于营销效果的评估,需要一些如品牌感知度、市场份额、销售量等中间变量作指标。随着媒介技术的发展,网络数据的检测如媒体转发量、用户的阅读量、点赞量、评论互动量,以及网络情绪都被纳入评估框架中。但所有的指标设计都应围绕着满足客户需求这个总目标,因此营销效果最终指向的是如何获取新客户、客户活跃度和客户生命周期的评估。

8.3.2　客户关系管理典型营销方式——互动营销

在数字时代,有 3 种行之有效的增进互动的方式:第一种是使用移动应用(App)改善用户体验;第二种是使用社会化客户关系管理(social CRM)为客户带来发言权和解决方案;第三种是使用游戏化引导客户行为,从而增强互动。这 3 种方法并非彼此独立,营销人员应该把它们结合起来,实现最佳的效果。

1. 改善移动应用用户体验

企业多数都在通过手机 App 和客户互动,这些 App 的用途多种多样。首先,可以作为搭载视频和游戏内容的媒体,如宜家与苹果公司合作开发了 AR 应用程序,为消费者带来虚拟购物体验。借助 arkit,苹果为 iOS 设备带来了一个新的增强现实体验框架,它允许桌子、椅子和其他家具出现在房间里,所有场景都可以通过 iOS 设备的摄像头镜头显示。客户对于有兴趣的商品有着更加直观的体验,以便于能做出更好的购买决策。

其次,手机应用也可以是客户使用账户、进行交易的自服务渠道。淘宝、京东等购物平台,可以注册完成相关信息后,完成产品的购买。手机银行可以办理很多的柜台业务,让客户可以方便快捷地完成转账、理财等。

最后,手机应用也可以融入整体的产品和服务体验环节中。这一点尤其体现在汽车行业中,如宝马远程助理(BMW remote)软件就可以解锁和锁定用户的宝马车,并可以远程遥控汽车鸣笛或亮灯,方便用户找到(见图 8-19)。奥迪的多媒体交互系统(MMI Connect)软件则提供图片导航功能让用户可以用手机向车载导航系统发送含有地理编码的图片。这

学生笔记:
_____
_____
_____

些手机应用都可以有效地整合并改善最核心的用户体验。

手机应用的这3种用途,可以帮助企业实现与客户之间更为有效的沟通,也可以通过高效率的用户交互界面减少成本。

图 8-19　BMW eDrive 的服务界面

欧莱雅的数字化转型

欧莱雅团队从用户痛点和需求出发主导产品创意原型的设计,选择具备能力的外部数字化合作伙伴,由数字化合作伙伴为欧莱雅挑选最合适的数字化技术/工具,将产品创意原型落地,欧莱雅团队全程参与产品使用体验的打磨和精进。

欧莱雅为加速其数字化转型的推进,成立了由 CDO 领衔的专职数字化部门,主要负责跟踪外部前沿数字化技术与应用,将有潜力应用在化妆品行业的前沿技术/应用向内部进行推介和引入,并通过有针对性的数字化初创企业投资,与内部数字化创新举措形成良性互补。如可实时监控紫外线强度并预警的超小型可穿戴贴片 UV sense 产品、可监控发质和美发产品使用前后效果的智能梳子、快捷有趣的虚拟彩妆效果体验产品 AR 魔镜等。

欧莱雅的各大业务单元负责在现有业务基础之上具体推动数字化转型举措的落地,如精准营销与数字化消费者体验、数字化新产品开发以及数字化供应链等,利用数字化技术手段赋能和提升现有业务。

这些数字化产品能够与传统化妆品产品实现互补,通过数字化产品的触点持续进行消费者教育,从而培养对防晒、护发等化妆品产品的用户需求。除此之外,这些数字化产品也能强化消费者对于欧莱雅品牌科技感和高端定位的感知。

2. 提供社会化客户管理方案

品牌利用社交媒体与客户互动已成大势。社交媒体是人们在网络上沟通彼此信息的平台。在中国,社交媒体包括微博、微信、QQ、贴吧等。《2018 年微博用户发展报告》表明,

2018 年年底微博活跃用户增至 4.62 亿。

NM Incite 的研究则表明,客户如果享受过良好的品牌关怀,成为品牌拥护者的概率是原来的 3 倍。因此,社交化客户关系管理(SCRM)就成为客户参与的重要工具。

企业利用社交媒体平台进行广告植入,增加流量曝光度提高品牌知名度;企业也可以借助 KOL 替品牌发声,接近目标消费群体进行对话;最终企业借助社交媒体平台进行社会化客户关系管理,形成品牌社群圈层,打造全方位沉浸式体验。

企业根据自身产品和服务的特性与 H5(基于第 5 代 HTML 语言开发诞生的)相结合,用户只需扫描二维码即可进入 H5 页面参与内容互动;基于微博平台,企业在进行产品或服务的预热阶段,可将广告内容进行凝练,发起♯微博话题♯吸引受众进行讨论从而达到广告效果。基于微信平台,企业开通微信公众号、微信小程序,公众号和朋友圈承载的广告内容较为综合,包含图文、视频、音乐、H5 链接、官方网站、产品购买入口及用户互动等。

社会化客户关系管理和社交媒体营销既有联系又有区别,社交媒体营销侧重于使用社交媒体传达企业信息和营销内容,而社会化客户关系管理更倾向于用社交媒体解决客户的问题。但好的社会化客户关系管理所带来的良好体验,还可能转化成社交媒体营销活动。

李宁社交媒体营销

李宁开通了名为"李宁官方微博"的新浪微博账号,其采用的微博营销策略主要包括内容营销、互动营销以及情感营销,发布带图片形式的微博较多,充分利用节气或节日、时事热点、行业新闻等发布微博。此外,还包括与品牌有关系的管理层、代言人、签约运动员等官方微博"意见领袖"账号,以及李宁企业的微博账号矩阵,即除官方微博外还布局多个不同功能定位的微博账号,以实现品牌传播效果最大化。

微信平台上,李宁开通了名为"李宁"的官方公众号以及名为"李宁官方旗舰店"的微信小程序,微信公众号底部进行内容分类和功能链接,将商品网站链接分别以产品系列和运动品类两个类别进行划分,还设立了基于 LBS 定位系统的"查找附件店铺"功能,可实现用户的精准地理位置定位,提供实时精准化服务。此外,李宁还布局了微信公众号矩阵和多个小程序以服务不同需求用户。如"李宁篮球""李宁零售""李宁羽球会""李宁跑步""李宁CLUB"。其中"李宁 CLUB"主要从事的就是社会化客户关系管理。

3. 用游戏化实现目的

过去,游戏只是一种用来打发时间的消遣方式,如今游戏已经成为人们生活中不可缺失的部分,是连接人与人的重要纽带,是社交的重要方式。《2019 年 1—6 月中国游戏产业报告》中显示,截至 2019 年 6 月,我国游戏用户超过 6.4 亿,约占全国总人口的 45%。

游戏应用程序从 Apple App Store 获得的下载量超过其他类别,2017 年苹果应用程序商店的应用程序下载量为 23.3 亿次。根据 Newzoo 发布的"2018 年全球游戏市场报告"指出,手机游戏的市场份额首次占到游戏总收入的一半以上。手机游戏玩家不仅是男性青少

学生笔记:
_____
_____
_____

年。根据 2017 年 Shopify 数据显示,60%的手机游戏玩家是女性,其中 59%的玩家每周玩10 次或以上游戏。

游戏化,就是将游戏机制应用于非游戏环境中的行为,是一种增强客户互动的有效手段。客户忠诚度计划中最早的游戏化应用体现在航空行业中,航空公司会奖励那些一直选用自己航班的乘客。频繁飞行计划通过记录乘客的累计里程数或积分,为他们兑换航程和其他相关的产品和服务。这些计划多数设立了客户等级,那些较高等级的乘客会享受更多的特权。

游戏化还经常用于网络客户社区中。例如支付宝通过"新春集五福"游戏玩法加强了支付宝与众多用户之间的联系,推荐赚赏金红包、付款得奖励金等活动也扩大了支付宝的普及程度,提升了用户使用频率。

营销人员想使用游戏化实现客户互动,要注意以下问题。

(1)制定参与者认同并执行的游戏规则。

游戏规则是游戏的内在激励机制。好的规则能获得游戏参与者的认同且参与。在人员管理中,常常能看到游戏的影子,例如,凡涉及绩效考核、排位竞选等行为,其内在激励机制均与游戏化思维相关。最能获取游戏参与者认同并执行的游戏规则需满足其能力与自我需求,将游戏规则作为游戏的激励机制,在这一前提下,游戏参与者会把游戏当作价值实现的途径,驱使他们不断尝试游戏,以此来获得成就感。

支付宝"蚂蚁森林"游戏

支付宝平台中的蚂蚁森林是一次成功的公益类游戏化营销,以环保为最终目标,以减少碳排量、完成"任务"中种植的每一棵树为分解目标。收集森林能量的操作简便,可以通过行走捐步、乘坐地铁、网络购票、生活缴费等与消费者日常生活息息相关的行为方式获得。在此过程中,增加了玩家之间的互动交流与更多的趣味元素,如帮好友收集能量、帮他人浇水,还可以偷取他人能量等,在"任务"的过程中不断解锁环保行为来支持环保。该游戏中最吸引人的策划在于虚拟平台中种成的"树"可以真正在现实中种植,平台通过发放环保证书的方式褒奖参与者,该活动的荣誉设置和公益性质极大地满足了消费者的成就感。生态环境部环境与经济政策研究中心课题组发布《互联网平台背景下公众低碳生活方式研究报告》中显示,3 年共有 5 亿人坚持"手机种树",实现碳减排 792 万吨。

(2)激发"游戏参与者"的情感状态。

在制定游戏规则时,需同时兼顾"玩家"的内在需求,从而激发"玩家"的情感状态。2018 年,耐克发布了宣传片 Choose Go(任我去跑),并针对"世界任我去跑"的理念开展了一系列活动。其中有两个营销事件大获成功,一个是上海美罗城"跑动地球"的快闪事件;一个是 Reactland 真人体验游戏。该系列活动的推广,基本贯穿宣传片中"世界任我去跑"的理念——当地球停止运动时,人们用跑步产生能量,带动地球重新运转。

"跑步能够拯救地球"赋予了"玩家"强大的使命感,当他们通过"拯救地球"来自我定位时,便有极大的动力参与到活动中,在自我实现的基础上激活主观能动性,愿意相信跑步的力量,相信 React 跑鞋赋予自己的能量。活动并不只是简单的参与,还应同时实现"玩家"的情感诉求,进一步地占领其心智,深化游戏设计者与参与者间的关系。Reactland 让"玩家"

穿上跑鞋跑遍亚欧大陆的同时,设置了实时排行榜作为激励,触发"玩家"在跑步中的战斗欲,满足参与者的能力需求,把外部激励内化成跑步动力。

（3）收集客户游戏反馈,进一步完善品牌形象。

耐克推出的"Nike＋"系统可以在用户跑步时通过跑鞋中放置的无线计步器将相关数据上传至服务平台,用户还能与朋友分享数据,在点赞、竞争、鼓励中加强健身锻炼频率,并且上传用户体验,促进 Nike 不断生产出个性化的运动跑鞋。

2016 年 10 月,秒卡巧克力与游戏化营销广告公司促巴卡合作,在我国 122 个城市设置促巴卡体验站,推出"融情时刻"小游戏,在此体验站内顾客与同伴用手指相交制作出一块秒卡巧克力,同时拍下"融情时刻"的照片,并推送消费者问卷,收集消费者对于品牌发展的建议,进一步完善品牌形象。

8.3.3　客户关系管理典型营销方式——内容营销

新媒体背景下信息传播媒介迅速增多,媒体环境呈现去中心化特性。在此趋势下,以价值创造为核心的内容成了营销的核心要素,内容营销逐渐成为企业重要的营销战略,颠覆了传统的营销格局。

内容营销是指企业以时事新闻、娱乐信息为传播载体,嵌入营销企图,通过社会化媒体平台传播推广,激起消费者对内容的关注、互动和分享,从而说服消费者对产品的认知,并促成购买行为的发生。简单来说,内容营销就是包含创造、组织、分配、详述过程,涉及有趣、贴切、有用的内容,目标是与特定的用户群展开有关内容的对话的营销方法,希望能引起消费者对企业产品及其价值的关注、购买、认同和分享,其营销逻辑如图 8-20 所示。内容营销也被视作除了品牌新闻和出版物之外,又一种能在品牌和客户间营造深层关系的工具。

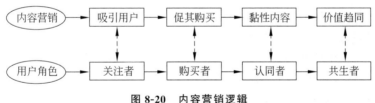

图 8-20　内容营销逻辑

内容营销包括内容生产和内容分配两部分。有效的内容营销活动要求营销人员在室内或者从外部资源生成原创内容,并通过最佳的渠道对内容进行分配。然而,内容营销策略中最常见的缺陷就是不进行前期和后期活动就直接开始生产和分配活动。以下列出了内容营销需要注意的关键点,解决这些关键点才能更好地提升传播效力,获得较好的营销效果。

学生笔记:
_____
_____
_____

1. 明确内容营销的目标

内容营销的目标应该分为两大类：第一类是销售目标，包括销路拓展、交易达成、交叉销售、追加销售和销售咨询；第二类是品牌目标，包括品牌知名度、品牌联想、品牌忠诚度。明确的目标可以让营销人员更好地设计营销策略。如果目标与销售契合度更高，营销者就要保证内容营销渠道与销售渠道一致；而如果品牌目标更重要，营销人员就要保证营销内容与品牌特征相符。

中华老字号"五芳斋"

"五芳斋"品牌，创始于 1921 年，是一个近百年的中华老字号品牌。浙江五芳斋实业股份有限公司主要从事以糯米食品为主导的食品研发、生产和销售，现已形成以粽子为主导，集传统糕点、卤味制品、米制品、肉食品、蛋制品、酒、调味品等为一体的系列产品群。

青团，是江南人家在清明节吃的一道传统点心，因色泽为青色而命名，是"五芳斋"产品中的一种。

清明节前，企业推出广告短片《一个青团的生活准则》，用拟人化的方式演绎青团的产品特性。唤醒消费者对传统节日的重视的同时，勾起用户对青团糕点的情怀和尝新的欲望。短片中，五芳斋用要运动、要敢说、要有爱、要热闹、要绿色生活等生活准则来表达产品特性。例如，青团"要热闹，也要独处"，是说明"青团"包装有创意——里面是独立包装，外面还有统一包装；青团"要绿色生活"，强调的是青团原材料的绿色健康等，巧妙输出青团的产品卖点。

这种内容营销方式，实现了品牌营销的目标，强化了消费者对于品牌的感知，传递价值理念，获得了消费者好感并产生持续影响。

2. 尽可能了解你的客户

在创作营销内容之前，必须对客户群体有精准的定位。传统的客户分类标准有地理位置、性别、心理和行为等。而内容营销更关心客户对哪方面的内容感兴趣。网民集中分布在各类社交圈中，其中游戏圈、明星圈、感情圈及兴趣爱好圈的网民所占比例均超过 30%。过去基于人口特征基本属性的传统人群细分方法已很难让营销者对客户进行清晰的认知。为了更精准地识别和送达目标客户人群，营销者需要顺应环境的变化，更深层次探索客户的价值观、情感、兴趣偏向等作为内容营销的方向。只有尽可能多地了解客户的信息，了解他们对内容的特定需求，才能根据营销的产品或服务的特点有针对性地制作能够解决客户这些需求和渴望的内容。

要将企业制作的内容本身看作是一款产品，这款产品必须保证与目标客户的需求相匹配，这是成功的内容营销的基本要求。因此，在生产内容之前，要对客户的需求进行深入挖掘，才能确保内容对客户的价值。例如，人民网的微信公众号就是定位为"做接地气的东西，发老百姓看得懂的内容"。

东风日产解锁"逍夜"话题

东风日产新款驾控 PLUS SUV 2021 款逍客，主打时尚个性化的精致颜值、人性便捷的智能系统以及强劲可靠的专业驾控，倡导让驾驶和生活一起尽兴的生活态度，是一款用年轻人喜欢的方式,打造他们向往生活的车。因此,在上市之际,新车将核心目标受众锁定为奔波于都市间的年轻男女,他们是城市的专业玩家,热爱美食,对生活充满激情。

相关数据显示,68.2%的年轻白领夜间消费集中于餐饮方面。"大众点评"作为生活决策入口和内容分享平台,恰恰是当今消夜场景下都市白领必备的"寻味图鉴"。他们习惯在"大众点评"寻找关于美食、购物、旅行、休闲等生活真实消费评论和种草推荐,更乐于在平台上记录、分享自己的点滴生活。

由此,逍客与"大众点评"联手共创♯今晚逍夜 我请客♯话题活动,唤醒年轻受众"逍遥一刻做自己"的精神原力。通过搭建起"话题"这一天然流量与真实内容的蓄水池,一方面将新款逍客"活出自我"的品牌理念关联都市年轻人夜生活最感兴趣的美食主题,打造"逍夜"一语双关的创新概念,让年轻人在尽情享受消夜狂欢的过程中,借助话题分享情感和生活,巧妙烘托新车上市声量。

在与"大众点评"内容营销联合造势下,逍客此次活动在短短两周中,收获曝光超 1.6亿,话题围观人数超 2324 万,达人笔记曝光超 350 万篇,沉淀话题笔记 8578 篇,高人气、强互动成功助力新车上市声量与口碑双赢。

3. 构建内容中台

一年仅靠一条广告创意就能树立品牌、带动销售的时代已经成为历史。今天,企业一天就需要按照千人千面千场景的逻辑生产成百上千条多种形态的内容,如果不从营销、增长和运营的角度对内容进行顶层设计和全面规划,再多的内容也无法形成真正的内容资产,更无法产生转化价值。

内容中台是在搭建企业内容池、实施企业内容战略过程中必须具备的一种核心思维和关键能力。这种思维要求企业把内容营销过程中所有相关的内容资料、内容资源和内容资产看作是一个庞大的、相互连接并相互转化的"内容互联网",而非一个个孤立的内容产品、一次次蹭热点的 Campaign 或一个个即兴而发的创意。

构建内容中台,就是要把整个企业生态中的所有内容形成一个完整的内容图谱,并对生态中的每个利益相关者开放,以激活企业的内容池,使它真正地流动起来。企业必须对具有长生命周期、长营销效果、长转化价值的内容产品、内容 IP 进行长远的规划和布局。

4. 创作有价值的原创内容

企业营销的内容除了应该能够反映品牌的特征和准则之外,对目标客户群体来讲,应该是有价值的原创内容,内容应该是连接品牌故事和客户需求的桥梁。

索尼娅·杰斐逊和莎伦·坦顿所著的《内容营销》一书中,对"有价值的内容"总结出了以下几个特点。

(1) 能发挥作用——能起到教育、告知、娱乐等作用。

(2) 聚焦能力——对于目标用户有一定的相关性和特殊意义。

(3) 内容清晰,引人注目——讲述一个人们能够理解并容易产生共鸣的故事。

学生笔记:
_____
_____
_____

（4）高质量——制作精良，有一定的趣味性，言之有物。

（5）有真情实感——用心去写，让人们感受到制作者的心意。

内容营销通常是分段的，用不同的故事分支支撑整体的故事线。故事化，就是对与品牌相关的元素进行分析，从中选择有故事或能形成故事的元素，再通过策划者的创意，设计一个有看点、能吸引人的故事。通过故事中的起承转合，冲突和悬疑纷纷化解，让人在刺激的故事中记住品牌要表达的内容。

"百雀羚"与时间作对

"百雀羚"品牌创立于 1931 年，是国内屈指可数的历史悠久的著名化妆品品牌。

2017 年 5 月，一组由"局部气候调查局"团队推出的"百雀羚"品牌广告《一九三一》刷爆了微信朋友圈。广告运用一组长图片，展开故事，讲述了在新中国成立前的上海，一名时髦的旗袍女郎，衣内藏枪支，出门完成组织的刺杀任务。经过一番曲折，她射出了子弹，而让人出乎意料的是，刺杀的对象是"时间"。从而道出百雀羚品牌广告的营销寓意——百雀羚正因为"与时间作对"，才让消费者永葆年轻。

此品牌内容营销的创新之处在于，故事穿插了 19 世纪 60 年代到 20 世纪 40 年代的街景及历史事件，让人沉浸在故事情节中，丝毫不察觉是广告营销。所以，一经推出便在朋友圈广泛传播，为百雀羚赢得累计 30000000＋的阅读量，3 天微信指数提升 75 倍，首发 4A 广告获得新增粉丝 5 万人。

内容的质量再高，倘若不能进入受众的视野也是没有用的。营销人员还应该找出合适的内容形式。内容可以是书面形式的，如新闻稿、文章、通讯稿、白皮书、案例分析和书籍，也可以是虚拟形式的，如信息图形、漫画、交互式图形、PPT、游戏、视频、微电影甚至院线电影。据内容营销协会报道，80％以上 B2C 公司都使用插图、照片、电子通讯稿、视频、网文，而 80％以上的 B2B 公司使用案例分析、播客、电子通讯稿、现场活动。

5. 智能化技术助力内容营销

智能化技术的进步全面影响着内容营销，推动着内容营销进入一场新的革命，其应用贯穿于内容营销的始终，即市场调研、内容生产、内容分发、反馈和优化等每个环节。

在市场调研环节，智能技术通过对网络数据的提取和处理，使内容主题挖掘得更加准确，更容易在适当的空间和时间上打造出成功的"主题传播型沟通元"，显著提升传播效果。在内容生产环节，智能技术已投入营销内容的规模化制作。由于当下传播媒介的多样性，内容传播的多样态、跨媒介是必然的，使得内容营销的制作和传播变得复杂多变。而自动化的内容信息采集、智能化写作则为营销人员解决了内容的制作成本问题。在内容分发环节，运用算法技术让内容精准到达特定目标人群、搜寻打动消费者的"心理落点"以及内容消费与其他有关因素的"关联落点"，从而提高内容的匹配度、提升内容的传播动力、拓展内容的扩张力。在反馈环节，未来或将使用基于传感器的生理信息反馈。不同于消费者以往问答式的消费者调查，这一智能化运用可以实施监测消费者在获取内容时的情绪状态，减少反馈偏差。在优化环节，在大数据对传播环境、用户反馈、传播路径、流量等因素的分析基础上，可以随时对产出的内容进行调整。

6. 注重内容营销评估及优化

内容的评估有 5 种指标：能见度(了解)、相关度(吸引)、搜索度(问询)、行动力(行动)和分享性(拥护)。能见度指标研究的是内容接收和知晓的情况,较为常见的有曝光度(内容浏览的次数)、特定观看(真正阅读的次数)、品牌回忆(回想起品牌名称的概率)。而相关度衡量的是品牌吸引客户兴趣的能力,其指标包括人均访问页数(人们在内容网站上阅读的页数)、跳出率(看了一页就走的人数比)、停留时间(每次访问的时长)等。搜索度指标通常研究的是使用搜索引擎的人是否容易发现内容。其中重要的指标包括搜索引擎位置(内容在关键词搜索后出现的位置)和搜索引擎参考率(搜索引擎带来的网站访问)。

行动力指标是最重要的一项指标,它衡量的是内容引发客户购买行动的能力,其指标通常有点击率(点击和浏览人数的比率)、问询到行动转化率(完成注册和购买等特定行动的客户比率)。营销人员最终要研究内容分配的分享情况,也就是拥护的情况。分享性指标包括分享率(分享和浏览人数的比率和互动率,举例来说,推特上的互动率是按转发、收藏、回复和提及等分享性行动的数量衡量的。

内容的动态性决定了营销的提升也是阶段式的。营销人员应该衡量评估的结果以及未来的前景,并决定什么时候应该改变营销策略。

嬉芒网的内容营销

嬉芒网(Hipmunk)是一家线上旅游公司,它的内容营销策略是提供一本叫作《顺风》(Tailwind)的旅游杂志,为客户带来旅游常用的信息。杂志最近刊登了一篇名为《英国脱欧对夏日游意味着什么?》的文章,讨论了英国脱离欧盟对美国游客的影响。还有一些栏目会提供诸如世界各国或地区小费标准和主要航线的行李规定等有用的信息。

最有趣的是,嬉芒网还开发了一款人工智能的旅游管家,让客户不用先做攻略就能出游。客户只需要向 hello@hipmunk.com 发送邮件,表明旅游意向,就会收到有关旅游推荐的信息反馈。客户如果给嬉芒网软件提供访问谷歌日历和旅行地位置信息的权限,就会收到所在地景点信息的推荐。由于旅游信息问询度很高,嬉芒网所提供的内容就大大减少了客户做攻略的需要,让客户进一步提升体验。

【章末案例】

上汽大众的客户关系管理

上汽大众汽车有限公司(简称"上汽大众")是一家中德合资企业,由上汽集团和大众汽车集团合资经营。公司于 1984 年 10 月签约奠基,是国内历史最悠久的汽车合资企业之一。目前公司已形成六大生产基地、九个整车厂、两个动力总成厂、一个电池工厂、一个技术中心的生产布局,累计产量超 2400 万辆,员工人数近 3.1 万人。中国质量协会发布 2021 年中国汽车行业用户满意度测评(CACSI)结果,上汽大众在测评中共荣膺十项满意度冠军。

学生笔记：

_____

_____

_____

上汽大众于 1999 年在国内率先成立了以提供售后服务为主导的呼叫中心。售后服务呼叫中心以每一辆车为基本沟通单元,对每一个用户的来电都详细进行了记录,有效地连接了用户、上汽大众、维修站三者之间的沟通。同时肩负一定的用户信息搜集、批量故障汇总分析以及信息发布的任务。2002 年上汽大众成立了以产品/市场信息发布、潜在客户发展、客户关系联络、上海大众汽车/经销商客户营销支持、公司/地区市场活动支持、销售及售后用户满意度回访等功能于一体的销售呼叫中心:800-820-1111。

在上述呼叫中心的基础上,上汽大众使用先进的 CRM 平台,全面整合销售咨询和售后服务两大呼叫中心,以使呼叫中心涵盖办公地点的整合、应用系统和平台的整合、数据的整合、人员和运营管理的整合;成立一个完整意义的上海大众汽车客户服务中心。在统一的 CRM 策略指导下,实现了统一的客户沟通档案及其管理。对潜在客户和客户关于产品、服务、市场活动等询问提供解答,对于针对经销商、维修站的投诉进行记录,并将结果及时地反馈给客户和潜在客户。

在营销服务方面,上汽大众经过多年的发展和完善,建设了近 2000 家销售与售后服务网络,为全国各地客户提供专业、便捷的服务。

上汽大众为了更好地完善"以客户为中心"的经营理念,围绕新世代消费者多元化的用车需求,深入布局智能网联与新零售,致力于为客户带来体验进化。在智能网联方面,上汽大众致力于开发具有吸引力、实时在线的移动互联和生态系统。2020 年,公司上线了智慧车联系统。通过与京东、腾讯、高德、喜马拉雅、酷我音乐等互联网企业强强联手、整合各领域头部企业的优质资源与技术,该系统可提供五大板块、30 多项符合真实场景需求的多样化功能。预计到 2025 年,智慧车联系统将实现 100% 装车率,在智能交互、停车充电、共享出租等各个生活情境中都能让客户获得良好体验。

以 ID.家族上市为契机,上汽大众为其打造了全新网络渠道生态,采用透明价格的代理制营销模式,目前已拥有 ID.家族代理商五百多家,全面覆盖国内一、二、三线城市;ID. Store X 也在加速布局,多家前卫酷炫的新能源展厅进入城市繁华商圈,集品牌体验、产品展示、车辆销售等功能于一体,使消费者能更加高效、便捷地体验 ID.系列产品。同时,公司推出 ID.Hub 线上平台,专属 ID.伙伴带来一对一管家式服务、ID.天使/大使在线上云展厅待命咨询,线下渠道与线上直连打通,为消费者打造沉浸式的专属购车体验。

(资料来源:https://www.csvw.com/csvw-website/module/)

思考题

1. 案例中的企业实施 CRM 分为几个步骤?各自的侧重点是什么?
2. 该案例体现了 CRM 的哪些核心思想?

本章小结

实施客户关系管理,能帮助企业深入、准确地了解客户需求,及时将其反馈到产品设计、服务管理等重要环节,进而保持、提高客户的忠诚度,提高企业的核心竞争力。

对客户信息的掌握程度影响着整个营销活动的效果,企业开展 CRM,能更好地建立和维系与消费者、供应商及合作伙伴的良好关系,这是企业实施电子商务,发展网络营销的重要基础。

CRM 营销主要是围绕客户体验、客户价值管理等角度出发，并利用数据分析手段对其效果进行评价、改进。

重点概念和知识点

- 客户满意度与忠诚度的关系；
- SCRM；
- 客户价值管理；
- 客户关系管理营销。

练习题

1. 举例说明客户关系管理与网络营销的关系。
2. 为什么说企业只要把握了 CRM 价值链的基本环节，也就控制了整个价值链？
3. 你认为什么内容对客户是有价值的？
4. 手机应用、社会化 CRM 和游戏化如何帮助企业与客户互动？

本章参考文献

[1]　刘惠芬,周清清. 以客户为中心的网络整合营销传播模式研究[J]. 南京邮电大学学报(社会科学版), 2011,13(3): 12-13.

[2]　菲利普·科特勒,何麻温·卡塔加雅,伊万·塞蒂亚万. 营销革命 4.0:从传统到数字[M]. 王赛,译. 北京: 机械工业出版社,2018.

[3]　徐奕胜,刘雨花,杨慧桢. 电子商务客户关系管理[M]. 北京:人民邮电出版社,2018.

[4]　马特,郭艳红,董大海. 客户终身价值前沿探析与未来展望[J]. 科技与管理,2011,13(6): 89-92.

[5]　马刚,杨兴凯,姜明. 客户关系管理[M]. 大连:东北财经大学出版社,2018.

[6]　杨路明. 客户关系管理理论与实务[M]. 3 版. 北京:电子工业出版社,2015.

[7]　史雁军. 数字化客户管理:数据智能时代如何洞察、连接、转化和赢得价值客户[M]. 北京:清华大学出版社,2018.

[8]　陈育花. 实体零售业基于微信平台的社会化客户关系管理模式设计[J]. 市场周刊,2019(12): 83-85.

[9]　程璐洋. 百货业借数字化逆袭[J]. 中国中小企业,2020(05): 24-26.

[10]　许健,贺晓青,刘晓明,等. 正确拥抱数字化[J]. 21 世纪商业评论,2019(07): 74-77.

[11]　沈月娥,钱纯.基于社交媒体平台创意营销传播的嬗变研究[J]. 传媒论坛,2021,4(10): 48-49.

[12]　李岚. 游戏化思维:重新定义品牌与消费者的关系[J].东南传播,2020(02): 135-137.

[13]　李倩舒. 浅析游戏化营销的发展模式——基于对多案例的研究[J]. 太原城市职业技术学院学报, 2020(01): 36-38.

[14]　刘嘉萌. 浅谈老字号品牌内容营销的创新策略[N]. 山西经济日报,2021-03-16(008).

[15]　朱建华. 内容营销应把握的原则[J]. 青年记者,2021(04): 18-20.

学生笔记：

［16］ 何建民,叶景,陈夏雨.营销内容特征对消费者购买产品态度及意愿的影响［J］.管理现代化,2020,40(06)：82-85.

［17］ 刘庆振,安琪.从数据中台到内容中台：计算广告不应忽略内容资产(三)［J］.国际品牌观察,2021(07)：23-24.

［18］ 佚名.内容营销怎样玩出新意? 大众点评内容飞轮助推 2021 逍客上市爆红［J］.国际品牌观察,2020(35)：49-50.

［19］ 艾媒咨询.中国网络社群经济研究报告［EB/OL］.(2016-11-13)［2021-10-28］.https：//www.iimedia.cn/c400/46077.html.

［20］ 李梦洁.内容营销组合及策略分析［J］.经济研究导刊,2021(02)：108-111.

第 9 章

网络营销服务

本章学习要求

对于任何开展网络营销的企业，营销服务都是至关重要的。互联网提供了更加方便和高效的顾客服务手段，能够为顾客提供全方位、个性化服务，从而提高客户的满意度。本章首先介绍了网络营销服务的概念、特点、分类等基本问题，分析了网络营销服务的内容和工具，并阐述网络营销个性化服务的优势和个人信息保护的问题。

9.1 网络营销服务概述

随着互联网在营销活动中的应用，客户对企业服务的及时性，服务的深度、广度以及服务内容等方面的要求发生了重大变化。企业间的竞争已从实物产品延伸至服务领域，传统产品营销策略内容已转化为实物产品策略、服务产品策略和信息产品策略三位一体的网络营销策略。

作为一种新型媒体，Internet 提供了高效、快速和高度个性化的交互式信息通信工具，为企业从事网络营销创造了空前的机遇。通过交互式信息工具的应用，企业能够与客户保持互动和良好沟通,进而为之提供优质服务,最终实现有利交换。与传统营销活动相比,网络营销可以为客户提供全方位、立体化、个性化的服务,从根本上提高客户满意度,培养忠诚客户。网络营销服务水平的高低直接影响到网络营销活动的成败以及企业的市场竞争能力,因此,对网络营销服务进行系统研究已成为网络营销从业者必需的课题。

9.1.1 网络营销服务的兴起

服务是指为他人做事,并使他人从中受益的一种有偿或无偿的活动。不以实物形式而以提供活劳动的形式满足他人某种特殊需要。营销大师科特勒将服务定义为:服务是一方能够向另一方提供的基本上是无形的任何功效或礼仪,并且不导致任何所有权的产生,它的产生可能与某种有形产品密切联系在一起,也可能毫无联系。从本质上讲,服务是企业为了使客户感到满意,并为了与其保持长期友好的互惠合作关系而建立客户忠诚的一系列活动。

就企业而言,通过产品和服务来迎合顾客的差异化,是一个企业在市场中立足并长期发展的根本。而随着时代的变迁与科技的进步,相同的产品在功能、质量等方面的差异化正日渐消失,此时服务的差异化就成为了企业竞争的主要方向。服务经济的快速发展是现代经济的一个重要特征。各种形式的服务在成为许多企业专门经营的对象时,也成为企业参与竞争的重要手段。对于服务产品的特点,营销策略及服务质量等问题的研究,成为现代营销理论和实践的重要内容。

互联网的应用,为企业更好地从事客户服务提供了新的选择。实施交互式的网络服务策略,提供满意的顾客服务正是许多企业网络营销成功的关键所在,网络营销服务可以加强企业与消费者在各方面的沟通,并随时收集、整理、分析消费者的反馈信息以促进企业进一步发展。另一方面,互联网的应用也使客户能够自由和轻易地获取和分享信息,同时也赋予客户更多的权利。客户不仅要求最好的服务、最低的价格,同时也要求在最短时间里得到利益。经营环境的变化使得网络营销服务呈现出许多新的特征,因此在对网络营销服务进行系统研究之前,首先介绍网络营销环境与传统市场营销环境相比呈现出的新特点。

1. 从间接经济到直接经济的发展

工业经济时代的市场模式必须有许多中间环节,企业与消费者之间有大量的批发商、零售商作为中介,这就决定了工业经济是"间接经济"的特点。互联网的出现从根本上减少了传统商务活动的中间环节,缩短了企业与用户需求之间的距离,同时也大大减少了各种经济资源的消耗,使人类进入了"直接经济"时代。即互联网是在商务活动的全过程中,通过客户与电子通信方式、电子商务模式的结合,极大地提高商务活动的效率,减少不必要的中间环节,使生产"直达"消费。传统的制造业借此进入小批量、多品种的时代,"零库存"成为可能;传统的零售业和批发业开创了"无店铺""网上营销"的新模式;各种网上服务为传统服务业提供了全新的服务方式。

2. 从批量服务到按需服务的发展

互联网能够把全世界的顾客送到地球上开设的任何一家商店,这是其他的商业经营形式所望尘莫及的。并且,这种厂家与消费者之间的沟通是理性的、消费主导的、非强迫的、循序渐进的、按需服务的。传统营销模式中,消费者只能在批量产品中选择自己的目标,按需服务的模式极大地满足了消费者的个性需求。在这种按需服务的营销沟通中,由于企业与消费者之间双向的经济、信息和情感沟通变得越来越直接,旧有的买方与卖方间的营销误差已日益缩小,买卖双方大大减少了为解决营销误差问题所消耗的精力,制造商和卖方所获得的好处最为明显。IBM 公司提出的"按需产品"和"按需服务"就是这种模式的典型示范。

3. 大小公司公平竞争

互联网为所有公司提供了平等的竞争环境。在传统商业中,制造商和卖方必须投入巨大的资金和人力去建立全球营销网络,这对于小公司来说,是一个较大的障碍。然而,互联网络使最小的公司也可以与最大的公司一样平等地出现在全世界的客户面前,像销售渠道之类的障碍在网络经济时代完全瓦解了。

4. 电子商务网站扩大公司与市场的互动

互联网时代产生了公司电子商务内外网站,外网可以展示商品目录,连接资料库,提供大量有关商品信息的查询,可以和顾客进行双向沟通,随时收集市场情报,了解消费者需求,进行产品测试与消费者满意调查等,是产品设计、商品信息提供以及顾客服务的最佳工具;内网则根据外网提供的动态信息安排生产计划,按需生产适销对路的产品。由公司内外网站构成的信息化平台还能提供从商品信息直至收款、售后服务一气呵成的服务。

从上述 4 个新特点明显可以看出,网络营销环境是一种新型的、以信息技术为依托的、全过程整合的一体化营销渠道,网络营销与企业传统的市场营销组织结构及其职能性有相当大的不同。

9.1.2　网络营销服务的概念及特点

1. 网络营销服务的概念

网络营销服务(on-line marketing service 或 e-marketing service)就是以国际互联网络为基础,利用数字化的信息和网络媒体的交互性来辅助营销目标实现的一种新型的市场营销服务方式。简单来说,网络营销服务就是以互联网为主要手段进行的,为达到一定营销目的而开展的一系列网络营销服务活动。

随着互联网在营销中的应用,客户的消费观念、消费方式和在购买中的选择能力都发生了重大变化,对企业服务提出了多层次的需求,从基本的产品信息到产品获取的整个过程,客户都期望获得更多的参与和支持服务。顾客服务过程实质上是满足顾客除产品以外的其他连带需求的过程。因此,完善的网上顾客服务必须建立在掌握顾客这些连带需求的基础之上。顾客的服务需求包括了解公司产品和服务的信息,需要公司帮助解决问题,与

学生笔记:
_____
_____
_____

公司人员接触及了解全过程信息 4 方面的内容,如图 9-1 所示。

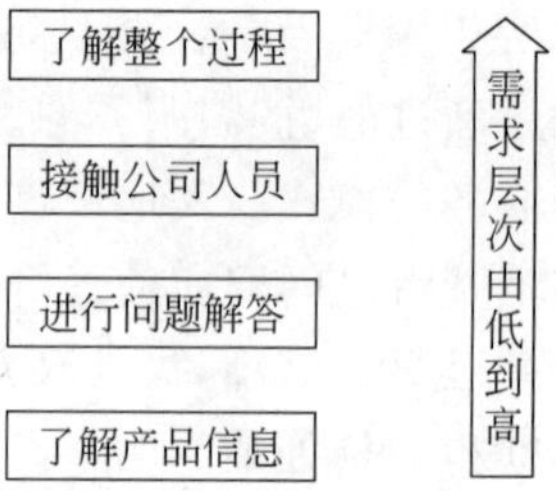

1）了解产品信息

网络时代,顾客需求呈现出个性化和差异化特征,顾客为满足自己个性化的需求,需要全面、详细了解产品和服务信息,寻求出最能满足自己个性化需求的产品和服务。

在一项顾客测试中,消费者按照自己认为的重要程度对产品信息、服务信息和产品订购这些网络的主要功能进行排序,结果显示人们对于详细的产品和服务信息更感兴趣。这是因为人们已经拥有了众多的订购方式,如电话、传真、邮购等,唯独缺乏可以随要随到的产品和服务。现代企业利用互联网络能为顾客提供前所未有的个性化服务。例如,在亚马逊网上书店,顾客需要的信息可能个性化到如下程度:顾客喜欢的某一位作家的所有在销图书及最近作品,或与顾客研究的某个专题有关的最新著作等。过去,要想寻找到这类信息,需要翻阅最近全国书目,定期到当地大型综合图书馆或书店查询,而现在,亚马逊网设立了一个叫 Eyes 的自动搜索工具为顾客搜寻他所需的图书信息,并及时给顾客发送 E-mail。

2）进行问题解答

顾客在购买产品或服务后,经常会在某些技术性较强的产品使用过程中发生问题,如产品安装、调试、使用和故障排除,以及有关产品的系统知识等,需要企业提供服务解决这些问题。因此,从产品安装、调试、使用到故障排除、提供产品系统更高层次的知识等都应纳入顾客服务的范围。

帮助顾客解决问题常常消耗传统营销部门大量的时间、人力。其中一些常见问题的解决,不仅效率低下,而且服务成本高。为了解决此类问题,有些企业设置了热线电话,但是,当顾客拨打热线电话时,因为服务代表正忙于处理其他顾客的问题,往往会听到自动应答机要求顾客耐心等待的语音。所以,最好的方法是到网上去帮助顾客解决问题。

许多企业的站点提供技术支持和产品服务,以及常见的问题(FAQ)解答。有的还建设有顾客虚拟社区,顾客可以通过互联网向其他顾客寻求帮助,自己学习,自己解决。只要给顾客提供完善的条件,企业可以让顾客成为自己的服务员。要做到这一点,首先要确定顾客可能遇到的问题,并对这些问题做出正确的判断。例如,当顾客抱怨新买的家电不工作时,应考虑到安装是否正确、电源有没有问题、是否按照说明书进行操作、有没有操作程序方面的错误或者家电本身就存在质量缺陷等。这样才能够正确预测顾客所遇到的真正问题,进而在网上提供解决问题的办法。其次就是要对企业的顾客进行训练,教会他们如何使用企业在网上为他们提供的服务功能,如何利用互联网络解决遇到的问题。例如,Microsoft 公司在其网络站点上设置了供顾客自我学习的知识库,这里不仅能提供经常遇到的问题的解决方案,还能将顾客自我教育为产品专家,这样顾客便会很乐意自己解决问题。

3）接触公司人员

对于比较难解决的问题,或者顾客难以通过网络营销站点获得解决方法的问题,顾客也希望公司能提供直接支援和服务。这时,顾客需要与公司人员进行直接接触,向公司人员寻求意见,得到直接答复或者反馈顾客的意见。网络为这种互动的交流和沟通提供了实

了解整个过程
接触公司人员
进行问题解答
了解产品信息

需求层次由低到高

图 9-1 客户对服务的需求层次

现的工具。与顾客进行接触的公司人员,在解决顾客问题时,可以通过互联网获取公司对技术和产品服务的支持。

4）了解整个过程

顾客不仅需要了解信息、接触人员、要求公司帮助解决问题,有些顾客还常常作为整个营销过程中的一个积极主动因素去参与产品的设计、制造、运送等。这一点充分体现了现代顾客个性化服务的双向互动的特性。顾客了解产品越详细,他们对自己需要什么样的产品也就越清楚。公司要实现个性化的顾客服务,应将主要顾客的需求作为产品定位的依据,纳入产品的设计、制造、改造的过程中。让顾客了解全过程实际上就意味着企业与顾客之间"一对一"关系的建立,这种关系的建立为小企业挑战大企业独霸市场的格局提供了有力的保证。小企业对市场份额的不断占领是大规模市场向细分市场演变的具体表现。这种市场局面正在形成,如在计算机市场或软件市场上,最大的份额不再是 IBM 公司,而是无数的小企业群体。

上述网上顾客服务需求的 4 个层次之间是一种相互促进的关系,如图 9-2 所示。本层次的需求满足得越好,就越能推动下一层次的服务需求。对顾客的需求满足得越好,企业与顾客之间的关系就越密切。全部过程中的需求层次逐渐升级,不仅促使公司对顾客需求有更充分的理解,也会引起顾客对公司期望的增强以及对公司的关心,最终不仅实现了"一对一"关系的建立,而且不断地巩固、强化公司与顾客的密切关系。借助于互联网技术,网络营销服务能够更好地适应顾客的个性化要求和发展的需要,满足顾客更高层次的需求,从而提高顾客的满意度,培养顾客的忠诚度。

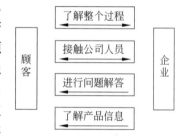

图 9-2　网络营销服务
需求的互动性

2. 网络营销服务的特点

服务区别于有形产品的主要特点是不可触摸性、不可分离性、可变性和易消失性。同样,网络营销服务也具有上述特点,但其内涵却发生了很大变化,具体体现在下面几方面。

（1）增强顾客对服务的感性认识。服务的最大局限在于其无形和不可触摸性,因此在进行服务营销时,经常需要对服务进行有形化,通过一些有形方式表现出来,以增强顾客的体验和感受。网络顾客服务可以低成本、实时、全面地满足传统营销媒体难以满足的服务需求。首先,由于网络空间接近无限,企业可以将不同详细程度的有关产品、服务的信息以文本、图片、声音或录像等多媒体方式放在企业网站上,顾客可以随时从网上获取自己所需要的信息,而且在网上存储、发送信息的费用远低于印刷、邮寄或电话的费用;其次,企业可以在网站中设置 FAQ（常见问题）,帮助解决顾客的常见问题,减少企业顾客服务人员的重复劳动,以腾出时间和人手为顾客及时解决更复杂的问题;最后,网络的互动特性,能使顾客直接与企业对话,询问一些特殊的信息,反馈他们的意见,并作为营销全过程中的一个积

学生笔记:

极、主动的因素去参与产品的设计、制造、运送等。

（2）突破时空不可分离性。服务的最大特点是生产和消费的同时性,因此服务往往受到时间和空间的限制。顾客为寻求服务,往往需要花费大量时间去等待和奔波。基于互联网的远程服务则可以突破服务的时空限制。如现在的远程医疗、远程教育、远程培训、远程订票等,这些服务通过互联网都可以实现消费方和供给方的空间分离。这一特性使企业可以实现服务的全球化。依照传统的运作方式,企业顾客服务要想进军全球市场,需要相当数量的资源,而利用网络,即使资源非常有限的微型企业,也可以通过互联网,建立柔性虚拟组织,使顾客服务在多个国家运作,同时保证企业与顾客的紧密接触对顾客服务需求作出快速反应。网络为企业顾客服务在地域上的延伸提供了良好的支撑。

（3）提供更高层次的服务。传统服务的不可分离性使得顾客寻求服务受到限制,互联网的出现突破了传统服务的限制。顾客可以通过互联网得到更高层次的服务,顾客不仅可以了解信息,还可以直接参与整个过程,最大限度地满足顾客的个人需求。

（4）顾客寻求服务的主动性增强,服务质量更高。在传统的顾客服务中,顾客无法对服务进行事先感知和评价,服务完毕后企业也很难全面了解顾客服务体验与其期望间的差距,这就决定了传统顾客服务难以持续地保持高质量。而利用网络进行顾客服务时,不仅企业与顾客间的沟通是完全互动的,而且顾客与顾客间的互动沟通也十分频繁(如兴趣相同的顾客在新闻组或专题讨论组交流彼此的服务体验等)。这种多向即时互动沟通可以帮助企业深入了解顾客的服务需求与服务期望,可以向顾客预先提供从整体到局部具有良好可视性和互动性的服务表现,还可以对服务表现进行适当的定制,以满足顾客个性化的服务需求和偏好。在服务过程中,可以对服务进程和服务效果进行持续跟踪和检验,合理、实时地改进服务或进行服务补救。服务结束后也能从顾客那里或网上其他渠道获知顾客对服务的真实体验,为进一步提高服务质量提供信息基础。

（5）服务成本效益提高。一方面,企业通过互联网实现远程服务,扩大服务市场范围,创造了新的市场机会;另一方面,企业通过互联网提供服务,可以维护企业与顾客之间的关系,培养顾客忠诚度,减少企业的营销成本费用。管理顾客是传统顾客服务的一个难题,借助于网络对顾客进行服务,能更好地实现对顾客的管理,以留住老顾客,吸引新顾客,为企业增加利润。首先,网络交流的便利性与互动性,使企业能与顾客不断进行对话,进而不断增加对顾客的了解,顾客提出需求,企业以合适的产品和服务予以满足。这种过程的重复,使得企业与顾客建立起一种动态的学习型关系,这种动态的学习型关系能形成顾客的转换壁垒,使之不会轻易地转向竞争者,从而培养出企业的忠诚顾客。其次,企业与顾客之间所有的互动都是有关顾客需求的宝贵信息资源,Web顾客数据库将实时记录有关顾客的各种信息,顾客与企业交易前,顾客数据库就能及时识别顾客的特殊身份,交易后,顾客数据库能自动补充新信息。企业可以将顾客划分为不同等级,从而提供不同标准的产品和服务,实现顾客的分级管理。另外,通过建立在线顾客数据分析系统,企业能及时进行顾客价值区分,发现新的市场机会,锁定目标顾客群,提高企业网络营销的效果。总之,网络顾客服务与传统顾客服务相比,能更有效、更精细地实现对顾客的动态管理。因此,许多企业将网络营销服务作为企业在市场竞争中的重要手段。

【案例】

Dell 公司网络营销服务——用心打动消费者

1984 年成立的 Dell 计算机公司,如今已经成为全球领先的计算机系统直销商,跻身业内主要制造商之列,个人计算机销售排名第一。在公司发展历程中,其品牌并不是最响亮的,质量也不能说是最好的,Dell 公司的迅速崛起凭借的是其网络直销模式,在保持最小库存量的同时,将网络营销服务与支持能力连接到顾客所处的互联网中。当公司创始人戴尔接触网络时,凭着对新技术的敏锐,其率先搭上了最新的因特网班车。"我们就应该扩大网站的功能,做到在线销售。"戴尔在出席董事会时,坚定地表示:"网络可以进行低成本、一对一而且高品质的顾客互动,在线销售最终会彻底改变公司做生意的基本方式"。1996 年 8 月,Dell 公司的在线销售开通,6 个月后,网上销售每天达 100 万美元。1997 年高峰期,已突破 600 万美元。Internet 商务给 Dell 公司的直销模式带来了新的动力,并把这一商业模式推向海外。在头 6 个月里,Dell 公司计算机的在线国际销售额从零增加到了占总体销售额的 17%。经过近 10 年的发展,到 2006 年,公司收入已经有 60% 以上来自网上销售。

Dell 公司充分利用网络营销服务的优势,通过网站、论坛、博客等多种渠道为客户提供个性化的定制服务,其网络营销服务具有以下几方面的优势。

1. Dell 公司网络营销服务的个性化

进入 Dell 公司主页,给人一目了然、井井有条的感觉。Dell 计算机公司将其产品分别按照产品种类或者应用领域进行分类。例如,按产品种类可以分为台式机、便携机、服务器和工作站等。按应用领域可以分为家庭用、小型商业用、大型商业用、教育用和政府用。不同的产品面向不同的市场,因而实行不同的策略,这实际上也是一种市场策略。

Dell 公司根据顾客需要,为顾客量身定做计算机,正所谓"量体裁衣";每一位顾客对计算机的要求是不一样的,所以 Dell 公司为消费者分门别类,针对不同人群,提供不同的资讯;Dell 公司对不同国家的人群提供不同语言的服务,还添加了友情链接,让更多的人了解 Dell 公司。在 Dell 公司网站,用户根据显示内容和提示,可以很快地找到符合要求的产品,并且了解到产品的价格和各项功能。

Dell 公司一直坚持以客户为中心组织企业内部的架构,忠诚地执行最好的"客户体验"的企业口号,从市场、销售、后勤到客户服务部门都以统一的面貌出现在客户面前,客户找到任何一个部门,都能得到统一的答复。在提高客户体验的同时,Dell 公司的市场、销售成本却大量缩减,这是 Dell 公司公开的秘密。

针对不同类型的客户,Dell 公司在安排内、外销售人员方面的资源分配也不同,可能以外部销售为主,内部销售为辅;也可能是以内部销售为主,外部销售为辅,甚至不要安排外部销售人员。

学生笔记:_____

_____

_____

_____

2. Dell 公司网络营销服务的互动性

网络媒体区别于传统媒体的另一个重要的特征是其互动性。充分挖掘网络的交互性，利用网络的特性与消费者交流，才能扬长避短，让网络营销的功能发挥至极致。数字媒体技术的进步，使企业能以极低的成本与极大的便捷性，让互动在营销平台上大展拳脚。而消费者完全可以参与到网络营销的互动与创造中来。

Dell 公司为消费者提供了互动交流的平台，以博客的形式为消费者提供资讯，如产品介绍和新品发布。另外还设置了视频区，用户可以看到设计师、工程师设计、研发的过程。把消费者作为一个主体，发起其与品牌之间的平等、互动交流，可以为营销带来独特的竞争优势。未来的品牌将是半成品，一半由消费者体验、参与来确定。这一过程给予消费者对产品质量的信赖感，这也满足了部分消费者对产品制造研发的好奇心理。

Dell 公司开设网上在线论坛与消费者互动，如图 9-3 所示。不仅是大客户，那些小型企业客户、大批的居家办公者也被吸引在 Dell 公司品牌的周围。从 1998 年秋季开始，Dell 公司设立的高层主管与客户的在线论坛"与公司创始人 Dell 共进早餐"扩大到小型的商业用户，这种现场聊天的话题包括服务器市场走势等大题目，而且还设法让一般用户有机会提出各种各样的问题，然后通过 Dell 公司的在线知识库在人工智能软件帮助下给予自动回答。

图 9-3　Dell 社区互动服务页面

3. Dell 公司提供了全方位的搜索服务

设置搜索服务可以方便用户查找自己想要的产品和技术支持。搜索的范围很宽，既有对硬件的搜索，也有对软件的搜索；既有对各种组装好的整机的搜索，也有对各种零配件的搜索等。

4. Dell 公司利用网络营销服务充分了解到客户的需求并对其作出快速响应

通过网络营销，商家的产品从定位、设计、生产等阶段就能充分吸纳用户的要求和建议,而用户的使用心得也能通过网络很快地在产品的定位、设计、生产中反映出。Dell 公司的设计、开发、生产、营销、维修的支持下,从笔记本电脑到工作站的个人计算机,每一个系统都是根据客户的个性要求而量身定做的。

以 Latitude 2100 为例,这款笔记本电脑针对的是教育市场。从设计之初,Dell 就与数百名学生、教师、家长和管理人员紧密合作,把他们的需求考虑在内。Latitude 2100 的外壳和常见的金属或者塑料笔记本电脑外壳不同,采用的是橡胶质地,具有防滑功能。柔软的外壳起到缓冲作用,有效避免学生间因为拥挤或者碰撞而造成的意外伤害。但是 Latitude 2100 又很坚固,它比家用上网笔记本电脑 Mini 10 稍微厚重一点,这是考虑到要适合学生使用,一定的厚度可以让笔记本电脑更加结实。笔记本电脑底部防水,可以避免液体的意外溅入。Latitude 2100 还有可选便携式肩带,方便学生随身携带。

通过网络营销,Dell 公司在美国迅速成为商业用户、政府部门、教育机构等消费者市场名列第一的个人计算机供应商。进入中国市场之后,Dell 以"直效营销(Be Direct)"的网络营销模式为基础,加以强大的营销推广,在中国市场上取得了迅猛的发展,仅次于联想、方正,成为中国 PC 市场第三大巨头。

9.1.3　网络营销服务的分类

根据企业可提供的产品和服务的比例,可以将服务分为以下 4 类: 纯有形货物的伴随服务、伴随服务的有形货物、主要服务伴随的小物品和小服务和纯服务。

1. 纯有形货物的伴随服务

这是企业进行网上销售产品为主而伴随的对客户的免费服务,包括销售前的产品信息咨询介绍、销售中的某些代办事务、销售后的技术支持等。例如,网上灯具商店帮助客户设计室内灯光效果,指导购买,然后免费上门安装等。

2. 伴随服务的有形货物

这是一种以服务为主的网络销售形式。例如,异地网上购买鲜花,然后由网上花店送达客户并代替问候指定的亲朋好友。这就是这种网络营销服务类型的典型形式。

3. 主要服务伴随的小物品和小服务

这是一种以网上服务产品为主,在服务的过程中伴随提供给客户馈赠性质的小礼品或额外的简单服务。例如进行网上的求医问药,然后得到该网站赠送的医药小册子或代替联系就医等。

4. 纯服务

这是一种纯粹的网上服务产品的营销,不附带任何有形的商品。例如,网络公司定期代替研究经济的学者收集和整理某经济领域的信息和资料,然后以电子邮件的方式发送给他,就是这样的一种网络营销服务类型。

学生笔记:
_____
_____
_____

上述 4 类服务又可以简单划分为网上产品服务营销和网上服务产品营销。网上产品服务营销主要是指前面两类服务,服务是产品营销的一个有机组成部分。网上服务产品营销是指无形产品,可以通过互联网直接进行传输和消费的服务产品的营销活动。对于网络服务产品营销,除了关注服务销售过程的服务外,还要针对服务产品的特点开展营销活动。

9.2 网络营销服务内容及工具

9.2.1 网络营销服务内容和过程

1. 网络营销服务内容

互联网作为一种新工具,使企业能够给顾客提供更多、更好的服务。这些服务通常包括以下内容。

(1) 企业信息发布。这包括产品及服务介绍、优惠信息及产品技术支持与培训等。

① 产品及服务介绍。通过互联网,企业可以向顾客及所有感兴趣的网民、潜在顾客提供企业全面、详尽和及时的产品及服务介绍。

② 优惠信息。即公告企业目前的产品销售政策及正在举办的各种活动,提供的优惠和服务,如数量折扣、现金折扣、功能折扣、安装服务、保修条例、产品使用或维修培训、服务网站以及正在开展的促销活动等。

③ 产品技术支持与培训。理解产品的工作原理、掌握产品的正确使用方法是顾客正确选择产品、使用产品的前提。许多企业经常抱怨顾客不识货、冲动购买多于理性购买,然而非专家性、非营利性是消费者市场的固有特征,消费者教育始终是从事消费者市场营销企业的重要职责。为此,企业应充分利用互联网的交互功能,开展在线消费者培训,使消费者了解产品的工作原理,学会科学地识别和选择产品,开展在线技术支持与培训,及时解决用户在产品使用过程中遇到的障碍。

(2) 信息咨询。这是通过互联网建立的类似于传统营销中电话咨询的服务项目,企业被动接受来自消费者的咨询并作出反应。可以同传统的电话咨询配合使用,因为有些消费者更喜欢与人直接打交道,并及时得到反馈;但网上的信息咨询对企业而言成本更低,服务的范围更广。因此,企业要致力于网络信息咨询业务的发展,应用现代信息技术,提供更为及时、互动性更好的服务。

(3) 会员注册。通过注册,使来访者成为企业的会员。一方面企业可以获得一定的顾客信息,另一方面使企业可以有针对性地开展营销活动。要注意的是,不要让注册过程太烦琐、使来访者失去耐心,中途放弃注册;另外,不要干扰会员正常的网上冲浪而使他们退避三舍。事实上,所有的冲浪者都有可能成为多家企业(包括类似企业)的会员。会员会更多地光顾谁的网站,但这不取决于谁经常打扰他,而在于谁能经常提供更具吸引力的网上活动或信息,谁能更及时地对会员的问题做出答复。

(4) 在线调查。互联网调研具有便捷、经济、经常和及时的特点。企业可以常年在线开展以顾客满意度为核心的在线调查。这种满意度调查无声之中向顾客传递着企业对用户的关爱及一种负责任的态度。同时,调查还可以及时了解顾客对产品的需求动态,为企业及时改进产品提供有效帮助。

（5）在线投诉。任何企业都难免遇到消费者的投诉，这并不可怕，可怕的是企业对投诉者的反应不及时、令消费者不满意。互联网提供了在线投诉的功能，使顾客能够迅速把产品使用过程中遇到的问题及时反馈给企业，这实际上是给了顾客一个发泄渠道，而减少了顾客向其他渠道投诉或抱怨的概率，能够暂时缓解顾客可能的不满，一定程度上维护了企业信誉。如果企业能够给予及时、有效的答复并解决，则将消除顾客可能的不满并转变为顾客对企业的信任。应当注意的是，企业最好不要利用互联网的自动答复功能来答复投诉，这表面上十分礼貌和客气，实际上却是冷冰冰的官方文章，会使消费者感到不受重视。

（6）网络导购。网络营销企业可以在站点为消费者提供诸如"智能代理"等产品价格比较、分析工具以及提供网络导购目录，帮助消费者在网上选择商品并帮助他们做出正确的购买决策。

（7）在线交易。在网上完成最后的交易是一个理想的结果，从商务角度来看，这对交易双方都有好处。在线交易的完成使信息服务、网络营销、各种在线支持一气呵成，大大提高了交易效率和交易的可靠性、安全性，互联网强大的信息功能又使企业和顾客双方都能随时查询交易情况，需要时还可以迅速做出调整。

（8）安全确认。安全问题是制约电子商务发展的一个重大障碍，从熟悉的现实世界的可见交易到互联网上的不可见交易，黑客的活动等一系列因素导致消费者对网上交易安全、产品安全产生忧虑。为了解除顾客的安全忧虑，企业应当提供各种相关的安全措施，例如，利用互联网的超级链接功能向顾客提供访问数字签证机构、产品审批监测机构、金融机构等相关机构的方便。这样还可以起到防止假冒伪劣的作用。

（9）顾客论坛。提供一个供顾客自由交流的空间，让顾客自由发表各自对产品的看法、使用体会等。

2. 网络营销服务过程

市场营销从原来的交易营销演变为关系营销，市场营销目标转变为在达成交易的同时还要维系与顾客的关系，更好地为顾客提供全方面的服务。根据顾客与企业发生关系的阶段，可以分为销售前、销售中和销售后 3 个阶段。网络营销产品服务相应地分为网上售前服务、网上售中服务和网上售后服务。

1）网上售前服务

从交易双方的需求可以看出，企业网络营销售前服务主要是提供信息服务。企业提供售前服务的方式主要有两种，一种是通过自己的网站宣传和介绍产品信息，这种方式要求企业的网站必须有一定的知名度，否则很难吸引顾客注意；另一种方式是通过网上虚拟市场提供商品信息，企业可以免费在上面发布产品信息广告，提供产品样品。除了提供产品信息外，还应该提供产品相关信息，包括产品性能介绍和同类产品比较信息。为了方便顾客购买，还应该介绍产品如何购买的信息、产品包含哪些服务、产品使用说明等。总之，提

学生笔记：
_____
_____
_____

供的信息要让准备购买的顾客"胸有成竹",顾客在购买后可以放心使用。

2）网上售中服务

网上售中服务主要是指销售过程中的服务。这类服务是指产品的买卖关系已经确定，等待产品送到指定地点的过程中的服务，如了解订单执行情况、产品运输情况等。在传统营销部门中，有30%～40%的资源是用于应对顾客对销售执行情况的查询和询问，这些服务不但浪费时间，而且非常琐碎，难以给用户满意的回答。特别是一些跨地区的销售，顾客要求服务的比例更高，而网上销售的一个特点是突破传统市场对地理位置的依赖和分割，因此网上销售的售中服务非常重要。在设计网上销售网站时，在提供网上订货功能的同时，还要提供订单执行、查询功能，方便顾客及时了解订单执行情况，同时减少因网上直销带来的顾客对售中服务人员的需求。

如美国的联邦快递（http://www.FedEx.com），它通过高效的邮件快递系统将邮件在递送中的中间环节信息都传送到计算机的数据库，客户可以直接通过互联网从网上查找邮件的最新动态。客户可以在两天内去网上查看其邮件到了哪一站、在什么时间采取什么步骤、投递不成的原因、在什么时间会采取下一步措施，直至收件人安全地收到邮件为止。客户不用打电话去问任何人，上述服务信息都可以在网上获得，既让客户免于为查邮件而奔波查询，同时公司又大大减少邮件查询方面的开支，实现企业与顾客的共同增值。

3）网上售后服务

（1）网上售后服务的内涵。

网上售后服务就是借助互联网直接沟通的优势，以便捷的方式满足客户对产品帮助、技术支持和使用维护的需求的企业为客户服务的方式。网上售后服务有两类，一类是基本的网上产品支持和技术服务；另一类是企业为满足顾客的附加需求提供的增值服务。

由于分工的日益专业化，使得一个产品的生产需要多个企业配合，因此产品的支持和技术也相对比较复杂。提供网上产品支持和技术服务，可以方便客户通过网站直接找到相应的企业或者专家寻求帮助，减少不必要的中间环节。如美国的波音公司通过其网站公布其零件供应商的联系方式，同时将有关技术资料放到网站，方便各地飞机维修人员及时索取最新资料和寻求技术帮助。为了提升企业的竞争能力，许多企业在提供基本售后服务的同时，还提供一些增值性服务。

（2）网上售后服务的特点。

① 便捷性。网上的服务是24小时开放的，用户可以随时随地上网寻求支持和服务，而且不用等待。

② 灵活性。由于网上的服务是综合了许多技术人员知识、经验和以往客户出现问题的解决办法，因此用户可以根据自己需要从网上寻求相应帮助，同时可以学习其他人的解决办法。

③ 低廉性。网上售后服务的自动化和开放性，使得企业可以减少售后服务和技术支持人员，大大减少不必要的管理费用和服务费用。

④ 直接性。客户通过上网可以直接寻求服务，避免通过传统方式经过多个中间环节才能得以处理。

【案例】

当当网打造售后服务软实力

针对网购用户退货难等问题,当当网连续推出多项旨在改善用户购物体验的售后服务新举措:先是在全国 800 个城市推出上门退货同时退款服务,紧接着又高调推出"假一赔五"售后服务机制,如果顾客认为在当当网购买的商品是假货,并提供国家相关质检机构的证明,则当当网在收到退货后,不仅会返还顾客全额货款,同时还将以礼券形式赔偿 5 倍的购物金额。同时,顾客如发现在当当联营商户购买的商品存在质量问题,当当网将对顾客进行先行赔付。当当网售后服务政策页面如图 9-4 所示。

图 9-4　当当网售后服务政策页面

在影响用户满意度的诸多因素中,售后服务是最关键的因素之一。实际上,当当网在供应链优化、平台前端应用、个性化服务、价格和货品质量控制、物流配送速度、顾客关系管理等方面都有不少创新举措,顾客服务质量得到大幅提升。

当当网通过调查发现,安全是影响消费者网购意愿的重大因素,很多消费者认为网上购买的产品质量未必可靠,出现问题也很难得到售后服务保障。消费者之所以有此担心,也与部分网购企业的退款程序过于烦琐有关。当当网的上门退货同时退款服务彻底改变了这一做法,用户只需在当当网上申请退货,只要符合退货要求,当当网客服人员就会主动联系消费者确定退货相关事宜,并上门办理退货手续,现场将货款退还给用户。

实际上,当当网十多年来,最有价值的就是打造了一个让用户信得过的品牌。为了保

学生笔记:

_____

_____

_____

证商品质量,当当网只从拥有正规资质的供应商进货;百货联营平台,当当网则实行严格的准入制,采用了一系列考评机制、淘汰机制,严格控制供应商的引进。入驻的商家不仅要有足够的资质,还要缴纳质量保证金,一旦商品质量发生问题,当当网将用这部分保证金对顾客进行先行赔付。当当网还对联营商户提供统一收银、统一服务标准、统一顾客形象等服务。在配送环节,当当网还对合作的第三方配送公司进行严格考核,并给传统的快递业务附加了很多销售职能和服务功能,让配送网络逐渐转化成有综合服务能力的渠道。

分析人士认为,国内电子商务的服务问题主要集中在物流和售后服务环节。优质的物流和售后服务是提高顾客体验的关键一环,售后服务的好坏将决定 B to C 平台的软实力。

9.2.2　网络营销服务工具

因特网与其他媒体截然不同之处在于网络的"互动性",通过实施交互式的网络服务产品策略,提供满意的顾客服务正是许多企业网络营销成功的关键所在,因为企业产品的质量好坏、功能优劣以及企业的服务工作是否需要进一步地改善,都需要倾听消费者的意见。

网上顾客服务可以加强企业与消费者在各方面的沟通,并随时收集、整理、分析消费者的反馈信息以促进企业进一步发展。网上顾客服务的主要方式有电子邮件(E-mail)、网络虚拟社区、常见问题解答(FAQ)、消费者自我设计区等。

1. E-mail

E-mail 是一种重要的交流媒体,也是网络营销服务中的重要一环。公司的顾客需要了解公司的最新动态,如公司新闻、产品促销、产品升级等。公司可以将这些信息及时主动地以新闻信札的形式发送给需要这类信息的顾客,使他们了解公司的进展、行业新闻、促销活动以及来自其他消费者使用产品的某些经验、体会等方面的信息。E-mail 也是获得顾客需求的反馈、了解顾客需求并整合到营销组合中的重要工具。

E-mail 方便、快捷、经济,且无时空限制,企业可以利用它来加强与消费者之间的联系,及时了解并满足消费者需求。E-mail 服务不是随意向潜在客户发送产品信息,而是基于事先征得用户许可的"软营销"方式。其基本思路是:通过为消费者提供某些有价值的信息,如时事新闻、最新产品信息、免费报告以及其他为消费者定制的个性化服务内容,吸引消费者参与,从而收集消费者的 E-mail 地址及邮件列表,在发送定制信息的同时,对自己的网站、产品或服务进行宣传。在本公司没有条件实现邮件列表的情况下,也可以通过向第三方购买 E-mail 地址、采取与第三方合作等方式开展 E-mail 营销,或者委托专业的 E-mail 营销服务公司进行。

为了方便顾客通过 E-mail 向企业反映自己的心声,企业除了在其网页上留下公司的 E-mail 地址外,还必须加强对邮件的管理。首先确保邮路畅通,使邮件能够按照不同的类别由专人进行分类管理,还要尊重顾客来信,并且转发给相关部门,做到快速回应。

企业及时答复消费者的 E-mail,与消费者保持相互沟通是至关重要的。网络的交流绝大部分必须通过文字实现,这对于网络营销人员提出了相当高的要求:一是对文字的表述要求较高,必须文笔流畅、用词准确;二是对 E-mail 的回复时限要求较高,一般在 24 小时内给予答复,至多不超过 72 小时。对于一时不能解决的问题,应当诚恳地作出解释,消费者最大的购物乐趣在于买到物美价廉的商品和享受质量上乘的服务。只有把消费者当作"上帝",才能真正实现与消费者深层次的交流,网站才能够在长时间内保持较高的访问率。

【案例】

海尔集团的 E-mail 分类管理

E-mail 是网络顾客服务双向互动的根源所在,它是实现企业和顾客对话的双向走廊,也是实现顾客整合的必要手段。来自顾客的 E-mail 代表了他们的心声,为了利用 E-mail 做好顾客服务,必须做好 E-mail 的管理,确保每一位顾客的 E-mail 都得到认真而及时的答复。要实现这一目标,需要对邮件进行分类管理。

E-mail 的分类管理有两个层次,一是将 E-mail 按部门分类,让对口部门回答相关问题;二是将 E-mail 按紧急程度分类。海尔集团各部门分别负责回复不同类型的问题,具体介绍如下。

(1) 销售部门。回复关于价格、产品信息、库存情况等类型的问题。

(2) 顾客服务部门。回复产品建议、产品故障、订货追踪、公司政策等类型的问题。

(3) 公关部门。回复记者、分析家、赞助商、投资关系等类型的问题。

(4) 人力资源。回复简历、面试请求等类型的问题。

(5) 财务。回复有关账目、财务报表等类型的问题。

海尔集团公司是把问题与相关部门的对应在网上列示出来,顾客可以根据问题类别直接点击相应责任部门的电子邮箱。客户可以在线提出问题,请该部门予以解答,如图 9-5 所示。

图 9-5　海尔集团 E-mail 联系页面

学生笔记:

2. 网络虚拟社区

由于网络营销具有双向沟通互动性的特征,消费者不但可以直接从企业反馈需要的信息,还可以参加由其他消费者组成的网络虚拟社区,阅读有关网络营销活动的信息。网络虚拟社区是互联网在扩展人类交往方面的最主要贡献,在商业活动中充分挖掘和利用虚拟社区的作用是网络营销对市场营销的重要发展,它不但提供了一种前所未有的顾客服务工具,也是一种非常有力的公共关系手段。网络虚拟社区是一种特定的商业模式,既可以直接把它作为营销工具,也可以让它和商务不发生直接关系。只要社区中人流如潮,有固定、正常的访问者,这个社区就会产生极大的商业价值。

虚拟社区是围绕成员共同感兴趣的话题而形成的,所以创建一个网络社区的关键是找到一个好的诉求点,也可以说是社区的定位,即区别于其他社区的特点是什么。企业选择社区诉求点应遵循的原则如下。一是诉求和企业整体形象保持一致,服务于企业战略使命和战略目标;二是诉求和企业产品或服务相关,通过社区成员对产品使用中可能产生的技术、操作或更为广泛的问题的讨论,增加可信度,起到释疑解惑的作用,从这一点看,网络社区是一种非常有效的公共关系手段;三是诉求点应当对目标顾客有吸引力,没有吸引力的诉求点自然不能吸引顾客参加,也就不能形成社区,这就要求诉求是结合社会热点的,本来就受到关注或能够引起关注的。

精心设计的虚拟社区是供网上顾客自由发表评论,使企业获得顾客对本企业产品、服务等全方位真实评价材料的工具。企业的主管人员应经常主动参与讨论,引导消费者对核心业务发表意见和建议。

通过顾客反馈信息了解顾客对公司产品的满意程度、消费偏好,对新产品的反应等,准确了解消费者的消费心理及决策过程,这对企业提高服务水平,获取客户信息和捕捉商机有很大好处。

企业可以在网页上设置"我要评价"或"与我交谈"快捷链接按钮,用于收集顾客的反馈意见。为了进一步了解到顾客的真实想法和实际感受,企业还要经常关注并积极介入其网站上的电子论坛。对论坛中顾客所反映的重要问题,给予及时的答复,表明企业的意见、态度和拟采取的措施。而这正是顾客所期待的。

虚拟社区还可以形成消费者意见专栏、网上讨论区和对话区,顾客之间可以互动,企业也可以通过虚拟社区与消费者在网上进行讨论,征求消费者对产品的意见和建议,了解消费者的需求,了解并掌握市场信息,总结市场趋势,寻找市场机会,为改进、提升产品品质、特性品质、包装及式样,为新款开发等提供现实依据,从而开发新的、适销对路的产品。

【案例】

小米科技虚拟社区运营

带有互联网基因的小米科技公司自成立之初就将虚拟社区运营作为企业网络营销的重要内容。2011 年 8 月 1 日小米社区正式对外上线。小米社区是小米手机用户交流的平台,也是小米科技公司发布官方动态的媒介。小米社区的口号是"因为米粉,所以小米",旨在于帮助小米用户发现有价值的资源、产品、服务甚至是人。小米社区经过不断地创新和整合,目前成功建立九大板块,即小米论坛、酷玩帮、随手拍、小米学院、软件、同城会、爆米花、商城和客服。根据小米社区官网和 Alexa 数据统计,截至 2013 年 12 月 16 日,小米论坛的注册用户高达 1099.9 万,日访问量达 11 万。

小米社区基于强大的社区开放式分众互动平台,以小米论坛、小米学院、酷玩帮为主要载体,综合"技术匹配"和"人工优化"优势,进行分众互动传播,产品的精准研发与营销,打造用户体验一体化流程,使小米手机价值实现最大化。其中,小米论坛和小米学院主要作为小米产品营销平台以及新产品研发数据库,而酷玩帮、同城会和爆米花则成为小米科技公司和用户交流的平台。小米在社区营销过程中,改变了传统的传播路径,成功建立了一个以小米社区管理员为意见领袖核心,以具有共同兴趣的米粉互动交流板块为支撑的品牌社区。小米社区把用户体验概念贯穿到产品生产环节、销售环节和售后环节,竭力实现用户体验一体化。通过小米社区收集用户交流与反馈信息,改变了产品的设计与生产方式,汇聚粉丝,提高用户黏性,为新产品销售提供庞大而稳定的客户源。小米公司成功搭建了互联网售后服务平台,实现实体和互联网售后服务并轨,极大提升了用户满意度。

3. FAQ

FAQ(Frequently Asked Questions)即常见问题解答页面,是所有网上企业几乎必有的页面。这个页面主要为顾客提供有关产品、公司问题等常见问题的现成答案。FAQ 最初产生在 Usenet 的新闻组中,对某个议题经过一段时间的争论与研究,一些基本问题大家都形成了共同的认识,把这些问题和答案列在一起就形成 FAQ。

FAQ,是一举两得的服务方式。一方面消费者遇到这类问题无须费时费资地专门写信或发电子邮件咨询,而可以直接在网上得到解答;另一方面,企业能够节省大量人力、物力。

FAQ 页面设计要选择合理格式,既要满足消费者信息需求,又要控制信息暴露度。通过回复消费者的问题,及时向他们传送公司新产品信息、升级服务信息等,保持与消费者的长期友好关系。及时发现不满意消费者,了解他们不满意的原因,并及时处理。

首先,企业应该组织那些工作在客户服务第一线的员工列出常见的、非常具体而有意义的客户问题,并给出简要的解答,必要时配以插图和照片。注意问题的实用性,不要把 FAQ 做成企业自夸的宣传册。

其次,提供信息的详细程度应从顾客的角度出发,信息详细程度应以顾客的需要为标准,创建常见问题页面应有一定的深度和广度,尽可能提供足够详细的信息,使至少对 80% 阅读它的顾客有实质性的帮助。这可以利用超级链接将顾客引导到更详细的信息上,只要他想知道,点击鼠标即可。

第三,把所列问题分类,使顾客易于检索,方便地寻找到所提问题的答案。一种有效的分类是按照售前、售中、售后的时间顺序,在各类问题中按照被客户问及的频率为问题排序。设立问题收集邮箱,根据客户反馈和产品改进等新信息及时更新 FAQ 的命题与解答。这涉及 FAQ 的布局和内部链接,页面最常见的一种布局方式是按主题将主要问题分成几个大类,如关于产品 A 的页面,关于产品 B 的页面,关于产品升级的页面,关于订货、运输的

学生笔记:

_____

_____

_____

页面,关于获得单独帮助的页面;关于公司情况的页面等。

在 FAQ 的设置上,微软中国有限公司和时代营销网的做法具有借鉴意义。例如,微软中国将 Outlook 2003 的 FAQ 分成产品概述、定价和订购、安装和兼容性 3 部分。时代营销网是一家网络营销专业门户网站,提供网络营销与电子商务等领域的理论研究、实用方法、行业信息及学习互动服务,每月发行一期《时代营销》电子期刊。时代营销网将 FAQ 细分为关于会员权限与注册须知、关于订阅/退定电子刊物、关于专栏作者/专栏文章、关于时代营销特别推荐、关于《时代营销》杂志和关于时代营销合作伙伴等部分。

上述两例 FAQ 设置并不是将所有的问题都流水账似地列在同一个页面上,而是在框架页面的顶部设置了一个问题分类表,通过单击这个表的链接,可以到达每一类主题的 FAQ 及其解答中。为了便于客户从具体问题页面返回到主题分类页面,微软中国还在每个页面的底部设置了一个"返回页首"的链接。

4. 消费者自我设计区

传统的产品设计是顾客需求导向型的,是适应大批量、重复式生产的产品设计方式。由于网络具有良好的开放性和互动性,使得消费者与厂商的直接对话成为可能。因而,企业在经营过程中可以把消费者当作伙伴,利用网络经常与消费者沟通,让消费者参与到企业产品的设计、改进过程中来,最终提供符合消费者要求的、个性化的产品与服务。

企业可以利用网络与顾客直接交互,允许消费者自己设计所需产品,为顾客提供定制化产品服务。例如,消费者可以根据自身需要通过网络向企业提供产品设计标准、要求以及具体服务要求,而企业则在最大限度内尽力满足顾客的个性化需要,为顾客提出设计方案,顾客满意以后再投入生产。消费者也可以亲自设计,如购买服装的消费者可以在网上选择服务样式和花色的组合,购车者可以在网上决定所需要的颜色与配件,买鞋者可以自己选定尺码、设计样式和颜色,从而最大限度地满足消费者的个性需求,消除消费者的不满情绪。

例如,由 Peter Del Rio 和 Bobbi Sue Reed 在 1996 年共同创造的交互式定做服装公司(Interactive Custom Clothes)是因特网上著名的制衣企业。该公司主要经营牛仔服定制业务,通过因特网为客户提供量体裁衣(made to measure)式的服务。客户首先输入自己的性别,然后可以根据自己的喜好定制牛仔服面料的质地和颜色、服装的款式和尺寸以及线型等。以质地为例,客户可以从传统的 Denier 布即牛仔布、黑白印花布到新型的涤棉混纺布中进行选择,如图 9-6 所示。为了更好地体现定制者的个性,客户甚至还可以自行选择口袋和纽扣的颜色,无论客户定制服装的价位如何,只要客户将数据指标通过电子邮件发送给公司,公司便可以通过计算机分析出客户定制衣服的各项数据,将这些数据输入计算机控制的裁剪机,只需 42 秒的时间,就能裁出制作一件成衣所需的 19 片裁片,然后送至缝纫车间进行加工。一星期内一件完全符合客户要求、充分体现客户个性化设计的牛仔服便可以送到客户手里。

5. 社交媒体

近年来社交媒体快速发展,Twitter、Facebook、微博、微信、短视频平台等已经成为现代客户服务中的重要工具。社交媒体为企业提供了与用户直接沟通的机会,使企业能够与客

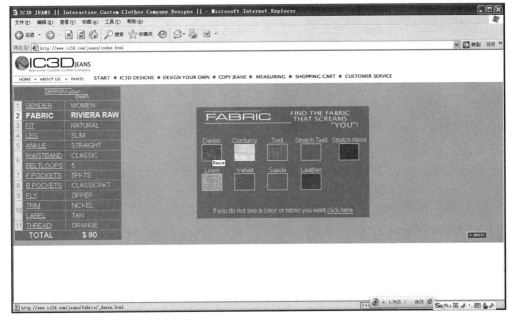

图 9-6　IC3D 面料定制页面

户(尤其是年轻人)进行在线实时互动,帮助企业快速且经济地响应客户投诉、回答客户问题和调整产品服务。当前,各类社交媒体已经成为连接企业和用户的桥梁,企业能通过社交媒体上的评论、私信等功能与用户沟通,解决产品使用等问题。用户在社交媒体平台上发布的与产品有关的信息,企业能通过搜索回复等方式进行获取,进而实现客服工作的主动出击。小米、海尔、宝马、江小白、支付宝等品牌,都将社交媒体作为重要的客户服务阵地,打造了许多为业内称赞的网络营销服务案例。

9.3　网络营销个性化服务

9.3.1　网络营销个性化服务的含义

个性化服务也叫作定制服务,即按照一般消费者的要求提供特定的服务。个性化服务包括以下 3 方面的内容,互联网可以在这 3 方面给用户提供个性化的服务。

(1)服务时空的个性化,即在人们希望的时间和希望的地点提供服务;

(2)服务方式的个性化,即能根据个人爱好或特点来进行服务;

(3)服务内容个性化,即服务不再是千篇一律,千人一面,而是各取所需,各得其所。

对于网络营销而言,个性化包含两层含义:个性化的网络营销和网络营销的个性化。

学生笔记:

_____

_____

_____

1）个性化的网络营销

个性化的网络营销是指网络营销企业要建立个性化的网络营销平台，即作为网络营销企业要量身定制个性化的网络营销解决方案，包括获得个性化网络营销的咨询服务；制定个性化网络营销模式；开发程序模块、设计页面，建设个性化电子商务网站；网站建成后期或电子商务模式提供结束后，获得持续的、有针对性的网络营销推广活动等方面。网络营销在我国刚刚起步，其发展过程中不可避免地容易犯盲目和模仿等幼稚病，因而在实践中表现为网络营销解决方案的同质化以及模式缺乏创新。结果投资不少，见效甚微。有鉴于此，企业在构筑自己的网络营销平台的过程中，一定要充分考虑其自身的条件和发展规划，量体裁衣，度身定制适用的网络营销平台，而不能盲目模仿别人的构筑方法，否则必将浪费大量人力、物力和时间，无果而终。

2）网络营销的个性化

网络营销的个性化是指开展网络营销的企业向客户提供个性化的服务，主要包括如下3方面的内容。

（1）需求的个性化定制。由于自身条件的不同，客户对商品和服务的需求也不尽相同，因此如何及时了解客户的个性化需求是首要任务。

（2）信息的个性化定制。互联网为个性化定制信息提供了可能，也预示着巨大的商机。《华尔街时报》很早推出的个人电子报纸就是一个例子。互联网最大的特点是实时、互动。随着网络互动电视的发展，消费者不仅可以实现电视点播，而且还会促使个人参与节目的创意、制作过程。

（3）对个性化商品的需要。特别是技术含量高的大型商品消费者不再只是被动地接受，商家也不仅是提供多样化的选择范围了事，而将是消费者参与到商品的设计和制造过程中去。因此，未来的消费者变成了既生产又消费双重身份的"产销者"。

个性化的这两层含义是相互联系和相互促进的，个性化的网络营销是网络营销的基础和条件，没有个性化的网络营销，要实现网络营销的个性化就很难；网络营销的个性化是个性化的网络营销的目的和归宿，企业在开展营销活动时如果不进行个性化服务，那么个性化营销就失去了其价值和必要。因此，企业在实施网络营销时，不仅要建立个性化的网络营销平台，也要向客户提供个性化的服务。两者相辅相成，共同推进网络营销的发展。

【案例】

个性化市场细分是网络营销的方向

目前，我国除了阿里巴巴、卓越、当当、易趣四家大的电子商务网站外，专注于某一领域的网络营销企业还有很多，而且经营活动十分活跃。如定位于礼品的炎黄新星、经营IT产品的搜易得、以特快专递起家的小红帽投资的中国票务在线、主营情人浪漫用品的七彩谷网上商城、专卖手机的18900手机网、专营图书的贝塔斯曼在线、在数字卡领域处于绝对领先地位的云网等。市场的细化，给许多商家以发展机会，这已是不争的事实。

事实上，电子商务经过低谷洗牌后，一些电子商务网站通过自身的扎实经营已经有了相当的知名度和美誉度，同时由于所经营产品的特色鲜明，在消费人群中形成了购买习惯，并培养了一批忠实的消费群体，如购买图书、音像制品人们会选择卓越、当当，而购买浪漫、时尚用品，人们又会想到七彩谷网上商城。忠实的消费群体是电子商务能够复苏的第一个要素。

　　伴随互联网技术的发展，对目标市场的细分不仅只是细分到某个群体，而是细分到个人和具体的商业定位。网络时代的消费者作为真正的"产销者"将参与到商品的生产中来。因此，企业的市场应是每一个不同的顾客个体。这样就需要进行很好的交流。如现在网上虚拟社区就变得很流行。一对一营销、关系营销、数据库营销、互联网营销等营销模式也终变得必要起来。电子商务的发展越来越体现个性化的细分需求，这无论是对客户还是经营者都是一次选择，客户取其便捷和专业性，而经营者得到市场重新洗牌的机会，并树立起自己别具一格的经营风格。

9.3.2　网络营销个性化服务的意义

　　按照营销的理论，目标市场是需要细分的，细分的目的是把握目标市场的需求特点，从而使按需提供的产品和服务能被客户广泛接受。因此，细分的程度越高，就越能够准确地掌握客户的需求。

　　美国消费者协会主席艾拉马塔沙说："我们现在正从过去大众化的消费进入个性化消费时代，大众化消费的时代即将结束。现在的消费者可以大胆地、随心所欲地下指令，以获取特殊的、与众不同的服务。"即使部分消费者总体上倾向于和大众保持同质化的产品或服务消费，但也期望在送货、付款、功能和售后服务等方面，供货方能满足其特别的需求。

　　个性化营销之所以被成功的企业所青睐，是因为个性化比传统的大众化营销有明显的优势，主要表现如下。

1. 更好地体现了"顾客至上"的现代市场营销理念

　　传统的目标市场营销针对的是某一同质的商品如何满足众多消费者的需求，而不是针对每一个消费者的特殊需求。而网络营销中的个性化营销是以满足顾客个性化需求为目的的活动。它通过建立顾客数据库，针对个体消费者开展差异性服务。之所以网络时代出现个性化消费的潮流，一是由于人们消费水平不断提高，价值观念日益个性化，进而要求产品的"文化色彩"或"情感色彩"浓厚，能体现个人独特的素养。二是产品越来越供大于求，消费者可以在众多的同类产品中随意挑选。而网络经济的发展使消费者的需求趋于个性化变成了现实。所有这些，向企业营销者提出了新的要求，企业要生存和发展，就必须适应这种潮流，就必须具备个性化的营销能力。

2. 网络营销个性化是企业创造竞争优势的重要手段

　　在日趋激烈的市场竞争中，谁的产品能够满足消费者的需要，谁就能够赢得市场，赢得顾客。而个性化营销就是顾客根据自己的个性需求自行设计产品，如海尔公司提出了："您来设计我来实现"的口号，由消费者向海尔公司提出自己对家电产品的需求模式，包括性能、款式、色彩、大小等，这样产品更具适应性，更有竞争力，也就牢牢占据市场的主动地位。在产品、价格乃至广告都无可奈何地同质化的今天，差异化竞争就成为焦点，这对于产品同

学生笔记：

_____

_____

_____

质化程度较深、竞争异常激烈的 IT 行业来说尤甚。而个性化是体现差异化竞争优势的最好方式,也有助于提升企业的核心竞争力。

3. 最大限度地满足了消费者的个性化需求

在传统的目标市场营销中,消费者所需的商品只能从现有商品中选购,消费者的需要可能得到满足,也可能得不到满足,而在个性化营销中,消费者选购商品时完全以"自我"为中心,现有商品不能满足需求,则可以向企业提出具体要求,企业也能满足这一要求,让消费者买到自己的理想产品。如上海有一家"组合式"鞋店,货架上陈列着 7 种鞋跟,9 种鞋底,鞋面的颜色以黑白为主,搭配的颜色有 50 多种,款式有近百种,顾客可以挑选出最喜欢的各部位,然后交给店员,只需等上十几分钟便可以获得所需要的新鞋。

4. 在满足客户个性化需求中提高了企业经济效益

由于和消费者保持长期的互动关系,企业能及时了解市场需求的变化,有针对性地生产,不会造成产品积压,还缩短了再生产周期,降低了流通费用。另外,个性化产品增加产品需求价格弹性,售价提高从而提高单位产品利润,企业经济效益自然凸显。因此,个性化营销是一种既能够满足每一个消费者的独特需求,又能够增加企业利润的"鱼和熊掌可以兼得"的双赢模式。

【案例】

阿里云的个性化云服务

阿里云是阿里巴巴集团旗下云计算品牌,创立于 2009 年,在杭州、北京、美国硅谷等地设有研发中心和运营机构。作为全球领先的云计算及人工智能科技公司,阿里云为 200 多个国家和地区的企业、开发者和政府机构提供服务。

随着近年来企业从传统 IT 向云计算全面转移,不同企业所需服务的差异化日益显著,同时对安全合规、业务连续性、业务发展的要求越来越高。

为满足政企的全面上云需求,在全面了解企业上云痛点后,阿里云将企业上云分为基础设施上云、大数据上云、云上中台、云上智能 4 个阶段,同时推出 200 多款产品、100 余个定制化解决方案,包括智能接入网关、混合云存储阵列、全球网络安全防护、服务器迁移、应用 IPv6 改造等,实现可组合、易实现的模块化上云。定制化解决方案降低了技术门槛,大大加快了政企全面上云进程。

9.3.3 网上个性化的信息服务

网站是一种影响面广、受众数量巨大的市场营销工具,伴随着受众范围和数量的"无限"增大,受众在语言、文化背景、消费水平、经济环境和意识形态,直至每个消费者具体的需求水平等方面存在的差异就变成一个非常突出的问题了。于是,怎样充分发挥互联网在动态交互方面的优势,尽量满足不同消费者的不同需求,就成为定制服务产生的市场动因。

1. 网上个性化的信息服务方式

目前网上提供的定制服务,一般是网站经营者根据受众在需求上存在的差异,将信息或服务化整为零或提供定时定量服务,让受众根据自己的喜好去选择和组配,从而使网站在为大多数受众服务的同时,变成能够一对一地满足受众特殊需求的市场营销工具。个性化服务,改变了信息服务"我提供什么,用户接受什么"的传统方式,变成了"用户需要什么,我提供什么"的个性化方式。信息的个性化服务的主要方案如下。

(1) 页面定制。Web定制使预订者获得自己选择的多媒体信息,只需要标准的Web浏览器就可以实现。许多网站都推出了个性化页面服务,如百度推出了首页设置的功能,可以让用户定制个性化主页。用户根据自己的使用偏好定制显示结构和显示内容,定制的内容包括搜索方式、隐私设置等内容。用户定制以后,个人信息被服务器保存下来,以后访问百度首页,用户看到的就是自己定制的内容。个性化页面定制目前已经成为搜索类、新闻类网站的标配,很多手机App也提供了个性化页面的设置功能。

(2) 电子邮件定制方案。例如中报联与上海热线合作推出产业新闻邮件定制服务;专用客户机软件,如股票软件、天气软件等可以传送广泛的待售品、多媒体信息,客户机不需要保持与Internet的永久链接。但电子邮件定制信息大多是文本格式的信息。

(3) 需要客户端软件支持的定制服务。如Quote.com的股票报价服务,还可以结合MicroQuest公司的客户端软件包对投资组合进行评估,而 http://www.PointCast.com 则更为典型,它通过运行在读者计算机上特制的软件包来接收新闻信息,这种软件以类似屏幕保护的形式出现在计算机上,而接收哪些信息是需要读者事先选择和定制的。这种方式与上述方式最大的不同在于,信息并不是驻留在服务器端的,而是通过网络实时推送到客户端,传输速度更快,让用户察觉不出下载的时间。但客户端软件方式对计算机配置有较高的要求,在信息流动过程中可以借用客户端计算机的空间和系统资源,但是让客户下载是一件麻烦事。

2. 网上个性化信息服务应注意的问题

网上个性化服务是一种非常有效的网络营销策略,但网上个性化服务是一个系统性工作,它需要从方式、内容、技术和资金上进行系统规划和配合,否则个性化服务是很难实现的。对于一般网站提供个性化服务要注意的问题如下。

(1) 个性化服务是众多网站经营手段中的一种,是否适合于企业网站的应用,应用在网站的哪个环节上,是需要具体情况具体分析的。

(2) 应用个性化服务首先要做的是细分市场,细分目标群体,同时准确地确定不同群体的需求特点。这几方面的因素决定着个性化服务的具体方式,也决定着个性化服务的信息内容是什么。

(3) 市场细分的程度越高,需要投入个性化服务中的成本也会相应提高,而且对网站的技术要求也更高,网站经营者要量力而行。

3. 网络营销个性化服务与个人信息保护

个性化服务在改善顾客关系、培养顾客忠诚以及增加网上销售方面具有明显的效果,但个性化服务的前提是获得尽可能详尽的用户个人信息,这两者之间存在一定的矛盾。为了获得某些个性化服务,在个人信息可以得到保护的情况下,用户才愿意提供有限的个人

学生笔记:

信息。

现在有一种比较乐观的观点认为,网络营销现在已经进入了个性化服务甚至是一对一营销的阶段,个性化服务是实现网站商业利润的关键,是网络营销成功的秘诀。从理论上说,个性化营销无疑具有重要价值,但在现实中过分强调个性化而忽视基本服务则会本末倒置,得不偿失。其主要原因如下。

(1) 过于分散的个性化服务增加了服务成本和管理的复杂程度,对用户来说则可能对过于复杂的选择而不知所措,甚至产生反感情绪。

(2) 个性化服务受个人信息保护的制约,不可能要求顾客提供非常全面的个人资料,否则会引起抵触情绪,结果只能适得其反。同时,对大量用户资料的分析、管理和应用也需要投入过多的资源。

(3) 用户对个性化服务的需求是有限的,因此,并不是什么样的个性化服务都有价值,个性化服务不应强调形式,服务的内容才是最重要的。

因此,个性化服务的营销价值是有限的,是一种理想化的高级形态的营销手段,不应盲目夸大。同时个性化服务不是空中楼阁,需要在一定的基础条件下进行,如完善的网站基本功能、良好的品牌形象等。当然,也不能等待万事俱备才想起开展个性化服务,这是一个量力而行、循序渐进的过程,需要在借鉴他人成功经验的基础上根据自身条件逐步建立起一套行之有效的服务体系。

【章末案例】

微众银行的网络服务

微众银行成立于 2014 年,是我国首家互联网银行,主要通过手机 App 和微信钱包入口为用户提供金融服务。互联网银行将线下的服务转移到线上,服务的时间、空间范围更广阔,但是由于缺少线下网点,在客户服务方面面临更多的挑战。为了弥补线上金融服务领域的缺失,满足用户对金融服务的期望,微众银行在成立之初利用服务设计思维梳理新的服务触点,找到网络银行体验的缺失,优化产品流程来打造未来银行。微众银行突破传统的金融服务模式,运用应用互联网技术打造差异化、特色化的网络金融服务,改善服务能力,不断提升用户体验。

微众银行非常重视客户服务方面,不断创新经营模式和服务方式。微众银行的主要业务满意度超过 99.46%,高于行业平均水平。面对 C 端个人客户,微众银行应用移动互联网技术,依托自主研发的大数据系统,覆盖海量用户,包括传统银行所不能覆盖的边缘人群。在微众银行 App 中,个人贷款无须提供任何纸质资料,无抵押、无担保,循环授信,授信额度平均审批时间低至 2.4 秒,最快 1 分钟内可以实现现金到账。微众银行 App 还提供 7×24 小时服务,界面清晰,操作简单,随时随地可以办理借贷。微众银行 App 的用户在手机上轻轻松松就能完成贷款,很好地解决了普惠金融在触达上难以普及的难题。面对小微企业,微众银行为企业客户提供开户"一对一"服务,由同一业务人员及开户柜员全程对接处理,方便客户问询,提升开户服务体验。在贷款方面,微众银行采取大数据解决银行企业信息不对称,用无抵押、无担保的方式随时可贷,企业主 1 分钟就可以完成贷款业务,解决了小微企业"短、小、频、急"的资金需求。

2016 年,微众银行专门为听障和有语言障碍人士组建了一支专职手语专家服务团队,通过远程视频以手语方式核实客户身份和借款意愿,使得听障和有语言障碍客户同样能够享受到安全、便捷的普惠金融服务。

微众银行高度重视客户体验和反馈,为了不断提升客户响应速度以及投诉办结效率,微众银行应用人工智能技术(AI),在业内较早推出了适用于真实场景的智能客服机器人,成为人工智能应用于金融领域的领跑者。智能客服机器人拥有业务知识库灵活录入、金融类词汇自动发现、金融知识图谱等功能模块,可以为用户提供 7×24 小时高效、精准、个性化的在线咨询服务,客户服务形态不断向自动化、智能化、人性化发展。微众银行只有 8 个人工客服,所有的消息都是智能客服机器人去应答。人工客服在智能客服机器人的配合下,处理事件的能力有了很大程度的提高,服务质量也有了提升。

把握用户需求和加强用户体验是未来银行竞争的核心优势。微众银行正是通过重新审视整个金融生态和服务系统,推出新业务、新产品、新服务,利用互联网技术提供独特的金融服务,有效吸引了众多用户,成为我国线上银行的典范。

思考题

请针对以上案例分析,微众银行如何应用网络工具提供营销服务?

本章小结

本章首先分析了网络营销的环境特征,介绍了网络营销服务的概念、特点与分类,在此基础上介绍了网络营销服务的内容与工具,并进一步分析了网络时代顾客的个性化需求的含义及特征。重点阐述了网络顾客服务的主要工具、网络个性化服务的内涵,网络营销服务中的个性化服务策略。

现代顾客需要的是凸显自我的个性化服务,网络的全天候、即时、互动的特点为顾客的个性化服务提供了全新的理念工具。为了获得顾客资源,越来越多的企业把网络顾客服务整合到企业的营销计划之中。

研究顾客的需求特征是获得顾客的最重要的手段,顾客的服务需求包括了解公司产品和服务的信息,需要公司帮助解决问题,与公司人员接触及了解全过程信息,使传统的单向顾客服务变成了双向的互动交流。通过网络建立"一对一"的互动式双向交流渠道,能够使企业获取核心竞争优势。网络的个性化服务也叫个性化定制,它不仅贯穿于售前、售中及售后的纵向过程,而且渗透于营销组合中产品、定价、分销及促销 4 方面。

重点概念和知识点

- 从传统市场营销到网络销售发展过程 4 方面的新特点;
- 网络营销服务的特点;

学生笔记:

_____

_____

_____

- 网络营销服务工具的运用；
- 网络营销个性化服务的意义。

练习题

1. 网络销售面临的销售环境有哪些新的特点？

2. 与传统企业服务相比，应用网络营销服务的企业有哪些好处？

3. 网络营销个性化服务的含义是什么？网络营销个性化服务的意义有哪些？

4. 如何正确实施网络个人信息保护？

本章参考文献

[1] 瞿彭志.网络营销[M].5版.北京：高等教育出版社,2019.

[2] 刘新燕,陈志浩.网络营销[M].3版.武汉：华中科技大学出版社,2020.

[3] 刘晓敏.网络营销工具与方法[M].厦门：厦门大学出版社,2010.

[4] 袁盼鑫,侯泽民.浅谈网络营销服务的创新与改革[J].福建电脑,2012(6)：63-64.

[5] 黄娟,刘策.基于互联网的网络顾客服务策略[J].电子商务,2009(1)：48-49.

[6] 牛继舜.网络营销的顾客服务方式[J].情报杂志,2005(11)：141-142.

[7] 柯剑春.基于顾客满意的网络营销服务策略[J].中外企业家,2012(7)：70-71.

[8] 李东.网络营销服务的策略[J].商场现代化,2004(12)：45-46.

[9] 李东.网络营销服务的设计与工具[J].通信企业管理,2004(7)：36.

第 10 章

网络营销技术

本章学习要求

　　本章着重分析网络营销中的网站建设、商务信息的搜索与发布、电子支付和安全技术及网络营销中的前沿技术。通过本章的学习可以让读者在了解网络营销常用技术的前提下，把握以网络营销为导向的企业怎样设计网站才能更有效地促进网上销售，从而更好地进行网络营销实战操作。

10.1　网络营销中网站建设

10.1.1　企业网络营销站点概述

　　企业网络营销型网站建设方案是基于用户体验为核心、以实现企业网络营销目标为目的、全面实现搜索引擎优化及推广的一种网站建设模式，让更多的用户找到您、了解您、信任您、最终成为您的客户，从而实现企业网站网络营销目的。

　　网络营销型网站建设是从原来的企业形象和产品服务展示向用户群的深度挖掘，从而实现营销目标的模式转变。借助 Web 3.0 等新型网络营销模式，企业网站面向用户是友好的，从而让用户获得更好的体验感,增加用户的信任度和忠诚度;企业网站面向搜索引擎是友好的,从而让更多的用户可以借助搜索引擎方便、准确地找到企业,从而达到推广宣传和营销目的。

营销型企业网站建设其实是互联网络发展的一个必然产物,随着技术的革新、大量互联网络用户的培养和崛起、消费观念和习惯的转变等,人们对网络的依赖越来越强、要求也越来越高。由于互联网络的发展给人们带来了巨大的商机,所以网站之间的竞争也体现得越来越强烈,运用新型、有效的营销模式和手段,在每一个细节做到更好就成为企业网站的必然选择,只有这样,企业才能超越竞争对手,获得更多用户。

在意识形态方面,企业进行网络营销与传统营销是没有什么区别的,随着卖方市场向买方市场的转变、随着商家之间越来越激烈的竞争,企业开始去做广告来宣传自己,而对广告的要求和讲究也越来越多,企业开始寻找产品独到的卖点,企业开始把店面重新装修使其更亲近用户,例如,肯德基里建了一个儿童乐园,企业甚至开始讲究商品的摆放及陈列等,说到底,一切都是以用户为核心。营销型网站建设就是利用新技术、新模式来提高用户的体验,传播更多有价值的信息,而面向搜索引擎也更友好,从而让更多的用户准确、方便地找到并了解企业,不同的是,企业面对的是全球巨大的市场以及采用的新型网络手段。

10.1.2　企业网络营销站点的建设

建立一个网站就像盖一栋大楼,它是一个系统工程,有自己特定的工作流程,如图 10-1 所示。

以网络营销为导向的企业网站设计需要注意以下几方面。

1. 为目标用户设计网站

有经验的网络营销人员都明白一个道理,在网上产生流量并不难,难的是产生来自目标市场的精准目标流量。

在漫无目的浏览新闻时,对偶然点击广告来到企业的网站的浏览者,他们心里完全没有购物的欲望,也不知道会在企业的网站上看到什么,这样的流量要想转化为付费用户是相当困难的。而一个在育儿知识论坛点击帖子中介绍的尿不湿产品链接后来到企业网站的用户,在点击之前就已经知道企业的网站应该是卖育儿产品的,用户就算没有想买东西,也至少对育儿话题感兴趣。这样的流量要转化为付费用户,则要简单得多。

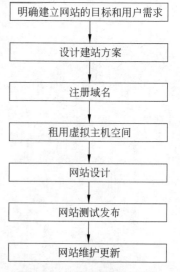

图 10-1　企业网站建立流程

在网站设计过程中,必须做到以目标流量或者说目标用户为中心设计网站。无论是网站内容、视觉上的设计、促销上的安排等,都要考虑到是否适合目标用户的心理。网络营销人员必须很清楚地知道自己的目标用户是哪些人?有哪些特点?在众多浏览企业网站的用户中,可能有的用户喜欢自己在网站上寻找需要的信息,有的更喜欢找客服人员询问,或者到网站论坛里和其他人交流看法。

2. 强有力的文案写作

在网站上，要靠文字内容说服浏览者买东西。除非销售的是设计服务，不然仅靠精美的网页是不能卖出奶粉、电池、数码相机、搬家服务等的，文字才能帮企业卖东西。强有力的文案写作就像一个好的催眠师，它能让用户不知不觉地就被说服，心甘情愿地掏钱购买。

研究网站文案写作最主要的不是研究写作，网站文案需要研究的是心理学。如网页口号的写作。浏览者来到企业的网站，只有几秒钟的时间吸引用户停留在企业的网站上。这时候，网站的口号就是吸引他继续看下去的最重要的手段之一。有很多网站进去一看，像个门户，不知道最特色的地方在哪里。网站口号需要在首页，大号特殊颜色字体，醒目地让第一次来的浏览者一眼就看到。

3. 诱导浏览者采取行动

网站必须要有一个明确的目标，也就是想让浏览者做什么。让浏览者采取的行动必须能让浏览者清楚地看到。如果是想让客户把货物放入购物车，那么放入购物车的那个按钮就要够大、够清楚、颜色够突出。如果想让浏览者拿起电话，就别把电话号码藏起来。如果想让浏览者注册电子杂志，就要把注册表格放在所有页面最显著的位置。

不要让用户琢磨下一步该做什么，能做什么。在每一个用户可能停下来的节点，如网页文字的小标题、文字结尾处、最打动人的口号等旁边，都要明确地告诉用户下一步做什么，用各种手段把用户引导到网站目标完成页面。如果能一直引导用户的目光和心理活动，完成网站目标就是一个自然而然的结果。当然，诱导的过程不应该像某些推销人员那样惹人厌烦，在线下惹人烦还可能因为顾及面子而不好拒绝，但是在网上，用户就太容易拒绝了。

4. 购买流程必须方便

很多电子商务网站是使用第三方设计的购物车，在选择购物车程序时，购物流程是否方便是其中一个要仔细考虑的条件。如是否允许浏览者登录之前就可以把货物放入购物车，还是需要先留下客户资料？如果需要先留下客户资料，很多人可能就放弃了。对其他类型的网站也同样适用。想让客户采取的行动必须越简单越好。想让用户注册电子杂志，只要留下电子邮件或姓名就足矣，别问用户电话、工作单位等。问得越多，注册的人越少。

5. 尽可能详尽的信息

网上购物优势之一，就是用户可以在自己方便的时候慢慢查看详细资料，所以站长应该把尽可能多的产品和服务资料放在网站上。如果用户在网站上能找到每一个问题的答案，即使有什么疑惑，网站都已经为他先解决了，就减轻了购买的阻力。

6. 取得用户信任

在网上购物最大的心理障碍就是用户不信任网站，因为不知道网站背后是不是骗子，不知道产品质量将会怎样。对中小型企业网站来说，建立用户信任是最头疼的问题之一。

学生笔记：
_____
_____
_____

网站没有知名度,网站上的一切都是虚拟的,缺乏权威的第三方保证,怎样才能让用户信任呢?

在网上建立用户信任没有一个十分有效、一劳永逸的方法,必须靠一点一滴地从细节积累而成。在中国,电子商务最发达的就是淘宝、易趣等网站,其中原因之一就是淘宝、易趣的卖家信用评价系统。用户完全可以相信卖家信用是第三方数据,不受卖家控制。而在独立的电子商务网站上,目前为止还没有这种使用户放心的评价体系。

7. 消除购买风险

不管在网上还是线下,所有购物的阻力之一就是购买风险。消费者怕被骗,怕质量太差,怕商品不合适退换太麻烦等。怎样把购买风险从用户身上尽量转移到自己身上,这是个要认真考虑的问题。在网站上就更是这样,因为用户本来就不太信任你。

最好的消除风险的方式是无条件退款。只要客户想退货,什么问题都别问,立即无条件退款。不要试图设置障碍,不要冷言冷语,不要说我们可以改进。先退款,再问有什么需要改进的地方。当然企业要得把这个无条件退款保证鲜明地写在网站上,确保用户能看见,并且要执行。

10.1.3 网站推广

所谓网站推广,目的在于让尽可能多的潜在用户了解并访问网站,通过网站获得有关产品和服务等信息,为最终形成购买决策提供支持。一般来说,除了大型网站,如提供各种网络信息和服务的门户网站、搜索引擎、免费邮箱服务商等网站之外,一般的企业网站和其他中小型网站的访问量通常都不高,有些企业网站虽然经过精心设计,但在发布几年之后,访问量仍然非常小,每天可能才区区几人,这样的网站自然很难发挥其作用,因此网站推广被认为是网络营销的主要任务之一,是网络营销工作的基础。尤其对于中小型企业网站,用户了解企业的渠道比较少,网站推广的效果在很大程度上决定了网络营销的最终效果。

通常来说,网站推广是为了增加网站访问量,而网络推广还包括利用网络渠道对政府、个人网络品牌等实施的推广。由于网络推广的对象更为丰富,因此,网站推广可以视为网络推广的常见形式之一。

1. 网站优化

将诊断报告中所提到有问题的地方加以解决,使网站达到健康的状态。健康的网站是搜索引擎优化的基础。

2. 分析客户需求,制定主关键词及拓展关键词

根据客户的主营业务,制定主关键词和拓展关键词。关键词定位是非常重要的一个环节,如果可以,尽量避免超级火爆的词,根据企业情况,就目标客户制定最合理的关键词,多拓展更具专业性的词,真正将流量转化为企业客户。

3. 分析对手的网站及动向

多分析竞争对手成功与失败的经验,少走弯路。如对手的网站分析(关键词排名、导入链接等),推广分析(点击广告等),吸取有利的方面完善自己。另外,不可忽视那些发展非常快的潜在竞争对手。

4. 树立企业形象

企业要发展,自身形象是不可缺少的,企业好的形象可以增加客户的信任度。网络是自由的世界,很可能存在恶意攻击,所以,出现各种评论也是很正常的。但如果任由反面报道肆意评价的话,长此以往企业的形象会大打折扣,也会减弱客户的信任度。正面的要发扬,反面的要反省,如果真的存在问题要马上改正。

5. 使客户的网站活跃起来

要把企业的主营业务、主要产品一目了然地展现在用户面前,使用户在第一时间就能了解企业和企业的产品,但也不要一味地把网站当成是一种宣传工具,还要把网站看成是与用户交流的平台。

6. 流量统计分析

确定客户通过什么方式、什么关键词找到企业,以及各关键词的使用频率等,方便下一步改进工作。

7. 提交优化报告

定期向客户提交搜索引擎优化报告,经常与客户保持沟通。内容包括网站的优化程度、特定关键词的排名情况、网站流量统计数据等信息。还要从客户那里听取反馈意见,以便确定优化方向的正确与否。

8. 网站的日常维护

要告诉客户,网站的内容不在于越多越好,而在于"精"。使用户每次都能看到最新、最关心的信息,应在明显的地方设立"问题申报平台",而且要提高审核效率,争取第一时间回复用户关心的问题。

9. 网站优化解决方案

中记传媒通过对网站结构、网页布局、网站功能、网站内容等要素的合理设计和维护,使网站内容和表现形式对用户更加友好;并符合搜索引擎检索排序规则,使网站在搜索结果里取得更好排名,从而充分发挥网站的网络营销价值。中记传媒反对片面追求提高搜索结果排名,采用过度优化、作弊的方式,提倡合理优化,正规优化。

10.1.4　网站文案写作

潜在客户浏览网站,从挑选产品到最终购买,其实是一个站长说服用户的过程。在线下,业务人员是通过与用户面对面的交流沟通;在线上,这个说服的过程最主要是通过网站文字来实现。

大家都知道一张图片经常能胜过千言万语,某些行业以图片展示产品的外形、颜色、质地、设计、材料,这些是无法用文字替代的。有些情况放上视频才能最好地展现产品,如房地产网站。如果能把样品房的视频放在网站上,让用户如身临其境,可以更充分了解产品特征。但是在绝大部分情况下,就算图片或者照片最能清楚展现产品,文案写作也是必不可少的,甚至可以说是更重要的。在互联网上经常可以看见只靠文字,没有图片就能达成销售的例子,却极少能看到只靠图片,没有文字就能产生销售的。

网站文案的写作需要的不仅是对产品或服务的深入了解,更必须研究心理学,充分以文字为工具,说服潜在用户。好的文案写作者甚至可以达到对用户进行浅层催眠的效果,从网页文字第一句话开始一直吸引用户看到最后一句,然后单击"购买"按钮,使用户不自觉地就掏出了钱包。

1. 信任自己的产品

要想说服别人,首先必须说服自己。写作者首先要对自己的产品或服务充满热情及信任,相信自己的产品是最好的,是最适合用户的,是最能给用户解决问题的。只有对自己的产品和服务带有由衷的热情,才能写出能说服别人的文案。用户不是傻瓜,谎言是很容易被戳破的。只有把真诚的信任和热情投入在文案中,用户才会感受到写作者的热情。

文案写作完成后交给普通用户阅读是经常使用的测试方法。最好的文案应该达到这样的效果:当受测试者看完文案后不是说:"嗯,这个文案写的还不错",而是问:"哪里能买到这个产品?"这才是最好、最成功的文案。

2. 标题是成功的一半

整个文案写作最最重要的部分就是标题。这里所说的标题既可以是网站首页上正中间的口号,可以是内容页的文章标题,可以是搜索竞价广告使用的广告标题,也可以是电子邮件营销中的邮件标题。

在互联网,所有的用户都很忙,不像在线下有细心读书的时候,有休闲轻松的时候。在网上,大家都是处于寻找、浏览、离开的快速动作中。一个用户来到企业的网站,站长只有3～5秒钟的时间说服用户留下来继续看里面的内容。在这3～5秒钟的时间内,不要奢望用户能耐心看长篇大论,站长唯一的机会就是通过吸引人的标题让用户产生必须看下去一探究竟的冲动。

标题起到如下3个作用。

(1)引起注意。这要求标题的字体、颜色、位置使用户打开网页后目光所投向的第一个地方就是标题。

(2)简单传达一个完整信息。虽然标题都很短,二十几个字,但必须想办法包含一个完整的信息。

(3)引导用户继续看下面的正文。

怎样才能起到这3个作用呢?好的标题一般有3个特性:首先,说明对用户的好处;其次,有新闻性,对用户来说是没听说过的内容;最后,引起好奇,使用户不得不往下看。关于标题的重要性,站长有个生动的词来描述,也就是所谓标题党。虽然这个词多少带点贬义,但不可否认的是标题党是起作用的。好的文案在一定程度上都是标题党的功劳。

当然,正规网站不能起一个与实际内容完全没关系的标题。不要为吸引眼球而吸引眼球,还得关注用户体验,否则用户看完了文章大呼上当,对网站也不会有任何好处。

3. 用词简洁生动,带有主动性

尽量使用具有积极、正面心理效果的词,避免那些负面心理效果词汇。这是一个潜移默化地影响用户心理的过程。

比较下面两句话哪个更让人想买东西:

(1) 怎样立即赢得 50 元优惠券;

(2) 我们愿意少赚您 50 元。

虽然两句话说的是一回事,但角度不同、说法不同,效果也可能不同。第一句话是引起用户"赢"和"获得"的正面感觉,第二句话却是从"少亏点"的角度提醒用户自己还是被别人赚了钱了,两者带来的情绪可能根本不相同。

下面这些词比较容易引起读者正面、积极的情绪:免费、怎样、尽快、爱、保证、价值、安全、简单、快速、节省、快乐、秘密、解决、舒适、立即、现在、证明等。

而下面这些词正好相反,容易引起读者消极和负面的情绪:失败、费用、损失、困难、死亡、税务、合同、责任、成交等。

不是说写文案时完全不能用负面情绪的词汇。如果企业提供的服务就是帮人进行税务管理,文案中怎么可能避免提及税务这样的词。这里所说的使用正面词汇是说在文案中尽量融入既简短又引发积极、愉悦情绪的词汇。

另外一个用词要注意的地方是,尽量避免使用八股的词汇及写法。网站文案不是论文,也不是公司业绩报告,完全可以写得有更多个人化风格。在可能的情况下,尽量少使用艰涩的专业词汇和一些不着边际的空洞的大词,以个人的口吻写大白话就可以了。

对中小企业和个人网站来说,要说服用户掏钱,就要使用户产生亲切感,使人感到在网站背后是一个或一群有血有肉的、充满热情、愿意帮助用户的人,而不是个冷冰冰、让人摸不着头脑的机构。

4. 格式清晰简洁

用户看网站与读书的方式完全不同,虽然都是看文字。在网站上用户基本上不是在读,而是在浏览,很少人能像看书一样看每一段网站文字,而是把整篇文章用极快速的方式浏览。这就要求网站文案的排版格式有利于这种浏览方式。

(1) 不要写很长的段落。在计算机屏幕上阅读大段文字,会使读者眼睛很累,产生厌倦感。最好两三句话就分段。连成一片的大段文字,很容易让读者头昏脑涨,以致他们选择忽略不看。

(2) 尽量使用小标题。网站文案写作条理要简洁清楚,逻辑结构清晰。以黑体及稍微大一点的字号列出小标题,有助于用户打开页面后大致浏览这些小标题就能抓住内容重点。如果用户想仔细研究的话,自然会去看小标题下面的具体解释。

(3) 尽量多使用列表和要点分列。和小标题的使用一样,也是有助于读者快速抓住文章结构的要点。

学生笔记:

_____

_____

_____

5. 用户能得到什么好处

网站文案的写作必须站在用户角度思考。整个文案必须清楚回答一个问题：用户能得到什么好处？这里说的是好处而不是功能，这两者之间有着微妙的区别。例如，卖花的网站，红色、新鲜的玫瑰是功能描述，但用户买的既不是红色也不是玫瑰，用户要买的是女朋友脸上的笑容，这是好处。

写网站文案时必须强调自己的产品和服务会给用户带来哪些好处。作者可以把产品的功能列出一张表，然后把每一项功能给用户带来的好处也列出来，作为写作的重点。习惯写功能的作者可能需要一定的训练和实践才能转换写作角度，从好处出发。指出好处后再具体解释是因为产品的哪项功能才带来这个好处，这就是上面所说的小标题与标题下解释文字的作用。小标题要强调的，并且一眼就要抓住用户的，是给用户带来的好处，标题下的解释文字再具体阐述哪个功能产生这个好处。

另外一个要注意的是写文案时的人称，尽量以第二人称"你"为主写作。强调你（用户）会得到什么好处，而不是我们给你什么好处。例如，应该说"你将每个月节省 20％的开支"，而不是说"我们的节能灯省电 20％"。在文案中尽量多用你，而少谈我、我们、我们的产品。更不要在销售流程中的任何页面去谈我们的董事长、董事会等之类。没有人关心网站董事长是哪儿毕业的，用户只关心我能从中得到什么。文案写作完成后，大致统计一下用了多少个"你""你的"，又用了多少"我""我们""我们的"，如果用"我们"的地方比用"你"的地方多，说明写作时视角不对，过于把目光放在自己身上，而没有放在用户身上。

6. 用数字说话

在文案中尽可能地使用非常具体的数字，以数据说明产品的效能和好处。例如，说"我在一个月内赚了近万元"，就不如说"你也可以和我一样，30 天内赚 12789 元"。

使用非常精准的数字，给读者和潜在用户很多暗示。首先效果是真实的，经过测试的，或者是真实的案例。模棱两可的、笼统的说法，给人的感觉往往是不想揭露实情，而给出十分具体的数字，就代表了自信和真实。其次，给出具体的数字意味着企业的认真态度，不是空口说白话，而是花时间进行了实验及测量。我们在电视广告中经常看到洗发水、牙膏等产品会引用某些实验数据，如 24 小时内细菌消灭率达到 99％之类。在网站上，同样的营销文案技巧也适用。

7. 直接诉诸情感

人是情感动物，即使在购物时也是如此。就算是最精明、最冷静、最理智的消费者，也免不了被情感所左右，虽然消费者不一定意识得到。

无论是线上还是线下，很多购买行为都是冲动性购买。一些研究发现，顾客是因为"我想要"而购买，而不是"我需要"才购买。网站文案写作应该利用这个道理，直接诉诸用户情感。很多时候讲道理、摆事实，告诉用户他应该买自己的产品，还不如一句触动他情感的话更有效果。

最容易触动人情感的话题包括赚钱、健康、快乐、显得年轻、被尊重、爱情、休闲的生活方式、对可能造成损失的恐惧等。商家应该审视自己的产品，看看自己的产品能给用户带来哪些快乐，然后把这种快乐展现在用户眼前。如卖鲜花卖的不是玫瑰百合，而是恋人的开心，母亲的安慰。

10.2　网络营销中的商务信息搜索与发布

10.2.1　搜索引擎优化的要素

1. 选域名

以前就看到很多 SEO 高手说域名对网站关键词排名有影响，最近自己做站也没有重新注册域名，而是购买的老域名，发现收录很理想。域名就是搜索引擎对企业的印象，就像人与人之间的印象，如果自身有影响力，那么别人对你的印象就会更加深刻，搜索引擎对域名的判定也类似，老域名会更加容易被搜索引擎信任，所以域名已经成了做 SEO 时必须考虑的因素之一。在选购域名时，一般要注意的有以下 3 点：一是域名注册的时间以及首次被收录的时间；二是域名所有人发生的变化次数以及目前的外部链接和 PR 值；三是网站域名的相关性，不太相关的尽量不要放在一块。一般把握这几点就能买个差不多的域名，特别是新站，能明显感觉到老域名的优势。

2. 内部 SEO

网站如果想要好的排名，需要做的工作有很多，但是内部的 SEO 应该放在首位，否则企业的 SEO 推广会打折扣。试想用户来到了企业的网站，企业有很多地方没有设计好，让用户很费力地进行寻找，那么十有八九会失去这个用户。如果企业合理地设计了网站内部，那么每当一个用户来访问，就有可能成为回头客，这是很重要的一个细节。总体来说，网站的内部 SEO 主要包含结构、导航、标签、目录以及 URL(统一资源定位器)规范化、文件大小、关键词位置、字体设计、代码精简、文案写作、文件命名等方面。而在这些众多的方面中，最重要的就是合理的导航，静态 URL 以及关键词出现在 H 标签或者黑体标签中。把握好了这几点，就做到了合理的内部优化。在条件允许的情况下，应该把每项因素都做到友好。

3. 外部 SEO

做好了内部 SEO，其实只是刚开始。如果把一个网站比作一个超市的话，即使超市内部装修得再好、商品再齐全、价格再优惠，如果别人不知道的话就没有任何意义。网站同样如此，需要做外部的 SEO 来让大家都知道企业网站的存在，并且在所有的用户中有部分是认可企业的，这才是企业的最终目标客户。但从总体上说，外部 SEO 最重要的就是外部链接情况，外部链接情况最重要的两方面就是质量和数量，来自不同域名的外部链接对网站的影响是不同的，质量的一个重要方面是相关性，相关性高的网站对网站关键词排名的影响比较大。而外部链接的数量方面，数量多很重要，能有效增加网站的权重。除了质量和数量，还有就是锚文本的关键词是否多样，链接存在的时间长短等，这些都能影响关键词的排名。

学生笔记：
_____
_____
_____

4. 用户行为

用户行为对排名也会有影响,而且以后对 SEO 的影响会越来越大,用户的行为主要包括网页在搜索结果中的点击率,用户浏览网页的时间和 PV,是否在 SNS 中被推荐过,有没被一些收藏夹收藏,用户是否多次返回网站等。当然,用户的行为不可能控制,但能从网站自身做出调整,进而影响用户的行为方式,如首页出现收藏按钮,设为主页按钮,另外就是颜色搭配合理,导航清晰易用,提供实用的价值信息等。这些举措都能在一定程度上影响用户。

10.2.2 关键词分析

关键词的选择应该在网站设计开始之前就着手。关键词选择不当,后果是灾难性的。可能企业选择的关键词很少有人搜索,那么即使网站排名再高,流量也不会大。关键词选错可能会影响整个网站的写作内容,要想更正不是一件轻松的事情。

1. 关键词选择主要原则

1)关键词不要太宽泛

大多用户想要瞄准排名的关键词过于宽泛,如做房地产的公司,就想针对"房地产"这个词优化,做广告的公司就想针对"广告"这个词来优化。可以肯定地说,用户应该忘掉这种宽泛的关键词。

宽泛的关键词竞争激烈,要想在"房地产""广告""旅游"等关键词中排到前十名或前二十名,所要花费的恐怕不是几万或者几十万,而是上百万。

更不划算的是,就算网站在这类关键词中排到前面,搜索这类词的用户的目的很不明确,转化率不会高。搜索"房地产"的用户的目的是想买房子吗?那可不一定。这种关键词带来的流量目标性是很差的,转化为订单的可能性也很低,所以这类宽泛的关键词效率是比较低的。

选择的关键词应该比较具体,且有针对性。

2)主打关键词不适合太长、太特殊

主页当然应该瞄准行业中比较热门的关键词(注意:像前面说的不宜太宽泛),为了最大可能地吸引最多的潜在用户,网站瞄准的最主要关键词涵盖度也不宜过小。不少做 SEO 的公司玩的一个花样就在于这一点,他们保证排名,但保证的却是一个巨长的词。不要用公司名做主要关键词,没人会搜索公司名。

3)站在用户角度思考

网站经营者、设计者由于过于熟悉自己的行业和自己的产品。在选择关键词的时候容易想当然地觉得某些关键词是用户会搜索的,但真实用户的思考方式和商家不一定一样。如一些专用词汇、行业用语,普通用户可能很不熟悉,也不会用它去搜索,但卖产品的人因为每天接触,却觉得这些词很重要。选择关键词时应该做一下调查,问问公司员工之外的亲戚朋友,如果要搜索这类产品他们会用什么词来搜索。

4)选择被搜索次数最多、竞争最小的关键词

最有效率的关键词就是那些竞争网页最少,同时被用户搜索次数最多的词,有的关键

词很可能竞争的网页非常多,使得成本效益很低,要花很多钱、很多精力才能排到前面,但实际上搜索这个词的人并不是很多。因此,应该做详细的调查,列出综合这两者之后效能最好的关键词。

5) 关键词和网站要相关

前几年很流行的做法是瞄准一些热门但和网站本身卖的东西不太相关的词,希望吸引来最多的用户。现在也有不少人在这么做。这是很过时的手法。目标定在这些词上,基本上是在用作弊的手法,那么网站可能随时被惩罚、被封。

2. 关键词选择步骤

1) 列出大量相关关键词

要找出合适的关键词,首先就要列出尽量多的相关的关键词,可以从如下几方面得到。

(1) 了解所要优化的网站所在的行业,设想如果自己是用户,会用什么词。

(2) 问周围的亲戚、朋友、同学等,他们会用什么关键词来搜索。

(3) 去同行业竞争者的网站看一下前二三十名的网站,他们都在标题标签里放了哪些关键词。

(4) 搜索引擎本身也会提供相关信息。在搜索一个关键词的时候,很多搜索引擎会在底部列出相关搜索或列出搜索了 ABC 这个词的人,也搜索了 DEF 等,这些都是可以扩展关键词的方式。

(5) 关键词研究工具也会列出扩展的关键词,如 Yahoo 的 Keyword Selector Tool。

(6) 有一些线上工具会提供近义词、错拼词等,这种工具一般以英文为多。

2) 研究这些关键词的竞争程度

经过第一步以后,应该已经有了一大串备选关键词,通常应该至少有几十个,可能成百上千个。然后就要看这些关键词的竞争程度如何,找到竞争比较小,同时搜索次数比较多(热门)的关键词,这样效能就比较高。

有两个指标可以看关键词的竞争程度。

一是各个搜索引擎都会在搜索结果右上角列出某个关键词返回的总相关网页数。这个数字大致反映了与这个关键词相关的网页数,而这些网页都是企业的竞争对手。另外一个可以判断关键词竞争程度的是这个关键词要出现在竞价排名广告中需要付的价钱。企业可以在雅虎的 View Bids Tool 查询某个关键词需要付的价钱。Yahoo 这套 PPC 查询工具支持中文。也可以开一个 Google AdWords 账号,当选择某个关键词时,Google 会告诉企业所需要付的价钱。百度、搜狐也有相同的工具。这些关键词的价格比上面说的竞争网页数更能说明竞争程度。因为这每一个价钱的背后,都有人真的做过市场调查,并且愿意出实实在在的钱来和企业竞争。

3) 研究这些关键词被搜索的次数

关键词的竞争程度是一方面,另外一个很重要的方面是这些关键词是否真的被用户搜

学生笔记:

_____

_____

_____

索？搜索的次数是多少？当然被搜索得越多越好。

雅虎的 PPC 查询工具列出了某个关键词被搜索的具体次数，在百度和搜狐的查询工具里虽然没有列出具体次数，但有列出被搜索次数在 0～100 或 100～200 等不同的区段，也大致可以判断某个关键词被真正搜索的情况。

4）选择关键词

答案很明显，就是选择效能最高的两三个关键词作为主页的目标关键词。剩下其他的相关关键词别扔掉，还会有其他用途。不过有的时候也可能不选择效能最高的关键词，如所在行业的最宽泛的关键词，虽然由于竞争厉害所以效能比较低，但是如果企业有时间、有预算，并且有野心想瞄准这个关键词，那也不妨一试。

10.2.3　页面内容优化分析

1. 针对关键词进行网页优化

页面的优化最主要的就是每一个网页都需要在该出现关键词时出现关键词。

1）关键词密度

关键词密度一般占 3％～7％比较适宜。但是关键词密度占的权重已经非常小了，很多排名靠前的网页关键词密度可能高达 30％，也可能完全没有关键词。所以只要按逻辑、按语法正常写作网页内容，就不必太顾及关键词密度了，自然写作就好。

2）HTML 标签

关键词应该出现在网页标题标签中。因为标题标签（title tag）是目前很重要的一个排名因素。另外，在说明标签（description tag）、关键词标签（keyword tag）、图像标签（ALT）都可以放入关键词，但注意不要堆砌关键词。

3）关键词在网页正文中

只要正常地写文章，关键词必然会出现在文章正文中。最好把关键词放在正文标题中，H1、H2 中的文字比普通文字有高一点的权重，这也很有逻辑性，因为标题自然是这篇文章讨论的重点。另外，可以用黑体、斜体来强调关键词，但用一两次就够了。可以在正文的最前面，也就是第一段第一句话放入关键词，这也是一个比较重要的因素，也符合正常写作的特征。

4）URL 中的关键词

对英文网页来说，关键词出现在 URL 中多少会有点帮助。对搜索引擎相关性算法的帮助可能很小，但其实对用户帮助较大。网页列在搜索引擎结果中时，用户可以从文件名就判断出这个网页的大致内容。关键词可以在域名里，可以在目录名里，也可以是文件名，不过切忌关键词堆砌在 URL 中。

5）关键词出现在链接中

关键词应该出现在网页导出链接（指向其他网页的链接）的链接文字中，这是相当重要的一方面。从某种程度上说，导出链接中含有的关键词比连向这个网页的外部链接中的关键词还重要。不仅在网站内部互相链接的时候需要以关键词为链接文字，也应该在文章中经常引用和指向其他网站的相关文件，并以关键词为链接文字。上述这些地方都放关键词了，很可能已经优化过度了。

2. 怎样写标题标签

在网页的优化上最重要的因素之一就是网页的标题标签。通常在写标题标签时应该考虑到以下几个因素。

(1) 所有网页都应该有适合自己的、独特的标题标签,有很多网站都犯了一个很低级的错误,也就是所有网页都用同一个标题,如"欢迎参观 ABC 公司"。可能设计师在设计网页的时候把整个模板来回复制,所以 HTML 文件里面的头信息也都被复制过去,却没有再被改动。

每一个网页虽然都属于同一个网站,但肯定展示的是不同的东西,不同的网页必须要写出针对这个网页具体内容的标题标签。

(2) 标题标签应该对用户有足够的吸引力。网页在搜索引擎结果中列出时,网页的标题就是来自标题标签。用户在判断应该点击哪一个网站时,很大程度上取决于标题写得怎么样,是否对用户有足够的吸引力。如果标题只是关键词堆砌却让人觉得不知所云,就算网页排名靠前,用户没兴趣,不点击也没有什么用。

(3) 标题标签中应该含有关键词。这个关键词应该是针对这个特定网页的,而不是整个网站的。同时,关键词应该很自然地被融入一句合乎逻辑的通顺句子里,而不是生硬的关键词堆砌。

(4) 一般来说,搜索引擎只考虑标题标签中有限的字数,如前 25～30 个字。所以很长的、充满关键词的标题标签只能使自己网站看起来更像垃圾。有的人认为应该尽可能把关键词放在标题标签的最前面。也有人认为随着搜索引擎排名技术的改进,关键词在前面还是后面无关紧要,只要标题别太长了就行。

(5) 在可能的情况下,尽量在标题标签中提到自己的品牌或网站名称。当然品牌或网站名称与关键词比较,应该处于次要地位。如果还太长的话,就只保留文章名。

3. Meta 标签

Meta 标签指的是网页 HTML 文件中的一些文件标签。

其中最重要的是已经讨论的标题标签,描述标签(description tag)和关键词标签(keyword tag)。其他诸如作者、软件版本等标签可以不用管了,对 SEO 没有什么价值。当然,其他标签也不妨碍什么。如果愿意的话,可以放上想放的信息,但是不能太多。因为前面标签放得太多,就会把网页正文内容推到后面去了,这对优化排名不利。

另一个要写好描述标签的原因是,这些标签是用户友好的一部分。大部分时候,搜索结果中的网页说明就是取自描述标签的。如果描述信息清楚准确,同时有吸引力,这有助于用户点击企业的网页。还有一个需要注意的是,每一个网页都要有不同的标签。一些网站所有的网页描述标签都是 ABC 公司,这样的描述标签还不如不写。

一般来说,标题标签不要超过 20 个字。描述标签也不要超过 30～40 个字。关键词标签只要列出确实和网页有关的重要关键词。在这 3 个标签里,都切忌重复和堆砌关键词。

学生笔记:

_____

_____

_____

4. 网站主题的形成

通常逻辑和结构适当的网站都会分成不同的频道或栏目,在不同的频道中谈论有区别但紧密相关的话题,这些话题共同形成网站的主题。搜索引擎把整个网站的页面收录进去后,能够根据这些主题词之间的语义相关度判断出网站的主题。

5. 网页内容写作

搜索引擎排名有一个现象:搜索某个关键词,排在前面的网页有时并不含有所搜索的关键词。有时候这是因为外部链接的作用,有时候很有可能是潜在语义索引在起作用。如搜索"电脑",排在前面的网页有可能出现一篇文章只提到"计算机"却没提到"电脑",因为搜索引擎通过语义分析知道这两个词是紧密相关的,而且几乎就是一回事。

还有一个要注意的是,在进行网页写作的时候不要局限于目标关键词,应该包含与主关键词语义相关、相近的词汇,以支持主关键词。这在搜索结果中也有体现,有的文章虽然大量出现主关键词,但缺少其他支撑词汇,排名也不好。

举个例子,要想在我的 SEO 博客优化"搜索引擎优化培训"这个词,从整个网站的主题来说,搜索引擎优化无疑是博客的主题,不用特殊考虑。"培训"这个词却基本上和博客内容无关,也不可能在其他帖子里加强这个词。所以在一篇帖子里就要考虑怎样加强培训这个词的相关度。这种加强并不是多提几次培训,而是通过其他相关词汇来加强。

10.2.4 网站结构及链接建设

1. 优化网站结构

优化网站结构有两方面的意思:一是物理结构,二是逻辑结构。

1)物理结构

网站物理结构指的是网站真实的目录及文件所存储的位置所决定的结构。

一般来说,比较好的物理结构可以有两种。一是扁平式的,也就是所有网页都存在网站根目录下。如:

```
http://www.domain.com/pageA.html
http://www.domain.com/pageB.html
http://www.domain.com/pageC.html
```

所有这些网页都放在根目录这一级别,形成一个扁平的物理结构。

这比较适合于小型网站,如果太多文件都放在根目录下的话,制作和维护起来比较麻烦,容易弄乱。就算是由 CMS 系统自动生成目录和文件名,网站运营人员不怕麻烦,但用户和搜索引擎也可能无法理解网站结构。第二种是树状结构,也就是根目录下分成多个频道,或者叫类别、目录等,然后在每一个频道下面再放上属于这个频道的网页。如频道分为

```
http://www.domain.com/cat1/
http://www.domain.com/cat2/
http://www.domain.com/cat3/
```

在频道下再放入具体的内容网页:

```
http://www.domain.com/cat1/pageA.html
http://www.domain.com/cat2/pageB.html
http://www.domain.com/cat3/pageC.html
```

树状结构很方便地显示出网站的内容框架,是大网站必须采取的方式。

2)逻辑结构

网站结构的第二个意义指的是逻辑结构或链接结构,也就是由网页内部链接所形成的逻辑的或链接的网络图。

比较好的情况是逻辑结构与前面所说的树状物理结构相吻合,也就是说:

首页链接向所有的频道主页,网站导航通常就达成这个目的。首页一般不直接链接内容页,除非是非常想推的几个特殊的网页。所有频道首页都连向其他频道首页,同样,网站导航就做到了。频道首页都连回网站首页。频道首页也连向属于本频道的内容页。频道首页一般不连向属于其他频道的内容页。所有内容都连向网站首页。所有内容页都连向自己的上一级频道首页。内容页可以连向同一个频道的其他内容页。内容页一般不连向其他频道的内容页。内容页在某些情况下,可以在正文中用适当的关键词连向其他频道的内容页。

仔细读前面这几句话,可以清楚地看到这些链接会很自然地形成一个树状的网络圈,如图 10-2 所示。这种逻辑的或链接的网络可以与物理结构重合,也可以不一样,如扁平式的物理结构网站也完全可以通过链接形成逻辑上的树状结构。

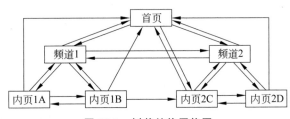

图 10-2　树状结构网络图

对搜索引擎来说更重要的是由链接形成的逻辑结构。对稍有些规模的网站来说,一般树状逻辑结构的网站是比较好的。

2. URL 网址规范化

URL 网址规范化(URL canonicalization)是近两年来在 Google 搜索结果中经常出现的一个问题。网址规范化指的是搜索引擎挑选最合适的 URL 网址作为真正文件网址的过程。举例来说,下面这几十 URL 一般来说指的是同一个文件或网页:

```
http://www.
http://
http://www./index.html
http:///index.html
```

学生笔记:
_____
_____
_____

这 4 个 URL 都应该显示网站首页。但是从技术上来讲，这几个 URL 网址都是不同的。虽然在绝大部分情况下这些网址所返回的都是相同的文件，也就是网站的首页，但是从技术上来说，主机完全可以对这几个网址返回不同的内容。

搜索引擎当然不希望数据库中有多个其实是同一个文件的重复 URL，所以就需要将网址规范化，也就是从这些 URL 中挑一个最合适的代表。这个挑选过程有可能出现问题，站长要帮助搜索引擎判断哪一个才是最适合的。

一般来说，网站首页是固定的，只有一个。但在很多网站上，栏目首页、内容页面等在链接回网站首页时所使用的 URL 并不是唯一的，有时连到 URL http://www.，有时连到 URL http://www./index.html。

虽然这不会给用户造成什么麻烦，因为这些网址都是同一个文件，但是对 Google 来说却造成了困惑：哪一个网址是真正的首页呢？如果网站上不同版本网址大量出现，那么这两个 URL 可能都会被 Google 收录进数据库，这时就会造成复制内容网页。

所谓复制内容网页，指的是两个或多个网页的内容是相同或大部分相同的。很多时候，复制网页是作弊手段或者抄袭的内容。搜索引擎通常会挑出其中一个返回搜索结果，而把其他的复制网页都排在最后面，以至于根本找不到。搜索引擎挑选哪一个 URL 不是站长能控制的，很可能挑选的不是站长希望的那个。

当网站出现网址规范化问题的时候，就有可能被怀疑为复制网页，因而影响搜索引擎排名。网址规范化问题也方便外部链接的效力分散。假设吸引或交换的链接都是指向 http://www.domainname.com，但搜索引擎却认为 http://domainname.com 是网站首页，如果没有做 301 转向的话，这些外部链接就浪费了很大一部分。

3. 站内链接的优化

大家都知道外部链接对网站排名的重要性，同时也建议不要忽略了站内链接的作用。外部链接大部分情况下是不好控制的，而且要经过很长时间的积累，内部链接却完全在自己的控制之下。

下面列几个优化站内链接的经验。

1）建立网站地图

只要有可能，最好给网站建一个完整的网站地图——Sitemap，同时把网站地图的链接放在首页上，使搜索引擎能很方便地发现和抓取所有网页。有不少 CMS 系统并不自动生成网站地图。对大型网站来说，可以把网站地图分成几个网页，每个网页里不要放太多链接，100 个以下比较合适。

2）网页离首页最多 4 次点击

对一个中小型网站来说，要确保从首页出发 4 次点击之内就要达到任何一个网页。当然如果在 3 次点击之内更好，两次就更不用说了。配合网站地图的使用，这一点应该不是大问题。大家可以计算一下，确保 4 次点击能达到所有网页也至少可以有几百万个网页，所以对一般网站应该是可以适用的。

3）尽量使用文字导航

网站的导航系统最好使用文字链接。有的网站喜欢用图片或者 JS 下拉菜单，但 SEO 效果最好的还是文字链接，即使搜索引擎可以顺利抓取，也通过链接文字突出栏目页的具体内容。如果为了美观不得不使用图片或者 JS 脚本导航,至少在网站底部或者网站地图中应该有所有栏目的文字链接。

4)链接文字

网站导航中的链接文字应该准确描述栏目的内容,这样自然而然在链接文字中就会有关键词,但是也不要在这里堆砌关键词。在网页正文中提到其他网页内容的时候,可以自然而然地使用关键词链接到其他网页。反向链接中的关键词也是排名的重要因素之一,在自己的站内有完全的控制权。

5)整站的链接权重传递和流动

只要有好的网站整体结构,整个网站的链接权重传递应该是很均匀、平衡的,首页最高,栏目页次之,内容页再次之。但有的时候可以通过网页的链接影响链接权重的传递,使某一页或某几页的权重升高,这几页也是要重点要推的网页。

6)网页的互相链接

前面说过网站的树状结构,要注意的是,这种树状结构不是说各个栏目下的文章页之间没有链接,在网页正文中引用其他文章时应该链接向其他相关网页,既有利于用户点击参考,也有利于搜索引擎抓取和排名。整个网站的结构看起来更像蜘蛛网,既有由栏目组成的主脉,也有网页之间的适当链接。

4. 外部链接建设

1)什么是外部链接

简单地讲,外部链接就是指从别的网站导入自己网站的链接。对于网站优化这是一个很重要的过程,外部链接会使被链接的页面及整个域名权重提高,同时增加信誉度。

2)外部链接的表现形式

外部链接有如下几种表现形式。

(1)超链接:就是当单击这个链接,就会跳转到链接所指向的页面。这种链接对于传递权重,引导蜘蛛爬行有一定的作用。

(2)锚文本:通过在文字上加入超链接,一般都选择网站的目标关键词。锚文本对于实现外部链接有很好的表现效果,对被链接的网站的某一个关键词的排名好坏有较大影响。

(3)图片链接:这个没什么好说的,估计各位站长都很清楚。

3)外部链接建设的原则

外部链接建设的原则如下。

(1)难度越大,价值越高。在建设外部链接的过程中,找到外链的发布网站是很重要的,一般而言,权重越高、外链质量越高的网站,要从这个网站的页面链接到我们的网站是非常困难的,要从这些权重高的新闻网站、博客网、论坛获得链接,需要与对方的站长取得联系,多次沟通,甚至每次都会被拒绝,这个时候不要灰心,要跟对方交朋友,相互帮忙,获

学生笔记:

_____

_____

_____

得对方的信任,有一定交情后,才可能获得来自对方网站的链接。要获得这样的链接,难度不小,正因为有难度,价值才高。

(2) 内容为王。内容为王,外链为皇是站长都知道的 SEO 准则,内容是排在第一位的,因为只有高质量的内容,才能获得搜索引擎的青睐,只有好的内容才能给用户带来实用性的信息,对用户体验好的网站,同时也是对搜索引擎友好的网站。由外部链接主导而带动的排名,往往不稳定,会随着百度的算法变动而出现排名波动,而且外部链接也不是稳定不变的。为用户提供有价值东西的网站,才会获得用户自发链接到网站。没有高质量的内容,获得链接只能通过链接买卖、互换链接来实现。

(3) 内容相关性。这个是老生常谈的话题,假如网站是关于 Java 培训的,那么从 Java 技术交流网站的外链远比从减肥网得到的链接要好得多。要获得相关的内容,就要到以这些内容为主题的网站、博客、BBS 去做外链,最好的方法莫过于认识这个行业的站长,可以相互帮忙提高外链的数量和质量。

(4) 链接的来源应该广而泛。网站的外部链接来源于相关性强的网站无疑是很重要的,但如果大量的外部链接都是来源于相关性网站,会比较牵强,有人工过度优化的嫌疑。而且一个正常的网站,链接的来源是广泛的,有来自高权重的网站,也有来自低权重的网站,我们要坚持"相关为主,广泛为辅"的外链建设原则,让外链来得更自然,更随机,更广泛些。

(5) 有规律地增加外链。增加外链最忌"一日曝十日寒",做外链应该持续平稳地不断增加,没大起大落,这样的外部链接才是自然的,优化犹如逆水行舟不进则退,因此外链的建设是持续的,不宜中断,即使效果出来后,也不能停止。

(6) 注重外链的质量,而不仅是数量。千万不要为了增加外链而去找垃圾网站发布外链,也不要跟色情、赌博等网站交换链接,即使这些网站的收录很好,快照很新,PR 也很高,否则很容易"连坐"被 K。记住,一个高质量的外部链接,远比几十个低质量的链接要有效得多。

4) 增加外部链接的方法

增加外部链接的方法如下。

(1) 交换友情链接。就是我链接向你,你链接向我,互相给对方带来一定的流量,这样会有助于排名。另外一种友链是单向的链接,就是你链接向我,而我不链接向你,这样就不用互分流量了,对于被链的一方有很大好处。所以单向的友链效果更好。

(2) 发表一些高质量的软文。网上有很多自由发表文章的地方,像博客平台、各大门户网站以及一些相关性论坛,做 SEO 可以多注册一些账号,来发表文章,每篇文章中都可以留下指向主站的链接。但要注意一点,每篇文章都要先在自己的网站上发表,等搜索引擎收录后再到其他网站发表。

(3) 论坛博客留言。留言也是外部链接常用的方法,现在好多论坛博客留言都可以加链接,这种方法达到的效果又快又好。但前提是不能为了 SEO 而 SEO,去发表一些垃圾留言,还是要注意与博主的互动,能对文章发表一些自己的看法,提出一些建议,这样长久下来一定会引起注意,留言也就发挥了作用。

(4) 百度百科以及问答平台。这两种服务现在是比较热门的,常见的百度百科、百度知道、搜搜问问、爱问知识人、天涯回答等是允许在页面上出现相关链接的,可以方便用户查找资料。如百度百科,可以在与自己网站相关的词条中的扩展阅读、相关词条中加入自己的链接。有一点要注意,内容一定要相关,不然审核有可能不会通过。

10.2.5　SEO 常用工具介绍

1. 常用工具软件分类

1) SEO 信息查询工具

SEO 信息查询工具包括线上工具和可以下载运行于客户端的软件,主要是查询一些与 SEO 有关的数据,包括排名位置和网站基本信息,如 PR(网页级别)、关键词密度、关键词排名、收录、反向链接、友情链接等。这些工具对于 SEO 的前期调查分析非常有用,大大提高了工作效率,准确度高,也节省了不少时间,如图 10-3 所示。

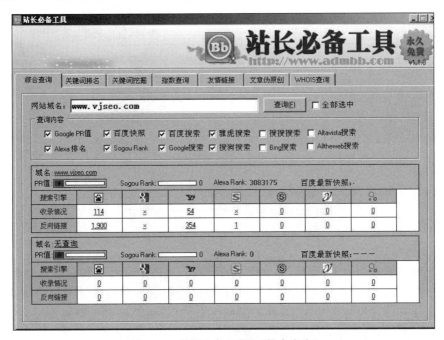

图 10-3　站长必备工具之"综合查询"

2) 网站诊断工具

这类工具比较少见,由于搜索引擎排名算法的复杂性和变动性,这类工具查出的数据一般不具备准确性,只能作为参考,然后给出优化建议。这些建议需要根据站长的个人经验来判断是否可以采纳,如建议加上 H1 标签,有的加上确实有好处,有的加上则无意义反而还有害。

学生笔记:
_____
_____
_____

3）伪原创工具

由于原创性在搜索引擎中占比越来越重，但是原创又很难，继而诞生了伪原创，此类工具给定关键词可以自动生成页面内容，这种软件要么是没有可读性的文章，要么就是自动抓取搜索引擎搜索结果或者其他网站上的内容。这种软件的用户体验很差，不建议使用，如图 10-4 所示。

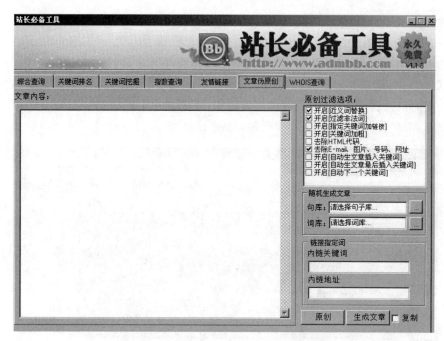

图 10-4　站长必备工具之"文章伪原创"

4）群发软件

这类软件主要是留言本、论坛、博客评论的群发。这种软件目前在站群中较流行，不建议使用，搜索引擎对垃圾链接的判断已经相当准确，会把这种链接的权重传递降为 0，更严重的很可能受到降权等各类惩罚，虽然有漏网之鱼，但是随着搜索引擎对垃圾链接的判断力的提高，使用群发软件无疑将会越来越危险。

2. Alexa

Alexa 是一家专门发布网站世界排名的网站。以搜索引擎起家的 Alexa 创建于 1996 年 4 月（美国），目的是让互联网网友在分享虚拟世界资源的同时，更多地参与互联网资源的组织。

Alexa 每天在网上搜集超过 1000GB 的信息，不仅给出多达几十亿的网址链接，而且为其中的每一个网站进行了排名。可以说，Alexa 是当前拥有 URL 数量最庞大，排名信息发布最详尽的网站。

Alexa 是最老牌的网站流量显示和排名服务。其最初数据来源是装有 Alexa 工具条的用户，近几年 Alexa 又引进了其他方面的数据，如购买网络接入商 ISP 的数据，并且加大了过滤作弊的力度。

网站地址：http://alexa.chinaz.com/。

做 SEO 和网络营销的人都知道，所谓"刷流量"，是一个产业。很多网站通过作弊手法把 Alexa 数字刷上去，然后去忽悠投资人。这几年 Alexa 经常把大量网站流量数据下调，尤其是中国的网站，通常认为就是在对付"刷流量"作弊。

就算没有作弊因素，Alexa 数据也并不准确，排名越靠后越不准确，原因在于安装 Alexa 工具条的只占全体网民的很小一部分，而且常常是特定的一部分，如需要查看 Alexa 数据的站长。

不过无论怎样，Alexa 是一个查看竞争对手网站流量的不错的工具，目前也没有更好的替代品。

【案例】

张家界旅游网的 SEO 案例

网站目的：

介绍张家界本地情况；提供张家界旅游服务，如线路预订、宾馆预订等。

主要关键字：张家界旅游、张家界宾馆、张家界酒店等与张家界相关的内容。

SEO 优化工作如下。

(1) 设置关键字。

(2) 设置描述。

(3) 网站 TITLE 倒序显示。

(4) XHTML CSS 构架的网页，相对于 TABLE 结构的网站而言，多余的 HTML 代码本来就很少，而且在制作时也注意了这点，尽量减少了多余 HTML 代码。

(5) HTML 元素的优化，增加了关键字"加""包围"等。

(6) 网站全部是静态页面，有良好的导航，增加了页面与页面之间互通链接。

(7) 内容显示页面，以内容的标题作为 TITLE，并且，内容的标题包含在关键字及描述里。内容的标题用了包围。这样一来，网站里的每个网页的 TITLE、关键字、描述都是不同的，但都包含了主要关键字。

(8) 给所有链接加上了 TITLE 描述文字，给所有图片加上了 ALT 描述文字。

(9) 一些指向重要页面的链接都加上了包围。有些为了好看重新设置了显示样式，不让他显示加粗，但搜索引擎应该还是认为是重要的。

(10) 生成网站地图。分为 HTML 版和 XML 版，HTML 版的网站图在每个页面的最上边和最下边都有链接可以进入，XML 版的网站地图是提供给 Google 的。

(11) 做了大量的友情链接。

学生笔记：

10.3　网络营销中的电子支付及安全技术

10.3.1　电子支付的含义和特征

人们将支付方式大体上分为传统支付方式和电子支付方式两种。传统支付方式是指通过现金流转、票据转让以及银行转账等物理实体的流转来实现款项支付的。电子支付方式是建立在对传统的支付方式研究的基础上,利用先进的通信技术和可靠的安全技术来实现款项支付的方式。

1. 传统支付方式

传统支付方式包括现金、信用卡和票据。

1) 现金

现金有两种表现形式,即纸币和硬币,由国家组织或政府授权的银行发行。在现金交易中,买卖双方处于同一位置,而且交易是匿名进行的。由于现金本身是有效的,所以卖方不需要了解买方的身份,现金的价值由发行机构加以保证。由于现金具有使用方便和灵活的特点,所以许多交易都是通过现金支付来完成的。

2) 信用卡

信用卡是银行或金融公司发行的,授权持卡人在指定的商店或场所进行记账消费的信用凭证。

信用卡起源于美国(1915 年),是一种信用凭证,是一种将支付与信贷融为一体的业务。信用卡同时具备信贷与支付的功能。信用卡除银行与客户之外,还与受理信用卡商户发生关系。

按信用卡性质与功能可以将信用卡分类如下。

(1) 借记卡。先存款,后支用。

(2) 贷记卡。先消费,后还款。

(3) 综合卡。结合两种卡的功能,偏重"借记"。

3) 票据

票据的含义,有广义和狭义两种理解。广义上的票据包括各种记载一定文字、代表一定权利的文书凭证,如股票、债券、货单、车船票、汇票等,人们笼统地将它们泛称为票据;狭义上的票据是一个专用名词,专指票据法所规定的汇票、本票和支票等票据。

2. 电子支付的概念

电子支付又称为电子资金划拨(Electronic Funds Transfer,EFT)。中国人民银行2005 年 10 月 26 日发布的《电子支付指引(第一号)》(中国人民银行公告〔2005〕第 23 号)中的第二条关于电子支付的定义:电子支付是指单位、个人直接或授权他人通过电子终端发出支付指令,实现货币支付与资金转移的行为。这里的电子终端是指客户可用以发起电子支付指令的计算机、电话、销售点终端、自动柜员机、移动通信工具或其他电子设备。

电子支付的类型按电子支付指令发起方式分为网上支付、电话支付、移动支付、销售点终端交易、自动柜员机交易和其他电子支付。对电子商务活动的支付影响较大的是网上支付。

3. 网上支付系统构成

1）网上支付的含义

网上支付指的是客户、商家、网上银行之间使用安全电子手段，把网上支付工具（如银行卡、电子现金、电子支票）等的支付信息通过网络，安全传送到银行或相应的处理机构，从而完成支付的过程。

2）网上支付系统构成

网上支付系统是电子商务系统的重要组成部分，是融购物流程、支付工具、安全技术、认证体系、信用体系以及现在的金融体系为一体的基于互联网的综合系统。完整的支付系统应该能提供验证、银行转账对账、账务管理、交易处理、代缴代付等全方位的金融服务。

网上支付系统的构成主要由以下几个元素构成。

（1）互联网。互联网是电子商务支付的基础，是商务信息、支付信息传送的载体。

（2）客户。客户指与商家有交易关系并存在尚未清偿的债权债务关系的一方（一般为债务），客户用自己拥有的支付工具（如银行卡、电子支票、电子现金等）来支付，是支付系统运作的原因和起点。

（3）商家。指在商品交易中拥有债权的另一方，商家根据客户发起的支付指令向金融体系请求获取货币给付。

（4）客户开户行。指客户在该银行中拥有账户，客户的支付工具就是开户行提供的。客户开户行在提供支付工具的时候，也同时提供了一种银行的信用，用来保证支付工具的兑付。

（5）商家开户行。指商家所开设账户的银行，其账户是整个支付过程中资金流向的地方。商家将客户的支付指令提交给其开户行后，由其开户行进行支付授权的请求以及银行之间的清算等工作。商家开户行是依据商家提供的合法账单（客户的支付指令）进行工作的，也称为收单银行。

（6）支付网关。指公用网和银行专用金融网络间的接口，支付信息必须通过支付网关才能进入银行支付系统，进而完成支付的授权和获取。要求支付网关不能解密支付信息，只起保护和传输加密支付信息的作用，因此支付网关必须由商家以外的银行或其委托的信用卡组织来建设。支付网关的建设关系着支付结算的安全以及银行自身的安全，关系着金融系统的安全，必须十分谨慎。

（7）银行网络。指金融专用网络，是银行内部及银行间进行通信的网络，支付结算业务绝大多数是由金融专用网络完成的，具有较高的安全性。

（8）认证中心。认证中心（Certificate Authority，CA）是数字证书授权中心，是法律承认的权威机构，为参与各方（包括客户、商家、支付网关、网上银行等）发放数字证书，进行身份验证，保证网上支付的安全性。认证机构必须确认参与者的资信状况（如他们在银行的

学生笔记：
_____
_____
_____

账户状况,与银行交往的历史信用记录等)来判断。因此,认证中心的运作离不开银行的参与。除以上参与方外,网上支付系统构成中还涉及采用的支付工具以及所遵循的网上支付协议。

4. 电子支付的特征

与传统的支付方式相比,电子支付具有以下特征。

(1)从两种支付业务所采用的支付方式来看,电子支付方式是采用数字化的方式进行款项支付的;而传统的支付方式则是通过现金的流转、票据的转让及银行的汇兑等物理实体来完成款项支付的,如邮局汇款等。

(2)从两种支付业务的运作环境来看,电子支付的工作环境是基于一个开放的系统平台(即互联网)之中;而传统支付则是在较为封闭的系统中运作。

(3)从两种支付业务所使用的通信媒介来看,电子支付使用的是最先进的通信手段,如互联网、外联网;而传统支付使用的则是传统的通信媒介。电子支付对软、硬件设施的要求很高,一般要求有联网的微机、相关的软件及其他一些配套设施;而传统支付则没有这么高的要求。

(4)从两种支付业务运作的时效性来看,电子支付具有方便、快捷、高效、经济的优势。方便主要表现在易充值,不用找兑,不用清点。用户只要拥有一台能上网的 PC,便可足不出户,在很短的时间内完成整个支付过程。快捷、高效主要表现在能即时到账。经济主要表现在支付费用相对于传统支付来说非常低,曾有过统计,电子支付费用仅为传统方式的几十分之一,甚至几百分之一。此外,传统支付方式所需要的时间也比电子支付方式长。

5. 电子支付的缺点

(1)电子支付会因为网络安全、密码遗失等带来资金受损的风险,必须解决黑客入侵、内部作案、密码泄露等涉及资金安全的问题。

(2)不支持电子支付的商店没法用,因此,难以完全取代现金。消费者所选用的电子支付工具必须满足多个条件:要由消费者账户所在的银行发行,有相应的支付系统和商户所在银行的支持,被商户所认可等。如果消费者的支付工具得不到商户的认可,或者说缺乏相应的系统支持,电子支付还是难以实现。

10.3.2 电子支付的类型

1. 根据在线传输数据的种类划分

根据在线传输数据的种类(加密、分发类型)不同,电子支付系统粗略可以被分为如下3类。

1)第三方支付系统

第三方支付是指在电子商务企业与银行之间建立一个中立的支付平台,为网上购物提供资金划拨渠道和服务的企业。

客户和商家的信息,如银行账号、信用卡号都被信任的第三方托管和维护。在实施一个交易的时候,网络上只传送订单信息和支付确认、清除信息,而没有任何敏感信息。信用卡信息不在开放的网络上传送。第三方经纪人使用 E-mail 来确定客户身份,以防止伪造。

商家自由度大、无风险且交易成本很低,对小额交易很适用。实际上通过这样的支付系统没有任何实际的金融交易是在线实施的。易宝支付(www.yeepay.com)和快钱(www.99bill.com)是典型的第三方支付企业。在这种系统中,网络上的传送信息甚至可以不加密,因为真正金融交易是离线实施的。

第三方支付企业的历史大多很短。我国最早的第三方支付企业是 1999 年成立于上海的环迅和北京首信。它们主要为 B2C 网站提供服务,功能相当于插线板,把银行和商家连接起来,从中收取手续费。易宝支付于 2003 年成立;快钱成立的时间是 2004 年。

2) 传统银行转账结算的扩充

客户使用信用卡在商场购物是传统银行转账结算的扩充。如果客户要使用信用卡从商家购买产品,商场可以通过金融专线向银行传输信用卡的信息,并且相应地校对用户和商家的账号,完成客户购物的电子支付。

3) 各种数字现金、电子货币的支付系统

数字现金、电子货币的支付系统传送的是真正的价值和金钱本身。在交易中如果数字现金、电子货币信息被偷窃,不仅是信息丢失,往往也是财产的真正丢失。而信用卡的丢失可以及时向银行挂失。

2. 根据支付时间的不同划分

根据支付时间的不同,电子支付可以分为如下 3 类。

1) 预支付系统

预支付就是在购方消费之前,消费者已经把一定数量的货币付给了开户行。这些钱被用于以后的支付行为。

预支付系统是银行和在线商店首选的解决方案,因为这种方式要求用户预先支付,所以银行不再需要为这些钱支付利息,而且可以在购买产品的瞬间将钱传送给在线商店以防止数字欺骗。预支付系统的工作方式像在现实商店里一样,顾客进入商店使用现金购买商品,然后获得所需商品。

预支付系统可以通过电子钱包和电子现金系统来实现。

2) 即时支付系统

即时支付系统是指在交易发生的同时,资金被从银行买方的账户中转入卖方的账户。即时支付系统实现起来是最复杂的,因为该系统为了立即支付,必须直接访问银行的内部数据库,所以,即时支付系统需要执行比其他系统更严格的安全措施。基于互联网的即时支付系统是在线支付的基本模式。在即时支付系统中,支付的同时登录付款人账户。ATM卡就属于这种情况,此外还有移动电话支付也属于即时支付系统。

3) 后支付系统

后支付系统就是允许用户购买一件商品之后再支付。无论是现实生活还是电子世界中,信用卡都是一种最普遍的后支付系统。

学生笔记:
_____
_____
_____

后支付可以通过信用卡、电子账单及电子支票或货到付款来实现。

3. 根据支付工具的类型来划分

根据所使用的支付工具不同,电子支付又可以分为信用卡网上支付、电子现金支付、电子支票支付、智能卡支付、电子钱包支付。这些支付工具在 10.3.3 节中会详细做介绍。

10.3.3　电子支付的方式

1. 信用卡网上支付方式

信用卡网上支付是目前网络支付比较常用的支付方式。

1)网上支付信用卡与传统信用卡的区别

出于安全和操作方便的要求,信用卡网上支付结算系统需要对支付过程中所涉及的当事人的身份进行验证,对传输的信息进行加密和数字签名,在互联网与专用的金融网络之间安装支付网关系统,在持卡人使用的计算机终端安装使用信用卡的电子钱包软件。

网上支付信用卡与传统信用卡的主要区别如下。

(1)传递信息所使用的通道不同。传统信用卡使用专用网,因而比较安全;信用卡网上支付的消费者和商家均使用互联网,银行使用专用网,因此必须在互联网与银行的专用网之间设置支付网关以确保银行专用网络的安全。

(2)付款的地点不同。传统信用卡必须在商场,使用商场的 POS 机进行付款;网上支付信用卡可以在家庭或办公室等可以使用计算机的地方付款。

(3)身份认证的方式不同。传统信用卡在购物现场使用身份证,或其他能够验证客户(持卡人)身份的方式对持卡人进行身份验证;信用卡网上支付在计算机网络上,使用认证中心提供的数字证书验证持卡人、商家、支付网关和银行的身份。

(4)付款授权方式不同。传统信用卡在购物现场,使用手写签名的方式授权商家扣款;信用卡网上支付是使用数字签名进行远程授权。

(5)采集商品和支付信息的方式不同。传统信用卡使用商家的 POS 机等设备采集商品信息和信用卡信息;信用卡网上支付直接使用自己的计算机输入相关信息。

2)网上信用卡支付系统具有的主要优点

与其他的支付形式相比,网上信用卡支付系统具有一系列优点。

(1)网上信用卡支付系统允许消费者集中所有的收费,然后在以后的某个时间进行全部支付,如在月底一次性支付。

(2)网上信用卡支付系统不是通过客户的账号直接进行收费,所以能提供良好的客户保护。因为客户在某个时间框架内有权退还商品,还可以进行讨价还价。

(3)网上信用卡支付系统不限定国家的货币,无论人们在哪里购买需要的东西和服务,货币兑换都可以自动进行。

3)网上信用卡支付系统的特点

与其他的支付方式相比,网上信用卡支付系统的特点如下。

(1)每张网上信用卡对应一个账户,款项的支付最终是通过银行转账实现的。

(2)由于网上信用卡支付采用"先消费,后付款"的办法,购物支付是通过银行提供消费信贷来完成的,因此,对网上信用卡账户的处理是后于货款支付的,属于"后支付系统"。

(3) 信用卡支付系统可以透支。

4) 网上信用卡支付系统的安全

安全是网上信用卡支付系统最需要解决的问题。为了使信用卡在网上支付过程中真正实现交易安全和支付的不可否认性,网上信用卡支付系统需要采用安全电子交易(Secure Electronic Transaction,SET)协议。SET 协议是专门用于加密信用卡支付的协议,可以更好地保证信用卡在互联网环境下进行网络直接支付,现在已经成为网上银行支付的安全标准。它的应用可以为网上银行卡支付提供信息的保密性、数据的完整性、客户(持卡人)账户的可确认性、商户的确定性等电子交易安全方面的要求。

2. 电子现金支付方式

1) 电子现金的含义

电子现金(E-cash)也称为数字现金(digital cash),是一种以数据形式流通的货币。

电子现金技术把现金数值转换为一系列的加密序列数,通过这些序列数来表示现实中各种金额的币值。客户在开展电子现金业务的银行开设账户,并用账户内存入的现金来购买电子现金,通过银行数字化签字后,再发送给客户,可以用它在商业领域中流通,适用于小额交易。

当用户登录提供电子现金的网上银行后,使用一个口令(password)和个人识别码(Personal Identification Number,PIN)来验明身份,直接从其账户中下载成包的低额电子"硬币"时,电子现金才起作用。然后,这些电子现金被存放在用户的硬盘中,直到客户从网上商家购买为止。为了保证交易安全,计算机还为每个"硬币"建立随时选择的序号,并把这个号码隐藏在一个加密的信封中,这样就不会有人知道是谁提取或使用了这些电子现金。按这种方式购买实际上可以让买主无迹可寻,对提倡个人隐私权的用户很有吸引力。

在网上交易中,电子现金适用于小额零星的支付业务,使用起来要比借记卡和信用卡更方便。

2) 电子现金的表现形式

电子现金的表现形式有两种:硬盘数据文件形式和 IC 卡形式。

(1) 硬盘数据文件形式。硬盘数据文件形式的电子现金是一个数字信息块或数据文件,存放在消费者的计算机硬盘上。适用于买、卖双方物理上处于不同地点并通过网络进行电子支付的情况。支付行为表现为把电子现金从买方扣除并传输给卖方。采用了加强的密码技术或其他安全措施防止复制。优点是不需要专门的设备读出和写入,在网络上流通和传递较方便;不足之处是携带不方便,必须在线处理。典型的应用是 DigiCash 公司于1994 年 5 月开发的在线交易用的电子现金支付系统。

(2) IC 卡形式。IC 卡形式是将购买的电子现金存在智能 IC 卡中。当从卡内支出货币金额或向卡内存入货币金额时,将改写智能卡内的记录余额。从卡内支出货币金额的去向和向

学生笔记:
_____
_____
_____

卡内写入货币金额的来源,可以是另一张电子现金智能卡,或持卡人在银行的存款账户,或商户的读卡器。智能卡形式的电子现金除了能在银行账户之间转移之外,其余的转移操作均可以独立完成,不用与银行发生任何联系。其优点是携带方便,不易篡改,可离线操作。不足之处是需要专用的设备读出和写入。典型的应用是英国银行界研制开发的 Mondex 电子现金。

3. 电子支票支付方式

电子支票是网上银行常用的一种电子支付工具,利用电子支票,可以使支票的支付业务和支付过程电子化。网上银行和大多数银行金融机构,通过建立电子支票支付系统,在各银行之间发出和接收电子支票,向用户提供电子支付服务。

1) 电子支票的概念

电子支票(E-check)是一种借鉴传统纸张支票转移支付的优点,利用数字传递将钱款从一个账户转移到另一个账户的电子付款形式,如图 10-5 所示。

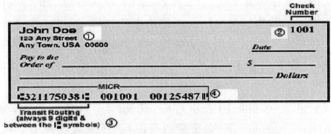

①使用者姓名及地址;②支票号;③传送路由号(9 位数);④账号

图 10-5 电子支票的样式

电子支票的支付是在与商家及银行相连的网络上以密码方式传递的,多数使用公用关键字加密签名或个人身份证号码(PIN)代替手写签名。

用电子支票支付,事务处理费用较低,而且银行也能为参与电子商务的商家提供标准化的资金信息。该支付方式可能是最有效率的支付手段。

电子支票既适合个人付款,也适合企业之间的大额付款。

2) 电子支票的密钥管理

由于电子支票的使用涉及公共密钥、数字证书,这使得密钥的管理很重要。一般的情形是这样,银行负责管理自己客户的公共密钥,如商家的开户行负责管理商家的公共密钥,为商家发放认证的数字证书;消费者的开户行负责管理消费者的公共密钥,为消费者发放认证的数字证书;而银行之间的联合组织,如负责银行间清算的自动清算所,除了负责清算之外,还负责管理银行的公共密钥,发放数字证书,保障交易的安全、可靠。

3) 电子支票交易的步骤

使用电子支票进行支付,消费者可以通过计算机网络将电子支票发送到商家的电子信箱,同时把电子付款通知单发到银行,银行随即把款项转入商家的银行账户。这一支付过程在数秒内即可实现。电子支票交易的过程可以分为以下几个步骤。

(1) 消费者和商家订立购销合同并选择用电子支票支付。

(2) 消费者通过网络向商家发出电子支票,同时向银行发出付款通知单。

（3）商家通过验证中心，对消费者提供的电子支票进行验证，验证无误后将电子支票送交银行索付。

（4）银行在接到商家索付请求时，通过验证中心对消费者提供的电子支票进行验证，验证无误后，即向商家兑付或转账。

4. 智能卡支付方式

1）智能卡的含义

智能卡即嵌入式微型控制器芯片的 IC 卡，是一种自身带有处理芯片的卡片。它可以利用自带的芯片实现储值功能，即在资金转移时无须进行联机授权就可以直接由智能卡上的芯片进行资金转移。

使用智能卡，必须使用相应的读卡设备和智能卡操作系统。开发商使用智能卡的程序编制器，同时提供智能卡应用程序接口。智能卡上的资金采用加密的方式进行存储，并受到口令的保护以确保智能卡里资金的安全。

支付过程如下。

（1）消费者启动浏览器；

（2）将智能卡插入一个与计算机相连的读卡设备，通过读卡机登录开户银行，将卡上信息告知银行；

（3）用户从智能卡上下载现金到商家的账户，或从银行账号下载现金存入卡中，有关金额便可以从智能卡上通过互联网安全地转移到商店的设备上；

（4）在这之后，商店就可以直接通过有关设备与银行连接，增加其账户余额。

2）智能卡的优点和缺点

智能卡的优点如下。

（1）具有匿名性。使用智能卡支付与使用现金支付十分相似。商店在接到某个智能卡传来的金额时，不会知道消费者是谁，除了余额增加外也不会留下任何记录。

（2）消费者使用智能卡时，不必在银行留有账户。

（3）通过使用智能卡，商店可以在交易结束的同时得到款项，与一般银行卡需要经过与银行的结算后才得到款项相比，减少了商店面临的信用风险。

（4）智能卡存储信息量较大，存储信息的范围较广，安全性也较好。

智能卡的缺点如下。

（1）不论是消费者还是商店，都需要安装特殊的硬件设备，这阻碍了智能卡的普及。

（2）一旦智能卡损坏或丢失，如果没有物理上的 PIN 验证，那么，丢失了智能卡，也就丢失了财产。

5. 电子钱包支付方式

1）电子钱包的概念

电子钱包（E-wallet）是一个可以由持卡人用来进行安全电子交易和储存交易记录的软

学生笔记：
_____
_____
_____

件,就像生活中随身携带的钱包一样。电子商务活动中的电子钱包软件通常都是免费提供的。可以直接使用与自己银行账号相连接的电子商务系统服务器上的电子钱包软件,也可以从互联网上调用,并采用多种保密方式。目前世界上有 VISA cash 和 Mondex 两大电子钱包服务系统。

2) 电子钱包的功能

电子钱包的功能和实际钱包一样,可以存放信用卡、电子现金、所有者的身份证书、所有者地址以及在电子商务网站的收款台上所需的其他信息。电子钱包提高了购物的效率,用户选好商品后,只要单击自己的钱包就能完成付款过程,电子钱包帮助用户将所需信息(如送货和信用卡)自动输入到收款表,从而大大加速了购物的速度。电子钱包具有如下功能。

(1) 电子安全证书的管理。包括电子安全证书的申请、存储、删除等。

(2) 安全电子交易。进行 SET 交易时辨认用户的身份并发送交易信息。

(3) 交易记录的保存。保存每一笔交易记录以备日后查询。

以中国银行的电子钱包为例,持卡人在使用长城卡进行网上购物时,长城卡上的信息(如账号和到期日期)及支付指令可以通过电子钱包软件进行加密传送和有效性验证。电子钱包能够在 Microsoft、Netscape 等公司的浏览器软件上运行。如果客户(持卡人)要在互联网上进行符合 SET 标准的安全电子交易,必须安装符合 SET 标准的电子钱包。

10.3.4 电子支付的安全问题

SSL 协议和 SET 协议是国际上通行的两种电子支付安全协议。

1. SSL 协议

1) SSL 协议的概述

安全套接层(Secure Socket Layer,SSL)协议是 Netscape 公司推出的一种安全通信协议。SSL 对网络服务器和客户机之间的通信提供安全连接,即对整个会话进行加密,从而保证了信息传输的安全性。

SSL 协议是一种保护 Web 通信的工业标准,能够对信用卡和个人信息、电子商务提供较强的加密保护。主要目的是服务互联网上的安全通信,提高应用程序之间的数据的安全系数。在 SSL 中,采用了公开密钥和私有密钥两种加密方法。

SSL 在客户机和服务器开始交换一个简短信息时提供一个安全的握手信号。在开始交换的信息中,双方确定将使用的安全级别并交换数字证书。每个计算机都要正确识别对方。

2) SSL 安全协议在信用卡支付中的应用

(1) 买方在商家订货后,将经过加密后的信用卡信息传送给商家服务器。

(2) 商家服务器对接收到的信息的有效性和完整性进行验证后,将买方的信用卡信息传送给业务服务器或第三方处理系统。

(3) 业务服务器验证商家身份后,将买方加密的信用卡信息转移到安全的地方解密,然后将买方信用卡信息通过安全专用网络传送到商家银行。

(4) 商家开户银行与买方信用卡发卡行联系,确认信用卡信息的有效性。得到证实后,将结果传送给业务服务器,业务服务器通知商家服务器交易完成或拒绝,商家再通知买方。

交易过程的每一步都需要交易方以数字签名来确认身份,买方和商家都须使用支持此种业务的软件。

数字签名是买方、商家在注册系统时产生的,不能修改。买方信用卡加密后的信息一般都存储在买方所使用的计算机上。

3) SSL 协议的优点和缺点

优点:SSL 协议能保证信息传输中的安全。SSL 协议对所有通信都加密后,窃听者得到的是无法识别的信息。

缺点主要表现在以下两方面。

(1) SSL 协议有利于商家而不利于客户。按照 SSL 协议,客户购买的信息首先发往商家,商家再将信息转发给银行,银行验证客户信息的合法性后,通知商家付款成功,商家再通知客户购买成功,并将商品寄送客户。因为客户的信息首先传送到商家,商家阅读后再传送到银行,这样,客户资料的安全性就得不到保证。

(2) SSL 协议虽能保证资料信息传递的安全,但在信息被传递的过程中,信息是否被人截取,就无法保证了。

可见,SSL 协议没有实现安全电子交易所必需的保密性、完整性等方面的要求。

2. SET 协议

1) SET 协议概述

在电子商务环境中,客户(持卡人)希望在交易中对自己的账户信息进行保密;商家则希望客户的订单不被否认;在交易过程中,交易各方都希望验明他方的身份,以防被骗。基于这些情况,由美国 Visa 和 MasterCard 两大信用卡组织联合微软、网景、IBM 公司等多家科技公司,于 1997 年 10 月合作制定了应用于互联网上的以银行卡为基础进行在线交易的安全标准,这就是"安全电子交易"(SET)。它提供了消费者、商家和银行之间的认证,确保了交易数据的安全性、完整可靠性和交易的不可否认性,成为目前公认的信用卡/借记卡的网上交易国际安全标准。主要应用于 B2C 模式中保障网上购物信息支付信息的安全性。

SET 使用的安全技术包括对称密钥系统、公钥系统、消息摘要、数字签名、数字信封、双重签名、认证技术等。

2) SET 协议的信用卡支付流程

(1) 持卡人请求订单,并验证商家身份;商家返回空白订单,并传送商家证书。

(2) 持卡人发送给商家一个完整的订单及支付指令,订单和支付指令由持卡人进行数字签名,同时利用双重签名技术保证商家看不到持卡人的账号信息;支付指令包含信用卡信息,说明持卡人已经做出支付承诺,这是 SET 协议的核心。

(3) 商家接受订单后,利用其中的客户证书审核其身份,并将双重签名的订单和支付指

学生笔记:

令通过支付网关和金融专线,向发卡行请求支付认可,批准交易,发卡行返回信息给商家;批准即意味着银行承诺为持卡者垫付货款,货款并未真正到账。

(4)商家将支付批准信息返回持卡人,确认其购买并组织送货,完成订购服务。

(5)在线商店接受订单后,向消费者所在开户银行请求支付认可。信息通过支付网关到达收单银行,再到电子货币发行公司确认。批准交易后,返回确认信息给在线商店。

(6)商家可以请求银行立即将支付款转移到商家账号,也可以成批处理。

可见,SET 协议充分发挥了认证中心的作用,以维护在任何开放网络上的电子商务参与者所提供信息的真实性和保密性。

使用 SET 协议进行信用卡支付交易的工作流程,如图 10-6 所示。

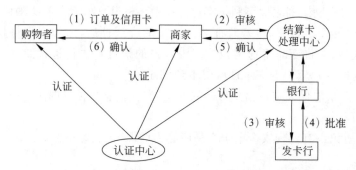

图 10-6 使用 SET 协议进行信用卡支付交易的工作流程

3)SET 协议的优点和缺点

(1)SET 协议的优点:维护电子商务参与者所提供信息的真实性和保密性。与 SSL 协议相比,SET 协议更符合网上交易的国际安全标准。网上银行采用 SET 协议,确保交易双方的身份的合法性和交易的不可否认性,使商家只能得到客户的订购信息而银行只能获得有关的支付信息,保证了交易数据的保密性、完整性、不可否认性。

(2)SET 协议的缺点:协议提供了多层次的安全保障,但显著增加了复杂程度,因而变得昂贵、互操作性差,实施起来有一定难度。

10.4 网络营销中的前沿技术

10.4.1 大数据技术

21 世纪是数据信息大发展的时代,移动互联、社交网络、电子商务等几大领域拓展了互联网的边界和应用范围,各种数据正在迅速膨胀。互联网(社交、搜索、电商),移动互联网(微博),物联网(传感器、智慧地球),车联网,GPS,医学影像,安全监控,金融(银行、股市、保险),电信(通话、短信)都在疯狂产生数据。例如,在 60s 内,YouTube 会上传 48h 的视频;Google 会收到 2000000 次搜索请求;Facebook 的用户会分享 684478 条信息。国际数据公司 IDC 统计显示,全球近 90% 的数据将在这几年内产生,预计到 2025 年,全球数据量将比2016 年的 16.1ZB(1ZB = 10 亿 TB)增加 10 倍,达到 163ZB。根据 IDC 最新发布的统计数据,中国的数据产生量约占全球数据产生量的 23%,美国的数据产生量占比约为 21%,

EMEA(欧洲、中东、非洲)的数据产生量占比约为 30％,APJxC(日本和亚太)数据产生量占比约为 18％,全球其他地区数据产生量占比约为 8％。

大数据的特点可以概括为 4V:数据量巨大(Volume)、数据类型众多(Variety)、处理速度快(Velocity)、数据价值高(Value),如图 10-7 所示。

图 10-7　大数据的特点

1. 应用大数据精准营销的必要性

(1)科学提升网络营销精度。

将大数据技术与网络销售模式相结合,能够准确了解客户需求,这样可以针对不同种类的客户推荐不同的产品,从而科学提升产品销售效率。在当前行业市场竞争日益激烈的情况下,企业只有针对客户需求问题进行研究,并且对销售策略进行调整,才能保证网络营销策略的精准性。同时,在销售过程中以及售后阶段,大数据还可以对客户的需求情况进行综合分析,从而对原有的信息进行调整,这样便可以保证相关客户信息具有时效性,商家可以更加精准地分析出客户的真实喜好,最后达到精准营销的目的。

(2)促进网络营销策略的可行性。

反馈体系在大数据精准营销中担负着比较重要的角色,能够将客户的综合需求情况反馈给系统进行分析处理,并且能够定期对数据信息进行更新,从而有效抵消了客户信息的片面性。此外,在开展大数据精准营销时还要根据市场交易数据与客户消费记录进行综合分析,这样才能够保证网络营销策略的准确性与可行性,从而明确掌握行业市场的变化趋势与客户群体的喜好情况,强化营销策略的执行效果。

(3)完善网络营销服务体系。

在保证营销策略的准确性与可行性后,还要针对网络营销体系进行全面建设,企业想要得到永续发展,就要针对产品与服务不断进行优化革新,这样才能不断拓展客户群体,在确立自身行业市场优势的同时,还能够帮助企业打造良好的品牌效应。因此,完善网络营销服务体系,能够有效提升客户体验,在准确掌握客户的兴趣爱好与消费特点后,方便企业更好地推送各类产品信息,这些都是传统营销模式不具备的,因此只有将大数据精准营销

学生笔记:

作为基础,才能科学提升企业网络营销服务能力。

2. 大数据精准营销优化策略

(1)强化广告宣传效果。

在网络营销模式中应用互联网大数据技术,能够根据行业市场实际情况与客户综合需求制定宣传策略,同时还能够科学地强化广告宣传效果。由于传统营销模式通常采用粗放式的广告宣传模式,在没能了解客户需求的情况下进行广泛传播,这样虽然能够提升广告宣传幅度,但是无法对广告的宣传效果作出保证。因此,合理应用大数据技术才能准确了解客户需求,从而在制定销售策略与广告时进行筛选,从而提升网络营销的质量与效率。具体可以从以下两方面开展工作。

首先,针对客户所处的情景进行分析,从而推送符合客户需求的产品。不同消费情景都会影响到客户的购物心情,并且能够直接决定客户的购买行为。也就是说,需要根据不同环境进行分析,从而准确判断出这个阶段内客户购物需求是什么,这样才能有效提升广告推送的精准性。一方面可以根据客户的 IP 确认客户所处的环境,另一方面可以根据时间段确定推送内容,在恰当的时间段内推送合适的产品,才会得到客户的支持与认可。

其次,提升客户在选择产品时的自主性,传统营销模式普遍采用弹窗广告、漂浮广告以及插播广告等方式,这种硬性的传播方式会造成客户的不满情绪。在当前大数据技术飞速发展的背景下,网络营销模式应该更加人性化,不仅要赋予客户自主观看广告的权利,而且还要提升广告的营养价值,针对不同客户推动产品,从而使客户能够在广告中发现自己中意的产品,合理强化客户的购买行为。

(2)优化网络营销个性化服务质量。

当前企业进行网络营销时的制胜法宝便是服务,不仅要科学分析客户群体的实际需求,还要不断优化、革新自身服务体系,使其能够帮助客户有效解决各类问题,将大数据精准营销与企业服务体系相结合,从而针对不同客户进行个性化服务。但是,企业想要网络营销服务直达客户心灵,也需要准确的客户数据作为基础,这样才能将客户群体作为营销核心,围绕其相关需求提供准确的产品。虽然互联网技术的应用范围越来越广泛,企业能够在网络中收集大量信息,但是也需要针对信息的准确性进行甄别,这样才能起到扬长避短的效果。此外,在开展个性化网络营销服务时,肯定会对企业成本投入造成影响,因此广大企业在进行网络营销时,需要针对个性化服务程度进行精准把控,一方面要保证客户群体的忠诚度,另一方面还要考虑到企业的综合效益,这样才能保证企业在大数据精准营销策略的帮助下得到可持续发展。

3. 大数据精准营销实施方案

用户画像是根据用户社会属性、生活习惯和消费行为等信息而抽象出的一个标签化的用户模型,如图 10-8 所示。

通常用户画像包含以下维度。

(1)用户固定特征:性别、年龄、地域、教育程度、生辰八字、职业、星座。

(2)用户兴趣特征:兴趣爱好、使用 App、网站、浏览/收藏/评论内容、品牌偏好、产品偏好。

（3）用户社会特征：生活习惯、婚恋、社交/信息渠道偏好、宗教信仰、家庭成分。

（4）用户消费特征：收入状况、购买力水平、商品种类、购买渠道喜好、购买频次。

（5）用户动态特征：当下时间、需求、正在前往的地方、周边的商户、周围人群、新闻事件。

生成用户精准画像大致分成如下三步。

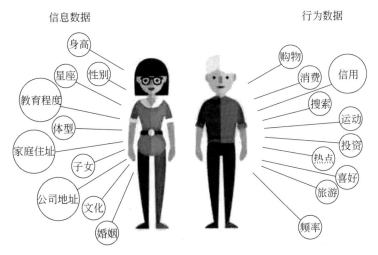

图 10-8　用户画像

（1）采集和清理数据：用已知预测未知。

首先得掌握繁杂的数据源，包括用户数据、各式活动数据、电子邮件订阅数、线上或线下数据库及客户服务信息等。这个是累积数据库，这里面最基础的就是如何收集网站/App用户行为数据。如当登录某网站，其 Cookie 就一直驻留在浏览器中，当用户触及的动作，点击的位置、按钮、点赞、评论、粉丝，还有访问的路径，可以识别并记录他/她的所有浏览行为，然后持续分析浏览过的关键词和页面，分析出用户的短期需求和长期兴趣。还可以通过分析朋友圈，非常清晰地获得对方的工作、爱好、教育等方面，这比个人填写的表单，还要更全面和真实。用已知的数据寻找线索，不断挖掘素材，不但可以巩固老会员，也可以分析出未知的顾客与需求，进一步开发市场。

（2）用户分群：分门别类贴标签。

描述分析是最基本的分析统计方法，它可以分为两大部分：数据描述和指标统计。

数据描述：用来对数据进行基本情况的刻画，包括数据总数、范围、数据来源。

指标统计：把分布、对比、预测指标进行建模。这里常常是数据挖掘（data mining）的一些数学模型，像响应率分析模型、客户倾向性模型，这类分群使用 Lift 图，用打分的方法告诉你哪一类客户有较高的接触和转化的价值。在分析阶段，数据会转换为影响指数，进而可以做"一对一"的精准营销。举个例子，一个 80 后客户喜欢在生鲜网站上早上 10 点下单

学生笔记：

_____

_____

_____

买菜,晚上6点回家做饭,周末喜欢去附近吃日本料理,经过搜集与转换,就会产生一些标签,包括"80后""生鲜""做饭""日本料理"等,这些标签贴在消费者身上。

（3）制定策略：优化再调整。

有了用户画像之后,便能清楚地了解需求,在实际操作上,能深度经营顾客关系,甚至找到扩散口碑的机会。例如上面的例子中,若有生鲜的打折券,日本料理餐馆最新推荐,营销人员就会把适合产品的相关信息,精准推送到这个消费者的手机中;针对不同产品发送推荐信息,同时也不断通过满意度调查、跟踪及确认等方式,掌握顾客各方面的行为与偏好。

腾讯推出了MIND 3.0的社交策略,即通过对用户行为数据的洞察、分析和挖掘,描绘出每一个用户族群,用差异化标签在品牌和受众之间建立社会化的营销关联。例如,对于成熟妈妈与新生儿妈妈两个细分族群,其通过对大数据分析得出差异化洞察结果。成熟妈妈常常是一群理智的玩乐女人帮,在娱乐应用上,她们最喜欢游戏、音乐和古装剧;在社交互动层面,她们以QQ群、鲜花工坊与日记为主。新生儿妈妈则往往是社交活跃的时尚辣妈,可能会更关注数码产品的微博。

10.4.2 人工智能技术

2019年,党中央、国务院高度重视人工智能技术的发展与应用,提出"人工智能是新一轮科技革命和产业变革的重要驱动力量,加快发展新一代人工智能是事关我国能否抓住新一轮科技革命和产业变革机遇的战略问题"。我国各部门、各地方持续落实《新一代人工智能发展规划》部署,各地区人工智能政策环境不断完善,关键技术应用日趋成熟,并引领各行业数字化变革。

1. 地方政策加快部署,一线城市推动人工智能产业落地发展

我国多个省（区、市）根据自身实际情况制定了相应的人工智能发展规划,其中以"北上广深"为代表的一线城市积极制定政策,推动人工智能产业的落地和发展。一线城市作为技术、人才和产业发展最具优势的区域,成为我国人工智能发展的中心,有效地带动周边区域的发展。以上海为例,通过不断完善和细化在人工智能领域的发展战略和政策,努力建造国家人工智能发展高地。上海市以依靠人工智能提升城市核心竞争力为发展主线,以《关于加快推进上海人工智能高质量发展的实施办法》为抓手,围绕人工智能人才队伍的建设、数据资源的开放和应用、深化人工智能产业协同创新、推动产业的布局和集群、加大政府引导和投融资支持力度等方面提出了多条具体政策。

2. 关键技术日趋成熟,语音识别技术、计算机视觉等领域均取得长足发展

一是语音识别技术快速成熟。科大讯飞拥有深度全序列卷积神经网络语音识别框架,输入法的识别准确率达到98%;搜狗语音识别支持最快400字每秒的听写;阿里巴巴人工智能实验室通过语音识别技术开发了声纹购物功能。二是计算机视觉技术应用场景广泛,在智能家居、增强现实、虚拟现实、三维分析等方面有长足进步。百度开发了人脸检测深度学习算法PyramidBox;海康威视团队提出了以预测人体中轴线来代替预测人体标注框的方式,来解决弱小目标在行人检测中的问题。

3. 推进行业数字化改革，人工智能助力产业转型升级

2019 年我国人工智能企业数量超过 4000 家，位列全球第二，我国企业在智能制造和车联网(Vehicle to Everything，V2X)等应用领域拥有较大优势，在高端芯片等基础领域取得一定突破。在智能制造领域，应用场景主要有产品智能化研发设计、制造和管理流程智能化、供应链智能化 3 类，其中在产品质检领域，汽车零部件商开始利用具备机器学习算法的视觉系统识别部件；在互联技术及无人驾驶测试两个领域，我国技术水平已处于国际领先地位，华为的 5G 技术将为车联网技术提供全球一流的通信支持，同时与国内外车厂进行了合作与测试；百度 Apollo 自动驾驶全场景在国家智能网络汽车(长沙)测试区进行测试，完成了全国首例 L3、L4 等级车型的高速场景自动驾驶车路协同演示；在芯片领域，清华大学实现基于忆阻器阵列芯片卷积网络的人工神经网络芯片，能效较 GPU 高两个数量级，同时以阿里巴巴、百度和华为为代表的我国科技公司逐步进入人工智能芯片的研发竞争。

4. 人工智能和网络营销

在零售店买单的时候经常被询问"有没有会员卡"，当你说没有，收银员会介绍本店可以免费开通会员卡，会员有打折优惠，只需要填写手机号和邮箱。后面店员就可以针对消费者购买记录做营销活动，而当会员下次进店，只需报出电话号码做消费者识别，如果做到人脸识别，就更方便了，刷脸就可以买单。而这个场景也有了实验，蚂蚁金服研发出了一个生物识别机器人，叫蚂可(Mark)，据说其认脸能力已经超越了人类肉眼的能力。还有 VR 购物，Amazon 推出的无收银员商店 Amazon Go，通过手势识别，物联网和后续数据挖掘等技术实现购物体验。

针对营销领域，主要有以下 3 种预测营销技术。

(1) 无监督的学习技术。无监督学习技术能识别数据中的隐藏模式，也无须明确预测一种结果。如在一群客户中发现兴趣小组，也许是滑雪，也许是长跑，一般是放在聚类算法，揭示数据集合中真实的潜在客户。所谓聚类，就是自动发现重要的客户属性，并据此做分类。

(2) 有监督的学习技术。通过案例训练机器，学习并识别数据，得到目标结果，这个一般是给定输入数据情况下预测，如预测客户生命周期价值，客户与品牌互动的可能性，未来购买的可能性。

(3) 强化学习技术。这种技术是利用数据中的潜质模式，精准预测最佳的选择结果，如对某用户做促销应该提供哪些产品。这跟监督学习不同，强化学习算法仅需输入和输出训练，学习过程通过试错完成。从技术角度看，推荐模型应用了协同过滤、贝叶斯网络等算法模型。强化学习是被 Google Brain 团队的负责人 Jeff Dean 认为是最有前途的 AI 研究方向之一。最近 Google 一个 AI 团队的 DeepMind 发表了一篇名为《学会强化学习》的论文。按团队的话来说，叫作"学会学习"的能力，或者叫作能解决类似相关问题的归纳能力。除了强化学习，还有迁移学习。迁移学习就是把一个通用模型迁移到一个小数据上，使它个

学生笔记：

_____

_____

_____

性化,在新的领域也能产生效果,类似于人的举一反三、触类旁通。

10.4.3　5G技术

2019年,我国5G商用环境持续完善、标准技术取得新突破、应用孵化进入全面启动期,产业总体发展迅速,达到世界领先水平。

1. 多方合作加强统筹协调,助推5G加速部署

(1)政府协调推进5G政策落实。国家发展和改革委员会等十部门于2019年1月联合印发《进一步优化供给推动消费平稳增长 促进形成强大国内市场的实施方案(2019年)》,提出扩大升级信息消费,加快推出5G商用牌照,随后工业和信息化于2019年6月正式发放5G商用牌照,标志着我国5G正式开始商用。

(2)政企合力部署5G发展战略。地方政府高度重视5G布局建设,与运营商签订合作协议加速建设试验网,如长三角地区多地政府与运营商签署了《5G先试先用推动长三角数字经济率先发展战略合作框架协议》。

(3)企业合作开展5G网络集约建设。2019年9月,中国联通与中国电信签署《5G网络共建共享框架合作协议书》,在全国范围内合作共建一张5G接入网络、共享频率资源,以降低网络建设和运维成本,提升效益与运营效率。

2. 5G增强技术研发取得阶段性进展,专利件数居全球第一

我国5G技术在成功完成关键技术、技术方案、系统组网三阶段研发验证后,进入增强技术研发实验阶段。

(1)在芯片测试、低频和高频技术研究方面均有突破。在芯片与系统互联互通测试方面,我国已成功完成4款芯片、6家系统的室内外环境网络测试。在低频技术方面,华为于2019年1月完成2.6GHz频段下5G基站新空口测试,完成我国5G技术研发试验第三阶段NSA(Non-standalone,非独立组网)和SA(Standalone,独立组网)全部实验室及外场测试,标志着我国已完成3.5GHz/4.9GHz和2.6GHz频段的测试。在高频技术方面,我国启动5G毫米波射频指标测试工作。2019年7月,中兴通讯(38.900,0.19,0.49%)完成我国首次26GHz频段5G基站射频空中下载技术测试,为我国5G高频频谱规划提供参考。

(2)我国企业申请和认证的专利数量世界领先。从申请的专利数量上看,截至2019年11月,华为声明的5G标准必要专利数以3325件排名世界第一,中兴通讯以2204件排名第五;从通过认证的专利数量上看,华为以1337件排名世界第四、中兴通讯以596件排名第七。当前,我国5G在网络建设与业务组织上还面临诸多技术难题,如大规模软件定义网络协同、网元构成优化、网络切片管理、基于服务的架构开放安全性、用户身份管理方式,以及5G运营支撑系统优化、车联网场景和工业互联网场景下的特殊需求等。

我国5G商用部署全面开展,商业化应用进入实践阶段。我国重点城市5G规模组网建设试点工作有序开展:截至2019年4月,已有16个省(区、市)实现了5G通话;截至2019年10月,已有52座城市实现5G商用;截至2019年12月,建成5G基站超过13万个。

3. 我国5G商业化应用的成功实践

一是实现在增强移动宽带场景下的应用,如2019年国庆盛典运用5G+4K高清直播、世界互联网大会的安检系统运用 5G＋VR 人体成像。二是实现在超高可靠低时延场景下的应用,如 2019 年 3 月我国完成首例 5G 网络远程人体手术,2020 年 2 月新冠肺炎疫情中,武汉火神山医院借助 5G 技术搭建"远程医疗系统"。三是实现在海量机器类通信场景下的应用,如我国智慧城市通过传感器和摄像头构建的"神经网络"实现智能安防与交通管理等。5G 有力支撑了传统产业数字化、网络化、智能化发展,并为自身加速商业化提供驱动力。

4. 5G 和网络营销

5G 时代具有快速性、便捷性、方便性、多样性、智能化的特点。5G 时代不仅是技术的更迭换代,更是科技的进步和人类的整体进步。一个企业好的品牌形象需要基于精准的"自我认识"定位和拥有独特个性的差异化相结合。5G 时代下企业可以从以下 3 方面做好网络营销的推广。

(1) 塑造独一无二的品牌定位。

随着时代的变化,营销方式也会进行每个阶段的更新换代,但是不管营销的方式如何变化,营销的对象始终没有变化,始终是以"人"为中心的。在营销 3.0 时代,最大的不同在于,企业重新审视消费者是具有独立思想、心灵和精神的完整人类个体,用户的参与度变得越来越高。即产品不只是单单反映品牌故事、服务,必须反映消费者价值观,服务不只是单单按照话术来进行,将"顾客是上帝"的理念更加完美地实践,不再把顾客当成巨婴来看待,抱着一种单纯的服务心理,而是把顾客当成自己这个行业的学生,抱着一种教育者的心态。在 5G 的大环境下,品牌的定位要有别于传统营销时代的品牌定位,品牌应该塑造鲜明的、独特的、与众不同的品牌定位,在品牌同质化的背景中努力做好产品,经营好品牌的人设。5G 时代的到来,信息爆炸时代会演变为信息泛滥时代、信息碎片时代。只有清晰的品牌特性才能将自身品牌与其他品牌明显区分开来,品牌要善于发展自身最突出的差异点,并且这个差异点是要能吸引用户持续关注的差异点,这样就可以形成品牌的差异化,在品牌同质化的海洋中"翻江倒海"。简而言之,就是理解消费者是"高级动物"的概念,如何服务好"高级动物",就可以在信息爆炸的大环境下快速占领用户心智。

(2) 瞄准目标用户,投其所好。

5G 时代会将营销带入算法时代,随着 5G 终端设备的大量涌入,用户的人群画像、行为习惯会更加清晰。5G 时代的到来,可以更加精确瞄准营销对象,投放更加准确。5G 时代下,高速运转的数据将变得更加精准,同时将助力一个全新的零售方式——新零售,即线上和线下结合的零售方式,传统的零售方式和单纯的线上零售方式将进行结合,利用 5G 技术的高精准运算方式,完成对线下传统零售全方位的互联网升级和改造。零售渠道更新迭代的核心原因是科技的进步和用户的需求在不断变化。时代发展中,旧的零售方式终将会被新的零售方式取代。近日,零售界的网红 Costco 可谓赚足了热点,依托其独特的会员制度、低售价、少 SKU、强议价能力以及高周转的能力,Costco 在 5G 时代带来之前选择来到中国

学生笔记:
_____
_____
_____

市场,猜想是为了在 5G 时代真正到来之前,尽早占领国内复杂的零售端口,选择一条与其他零售巨头不一样的道路,争取在市场环境严峻的中国市场分得一杯羹。

(3)用高质量的创意内容去占领用户心智

5G 时代来临,万物互联。无论是 UGC 也好、PGC(专业生产内容)也好,品牌的内容营销都离不开高质量的内容去获取用户心智,这就是为什么现在品牌纷纷进行品牌升级的原因。信息泛滥时代,品牌已经很难再通过原有的传统品牌印记去获取新的用户。用户每天要面对更多的信息,品牌在面对更加复杂的受众需求之下,要懂得适时改变,利用创意进行自身的营销包装,与其他品牌形成明显的差异点。为什么越来越多的品牌都开始不务正业,玩起跨界营销,博人眼球的背后,是这些品牌的焦虑和不断进化。从白酒"泰斗"泸州老窖出香水,到大白兔奶糖沐浴露,到"国民大妈"开启"土酷时尚之路",再到故宫 IP 的大热。这些传统品牌懂得如何利用创意的外衣和社会化营销的口碑传播,成为这个时代的营销宠儿。5G 时代最显著的特征应该就是短视频领域的创新,短视频会在原有的基础之上不断进行优化迭代,内容平台的大量涌入,会使短视频在 5G 时代爆发到高潮。

10.4.4 区块链技术

习近平总书记在中共中央政治局第十八次集体学习中特别强调,"要把区块链作为核心技术自主创新的重要突破口,明确主攻方向,加大投入力度,着力攻克一批关键核心技术,加快推动区块链技术和产业创新发展。"区块链技术被政府、企业与各类社会组织作为驱动创新发展的重要工具之一,在多种应用场景下为实体经济"降成本""提效率"。当前,我国区块链政策与监管体系已初步构建,技术研究持续深入,并在多个行业落地应用。

1. 在政策方面,区块链相关政策环境更加优化

一是政策密集出台,鼓励区块链技术发展。中央政府将区块链技术作为战略性前沿技术进行提前布局,在国务院《关于印发"十三五"国家信息化规划的通知》和国务院办公厅《关于积极推进供应链创新与应用的指导意见》等政策性文件中多次提到对于区块链技术的研究利用。地方政府从鼓励应用创新、加强产业引导、引进专业人才等方面着手,出台优惠政策推动辖区内各部门对区块链技术的研究和落地。截至 2019 年底,国内已有 29 个省(区、市)发布了区块链发展指导意见或相关政策。二是区块链监管框架已初步形成。区块链应用风险和概念炒作问题受到我国监管机构高度重视,监管框架已经基本形成。《关于防范代币发行融资风险的公告》《关于开展为非法虚拟货币交易提供支付服务自查整改工作的通知》《关于防范境外 ICO 与"虚拟货币"交易风险的提示》等文件先后出台。2019 年 1 月,国家互联网信息办公室发布《区块链信息服务管理规定》,并上线运行区块链信息服务备案管理系统,为区块链信息服务的推出、使用和管理等提供有效的法律依据,进一步推动了我国区块链相关领域管理规定的细化落实。

2. 在技术方面,区块链关键技术取得进展

一是底层技术创新持续提升。2019 年,我国重点探索区块链存储、智能合约、共识算法和加密技术等方面,全年分别累计公开有效专利 964 件、420 件、101 件和 42 件。从底层平台技术代码开源角度来看,目前完全开源的底层平台有 13 个,占 15%;部分开源的底层平台达 47 个,占 54%。

二是加密算法重视自主可控。安全多方计算、同态加密、零知识证明等密码学算法不断融合应用,隐私保护方案创新涌现。国产密码算法在区块链技术各环节创新融合,支持国产密码算法的比例达到 67%。

三是跨链技术成为研究热点。我国共有相关组织机构 35 家,较 2018 年增加 23 家。其中,国家级研究机构 8 家,企业研究机构 19 家。

3. 在应用方面,区块链技术与各行各业加快融合

区块链技术已经被广泛应用于政务、金融、供应链管理等多个领域,其助力我国传统产业高质量发展与转型升级、推动我国构建诚信社会体系的作用得到初步体现。

一是区块链政务应用在民生办事领域落地。区块链技术为跨级别、跨部门的政府数据互联互通提供了安全可信任的环境。依托区块链技术的政府数据系统可以对数据调用行为进行记录,在出现数据泄露事件时准确追责,从而大幅降低政府与企业数据在共享时的安全风险,提高了办事效率。2019 年 12 月,深圳市统一政务服务 App 发布区块链电子证照应用平台,实现身份证、户口本等 24 类常用电子证照上链,支持 100 余项高频政务服务事项的办理。

二是区块链金融应用取得阶段性成果。区块链自动化智能合约和可编程的特点能够极大降低成本和提升效率,避免烦琐的中心化清算交割过程,方便快捷地实现金融产品交易。截至 2019 年 12 月,中国人民银行贸易金融区块链平台应用已上链运行供应链应收账款多级融资、跨境融资等多项业务,业务量超过 900 亿元。此外,我国央行的数字货币研发工作也得到国务院正式批准,预示着我国数字货币研发进入加速期。

三是基于区块链的供应链系统已被用于实际业务中。基于区块链技术的供应链系统加强了供应链上下游沟通,优化系统效率,同时支持各方实时查看产品信息,降低了管理和信任成本。阿里巴巴、京东等电商平台目前均已依托区块链技术搭建了产品防伪追溯平台。

4. 区块链模式下的网络营销

区块链模式下的网络营销推广,其实是社区推广的升级版,借助关键词图谱吸引用户,把人员聚合到一起以增强推广效果。借助关键词是常见的方式,不管是 App 还是网站都有关键词的方案,根据关键词把用户兴趣划分,当然了,现在的关键词都是以某一主关键词拓展的词库所涉及的兴趣进行分解,用兴趣来区分人群。

区块链模式应用到推广中,社区是典型的,现在演变成社群的网络营销模式,并且可以借助一些技巧产生粉丝裂变效果。在推广工作中,借助关键词兴趣图谱来裂变更多的用户,尽管这一做法用户的精准程度很低,但是基数非常大。借助自媒体的引导分享技巧,提高文案质量,同时,提高用户可用性,这样的内容引导分享,再对这一类用户进行细分,进行深度营销。

学生笔记:
_____
_____
_____

区块链可以将人工智能应用到网络营销中,可以增强用户黏性,节约用户检索成本,扩大营收。任何销售都需要宣传成本,只有提高销售量,才是降低成本最佳的方式,人工智能的最理想化应用是引导销售,在用户检索到一个产品后,能够把配套产品/过往浏览产品推荐给用户,这样让用户得到相应参考,在企业运营中,目标用户浏览的宣传页面或者所采购的产品都有数据库,电商企业更是如此,能够很好地把用户实行分类管理,然后根据不同用户直接进行产品推荐,避免了重新计算的时间,这种模式应用对任何一方都有利。

大数据模式营销是彻底地推送相关产品给用户,在进行了用户过往浏览的行为习惯,进行分析,把一些信息推送给该用户,这样的模式在自媒体应用最广泛,给用户进行图谱界定,迅速计算,把用户喜欢的信息得到推荐,大数据营销即可以确保用户的黏性,也能够提高营销收益。

总体来说,网络营销是区块链发展过程中必不可少的一部分,而区块链充分结合软文营销、人工智能、大数据模式以及各大自媒体的优势,才会引起企业的关注。

【章末案例】

移 动 支 付

尼尔森发布了新报告——《2019年中国境外游移动支付趋势》。

1. 来自二三线城市境外游客增长

来自二三线城市境外游客数量与一线城市迅速缩小。例如,来自三线和一线城市的出境游客数量差距从2018年的0.7缩小到2019年的0.5,二线城市和一线城市几乎没有差距。从人均海外旅行支出来看,三线和一线城市居民之间的差额从2018年的17241美元大幅下降至2019年的606美元。就来年的旅行预算而言,三线和一线城市的差距从2018年的1859美元大幅下降至2019年的614美元。

2. 中国移动支付交易数量继续增长

2019年,中国游客移动支付使用率保持平稳,移动支付平台完成的交易数量继续增长。2019年每10笔中国游客交易中有3.4笔使用的是移动支付,比2018年(3.2笔)稍有增长。

3. 商人加速采用中国移动支付解决方案,提高中国游客消费意愿

61%英国商家已经采用了中国移动支付解决方案,因此中国游客移动支付使用量也有所增长。2019年,在英国和法国使用移动支付的中国游客增长65%,平均每个游客(移动支付)支出增长10%。

4. 移动支付不只是支付,它给本地商人的网络运营带来了便利性

英国是采用中国移动支付最快的国家之一,88%商家利用中国移动支付解决方案宣传自己的商店。63%的商家相信移动支付和相关服务改善了店铺管理的效率。

5. 展望未来,更多海外商人将拥抱中国移动支付平台

在英国、韩国和新加坡,66%的商家希望通过中国移动支付平台托管更多的网店运营;66%的商家希望利用中国移动支付平台开展营销活动。

思考题

1. 讨论移动支付的含义及其价值链包括的对象。

2. 简述移动支付的流程和发展现状。

3. 中国境外旅游游客是如何推动中国移动支付在海外的发展？

本章小结

本章探讨了网络营销中网站建设的一般原则和工作流程,阐述了网络营销中商务信息如何进行搜索和发布,讲述了网络营销中的电子支付和安全的技术,梳理了网络营销中的前沿技术。通过本章的学习,读者应能够了解网站文案的写作、搜索引擎优化的要素,熟悉企业网站的推广,学会对网站进行关键字分析,熟练使用常用的流量统计软件和 SEO 常用的工具,了解企业开展网络营销的常用策略。

重点概念和知识点

- 企业网站建设的内容和问题；
- 网络营销导向的企业网站优化设计的原则和实施过程；
- 网站优化工具；
- 电子支付及安全技术。

练习题

1. 企业网络营销站点建设的工作流程是什么？
2. 网站推广和网络营销有什么区别？
3. 关键词选择主要原则有哪些？
4. 电子支付方式有几种,各有什么特点？
5. 举出你身边应用电子支付的例子。

本章参考文献

[1] 戴夫·查菲,菲奥纳·埃利斯-查德威克. 网络营销战略、实施与实践(原书第 5 版)[M]. 马连福,高楠,等译. 北京：机械工业出版社,2015.

[2] 冯英健. 网络营销基础与实践[M]. 5 版. 北京：清华大学出版社,2016.

[3] 何晓兵,何杨平,王雅丽. 网络营销——基础、策略与工具[M]. 2 版. 北京：人民邮电出版社,2020.

[4] 江礼坤. 网络营销推广实战宝典[M]. 2 版. 北京：电子工业出版社,2016.

[5] 刘向晖. 网络营销导论[M]. 3 版.北京：清华大学出版社,2014.

[6] 王宜. 赢在网络营销[M]. 北京：人民邮电出版社,2011.

[7] 吴泽欣. SEO 教程：搜索引擎优化入门与进阶[M]. 2 版. 北京：人民邮电出版社,2009.

[8] 昝辉. 网络营销实战密码 策略·技巧·案例[M]. 北京：电子工业出版社,2009.

[9] 雷蒙德·弗罗斯特,亚历克萨·福克斯,朱迪·斯特劳斯. 网络营销[M]. 时启亮,陈育君,黄青青,译. 8 版. 北京：中国人民大学出版社,2021.

学生笔记：

_____

_____

_____

[10]　戴程. 5G引领媒体商业模式创新[J]. 中国出版,2019(16):36-39.

[11]　洪玮铭. 大数据时代个人信息面向及精准营销模式变革[J]. 社会科学家,2019(2):114-120.

[12]　黄林,李长银. 智能化对银行业的影响及应对策略[J]. 经济纵横,2017(10):108-113.

[13]　黄琦翔. 5G带来的广告传播研究变革:实践与理论[J]. 编辑之友,2019(7):34-39.

[14]　康福. 利用内容营销提升长尾词 SEO 优化策略[J]. 计算机与网络,2018(9):45.

[15]　林琳. SEO公司使用大数据优化模型的5种方法[J]. 计算机与网络,2019(10):47.

[16]　马德青,胡劲松. 大数据营销与参考价格效应下的闭环供应链协同经营策略研究[J]. 软科学,2019(11):98-106.

[17]　王佳炜,陈红. 人工智能营销传播的核心逻辑与发展挑战[J]. 当代播,2020(1):73-76.

[18]　王楠,李瑶. 网络大数据在在线用户创新研究中的应用:现状与展望[J]. 科技管理研究,2019(4):206-210.

[19]　王争. SEO 详细操作步骤讲解[J]. 计算机与网络,2018(5):38-40.

[20]　张杰. 利用全网营销的思想研究增加站外 SEO 反链的策略[J]. 现代营销:学苑版,2018(6):64-65.

[21]　张艳. 智能技术时代的广告内容营销传播[J]. 中国出版,2017(19):43-46.

[22]　张雁冰,吕巍,张佳宇. AI营销研究的挑战和展望[J]. 管理科学,2019,32(5):75-86.

[23]　艾瑞咨询. 2019年Q4中国网络广告市场数据发布报告[EB/OL]. (2020-04-17)[2021-10-30]. https://report.iresearch.cn/report/202004/3562.shtml.

第 11 章

网络营销方法

本章学习要求

  本章介绍常用的网络营销方法,通过学习本章要求掌握搜索引擎营销、E-mail营销、病毒式营销、微博营销、微信营销、直播营销、社群营销的定义和实施方法。

11.1 搜索引擎营销

  搜索引擎是用户获取信息的重要渠道,据中国互联网络信息中心(CNNIC)报告的数据显示,截至 2020 年 12 月,我国搜索引擎用户规模达 7.70 亿,较 2020 年 3 月增长 1962 万,占用户整体的77.8%,如图 11-1 所示;手机搜索引擎用户规模达 7.68 亿,较 2020 年 3 月增长2300 万,占手机用户的 77.9%,如图 11-2所示。

  搜索引擎是根据一定的策略、运用特定的计算机程序搜集互联网上的信息,在对信息进行组织和处理后,为用户提供检索服务的系统。随着互联网的快速发展和智能手机的普及,搜索用户逐渐向移动端倾斜。据艾瑞咨询最新数据显示,移动搜索已成为一种重要的互联网营销方式,

单位：万人

图 11-1　中国搜索引擎用户规模及使用率

单位：万人

图 11-2　中国手机搜索引擎用户规模及使用率

社交、购物等特定需求 App 吸引大量流量，传统搜索的入口优势受到显著削弱。

搜索引擎企业不断优化算法，加快内容和服务生态布局，提供文字、短视频等富媒体内容，持续改进信息流产品，加速推进 AI 商业化，开拓市场、进入发展新赛道，推动搜索产品创新和服务质量提升。2020 年，百度公司收入多元化趋势明显，云服务、视频会员服务和 AI 业务营收规模保持增长，自动驾驶业务获得资本市场认可，市值突破 600 亿元；搜狗智能硬件产品销售收入保持较快增长，第三季度同比增长 66％；字节跳动公司发布移动端搜索产品，涵盖旗下信息流、短视频、问答等产品的内容，同时抓取全网资源，为用户提供综合搜索服务。

另一方面，搜索市场竞争趋于激烈，推动搜索业务功能和定位呈现差异化趋势。一是市场参与者持续加大竞争力度。2020 年 9 月，腾讯公司全资收购搜狗，为微信内容生态引入外部互联网资源，提升腾讯公司在搜索领域的竞争力；11 月，头条搜索整合字节跳动公司多款新闻、视频产品，全面布局搜索广告市场。未来，搜索服务将在技术研发、产品形式、用户体验方面出现更多的创新。二是搜索业态多元化，在各企业生态布局中发挥不同功能。独立搜索是全网内容入口，主要承担引导流量和营收功能，为其他业务发展提供流量和资金支持；应用内搜索更多面向生态体系内部，将内容和服务进行连接，形成闭环，带来大数据沉淀等多种增益。在独立搜索中，百度公司的收入的主要来源仍是关键字广告；搜狗公司的搜索业务收入占比长期超过 90%。在应用内搜索中,微信搜一搜主要作为微信的内建服务,为用户提供社交、购物、本地生活服务的连接,产生的广告收入占比较低,未来商业化方向也会与传统综合搜索引擎有所不同。

【资料】

互联网发展早期,以雅虎为代表的网站分类目录查询非常流行。网站分类目录由人工整理维护,精选互联网上的优秀网站,并简要描述,分类放置到不同目录下。用户查询时,通过一层层的点击来查找自己想找的网站。

1990 年,加拿大麦吉尔大学(University of McGill)计算机学院的师生开发出 Archie。当时,万维网(world wide web)还没有出现,人们通过 FTP 来共享交流资源。Archie 能定期搜集并分析 FTP 服务器上的文件名信息,提供查找各个 FTP 主机中的文件。用户必须输入精确的文件名进行搜索,Archie 告诉用户哪个 FTP 服务器能下载该文件。虽然Archie 搜集的信息资源不是网页(HTML 文件),但和搜索引擎的基本工作方式是一样的:自动搜集信息资源、建立索引、提供检索服务。所以,Archie 被公认为现代搜索引擎的鼻祖。

11.1.1　搜索引擎

1. 搜索引擎的组成

搜索引擎作为万维网环境中的信息检索系统,由搜索器、索引器、检索器和用户接口 4部分组成。

(1)搜索器。其功能是在互联网中漫游,发现和搜集信息。

(2)索引器。其功能是理解搜索器所搜索到的信息,从中抽取出索引项,用于表示文档以及生成文档库的索引表。

(3)检索器。其功能是根据用户的查询在索引库中快速检索文档,进行相关度评价,对要输出的结果排序,并能按用户的查询需求合理反馈信息。

(4)用户接口。其作用是接纳用户查询、显示查询结果、提供个性化查询项。

2. 搜索引擎的工作原理

根据搜索引擎的组成,可知搜索引擎的工作原理如下(见图 11-3)。

(1)搜集信息。搜索引擎的信息搜集基本都是自动的。搜索引擎利用被称为网络蜘蛛(spider)的自动搜索机器人(robot)程序根据已知网页中的超级链接链接到其他网页。理论上,若网页上有适当的超级链接,机器人程序便可以遍历绝大部分网页。

(2)整理信息。搜索引擎整理信息的过程称为"建立索引"。搜索引擎不仅要保存搜集起来的信息,还要将它们按照一定的规则进行编排。这样,搜索引擎就不用重新遍历它所有保存的信息而迅速找到所要的资料。

(3)接受查询。用户向搜索引擎发出查询,搜索引擎接受查询并向用户返回信息。搜

学生笔记:
_____

_____

_____

索引擎每时每刻都要接到来自大量用户的几乎是同时发出的查询,它按照每个用户的要求检查自己的索引,在极短时间内找到用户需要的信息,并返回给用户。目前,搜索引擎返回的主要是网页的链接,通过这些链接,用户便能到达含有自己所需信息的网页。通常搜索引擎会在这些链接下提供一小段来自这些网页的摘要信息以帮助用户判断此网页是否含有自己需要的内容。

整理信息及接受查询的过程,需要大量应用文本信息检索技术,并根据网络超文本的特点,引入更多的信息。

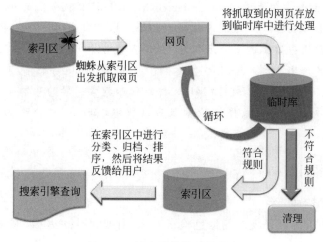

图 11-3　搜索引擎的工作原理

3. 搜索引擎的分类

根据工作原理的不同,搜索引擎可以分为如下 4 类。

1) 全文检索式搜索引擎

全文检索式搜索引擎是名副其实的搜索引擎,国外代表有 Google,国内则有著名的百度搜索。它们从互联网提取各网站的信息(以网页文字为主),建立起数据库,并能检索与用户查询条件相匹配的记录,按一定的排列顺序返回结果。

根据搜索结果来源的不同,全文检索式搜索引擎可以分为两类,一类拥有自己的检索程序(Indexer),自建网页数据库,搜索结果直接从自身的数据库中调用,如 Google 和百度;另一类则是租用其他搜索引擎的数据库,并按自定的格式排列搜索结果,如 Lycos 搜索引擎。

2) 分类目录式搜索引擎

分类目录式搜索引擎虽然有搜索功能,但不能称为真正的搜索引擎,只是按目录分类的网站链接列表。用户可以按照分类目录找到所需要的信息,不依靠关键词(keywords)进行查询。分类目录式搜索引擎最具代表性的是 Yahoo 和新浪分类目录搜索,如图 11-4 所示。

3) 元搜索引擎

元搜索引擎(META search engine)接受用户查询请求后,同时在多个搜索引擎上搜

图 11-4　新浪分类目录搜索

索,并将结果返回给用户。著名的元搜索引擎有 InfoSpace、Dogpile、Vivisimo 等,中文元搜索引擎中具代表性的是比比猫、搜星、360 综合搜索。在搜索结果排列方面,有的直接按来源排列搜索结果,如 Dogpile;有的则按自定的规则将结果重新排列组合,如 Vivisimo。

4) 其他搜索引擎

(1) 集合式搜索引擎:该搜索引擎类似元搜索引擎,区别在于它并非同时调用多个搜索引擎进行搜索,而是由用户从提供的若干搜索引擎中选择,如 HotBot 在 2002 年底推出的搜索引擎。

(2) 门户搜索引擎:AOL Search、MSN Search 等虽然提供搜索服务,但自身既没有分类目录也没有网页数据库,其搜索结果完全来自其他搜索引擎。

(3) 免费链接列表(Free For All Links,FFA):一般只简单地滚动链接条目,少部分有简单的分类目录,不过规模要比 Yahoo 等目录索引小很多。

【资料】

搜索引擎的主要模式

早期,搜索引擎多作为技术提供商为其他网站提供搜索服务,网站付费给搜索引擎。随着 2001 年互联网泡沫的破灭,搜索引擎大多转向关键词广告方式。

现在搜索引擎的主流模式(百度的竞价排名、Google 的 AdWords)是在搜索结果页面放置广告,通过用户的点击向广告主收费。这种模式最早是比尔·格罗斯(Bill Gross)提出的,他于 1998 年 6 月创立 GoTo 公司(后于 2001 年 9 月更名为 Overture),实施这种模式取得了很大的成功,并且申请了专利。2001 年 10 月,Google 推出的 AdWords 也采用点击付费和竞价的方式。2002 年,Overture 起诉 Google 侵犯其专利,2004 年 8 月 Google 和 Yahoo!(Yahoo! 于 2003 年 7 月收购 Overture)达成和解,向后者支付 270 万普通股(约合 3 亿美元)作为和解费。

关键词广告有以下 3 类。

(1) 点击付费(pay per click),用户不点击则广告主不用付费。

(2) 竞价排名,根据广告主的付费多少排列结果。

(3) AdSense,是 Google 于 2003 年推出的一种新的广告方式。AdSense 使各种规模的第三方网页发布者进入 Google 庞大的广告商网络。Google 在这些第三方网页放置跟网页

学生笔记:

内容相关的广告,当浏览者点击这些广告时,网页发布者能获得收入。雅虎的方式是 YPN (Yahoo Publisher Network),微软的方式是 AdCenter,百度的方式是主题推广。

11.1.2 搜索引擎营销概述

1. 搜索引擎营销的定义

搜索引擎营销(Search Engine Marketing,SEM)是根据用户使用搜索引擎的方式,利用用户检索信息的机会将营销信息传递给目标用户的网络营销方法。搜索引擎营销就是基于搜索引擎平台的网络营销,利用人们对搜索引擎的依赖和使用习惯,在人们检索信息时将营销信息传递给目标客户。其目的在于通过搜索引擎返回的结果,获得更好的销售或者推广渠道。

搜索引擎收录企业的网站,当用户搜索相关信息的时候就可以展现出来,感兴趣的用户点击搜索结果页面上的链接,进入企业的网站,浏览产品信息,注册成为会员,留下联系方式,甚至通过网页注明的销售电话或在线购物方式完成购买。

由于用户在搜索过程中表达了真实的欲望和需求,对同一个关键词进行搜索的用户呈现出对特定信息强烈的兴趣倾向,于是,企业可以通过购买特定关键词来选取受众,并在不同关键词的搜索结果页面上传达有针对性的信息。如惠普公司为搜索"笔记本"和"打印机"的用户分别在搜索结果页面上提供轻薄商业笔记本电脑和喷墨打印机的信息,使用搜索引擎的潜在顾客得以便捷地找到自己的产品。同时,在效果追踪工具的帮助下,企业可以及时、清晰地分析哪条信息或哪个关键词带来了实际效果,从而灵活调整购买的关键词列表和出价,从而获得最佳的营销效果。

据 3 家知名调查公司的统计数据,对于一个企业网站而言,平均 80% 的新流量都是来自搜索引擎。

- 全球最大网络调查公司 CyberAtlas 的调查结果表明,网站 75% 的访问量都来自搜索引擎的推荐。
- 美国权威顾问公司 IMTStrategies 的调查结果表明,搜索引擎在引导用户到达企业站点的比例占到了 85%,而自由冲浪、口碑宣传、Banner 广告以及报纸、电视等媒体所带来的客户量仅有 15%,全球每天有 4 亿人次使用搜索引擎。
- WebSideStory 公司的调查研究表明,网站访问量的 80% 以上来源于搜索引擎。

搜索引擎不仅给网站带来大量的流量,而且,通过搜索引擎来的流量都是通过查找与企业网站内容相关的关键词查找到企业网站的,这些流量质量更高,这些流量很可能转化为企业的客户。

2. 搜索引擎营销的特点

搜索引擎是网络用户获取信息和企业网站推广的重要手段,搜索引擎营销操作简单,对企业产品促销、网站推广、网络品牌、网上市场调研和竞争者分析发挥着重要作用。其营销过程如图 11-5 所示。

搜索引擎营销具有以下特点。

图 11-5 搜索引擎营销的过程

（1）搜索引擎营销方法与企业网站密不可分。搜索引擎营销作为网站推广的常用方法，在没有建立网站的情况下很少被采用，搜索引擎营销以企业网站为基础，企业网站设计的专业性对营销效果产生直接影响。

（2）搜索引擎传递的信息只发挥向导作用。搜索引擎检索出来的是网页信息的索引，一般只是网站、网页的简要介绍，或者是搜索引擎自动抓取的部分内容，而不是网页的全部内容，因此这些搜索结果只能发挥引导作用，如何将有吸引力的索引内容展现给用户，是否能吸引用户根据这些简单的信息进入相应的网页继续获取信息，以及该网站、网页是否可以给用户提供所期望的信息，是搜索引擎营销研究的主要内容。

（3）搜索引擎营销是用户主导的网络营销方式。用户的信息检索行为，使用什么搜索引擎、通过搜索引擎检索什么信息完全由用户自己决定，在搜索结果中点击哪些网页也取决于用户的判断。

（4）搜索引擎营销可以实现较高程度的定位。网络营销的主要特点之一就是可以对用户行为进行准确分析并实现高度定位，搜索引擎营销尤其是关键词广告，实现与用户检索所使用关键词的高度相关，提高营销信息被关注的程度，增强网络营销的效果。

（5）搜索引擎营销的效果表现为网站访问量的增加而不是直接销售。搜索引擎营销的使命就是获得访问量，访问量是否可以最终转化为收益，不是搜索引擎营销可以决定的。

（6）搜索引擎营销需要适应网络服务环境的发展变化。搜索引擎营销是搜索引擎服务在网络营销中的具体应用，因此在应用方式上依赖于搜索引擎的工作原理、提供的服务模式等，当搜索引擎检索方式和服务模式发生变化时，搜索引擎营销方法也随之变化。

（7）搜索引擎营销是用户主动创造被营销的机会。以关键词广告为例，当用户输入关键字进行查找，才在关键字搜索结果页面呈现，虽然广告内容不是用户决定的，但给用户的感觉是自己创造了被营销机会，用户主动参与是搜索引擎营销效果更好的主要原因之一。

【资料】

搜索引擎营销的发展阶段

搜索引擎营销经历了如下 4 个发展阶段。

第一阶段（1994—1997 年）：将网站免费提交到主要搜索引擎。代表：Yahoo。

第二阶段（1998—2000 年）：技术型搜索引擎的崛起引发的搜索引擎优化策略。代表：Google。

第三阶段（2001—2003 年）：搜索引擎营销从免费向付费模式转变。代表：Sohu。

第四阶段（2003 年以后）：从关键词定位到网页内容定位的搜索引擎营销方式。代表：Google AdSense。

3. 搜索引擎营销的目标层次

搜索引擎营销有 4 个目标层次，如图 11-6 所示。

（1）存在层，即在主要的搜索引擎、分类目录中获得被收录的机会；

学生笔记：

_____

_____

_____

图 11-6　搜索引擎营销的层次

（2）表现层，即在被搜索引擎收录的基础上尽可能获得好的排名；

（3）关注层，表现为网站访问量，也就是通过搜索结果点击率的增加来达到提高网站访问量的目标；

（4）转化层，通过访问量的增加转化为提高企业最终收益，是搜索引擎营销效果的集中体现，在搜索引擎营销中属于战略层次的目标，可操作性和可控制性要比前3个层次弱。

因此，企业利用搜索引擎就要达成如下5个层次的营销目标。

（1）被搜索引擎收录；

（2）在搜索结果中排名靠前；

（3）增加用户的点击（点进）率；

（4）将浏览者转化为顾客；

（5）成为企业忠诚客户。

这5个层次中，前3个可以理解为搜索引擎营销的过程，而只有将浏览者转化为顾客才是最终目的。在一般的搜索引擎优化中，通过设计网页标题、META标签中的描述标签、关键词标签等，可以实现前两个初级目标（如果付费登录，当然直接就可以实现这个目标了，甚至不需要考虑网站优化问题）。实现高层次的目标，还需要进一步对搜索引擎进行优化设计，从整体上设计对搜索引擎友好的网站。

4. 搜索引擎营销需完成的任务

为了实现营销目标，必须完成以下5个任务。

（1）构造适合于搜索引擎检索的信息源。

信息源被搜索引擎收录是搜索引擎营销的基础，企业网站中的各种信息是搜索引擎检索的基础。用户通过检索还要来到信息源获取更多的信息，因此构建网站这个信息源不能只是站在搜索引擎友好的角度，网络营销导向的企业网站建设要在用户、搜索引擎和对网站管理维护3方面进行优化。

（2）创造网站、网页被搜索引擎收录的机会。

网站建设完成并发布到互联网上并不意味着自然可以达到搜索引擎营销的目的，无论网站设计多么精美，如果不能被搜索引擎收录，用户便无法通过搜索引擎发现这些网站中的信息，当然就不能实现网络营销信息传递的目的。

（3）让网站信息出现在搜索结果中靠前位置。

网站被搜索引擎收录后还需要让企业信息出现在搜索结果中靠前的位置，这就是搜索引擎优化所期望的结果，因为搜索引擎收录的信息通常都很多，当用户输入某个关键词进行检索时会反馈大量的结果，如果企业信息出现的位置靠后，被用户发现的机会就大为降低，搜索引擎营销的效果也就无法保证。

（4）以搜索结果中有限的信息获得用户关注。

用户通常需要对搜索结果进行判断，筛选相关性最强、最能引起用户关注的信息进行点击,进入相应网页之后获得更为完整的信息。这需要针对每个搜索引擎收集信息的方式进行针对性的研究。

（5）为用户获取信息提供方便。

用户点击搜索结果进入网站、网页,是搜索引擎营销产生效果的表现,用户的进一步行为决定了搜索引擎营销是否可以最终获得收益。搜索引擎营销要与网站信息发布、顾客服务、网站流量统计分析、在线销售等其他网络营销工作密切配合,在为用户获取信息提供方便的同时,与用户建立密切的关系,使其成为潜在顾客或者直接购买产品。

11.1.3　搜索引擎营销的基本方法

1. 登录搜索引擎

分类目录式搜索引擎不采集网站的任何信息,而是利用各网站向搜索引擎提交网站信息时填写的关键词和网站描述资料,经过人工审核和编辑使网站或网页登录到索引数据库中。

早期,搜索引擎营销主要采用这种方法。只要将网址登录到 Yahoo 并保持排名靠前（通过搜索引擎优化）,无论是付费登录还是免费登录,也无论登录上搜索引擎是被机器检索到的,还是网站主动提交资料登录的,网络营销的任务就基本完成。

2. 搜索引擎优化（Search Engine Optimization,SEO）

纯技术型的全文检索式搜索引擎不需要各网站主动登录搜索引擎;因此,网站信息在搜索结果中的排名就非常重要,检索结果中往往前面几页或者第一页的前几个的点击率最高,搜索引擎优化的目的就是要通过对网站关键字、标题、网站结构的修改,使网站更符合搜索引擎的检索规则,使网站更容易被检索,排名更靠前。

【资料】

搜索引擎优化作弊

搜索引擎优化作弊通过欺骗搜索引擎从而获得在检索结果中好的排名,影响搜索引擎检索结果的价值,对用户通过搜索引擎获取信息形成误导。

常见的搜索引擎优化作弊如下。

1）内容作弊

（1）门户网页。门户网页是单独设计以得到高的搜索排名,但是用户搜索登录页面并不是门户网页。门户网页通常是被过度优化的（经常使用其他作弊手法）,从一套内容组合和大量的链接中得到高的排名,它在网站上除了搜索排名没有其他的存在目的,并且不被网站其他的网页链接。

（2）关键词堆叠（关键词加载）。关键词堆叠是对内容优化的滥用,只是为了吸引搜索引擎,在图形、文字或者在＜noscript＞及＜noframes＞标签堆积与前后文无关的关键词。

学生笔记:

（3）隐藏文本。在 HTML 源代码设置用户看不到而蜘蛛程序可以抓取的文本。例如难以置信的小尺寸展示文本、和背景颜色一样的字体颜色等。

（4）隐藏真实内容。隐藏真实内容指向用户和搜索引擎提供不同内容或网址的做法。

① 向搜索引擎提供 HTML 文字网页，而向用户提供图片网页或 Flash 网页。

② 向搜索引擎和用户提供不同的内容。

（5）重复的标签。使用重复的标题标签或者其他的 Meta 标签。同样的样式表方法可以隐藏文本也可以在此之上覆盖文本，这样做屏幕上只显示一次而在 HTML 文件上列出很多次。

（6）重复的站点。用不同的内容将站点复制在不同的域名之下，并且让每个站点彼此链接。

（7）恶意刷新点击率。网站为了增加被搜索的概率，会用动态 IP 程序恶意刷新页面，以增加访问量。

2）链接作弊

（1）链接工厂。链接工厂是大量不相关的网页交叉链接在一起构成的超级链接网络系统。开始，少数网站互相链接，每个新加入的网站既可以得到之前的网站链接，同时也要链接其他网站，这样链接不断扩大，形成一个超级链接网络系统。

大多数网站的链接都和本网站的内容不相关，只是充斥着关键词和关键词组，并不能满足用户查找条件的要求。其唯一目的就是通过链接增加搜索的可见度，增加流量，增加关键词排名。

（2）隐藏的链接。隐藏链接使得作弊者的链接可以被蜘蛛程序看到而人看不到，因此可以在高排名的网页上堆积很多链接，指向作弊者想要推动排名的其他页面。

（3）伪造的双向链接。很多的站点会链接到企业的站点，前提是链接它们的站点作为回报，但是使用搜索引擎看不到的链接来欺骗企业，企业以为得到了链接，但是搜索引擎并不给企业相应的认可，而使企业的"合作伙伴"从企业的站点得到了更有价值的单向链接。

3. 关键词广告

关键词就是用户所关注信息的核心词汇，用户使用关键词通过搜索引擎查找自己期望的网页或网站，搜索引擎充分利用用户对关键词的高度关注，在搜索结果显示关于它的广告信息就是关键词广告，关键词广告是一种成功率很高的宣传媒体。

竞价排名即在同类网页或网站信息之间用付费竞价的形式，谁出的价钱越高，谁就排在前面（需要一套信用审核机制）。

基于网页内容定位的广告是在和搜索引擎友好的网站中的某些关键词旁，显示有关于这个关键词的广告链接。其实质是关键词广告的拓展。百度的关键词广告如图 11-7 所示。

【资料】

付费搜索引擎广告

1. CPM(Cost per Mille, Cost per Thousand, Cost per Impressions, 每千人成本)

网上广告收费最科学的办法是按照有多少人看到广告来收费。CPM（千人成本）是广告投放过程中，听到或者看到广告的每一人平均分担到多少广告成本。对于网络广告，

图 11-7　百度的关键词广告

CPM 取决于"印象"尺度,通常理解为一个人的眼睛在一段固定的时间内注视一个广告的次数。如一个广告横幅的单价是 1 元/CPM 的话,意味着每一千个人次看到这个 Banner 的话就收 1 元,如此类推,10000 人次访问的主页就是 10 元。

至于每 CPM 的收费究竟是多少,要根据主页的热门程度(即浏览人数)划分价格等级,采取固定费率。国际惯例是每 CPM 收费从 5 美元至 200 美元不等。

2. CPC(Cost per Click,Cost per Thousand Click-Through,每点击成本)

即以每点击一次计费。这样的方法加上点击率限制可以加强作弊的难度,而且是宣传网站站点的最优方式。但是,此类方法对经营广告的网站不公平,例如,虽然浏览者已经看到了广告但是没有点击,对于这些看到广告却没有点击的流量来说,网站就白忙活了。

3. CPA(Cost per Action,每行动成本)

CPA 计价方式是指按广告投放实际效果,即按回应的有效问卷或订单来计费,而不限广告投放量。CPA 的计价方式对于网站而言有一定的风险,但若广告投放成功,其收益也比 CPM 的计价方式要大得多。

4. CPR(Cost per Response,每回应成本)

即以浏览者的每一个回应计费。这种广告计费充分体现了网络广告"及时反应、直接互动、准确记录"的特点,但是,这个显然是属于辅助销售的广告模式,对于那些实际只要亮出名字就已经有一半满足的品牌广告要求,大概所有的网站都会给予拒绝,因为得到广告

学生笔记:

_____

_____

_____

费的机会比 CPC 还要渺茫。

5. CPP(Cost per Purchase,每购买成本)

广告主为规避广告费用风险,只有在网络用户点击 Banner 广告并进行在线交易后,才按销售笔数付给广告站点费用。

无论是 CPA 还是 CPP,广告主都要求发生目标消费者的"点击",甚至进一步形成购买,才预付费;CPM 则只要求发生"目击"(或称"展露""印象"),就产生广告付费。

6. 包月方式

网站按照"一个月多少钱"这种固定收费模式收费,这对客户和网站都不公平,无法保障广告客户的利益。国际上一般通用的网络广告收费模式是 CPM 和 CPC,但在我国,一些中小站点依然采用包月的形式,不管效果好坏,不管访问量多少,一律一个价。

7. PFP(Pay for Performance,按业绩付费)

著名市场研究机构福莱斯特(Forrerster)研究公司公布的一项研究报告称,万维网将从每千次闪现(impression)广告收费模式——CPM(这亦是大多数非在线媒体均所采用的模式)转变为按业绩收费的模式。

福莱斯特公司高级分析师尼尔说:"互联网广告的一大特点是,它是以业绩为基础的。对发布商来说,如果浏览者不采取任何实质性的购买行动,就不可能获利。"丘比特公司分析师格拉克说,基于业绩的定价计费基准有点击次数、销售业绩、导航情况等,不管是哪种,可以肯定的是,这种计价模式将得到广泛的采用。

虽然基于业绩的广告模式受到广泛欢迎,但并不意味着 CPM 模式已经过时。

8. TMTW 来电付费广告

这由 SEOTMTW(SEO 研究所)和 SEMTMTW(SEO 服务中心)强强联手,共同推出,即展示不收费,点击不收费,只有接到客户有效电话才收费。

9. 其他计价方式

某些广告主在进行特殊营销专案时,会提出以下方法个别议价。

(1) CPL(Cost per Leads)。以搜集潜在客户名单多少来收费。

(2) CPS(Cost per Sales)。以实际销售产品数量来换算广告刊登金额。

相比而言,CPM 和包月方式对网站有利,而 CPC、CPA、CPR、CPP 或 PFP 则对广告主有利。目前,比较流行的计价方式是 CPM 和 CPC。

11.1.4 搜索引擎营销策略

1. 搜索引擎优化策略

搜索引擎优化是一项技术性较强的工作,搜索引擎优化不仅能让网站在搜索引擎上有良好的表现,而且能让整个网站看上去轻松明快,页面高效简洁,目标客户能够直奔主题,网站充分发挥沟通企业与客户的最佳效果。搜索引擎优化策略应注意以下 5 点。

(1) 避免使用过多的图片和动画。

(2) 使用静动结合的网页。

(3) 用好关键词。

(4) 重视外部网站链接的数量和质量。

（5）利用"网站地图"为搜索引擎访问网站提供方便。

2. 竞价排名策略

竞价排名的广告出现在搜索结果中（一般是靠前的位置），如果没有被用户点击，不收取广告费，在同一关键词的广告中，每次点击支付价格最高的广告排列在第一位，其他位置同样按照广告主自己设定的广告点击价格来决定广告的排名位置。其具有以下特点。

（1）按效果付费，广告费用相对较低。

（2）广告出现在搜索结果页面，与用户检索内容高度相关，增加了广告的定位程度。

（3）竞价广告出现在搜索结果靠前的位置，容易引起用户的关注和点击，因而效果比较显著。

（4）搜索引擎自然搜索结果排名的推广效果是有限的，尤其对于自然排名效果不好的网站，采用竞价排名可以很好地弥补这种劣势。

（5）广告主可以自己控制广告价格和广告费用。

（6）广告主可以对用户点击广告情况进行统计分析。

当然，竞价排名也存在竞价昂贵、排名关键词有限、恶意点击等问题。

1）竞价排名的选用时机

竞价排名的选用时机一般有以下几种情况。

（1）搜索引擎优化的效果没有出现之前或者部分出现之前，为了让网站尽快地在搜索引擎上有好的排名。通过竞价排名的点击情况，也可以为搜索引擎优化提供参考数据。

（2）搜索引擎优化的效果出现之后可以同时展开竞价排名。一般是圣诞节、春节这样的节假日消费旺季，或者是网站举行短期促销活动使用 SEO 可能来不及，这个时候使用竞价排名是一个很好的方法。

（3）使用搜索引擎优化有些核心的关键字仍然不能获得较好的位置，那么就需要采用竞价排名来作为补充，以免失掉重要的潜在用户。

（4）搜索引擎自然排名波动的时候，如果某些核心的关键字自然排名下降，这个时候适时地使用竞价排名来弥补。

（5）网站资金充裕，可以同时进行自然排名和竞价排名，将产生一加一大于二的效果。

（6）新的网络营销项目，不确定是否可行或不清楚市场大小的时候，针对这些试验性的营销项目，采用竞价排名会是一个很好的市场调查方法。

2）竞价排名应注意的问题

（1）分析企业是否适合竞价排名。

竞价排名不能决定交易的实现，只是为用户发现企业信息提供渠道或者机会，因此，网站建设才是网络营销的基础。另外，对于垄断性行业，如石油和煤炭行业的开发生产型企业就没必要做竞价排名；而对于一些网络服务企业、IT 产品生产和销售等企业竞价排名是很好的营销方法。

学生笔记：
_____
_____
_____

（2）选择适合企业自身的搜索引擎。

在同样价格条件下，应尽量选择用户数量比较多的搜索引擎，这样被检索和浏览的效率会高一些，但如果同一关键词参与竞价的网站数量较多，造成排名靠后，反而会降低营销效果，因此，应综合考虑多种因素来选择性价比最高的搜索引擎，也可以同时在多个搜索引擎开展竞价排名，这样更容易比较各个搜索引擎的效果。

（3）根据企业实际情况购买适量的关键词。

企业需要认真分析和设计竞价排名的关键词：首先，必须选择与营销企业高度相关的关键词；其次，对同一个行业，用户使用关键词也具有分散性，少数的热门关键词用户点击率高，但是企业支付价格也高，如果选择几个相关但价格较低的关键词替代，也是有效的方式。另外，仅仅选择一个关键词所产生的效果有限，如果营销预算许可，选择3～5个用户使用频率最高的关键词同时开展竞价排名就可以覆盖大部分潜在用户。

（4）提高点击率和转换率。

① 搜索引擎营销思想贯穿于整个网站策划建设过程中。在网站策划和设计阶段就将网络营销思想结合进来，这样比网站发布之后效果不佳再回过头来考虑这个问题更能节省成本。

② 网页内容与搜索关键词具有相关性。如用户在百度中输入"鲜花"，企业网站的链接就会显示出来，继续点击就可以进入一个涉及并销售"鲜花"的网页而不应是与鲜花无关的网页。

③ 测试是提高转换率的关键。需要具备好的测试系统通过网络营销软件、搜索引擎优化与排名自动检测软件和网站流量分析系统监控网站报告，找出转换率较高的搜索词，及时删除转换率低的搜索关键词。

④ 提高网络品牌形象，获得客户的信任。积极展示企业的隐私政策、采购程序、网站表格采用SSL加密保护、提供易于使用的企业联系方式，如名称、地址和电子邮件等，建立用户对企业的信任。

⑤ 点击付费预算在各个搜索引擎之间合理分配。认真识别目标客户的搜索行为和真实需求，在各个搜索引擎之间采取差异化的营销策略，从而提供给不同用户真正所需的信息。

【案例】

百度携手耐克合力创新搜索引擎营销

经过多年的市场发展，搜索引擎营销模式渐入佳境。随着越来越多的知名大品牌开始搜索引擎营销，一个集促进销售、品牌推广、社区互动、话题传播等的"大搜索"营销模式正在变得立体和丰富。

2009年6月9日，全球领先的体育用品公司耐克与全球最大的中文搜索巨头百度宣布启动品牌搜索引擎营销合作，是搜索引擎营销成为品牌推广阵地的典型案例。

搜索＝"由消费者决定"。"与消费者沟通的关键是'由消费者来决定'。"耐克（中国）品牌传播总监Kerri表示："事实上，耐克最年轻的核心消费者群体就是生活在互联网上的。而我们的工作就是要通过创新的方式与他们保持紧密的联系。百度社区化网络平台给了我们更多传递品牌信息、产品创新的机遇。这也是我们选择百度作为合作伙伴的原因。"此前,耐克公司赞助 2008—2009 届中国高中足球联赛,希望通过与世界最大的中文交流平台百度贴吧合作,向用户传递活动信息,同时提供给用户表达和交流思想的平台。

此次合作,百度为耐克提供了和消费者密切沟通的新方式,同时也是一次成功的营销模式创新。百度与耐克共同搭建 2008—2009 届中国高中足球联赛官网,配合赛事的展开在百度中学吧和体育明星吧进行冠名,线上开展互动活动达成了合作。

双方在品牌推广上采取了更为创新的思路和模式,如在"2008—2009 届中国高中足球联赛"的百度官网上,不仅有大赛完整的介绍,还有比赛动态信息。用户如有兴趣点击各个链接,就可以深入了解和参与线上、线下相应的互动活动。此外,百度还在 14583 个贴吧植入"耐克地带",实现官网、产品线、广告、活动等多重信息同步曝光,而贴吧、"知道"、百科等聚集用户流量的产品,也通过高中贴吧、运动明星吧等品牌植入,实现与耐克所瞄准的高中生这一目标人群间的品牌沟通和互动。

搜索在营销上有先天优势

"我在百度上搜索'NIKE',找到相关网页约 3110 多万篇,而在百度贴吧,与'NIKE'相关的帖子,接近 1000 万个。这是个令人惊讶的数字——居然有这么多用户关注耐克,在百度上搜索他们钟爱的品牌。"百度首席运营官叶朋在接受《成功营销》采访时说:"我们看到:用户在网上搜索时,通过关键词,已经明确表达出他们的消费需求、意愿,甚至偏好。这成就了百度在营销上的先天优势——消费需求一览无余,促进企业与消费者零距离沟通。事实上,这也是此次耐克选择百度作为营销伙伴的重要原因。"

作为全球最大的中文搜索社区平台,百度聚合了中国 80% 以上的互联网流量,搜索正成为人们生活中不可或缺的习惯,是信息获取的主流渠道。"搜索引擎可以说是互联网上真正的入口,其他大家关注的门户网站、垂直网站、企业网站等,它们有近一半的流量来自百度,这是百度区别于其他互联网媒体的最大优势。"百度大客户销售部总经理李伟说:"同时,作为网络路径的一个中转站,搜索引擎在引导用户的过程中,就会掌握和聚合大量的用户和用户的信息。如百度的各种贴吧,中学吧、高中吧、大学吧、体育明星吧等,都以一个精准的小众群体为单位,其中的营销价值和沟通能力,不言而喻。"

事实上,百度也一直尝试通过创新的技术和商业模式将巨大的流量转化为营销价值,与耐克的品牌营销合作,通过特定主题锁定信息传播的目标人群,同时充分调动网友的积极性,把品牌与网友的双向沟通和网友间的互动传播结合起来,真正做到把线上注意力转化为线下的参与度和购买力。

品牌广告新引擎

艾瑞咨询的数据显示,百度的网页搜索请求量市场份额高达 74.1%,覆盖了 95% 的中国用户,这种聚合力是其他互联网平台所难以比拟的。而搜索作为一项互联网的基础运用,也使得百度成为消费者与企业良好的沟通平台。叶朋表示,百度在流量聚合力方面,以网页、图片等多样化的搜索服务满足了用户的主要需求;同时,"百度知道"等互动交流式明

学生笔记:
_____
_____
_____

星产品及平台的蹿红,更让搜索社区的新平台价值浮出水面,因为"它为品牌广告主提供了多元化的营销接触点"。

耐克(中国)品牌传播总监 Kerri 表示,"耐克和百度在创新方面的共识为我们推进合作奠定了基础。耐克很高兴能与中国最大的搜索引擎百度展开合作,通过百度贴吧、百度知道与中国超过 12000 所高中建立联系,在百度的社区中为用户提供包括篮球、足球、女子健身等多个运动品类的信息。"

其实,品牌厂商的搜索营销,在北美市场非常成熟,在中国市场上,英特尔、联想,汽车行业的奔驰、宝马,化妆品行业的迪奥、香奈儿等都与百度启动了搜索品牌营销,并收到了预期效果。

对此,北京合力阳光广告公司副总经理沈虹认为:"搜索引擎的使用规模和增长速度都是大众媒体无法望其项背的,而搜索引擎营销在其诞生之时,便幸运地成为不被消费者排斥的精准、有效的品牌信息传播形式。不难预见,它正在成为从消费者自觉媒体走向成熟的品牌营销手段。"

在营销中,搜索引擎可以完成用户从产品的知晓、兴趣、考虑到行动的一个筛选过程,如在用户获取汽车信息的渠道中,搜索引擎及相关搜索广告影响较大,这意味着搜索营销向品牌广告延伸,同样能获得极高的营销回报。叶朋表示,作为行业领先者,百度没有太多的经验可参考,只能结合搜索引擎的特点进行营销创新,此次百度与耐克间的联姻,希望能起到示范性作用,同时也为那些尝试搜索品牌营销的企业提供参考。"我相信,随着企业对网络营销认知度的提升,将会有越来越多的广告主的品牌广告移情搜索身上。"

资料来自[第一营销网]www.cmmo.cn.

11.2 E-mail 营销

11.2.1 E-mail 营销的定义

1. E-mail 营销的定义

E-mail 营销是在用户事先许可的前提下,通过电子邮件的方式向目标用户传递有价值信息的网络营销方法。E-mail 营销有 3 个基本因素:基于用户许可、通过电子邮件传递信息、信息对用户是有价值的。3 个因素缺少任何一个,都不能称为有效的 E-mail 营销。E-mail 营销是网络营销方法体系中相对独立的一种,既可以与其他网络营销方法相结合,也可以独立应用。

真正意义的 E-mail 营销也就是许可 E-mail 营销(简称为"许可营销")。基于用户许可的 E-mail 营销与滥发邮件(spam)不同,许可营销比传统的推广方式或未经许可的 E-mail 营销相比具有明显的优势,如可以减少广告对用户的滋扰、增加潜在客户定位的准确度、增强与客户的关系、提高品牌忠诚度等。

"许可营销"理论由 Yahoo 营销专家 Seth Godin 在《许可行销》一书中最早进行系统的研究,这一概念一经提出就受到普遍关注并得到广泛应用,其有效性也得到许多企业的实践证实。

2. 实现许可营销的 5 个基本步骤

"许可营销是通过与自愿参与者的相互交流，确保消费者对此类营销信息投入更多关注。这将有效推动客户和营销人员间的相互交流"。许可营销的原理就是企业在推广其产品或服务时，事先征得顾客的"许可"，通过 E-mail 的方式向顾客发送产品、服务信息。许可营销的主要方法是通过邮件列表、新闻邮件、电子刊物等形式，在向用户提供有价值信息的同时附带一定数量的商业广告。如要求用户注册为会员或者填写在线表单时，询问"是否希望收到本公司不定期发送的最新产品信息"，或者给出一个列表让用户选择自己希望收到的信息。

实现许可营销有 5 个基本步骤，Seth Godin 把吸引顾客的注意到许可形象地比喻为约会，从陌生人到朋友，再到终生用户。

（1）要让潜在顾客有兴趣并感觉到可以获得某些价值或服务，从而加深印象和注意力，值得按照营销人员的期望，自愿加入许可的行列中去（就像第一次约会，为了给对方留下良好印象，可能花大量的时间来修饰自己的形象，否则可能就没有第二次约会了）。

（2）当潜在顾客投入注意力之后，应该利用潜在顾客的注意，如可以为潜在顾客提供一套演示资料或者教程，让消费者充分了解公司的产品或服务。

（3）继续提供激励措施，以保证潜在顾客维持在许可名单中。

（4）为顾客提供更多的激励从而获得更大范围的许可，例如给予会员更多的优惠，或者邀请会员参与调查，提供更加个性化的服务等。

（5）经过一段时间之后，营销人员可以利用获得的许可改变消费者的行为，也就是让潜在顾客说，"好的，我愿意购买你们的产品"，只有这样，才可以将许可转化为利润。

潜在顾客转化为真正的顾客并不意味着许可营销的结束，如何将顾客变成忠诚顾客甚至终生顾客，许可营销仍然继续发挥其独到的作用。

根据用户电子邮件地址资源的所有形式，许可 E-mail 营销可以分为内部列表 E-mail 营销和外部列表 E-mail 营销，简称内部列表和外部列表。内部列表即通常所说的邮件列表，是利用网站的注册用户资料开展 E-mail 营销的方式，常见形式如新闻邮件、会员通讯、电子刊物等。外部列表 E-mail 营销则是利用专业服务商的用户电子邮件地址开展 E-mail 营销，即以电子邮件广告的形式向服务商的用户发送信息。内部列表 E-mail 营销和外部列表 E-mail 营销在操作方法上有明显的区别，但都必须满足 E-mail 营销 3 个基本因素。内部列表和外部列表各有优势，两者并不互相矛盾，有时可以同时采用。

【资料】

E-mail 营销用户许可方式

1. Opt-in

直译为"选择性加入"，这是一种最简单的用户许可方式，即用户主动输入自己的

学生笔记：
_____
_____
_____

E-mail 地址,加入一个邮件列表中。Opt-in 通常又可以分为以下两种形式。

（1）用户在网页上的订阅框中输入自己的邮件地址之后,网站无须给予 E-mail 通知,是否加入成功要等正常收到邮件列表的内容才知道。

（2）用户输入 E-mail 地址并单击"确认"按钮之后,网站立即发出一封确认邮件通知给用户,如果用户不想订阅,或者并不是自己订阅的,可以按照确认邮件的说明退出列表,可能是单击某个 URL,或者是回复确认邮件来完成。

2. Double Opt-In

直译为"双重选择性加入",当用户输入自己的 E-mail 地址,单击"确认"按钮之后,加入邮件列表的程序并没有完成,系统将向用户的邮箱中发送一封确认邮件,只有用户按照邮件中的指示如单击某链接,或者回复邮件,才能完成最终加入列表程序。这样,一方面避免将错误的 E-mail 地址加入邮件列表;另一方面,也杜绝恶意地用他人的 E-mail 地址加入邮件列表,因而在一定程度上阻止了垃圾邮件的泛滥,尤其在第三方专业邮件列表发行平台上,运行着数以千计的邮件列表,如果不采用双向确认方式,很容易造成垃圾邮件泛滥。

3. Opt-out

直译为"选择性退出",网站将自行收集来的用户 E-mail 地址加入邮件列表,然后在未经用户许可的情况下,向列表中的用户发送邮件内容,邮件中有退订方式,允许用户自己退出。Opt-out 的操作方法也不完全相同,有些网站会在将用户加入邮件列表之后向用户发一封 E-mail,告诉已经被加入邮件列表。在这种情况下,无论是否允许用户"自愿退出",实际上都有一定的强迫性,与 E-mail 营销的许可原理有一定的距离,和纯粹意义上的垃圾邮件也差不多了。

11.2.2　开展 E-mail 营销的基础条件

1. E-mail 营销的基础条件

E-mail 营销的 3 个基本因素决定了开展 E-mail 营销需要一定的基础条件,尤其是内部列表 E-mail 营销,企业最关心的问题是许可 E-mail 营销怎么实现？获得用户许可的方式有很多,如用户为获得某些服务而注册为会员,或者用户主动订阅的新闻邮件、电子刊物等,也就是说,许可营销是以向用户提供一定有价值的信息或服务为前提。可见,开展 E-mail 营销需要解决 3 个基本问题：向哪些用户发送电子邮件、发送什么内容的电子邮件,以及如何发送这些邮件。这 3 个基本问题就是开展 E-mail 营销的基础条件。

（1）E-mail 营销的技术基础：从技术上保证用户加入、退出邮件列表,并实现对用户资料的管理,以及邮件发送和效果跟踪等功能。

（2）用户的 E-mail 地址资源：在用户自愿加入邮件列表的前提下,获得足够多的用户 E-mail 地址资源,是 E-mail 营销发挥作用的必要条件。

（3）E-mail 营销的内容：营销信息是通过电子邮件向用户发送的,邮件的内容对用户有价值才能引起用户的关注,有效的内容设计是 E-mail 营销发挥作用的基本前提。

外部列表利用专业服务商或者其他专业服务机构提供的 E-mail 营销,投放电子邮件广告的企业本身并不拥有用户的 E-mail 地址资料,也无须管理维护这些用户资料。同时,技术平台由专业服务商提供,因此,外部列表 E-mail 营销的基础只有两个,即潜在用户的 E-mail 地址资源的选择和 E-mail 营销的内容设计。

内部列表是 E-mail 营销的主流方式,也是本书重点讨论的内容。一个高质量的邮件列表对于企业网络营销的重要性已经得到众多企业实践经验的证实,并且成为企业增强竞争优势的重要手段之一,因此建立属于自己的邮件列表是非常必要的。很多企业都非常重视内部列表的建立。但是,建立并经营好邮件列表并不是一件简单的事情,涉及多方面的问题。

2. 建立内部列表的策略

(1) 邮件列表的建立通常要与网站的其他功能相结合,并不是一个人或者一个部门可以独立完成的工作,涉及技术开发、网页设计、内容编辑等内容,也可能涉及市场、销售、技术等部门的职责,如果是外包服务,还需要与专业服务商进行功能需求沟通。

(2) 邮件列表必须是用户自愿加入的,是否能获得用户的认可是很复杂的事情,要能够长期保持用户的稳定增加,邮件列表的内容必须对用户有价值,邮件内容也需要专业的制作。

(3) 邮件列表的用户数量需要较长时期的积累,为了获得更多的用户,还需要对邮件列表本身进行必要的推广,同样需要投入相当多的营销资源。

11.2.3　E-mail 营销策略

1. E-mail 营销的进入和退出策略

在实施电子邮件营销中,最重要的是设计进入和退出的策略。奥美全球电子邮件营销总监 Jeanniey Mullen 认为,进入策略是对公司邮件信息收到与否或是否被阅读的一个确认,而退出策略是明确在什么时间用什么方式,从电子邮件列表中移去部分客户的名单。

1) 进入和退出策略对网络营销的价值

(1) 降低潜在的对垃圾邮件的抱怨;

(2) 通过参与确认增加邮件阅读人数;

(3) 通过无回复成员的削减提高邮件营销效率;

(4) 通过个性化定制信息提高目标消费者的有效性。

在制定 E-mail 营销进入和退出的策略之前,有几个关键的问题。

2) 进入策略制定的关键问题

(1) 这是用户从公司收到的第一封邮件吗?

(2) 如果是,那么从收到邮件到订阅有多长时间?

(3) 如果不是,那么从收到公司发的最后一个邮件到现在有多长时间了?

(4) 这封邮件确实符合接收者设定的优先接收条件吗? 其联系地址是来自一个更大的目标群体还是其他群体?

学生笔记:

_____

_____

_____

3）退出策略制定的关键问题

（1）有针对同一群体推行的直邮或者电话营销计划吗？

（2）当发送邮件时,这个目标群体是否也接收到其他公司的邮件信息？

（3）如果将他们暂时从这次发送对象的名录中剔除,什么时候他们能再次收到你的邮件(如果之前他们曾收到过邮件的话)？

（4）在他们决定加入时,将为他们做怎样的准备工作？

进入和退出策略无须太过复杂。联合利华的"家庭护理系列"提供了一个简单的进入策略的例子：新会员收到一份声明说："我们非常激动地获知您订阅了我们的快递信息,您可以随时任意更改您的参数设定。"刚退出的会员也同样会收到一封邮件："您收到这个邮件是因为您之前同意联合利华给您发送特定的信息,我们希望您能喜欢所收到的信息,您可以随时、任意更改您的参数设定。"这种关系的简单确认,极大地获得消费者的拥护。

因为退出策略关乎从邮件列表中剔除一些没有提供反馈信息的用户,就无法创造更多的进一步开发的机会。最简单的退出策略是剔除邮件列表中那些在发过很多封邮件,却一直没有被打开过或者点击邮件的名单。许多公司会发送一个"最后的努力"的邮件,以给邮件列表中的用户一个最后的机会。如果在一段时间内(例如 2～12 个月,主要取决于邮件发送的频率),邮件接收者没有点击邮件或者所提供的链接,可能是暗示接收者对此不感兴趣。如果营销者不愿放弃,可以再发一封以确认,告诉用户如果想要继续获得此类信息的话,需要提供一个反馈信息,否则将停止向他们发送此类信息。

2. 内容策略

撰写 E-mail 内容包括两方面：文本和签名。

1）正确撰写文本

（1）E-mail 文本应该简练,没有拼写错误,订阅者使用的 E-mail 程序与营销者的可能不一样,如果营销者使用的 E-mail 程序是基于浏览器的,不要以 HTML 格式发送 E-mail,这种格式在其他的 E-mail 程序里不能以正确的方式显示,要以纯文本格式发送。

（2）保持行长度。不要让用户从左到右翻页来阅读邮件的文章,60～70 个字符应该是每行的最大长度。

（3）多用礼貌用语,如"您""请""谢谢""顺颂""商祺"等字样,给生硬的计算机语言赋予人情味,往往会达到很好的效果。

（4）群发邮件时,一定要注意邮件主题和邮件内容的字词书写,很多网站的邮件服务器为过滤垃圾邮件设置了常用垃圾字词过滤,如果邮件主题和邮件内容中包含"大量""宣传""第一"等字词,服务器会过滤掉该邮件,因此在书写邮件主题和内容时应尽量避开有垃圾字词嫌疑的文字和词语,才能顺利群发出邮件。

2）正确设置签名

E-mail 的签名文件像常规信笺的信头一样,可以明确发信人的身份、联系方法,也是一种重要的品牌营销资源,设计精巧的签名文件,会给收信人留下良好的印象。

（1）签名要简单、整齐,不要放特别的字符,内容保持在 5 行以内,一般包括联系人、部门、公司名称、联系方式、一句话广告语等,如果内容太多、太长,容易影响邮件正文的表达。签名中放过多的公司广告信息会适得其反。

（2）不同的邮件发送对象可以使用不同的签名，依据具体客户、产品和服务制定不同版本的签名，灵活使用。

（3）让签名邮件居左而不是居中或者居右。原因在于字符大小在不同机器上的显示不一样，如果居中或者居右，整齐的排版就可能变得凌乱。

（4）签名文件与邮件正文之间的距离不要太长，只需将二者的信息区分开就行了，一般情况下为 3 行。签名和正文之间要有一条分界线，否则，用户会误以为签名是邮件正文的一部分。

（5）创建或者更改签名文件，首先必须进行测试。给营销者自己发一封邮件，在不同的计算机查看签名文件是否在邮件窗口的宽度之内，有无转行，文件中的链接是否正确，整体效果感觉如何。

3. 发送策略

在电子邮件发送过程中不断上升的退信率已经成为影响 E-mail 营销效果的最大问题，即使拥有大量的用户邮件地址资源，仍然无法"在正确的时间用正确的方法将正确的信息传递给正确的人"。"网上营销新观察"电子周刊较早前的退信情况统计结果发现，由于各邮件服务商对邮件列表的屏蔽、用户废弃原来的邮箱、免费邮箱终止服务等原因，邮件列表退信率在不断上升，一些服务商的邮件退信率已经接近或者超过 60%。

专业网络广告公司 DoubleClick 在《E-mail 趋势报告》中提出减少邮件退信的如下 9 种策略。

（1）尽量避免错误的邮件地址。在用户加入邮件列表时，请用户重复输入 E-mail 地址，就像用户注册时的密码确认那样。

（2）改进数据登记方法。主要适用于通过电话人工记录用户 E-mail 地址的情形，对工作人员进行必要的训练。

（3）发送确认信息。即采取用户确认才可以加入列表的方式。

（4）鼓励用户更新 E-mail 地址。对于退回的邮件地址，当用户回到网站时，提醒他们确认正确的 E-mail 地址，或者对于错误的邮件地址做出表示，请求用户给予更新。

（5）让注册用户方便地更换 E-mail 地址。用户邮件地址改变是很正常的，在改变之后让用户方便地更新自己的注册信息。

（6）保持列表信息准确。对于邮件列表地址进行分析判断，对于无效用户名或者域名格式的邮件予以清除。

（7）利用针对 E-mail 地址改变保持联系的专业服务。

（8）对邮件被退回的过程有正确了解。退信有硬退信和软退信之分，针对不同情形采取相应对策。

（9）尽可能修复失效的邮件地址。如果用户注册资料中有邮政地址等其他联系方式，不妨用其他联系方式与用户取得联系，请求更新邮件地址。

学生笔记：

_____

_____

_____

DoubleClick 减少邮件退信的 9 种策略反映了 3 方面的问题：提高用户邮件地址资料的准确性、了解邮件列表退信原因并采取相应对策、对邮件列表进行有效管理。

【资料】

硬退信和软退信

退信(bounce)是指各种原因造成的发件人所发出的信息不能被收件人正常接收的情况。根据邮件被退回的原因，可以分为硬退信(hard bounce)和软退信(soft bounce)两种情况。一般来说，硬退信造成的退信是无法改变的，而软退信则可以采取一些办法在一定程度上得到改善，区分退信的不同原因，目的在于采取针对性措施，尽可能提高电子邮件送达率。

(1) 硬退信是指下列任何情况之一造成的邮件无法送达：

① 在一个域名中并不存在这样的用户；

② 域名不存在；

③ 邮件信息被拒绝。由于邮件内容中含有某些被认为不能发送的程序或其他信息，邮件将无法被发送。

(2) 软退信是指下列任何情况之一造成的邮件无法送达：

① 由于收件方邮件服务器的原因没有形成反应；

② 用户电子邮箱空间没有足够容量接收邮件。

11.2.4　E-mail 营销的基本原则

垃圾邮件的泛滥使 E-mail 营销效果大打折扣，但是，梅塔集团表示，只要运用得当，发送电子邮件仍然不失为一种简单有效且成本低廉的营销手段。由此在营销活动中遵循一些基本原则，系统地规划电子邮件营销亦可以达到理想的效果。

(1) 及时回复。在收到 E-mail 的时候，要及时回复，即使是"谢谢，来信已经收到"也会起到良好的沟通效果，通常 E-mail 应该在一个工作日之内回复客户，如果碰到比较复杂的问题，要一段时间才能准确答复客户，也要简单回复一下，说明情况。实在没有时间回复，可以采用自动回复 E-mail 的方式。

(2) 避免无目标投递。采用群发的形式向大量陌生 E-mail 地址投递广告，不但收效甚微，而且可能成为垃圾邮件，损害公司形象。

(3) 尊重客户。不要向同一个 E-mail 地址发送多封同样内容的信件，当客户直接或者间接拒绝接受 E-mail 的时候，绝对不可以再向对方发送广告信件，要尊重客户，否则就是垃圾邮件。

(4) 内容言简意赅。客户时间宝贵，在阅读 E-mail 的时候多是走马观花，所以信件要言简意赅，充分吸引客户的兴趣，长篇累牍会使客户放弃阅读。另外，发送前一定要仔细检查 E-mail 内容，保证语句通顺避免出现错别字等编辑错误。

(5) 附上联系方式。信件一定要有签名并附上电话号码，以免消费者需要找人协助时，不知如何联系。

(6) 邮件内容能在正文里面显示，就不采用附件形式。

(7) 尊重隐私权。征得客户首肯前，不得转发或出售客户名单与背景。

(8) 避免撞车。在促销活动中，宣传渠道包括媒体、电子邮件、传统 DM、电话等，务必要事先协调,以免同一个客户重复收到相同的促销信息。

(9) 坦承错误。若未能立即回复客户的询问或寄错 E-mail,要主动坦承错误并致歉。否则,不但无法吸引客户上门,反而把客户拒之门外。

【资料】

垃圾邮件

《中国互联网协会反垃圾邮件规范》第三条明确指出,包括下述属性的电子邮件称为垃圾邮件:

(1) 收件人事先没有提出要求或者同意接收的广告、电子刊物、各种形式的宣传品等宣传性的电子邮件;

(2) 收件人无法拒收的电子邮件;

(3) 隐藏发件人身份、地址、标题等信息的电子邮件;

(4) 含有虚假的信息源、发件人、路由等信息的电子邮件。

《网易企业邮箱反垃圾邮件规范》对垃圾邮件的定义:垃圾邮件,是指未经收件人同意向收件人发送的收件人不愿意收到的邮件,或收件人不能根据自己的意愿拒绝接收的邮件,主要包含未经收件人同意向收件人发送的商业类、广告类等邮件。

凡符合以下情形一种或一种以上的发送邮件行为,将被视为发送垃圾邮件:

(1) 期刊类型邮件,发件人向从未主动订阅或曾经订阅但已经退订的收件人发送无关、干扰、广告等不良资讯。

(2) 报价类型邮件,发件人向从未通过主动联系索要报价的收件人或缺乏实际合作关系的收件人发送无关、干扰、广告等不良资讯。

(3) 产品推广邮件,发件人向从未主动订阅或曾经订阅但已经退订该产品、同类产品及相关产品的收件人发送无关、干扰、广告等不良资讯。

(4) 培训类的邮件,发件人向非发件人所在学校学员及从未订阅的收件人发送无关、干扰、广告等不良资讯。

(5) 其他类型的邮件,收件人完全不知悉发件人,因此不愿意收到的邮件,或收件人不能根据自己的意愿拒绝接收的邮件。

腾讯 QQ 邮箱对垃圾邮件的定义:垃圾邮件泛指未经请求而发送的电子邮件,符合以下特征的邮件都属于垃圾邮件的范畴:

(1) 来自收件人从未发送过邮件的地址第一次发出的邮件,以及在该邮件未被收件人自定义为正常邮件的情况下随后从同一地址发送给收件人的其他邮件;

(2) 来自被拒绝过接收邮件的地址所发给收件人的其他邮件;

(3) 来自被收件人列入黑名单的邮件地址的邮件;

(4) 内容包含可被反垃圾装置或可被邮件过滤器定义、归类为垃圾邮件的关键字段的邮件;

学生笔记:

_____

_____

_____

（5）带虚假、无效邮件头的邮件，带虚假、无效域名的邮件，经过技术处理的不显示任何邮件来源信息的邮件，带欺骗性地址信息的邮件；

（6）未经同意而使用、中继或通过第三方的互联网设备所发送的邮件；

（7）主题行或内容包含错误、误导或虚假信息的邮件；

（8）主题或内容带敏感字眼的、违反国家法律法规或 QQ 邮箱服务条款的邮件。

11.2.5　E-mail 营销的效果评价

E-mail 营销的效果评价是对 E-mail 营销活动的总结，也是 E-mail 营销活动的重要内容之一。无论是采用内部列表开展 E-mail 营销，还是选择专业 E-mail 营销服务商的服务，无论是作为企业网络营销策略的一个组成部分，还是作为单独的一项网络营销方案来进行，都需要用一定的指标来评价其效果，因为营销企业都希望投入的营销资源可以获得"看得见"的效果。

与 E-mail 营销相关的评价指标很多，按照 E-mail 营销的过程将这些指标分为 4 类，每一类中有若干指标。

（1）获取用户资源阶段的评价指标。有效用户总数、用户增长率、用户退出率等。

（2）邮件信息传递评价指标。送达率、退信率等。

（3）用户对信息接收过程的指标。开信率、阅读率、删除率等。

（4）用户回应评价指标。直接带来的收益、点击率、转化率、转信率等。

尽管与 E-mail 营销相关的评价指标较多，但是在实际中对 E-mail 营销进行准确的评价仍然有困难，有时甚至无所适从。例如，电子邮件回应率（如点击率）作为常用的一项评价标准，并不能完全反应电子邮件营销的实际效果，因为 E-mail 营销是一个长期的过程，潜移默化地产生作用，除了产生直接反应之外，利用 E-mail 还可以有其他方面的作用，例如，有助于企业和顾客保持联系，并影响其对企业的产品或服务的印象，顾客没有点击 E-mail 并不意味着不会增加将来购买的可能性，同时也有可能增加品牌忠诚度。因此，对 E-mail 营销效果的评价最好采用综合的方法，既要对可以量化的指标进行评价，又要关注 E-mail 营销所具有的潜在价值，如对增强整体竞争优势方面的价值、对顾客关系和顾客服务的价值、在行业内所产生的影响等方面。

【案例】

SARA MARA 邮件营销

SARA MARA 是一个做皮包销售的外贸电商平台，其产品都销往海外，针对海外客户使用即时到达、精确到户的 E-mail 营销，很好地解决了其他广告途径无法全面覆盖的问题。鉴于各国互联网环境的复杂性，公司认真编撰群发邮件，取得良好的营销效果。

（1）邮件富有个性特征。针对欧美人的称呼习惯，邮件以 dear 开头，拉近距离感，同时将客户姓名设定为变量，使得邮件更像是私人专属的（西方人隐私观念重），直呼姓名能引起客户重视，彰显尊崇感，也避免被列入"垃圾邮件"中，如图 11-8 所示。

（2）邮件主体简洁直观。大红标题的 sale 营造一种热烈的"卖场"气氛。产品直接上缩略图，图片形象鲜明、直观，文本内容简单，无须大量文字说明，直接在下方标示出相应价格，而这个价格是由两个前后对比差距非常大的价格组成，表示已做了大幅折扣让利，如图 11-9 所示。

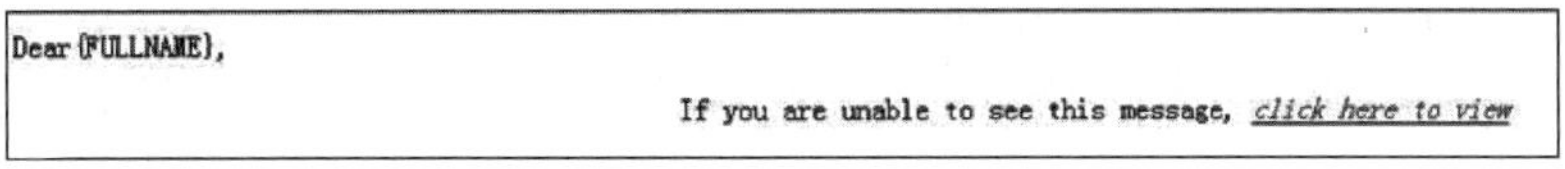

Dear {FULLNAME},

If you are unable to see this message, *click here to view*

图 11-8 营销邮件称呼

图 11-9 营销邮件内容

（3）限定时间和"剩余件数"，制造紧张感。促销价格有时间限制，群发邮件限定在"某月 23—25 日"，每样产品剩余的件数也标注出来，给消费者强烈的暗示：再不下手，可就悔之晚矣！

（4）留下联系方式。考虑到邮件不能正常显示时提醒消费者点击某网址，完善服务细节。

（5）引导顾客点击链接去相应网站完成注册。如果顾客对邮件产生兴趣，引导顾客点击链接去相应网站提交姓名和邮件地址完成注册，为进一步开展客户关系管理打下良好基础。

资料来源：https://www.magvision.com/foreign/507.html.

11.3 病毒式营销

11.3.1 病毒式营销的定义

病毒式营销（viral marketing，也称为病毒性营销）是利用用户口碑传播的原理，在互联

学生笔记：

_____

_____

_____

网上这种口碑传播更为方便,可以像病毒一样迅速蔓延,因此病毒式营销成为一种高效的信息传播方式,而且,由于这种传播是用户之间自发进行的,因此几乎是不需要成本的网络营销手段,常用于进行网站推广、品牌推广等。

病毒式营销通过用户的口碑宣传使营销信息像病毒一样传播和扩散,以快速复制的方式传向数以千计、数以百万计的受众。病毒式营销既可以被看作是一种网络营销方法,也可以被认为是一种网络营销思想,即通过提供有价值的信息和服务,利用用户之间的主动传播来实现网络营销信息传递的目的。

11.3.2　病毒式营销的特点

病毒式营销具有以下特点。

(1) 有吸引力的病原体。任何信息的传播都要为渠道的使用付费。之所以说病毒式营销是无成本的,主要指它利用了目标消费者的参与热情,但渠道使用的推广成本依然存在,只不过目标消费者受企业的信息刺激自愿参与到后续的传播过程中,原本应由企业承担的广告成本转嫁到了目标消费者身上,因此对于企业而言,病毒式营销是无成本的。

目标消费者自愿提供传播渠道的原因在于第一传播者传递给目标群体的信息是经过设计加工的、具有很大吸引力的产品和品牌信息,它突破了消费者的戒备心理促使其完成从纯粹受众到积极传播者的变化。

(2) 几何倍数的传播速度。大众媒体发布广告的营销方式是"一点对多点"的辐射状传播,实际上无法确定广告信息是否真正到达了目标受众。病毒式营销是自发的、扩张性的信息推广,它并非均衡地、同时地、无分别地传给网络上每一个人,而是通过人际传播和群体传播的渠道,产品和品牌信息被消费者传递给那些与他们有着某种联系的个体。例如,目标受众读到一则有趣的 Flash,他的第一反应或许就是将这则 Flash 转发给好友、同事,无数个参与的转发者就构成了几何倍数传播的主力。

(3) 高效率的接收。大众媒体投放广告有一些难以克服的缺陷,如信息干扰强烈、接收环境复杂、受众戒备抵触心理严重。以电视广告为例,同一时段的电视有各种各样的广告同时投放,其中不乏同类产品撞车现象,大大减少了受众的接受效率。而对于那些可爱的"病毒",是受众从熟悉的人那里获得或是主动搜索而来的,在接受过程中自然抱有积极的心态;接收渠道也比较私人化,如电子邮件、微博、微信等,使得病毒式营销尽可能地克服了信息传播中的噪音影响,增强了传播的效果。

(4) 更新速度快。网络产品有自己独特的生命周期,一般都是来得快去得也快,病毒式营销的传播过程通常是呈 S 形曲线的,即在开始时很慢,当其扩大至受众的一半时速度加快,而接近最大饱和点时又慢下来。针对病毒式营销传播力的衰减,要在受众对信息产生免疫力之前,将传播力转化为购买力,方可达到最佳的营销效果。

11.3.3　病毒式营销的基本思想

冯英健博士在《成功实施病毒式营销的五个步骤》一文中是这样描述病毒式营销的基本思想的:"病毒式营销是一种网络营销方法(常用作网站推广的手段),即通过提供有价值的信息和服务,利用用户之间的主动传播来实现网络营销信息传递的目的;病毒式营销同时也是一种网络营销思想,其背后的含义是如何充分利用外部网络资源(尤其是免费资源)扩大网络营销信息传递渠道。"这一论述充分表达了病毒式营销基本思想,是制订、实施病毒式营销计划的基本指导思想。

1. 病毒式营销的一般规律

病毒式营销具有自身的规律,其一般规律有以下 5 点。

1) 病毒式营销的"病毒"有一定的界限,超出这个界限的病毒式营销方案就成为真正的病毒了

病毒式营销的核心词是"营销","病毒性"只是描述营销信息的传播方式,和病毒没有任何关系。在病毒式营销实践中,如果没有认识到病毒式营销的本质是为用户提供免费的信息和服务这一基本问题,有时可能真正成为传播病毒了,尤其是利用一些技术手段来实现的病毒式营销模式,例如自动为用户计算机安装插件、强制性修改用户浏览器默认首页、在 QQ 等聊天工具中自动插入推广信息等。

2) 病毒式营销基本要素

成功的病毒式营销离不开 6 个基本要素。美国电子商务顾问 Ralph F. Wilson 博士将有效的病毒式营销战略的基本要素归纳为如下 6 方面。

(1) 提供有价值的产品或服务;

(2) 提供无须努力地向他人传递信息的方式;

(3) 信息传递范围很容易从小向很大规模扩散;

(4) 利用公共的积极性和行为;

(5) 利用现有的通信网络;

(6) 利用别人的资源进行信息传播。

在制订和实施病毒式营销计划时,应该进行必要的前期调研和针对性的检验,以确认自己的病毒式营销方案是否满足这 6 个基本要素。

3) 病毒式营销步骤

病毒式营销并不是随便可以做好的,需要遵照一定的步骤和流程。成功实施病毒式营销需要 5 个步骤。

(1) 病毒式营销方案的整体规划和设计;

(2) 病毒式营销需要独特的创意,病毒式营销之所以吸引人之处就在于其创新性;

(3) 对网络营销信息源和信息传播渠道进行合理的设计,以便利用有效的通信网络进行信息传播;

(4) 对病毒式营销的原始信息在易于传播的小范围内进行发布和推广;

(5) 对病毒式营销的效果进行跟踪和管理。

成功实施病毒式营销的 5 个步骤是对病毒式营销的 6 个基本要素从实际应用的角度做出了进一步阐释,使其更具有指导性。

学生笔记:
_____
_____
_____

4）病毒式营销的实施过程通常是无须费用的，但病毒式营销方案设计是需要成本的

病毒式营销通常不需要为信息传递投入直接费用，但病毒式营销方案不会自动产生，需要根据病毒式营销的基本思想认真设计，在这个过程中必定需要一定的资源投入，因此不能把病毒式营销理解为完全不需要费用的网络营销，尤其在制订营销推广计划时，应充分考虑到这一点。此外，并不是所有的病毒式营销方案都可以获得理想的效果，这也可以理解为病毒式营销的隐性成本。

5）网络营销信息不会自动传播，需要进行一定的推广

成功实施病毒式营销 5 个步骤中的第 4 步就是关于对病毒式营销信息源的发布和推广，因为病毒式营销信息不会实现自动传播，需要借助于一定的外部资源和现有的通信环境来进行，这种推广可能并不需要直接费用，但需要合理选择和利用有效的网络营销资源，因此需要专业的网络营销知识。

综上所述，病毒式营销具有自身的基本规律，成功的病毒式营销策略必须遵循病毒式营销的基本思想，并充分认识其一般规律，包括为用户免费提供有价值的信息和服务而不是采用强制性或者破坏性的手段；在进行病毒式营销策略设计时有必要对可利用的外部网络营销资源进行评估；遵照病毒式营销的步骤和流程；不要指望病毒式营销方案的设计和实施完全没有成本；最后，期望病毒式营销信息会自动在大范围内进行传播是不现实的，进行信息传播渠道设计和一定的推广是必要的。

2. 病毒式营销的策划流程

病毒式营销的一般策划流程如图 11-10 所示。

（1）决定要干什么。开始策划前，一定要知道病毒式营销的目的。是宣传品牌，还是吸引客户购买，还是为了增加企业网站的流量，这是病毒式营销的根本。

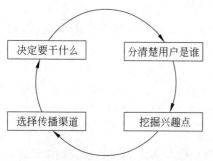

图 11-10　病毒式营销的一般策划流程

（2）分清楚用户是谁。病毒式营销的人群覆盖力度是很强的，策划者必须进行人群细分，知道最有价值的人群是谁，他们有什么特征和共性。

（3）挖掘兴趣点。认真分析这些用户群体的兴趣焦点，不同的群体具有不同的兴趣，例如"80 后"和"00 后"的兴趣点是不一样的，研究用户的兴趣点，是"营销创意"的真正开始。

（4）选择传播渠道。有了绝佳的创意后就要考虑通过目标群体容易接触和获得的渠道去进行推广。

3. 病毒式营销实施的步骤

病毒式营销的成功一般都需要经过方案的规划和设计、信息源和传播渠道的设计、原始信息的发布和推广、效果跟踪和管理等基本步骤。

（1）病毒式营销方案的整体规划，确认病毒式营销方案符合病毒式营销的基本思想，即传播的信息和服务对用户是有价值的，并且这种信息易于被用户自行传播。

（2）病毒式营销需要独特的创意，并且精心设计病毒式营销方案（无论是提供某项服

务,还是提供某种信息)。最有效的病毒式营销往往是独创的。独创性的计划最有价值,跟风型的计划有些也可以获得一定效果,但要做相应的创新才更吸引人,病毒式营销之所以吸引人就在于其创新性。在方案设计时,特别需要注意的是如何将信息传播与营销目标结合起来? 如果仅仅是为用户带来了娱乐价值(例如一些个人兴趣类的创意)或者实用功能、优惠服务而没有达到营销的目的,这样的病毒式营销计划对企业的价值就不大了,反之,如果营销气息过重,也可能会引起用户反感而影响信息的传播。

(3) 信息源和信息传播渠道的设计。病毒式营销信息是用户自行传播的,但是这些信息源需要进行精心设计,使其更加吸引人,并且让用户更愿意自愿传播。进一步还要设计信息的传递渠道,是在网站下载、还是用户之间直接转发(通过 IM、微信等),或者是这两种形式的结合? 这需要对信息源进行相应的配置。

(4) 原始信息的发布和推广。最终的大范围信息传播是从比较小的范围内开始的,如果期望病毒式营销信息可以很快传播,那么对于原始信息的发布也需要经过认真策划,原始信息应该发布在用户容易发现,并且用户乐于传递这些信息的地方(如活跃的 QQ、微博、微信社群),如果必要,还可以在较大的范围内去主动传播这些信息,等到自愿参与传播的用户数量比较大之后,才让其自然传播。

(5) 对病毒式营销的效果进行跟踪和管理。病毒式营销方案设计完成并开始实施之后(包括信息传递的形式、信息源、信息渠道、原始信息发布),对于病毒式营销的最终效果实际上是无法控制的,但是对于病毒式营销的效果进行跟踪和管理分析是非常重要的,不仅可以及时掌握营销信息传播所带来的反应,也可以从中发现病毒式营销计划可能存在的问题,以及可能的改进思路,为下次病毒式营销计划提供参考。

【案例 1】

Hotmail 病毒式营销

Hotmail 是世界上最大的免费电子邮件服务提供商,在创建后的一年半时间里,Hotmail 取得了爆炸式的发展,吸引了 1200 万注册用户,而且还以每天超过 15 万新用户的速度增长。Hotmail 在网站创建的 12 个月内,营销费用还不到其直接竞争者的 3%,就是由于采用了如下病毒式营销方法。

(1) 提供免费 E-mail 地址和服务;

(2) 在每一封免费发出的信息底部附加一个简单标签:Get your private, free email at http://www.hotmail.com;

(3) 然后,人们利用免费 E-mail 向朋友或同事发送信息;

(4) 接收邮件的人将看到邮件底部的信息;

(5) 这些人会加入使用免费 E-mail 服务的行列;之后,Hotmail 提供免费 E-mail 的信息将在更大的范围扩散。

学生笔记:

_____

_____

_____

【案例2】

"流氓兔"病毒式营销

盛极一时的"流氓兔"证明了"信息伪装"在病毒式营销中的重要性。

韩国动画新秀金在仁为儿童教育节目设计了一个新的卡通兔,这只兔子相貌猥琐、行为龌龊、思想简单、诡计多端、爱耍流氓、只占便宜不吃亏,然而正是这个充满缺点、活该被欺负的弱者成了反偶像明星,它挑战已有的价值观念,反映了大众渴望摆脱现实、逃脱制度限制所付出的努力与遭受的挫折。流氓兔的 Flash 出现在各大 BBS 论坛、Flash 站点和门户网站,用户还私下通过聊天工具、电子邮件进行传播。这个网络虚拟明星衍生出的商品已经达到 1000 多种,成了病毒式营销的经典案例。

11.4 微博营销

据新浪微博数据中心发布的《2020 年微博用户发展报告》显示,2020 年 9 月微博月活用户 5.11 亿,日活用户 2.24 亿。微博用户群体继续呈现年轻化趋势,其中 90 后和 00 后的占比接近 80%,女性用户规模高于男性用户。在生活消费、兴趣关注上,不同年龄段微博用户呈现出明显的代际特征。

11.4.1 微博营销的定义

1. 微博

微博是微博客(microblog)的简称,是指一种基于用户关系信息分享、传播以及获取的通过关注机制分享简短实时信息的广播式的社交媒体、网络平台。用户可以通过 Web、WAP、App、IM、SMS 以及多种移动终端接入,以文字、图片、视频等多媒体形式,实现信息的即时分享、传播互动。微博内容由简单的只言片语组成,对用户的技术门槛、语言的编排组织要求较低。微博开通的多种 API 使得大量的用户可以通过手机 App、网页等方式来即时更新自己的个人信息。微博具有以下特点。

(1)信息源的表现形式。微博内容短小精炼,重点在于表达现在发生了什么有趣(有价值)的事情,而不是系统的、严谨的企业新闻或产品介绍。

(2)信息传播模式。微博注重时效性,3 天前发布的信息可能很少会有人再去问津,同时,微博的传播渠道除了相互关注的好友(粉丝)直接浏览之外,还可以通过好友的转发向更多的人群传播,因此是一个快速传播简短信息的方式。

(3)用户获取信息及行为。用户可以利用计算机、手机等多种终端方便地获取微博信息,发挥了"碎片时间资源集合"的价值,也正因为信息碎片化以及时间碎片化,使得用户通常不会立即做出某种购买决策或者其他转化行为,因此作为硬性推广手段只能适得其反。

【资料】

微 博

Twitter 是 2006 年 3 月由 blogger 的创始人威廉姆斯(Evan Williams)推出的,英文原意为小鸟的叽叽喳喳声,用户能用发手机短信等数百种工具更新信息。Twitter 的出现把世人的眼光引入了一个叫微博的小小世界里。Twitter 是一个社交网络及微博客服务。用户可以经由 SMS、即时通信、电邮、Twitter 网站或 Twitter 客户端软件（如 Twitterrific）输入最多 140 字的文字更新，Twitter 被 Alexa 公司的评定为最受欢迎的 50 个网络应用之一。

2007 年中国第一家带有微博色彩的饭否网开张，到 2009 年，微博这个全新的名词，以摧枯拉朽的姿态扫荡世界，打败奥巴马、甲流等名词，成为全世界最流行的词汇。伴随而来的，是一场微博世界人气的争夺战，大批量的名人被各大网站招揽，各路名人也以微博为平台，在网络世界里聚集人气，同样，新的传播工具造就了无数的草根英雄，从默默无闻到新的话语传播者，往往只用寥寥数语或只在一夜之间。

2009 年 7 月中旬开始，一些新产品开始进入人们的视野，像 6 月份开放的 Follow5，7 月份开放的贫嘴，8 月份开放的新浪微博，其中 Follow5 在 2009 年 7 月 19 日孙楠大连演唱会上的亮相，是国内第一次将微博引入大型演艺活动。

2010 年国内微博如雨后春笋般崛起。四大门户网站均开设微博，新浪微博和腾讯微博 Logo 如图 11-11 所示。

图 11-11　新浪微博和腾讯微博 Logo

南方人物周刊将 2010 年度人物授予了微博。

2. 微博营销的定义

微博营销是以微博作为营销平台，每一个听众（粉丝）都是潜在营销对象，每个企业都可以在新浪、网易等网站注册一个微博账号，然后利用更新自己的微博传播企业、产品的信息，树立良好的企业和产品形象。每天更新内容可以跟大家交流，或者发布大家感兴趣的话题，这样可以达到营销的目的，这种方式就是微博营销。微博营销以信息源的发布者为核心，体现了人的核心地位，但某个具体的人在社会网络中的地位，又取决于他的朋友圈对他的言论的关注程度，以及朋友圈的影响力（即群体网络资源）。因此，可以简单地认为微博营销依赖的是社会网络资源。

3. 微博营销的特点

（1）门槛低。140 个字发布信息，可以方便地利用文字、图片、视频等多种展示形式。

（2）多平台。支持手机、计算机与其他传统媒体等多平台，可以方便地在手机上发布信息。

（3）传播快。信息传播的方式有多样性，转发非常方便。利用名人效应能够使事件的传播量呈几何级放大。

（4）见效快。微博营销是投资少见效快的网络营销模式，其营销方式和模式可以在短期内获得最大的收益。

（5）针对性强。关注企业或者产品的粉丝都是本产品的消费者或者是潜在消费者。企业可以对其进行精准营销。

学生笔记：

_____

_____

_____

【资料】

微博相关的关键词

（1）微博。最初的微博只能发送 140 字的短文，承载内容有限，但后来，渐渐可以加入链接、图片、音频以至视频、引用等诸多功能。文字＋链接＝一条精准的软文；文字＋链接＋图片＝一条优质的传播；文字＋链接＋视频＝绝妙的视频营销。微博支持的形式越多，越能够与诸多营销手段进行重组，把其他营销的优点跟微博短、平、快的优点进行结合，从而形成一个强大的自媒体，这种传播比任何形式的营销手段都更加给力。随着"引用"功能的接入，只要复制一条淘宝链接，微博自动识别产品的主图和介绍；复制一条腾讯新闻链接，微博自动抓取新闻摘要，这种形式哪个媒体可以与之媲美？因此，微博内容是微博营销的基础一环。

（2）粉丝听众。没有粉丝的微博无异于一潭死水，从营销角度看，没有粉丝，微博也就没有意义。粉丝是信息的接收者，同时也是潜在消费者，粉丝越多，传播效力就越大。

（3）话题（活动、投票）。这是微博的衍生产品，一个话题可以因为参与者的数目而成名，一旦话题成名，那话题所植入的营销对象也就随之成名，微博炒作话题更加灵活、高效。活动，跟话题类似，但活动的互动和参与性更强，目的更明确，更具吸引力。投票，是活动的一种，很有潜在价值，如美国总统竞选，就在微博上发起民意投票。

（4）互动（转播、点评、投票）。微博最鲜明的特点就是互动性强，互动周期短，能够第一时间达成互动，这也是微博发展迅猛的内在推动力。转播，二次传播，假如平均每个博主粉丝有 5000 人，如果有 10 个人转播一条微博，那传播受众将瞬间达到 50000，传播效力可想而知！点评，后期可以包装成口碑营销与微博的结合体。

（5）手机微博。这是微博异于其他互联网形式的特点之一，非常容易打破互联网和移动互联网的限制，轻松互通。换句话说，通过微博，可以把营销活动从互联网同步到移动互联网，这一点是传统网络营销的瓶颈。

（6）微博运营商。微博网站运营商，也就是新浪、腾讯、搜狐、网易等公司。

（7）微博认证。被微博运营商官方认证成为知名微博博主，会获得系统推荐，获得更多的粉丝，更有权威性。

（8）知名博主。分为草根知名博主和名人微博。前者是通过各种方式把自己炒作成粉丝众多的草根人士，这类微博具有很强的传播效力；后者是名人，这类微博除具有传播效力外，还有很有价值的潜在代言效果。

（9）微博营销商。利用微博展开微博营销的网络公司或个人。

（10）开放式平台。微博可以接入的各种授权应用，这是微博后续发展和整合的生力军，通过应用的接入，微博可以跟游戏、文学等形态进行无缝结合，同时，还可以实现各微博平台的同步。例如，营销者在 20 个微博平台有账号，而这 20 个账号都跟一个账号绑定，营销者只需要给这一个账号发信息，其他 20 个都会同步更新。假若营销者每个账号拥有粉丝2000 名，那将有 40000 名听众同时看到营销者新发的信息，而这个过程可能只要 1 秒钟。

（11）微博模板。各大微博平台都提供了供选择的模板，跟 QQ 空间一样，模板会在后期带来广告价值。

11.4.2　微博营销的原则

微博营销是一种基于信任的主动传播，在发布营销信息时，只有取得用户的信任，用户才可能主动转发、评论，产生较大的传播效果和营销效果。获得信任最重要的方法就是不断保持和粉丝之间的互动，转发、评论粉丝的信息，在粉丝遇到问题时，及时地帮助他们，与粉丝结成比较紧密的关系，在发布营销信息时，粉丝也会积极帮助转发。

微博营销需要一定的技巧。在发布企业的营销信息时，措辞上不能太直接，要尽可能把营销信息巧妙地嵌入有价值的内容中。这样转发率更高，营销效果也更好。抽奖活动或者是促销互动，非常吸引用户，能够实现不错的营销效果。抽奖活动可以规定，只要用户按照一定的格式对营销信息进行转发和评论，就有中奖的机会。奖品一定要是用户非常需要的，这样才能充分调动粉丝的积极性。如果是促销活动，一定要有足够大的折扣和优惠，这样才能够引发粉丝的病毒式传播。促销信息的文字要有一定的诱惑性，并且要配合精美的宣传图片。如果能够请到拥有大量粉丝的人气博主转发，就能够使活动的效果得到最大化。

1. 微博营销的原则

1）微博的数量不在多而在于精

建立微博的时候，定位好主题。微博讲究专注，杂乱无章的内容只会浪费时间和精力，所以要做专做精才会取得好的效果。

2）个性化的名称

一个好的微博名称不仅便于用户记忆，也可以取得不错的搜索流量。企业建立微博进行营销，可以取企业名称、产品名称或者个性名称来作为微博的用户名称。

3）巧妙利用模板

一般的微博平台都会提供一些模板给用户，可以选择与行业特色相符合的风格，这样更贴切微博的内容。

4）使用搜索检索，查看与自己相关内容

微博平台都有搜索功能，可以利用该功能对已经发布的话题进行搜索，查看自己微博内容的排名榜、评论数量、转发次数，以及关键词的提到次数，这样可以评价微博的营销效果。

5）定期更新微博信息

微博平台一般对发布信息频率不做限制，但对于营销来说，微博的热度和关注度来自微博的可持续话题，要不断制造新的话题、发布与企业相关信息，才可以吸引目标客户的关注。刚发的信息可能很快被后面的信息覆盖，要想长期吸引客户注意，一定要对微博定期更新，这样才能保证微博的可持续发展。长期更新好的、新颖的话题，才可能被网友转发或评论。

学生笔记：

_____

_____

_____

6）善于回复粉丝们的评论

积极查看并回复微博上粉丝的评论,被关注的同时也去关注粉丝的动态。如果想获取更多评论,就要以积极的态度去对待评论,回复评论是对粉丝的一种尊重。

7）♯与@符号的灵活运用

微博中发布内容时,两个♯间的文字是话题的内容,可以在后面加入自己的见解。如果要把某个活跃用户引入,可以使用@符号,意思是"向某人说"。例如,"@微博用户欢迎您的参与"。在微博菜单中点击"@我的",就能查看到提到自己的话题。

8）使用私信

相比微博的文字限制,私信可以容纳更多的文字。只要对方是微博博主的粉丝,就可以通过发私信的方式将更多内容通知对方。因为私信可以保护收信人和发信人隐私,显得更加尊重粉丝。

9）确保信息真实与透明

搞优惠活动、促销活动时,当以企业的形式发布,要即时兑现,并公开得奖情况,获得粉丝的信任。微博上发布的信息要与网站上的一致,并且在微博上及时对活动跟踪报道。确保活动的持续开展,以吸引更多客户的加入。

10）不能只发产品、企业信息或广告内容

微博天天发布大量产品、企业信息或广告宣传等内容,不会引起用户关注。微博的意义在于信息分享,没兴趣是不会产生互动的。要注意话题的娱乐性、趣味性、幽默感等。

2. 微博账号配置定位和内容建设

1）官方微博（微媒体）

以企业名称注册官方微博一个,主要用于发布官方信息。企业的微博必须是官方的,传播的内容也必须是官方的,内容较为正式,可以在第一时间发布企业最新动态,对外展示企业品牌形象,成为一个低成本的媒体。

2）企业领袖微博（微传播）

注册企业领袖微博一个,对外凸显企业领袖个人魅力。该微博的操作需要相当谨慎,因为有可能会产生负面作用。领袖微博是以企业高管的个人名义注册,具有个性化的微博,其最终目标是成为所在行业的"意见领袖",能够影响目标用户的观念,在整个行业中的发言具有一定号召力。

3）客服微博（微服务）

官方的客服可以创建微博,用来解答和跟踪各类与企业相关的问题。尤其是对于危机能实时监测和预警,及时发现消费者对企业及产品的不满等负面信息在短时间内快速应对处理,并通过客服微博对负面口碑进行及时的正面引导。

4）产品微博（微公关）

同时开发多个产品的企业,还应该针对每个主要产品发布一个产品官方微博,用于发布产品的最新动态。产品微博还可以充当产品客服的作用,与客户进行实时沟通和深度的互动交流,缩短企业对客户需求的响应时间,从而为客户提供更高的产品服务品质。

5）市场微博（微营销）

企业内部多个专家可以用个人名义创建专家微博,发布对于行业动态的评论,逐步将自己打造为行业的"意见领袖"。也可以通过市场微博组织市场活动,打破地域和人数的限制,实现互动式营销。

11.4.3 微博营销推广

1. 账号认证

针对企业微博账号、企业领袖、高管的账号、行业内有影响力人物的账号,要先获得微博运营商的认证;获得认证的优势是可以形成较权威的良好形象,微博信息可以被外部搜索引擎收录,更易于传播,但是也存在一点劣势,就是微博信息的审核可能会更严格。

2. 内容发布

微博的内容信息尽量多样化,最好每篇文字都带有图片、视频等多媒体信息,这样具有较好的浏览体验;微博内容包含合适的话题或标签,以利于微博搜索。发布的内容要有价值,例如提供特价或打折信息、限时内的商品打折活动,都可以带来不错的传播效果。

3. 内容更新

微博信息每日都进行更新,要有规律地进行更新,每天 5～10 条信息,一小时内不要连发几条信息,抓住高峰发帖时间更新信息。

4. 积极互动

多多参与转发和评论,主动搜索行业相关话题,主动与用户互动。定期举办有奖活动,提供免费奖品鼓励,能够带来快速的粉丝增长,并增加其忠诚度。

5. 标签设置

合理设置标签,新浪微博会推荐有共同标签或共同兴趣的人加关注。

6. 获取高质量的粉丝

关注行业名人或知名机构,善用找朋友功能,提高粉丝的转发率和评论率。发布的内容主题要专一,内容要附带关键字或网址,以利于高质量用户搜索到。

11.4.4 微博营销优化

搜索引擎会把微博的信息纳入搜索结果中,用户可以通过搜索引擎查找关键字进入微博,因此,微博营销要获得更多的关注就必须重视搜索引擎的作用,做好微博营销优化。

1. 选取热门关键词

微博内容要尽可能以关键字或者关键词组开头,并且加上"♯话题♯"。利用热门的关键词和容易被搜索引擎搜索到的词条,提高搜索引擎的抓取速度,但是这些内容也是要和推广的内容相关。

学生笔记:

_____

_____

_____

2. 微博的关键词选取要适当

搜索引擎的索引算法会根据微博的内容,选取信息作为标题,此时这些内容的关键词选择也就至关重要了,营销者要知道要做的是哪些关键词,只有找到了关键词,才能更好地做好微博的 SEO。

3. 微博的名称选取简单易记

微博名称是企业的代言,要简单易记,让用户看到微博名称就能快速记录下来,便于搜索。

4. 微博的 URL 地址简洁明了

用户只有通过微博的 URL 地址才能访问到微博,而这个 URL 会影响到搜索引擎的搜索结果。

5. 微博的个人资料要填关键词

微博中都有个人资料的介绍及选项的说明,这些个人资料也会被搜索引擎索引,在简短的个人资料中,说明博主自己的同时,保持个人资料的内容与微博内容良好的相关性,也要适当地填入要优化的关键词,提升搜索引擎抓取概率,也不会让用户后期检索到结果后因为内容的不一致而感到厌烦。

6. 个人标签填写关键词

微博中个人资料里个人标签的填写,可以填入要优化的关键词,提升搜索引擎抓取概率,同时也能增加和有共同标签或共同兴趣的粉丝加关注。

11.4.5 微博营销的效果评价

评论数或转发数是两个非常重要的衡量微博营销效果的指标,但是,有时评论数和转发数相当大,却出现其营销效果不如想象的那么好的情况。

其原因一方面是抽奖专业户或马甲账号所为,甚至有些企业将微博营销外包给营销中介公司,而这些从事外包营销的公司,为了达到表面的繁荣(进而向被外包企业收取更多的费用),而采用了大量的水军账号,这些水军账号的特点是粉丝数量相当少(甚至为 0),显然它们的存在对微博营销的贡献相当小,却在表面数量上贡献特别大。另一方面是即使评论数与转发数是全部真实的,也要看其质量。所谓质量,是指评论中有价值的评论有多少?也包括转发中高质量账号(如带 V 的用户、相对专业的用户或粉丝数量较多的用户)有多少?如果这两个数据都很低,那么整个微博营销的效果则不能算好。

【案例】

雀巢经典微博营销案例:笨 NANA 不笨

雀巢笨 NANA 是一款售价仅 3 元的冰淇淋,两三个月内在新浪微博等社交媒体中至少吸引上百万人讨论有趣的吃法、哪里购买、味道如何。如果再算上他们的"粉丝",这款新上市的冰淇淋产品已经吸引了上千万人的注意力。

这款冰淇淋确实有点不一样。它很像香蕉,黄色外皮可以像香蕉一样剥开,剥皮后里面包的是牛奶雪条,外皮口感与果冻接近,也可以吃掉。就口味来说,这款冰淇淋并无稀奇,卖点在于吃的时候比普通冰淇淋多了一个"剥开"的动作。微博上的讨论也大多集中于此,如"史上第一支可以剥开吃的冰棍""吃香蕉不吐香蕉皮"等带有趣味的评价得到了大量转发。

"在新浪微博上,笨 NANA 的主动传播者已经达到百万名,在新浪微博上搜索'笨 NANA'已有近 300 万条结果。"雀巢大中华区冰淇淋业务及品牌发展经理翟威尔(Oliver Jakubowicz)告诉《环球企业家》。

社交媒体上的热议,直接迅速拉高了雀巢这款新产品的销量,上市仅两个月的笨 NANA 已经成为雀巢大中华区销售排名第二的单品,仅次于已经推出七八年的八次方冰淇淋。翟威尔认为,随着冰淇淋销售旺季的来临,笨 NANA 的"病毒式"话题传播将会更加广泛,注定会成为当年排名第一的单品。

这当然不是"意外走红",而是精心策划的结果。从计划把笨 NANA 引入中国内地那天起,雀巢就已经决定,改变以往冰淇淋产品大肆撒钱做电视广告的营销策略,替之以成本低得多的更强调与用户互动的数字营销。现在看来,雀巢的确找到了让上千万人对笨 NANA 产生好感的更有效率的方法。

"首先要让核心产品有一个不同的、非常准确的定位。"翟威尔说。这是从笨 NANA 的营销过程中得到的经验。"像香蕉一样剥开吃的冰淇淋",这款产品研发于泰国,设计初衷是为儿童研发好玩的冰淇淋。但市场调查显示,无论在泰国、香港还是中国内地,比儿童年长很多的年轻人都很喜欢这款产品,雀巢遂决定将其引入大中华区。

接下来雀巢需要考虑的是如何让目标客户群知晓笨 NANA。雀巢发现,中国的年轻人几乎都是互联网、手机用户,他们喜欢谈论新鲜事物,并且尤其相信口碑传播;他们花费在传统电视频道上的时间已经越来越少。而雀巢笨 NANA 的"剥开",可以满足年轻人追求新鲜、好玩、时尚,并且乐于分享的消费心理。

雀巢确定了细致的计划,为消费者的口碑传播进行引导和推动,使得广大用户成为雀巢笨 NANA 的代言人。

在笨 NANA 上市前 5 个月,雀巢就与北京奥美公司签订营销外包服务合作协议。雀巢的传播需求,在北京奥美互动总经理董莉莉看来非常明确:"第一,对新产品有认知度;第二,与消费者有进一步沟通。"最终营销传播方案的大主题定为"雀巢笨 NANA 为你揭开神奇乐趣"。奥美互动必须对雀巢笨 NANA 可以像香蕉一样剥开吃的独特产品特性以及由可剥性带来的新奇感,进行充分的发挥和演绎。最终传播目标则是"让晒笨 NANA 成为一种新时尚,让广大用户成为雀巢笨 NANA 的代言人。"

一位数字媒体营销专业人士向《环球企业家》回忆说,自 2011 年 12 月起的 3 个多月,就发现有四五个时尚美食类微博账号发布"香港有好玩好吃的笨 NANA"之类的话题。到 2 月底的时候,新浪微博"笨 NANA"搜索结果达到 10 万余条。这其中在香港吃到笨 NANA 的人分享的照片,其中或许既有普通用户也有"演员"。这一阶段的传播目标是,提前为笨

学生笔记:
_____
_____
_____

NANA 在目标区域市场进行预热,让消费者"未见其人就闻其声",为产品制造期待。"只要去香港一定吃笨 NANA"和"终于可以去香港吃笨 NANA 了"是当时传播最广的文案。

但直到此时在内地市场上还买不到笨 NANA。2012 年 2 月,雀巢笨 NANA 继续全国范围预热,北区开始投放电视广告,同时在微博上发表"内地也能吃到笨 NANA 了"的信息。这样消费者有了切合实际的期盼,此时笨 NANA 开始在广州小范围上市。3 月 2 日,笨 NANA 开通新浪微博,之前的预热显出效果来,第一条微博转发量一天内超过 1000。

奥美互动认真研究了热衷谈论笨 NANA 的群体,大多都是时尚的年轻女性——爱调侃、爱美、幽默、感性,如会为了强调自己的幽默和可爱而故意写一些错别字。董莉莉向《环球企业家》表示,"社交媒体营销需要知道该用什么样的方式去和年轻人互动。"如年轻人喜欢随手用手机拍下剥开笨 NANA 的过程,随后将照片上传微博就比单纯的文字描述有效果得多。

雀巢的管理层也把顾客自发上传微博的笨 NANA 照片数量,作为评判营销进展和效果的重要标准。翟威尔的 iPhone 中存放着几百张消费者上传的照片,雀巢大中华区冰淇淋及冷冻食品业务单元高级副总裁陆大年每天都会在新浪微博搜索"笨 NANA",尽管他几乎不认识中文字,但看照片就对传播情况一目了然了。

从 3 月份开始,随着更多的人在本地吃到笨 NANA,网络上热传的笨 NANA 微博内容就更加丰富。如"心急吃不了笨 NANA""有一种崩溃叫买不到笨 NANA……有一种甜蜜叫今年我们一起追的笨 NANA"。这些微博很容易吸引更多人的兴趣,而且会在不知不觉中转发或创造相同主题的内容进一步传播。董莉莉解释说:"在整个营销过程中,我们会紧密围绕好玩这一点进行纵深,与时下流行元素结合,让话题不断翻新,如此参与者才能够产生持续的兴趣,并主动成为传播者。"在 3 月份,笨 NANA 登上新浪话题榜第一名,并七次登上新浪热搜榜。而这场营销战的主要作战人员只有 5 位,雀巢品牌部 1 位加上奥美互动4 位。

翟威尔告诉《环球企业家》,雀巢笨 NANA 接下来营销工作的重心将从提高曝光量转移到创造持续的参与感上,让他们兴味盎然地参与其中、主动响应并相互交流。"在整个冰淇淋旺季,我们会一边进一步做营销,一边听消费者声音,进行持续学习。"他的工作方式已经逐步在按照社交媒体的节奏进行调整。与奥美互动最开始合作笨 NANA 项目的时候,他与对方每周开一次会,现在每小时都要沟通了。

有营销学专家指出,微博、SNS 社区等新媒体的兴起改变了企业和消费者的沟通方式,两者可以进行直接沟通和分享,将"口碑"变得更具显性,对于企业来说也更为重要。在微博上通过个性化的内容与创意不断的活动,去赢得新媒体时代用户的口碑,今后将是企业非常主流的营销手段。

资料来源:http://edu.sina.com.cn/bschool/2012-05-11/2146337790.shtml?bsh_bid=95071479.

11.5 微信营销

微信(WeChat)是腾讯公司于 2011 年推出的一款面向智能终端的即时通信软件,为用户提供聊天、朋友圈、微信支付、公众平台、微信小程序等功能,同时提供生活缴费、直播等服务。其用户覆盖 200 多个国家、超过 20 种语言。2021 年 8 月，Brand Finance 发布"2021全球媒体品牌价值 50 强"，微信以 679.02 亿美元的品牌价值位列第 3 名。

11.5.1　微信营销的定义和特点

1. 微信营销的定义

微信营销是一种新的网络营销方法。企业注册微信后，可以与周围同样注册的"朋友"形成一种联系，订阅自己所需的信息，企业通过提供用户需要的信息，推广自己的产品，微信营销突破距离和空间的限制，实现点对点的营销。

微信营销基于移动客户端进行区域定位营销，企业通过微信公众平台展示企业微官网、微会员、微推送、微支付、微活动，已经形成线上线下微信互动营销方式。

2. 微信营销的优势

微信营销是基于强关系网络的、具有良好互动性的网络营销方法，在精准推送信息的同时更能加强这种关系网络。微博的天然特性更适合品牌传播，作为一个自媒体平台，微博的传播广度和速度惊人，但是其传播深度及互动深度都不及微信。

1）点对点精准营销

微信拥有庞大的用户群，借助移动终端、天然的社交和位置定位等优势，每个信息都是可以推送的，能够让每个个体都有机会接收到这个信息，可以实现点对点精准化营销。

2）形式灵活多样

（1）签名档。企业利用"用户签名档"这个免费的广告位为自己做宣传，附近的微信用户就能看到企业的信息，如饿的神、K5 便利店等就采用了微信签名档的营销方式。

（2）二维码。用户通过扫描、识别二维码身份来添加朋友、关注企业账号；企业则可以设定自己品牌的二维码，用折扣和优惠来吸引用户关注，开拓 O2O 营销模式。

（3）微信视频号。是微信的短内容，一个人人可以记录和创作的平台，也是一个了解他人、了解世界的窗口。一个微信号可以创建一个视频号，视频号可以发布 1 分钟以内的视频，或者 9 张以内的图片，可以关注感兴趣的视频号主，点赞、评论进行互动，也可以转发到朋友圈、聊天场景，进行分享。

（4）开放平台。通过微信开放平台，应用开发者可以接入第三方应用，还可以将应用的Logo 放入微信附件栏，使用户可以方便地在会话中调用第三方应用进行内容选择与分享。例如，美丽说的用户可以将自己在美丽说中的内容分享到微信中，使一件美丽说的商品得到不断的传播，实现口碑营销。

（5）公众平台。在微信公众平台上，每个人都可以用一个 QQ 号码，打造自己的微信公众账号，并在微信平台上实现和特定群体的文字、图片、语音的全方位沟通和互动。

3）建立强关系

微信的点对点产品形态注定了其能够通过互动的形式将普通关系发展成强关系，从而

学生笔记：

产生更大的价值。通过互动的形式与用户建立联系,聊天、解答疑惑、讲故事甚至可以"卖萌",用一切形式让企业与消费者建立朋友强关系。

3. 微信营销的特点

1) 高到达率

网络营销效果很大程度上取决于信息的到达率,这也是所有营销方法最关注的地方。与手机短信群发和邮件群发被大量过滤不同,微信公众号所群发的每一条信息都能完整无误地发送到终端手机,到达率高达 100%。

2) 高曝光率

曝光率是衡量信息发布效果的另外一个指标,与微博相比,微信信息拥有更高的曝光率。在微博营销过程中,除了少数一些技巧性非常强的文案和关注度比较高的事件被大量转发后获得较高曝光率之外,直接发布的广告微博很快就淹没在了微博滚动的动态中,除非是刷屏发广告或者用户刷屏看微博。

而微信是由移动即时通信工具衍生而来,天生具有很强的提醒力度,例如铃声、通知中心消息停驻、角标等,随时提醒用户收到未阅读的信息,曝光率高达 100%。

3) 高接受率

微信已经成为主流信息接收工具,其高度的普及率使微信成为营销信息传播广泛的基础。除此之外,公众号的用户都是主动订阅,信息也是用户主动获取的,不存在垃圾信息招致抵触的情况。

4) 高精准度

拥有粉丝数量庞大且用户群体高度集中的垂直行业微信账号,才是真正有价值的营销资源和推广渠道。例如,酒类行业知名媒体——佳酿网旗下的酒水招商公众账号,拥有近万名由酒厂、酒类营销机构和酒类经销商构成的粉丝,这些精准用户相当于一个盛大的在线糖酒会,每一个粉丝都是潜在客户。

5) 高便利性

移动终端的便利性增加了微信营销的高效性。移动终端携带方便,用户可以随时随地获取信息,给企业营销带来极大方便。

11.5.2 微信公众号营销

1. 微信公众平台

微信公众平台(WeChat public platform)是腾讯公司于 2012 年推出的一款给个人、企业和组织提供业务服务与用户管理能力的服务平台。已经形成了一种主流的线上、线下微信互动营销方式,有服务号、订阅号、企业微信和小程序 4 种类型,如图 11-12 所示。其具体功能如图 11-13 所示。

(1) 服务号,提供较多的接口功能,旨在为用户提供服务,可以作为企业微站的入口。

① 一个月(自然月)内仅可以发送 4 条群发消息。

② 发给订阅用户(粉丝)的消息,会显示在对方的聊天列表中。

③ 服务号会在订阅用户(粉丝)的通讯录中。通讯录中有一个公众号的文件夹,点开可

| (a) 服务号 | (b) 订阅号 | (c) 企业微信 | (d) 小程序 |

图 11-12　公众号类型

账号类型	功能介绍
服务号	主要偏于服务交互（类似银行，114等提供服务查询），认证前后都是每个月可群发4条消息（不适用于个人）
订阅号	主要偏于为用户传达资讯（类似报纸杂志），认证前后都是每天只可以群发一条消息（适用于个人和组织）
企业微信	企业微信是一个面向企业级市场的产品，是一个独立好用的基础办公沟通工具，拥有最基础和最实用的功能服务，专门提供给企业使用的IM产品（适用于企业、政府、事业单位或其他组织）
小程序	是一种新的开放能力，开发者可以快速地开发一个小程序。小程序可以在微信内被便捷地获取和传播，同时具有出色的使用体验

温馨提示：
1. 如果想用公众号获得更多的功能，例如开通微信支付，建议可以选择服务号；
2. 如果想简单的发送消息，达到宣传效果，建议可选择订阅号；
3. 如果想用来管理内部企业员工、团队，对内使用，可申请企业微信；
4. 原企业号已升级为企业微信。

图 11-13　公众号功能

以查看所有服务号。

④ 服务号可以申请自定义菜单。

（2）订阅号，主要用于发布资讯内容，旨在为用户提供信息。

① 每天（24 小时内）可以发送一条群发消息。

② 发给订阅用户（粉丝）的消息，将会显示在对方的"订阅号"文件夹中。

③ 个人申请，只能申请订阅号。

学生笔记：

（3）企业微信（企业号），主要用于公司内部通信，旨在帮助企业、政府机关、学校、医院等事业单位和非政府组织建立与员工、上下游合作伙伴及内部 IT 系统间的连接，并能有效地简化管理流程、提高信息的沟通和协同效率、提升对一线员工的服务及管理能力。

（4）小程序，是一种不需要下载安装即可使用的应用，用户扫一扫或搜一下即可打开应用。微信小程序应用数量已超过一百万，覆盖 200 多个细分的行业，日活用户达到两亿，微信小程序还在许多城市实现了支持地铁、公交服务。

2. 微信公众号营销流程

1）微信公众号营销的定义

微信公众号营销是利用微信公众平台用户关系网络进行网络营销信息源发布，实现多维度信息传播及用户交互的营销方法。

2）微信公众号营销流程

（1）注册账号并验证。打开微信公众平台，单击官网右上角"立即注册"按钮，如图 11-14 所示。验证方式有支付验证方式、微信认证验证和法定代表人验证 3 种，企业必须有对公账户才能注册、认证成功。

图 11-14　微信公众平台注册登录页面

（2）登录公众平台配置公众号信息。设置账号头像、公众号名称、微信号、公众号简介等。公众号名称/昵称可以设置 4～30 个字符，由中文、数字、英文、空格及部分特殊符号组成，空格不可以在最前或者最后，且空格不可以连续，公众号名称不需要和公司/组织名称一致，但是不能与其他账号名称重复。账号头像支持的格式为 bmp、jpeg、jpg、gif，且不可大于 2MB。

（3）发布微信公众号信息。通过线上、线下渠道发布和推广微信公众号，定期发布和提供对用户有价值的信息和服务。

（4）微信公众号营销管理。主要有用户管理、消息管理和素材管理。用户管理可以对用户分组、添加标签、加入黑名单；消息管理是用户与微信号之间互动的主要渠道之一，可以对用户的消息进行恢复；素材管理将常用的图片加入素材库以实现快速的内容编辑，为发布编辑内容提供方便。

（5）微信公众号营销数据分析。主要是用户分析和消息统计分析。用户分析对内容运营方面有指导性作用,例如分析用户来源和用户属性,从而有针对性地对开源渠道进行设计,对用户群体开展针对性营销。消息统计分析的小时报可以找到用户的集中访问时间,消息关键词分析可以找出用户留言最多的词汇和主要关注点,从而更好地分配客服人员,做好 FAQ。

微信公众号营销流程如图 11-15 所示。

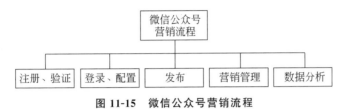

图 11-15　微信公众号营销流程

3. 微信公众号营销策略

企业微信公众号营销中主要是利用微信订阅号,因此,下面就以微信订阅号来阐述微信公众号营销策略。

1) 微信公众号营销用户策略

（1）微信公众号吸粉策略。

① 关注用户需求和痛点。用户的关注点主要有知识学习、娱乐休闲、兴趣爱好、生活服务、在线购物、资料收集等。用户关注和信任微信公众号主要是朋友推荐、系统推荐、公众号内容可信、阅读量高、转发量高、知名度高等,用户通过直接添加、扫描二维码、公众号搜索、微信文章搜索等渠道关注微信公众号,其目的在于获取信息、辅助工作、获得优惠等。

② 微信公众号吸引粉丝的资源主要有微信公众号内容、微信公众号功能、关联公众号互推、微信平台的推广功能、社会关系网络推广、企业官方网络资源推广、合作伙伴的公众号资源推广、其他社交网络推广、第三方网络平台推广、搜索引擎推广、媒体与自媒体软文传播和有奖或扫码关注赠送等。

（2）互动沟通和转化策略。

微信公众号与用户互动沟通可以分为如下 3 个环节,如图 11-16 所示。

① 用户关注微信公众号前,互动沟通的主要内容是微信公众号设置及认证、微信公众号简介、带有标识的二维码、往期精彩内容、用户转发及点赞内容、明确用户关注的价值点等。

② 用户关注微信号后,互动沟通的主要内容是新粉关注问候及提示、合理利用关键字回复等。

③ 微信号运营中,互动与转化主要内容是除了一对一的交流外,利用微信提供的各种互动功能开展互动交流,例如在线投票、有奖游戏、有奖分享、其他优惠活动等,既是对现有

学生笔记:
_____
_____
_____

用户的互动,也是顾客转化及继续获得新粉的有效手段。

图 11-16　微信号用户互动沟通

2)微信公众号营销内容策略

(1)微信公众号内容的一般要素。

① 封面设计。每一期公众号文章,就相当于一期手机期刊,好的封面设计,加上引人注意的文章标题,对提高阅读量有着直接的影响。

② 文章标题。醒目的标题既是读者点击阅读的关键,又承担着推广的功能。

③ 正文内容。作为文章的主体,正文内容是获得用户阅读及后续互动或转化行为的载体。

④ 发布个人信息。在文章标题下方,通常会有一个可点击的蓝色字体,显示的是文章发布人的信息。点击可进入该公众号的摘要页面,显示基本介绍及历史消息等,因此一个好的微信公众号名称也是获得新用户关注的基本渠道。

⑤ 辅助推广信息。一个用心运营的微信公众号,可以在文章开始或结尾处增设二维码或文字提示等方式,提醒新用户关注自己的微信号;另外,对于已关注的用户在阅读时可以通过文章下方的“阅读原文”链接到网站上,或者通过图片文字等引导用户关注更多内容。

⑥ 公众号内容的图片。主要包括公众号头像、头条图文封面大图、非头条图文封面小图、文中配图、文末二维码名片等。

(2)微信公众号营销内容运营。

微信公众号营销的基础是为用户提供价值,只有用户关注,内容才能发挥价值,只有用户分享,内容才得以传播并且获得更多用户关注;只有用户互动交流,才能获得对用户更多的了解。因此,一切以用户为出发点,满足用户需求和尊重用户阅读模式,提供内容简单、即时性的、真实可信的、可读性强的内容是微信公众号营销的基本要求。

① 推送每篇文章都要考虑目标用户是谁,文章内容能否解决目标用户的痛点和需求,文章无论是原创还是转发,都要做出差异化的内容运营策略。

② 内容规划,根据公众号的实际情况做好推送内容规划,例如:具有实操指导性的干货、最新的行业前沿资讯、用户参与性的活动等。

③ 内容形式差异化,内容形式可以采用图文、语音,视频等多种方式,从而优化用户体验。

④ 内容推送规律性,按照固定的时间推送内容,保持推送内容的连续性,使用户形成阅读习惯。

⑤ 爆文选题,注意选择主题积极的、有价值的、实用且易记的、有创意的或者是让用户

愤怒和恐慌的文章。

⑥ 提高内容展示颜值,设计题图和图文内容排版,使用户阅读起来轻松愉悦。

【案例】

FENDI 微信营销

2019 年 6 月,意大利奢侈品牌 FENDI 与微信联手推出业内首款微信小游戏 —— FENDI 罗马奇遇记(见图 11-17)。以品牌新晋中国区 Peekaboo 代言人许魏洲作为原型的卡通游戏主角,身着 FENDI 男装带领玩家了解罗马风光与品牌文化。这款游戏获得了 73 亿次的曝光,互动量超过 100 万,每位玩家的平均游玩时间长达 323 秒。

(1) 借助社交裂变属性加速传播。双方合作共创游戏充分发挥了"游戏＋娱乐"两个强社交属性联合的优势,高效整合品牌自身、社交平台及明星代言人三方的本土化资源优势,短平快地找到用户。

基于社交的裂变性,依托社交生态下的公众号、小程序和网页迅速扩散传播,逐步建立奢侈品牌与潜在用户之间的情感联结网络。

(2) 以本土化的方式传达品牌精髓。本土明星许魏洲的卡通形象带着玩家一起了解罗马风光和品牌文化,将品牌想要传递的基因文化(主人公穿着的 FENDI 服装、由 FENDI 经典元素构成的罗马场景、FF 徽标和经典产品作为收藏图腾),以全民娱乐化方式呈现,让消费者更轻松地获取品牌需要传递的信息,在提供互动体验的过程中,潜移默化地传递品牌故事和理念。

图 11-17　FENDI 微信营销

依托本土社交生态庞大的用户基础和超强的互动性,品牌能更好地自主运营数字资产,掌握并分析对消费者的深度洞察,不断沉淀积累,最终高效转化为商业价值。

11.6　直播营销

中国互联网络信息中心(CNNIC)发布的第 47 次《中国互联网络发展状况统计报告》显示,截至 2020 年 12 月,我国网络直播用户规模达 6.17 亿,较 2020 年 3 月增长 5703 万,占用户整体的 62.4%。其中,电商直播用户规模为 3.88 亿,较 2020 年 3 月增长 1.23 亿,占用户整体的 39.2%。淘宝直播 2021 年度报告显示,2020 年疫情引领线上化趋势,也助力直播电商取得跨越式发展,截至 2020 年末,淘宝直播提供直播内容超过 10 万场,用户每天可观

学生笔记:
_____
_____
_____

看时长超过 50 万小时,近 1 亿件商品在淘宝直播间上架;直播带货主播数量也增长明显,同比 2019 年增长了 661%。2020 年,淘宝直播上诞生了近 1000 个销售过亿元的直播间,其中企业直播间数量占比超过 55%,略高于达人直播间。2020 年,淘宝直播日均活跃用户大幅度提高,同比增长 100%。阿里巴巴集团 2021 财年三季度财报信息显示,截至 2020 年 12 月 31 日,12 个月淘宝直播带来的 GMV(成交额)超过人民币 4000 亿元。2020 年 7 月,人力资源和社会保障部联合市场监管总局、国家统计局正式向社会发布 9 个新职业,增设 5 个新工种。其中,在"互联网营销师"职业下增设"直播销售员"工种,带货主播成为正式工种。

11.6.1　直播营销的定义和特点

网络直播是在现场随着事件的发生、发展进程同步制作和发布信息,具有双向流通过程的信息网络发布方式。其形式分为现场直播、演播室访谈式直播、文字图片直播、视音频直播或由电视(第三方)提供信源的直播。与电影单一的过去时空、电视直播的现在时空过去时空并存相比,网络直播具备两大时空之外还具有压缩时空的功能,如同步的文字直播、图片直播、赛事直播、手机直播和比分直播等各种直播频道和样式。

随着移动网络提速和智能设备的普及,用户看视频玩视频的习惯已经形成,加之企业营销活动创新的内在需求,网络直播为企业提供了更加立体的营销平台。常见直播平台如图 11-18 所示。

图 11-18　常见直播平台

【资料】

直播平台

1. TO C 端直播平台

根据月活规模和商业模式,TO C 端直播平台可分为三大梯队,如图 11-19 所示。

直播平台	月活(MAU)	平台调性
淘宝	69918万	商家、主播带货直播
抖音	46918万	网红主播娱乐、带货
快手	26853万	网红主播娱乐、带货
微博	28860万	微博KOL、网红主播娱乐
拼多多	25216万	商家店铺直播带货
西瓜视频	14045万	达人直播带货
京东	8781万	商家店铺、联合明星KOL带货
小红书	5354万	分领域KOL、明星直播带货
哔哩哔哩(B站)	4491万	UP主带货
虎牙直播	3316万	游戏直播互动为主
斗鱼直播	2666万	全民游戏直播平台
YY	2372万	游戏直播互动为主
花椒直播	2929万	重生活内容直播分享
苏宁易购	945万	商家店铺直播带货
蘑菇街	243万	女性电商、买手直播带货

（第一梯队：淘宝、抖音、快手；第二梯队：微博、拼多多、西瓜视频、京东、小红书、哔哩哔哩(B站)；第三梯队：虎牙直播、斗鱼直播、YY、花椒直播、苏宁易购、蘑菇街）

图 11-19　TO C 端直播平台

1）第一梯队

（1）淘宝是强电商属性，具有丰富的商品品类，可以依托自身流量和外部平台流量作为流量分发的基数，且用户多以一二线城市为主，四五线下沉市场也有覆盖。淘宝通过建立直播入口，可以直接将货、人聚集在一个场景中，对于品牌而言，是理想的线上销售场景。但是强电商属性，也意味着在该平台进行直播的品类十分丰富，这对于小众品牌企业来说不具备优势，流量较集中于头部企业和主播。在淘宝直播中，内容制作和主播选择是提升流量的关键因素。

（2）抖音和快手则娱乐社交属性明显，主打娱乐社交内容，具备高流量和高活跃平台优势。

抖音以都市青年为主，主攻一二线。抖音直播引起众多品牌的关注，加速推动直播业务形态的打磨和沉淀。

抖音属于头条系，抖音直播流量推荐方式和头条类似，是重算法轻粉丝的逻辑，会依据用户偏好和浏览习惯将内容和用户进行匹配，通过算法进行精准推荐。对于在抖音开启直播的品牌而言，将会面临如何吸引流量的难题，直播前期的选题、宣传和曝光等都至关重要。快手以下沉市场为主，弱运营管控，基于社交和用户兴趣进行内容推荐，主推关注页推荐内容，同时加深主播和粉丝之间的关系，增强黏性。快手主播有较强的粉丝积累，对于品牌而言，选择快手作为直播阵地的话，前提需要有一个足够扎根的"老铁"。

学生笔记：

_____

_____

快手和抖音对于品牌流量争夺竞争有挖掘探索的空间，前提是需要和电商商铺打通，实现后链路链接，或者品牌单纯想做曝光、种草的话也是可以的，将流量引到线上自有店铺，不过在跨平台引流过程中肯定会有用户流失。

2）第二梯队

平台类型以社交媒体、综合电商和视频平台为主。

（1）微博属于社交和内容平台，用户规模大，但由于微博整体重热点话题，偏短平快新闻八卦聚合，微博直播流量较少，其直播类型内容往往以服装、配饰、生活用品等非标品类为主，目前主要靠 KOL 直播＋话题热搜，入驻直播的企业较少。

（2）拼多多属于后电商时代崛起的平台，因其拼单团购的属性，也衍生了拼多多具备社交电商的基因，主要以下沉市场为主。直播板块多以客单价较低的小商品、农产品或者地方特产为主，很接地气，也有一定的忠诚用户，对有下沉需求的品牌而言是一个值得尝试的流量池，但价格一定不是直播的重点。

（3）西瓜视频也是属于头条系，主要直播内容涵盖热门游戏直播，包含有音乐类直播、美食直播、旅游直播等，流量来自平台用户。西瓜直播板块有为销售转化专门搭建的值点商城，可以打通电商后链路，对于中小品牌来说，是可以作为试水锻炼的新平台。

（4）京东直播具有较强的电商属性，开始于 2018 年 8 月，用户基本上是为了购买产品而观看直播的，消费目的较强。并且由于京东用户多以男性群体为主，所以京东直播区别于其他电商直播推销、咆哮式的直播方式，多以测评、实物展示为主。另外，京东直播尚未有代表性网红主播和企业，但基因庞大的用户基础和京东电商全品类的电商优势，京东更倾向于推出爆款企业和主播联合的方式，以此吸引更多企业加盟。

（5）小红书作为女性社交内容种草平台，小红书直播流量来源是平台自身流量和小红书达人私域流量，推荐商品大多以美妆、服饰为主，且基本都属于知名品牌。另外，小红书社交种草和笔记基因较强，主要以 Plog 生活记录分享为主，录播再分享视频的效果会更适合，小红书直播取得流量的关键在于如何将散落的私域流量和公域流量汇聚在一起。

（6）B 站以年轻用户、Z 时代为主，且更聚焦于二次元、鬼畜等类型内容，品牌价值点在于用户的年轻化。传统品牌年轻化转型，B 站往往是优先被考虑的，也是最容易被放弃的营销阵地，原因就在于 B 站圈层文化和 UP 主，品牌主很难适应圈层文化，制定出得"人心"的内容。B 站直播以品牌联合 UP 主共创内容较多，带货品类也十分聚焦于此，如科技产品、小众潮品为主。

3）第三梯队

以游戏直播和电商平台为主，游戏直播主要是虎牙、斗鱼和 YY，游戏直播平台的主要流量来源还是游戏直播。

（1）虎牙是在 PC 端传统电竞游戏，以吃鸡、LOL 等传统电竞游戏吸引用户；斗鱼是垂直于移动电竞，以王者荣耀 KPL 职业联赛等手游类直播为主阵地；YY 不局限于游戏直播，也会涉及体育直播、电视直播等，直播内容上更加生活化、事件化、个性化，包括厨艺、手工 DIY、旅游、户外运动、明星事件现场、车展等。

游戏直播平台梯队相对稳定，相对于电商和社交平台的直播调性、内容覆盖面以及人群特征，游戏直播平台更为小众，以男性群体为主，能够带货品类较少，主要带货方式为游戏主播凭借个人影响力,在直播期间通过对话沟通等对粉丝的购买意向进行引导,将游戏直播用户转为电商品牌用户。

从 IG 团队夺得首个全球 LOL 总决赛冠军开始,社会对电竞游戏认可度大幅提高,游戏直播内容和玩法也愈发丰富。对于"他经济"的品类而言,是一个较为优质的曝光平台,品牌主也可以考虑和游戏主播合作,在直播过程中进行一些契合度较高的营销。在体育营销集体失色的情况下,游戏电竞或许可以弥补体育赛事的营销空位,以往热衷于体育赛事的品牌或可以转而关注游戏电竞。

(2)花椒直播聚焦 90、95 后生活,每天进行互动和分享,有文化、音乐、健身、综艺节目、情景剧等上百档自制直播节目,同时,花椒直播作为具有强明星属性的社交平台,是明星与粉丝沟通的渠道,例如,粉丝可以通过花椒直播观看明星粉丝见面会,以饭圈文化为主。

(3)苏宁易购和蘑菇街属于电商平台,苏宁易购是 2017 年上线直播功能的,依托平台电商品类企业进行直播带货,未有代表性主播,直播功能相对其他电商平台较弱;蘑菇街主要是以购物直播方式进行展示,买手直播带货为主,流量较小,属于社交电商的一种。

2. To B 端直播平台

除了 To C 端直播平台,由于线下场景消失,To B 端会议也多搬到了线上,To B 端具有直播会议和在线教育功能的商务 App 明显增长。To B 端直播平台如图 11-20 所示。

	钉钉直播	腾讯会议	小鹅通	ZOOM	微吼
可否录播	支持	不支持	支持	支持	支持
可否回放	支持	支持	免费版不支持	免费版不支持	免费版不支持
可否分享	支持	支持	支持	支持	支持
可否互动	需实名认证	需实名认证	游客可以互动	游客可以互动	游客可以互动但需注册账号
移动端打开方式	App	小程序/App	小程序	App	App
发起直播终端	移动&PC端	移动&PC端	移动&PC端	移动&PC端	移动&PC端
是否免费	限时免费	限时免费	免费适用7天	收费	收费;免费的试用期为7天20GB流量直播
收费标准	由直播或查看直播产生的网络流量费用取决于运营商	企业定制服务	企业定制服务年框付费	企业定制服务	按照直播时长以及观看人数来收费,专业版8000元一年
抗压性能	较强	较强	良好	良好	300万人

图 11-20　To B 端直播平台

资料来源:https://www.163.com/dy/article/FAOH7IE00519VFBH.html.

学生笔记:

_____

_____

_____

1. 直播营销的定义

直播营销是以直播平台为载体,在现场随着事件的发生、发展进程同时制作和播出节目,以传递企业品牌和产品信息的营销方法。有效的网络直播营销需要过硬的产品、良好的方案设计和精彩的内容等。

【资料】

直播营销的发展历程

(1)传统秀场/重度秀场。相对于移动直播(轻度秀场),传统PC端秀场可以称为重度秀场。传统秀场商业模式有虚拟物品付费、会员费、网络广告、票务及演出经纪及其他。用户消费主要用于社交关系消费(用户等级体系、白名单特权等)和道具打赏。

(2)游戏直播 & 移动直播。以《英雄联盟》、DOTA 等游戏为代表,形成了一种多人同时在线竞技/策略的游戏模式,产生学习、提升游戏水平/提高段位的社交需求,观赏、娱乐、游戏视频内容的可观赏性等因素催促游戏直播平台的诞生。

(3)泛生活"直播+"。直播向"直播+"演进,进入更多细分垂直行业。各行业与直播结合,深度用户互动增加用户黏性,直播更加便捷,产生全场景直播。

(4)VR+直播。VR+直播无可比拟的沉浸感使得观众瞬间穿越时空,进入他人的角色。虽然目前技术条件不够成熟,体验还不完美,但趋势已经明朗。

2. 直播营销的特点

直播营销是营销方式的重要创新,集中体现了互联网视频的特色。

(1)直播营销就是一场事件营销。除了本身的广告效应,直播内容的新闻效应往往更明显,引爆性也更强。相对而言,一个事件或者一个话题可以更轻松地进行传播和引起关注,利于企业开展营销活动,进行品牌和产品推广。

(2)用户群体精准定位。在观看直播视频时,用户需要在一个特定的时间共同进入播放页面,但这其实是与互联网视频所倡扬的"随时随地性"背道而驰。但是,这种播出时间上的限制,也能够真正识别出并抓住这批具有忠诚度的精准目标人群。

(3)用户实时互动。相较传统电视,互联网视频的一大优势就是能够满足用户更为多元的需求。直播中,用户不仅是单向的观看,还能一起发弹幕吐槽,喜欢谁就直接献花打赏,甚至还能动用民意的力量改变节目进程。这种互动的真实性和立体性,也只有在直播的时候能够完全展现。通过直播中互动,企业更为精准地了解市场需求,有利于产品的投放与销售。

(4)深入沟通,情感共鸣。碎片化时代,在去中心化的语境下,人们日常生活中情感交流越来越浅。直播具有仪式感的内容播出,使具有相同志趣的人聚集在一起,聚焦在共同的爱好上,情绪相互感染,达成情感气氛上的高位时刻。品牌和产品在这种氛围下恰到好处地传播,可以达到理想的营销效果。同时培养了忠实用户,为以后的营销奠定坚实的基础。

3. 直播营销模式

直播营销可以分为如下 4 种不同的模式。

1)品牌+直播+明星

"品牌+直播+明星"在企业直播营销的所有方式中,属于相对成熟、方便执行、容易成功的一种方式。明星往往拥有庞大的粉丝群,产生的效应可以迅速抓住观众的注意力,进而产生巨大的流量。所以在大多数情况下,企业想要通过直播塑造品牌形象时,一般都会优先考虑拥有固定形象的明星。

这种方式虽然见效快,但也有一定的缺陷。大部分明星很难留下影响较为深远的话题,而且明星直播已经被大量企业利用,观众对明星的好奇心被大量消磨之后,其产生的效益也会大量减少。因此,企业在利用这种直播营销方式的时候,要把握时机、适当利用。

2)品牌＋直播＋企业日常

企业日常是企业制定、研发、生产产品的过程等,甚至企业开会的状态、员工的工作餐这些企业琐碎的小事,对于消费者却是掩盖在产品光环下的"机密"。因此,企业日常搬上直播平台也是一种可以吸引用户注意力的直播营销方式。

3)品牌＋直播＋发布会

发布会是企业推广新产品的必要手段,利用直播将新品发布会搬到线上,通过"品牌＋直播＋发布"进行产品的营销活动,在宣传新品的同时也达到与用户互动的目的。通过直播,用户可以直接看到产品的性能以及使用效果,并且直播强大的真实性,让用户在看到产品确实能满足需求的时候,也为企业在消费群体中带来极大的信誉。企业在利用这种营销模式时要提前做好准备保证发布会顺利进行,还要对发布会中可能出现的意外情况给出预案。

4)品牌＋直播＋深互动

直播本身具有高效的互动性,所以企业想要让品牌通过直播平台与消费者进一步"深度互动"则需要极大的创新思维。一旦企业对"品牌＋直播＋深互动"有了正确的创新思路,就会获得相当可观的成果。

11.6.2　直播营销策略

1. 市场调研

直播营销的前提是了解用户和用户的真实需求,找到合适的受众才是做好直播营销的关键。分析其年龄段、地域、消费偏好等用户群体特征,为此制订营销对策与计划。数据显示,网络直播用户以年轻人居多,学生等有闲群体是主力,游戏直播以 90 后男性学生为主(占比超过 80%),年龄偏大的白领更喜欢电视、赛事直播(占比 50% 左右),而全民直播对女性更具有吸引力(占比近 60%),30 岁以下的工人、服务业人员更偏好秀场直播(占比近 70%)。

2. 分析自身优缺点

直播营销需要充足的营销经费、丰富的人脉资源、有效的实施方案。更重要的是企业能够提供什么优质的、真正满足用户需求的产品和服务,同时还要避免同质化的竞争,否则,直播营销就变成了一场清理库存的活动。这就需要企业分析自身优缺点,充分地发挥

学生笔记:

自身优势,才能取得良好的直播营销效果。

3. 选择直播平台

直播平台种类多样,根据属性可以划分为不同领域。如果做电子类的辅助产品,虎牙App 是不错的选择;直播推销衣服、化妆品,淘宝 App 及美妆 App 将会带来意想不到的流量。所以,选择合适的直播平台也是关键。

4. 设计直播方案

直播营销成功的关键就在于最后呈现给受众的内容和感受。在整个直播营销方案设计中需要销售策划及广告策划的共同参与,让品牌和产品在营销和视觉效果之间恰到好处。直播过程中,过分的营销往往会引起用户的反感,所以在设计直播方案时,要把握好视觉效果和营销方式。

做到线上线下同步直播,企业线下推广营销,付出成本高,能够覆盖的人群有限。而直播营销所能覆盖的人群是线下的成百甚至上千倍。如很多品牌新品上市发布会和一些小型的品牌活动,如果线上同步直播,观看人数将会大大增加。还可以利用直播的方式,将在多地同时举行的线下活动联系起来进行互动,营销效果会被放大数倍。图 11-21 为路易威登的小红书直播首秀截图。

图 11-21 路易威登的小红书直播首秀

5. 直播中开展互动活动

直播营销更加注重内容的价值性。直播营销可以是综艺节目化直播,例如 2015 年的"天猫双十一晚会"由天猫和湖南卫视共同打造的大型直播活动实现了消费+娱乐,在活动期间,消费者可以选择通过电视、计算机、手机观看并参与到活动中,一边看活动、一边买东西、同时还可以玩游戏。

6. 后期的有效反馈

直播营销效果最终体现在转化率上,通过实时的及后期的数据反馈,可以不断修正营销方案,提高营销方案的可实施性。

建立直播粉丝社群,增强直播用户黏性是提高转化率的有效手段。企业品牌基于UGC,采取更具深度参与感的粉丝创造内容方式,为粉丝提供一个展示的平台,使直播平台同时成为社交平台,增加粉丝对品牌的黏性。

【案例】

小米公司联合 B 站开启 72 小时不间断应援直播

2020 年 2 月 12 日,小米公司联合 B 站开启休想打败我的生活为主题的"72 小时不间断应援直播"活动(见图 11-22)。

图 11-22　小米公司联合 B 站 72 小时不间断应援直播

疫情期间,大部分人由于宅在家,不可避免地存在很多焦虑和恐慌,他们在努力适应变化的同时,也向往正常的生活。小米公司基于自己的行业影响力,想让更多的人认识到,在疫情中"生活可以被影响,绝不能被打败"。正逢小米 10 发布之机,其更承担着行业的正向引导意义。

72 小时不间断直播有以下 5 个主要栏目。

(1) 共同战"疫":央视新闻、人民日报等媒体直播一线战况,联动各地主播直播真实生活形态,UP 主战"疫"相关优秀内容,疫情知识科普教学,关注并挖掘民生话题。

(2) 娱乐不停歇:线上音乐会、影视品鉴、线上蹦迪等。

(3) 生活不停摆:美食、美妆、时尚、健身、艺术、民俗、手工、乐高等应有尽有。

(4) 明星 KOL 生活直播/VLOG 明星艺人惊喜出镜,疫情期明星都在做什么?

(5) 小米 10 新机发布会。

除了为大家提供有用的疫情科普和重要的疫情新闻之外,还召集众多 UP 主带来精彩内容,即使宅在家中,依然可以品味各种美食,了解当下时尚,欣赏世界的丰富和美好。当然,对于普通用户而言更重要的是,还有 100 台小米 10 手机不断送出。

小米 10 也发布同名微博话题,邀请网友寻找宅在家中的乐趣、云逛街、云看展、云学习等,一同分享在网络上,拉近了众人的距离感,减轻了大家对疫情的恐惧,传递宅在家中也

学生笔记:

能收获快乐的正能量。该话题已获得 5 亿次的阅读量,小米发布会获得千万次的播放。

小米公司和 B 站的合作早在 2016 年的小米 Max 手机发布时,双方就曾策划一个超耐久直播活动,持续时间 19 天;2017 年小米 Max 2 上市,双方举办的第二季更是跨度长达 31 天(见图 11-23)。除此之外,2015 年,雷军在新德里发布会上的演讲被 B 站 UP 主 Mr. Lemon 用作鬼畜素材,制作了名为《跟着雷总摇起来! Are you OK!》的视频,由此让"Are you OK"走红网络。

图 11-23　小米 Max 2 手机发布直播
资料来源:https://www.sohu.com/a/372571572_208899.

11.7　社群营销

现代营销学之父菲利普・科特勒把营销的演化划分为 4 个阶段:营销 1.0 时代,"以产品为驱动",营销就是纯粹的销售,营销沦为一种说服的艺术;营销 2.0 时代,"以消费者为驱动",企业不但注重产品功能,还要为消费者提供情感价值,让消费者了解产品背后的故事,为消费者提供独一无二的功能和情感的价值组合;营销 3.0 时代,"以价值观为驱动",消费者变成了有独立思想、心灵和精神的、完整的人类个体,企业的盈利能力与社会责任感及其价值观息息相关,"交换"与"交易"被转化为"互动"与"共鸣",营销的价值主张从功能与情感的差异化升级为精神与价值观的相应;营销 4.0 时代,"以自我实现为驱动",在物质过剩的时代,马斯洛需求模型中生理、安全、感情、尊重的 4 层需求相对容易被满足,于是自我实现成为客户必然诉求,营销 4.0 正是为解决这一问题而来。科特勒认为新时代的营销需要非常重视企业和消费者的关系,关注消费者的内心世界,通过内容创新、传播方式创新,与消费者沟通,建立情感联系,使品牌成为消费者表达自我、展示自我的载体。

11.7.1　社群营销的定义

社群是随着 Web 2.0 的发展以及社交网络的应用逐步发展起来的概念,就是一群志趣相同的人的聚合,其具有稳定的群体结构和较一致的群体意识,成员间分工协作,具有一致行动的能力和行为规范并保持持续的互动关系。社群的作用就是通过线上、线下的高频互动把与企业没有关系的用户转化成弱关系用户,把弱关系的用户转化成强关系、强链接的超级用户。

社群营销是基于社群的在网络社区营销及社会化媒体营销基础上发展起来的用户连接和交流更为紧密的网络营销方法。社群营销通过连接、沟通等方式实现用户价值,营销方式更加人性化,用户不仅欢迎,还可能成为继续传播者。其营销模式和流程对沟通和服务有更高的要求,而不是简单地通过社交网络实现"内容营销"。

【资料】

社 群 类 别

1. 产品型社群

产品型社群是互联网社会组织结构的新商业模式,产品型社群有几个重要的思维特征。(1)中间利润为零,利润递延。(2)功能成为必需,情感成为刚需。(3)个人异端化,组织社群化。产品型社群需要两个前提条件:情怀和势能。产品型社群变现高,单个粉丝的价值高,能不断裂变。

2. 兴趣型社群

兴趣型社群是源于大家共同的兴趣和爱好的一个群体。群体之间交流的话题涉及兴趣和知识。兴趣型社群较为常见。例如手机、汽车、运动、摄影等社群。兴趣型社群形成的关键是"同好"。大家在社群中有收获、有分享。基于同好,社群中会出现大量的铁杆拥护者。像 QQ 群建群时就是按兴趣分类的,就是一种兴趣型社群模式。

3. 品牌型社群

品牌型社群是产品型社群的一种延伸。品牌型社群以用户对产品的情感利益为联系纽带。用户基于对产品的特殊感情和认知,认为品牌能体现自身的体验价值和形象价值。用户认为这种品牌价值符合他们的人生观和价值观。从心理上得到契合,从而产生心理上的共鸣。

4. 知识型社群

知识型社群是兴趣型社群的另一种延伸。知识型社群成员乐于分享自己的经验知识和成果。社群成员之间相互交流和学习,并从中得到相互的肯定和尊重。知识型社群最能发挥内隐知识的传递和知识创新。由于群员在社群活动中自动自发地交换意见和观念,因此知识型社群经常会出现思想上的激烈碰撞。常见的就是知识付费社群。

5. 工具型社群

社交软件 App 有社交平台、有即时语音的、有即时文字的、直播类等。各种社群软件和社群应用为人们进行社群交流提供了基础性工具。从社群渗透到社群成员个体的工作生

学生笔记:
_____
_____
_____

活中。社交工具日常应用让社群成员在现实社群和网络社群两种状态下相互交叉。工具型社群具有的应用性、场景性和灵活性，可以完全服务于用户特定的场景沟通需求。

6. 资源型社群

资源型社群是一种以资源置换共享为基础的社群模式，其目的和兴趣型社群相差不大，在于成员之间不断分享资源。

11.7.2 社群营销的特点和优势

社群是企业与用户沟通最短的路径，社群营销成本低、效率高，成为传播企业品牌和产品信息的重要营销方法。

1. 社群营销的特点

（1）以用户为中心，以口碑为媒介。社群营销以目标人群的多向互动、沟通为核心，社群成员既是信息的发起者，也是传播者和分享者，用户的使用体验、态度直接影响营销效果。社群成员对产品的点评会转化为持久的口碑效应，当越来越多的群成员在社群里表达自己对产品的看法、态度并分享给志同道合的成员时，强烈的认同感就会在社群里产生，同时引起非社群成员的关注与传播。

（2）品牌传递的信息更具体，目标人群更可控。维系社群的纽带是对价值观的高度认同，这种归属感首先建立在对品牌认可的基础之上。社群成员通过与企业的互动，参与产品的设计、加工、制造过程，建立对产品或服务质量的动态评估，进一步增强对品牌的忠诚度。同时，由于与社群成员的关系更加紧密，企业对目标消费人群的信息掌握得更加准确，数据分析更加精准，客户人群更加可控。

（3）企业和用户在互动中实现共赢。社群成员可以通过其他成员的推荐或者企业提供的产品体验判断产品是否符合自己的需求，甚至可以参与产品生产流程并获得成就感；企业通过经营社群，既可以推广产品，又可以了解用户的爱好、需求、兴趣，了解目标用户对产品及服务的看法和意见，为下一步的产品设计、营销方案提供参考。

（4）社群营销具有多样性。社群营销信息传播方式多样化，包括图片、文字、音频和视频等，所传播的信息内容包括理性信息和感性信息、正面信息和负面信息、真实信息和虚假信息、共识性信息和个性化信息。

2. 社群营销的优势

（1）成本低。社群营销可以说是"零成本"，人们总是愿意相信那些跟自己拥有相同价值观、相同目标、相同特征的人，社群中每一个成员即是购买者，也是传播者，社群可以产生巨大的裂变营销效果。

（2）用户精准。社群聚集有共同兴趣、认知、价值观的用户，社群营销可以为有共同兴趣爱好、行动目的，甚至思维方式都高度一致的用户提供具体场景下的产品，实现精准用户定位，提高用户转化率。

（3）传播效率高。社群的本质是连接和沟通，而且这种联系通常是基于线下社会关系的联系，社群营销是以目标人群的双向互动沟通为核心，信息传播更加有效。

（4）用户沉淀。社群营销以定向需求、人际关系、口碑传播为核心，通过持续互动产生内容、产生价值，把用户沉淀在社群中，实现营销信息的二次、甚至三次发酵。

11.7.3　社群营销策略

社群营销模式可以描述为 IP＋社群＋场景。首先确定目标人群，根据目标人群确定产品的使用场景，根据场景链接 IP 圈层，最后由 IP 联合超级用户共同组建社群，影响更多潜在目标用户。其商业逻辑是 IP 占领专业认知高地，解决流量来源问题；场景强化体验，挖掘用户其他需求，提供一站式系统解决方案，为社群跨界变现创造机会；社群催化企业与用户、用户与用户之间的强关系，解决信任与共识。社群营销的核心就是构建企业与用户的信任共同体，通过社群为个体实现自我赋能，最终用户与社群相互赋能，形成良性循环，如图 11-24 所示。

图 11-24　社群营销模式

根据上述社群营销模式，社群营销策略应包括以下方面。

（1）认知用户。每个社群都有核心价值，这是为用户服务的最重要的输出内容。大数据技术使企业可以直接获取用户的数据，例如用户的爱好和品位能从抖音点赞、淘宝浏览记录等识别，用户的消费阶层能从各个电商平台的消费数据等识别。但是，大数据基于分析得出的用户画像数据如果缺少人为的沟通、参与，还是不够精准。基于社群获得用户信任和喜爱，就能够精细化地梳理用户标签，从而更好地认知用户群体的深层需求和潜在欲望，并对标签大致相同的用户进行相同策略的营销，就能在社群中产生"一呼百应"的效果，达成社群中的 KOL，使社群具有了持续的营销潜力。

（2）打造超级 IP。通过人格化、赋能、话题和内容能力来打造超级 IP，可以是品牌超级 IP，也可以是个人超级 IP。通过 IP 招募和启动第一批核心种子用户，开展线上、线下的活动和有价值、有态度的内容输出强化 IP 标签，营造营销的势能影响更多用户，实现更大的增量和转化。

（3）持续输出有吸引力的优质内容。通过群内分享、朋友圈、公众号等形式持续输出针对用户有吸引力的内容，内容输出以沟通为前提，以干货、趣味性为核心，吸引社群内用户的关注，并积极引导沟通和反馈，制造话题量和社群热度。

（4）场景化塑造。产品往往是场景下的产品，营销从场景切入，使得用户把氛围、价值、荣誉、认同等作为选择的标准，只要体验不错，就会产生转化。社群营销设计一种场景强化用户体验，重塑用户认知，激发用户潜在需求。同时，场景引发用户参与，制造大量原创内容，这些内容又可以引爆用户背后的海量用户。

（5）在垂直细分领域与用户交互。社群是一个精细化的社区，不同的兴趣者位于不同的社区，社群营销从兴趣入手通过线上、线下的交互活动提高用户参与感，提升社群活跃度。开展"软营销"能增强社群黏性，及时根据社群的反馈调整营销策略。

（6）做到碎片化裂变。用户自传播称作裂变传播。社群营销从 B 端客户（种子用户）入手,通过服务,赋能,提供系统化工具和方法,以碎片化的内容和应用快速将流量进行转化,以存量获得更多的增量裂变。网络时代,用户注意力越发碎片化,例如微信生态下碎片化应用的典型是小程序,小程序也是微信生态下实现裂变的重要方式。做好内容和小程序的联结,使用户可以把信息以小程序作为载体裂变传播到其他社群。

（7）以用户认知实现转化。社群潜移默化影响用户认知,并持续性地实现转化,社群中几个人的行为往往会扩散成几十人,甚至几百人行为的场景。基于消费者行为学理论模型（AIDMA）,用户从接触信息到最后达成购买会经历5个阶段:引起注意、引起兴趣、唤起欲望、留下记忆、购买行为。社群中反复进行的沟通,培养了用户对品牌和产品的认知度,后续其他社群成员的产品体验分享,更加影响消费者决策,从而不断实现流量转化。

【案例】

海尔洗衣机以一枚硬币撬动一个社群

移动互联网时代下的社会结构正在加速社群化。对于那些寄望通过社群化运作实现某种商业目的的品牌而言,成功的关键在于如何唤起受众的此种情结。

2016年10月,海尔在全国各地发起在运行的洗衣机上"立硬币"活动（见图11-25）,以此来展示机身在洗衣过程中的安静及平稳的性能,在全国掀起立硬币高潮,成功唤起了受众的社群情结,引发社会化的口碑传播。用户参与后发现这种方式非常有趣,就开始做比赛,一开始立一个,后来就看谁立得多,最多的一个立了300多个,整个台面上满满都是硬币。用户参与进来了,传播量整体达到了1000万。社群也参与进来,传播中诞生了专业玩硬币的社群,他们用专业的玩法,诸如摆硬币、叠硬币进行挑战,吸引了更多用户参与,又诞生更多社群。例如,全国有30多个社群都出现了摆当地最有代表性的建筑。在广州摆了广州塔,在石家庄摆了最高的石家庄电视塔,跟当地用户更能产生共鸣,传播效果更好。

最后,社群中还出现了吉尼斯世界纪录,线上、线下整体传播量也达到10.7亿人次,实现了全面引爆。

图11-25　海尔洗衣机"立硬币"活动

海尔洗衣机"立硬币"事件之所以能够引发社群化效应,群营销实践取得成功离不开以下两个要素。

1) 逆向思维与参与感

按照过往人们对营销的理解，所谓营销就是将产品好的一面展示给受众，将品牌的理念和价值观传递给消费者，因此常见的营销就是集中、大规模的广告铺放，但这种方式的效果在社群时代变得越来越差。

海尔洗衣机发起的"立硬币"活动改变了传统的教育用户的方式，由"我来讲"转变为"您来试"，让用户从被动接受营销信息变成主动了解产品和认识品牌，是典型的"逆向思维"。这种思维体现出海尔对"社群"概念的正确理解，其结果是让消费者在参与活动的过程中感受到乐趣，体验到产品的功能，感知到品牌的温度。

2) 中心化与去中心化

"立硬币"事件发起的背景是，海尔通过 HOPE 平台调研发现，用户对洗衣机产品抱怨最多的就是"噪音大"，而"立硬币"这种形式十分巧妙地与噪音大这一痛点结合在了一起。不论从活动形式还是活动目的都是高度精准、聚焦的，这就是所谓的"中心化"。而社群的经营同样离不开一个中心，这个中心是凝聚社群成员的关键。

"去中心化"则体现在营销渠道上。尽管线上、线下的界限已经十分模糊，但一个成熟的社群运作一定是线上、线下的结合与互动。海尔洗衣机在线下各大卖场发起"立硬币"活动的同时，在微博、视频等线上平台也同步发起相关活动。在营销渠道上采取"去中心化"的策略，覆盖到更多的消费者，这是活动参与人数不断攀升的原因。

海尔的社群营销并不只是简单的营销方式转变，从中可以看出海尔塑造全新品牌形象的诉求，以及海尔对品牌和用户二者关系的全新理解。而社群营销的成功带给海尔的也不只是品牌影响力的扩大。

首先，社群营销让海尔的品牌形象更加鲜活，更具人格化特征。过去洗衣机等大家电给消费者的印象冰冷、呆板，没有生气，主要原因是品牌与消费者之间缺乏沟通与互动，导致产品缺乏必要的人格化特征，无形中拉远了品牌与消费者间的距离。而海尔洗衣机则通过"立硬币"等一系列活动让品牌形象变得更加鲜活、人性化。

其次，社群营销是基于社交关系链的传播，口碑效应显著。口耳相传建立起的品牌口碑比任何营销都更加牢固，海尔品牌口碑的树立就受益于此。例如，海尔的服务有口皆碑，很大程度上就是用户之间口口相传形成的。而社群背后是一个庞大的社交关系链，有助于海尔进一步加强品牌的口碑效应。

最后，社群是基于强关系的连接，海尔通过一系列社群活动加强了品牌与用户之间的关系，同时也提升了用户对品牌的忠诚度。基于社群的关系显然比纯粹的交易关系更加牢靠。社群营销的成功直接反应在海尔洗衣机的市场表现上。中怡康发布的第 49 周销售数据显示，海尔洗衣机整体市场份额为 28.9%，稳居行业第一。海尔滚筒洗衣机增速高达 53.9%，是行业增速的 10 倍。海尔滚筒洗衣机连续 4 个月位居行业增速第一，真正实现了大体量下的高增长。

学生笔记：

_____

_____

_____

一枚硬币撬动一个社群,树起产品好口碑继而带动销量增长,海尔洗衣机的社群营销值得家电行业借鉴。

资料来源:http://www.sohu.com/a/122390799_116138.

【章末案例】

元气森林微信营销

元气森林成立于 2016 年,只用了短短 4 年时间,估值飙升至 140 亿,2020 年天猫"6·18"购物狂欢节,元气森林击败可口可乐、百事可乐两大巨头,成为饮品类第一名,如图 11-26 所示。

图 11-26　元气森林产品

区别于同类饮品,元气森林主打"0 糖 0 脂 0 卡",目标群体是 20~30 岁,注重健康又热爱肥宅快乐水的年轻白领。在营销策略上,瞄准连锁便利系统高速增长红利,成功进入全家、罗森、喜士多、便利蜂、盒马等系统;在小红书、抖音、快手、微博网红等线上进行日常曝光,仅小红书上,就有 3 万多篇关于元气森林的笔记,如图 11-27 所示。

笔记内容丰富多样,例如元气森林乳茶妹 COS 有奖大赛、元气森林盲盒、无糖测评、口味测评、下午茶 0 元无限量免费吃……基本都是围绕年轻女性的消费生活场景,既有利益点的刺激,又有和生活相关的内容输出,具有很强的社交属性,能够引发大量 UGC 内容。

1. 用户获取

1)企业微信＋公众号裂变获客

(1)用户路径。①用户扫描海报关注公众号,公众号引导用户添加企业微信;②用户添加企业微信,企业微信自动推送活动规则＋专属海报;③分享海报至朋友圈/社群,邀请好友助力;④完成一阶任务,进入社群领取奖品;⑤完成二阶任务,填写收货地址。

(2)玩法介绍。粉丝通过企业微信获取专属海报,邀请朋友扫码关注公众号及添加企业微信,并完成助力,达到指定邀请任务目标后,粉丝即可领取企业奖励。通过奖励式分享,好友助力裂变玩法辅助企业微信、公众号,完成拉新及搭建私域流量池。

2)企业微信个人号裂变获客

(1)用户路径。①用户扫描海报添加企业微信;②企业微信自动推送活动规则＋专属

图 11-27　元气森林的小红书笔记

海报；③分享海报至朋友圈/社群，邀请好友助力；④完成任务，填写收货地址。

（2）玩法介绍。粉丝通过企业微信获取专属海报，邀请朋友扫码添加企业微信并完成助力，达到指定邀请任务目标后，粉丝即可领取企业奖励。好友只需添加企业微信即可助力成功，如果对活动奖品感兴趣则会继续分享、转发海报，形成裂变循环。

3）活动文案

文案用最少的文字让用户明白活动的规则和玩法，让用户在最短的时间能够抓住重点。一个手机屏都无法展示的过长文案，用户是没有耐心看完的。

2. 用户留存

（1）欢迎语。企业微信个人号裂变，在欢迎语中植入新人无门槛优惠券链接，将用户引流至小程序。

（2）企业微信社群。完成任务后，并没有让用户直接填写收货地址，而是先引导用户入群，将用户沉淀在企业微信群中，而后在社群中推送折扣活动，或新人福利。

（3）企业微信标签群发。企业微信支持一键群发和标签群发，活动过程中，会自动给添加企业微信的用户打上标签，且根据用户的任务完成情况不同，打不同的标签。标签会自动同步至企业微信后台，在活动结束后，根据标签给用户发送不同的营销内容，将用户引流至小程序，及其他裂变活动。

（4）多活动引流。开展新的裂变活动时，可以用之前活动的企业微信号触达上一场活

学生笔记：

动的参与用户，引导用户参与新的活动，为新的企业微信号做引流，多一个留存用户的入口。

3. 用户转化

（1）用代金券、折扣券引导用户下单。用户进入社群后，首先会发出一个新人5折券，引导用户进入元气森林小程序商城，购买指定产品。除了5折券外，还有代金券、折扣券，根据节日、产品上新、产品套餐等契机轮番上阵，再加上优惠失效的限制，刺激用户快速下单，转化购买。

（2）引流矩阵产品通过一箱气泡水吸引用户参与活动，再通过社群和企业微信客服号告诉用户元气森林还有其他特别好喝的饮品，并且价格合理，给新用户尝试的可能性。

4. 风控设计

为避免羊毛党，元气森林的裂变活动开启防刷验证，如果用户在1分钟内邀请人数超过50，那么就会被自动拉入黑名单，或邀请的用户，超过40人没有头像/昵称；或没有设置性别/地区，也同样会被拉入黑名单。一旦被拉入黑名单，用户就不能再继续邀请好友助力，有效防止了机器人和羊毛党。

思考题

1. 元气森林微信营销如何进一步拓展获客方式？

2. 元气森林微信营销是否与其产品定位一致？设计网络营销策划方案更好地展示产品形象。

本章小结

本章详细论述了常用的搜索引擎营销、E-mail营销、病毒式营销、微博营销、微信营销、直播营销和社群营销等网络营销方法。

搜索引擎营销是根据用户使用搜索引擎的方式，利用用户检索信息的机会将营销信息传递给目标用户的网络营销方法。搜索引擎营销是用户主动创造被营销的机会，利用效果追踪工具企业可以及时清晰地分析关键词带来的实际效果，从而调整关键词列表和出价。搜索引擎营销的特点：①搜索引擎营销方法与企业网站密不可分；②搜索引擎传递的信息只发挥向导作用；③搜索引擎营销是用户主导的网络营销方式；④搜索引擎营销可以实现较高程度的定位；⑤搜索引擎营销的效果表现为网站访问量的增加而不是直接销售；⑥搜索引擎营销需要适应网络服务环境的发展变化。企业利用搜索引擎就要达成5个层次的营销目标：①被搜索引擎收录；②在搜索结果中排名靠前；③增加用户的点击率；④将浏览者转化为顾客；⑤成为企业忠诚客户。搜索引擎营销的基本方法：①登录搜索引擎；②搜索引擎优化；③关键词广告，竞价排名和基于网页内容定位的广告其实质也是关键词广告。

E-mail营销就是许可E-mail营销，开展E-mail营销需要解决3个基本问题：向哪些用户发送电子邮件、发送什么内容的电子邮件，以及如何发送这些邮件。技术平台、用户的E-mail地址资源和邮件的内容是开展E-mail营销的基础条件。实施E-mail营销时应遵循一定的基本原则，按照进入和退出策略、内容策略、发送策略进行。E-mail营销评价体系多采用点击率和回应率,E-mail 营销是一个长期的过程,有助于与顾客保持紧密联系,产生潜移默化的作用,并影响其对产品或服务的印象。

病毒式营销是用户口碑传播原理在互联网上的应用,是一种高效的信息传播方式,常用于网站推广、品牌推广等,这种传播是用户之间自发进行的,因此几乎不需要营销成本。病毒式营销的特点:①有吸引力的病原体;②几何倍数的传播速度;③高效率的接收;④更新速度快。病毒式营销的一般规律:①病毒式营销的"病毒"有一定的界限,超出这个界限的病毒式营销方案就成为真正的病毒了;②成功的病毒式营销离不开 6 个基本要素:提供有价值的产品或服务、提供无须努力地向他人传递信息的方式、信息传递范围很容易从小向很大规模扩散、利用公共的积极性和行为、利用现有的通信网络和利用别人的资源进行信息传播;③成功实施病毒式营销需要 5 个步骤:病毒式营销方案的整体规划和设计、病毒式营销需要独特的创意、对网络营销信息源和信息传播渠道进行合理的设计,以便利用有效的通信网络进行信息传播、对病毒式营销的原始信息在易于传播的小范围内进行发布和推广、对病毒式营销的效果进行跟踪和管理;④病毒式营销的实施过程通常是无需费用的,但病毒式营销方案设计是需要成本的;⑤网络营销信息不会自动传播,需要进行一定的推广。

微博营销是以微博为营销平台,企业利用更新自己的微博向用户传播企业、产品的信息,树立良好的企业形象和产品形象。微博营销是一种基于信任的主动传播,每一个听众(粉丝)都是潜在营销对象,只有取得用户的信任,用户才可能主动转发、评论,从而产生较大的传播效果和营销效果。微博营销的特点:①门槛低;②多平台;③传播快;④见效快;⑤针对性强。微博营销具有一定的原则。微博营销优化应注意:①微博优化选取热门关键词;②微博的关键词选取要适当;③微博的名称选取简单易记;④微博的 URL 地址简洁明了;⑤微博的个人资料要填关键词;⑥个人标签填写关键词。评论数或转发数是两个非常重要的衡量微博营销效果的指标。

微信营销突破距离和空间的限制,实现点对点的营销。企业注册微信后,可以与周围同样注册的"朋友"形成一种联系,订阅自己所需的信息,企业微信通过提供用户需要的信息,推广自己的产品,微信营销是基于强关系网络的,具有良好的互动性,在精准推送信息的同时更能加强这种关系网络。微信营销的优势:①点对点精准营销;②形式灵活多样;③建立强关系。微信营销的特点:①高到达率;②高曝光率;③高接受率;④高精准度;⑤高便利性。微信营销中主要是微信公众号营销,公众号有服务号、订阅号、企业微信和小程序 4 种类型,订阅号在其中发挥着重要的作用。微信公众号营销用户策略有微信公众号吸粉策略、互动沟通和转化策略;微信公众号营销内容策略应注意微信公众号内容一般要素的完整性和微信公众号内容的价值性。

直播营销以直播平台为载体,在现场随着事件的发生、发展进程同时制作和播出节目,以传递企业品牌和产品信息的营销方法。直播营销的特点:①直播营销就是一场事件营

学生笔记:
_____
_____
_____

销；②用户群体精准定位；③用户实时互动；④深入沟通,情感共鸣。直播营销模式分为 4 种：①品牌＋直播＋明星；②品牌＋直播＋企业日常；③品牌＋直播＋发布会；④品牌＋直播＋深互动。直播营销策略：①市场调研；②分析自身优缺点；③选择直播平台；④设计直播方案；⑤直播中开展互动活动；⑥后期的有效反馈,直播营销效果最终体现在转化率上,通过实时的及后期的数据反馈,可以不断修正营销方案,提高营销方案的可实施性。

社群营销是基于社群的在网络社区营销及社会化媒体营销基础上发展起来的用户连接和交流更为紧密的网络营销方法。社群营销的特点：①以用户为中心,以口碑为媒介；②品牌传递的信息更具体,目标人群更加可控；③企业和用户在互动中实现共赢；④社群营销具有多样性。社群营销的优势：①成本低；②用户精准；③传播效率高；④用户沉淀。社群营销模式可以描述为 IP＋社群＋场景,首先确定目标人群,根据目标人群确定产品的使用场景,根据场景链接 IP 圈层,最后由 IP 联合超级用户共同组建社群,影响更多潜在目标用户。社群营销应做好以下几个方面：①认知用户；②打造超级 IP；③持续输出有吸引力的优质内容；④场景化塑造；⑤在垂直细分领域与用户交互；⑥做到碎片化裂变；⑦以用户认知实现转化。

重点概念和知识点
- 搜索引擎营销的定义和特点；
- 搜索引擎营销的层次；
- 搜索引擎营销的基本方法；
- 搜索引擎营销实施策略；
- E-mail 营销的定义和基础条件；
- E-mail 营销策略；
- E-mail 营销的效果评价；
- 病毒式营销的定义和特点；
- 病毒式营销的基本思想；
- 微博营销的定义和特点；
- 微博营销的效果评价；
- 微信营销的定义和特点；
- 微信公众平台账号的分类；
- 微信公众号运营流程；
- 微信公众号营销策略；
- 直播营销的定义、特点和模式；
- 直播营销策略；
- 社群营销的定义和特点；
- 社群营销策略。

练习题
1. 搜索引擎的组成和工作原理是什么？根据工作原理,搜索引擎分为哪几类？
2. 搜索引擎营销的定义和特点是什么？搜索引擎营销的基本方法有哪些？这些方法

可以达成搜索引擎营销的哪一层次的目标？

　　3. 搜索引擎优化和竞价排名的实施策略是什么？试举例说明搜索引擎优化常见作弊方法有哪些？

　　4. 什么是 E-mail 营销，开展 E-mail 营销的基础条件是什么？

　　5. 开展 E-mail 营销的基本原则是什么？如何评价 E-mail 营销效果？

　　6. 什么是病毒式营销，病毒式营销的特点是什么？

　　7. 病毒式营销的一般规律是什么？试举例说明病毒式营销实施的步骤。

　　8. 什么是微博营销？微博营销的特点是什么？

　　9. 微博营销的原则有哪些？试举例说明微博营销推广方法。

　　10. 微信营销的定义和特点是什么？

　　11. 微信公众平台账号的分类和选择原则是什么？微信公众号运营流程是什么？

　　12. 微信公众号营销的内容策略和一般原则是什么？试举例说明微信公众号营销内容的基本要求。

　　13. 直播营销的定义和特点是什么？

　　14. 直播营销的流程是什么？试举例说明直播营销策划方案的基本内容。

　　15. 什么是社群营销？社群营销的主要作用是什么？

　　16. 社群营销的优缺点是什么？网络社群营销的核心是什么？怎么理解现有的社群文化？

本章参考文献

[1]　百度营销研究院. 点金时刻　搜索营销实战思维解读[M]. 北京：电子工业出版社，2013.

[2]　何晓兵，何杨平，王雅丽. 网络营销——基础、策略与工具[M]. 2 版. 北京：人民邮电出版社，2020.

[3]　冯英健. 网络营销基础与实践[M]. 5 版. 北京：清华大学出版社，2016.

[4]　Mike Moran，Bill Hunt. 搜索引擎营销：网站流量大提速[M]. 宫鑫，康宁，刑天 SEO，等译. 3 版. 北京：电子工业出版社，2016.

[5]　李东进，秦勇，陈爽. 网络营销：理论、工具与方法（微课版）[M]. 2 版. 北京：人民邮电出版社，2021.

[6]　勾俊伟，刘勇. 新媒体营销概论[M]. 2 版. 北京：人民邮电出版社，2019.

[7]　马佳彬. 微信营销、运营全面解析[M]. 北京：电子工业出版社，2015.

[8]　凯琳. 一本书玩转社群营销[M]. 北京：华文出版社，2019.

[9]　吴智银. 社群营销运营实战手册[M]. 2 版. 北京：人民邮电出版社，2020.

[10]　卢彦. 社群三板斧：持续增长新动能[M]. 北京：机械工业出版社，2020.

[11]　韩布伟，张国军. 网络直播掘金手册[M]. 北京：人民邮电出版社，2017.

[12]　倪滟. 商业直播网红塑造[M]. 上海：东华大学出版社，2020.

[13]　鲜军，陈兰英. 网络整合营销从入门到精通（微课版）[M]. 北京：人民邮电出版社，2019.

学生笔记：

_____

_____

_____

［14］ 郦瞻，谭福河，盛振中，等. 网络营销［M］. 2 版. 北京：清华大学出版社，2018.

［15］ 刘冰. 网络营销策略与方法［M］. 北京：北京邮电大学出版社，2019.

［16］ 曹丽月. 新手做 SEO 如何进行关键词分析与优化操作［J］. 计算机与网络，2018，44(08)：39-40.

［17］ 付亮，曹忠杰. 论病毒式营销现状［J］. 中国市场，2020(35)：128-129.

［18］ 李康. 社群的用户增长渠道分析——以微信社群为例［J］. 内江科技，2021，42(07)：122，112.

［19］ 卢芳冰. 品牌社群营销策略分析［J］. 营销界，2021(29)：9-10.

［20］ 夏榕. 微博营销对企业品牌传播的影响［J］. 中外企业家，2020(17)：242.

［21］ 李霞. 零售企业微信公众号的内容营销策略研究［J］. 商场现代化，2021(03)：52-54.

［22］ 刘伟伟. "直播＋"新型营销方式现状及发展趋势［J］. 中国管理信息化，2021，24(13)：105-107.

［23］ 翟雨芹. 基于网络直播的品牌营销策略研究［J］. 营销界，2020(05)：22-23.

［24］ S.Manikandan. Perception of Web Users on the Effectiveness of Search Engine Marketing and Search Engine Optimization in the Era of Digitalization［J］. International Journal of Recent Technology and Engineering (IJRTE)，2019，8(4)：70-73.

［25］ Goic Marcel，Rojas Andrea，Saavedra Ignacio. The Effectiveness of Triggered E-mail Marketing in Addressing Browse Abandonments［J］. Journal of Interactive Marketing，2021(55)：118-145.

第 12 章

跨境电子商务网络营销

本章学习要求

跨境电子商务营销是指借助互联网技术、通信技术、数字交互技术、大数据技术等来实现将产品销售给最终目标用户的一种营销方式。跨境营销推广的主要目的是使产品的相关信息,能够通过跨境电商平台实现在不同环境中的产品供应商和目标消费者之间的流通。本章首先介绍了跨境电子商务主要模式、市场概貌等基本问题,阐述了跨境电子商务营销中的相关理论,最后介绍了跨境营销方法、影响因素,提出相应的营销管理策略。通过本章的学习,读者应了解跨境电子商务营销市场现状,掌握跨境营销理论和营销方法,能够结合企业特点制定相应的跨境营销管理策略。

12.1 跨境电子商务概述

全球化是伴随人类历史发展一直持续的进程。进入数字经济时代,全球化更加深入。互联技术让全世界比以往任何时候都更加互联互通。2021 年 1 月,全球互联网用户数量已经达到 46.6 亿人,全球互联网普及率目前为 59.5%；有 52.2 亿人正在使用手机，相当于世界总人口的 66.6%，这意味着超过一半的全球人口在线，跨境电子商务成为国际重要的贸易方式。

12.1.1　跨境电子商务模式

跨境电子商务(cross-border electronic commerce)是指分属不同关境的交易主体依托于互联网技术，通过电子商务平台沟通、洽谈达成交易、进行支付结算，并通过跨境物流送达商品、完成交易的一种国际商业活动。进口跨境电商与出口跨境电商都属于跨境电子商务的一部分，两者属于同一事物的两方面。例如，在我国，出口跨境电商主要将我国企业制作的物美价廉的商品出售给世界人民，进口跨境电商是指通过电子商务的渠道，国外的零售商或者是品牌商将自己的产品销售给我国的消费者，两者有很大的差别，从国与国关系的角度来讲，我国的出口电商是其他国家的进口电商，同样，国外的出口电商便是我国的进口电商。

按照商品流动方向，跨境电子商务可以划分为进口型跨境电商、出口型跨境电商、进出口综合型跨境电商；按照贸易双方的对象可以划分为 B2B 跨境电商、B2C 跨境电商、C2C 跨境电商。

1. 中国出口跨境电商主要模式

1) 传统跨境大额交易平台(大额 B2B)

主要是指企业与企业之间的交易，这种交易通过电子商务的方式进行沟通洽谈，最终达成一致的形式。大宗交易平台主要是依托自主网络营销平台，在平台上发布一些供应商和采购商的相关信息，例如商品信息、服务信息等，实现信息在交易双方之间的传递，最终达成交易的一种模式，主要特点是订单较集中，批量也比较大，交易洽谈及货物的运输都在线下完成，本质上归属于传统贸易，由海关负责贸易统计；这类平台的推广渠道主要包括线下展会、网站推广、相关出版物等营销方式。典型的代表平台主要是阿里巴巴、中国制造网、敦煌网、慧聪网等。

2) 综合门户类跨境小额批发零售平台(小宗 B2B 或 B2C)

主要是指消费者与消费者直接沟通达成交易的买卖形式，在该模式下网站平台仅是一个第三方独立的销售平台，买卖双方通过平台提供的商品信息下单成交。它的批量比较小，但是贸易的频率比较高，多属于直接面向消费者的情况，订单比较分散，由快递公司或邮局间接负责货物的报关程序，网站并不参与到货物物流及货款的支付环节，主要的代表网站是阿里速卖通、亚马逊、Wish、易贝等。

3) 垂直类跨境小额批发零售平台(独立 B2C)

主要是指企业与消费者之间通过依托网络的发展，使用电子商务的形式达成交易，在这种模式下独立的跨境平台通过自建的交易平台，利用自己广大的资源优势联系境内外企业，寻求供货商，独家代理或买断货源，将商品放在平台上销售，主要的收入来源便是货物的销售收入，赚取差价。同时，该类平台还有自己的支付、物流、客户服务等体系，通过平台将采购到的商品纷纷销往国外，主要代表有兰亭集势、帝科思、米兰网等。

4) 专业第三方服务平台(代运营)

跨境电子商务发展迅速，是国内外卖家必争的"新蓝海"。同时，由于跨境电子商务本身的一些限制性因素,导致一些中小卖家因自身实力不足惨遭失败,或者是迟迟不敢踏入这一领域。在这种背景下,就出现了一些专业的第三方服务平台,他们并不直接参与到买卖过程,而是为来自不同行业的跨境电商,依据其行业及规模的不同,为其提供解决方案,帮助小额电商海外销售业务的发展,其主要通过收取服务费的方式盈利,代表企业主要有递四方、四海商舟。

2. 中国进口跨境电商主要模式

根据跨境电商交易主体属性的不同,可以将交易主体分为商户、企业和个人,因而可以将进口跨境电商平台分为 3 类,分别为 M2C(商户对消费者)平台型、B2C(企业对消费者)自营型和 C2C(个人对消费者)海外代购型。另外,还包括一些其他类型的电商平台,具体介绍如下。

(1) M2C 平台型跨境电商。平台型跨境电商是指企业开发并运营网络平台,吸引国外商家入驻平台销售产品,电商平台并不参与商品交易过程,入驻商家负责产品的销售、支付、物流和售后服务,电商平台对卖家进行管理和监督,给卖家和消费者提供交易场所或媒介,对入驻商家收取一定费用。这类跨境电商最典型的代表就是天猫国际,天猫国际邀请具有海外零售资质的商家入驻,为其提供销售、支付等一系列服务。

(2) B2C 自营型跨境电商。自营型跨境电商是指企业不仅开发并运营网络平台,而且企业参与制造或采购、销售、物流和客户服务整个交易过程,企业对消费者负责。这类跨境电商的代表包括网易考拉海购、京东全球购、蜜芽、苏宁海外购、聚美优品海外购、唯品国际等。

(3) C2C 海外代购型跨境电商。海外代购型跨境电商的商业模式为个人对消费者。这类平台的卖家多为个人或者小型买手团队,卖家根据消费者需求,在国外进行商品采购,通过国际物流将商品运输到消费者手中。这类跨境电商的代表包括淘宝全球购、洋码头、海蜜等。

(4) 海外电商直邮模式。有代表性的电商平台包括亚马逊海外购、丰趣海淘、Saks Five Avenue 等。通过亚马逊海外购购物,成功提交订单后,由亚马逊海外电商直接销售并发货。

(5) 内容分享式跨境电商。这种模式的跨境电商推荐商品的方式为分享资讯方式,为了达到销售目的,吸引用户浏览。这种模式的发展需要完善的供应链体系,典型代表为小红书。

(6) 返利导购类跨境电商。这种模式的跨境电商主要是针对海外 B2C 或者 C2C 网站的返利网站,具有商品销售和引流的作用,对技术和入门门槛要求不高,长远看缺乏核心竞争力。典型代表有海猫季、么么嗖。

12.1.2　跨境电商市场概貌

1. 全球跨境电商市场

由于跨境网购能够让消费者找到更便宜或是在本土市场没有的商品,全球买家对跨境

学生笔记:
_____
_____
_____

电商将会越来越感兴趣,而中国卖家的商品也将吸引越来越多的海外消费者。阿里跨境电商研究中心与埃森哲在北京联合发布全球跨境B2C电商趋势报告,跨境B2C电商消费者总数由2014年的3.09亿人增加到2020年的9亿多人,年均增幅超过21%,形成一群强劲的消费大军。2022年,全球跨境电商的销售额将达6270亿美元,占电子商务的20%。而受中国带动,亚太地区在进出口方面都将成为发展强劲、规模最大的跨境电商市场;北美和西欧跨境电商B2C市场较为成熟,增势有所放缓;拉美、中东欧/中亚、中东/非洲等地区是跨境电商B2C发展的新兴市场,其中,拉美地区以超过40%的年均增速成为全球跨境电商B2C增长最快的地区。

全球跨境电商消费者主要购物品类是服装(68%)、电子产品(53%)、玩具(53%)、珠宝和手表(51%)、化妆品(46%)。多数的在线购物行为仍然通过台式机或笔记本电脑进行,但智能手机购物正在迅速发展。2016年以来,在欧洲和美国智能手机购买比例几乎翻了一番,美国和中国买家贡献了巨大力量,2017年,两国海淘者通过智能手机在线购物的比例分别是61%和84%。

2. 中国出口跨境电商市场

1) 跨境电商快速发展,出口规模持续增长

2012—2020年,我国跨境电商取得了快速发展,据网经社电商大数据库显示,2020年,中国跨境电商交易额占我国货物贸易进出口总值的38.86%,相比2019年的33.29%提升了5.57%。以阿里巴巴国际站、环球资源、敦煌网、大龙网等为代表的B2B市场,以及全球速卖通、eBay、亚马逊、跨境通、傲基电商等为代表的B2C市场实现了双轮驱动,出口跨境电商交易额由2012年的1.86万亿快速增长至2020年末的9.7万亿元(见图12-1)。跨境进出口结构的占比总体较为稳定,跨境出口占比一直较高,但进口比例正不断扩大,2018年跨境出口占跨境电商交易规模的比例为78.9%,2019年跨境出口比例为76.5%、进口比例为23.5%。

图 12-1　2012—2020 年我国出口跨境电商交易规模及增长率

资料来源:根据网经社电子商务研究中心历年报告数据整理.

进一步从跨境电商出口交易模式来看,B2B市场交易规模仍然占据主导地位(见表12-1),

虽然 B2B 模式的交易规模占比由 2014 年的 84.87% 下降到 80.28%,但总体而言,B2B 模式的跨境出口交易规模仍然保持了绝对的优势。具体从 B2B 模式交易规模和增长趋势可以发现,B2B 模式出口跨境电商交易规模仍然保持了较快的增长,但从增长率来看,却出现了持续下降的态势。

表 12-1　我国出口跨境电商 B2B 模式和 B2C 模式交易规模及占比情况(单位:万亿元)

年　份	B2B 交易规模	占比/%	B2C 交易规模	占比/%
2014	3.03	84.87	0.43	15.13
2015	3.78	84.00	0.72	16.00
2016	4.50	86.54	0.70	13.46
2017	5.10	80.95	1.20	19.05
2018	5.70	80.28	1.40	19.72
2019	6.30	80.50	1.73	19.50

资料来源:根据网经社电子商务研究中心历年报告数据整理.

2) 跨境电商出口目的地相对集中,新兴市场有待开拓

美国、俄罗斯、法国是我国 2017 年跨境电商出口前三大目的地国家,2018 年我国跨境电商出口国第一目的地仍然是美国(占比 17.5%),第二为法国(13.2%),第三为俄罗斯(11.3%)。整体上来看,我国跨境电商出口前十大目的地国家较为稳定,其出口额占到我国跨境电商出口总额的 70% 左右。

从我国跨境电商出口的主要目的地国家分布可以发现,传统的发达国家,如美国、法国、英国、德国、日本等成为我国跨境电商出口的主要国家,随着我国"一带一路"建设的推进,以及新兴市场国家的兴起,新兴市场电商发展潜力巨大,必将成为我国未来跨境电商出口的潜力国家,而我国对东南亚、南美、非洲、一带一路沿线的中东欧国家跨境电商出口仍处于初级阶段,有待于进一步开发。

3. 中国进口跨境电商市场

纵观中国跨境电商发展,自初期的个人代购,到 2007 年形成了常规的买方市场和卖方市场。跨境网购用户的消费渠道逐渐从海淘代购转向进口跨境电商平台,如网易考拉、天猫国际等。2020 年包括 B2B、B2C、C2C 和 O2O 等模式在内的中国进口跨境电商交易规模达 2.8 万亿元,较 2019 年的 2.47 万亿元同比增长 13.36%,其中进口零售市场规模达到 2450 亿元,较 2019 年 1995.5 亿元同比增长 22.77%。进口跨境电商形成了"三个梯队",第一梯队为网易考拉、京东海囤全球、天猫国际等"头部平台",规模大、流量大、品牌多。第二梯队为洋码头、唯品国际、小红书、聚美极速免税店等。第三梯队大多为蜜芽、贝贝、宝宝树、宝贝格子等母婴类产品平台。

学生笔记:

_____

_____

_____

随着移动互联网的普及与全球消费观念的兴起,用户对高品质跨境电商的需求将进一步增加。2020年,中国进口跨境电商用户规模1.4亿人,较2019年的1.25亿人同比增长11.99%,用户基数日趋庞大。在进口跨境电商市场消费群体的年龄分化呈现更加年轻化的特征,消费主力群体逐渐过渡到80后、90后群体,其中90后与95后消费者人数、消费金额占比逐年提升,90后逐渐成长为进口消费的主力人群,95后也开始崭露头角。他们的消费能力强、需求大,是跨境网购用户的"主力军"。进口跨境电商的用户目前大部分在一、二线城市,在农村消费升级和新零售的大背景下,电商平台未来将逐步下沉到四、五线城市。

商务部调查显示,消费者对进口商品的需求旺盛,进口商品消费占商品消费总额比重达到三成以上的消费者占全部调查对象比例超过20%,其中化妆品、母婴用品、钟表眼镜、乘用车、珠宝首饰比例分别为36.1%、33.4%、28.9%、27.3%和22.7%。消费者的需求逐步从满足生活必需向提升生活品质的方向发展,吃类更重安全,用类更重品质。消费者"对美好生活的向往"集中体现在"爱美丽"(美妆、服饰等)、"爱健康"(保健品、食品等)、"爱家庭"(数码家电、家居用品等)三大品类进口商品的购买上,其中食品饮料(57.1%)、洗护用品(50.6%)及营养保健(36.4%)等商品所占比例较高。超过90%的消费者认为安全是购买进口食品和母婴用品的主要关注点,超过70%的消费者认为品质是购买进口文教体育休闲用品、化妆品、家居和家装用品的主要考虑因素。

12.2 跨境电商营销理论

12.2.1 文化差异理论

文化差异指的是不同国家植根于不同的文化背景,从而导致本国的居民与外国的居民在宗教信仰、价值观、制度准则、生活习惯和消费观念等方面存在的差异性。文化差异影响跨境消费者网络购物行为,也对跨境电商企业营销策略产生影响,企业需要改变主营产品的特性和不断地调整产品宣传营销的方法,以适应当地消费者的不同偏好。

现代文化差异理论主要有两种,分别是代际价值观转变理论和国家文化理论。

1. 代际价值观转变理论

代际价值观转变理论是由美国学者罗纳德·英格尔哈特于1990年提出的。罗纳德定义的文化,广义是一种在社会内部共享和认同的价值观、态度和知识体系,并可以薪火相传,代际传递;狭义的文化是社会制度中的主观方面,即某个社会的民众中已内化的信息、价值观、知识和技能。代际价值观转变理论认为文化中的价值观是变化的,价值观正在逐渐从现代化转变为后现代化,过去旧价值观的老一代人,经过社会经济各方面发展的变化,逐渐被拥有新价值观的一代人所替代。

2. 国家文化理论

荷兰学者霍夫斯泰德(Hofstede)在1980年提出了国家文化理论,他将文化定义为"人类群体中任意一群成员不同于另一群成员的思想意识的集合体",并坚定地认为文化不是天生的,而是后天习得,同时文化的核心价值观具有不变性,不会因为时间和环境的变化而改变。1993年,Hofstede将国家文化的不同特征进行量化,提出描述文化差异的文化维度理论,为跨文化营销管理提供了指导作用。

　　经过不断的完善,Hofstede 最终于 2010 年将不同文化之间的差异用 6 个维度进行衡量:权力距离、不确定性规避、个人主义与集体主义、男性主义与女性主义,长期取向与短期取向、放纵与约束。其中,权力距离指社会中拥有权力较少的群体对权力的不平等分配的接纳程度,高权力距离指数表示权力较为集中,权威难以撼动,低权力距离指数代表上下级之间相对平等的关系;不确定性规避表示社会成员对不确定情形感到不适的程度;个人主义与集体主义反映社会结构的紧密程度,个人主义社会具有较为松散的社会结构,每个个体关注自身和家庭的利益,有较强的输赢观念,相反,集体主义社会结构紧密,个体可以得到集体的照顾并且个体需要对集体保持较高的忠诚度;男性主义与女性主义用来衡量男性价值观或女性价值观占主导的程度;长期取向与短期取向反映社会对传统文化价值观的忠诚度;放纵与约束用来衡量社会对成员享受生活的基本愿望的控制程度。

　　文化距离是将国家或地区间的文化差异用定量分析的方法得到的一项指数。现有的大部分测算方法都是基于 Hofstede 的文化维度理论或者世界价值观调查得到,主流测算方法有 KSI、EDI、WVS 等,其中经典常用的是 Kogut 和 Singh(1988)根据 Hofstede 文化 4 维度(个人主义与集体主义、权力距离、不确定性规避、男性主义或女性主义)理论编制的文化距离测算指数(简称为 KSI),详细计算公式如下:

$$\text{KSI}_{i,j} = \sum_{s=1}^{4} \left[(I_{si} - I_{sj})^2 / V_s \right] / 4$$

其中,I_{si} 是 i 国在第 s 个维度的文化距离值,I_{sj} 是 j 国在第 s 个维度的文化距离值,V_s 是所有国家在第 s 个文化维度上的方差。

　　国家间文化距离的存在将会导致两国的同质产品差异性更大,并且丰富了消费者选择的可能性,文化距离和国际贸易流量不是单纯的正向或者负向关系,而是复杂的非线性关系。研究结果表明当贸易双方的文化距离处于较低水平时,文化距离将会阻碍国际贸易活动,但是随着文化距离达到一定水平,这种阻碍作用将会渐渐转变成促进作用,最后在文化距离达到一个较高的水平时,文化距离的阻碍作用又将占据主导地位。因此根据国家之间文化距离的远近,采取针对性营销传播策略非常必要。

12.2.2　来源国理论

1. 来源国与来源国形象

Dichter(1962)最早提出来源国(Country of Origin,COO)的概念,指出产品来源国"对于产品接受和产品成功具有巨大的影响"。来源国通常被认为是跨国公司母国或消费者通过产品品牌所推断出的母国产品来源国,被认为是和产品价格、品牌等产品属性一样外显的产品质量线索,通过这一线索,消费者可以得到关于产品可靠性、安全性和耐用性的信息,减少购买风险,尤其是在缺乏其他产品信息的情况下,来源国信息对于消费者购买决策

学生笔记:

更加重要。

　　来源国形象(Country of Origin Image,COI)形成于消费者的感知,这种感知由产品、经济、政治、历史、文化等因素构成。Nagashima(1970)认为来源国形象是企业家或消费者对某特定国家之产品的图像、声誉与刻板印象,这种形象是由"代表性产品、国家特性、经济与政治背景、历史以及传统等变数所造成的"。它是目标市场消费者对产品(包括服务)的原产地或原产国的内在印象,是消费者对该国的整体性认知。

2. 来源国形象维度

　　学界对来源国形象内涵的理解并不一致,因此来源国形象维度的划分至今仍是学者争论的焦点和热点。Heslop 等将消费者来源国形象认知划分为两个维度:信念维度和情感维度。前者衡量消费者对一国竞争力的认知,后者体现在消费者对该国人民的情感态度。Laroche 等则把来源国形象定义为三维概念,认为它是由认知因素、情感因素和意动因素组成的,分别指向信念、情感和行为意向。Andéhn 和 Decosta 将产品来源国形象归结为 3 个层次:基本国家形象、品类国家形象和产品国家形象。这 3 个层次对不同产品的影响不同,例如,消费者心中对俄罗斯有一个基本国家形象的判断,而对其饮料、酒品的国家形象又有一个认知,具体到特定品牌或产品的来源国,如伏特加酒,俄罗斯这一产地因素显然是一个积极正面的评价因素。总之,来源国形象是建立在消费者个人体验、情感认知和心理归因基础上的主观认识和评价,它是复杂的群体意识和个体意识相交织的产物。

　　实践中经常采用的来源国形象主要包括 3 种形象:产品生产国(made-in country),即产品最终组装或加工所在国家;产品设计国(designed-in country),即产品设计所在国家和品牌来源国(brand-of-origin country),即品牌最初发展培育所在国家。例如苹果、戴尔、英特尔等品牌,哪怕它们的产品大多是在别国加工或组装,但是消费者仍把它们看成美国的品牌。同样地,提起华为、小米,这些品牌的产品可能不在中国生产,但消费者通常会将它们视作中国品牌。

3. 来源国效应及其影响因素

　　来源国形象会影响消费者对该国家相关产品和品牌的感知、评价,进而影响其品牌偏好和购买决策行为,这种综合影响一般被称为来源国效应(country-of-origin effect)。来源国效应一直是营销领域的重要话题之一,在企业国际化战略和国际市场营销领域占据重要地位,相关的研究多聚焦在来源国效应对产品评价、购买意愿的影响研究及如何稀释负面来源国效应方面。

　　来源国效应会受到产品和消费者相关的多重因素影响,具体包括以下 4 方面。

　　(1) 偏见阶层性因素。

　　政治、经济发展水平是偏见阶层进行产品评估的重要判别标准,消费者对政治稳定程度、经济发达程度不同的国家的产品态度大不相同。这一因素还会影响消费者对产品质量的判断,从而影响他们的购买意愿。Schooler 通过对南美地区人们的不同产品评价研究中发现,他们更加青睐政治、经济相对发达国家的产品。尤其是在相对落后的或发展中国家,人们对发达国家的产品认知价值较高,更能够促进消费者的购买意愿。Cattin 等人研究了美国和法国的采购,评估了 5 家公司的产品,研究结论为发达国家的产品评价高于发展中国家。来源国的政治和经济发展程度在消费者心目中生成了一种固有印象,影响消费者对产品和购买的态度。

（2）文化差异与消费者民族中心主义因素。

根据 Janda 和 Rao 提出的模型,影响消费者来源国形象评价的因素由以下几方面构成:早期通过社会化获得的文化刻板印象;个人信仰,是由以前的经验形成的国家(及其人口)形象;消费者对产品的选择受到该国整体文化趋势的影响。

产品熟悉度、产品经验对来源国效应具有显著的负向影响。在相同的产品性能、价格和消费环境下,消费者更青睐本国的产品,此现象为"消费者的民族中心主义。"Shimp 和 Sharma 使用消费者民族中心主义量表来量化消费者民族中心主义程度。该研究发现具有高度民族中心主义的消费者更加担心进入国内市场的外国产品将对其相关行业构成威胁,影响国家的经济发展,从而形成抵制购买外国产品的倾向。低度民族中心主义的消费者更加关注产品本身的价格、性能和价值,并且几乎不受种族中心主义的影响。

（3）产品属性因素。

产品属性是影响来源国效应的一个重要因素,不同的产品属性其来源国效应影响程度也不同。具体来说,当产品相对单一时消费者知道这些产品属性,并且熟悉这些产品属性的国家,产品的来源国起到信号的作用,用来推断产品的其他特定属性。最后,来源国可以作为产品评价的比较标准。在这种解释中,来源国提示产生了一种对比效果,通过这种对比效果,将产品与消费者对该国产品的共同属性的感知进行比较。研究发现,在做出购买决定时,产品的内在属性不能作为充分的信息基础时,来源国作为外部属性成为影响消费者购买意愿的重要产品评估信息。

（4）产品类别因素。

来源国效应对消费者的购买意愿影响有一定的影响范围,对不同类型的产品的影响范围和程度也不同。例如,对奢侈品来说,来源国对消费者购买决策的影响更大(Godey,2012),这是因为消费者对低卷入度的产品会更关注来源国等信息。消费者普遍认为日本的汽车比法国的好,而法国的酒普遍比日本的好;同样,在同一国家生产的不同产品类别获得的产品评价也不同。

12.3　跨境电商营销管理

在跨境电商迅猛发展、市场竞争日益激烈的情况下,跨境营销发挥着越来越重要的作用,有效的跨境电商销售策略有助于吸引大量的消费用户。跨境营销可以区分为产品供应商营销和跨境电商平台营销两种,其中跨境电商平台的营销发挥着主要作用,也是目前被采用得更多的跨境营销策略。

学生笔记:
_____
_____
_____

12.3.1　跨境电商营销方法

随着科技的发展,大数据等新兴技术对跨境营销起到了重要的助推作用。跨境营销一般的实现流程为收集目标用户信息,分析用户信息,综合评估用户信息,针对用户需求完善跨境电商平台供应的产品,对产品信息进行符合用户习惯的表现展示,将产品信息推送给目标消费者。跨境营销的推送手段有多种,常用的营销推送手段包括搜索引擎、社交媒体、电子邮件、客户访问统计分析等。

搜索引擎营销主要是指跨境电商平台通过改变自己的网站页面在各大搜索引擎网站的搜索结果中所出现的显示位置,进行产品推广及服务的一种营销手段。有数据统计显示,80%以上的网站流量是来源于搜索引擎途径,搜索引擎不仅可以给企业网站带来大量用户,更为重要的是,这些用户都是通过关键词主动搜索而进入网站的。因此,搜索引擎与其他网络营销相比,具有以下鲜明的特征:使用范围广泛,主动性强,用户主动搜索信息能直接反映其需求,有助于获取新的潜在用户,可以根据用户搜索行为随时调整并传达产品信息,投资回报率高等。

社交媒体营销既具有不受时间、空间限制等传统网络媒体营销的优点,又具有社交媒体可以精准定位目标客户、交互性友好性强、所反馈的信息完整等新媒体营销的优点。因此,跨境电商平台试水社交媒体营销已成为一种流行趋势。

电子邮件营销在具有使用成本低、人员调配简单、操作得当就可以快速提升跨境营销业绩等优点的同时,也受到推广手法、运用方式、目标人群等诸多因素所带来的影响,电子邮件营销跨境的效果也不尽相同。运用电子邮件手段达到跨境营销效果,需要注意的因素包括以下几点:明确营销产品内容目标、明确目标客户、使用符合客户习惯的沟通方式、设计吸引眼球的电子邮件推广方式、收集客户反馈、分析电子邮件营销效果、不断改进和创新。

客户访问统计分析报告是由跨境电商平台的服务器端生成的访问日志,用于记录并统计客户访问跨境电商网站的相关信息。这些网站访问信息是通过专业分析软件对访问信息进行详尽的跟踪、记录、分析得出的,目前大数据技术更加有助于客户访问信息的处理。有价值的客户访问信息包括网站被点击的次数、网站被成功访问的日平均数、被访问最多的页面目录、页面被访问者浏览的次数、访问者在网站及页面停留时间、访问次数较多的客户人群、访问者所属国家的比例情况等。网站访问统计信息可以说是客户购物需求和购物习惯等因素的综合体现,可以为跨境营销提供重要参考。通过客户访问统计信息进行综合分析,可以得到跨境电商平台和客户需求的最新信息,由此做到有的放矢,提高跨境电商营销的效果。

12.3.2　跨境电商营销影响因素

跨境电商营销活动的开展,目的是采取恰当的营销沟通、宣传推广,吸引消费者产生购物行为。而宏观层面的语言文化、制度法律因素,以及微观层面跨境电商平台和跨境消费者因素都对消费者跨境电商购物行为产生影响。开展跨境电商营销活动,必须了解这些营销影响因素,并围绕消费者需求特点恰当策划营销方案和传递营销信息。

1. 文化差异因素

文化因素为一定社会环境下的人群所坚持和普遍倡导的理念,即"群体价值观",这种价值观下的人群受到行为规范的调整作用。文化因素会对消费者跨境购物动机和购买商品品类产生影响。如,在"面子"文化、群体效应的影响下,消费者会出现"象征性"消费,产生"炫耀性"的消费倾向;文化因素也是造成我国消费者偏爱奢侈品的根本原因。跨境电商平台出现后,可以提供多种多样的高档商品、奢侈品,免去国外购买的麻烦,便捷的国内购买渠道的出现使得偏爱奢侈品的国人纷纷选择这种购买渠道。消费者对不同国家文化差异性的感知,以及所形成的来源国形象会对跨境购物决策产生影响,两种文化特征越相符,其具有的跨境消费意向就越强,购物体验也越佳。

文化差异导致的距离效应会对消费者的跨境购买产生负面的影响。距离效应体现在地理距离、制度距离和心理距离 3 方面。地理位置越远的国家,其在社会制度、心理情感表达方面差异也越大,综合表现为不同国家的不同文化差异。传统国际贸易受到地理距离影响较大,地理距离抑制了贸易流量的增长,跨境电子商务的发展提供了低成本的国际交流、商品展示工具,加之不断提速的物流服务,能够削弱地理距离对国际贸易的影响,间接刺激贸易流量增长。由于文化距离的影响,制度距离和心理距离的影响依然客观存在,跨境电子商务消费者通常在理解购物平台交易规则,了解购物流程时需要付出更多的努力,购物中的跨语言商品搜索会增加消费者心理负担、降低购物效率,继而削弱消费者的购物意愿。调查显示,语言差异、货币兑换、物流运费是全球海淘消费者在线购物的障碍因素,约 25% 的海淘者将运费列为其跨境消费的最大障碍,约 57% 的在线购物者表示,他们不愿意使用非母语网站去购买商品,另有约 47% 的受访者表示他们不愿用外币进行支付。目前大多数的跨境电子商务网站,都采取使用消费者的母语作为商品信息的展示语言,以此降低消费者的搜索成本,但只是把网页的信息翻译为消费者的母语不能充分降低消费者的距离效应,还应该注意网站的设计与消费者所在国家的电子商务网站的一致程度;另外,从降低制度距离的角度考虑,跨境电子商务购物平台的购物流程等模式不应该是一成不变的,应该灵活地适应不同地方的消费者习惯,针对不同的市场设计不同的购物网站并且适度调整购物流程等,最大限度地适应当地消费者的购物习惯。消费者对于熟悉的、更符合其购物习惯的网站设计往往产生更高的感知安全,从而能够产生更多的购买。

2. 知识产权因素

知识产权是一种无形的财产权,是各国法律给予权利人的对其智力劳动创造成果所享有的独占权利,通常在一定时间段内有效。一般来说知识产权分为著作权和工业产权,工业产权又包括商标、发明专利、实用新型专利、工业品外观设计、厂商名称等。

我国的跨境电子商务还是以出口为主,进口为辅,其中的贸易模式主要为 B2B、B2C 两种。由于存在国家之间的法律制度差异,在跨境电子商务营销宣传中,因为不熟悉各国知识产权法律,有些企业会面临知识产权侵权风险。从目前来看,B2B 跨境贸易模式中,由于

学生笔记:

其交易主体大多为大型企业且纳入海关监管,其知识产权风险意识高、风险防范能力强,例如具有充足的资金和专业团队为其做跨境贸易前的产品信息调查,规避潜在的知识产权风险,因此,B2B 跨境贸易模式中的知识产权风险较低。相比之下,B2C 模式下进行出口贸易的主体主要为中小型企业,他们成立资本低、交易额度较小、交易数量大,其知识产权侵权风险意识薄弱、防范能力差,也没有足够的资源和精力去防范可能潜在的知识产权侵权风险,加上此前其产品也未被纳入海关监管范畴,因此,在营销宣传中更容易受到知识产权风险因素的影响。

跨境电子商务交易中的知识产权问题主要包括商标侵权、专利侵权、著作权侵权、商业秘密侵权等,其中营销宣传中企业所面临的主要是商标侵权和著作权侵权,尤其是商标侵权属于"重灾区"。根据中国海关总署统计,在跨境电子商务贸易中,侵犯商标权的产品占据所有侵权产品总量的 98.48%。

在商标侵权方面,因 B2C 等跨境电商交易模式中,跨境电商交易主体不会接触彼此,消费者在付款之前也无法确认商品真伪、质量好坏,消费者在很大程度上需要依赖商品的标识(如商标)来辨别其质量。因此,众多中小型跨境电商企业为降低成本、获取利益,经常未经商标权人同意,假借他人的知名商标来进行营销宣传,售卖自己的产品或者直接售卖他人的侵权商标产品。

在著作权方面,在跨境电子商务贸易中,存在以下几种著作权侵权方式:其一,没有在著作权人的许可之下,跨境电商企业或商家利用网络、复制、发行、传播著作权人的电子数据化的作品,例如未经许可,将他人的电子化书籍作品在网上传播,或未经许可使用他人拍摄制作的照片、视频、广告等用于商业宣传或商业利用;其二,未经著作权人许可,擅自销售其作品或销售、传播侵权作品;其三,未经著作权人同意,复制、修改著作权人作品甚至更改署名人,侵害著作权人的署名权、传播权、复制权、修改权和发行权等合法权益。

在开展跨境电商营销活动时,无论是商标侵权还是著作权侵权都会侵害消费者的知情权,损害消费者的利益。

3. 跨境电商平台因素

跨境电商的交易一般是通过跨境电商平台来达成的。跨境电商平台是一种新型的交易中间商,它不直接参与买卖双方交易的具体环节,为交易双方提供一个虚拟的买卖磋商的网络空间,为业务双方提供信息、线上支付和物流等综合服务。国内主要的进口跨境电商平台有天猫国际、唯品国际、网易考拉、京东全球购、小红书、蜜芽、亚马逊全球购等,服务于出口跨境电商的有阿里全球速卖通、亚马逊、易贝、Wish,以及面向非洲的 Kilimall、面向东南亚的 Lazada、面向拉美的 Linio 等。

跨境电商平台的平台类型(平台自营、第三方店铺/品牌直营店)、平台营销活动和品牌形象对消费者跨境购买意愿有重要影响。平台类型主要表示消费者对平台类型的感知;平台营销活动指购物平台举办营销活动的力度,平台营销活动的丰富性、影响力、优惠情况是吸引消费者选择使用该渠道平台进行跨境购物的重要诱因,也是平台营销运营能力和活跃程度的体现。而对于平台营销活动的感知评价,能够反映消费者对于该平台的关注和了解情况,从而影响到消费者是否选择该渠道进行跨境购物。

跨境电商平台品牌形象是顾客通过以往购物经历,形成的对跨境电商平台的印象和评价,是该平台品牌要素在顾客心中的总体反馈,以及人们对其的主观评价。跨境电商平台品牌形象的维度为商品、服务、网页、支付、物流和声誉形象。商品形象主要是跨境电商平台售出的商品品质、销售价格、提供的品类以及货源缺货情况;服务形象主要是客服回答问题的态度、协助解决问题的效率以及平台提供的退换货制度;网页形象是平台界面呈现的信息,主要是网页详情介绍、网页内容更新和提供的搜索功能等,是否直观、友好、易理解、易操作,能够快速帮助跨境消费者找到自己需要的信息;支付形象是指交易安全和付款账户的保护,支付方式的多样化和便利性,以及跨境支付费用的合理性;物流形象是指物流速度和商品包装的完好程度,以及实时跟踪查询物流信息的能力;声誉形象则是指跨境电商平台的知名度、口碑,以及其对客户的关心和诚信。平台知名度指跨境购物平台经过多年的运营和积累,获得更多消费者和社会的认可程度;平台信誉度指跨境购物平台履行对消费者承诺的程度,能够影响消费者持续选择平台购物的因素,通常表现为消费者对平台的信任程度。

4. 消费者自身因素

消费者跨境电商网购行为受到其自身内部因素和所处外部环境因素的影响。消费者自身内部因素包括消费者人口统计特征及消费习惯。外部因素主要指消费者受到人际网络主观规范,以及对跨境电商购物的风险感知、各环节购物体验的影响。

(1)消费者年龄、性别、受教育程度、收入、消费观念、心理特征会对其跨境电商消费行为产生影响,尤其是年轻一代消费观念超前、追求品质生活,对境外商品有更强烈的购买意愿。跨境电商消费者具有明显年轻化的趋势,即在一定年龄范围里,消费者年龄越小越倾向于选择进口型跨境电商平台进行跨境消费,这是符合消费者年龄阶段特征的。进口型跨境电商平台是继"海淘"和个人代购兴起之后新的跨境购物渠道。而对于新生事物,年轻的消费者则抱有更多的勇气和好奇心去尝试。因为年轻的消费者更加追求潮流和时髦,更容易接受新的跨境购物渠道。

(2)消费者的消费习惯,包括了消费者的消费能力,使用网络购物经验等因素。选择跨境电商平台购物本质上属于消费行为,明显受到消费者原有的消费习惯影响。不同的消费习惯会产生不同的影响,并作用到消费者自身的消费行为。消费者网购频率与其跨境网购商品行为呈正相关,即网购越频繁(每个月网购次数越多)的消费者越可能选择进口型跨境电商平台进行跨境购物消费。因为消费者网购越频繁,对于网购习惯和电商平台的依赖越重,利用跨境电商平台来进行跨境消费可能性便越大。尤其是大型跨境电商平台,不断优化消费流程、努力提高消费者购物体验,更是深受网购频繁的消费者所喜爱。

(3)消费者对跨境电商风险的感知会阻碍其跨境消费购买行为的发生。通常情况下,消费者所感知的购物风险来自经济、功能、社会 3 个层面,具体包括功能风险、财务风险、社会心理风险、时间风险等。从跨境电商产业链来看,消费者在供货环节可能会面临商品质量假冒伪劣、商品无法按期上架销售、商品宣传信息虚假夸大等现象,而遭遇功能风险;在

学生笔记:

_____

_____

_____

订货和支付环节可能会面临钓鱼网站诱骗、虚假信息误导、个人信息泄露和资金安全受到威胁等现象，面临财务风险、社会心理风险；在物流配送环节，因为国际物流费用高、周期较长，而消费者先支付货款可能面临国际汇率变动，因此可能存在财务风险、时间风险；由于消费者不熟悉海关监管规则，在跨境购物中还可能面临政策变动、税收变化所导致的财务风险。消费者感知到的跨境电商交易风险越高，其跨境购物意愿就越低。

（4）跨境购物体验因素评价，主要包括订货环节、支付环节、物流环节和售后服务环节4方面。①订货环节，主要指对平台订货环节的感知，即消费者在跨境购物平台搜索商品、进行比对、提交订单的过程，也就是说消费者能否在跨境电商平台找到满足自己需求的商品的具体体验。评价指标有境外商品种类数量即消费者可选择的商品种类范围、境外商品品牌知名度、境外商品来源渠道（正品率）、境外商品价格折扣优惠力度、境外商品品牌销量点评。②支付环节，主要是指对平台购物支付环节的感知，主要包括支付手段和具体币种的多样性、支付的便利性以及支付的安全性。③物流环节主要是指对平台购物物流环节的感知，主要包括物流成本的高低和速度的快慢。对于境外商品购买渠道的物流运输而言，目前存在海外品牌直邮、海外仓、保税区仓储等多种形式的商品物流和清关模式，各自的成本以及差别相当之大，给消费者带来直观感受便是商品下单至商品到手之间的等待时间、快递过程中商品的完损程度等，这些对于消费者整体的购物体验具有很大影响，从而很大可能影响消费者是否选择该种渠道进行海外商品的购买。④售后服务环节主要是指对平台购物售后服务环节的感知，即购物出现问题时（包括退换货），平台客服给予帮助解决的速度。尤其是退换货问题的处理能否得到消费者的认可和满意，影响到了消费者整体的消费体验，进而影响消费者对于跨境电商平台的取舍态度。

12.3.3　跨境电商营销策略

1. 用户管理策略

1）细分跨境电子商务目标客户群

跨境电商平台之间的竞争将更加激烈，专门面向男性、熟女等群体的跨境电商平台细分领域或者平台类型会得到更大程度的发展。移动端跨境消费逐步成为重要的消费方式，现有消费群体中的八○、九○后成为跨境消费的主力军，同时"妈妈族"占消费主导地位。跨境电子商务的消费者可以根据不同的标准划分出不同的目标客户群，如跨境电子商务的早期使用者、跨境电子商务的扩散者和追随者。企业通过客户挖掘可以获取具备个人创新性较高的客户特征和年轻消费群体需求的特征，选择他们作为目标市场，制定针对性的营销策略。了解消费者在什么时间和条件下将会使用跨境电子商务？使用企业平台的消费者需求和其他消费者的需求有什么区别？企业和营销人员可以集中资源投入目标市场、通过网络追踪、数据库分析或者其他技术，判断如何更好地为目标市场提供服务，使得跨境电子商务能够迅速扩散，进而挖掘出新的市场机会和取得好的经营效益。

2）充分重视消费者使用跨境电子商务的口碑与体验

跨境电子商务活动在推广过程中，跨境电商平台和商家要更加注重完善售中和售后的服务，将确保商品和服务的质量放在首位，从而在消费者群体中积攒积极的口碑。另外，平台要积极运用媒体宣传渠道，扩大知名度和影响力，有意识地引导客户的正向口碑。现有的跨境电商平台的商品种类多集中于美妆护肤、服饰箱包等产品,且以国内外爆款为主要销售对象,用户选择面较为狭窄。跨境电商平台急需改进的一点是扩大和丰富商品类别,满足客户多样化的消费需求,提供更多备选商品,提升用户黏性和重复购买率。此外,网络上消费者对于正品保障的呼声非常强烈,这使得跨境电商平台对商家和品牌的资质审核与货源把控的重要性进一步凸显,进一步严格采购流程,确保货源正宗,打消消费者的顾虑,这一点的落实程度决定了跨境电商平台和商家能否快速提升消费者满意度。

3) 为消费者提供差异化服务

目前,中国各进口跨境电商的商品组合和平台服务非常相似,电商企业提供的服务许多都大同小异,但是其中不乏电商企业能另辟蹊径,提供更为细致和个性化的差异化服务,包括商品差异化和服务差异化。差异化的服务组合可以帮助电商企业区别于对手,网易考拉在选择进口热销商品来满足国内消费者需要的同时,使自身的服务实现差异化,提供针对女性白领的产品组合,如进口美容彩妆等产品;另外,提供其他进口跨境电商没有的商品,如网易考拉全球工厂店、独有的考拉质量管理体系、国际第三方检验机构,如 SGS、TUV 莱茵的验证报告和质检报告。京东全球购的在线客服做得比较细致,当消费者打开在线客服页面时,可以看到该用户的订单详情,近期浏览过的商品都会出现在页面的右侧,消费者可以非常方便地选择自己想要咨询的产品和订单,只需要发送链接,即可进行精准咨询。

2. 电商平台系统管理策略

1) 构建物流云服务供应链,缩短物流运输时间

加强境内保税仓建设,提升物流运输水平和质量,缩短由物流带来的时间成本,降低损耗,提供更为快捷的物流服务及更便捷的物流追踪服务给消费者,确保消费者在下单后能够随时监控物流信息和追责,是提升消费者使用行为当中消费满意度的重要步骤。传统的境外发货模式,除了物流耗时较长之外,下单之后无法获知物流信息,难以进行物流追踪也是海淘用户一大痛点,需要相关企业进一步提升物流质量和能力,优化物流信息沟通。从国家层面来讲,应当出台相关政策推动我国物流产业的跨境布局,倡导构建物流云服务供应链,缩短商品物流的时间成本和其他成本,提升商品交换的效率,解决物流时间过长和过程损耗的问题。我国政府应从鼓励物流产业的角度,积极倡导关注效率、品质、价格、便捷,以为广大消费者提供"同网、同价、同质、同服务"的跨境物流服务为宗旨,切实考虑消费者需求,选择优质的物流服务云平台作为切入点,倡导中小物流企业通过并购重组、合资或战略联盟等方式,构建龙头式(如以中国邮政、中外海运、南方航空、海南航空等物流龙头企业或集团为主体)和复合式(如物流产业集聚群、物流中心、自贸区物流平台等)物流云服务供应链,进行全球化整体物流布局。

2) 加强安全管理,减少消费者的感知风险

跨境电商 App 让广大消费者在享受更方便、快捷的服务同时,也带来了电子商务的信

学生笔记:

_____

_____

_____

息安全问题,在某个 App 上搜索某种商品信息后会频繁收到短信和广告推送,无疑是在告知消费者信息遭到泄露,这些问题主要包括隐私安全等一系列问题。随着中国跨境电商政策红利的逐步减少,未来跨境电商的相关部门将进一步走向规范化。我国进口类跨境电商平台需在提升用户体验、创新盈利模式等方面进行改进,提升企业对政策变化的适应能力及抗风险能力。消费者由此对跨境电子商务的安全提出了更加全方位的要求,尤其是跨境购物消费者担心泄露个人信息。因此,对于跨境电子商务的平台和商家而言,做好跨境电子商务的安全性工作非常重要,加强防火墙和数据加密技术的提升,以保证跨境电商平台的交易安全和买卖双方的信息隐私安全、支付安全等,努力减少消费者对跨境电子商务消费过程中的感知风险。

3)提高知识产权法律意识,完善知识产权监管

对于跨境电商进出口企业,由于贸易的全球性特点,所以自身应提高知识产权的法律意识,对出口产品是否涉嫌侵犯目标国的知识产权要做好事前的调查和研究,加快自身产业结构调整,加大新产品的研发力度,提升出口产品的质量,才能真正做到未雨绸缪,防患于未然。在遭遇侵权诉讼时,跨境电商企业应联合起来,通过"抱团"的方式集体应诉,向中国国际贸易促进委员会等组织寻求帮助,不仅可以大幅降低费用,提高应诉的成功率,还能相互交流,对后期的侵权风险加以防范。跨境电商平台应通过网站上设立专门的知识产权专区来增加知识产权意识的宣传力度,在为入驻卖家提供知识产权的相关培训和答疑服务的同时,也可以提升买家对于自身权利的保护意识。跨境电商网站也要不定期的自查,设立维权小组以保护消费者和卖方的合法权益。

【章末案例】

河南跨境电商"买全球、卖全球"

"一带一路"倡议给河南外贸转型升级提供了腾飞的跑道,2012 年郑州成为全国首批跨境电子商务服务试点城市,2013 年中欧班列开行。2014 年的 5 月 10 日,习近平总书记考察河南保税物流中心时提出向"买全球、卖全球"的目标迈进。跨境电子商务跨越时空局限,让河南与沿海经济活跃和发达的省份站在了同一起跑线上。郑州、洛阳、南阳跨境电商综合试验区相继获批;2020 年 1 月,洛阳、商丘、南阳获批跨境电商零售进口试点城市;2020 年 6 月,海关总署同意在郑州海关开展跨境电商 B2B 出口监管试点;2021 年 3 月,开封、焦作、许昌纳入跨境电商零售进口试点范围,河南跨境电商零售进口试点工作再揭新篇章。

在监管制度方面,以贸易便利化为导向,河南省在全国首创了"电子商务＋保税中心 ＋行邮监管"的"秒通关"监管模式,1210 网购保税进口模式对跨境电子商务进口商品和电商企业实行"双分级"、差别化监管,是海关总署在全国推广的"郑州蓝本"。在业务流程方面,率先采用交易信息、支付信息、物流信息"三单比对",推动通关作业无纸化;创新实施"简化申报、清单核放"、抽查制度"双随机"、7×24 小时无休作业等措施,2020 年跨境电商零售进出口业务总量达到 2.43 亿单、货值 306 亿元,其中郑州航空港区跨境电商零售进出口业务 1.39 亿单、货值 113.92 亿元,同比分别增长 91.71％和 62％。在商业模式方面,探索发展跨境电商 O2O 零售商业模式,建起了市民家门口的"世界商品超市","中大门""航投臻品"

"万国优品""保税国际""通通优品"等开辟了新的消费渠道,满足了大众个性化消费需求,丰富了人民群众生活。

2020 年,河南跨境电商进出口交易额为 1745 亿元,同比增长 10.4%;外贸进出口规模达到 6654.8 亿元,同比增长 16.4%。2020 年,郑州跨境电商交易额 916.4 亿元,同比增长 22.8%,先发优势和首创带动作用明显;洛阳跨境电商交易额 51.9 亿元,同比增长 9.6%,T恤、背包、玩具、新材料等产品走向世界;南阳跨境电商交易额 85.4 亿元,同比增长 10.3%,玉制品、艾草等源源不断卖向全球。

随着跨境电商的发展,一大批传统外贸和制造企业"上线触网","豫满全球""世界工厂"通过跨境电商拓市场、降成本、创品牌,足不出户"卖遍全球"。黎明重工、宇通重工、企鹅粮油等制造企业跨境电商业务年均增长 20%~30%,荣盛耐材、郑州锅炉等企业传统产品跨境电商销售额同样大幅增长。借助线上平台与线下企业融合发展,河南省培育形成了发制品、食用菌、机械制造、服装鞋帽、休闲食品等一批跨境电商特色出口产业集群,近 200个跨境电商园区。

郑州是跨境电商 B2B 出口首批试点城市,河南保税物流中心在 2020 年 7 月 1 日率先开通了"9710"(跨境电商 B2B 直接出口)和"9810"(跨境电商 B2B 海外仓出口)试点模式,实现跨境电商全模式、物流全通道服务。河南保税物流中心在南宁、贵阳、昆明、呼和浩特、乌鲁木齐等地运营 10 个跨境电商综试区,在洛杉矶、列日、布达佩斯、胡志明、海参崴等建立 8个海外仓服务中心,建成南大门、北大门、西大门、金大门和黔大门等跨境 O2O 新零售展示交易中心,通过全球范围内建立"百园(集聚产业)千仓(全球物流体系)万店(全球社区店)"生态支撑体系,向着"买全球、卖全球"目标阔步前进。

资料来源:[1] 赵振杰. 河南:做跨境电商的"领跑者"[N]. 河南日报,2021-05-09(04)

[2] 王延辉."卖全球"大门越开越大[N]. 2020-09-08(05).

思考题

1. 跨境电子商务营销可以利用的进出口电商平台有哪些?
2. 从营销角度分析,哪些因素会影响跨境电商销售?

本章小结

本章分别对出口跨境电商和进口跨境电商模式进行介绍,总结了跨境电商市场概貌;阐述文化差异理论和来源国理论对跨境电商消费者购物的影响,最后简要介绍跨境电商营销方法,重点从宏观和微观角度分析了跨境电商营销因素,并从用户管理和电商平台管理的角度论述跨境电商营销管理策略。

重点概念和知识点

- 跨境电商出口模式;

学生笔记:

- 文化距离；
- 来源国效应；
- 跨境电商平台品牌形象。

练习题

1. 在跨境电子商务营销活动开展中，还有哪些宏观因素会对营销产生影响？
2. 有哪些新的网络技术可以应用于跨境电商营销？

本章参考文献

[1] 陈道志. 跨境电商营销推广[M]. 北京：电子工业出版社，2019.

[2] 胡国敏，王红梅，周毅，等. 跨境电商网络营销实务[M]. 北京：中国海关出版社，2018.

[3] 林鸿熙，郑斌斌. 跨境电商营销[M]. 厦门：厦门大学出版社，2018.

[4] 陈玥. 我国出口跨境电商 B2B 和 B2C 模式的对比研究[D]. 北京：对外经济贸易大学，2018.

[5] 沈中奇. 贸易摩擦背景下我国出口跨境电商发展的影响因素——基于十大跨境电商出口贸易国的实证分析[J]. 商业经济研究，2020(05)：135-138.

[6] 于丞. 我国出口跨境电商现状、发展趋势及转型策略[J]. 商业经济研究，2019(10)：67-70.

[7] 网经社电子商务研究中心. 2019 年度中国进口跨境电商发展报告[EB/OL]. (2019-06-25)[2021-07-10]. https://www.sohu.com/a/400704717_120491808.

[8] 中华人民共和国商务部. 主要消费品供需状况统计调查分析报告[EB/OL]. (2018-05-31)[2021-08-01]. https://www.sohu.com/a/233524628_375556.

[9] Facebook&Forrester. 2018 全球跨境电商营销白皮书[EB/OL]. (2018-07-14)[2021-08-01]. https://www.sohu.com/a/241165756_100020617.

[10] 刘志辉. 文化距离对中国出口贸易二元边际的影响研究[D]. 杭州：浙江工商大学，2020.

[11] 薛世宇. 文化距离对中国企业跨国经营绩效的影响[D]. 成都：西南财经大学，2019.

[12] 袁怡方. 文化距离对中国旅游服务贸易出口的影响研究[D]. 广州：广东外语外贸大学，2018.

[13] 刘建丽. 来源国效应研究述评[J]. 商业经济与管理，2018(6)：61-73.

[14] 倪婉茹. 品牌来源国对 90 后消费者购买意愿的影响研究——以快时尚行业为例[D]. 长春：长春大学，2019.

[15] 杜可. 来源国形象对消费者购买意愿影响的文化差异研究——以中国与哥伦比亚消费者为例[D]. 太原：山西大学，2015.

[16] 周玲. 基于合理性理论的来源国形象研究：构成、机制及策略[D]. 武汉：武汉大学，2012.

[17] 郝若兰. 跨境电商中的知识产权侵权风险探析[D]. 南宁：广西民族大学，2019.

[18] 马璐. 跨境电商平台品牌形象对顾客忠诚影响研究[D]. 南京：南京财经大学，2019.

[19] 巨春苗. 跨境电商平台消费者购买意愿的影响因素研究[D]. 北京：对外经济贸易大学，2018.

[20] 杜扬. 国内跨境电商平台消费者购物影响因素研究[D]. 南京：南京农业大学，2016.

[21] 赵毛毛. 消费者使用跨境电商平台行为的影响因素研究[D]. 昆明：云南财经大学，2018.

[22] 常鑫，司传煜. 跨境电商对贸易距离效应的影响——基于"一带一路"区域的实证[J]. 商业经济研究，2019(10)：123-126.

第 13 章
网络营销战略计划

本章学习要求

网络营销战略计划是在网络营销观念的指导下,对网络营销活动所做的一个较为全面而有序的安排,目的是使网络营销活动能明确目标和责任,有条不紊地展开。网络营销战略计划也是企业以市场需求为导向,对企业网络营销任务、目标及实现目标的方案、措施作出总体的、长远的谋划,并付诸实践与控制的过程。本章需要重点掌握网络营销战略的含义与作用,网络营销计划的内容、制定原则和制定步骤。

13.1 企业战略管理概述

13.1.1 企业战略的含义与特征

1. 企业战略的含义

"战略"一词最早是军事方面的概念。在中国,"战略"一词历史久远,"战"指战争,略指"谋略"。春秋时期孙武的《孙子兵法》被认为是中国最早对战略进行全局筹划的著作。在西方,strategy 一词源于希腊语 strategos,意为军事将领、地方行政长官。后来演变成军事术语,指军事将领指挥军队作战的谋略。

在现代,"战略"一词被引申至政治和经济领域。20 世纪初,法约尔对企业内部的管理活动进行整合,提出了管理的 5 项职能,并认为计划职能是企业管理的首要职能。这被认为是最早出现的企业战略思想。1938 年,美国经济学家切斯特·巴纳德在《经理人员的职能》一书中,首次将组织理论从管理理论和战略理论中分离出来,提出管理工作的重点在于创造组织的效率,其他的管理工作则应注重组织的效能,即如何使企业组织与环境相适应。这种关于组织与环境相"匹配"的主张成为现代战略分析方法的基础。19 世纪 60 年代,哈佛大学的安德鲁斯对战略进行了 4 方面的界定,将战略划分为 4 个构成要素,即市场机会、公司实力、个人价值观和渴望、社会责任。其中市场机会和社会责任是外部环境因素,公司实力与个人价值观和渴望则是企业内部因素。

1965 年,美国战略管理专家安索夫的《企业战略》(*Corporate Strategy*)一书正式出版,成为现代企业战略理论研究的起点。安索夫认为,企业战略管理是指将企业日常业务决策同长期计划决策相结合而形成的一系列经营管理业务。此后,很多学者积极地参与企业战略理论的研究,出现了计划学派、定位学派、设计学派、能力学派等多种不同的理论学派。

随着企业战略理论和企业经营实践的发展,20 世纪 80 年代,企业战略理论的研究重点逐步转移到企业竞争方面。西方经济学界和管理学界开始将企业竞争战略理论置于学术研究的前沿地位,从而有力地推动了企业竞争战略理论的发展。企业竞争战略理论涌现出了三大主要战略学派:行业结构学派、核心能力学派和战略资源学派。行业结构学派的创立者和代表人物是迈克尔·波特教授。波特的杰出贡献在于,实现了产业组织理论和企业竞争战略理论的创新性兼容,并把战略制定过程和战略实施过程有机地统一起来。波特认为,构成企业环境的最关键部分就是企业投入竞争的一个或几个行业,行业结构极大地影响着竞争规则的确立以及可供企业选择的竞争战略。行业结构分析是确立竞争战略的基石,理解行业结构永远是战略制定的起点。波特创造性建立了 5 种竞争力量分析模型,他认为一个行业的竞争状态和盈利能力取决于 5 种基本竞争力量之间的相互作用,即进入威胁、替代威胁、买方讨价还价能力、供方讨价还价能力和现有竞争对手的竞争,而其中每种竞争力量又受到诸多经济技术因素的影响。在这种指导思想下,波特提出了赢得竞争优势的 3 种基本战略:总成本领先战略、差异化战略和集中一点战略。核心能力学派认为,现代市场竞争是基于核心能力的竞争,企业战略的目标就在于识别和开发竞争对手难以模仿的核心能力。所谓核心能力,就是所有能力中最核心、最根本的部分,它可以通过向外辐射,作用于其他各种能力,影响着其他能力的发挥和效果。战略资源学派认为,企业战略的主要内容是培育企业独特的战略资源,以及发展企业对自身拥有的战略资源的独特的运用能力,即核心能力。只有在核心能力达到一定水平后,企业才能通过一系列组合和整合形成自己独特的、不易被人模仿、替代和占有的战略资源,才能获得和保持持续的竞争优势。

综合以上企业战略管理理论,可以将企业战略定义为企业根据环境的变化、本身的资源和实力选择适合的经营领域和产品,形成自己的核心竞争力,并通过差异化在竞争中取胜。企业战略是对企业各种战略的统称,其中既包括竞争战略,也包括营销战略、发展战略、品牌战略、融资战略、技术开发战略、人才开发战略、资源开发战略等。企业战略是企业及全体员工的行动纲领,是决定企业经营活动成败的关键因素,是实现企业目标的前提条件,更是企业长久发展的重要基础。随着世界经济全球化和一体化进程的加快和随之而来的国际竞争的加剧,对企业战略的要求愈来愈高。

2. 企业战略的基本特征

企业战略是设立远景目标并对实现目标的轨迹进行的总体性、指导性谋划,属宏观管理范畴,具有指导性、全局性、长远性、竞争性、系统性、风险性六大主要特征。

(1) 指导性。企业战略界定了企业的经营方向、远景目标,明确了企业的经营方针和行动指南,并筹划了实现目标的发展轨迹及指导性的措施、对策,在企业经营管理活动中起着导向的作用。

(2) 全局性。企业战略立足于未来,通过对国际和本国的政治、经济、文化及行业等经营环境的深入分析,结合自身资源,站在系统管理高度,对企业的远景发展轨迹进行全面的规划。

(3) 长远性。"今天的努力是为明天的收获""人无远虑、必有近忧"。兼顾短期利益,企业战略着眼于长期生存和长远发展的思考,确立了远景目标,并谋划了实现远景目标的发展轨迹及宏观管理的措施、对策。其次,围绕远景目标,企业战略必须经历一个持续、长远的奋斗过程,除根据市场变化进行必要的调整外,制定的战略通常不能朝令夕改,具有长效的稳定性。

(4) 竞争性。竞争是市场经济不可回避的现实,也正是因为有了竞争才确立了"战略"在经营管理中的主导地位。面对竞争,企业战略需要进行内外环境分析,明确自身的资源优势,通过设计适体的经营模式,形成特色经营,增强企业的对抗性和战斗力,推动企业长远、健康的发展。

(5) 系统性。立足长远发展,企业战略确立了远景目标,并需围绕远景目标设立阶段目标及各阶段目标实现的经营策略,以构成一个环环相扣的战略目标体系。同时,根据组织关系,企业战略需由决策层战略、事业单位战略、职能部门战略 3 个层级构成一体。决策层战略是企业总体的指导性战略,决定企业经营方针、投资规模、经营方向和远景目标等战略要素,是战略的核心,本书讲解的企业战略主要属于决策层战略;事业单位战略是企业独立核算经营单位或相对独立的经营单位,遵照决策层的战略指导思想,通过竞争环境分析,侧重市场与产品,对自身生存和发展轨迹进行的长远谋划;职能部门战略是企业各职能部门,遵照决策层的战略指导思想,结合事业单位战略,侧重分工协作,对本部门的长远目标、资源调配等战略支持保障体系进行的总体性谋划,如策划部战略、采购部战略等。

(6) 风险性。企业做出任何一项决策都存在风险,战略决策也不例外。市场研究深入,行业发展趋势预测准确,设立的愿景目标客观,各战略阶段人、财、物等资源调配得当,战略形态选择科学,制定的战略就能引导企业健康、快速的发展。反之,仅凭个人主观判断市场,设立目标过于理想或对行业的发展趋势预测偏差,制定的战略就会产生管理误导,甚至给企业带来破产的风险。

学生笔记:

_____

_____

_____

13.1.2　企业战略管理工具

企业战略管理包括战略分析、战略制定、战略选择、战略评价与控制 4 个层面。在企业战略管理的不同层面,可以应用不同的战略管理工具以提高管理效率。1968 年,波士顿咨询公司提出了 BCG 矩阵。此后,学界对战略管理工具的研究越来越多,开发出了大量的战略管理工具,辅助企业进行战略分析、战略选择和战略实施。目前战略管理工具已经成为企业战略咨询及管理咨询实务中经常使用的管理方法。

1. 战略分析工具

常用的战略分析工具包括 PEST 分析法、五力分析模型、利益相关者分析、竞争者分析、价值链分析、雷达图、因果分析等。

PEST 分析是用户对企业所处的外部宏观环境进行分析的一种方法。宏观环境又称为一般环境,是指影响一切行业和企业的各种宏观力量。PEST 分析法通过政治(politics)、经济(economy)、社会(society)和技术(technology)这 4 个因素分析一个企业所处的外部环境。不同行业和企业根据自身特点和经营需要,分析的具体内容会有差异,但一般都应对政治、经济、社会和技术这四大类影响企业的主要环境因素进行分析。

五力分析模型是迈克尔·波特(Michael Porter)于 20 世纪 80 年代初提出的战略管理分析工具,对企业战略制定产生全球性的深远影响。用于竞争战略的分析,可以有效分析客户的竞争环境。五力分别是供应商的讨价还价能力、购买者的讨价还价能力、潜在竞争者进入的能力、替代品的替代能力、行业内竞争现在的竞争能力。5 种力量的不同组合及变化最终影响行业利润潜力变化。

价值链分析法是由美国哈佛商学院教授迈克尔·波特提出来的,是一种寻求确定企业竞争优势的工具。价值链是一个跨越组织边界的供应链中的顾客、供应商,即价值链中不同企业所有相关作业的一系列组合。这些作业主要包括基础活动和支持活动两大类。基础活动包括原料供应、生产加工、成品储运、市场营销和售后服务 5 种基本增值活动。支持活动是指用以支持主体活动而且内部之间又相互支持的活动,包括企业投入的采购管理、技术开发、人力资源管理和企业基础结构。完整价值链分析就是核心企业将其自身的作业成本和成本动因信息与供应链中节点企业的作业成本和成本动因信息联系起来共同进行价值链分析。具体来说,完整价值链分析的步骤如下。

(1) 把整个价值链分解为与战略相关的作业、成本、收入和资产,并把它们分配到"有价值的作业"中。

(2) 确定引起价值变动的各项作业,并根据这些作业,分析形成作业成本及其差异的原因。

(3) 分析整个价值链中各节点企业之间的关系,确定核心企业与顾客和供应商之间作业的相关性。

(4) 利用分析结果,重新组合或改进价值链,以更好地控制成本动因,产生可持续的竞争优势,使价值链中各节点企业在激烈的市场竞争中获得优势。

2. 战略选择工具

常用的战略选择工具包括 SWOT 分析法、战略地位与行动评估矩阵、波士顿矩阵、通用矩阵、V 矩阵、EVA 管理、定向政策矩阵、产品—市场多元化矩阵等。

SWOT 是一种战略分析方法,用来确定企业本身的竞争优势(strength),竞争劣势(weakness),机会(opportunity)和威胁(threat),从而将公司的战略与公司内部资源、外部环境有机结合。因此,清楚地确定公司的资源优势和缺陷,了解公司所面临的机会和挑战,对于制定公司未来的发展战略有至关重要的意义。

战略地位与行动评价矩阵(Strategic Position and Action Evaluation Matrix,SPACE 矩阵)主要是分析企业外部环境及企业应该采用的战略组合。SPACE 矩阵有 4 个象限分别表示企业采取的进取、保守、防御和竞争 4 种战略模式。这个矩阵的两个数轴分别代表了企业的两个内部因素——财务优势(FS)和竞争优势(CA);两个外部因素——环境稳定性(ES)和产业优势(IS)。

波士顿矩阵又称为市场增长率—相对市场份额矩阵、四象限分析法、产品系列结构管理法(BCG)等。波士顿矩阵认为一般决定产品结构的基本因素有两个:市场引力与企业实力。市场引力包括整个市场的销售量(额)增长率、竞争对手强弱及利润高低等。其中最主要的是反映市场引力的综合指标——销售增长率,这是决定企业产品结构是否合理的外在因素。企业实力包括市场占有率、技术、设备、资金利用能力等,其中市场占有率是决定企业产品结构的内在要素,它直接显示出企业竞争实力。波士顿矩阵以销售增长率和市场占有率两个指标为坐标轴绘制四象限图,将企业所有产品划分为如下 4 种类型。

(1) 销售增长率和市场占有率"双高"的产品群(明星类产品)。

(2) 销售增长率和市场占有率"双低"的产品群(瘦狗类产品)。

(3) 销售增长率高、市场占有率低的产品群(问题类产品)。

(4) 销售增长率低、市场占有率高的产品群(金牛类产品)。

企业经营者的任务,是通过四象限法的分析,掌握产品结构的现状及预测未来市场的变化,进而有效、合理地分配企业经营资源。

3. 战略实施工具

平衡计分卡是最常用的战略实施工具。传统的财务会计模式只能衡量过去发生的事情(落后的结果因素),但无法评估组织前瞻性的投资(领先的驱动因素)。组织必须通过在客户、供应商、员工、组织流程、技术和革新等方面的投资,获得持续发展的动力。正是基于这样的认识,平衡计分卡(balanced score card)从财务、客户、内部运营、学习与成长 4 个角度将组织的战略转化为可操作的目标和衡量指标,通过建立"实现战略制导"的绩效管理系统,从而保证企业战略得到有效的执行。平衡计分卡方法打破了传统的只注重财务指标的业绩管理方法,将财务指标与非财务指标进行结合,实现了企业的长期目标和短期目标的平衡、结果性指标与动因性指标之间的平衡、企业组织内部群体与外部群体的平衡、领先指标与滞后指标之间的平衡。

学生笔记:

_____

_____

_____

13.2　网络营销战略分析

网络营销是人类经济、科技、文化发展的必然产物,网络营销不受时间和空间限制,在很大程度上改变了传统营销形态和业态。网络营销对企业来讲,提高了工作效率,降低了成本,扩大了市场,给企业带来社会效益和经济效益。相对于传统营销,网络营销具有国际化、信息化和无纸化的特点,已经成为各国营销发展的趋势。为了促进网络营销的普及和发展,对网络营销进行战略分析具有重要意义。

13.2.1　网络营销战略的含义与作用

【案例】

跨境电商企业 SHEIN 的网络营销战略

2020 年,中国一家从事跨境服装销售的企业 SHEIN 在海外市场异常火热,其 App 成为美国下载量最多的购物应用,日活跃用户数量(DAU)远超其他快时尚品牌。作为主打时尚低价的服装品牌,SHEIN 在网络营销方面有明确的目标定位,那就是用更低的成本获得最多的流量。为实现这一目标,SHEIN 在网络营销方面采用了组合拳的打法,在入驻 TikTok、Pinterest、Instagram、Facebook 等社交平台创造话题、汇聚粉丝、做广告投放的同时,采用联盟营销、社会化营销等方式进行品牌推广。为降低营销成本,SHEIN 在网红社交上更多地选择了 KOC(关键意见消费者)。有影响力的大学生群体、做垂直内容的网红博主、有粉丝基础的宝妈们都是 SHEIN 的 KOC,SHEIN 通过佣金的方式鼓励消费者成为 SHEIN 的内容创作者和代言人。近几年,网红成本不断提高,SHEIN 开始逐步向独立网站和手机 App 引流。在 App 的设计上,社交营销的概念也得到了充分展现。SHEIN 在 App 中创建了一个社区,鼓励用户发布各种穿搭视频和图片,同时也用于发布 SHEIN 举办的各种活动。通过打卡签到、积分换购、直播等方式培养用户黏性、鼓励用户间的交互,激发了用户的参与热情,让用户共同塑造品牌,用户对 App 的使用黏性更强。多重营销手法为 SHEIN 带来了可观的流量,也降低了 SHEIN 的营销成本。

网络营销的产生,是科学技术的发展、消费者价值观的变革和商业竞争等综合因素所促成的。21 世纪是信息世纪,计算机网络的发展使信息社会的内涵有了进一步改变。在信息网络时代,网络技术的应用改变了信息的分配和接收方式,改变了人们的生活、工作、学习、合作和交流的环境。企业正在利用网络新技术的快速便车,促进企业飞速发展。网络营销是以互联网为媒体,以新的方式、方法和理念实施营销活动,更有效地促进个人和组织交易活动的实现。网络营销还引发了消费者价值观的变革,因此满足消费者的需求,是企业经营的核心。利用网络这一科技制高点为消费者提供各种类型的服务,是企业取得竞争优势的重要途径。

当市场经济发展到今天,多数产品无论在数量还是在品种上都已极为丰富,这使得消费者能够以个人心理愿望为基础挑选和购买商品和服务。他们的需求更多,需求的变化更快。消费者会主动通过各种可能渠道获取与商品有关信息进行比较,增加对产品的信任和争取心理上的满足感。开展网络营销,可以节约大量昂贵的店面租金,可以减少库存商品资金占用,可以使经营规模不受场地的制约,便于采集客户信息等。这些都可以使企业经营成本和费用降低,运作周期变短,从根本上增强企业的竞争优势,增加盈利。

1. 网络营销战略的含义

在信息网络时代,网络营销是企业的必然选择。网络营销使企业从有形市场转向信息化市场,使企业的目标市场、顾客关系、企业组织、竞争形态及营销手段等发生了改变。企业既面临着新的挑战,也存在着无限的市场机会。企业必须确立相应的网络营销战略,提供比竞争者更有价值的产品、更有效率的服务,扩大市场营销规模,实现企业的经营目标。因此,网络营销战略(internet marketing strategy)成为了企业战略的重要组成部分。所谓网络营销战略是指企业在现代网络营销观念下,为实现企业的经营目标,对一定时期内网络营销发展的总体设想和规划。

2. 网络营销战略的作用

网络营销战略是关系企业长远发展和全局利益的重大决策,其选择的正确与否,直接影响到网络营销的成败和经济效益的大小,它是企业全体员工行动的纲领,在企业的网络营销活动中起着重要的作用,主要表现在以下几方面。

1)可强化网络营销目标

通过网络营销战略规划,可以使企业确立明确的网络营销目标,并朝着目标努力。网络营销战略规划在目标确定、方案选择及实施与控制中,无不体现着合理配置、高效使用营销资源的思想,使企业更好地实现其各项目标。

2)可提高网络营销活动的计划性

网络营销战略规划为企业的网络营销活动提供了纲领和指南,确立了未来的网络营销行动方案,使未来各项网络营销活动有计划、有步骤、有方法地进行,使各项工作有章可循、有条不紊。没有这种对未来的高瞻远瞩,企业必将羁绊于眼前的困扰而不能自拔,失去营销的主动性,从而增加了企业经营的风险性。

3)可提供新观念、新思路、新方法

网络营销战略规划的制定是以企业的全局为对象,根据网络营销活动总体发展的需要,对企业总体行动的谋划。在规划时,要对已掌握的情况进行判断分析,为了寻找到解决问题的方案,要进行充分的创造性思维,从而产生很多新观念、新思路、新方法。网络营销战略规划要求企业确实树立以消费者为中心的思想,从消费者的角度出发,由外而内地重新设计网络企业与消费者的互动关系,形成消费者参与及互动合作的新理念和新的运作方式。

4)可降低成本

网络营销规划对未来的网络营销活动进行了周密的费用预算,并对费用的支出进行了最优化的组合安排,使企业可以用较少的费用支出取得较好的效果。

学生笔记:
_____
_____
_____

5）可增强企业竞争力

网络营销规划为企业提供了当今最新的市场销售方式，将传统营销方式和网络销售结合起来，有效地传递信息、沟通客户、降低成本、扩大品牌宣传、提高贸易机会、减少贸易壁垒、提高工作效率，从而增强企业竞争力。

在不断变化的营销环境中，要使企业的网络营销活动不是盲目的、被动的、滞后的，就必须在战略规划的约束下，有预见性地、主动地、方向明确地随时调整其营销活动，使企业临变不乱、稳步前进，提高企业经营的稳定性与安全性。

13.2.2　网络营销战略管理过程

网络营销战略管理过程以营销战略为轴心，其核心职能是营销战略的形成和实施两个环节。营销战略的形成包括营销目标的确定、目标市场的选择、战略地位的确立和营销组合的设计4个步骤。营销战略的实施包括营销资源的预算和分配、营销组织的建立、营销过程的控制3个环节，如图13-1所示。

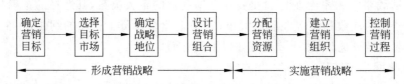

图 13-1　营销战略管理的基本模型

1. 营销目标的确定

企业授予营销的基本使命是在企业及其所接触的公众（个人和组织）间建立长期互利的交换关系。但是在不同的业务战略中，营销职能扮演的角色和任务有所不同，大体上分为两类：第一类是担任主攻作用，帮助业务战略在营销领域构筑竞争地位，树立营销竞争优势。第二类是担任辅攻作用，帮助业务战略在其他职能领域中构筑竞争地位，这时营销职能的任务是向业务战略提供营销观念和市场信息，帮助其他职能创造价值，最后将主要由其他职能领域创造的顾客价值呈递给顾客。无论是哪一类，营销战略之所以有"战略"之名，就是要以树立竞争优势为自己的目标。营销战略目标包括创造营销差异和低成本营销优势以及在某个特色市场中建立低成本的聚集优势。具体而言，网络营销的目标有以下几种类型。

1）销售型网络营销目标

销售型网络营销目标是指企业为拓宽网络销售，借助网上的交互性、直接性、实时性和全球性，为顾客提供方便快捷的网上信息展示。目前许多传统的制造型中小企业都在网上开设中英文双语网站，在 B2B 平台上发布供求信息，以求扩大市场，增加销售。

2）服务型网络营销目标

服务型网络营销目标主要为顾客提供网上联机服务，顾客通过网上服务人员可以远距离进行咨询和售后服务。目前大部分信息技术型公司都建立了此类站点。

3）品牌型网络营销目标

品牌型网络营销目标主要是在网上建立自己的品牌形象，加强与顾客的直接联系和沟通,建立顾客的品牌忠诚度,为企业的后续发展打下基础并配合企业现行营销目标的实现。目前大部分站点属于此类型。

4）提升型网络营销目标

提升型网络营销目标主要通过网络营销替代传统营销手段,全面降低营销费用,改进营销效率,改善营销管理和提高企业竞争力。

5）混合型网络营销目标

混合型网络营销目标可以同时达到上面几种目标。如某公司通过设立网上书店作为其主要销售业务站点,同时创立了网站品牌,并利用新型的营销方式提升企业竞争力,既是销售型,又是品牌型,同时还属于提升型。对于广大的中小企业来说,网络营销所要达到的目标应最大程度上首先满足实现企业扩大销售额的目标,毕竟对于中小企业来说,利润比任何东西都重要,在满足这点以后,服务、品牌和提升才显得更有意义。

【案例】

可口可乐公司的网络营销

作为全球软饮料第一品牌,可口可乐公司的产品早为人们所熟知。然而,互联网的出现给知名品牌带来了巨大挑战,随着越来越多消费者转向网络,品牌之间必然要进行重新排序。为建立网络品牌,巩固传统品牌的优势,2005 年可口可乐公司便推出了企业网站 icoke,以音乐、娱乐咨询、游戏等多元化内容和多种网络互动平台吸引年轻消费者。其借助网游自身的魅力,通过揭金盖、在网站上换积分、换取装备等一系列模式,让喝可乐成为了游戏玩家获取胜利的一大捷径。在 Web 2.0 时代,消费者已经不仅安于从网络上"接受信息",更渴望用一种互动的方式参与到"信息的创作"中。可口可乐公司把握了这种趋势,开展了诸如"拯救 SHE,自创广告结尾"的活动,为消费者带来了富有参与感和投入感的"互动体验"。从线下到线上,从平面到 3D 社区,多领域整合网络营销,可口可乐公司用大笔投入,换来了更大笔的收益。

2. 目标市场的选择

市场营销对自己所服务的顾客对象有 3 种态度:大规模营销、产品多样化营销、目标市场营销。大规模营销就是销售者大量生产、大量分销和大量促销一种产品给所有的购买者。产品多样化营销是销售者生产两种或两种以上,具有不同特色、式样、质量、型号等的产品。目标市场营销是销售者先找到细分市场,在其中选择一个或若干个,然后针对每个细分市场,开发适销对路的产品并制定相应的市场营销组合。现在的企业越来越多地采用目标市场营销战略,这能够更好地帮助销售者找到市场营销的机会,并且迅速、有效地进入目标市场,把注意力集中在有较大购买兴趣的顾客身上,而不必分散他们的营销精力。

运用目标市场营销战略是营销战略管理的核心特征之一。可以说,营销战略管理就是围绕目标市场的占领而进行的营销管理,因此,选择目标市场成为营销目标能否完成的前提。市场细分技术服务于目标市场的选择,因为要选择目标市场,首先得通过市场细分创

学生笔记:
_____
_____
_____

造可供选择的细分市场。

3. 战略地位的确立

目标市场如同一个标靶,而市场定位如同标靶的靶心,击中它才是满分。这个靶心存在于目标市场——目标顾客群的心目中,市场定位就是在使产品在目标消费者心目中相对于竞争产品而言占据清晰、特别和理想的位置而进行的安排。因此,营销人员设计的位置必须使自己的产品有别于竞争品牌,并取得在目标市场中的最大战略优势。

4. 营销组合的设计

市场的战略位置意味着顾客特别看重的价值之所在。因此,企业应该围绕这一位置创造顾客价值,营销的战略作用在于统筹整合所有的企业职能,共同创造这样的顾客价值。除此之外,由于市场营销是专门负责与顾客进行直接交流的部门,因此它还要负责将市场定位的卓越价值呈递给顾客。如果营销在呈递中能比竞争对手以更低的成本呈递价值,或者可以提高附加值,那么,这一营销过程本身就成为业务战略之所在。因此,营销组合中的所有要素都要为所确立的战略市场位置服务,并为其添加价值。

5. 营销资源的预算和分配

形成的营销战略如果缺乏实施,那么只能是一纸空文,如果实施不力,也将事倍功半。营销战略的实施包括营销资源的预算和分配、营销组织的建立和营销过程的控制。营销资源的配置通过对财务资源在生产、营销之间以及营销职能之间的预算实现,这是营销战略实施的物质基础。

6. 营销组织的建立

营销组织的建立实际上是对营销人力资源的配置,包括营销队伍的规模、素质和组织结构方式等方面,也包括对营销人员的激励措施和领导方式的安排。

7. 营销过程的控制

为了在必要的时候调整战略或者战略实施中的资源分配、组织方式、人员配置,实施网络营销战略有赖于对营销过程的严密监控,不断评估形式,对营销过程进行审计,综合内外营销信息,判断营销是否达到预期目的。

13.3　网络营销计划

网络营销战略为企业在未来急剧变化的环境中求得生存和发展描绘了一张蓝图,指明了企业前进的方向和目标。网络营销战略的实施还需要企业根据营销战略,制定切实可行的网络营销计划。网络营销计划是在网络营销战略的指导下,对网络营销活动的实施进行较为全面而有序的安排,明确网络营销活动的目标和责任。

13.3.1　网络营销计划的含义和要求

1. 网络营销计划的含义

网络营销计划是指在对企业网络营销环境进行调研分析的基础上,制定企业及各业务单位的营销目标以及实现这一目标所应采取的策略、措施和步骤的明确规定和详细说明。网络营销计划是企业的战术计划,网络营销战略对企业而言是"做正确的事",而网络营销计划则是"正确地做事"。在企业的实际经营过程中,网络营销计划往往碰到无法有效执行的情况,一种情况是网络营销战略不正确,网络营销计划只能是"雪上加霜",加速企业的衰败;另一种情况则是网络营销计划无法贯彻落实,不能将网络营销战略转化为有效的战术。网络营销计划充分发挥作用的基础是正确的战略,一个完美的战略可以不必依靠完美的战术,而从另一个角度看,网络营销计划的正确执行可以创造完美的战术,而完美的战术则可以弥补战略的欠缺,还能在一定程度上转化为战略。

制定网络营销计划,必须以网络营销管理的过程为依据,全面、客观地考虑各种有关问题。具体问题有:通过确定合理的目标,明确界定网络营销的任务;广泛听取各职能部门的意见;确定营销预算;确定营销任务;依据营销任务安排营销活动的内容;创建友好、信息丰富的网页,企业的网页应能全面、真实地反映企业营销活动的内容;与因特网连接;改进、提高企业网页水平;网上营销的实施与网页修改;使网上营销和企业的管理融为一体。

2. 网络营销计划的要求

制定企业网络营销计划的一般原则和要求:网络营销计划应贯彻落实企业发展战略,制定网络营销计划应遵循市场规律、循序渐进,制定网络营销计划应切实可行,灵活调整。

1) 网络营销计划应贯彻落实企业发展战略

一般而言,企业发展战略反映着企业的发展方向和宏观目标,但它仅是一个方向和目标,如果没有网络营销计划予以具体落实,则势必成为空中楼阁;反之,企业的网络营销计划,如果没有贯彻、落实企业发展战略的意图,而自行其是,亦是要碰壁的,这不但可能导致网络营销计划与发展战略的不协调甚至冲突,造成企业发展中的"南辕北辙"或运行中的政令不一,而且脱离了企业发展战略的网络营销计划,势必是无根浮萍,既缺乏根据,又可能丧失了方向感和目的性,从而,带有很大的盲目性、随意性,无法适应市场经济的发展要求。因此,制定企业网络营销计划首要的原则就是必须贯彻、落实企业发展战略。

如果说发展战略是纲,网络营销计划就是目;发展战略是企业发展的方向,那么,网络营销计划就是企业向着这一方向迈进的方法和步骤;发展战略是宏观指导思想,那么,网络营销计划就是落实这一宏观思想的具体化、程序化、科学化的运行方案。因此,制定网络营销计划,不论是长期的,还是中、短期的,都应该紧紧围绕企业发展战略来进行。

为此应该注意如下几点:其一,制定企业网络营销计划应始终与企业发展战略方向保持一致。例如,企业发展战略中把建立跨行业、跨地区、跨国界的企业集团作为发展目标,那么,网络营销计划就应当根据这一战略方向来制定,在计划中就应当充分体现这一战略思想,在长期和中短期计划中不同程度地贯彻落实这一战略意图,一般应把它们分解成短期、中长期目标,逐次予以落实在短期、中长期网络营销计划中。任何与战略目标和发展方向不协调或相冲突的营销方案、方法,不论它有多么完美,都不应出现在网络营销计划中。

学生笔记:
_____
_____
_____

其二,网络营销计划应作为战略目标,那么,网络营销计划制定过程中,就应当分别在短期、中期、长期计划中予以具体落实,并确定具体量化的指标和实现方法、实施程序。如在长期计划中,确定出每年拟以多少个省区或以多大增长速度扩大市场占有率,最终达到一个定量的指标要求。同时,对扩展目标市场的次序,采用的分销、促销方式等做出明确的计划。又如其年度计划中拟定出当年计划扩展的目标市场(一省或若干个省区),并定出量化指标,如占领区域的覆盖率、销售额、增长百分比等。如果技术上可能,还应将年度计划任务进一步分解到每一季度中加以落实。

2)制定网络营销计划应遵循市场规律、循序渐进

在市场经济条件下,企业的一切活动都受制于市场,因而网络营销计划的制定应该严格遵循市场规律。在制定网络营销计划时首先应对企业面临的市场进行认真的调研,此可称作"市场审计",这是制定计划过程的第一阶段,是基础的或准备的阶段。只有这一阶段做好充分细致的准备工作,才能为最终完成网络营销计划的制定奠定坚实、可靠的基础。否则,如果越过这一阶段或是在这一阶段草草了事,便匆匆进入第二阶段——制定计划阶段,那么,制定出的计划,无论在理论上多么合理,都将经不起市场的严峻考验,要么过于保守造成市场机会损失和企业可利用资源的巨大浪费;要么,过于激进导致计划不切实际,无法实现而成为一纸空文,甚至使企业被无情的市场所吞噬。市场经济规律反复证明:不尊重市场,必然要招致市场的报复。

在进入第二阶段即制定计划阶段后,还需要循序渐进地做好如下工作。

(1)充分了解并掌握自身企业实际情况。这是制定计划的另一个重要依据。如果说搞好"市场审计",了解、掌握市场是"知彼",则了解、掌握企业情况便是"知己","知彼知己"方能使计划立于不败之地。

(2)群策群力、多方聚焦。企业的网络营销计划作为企业未来一个时期的工作指南,涉及企业的各个部门,而且一旦确定并颁行,就要求整个企业的各个部门齐心协力地实施、完成它,因而,计划的制定就不应只是计划部门一家的事情,应当广泛听取各部门的意见,吸收、采纳其合理和正确的意见与建议。在计划草拟成文之后,还需反复征询各方意见,以使网络营销计划真正切入企业实际及特点,更准确地反映市场运行规律,适应市场变化的脉搏。

(3)由远及近,先长后短。网络营销计划分为长、中、短期来制定。在制定计划时既不能含混和笼统,也不能把它们完全割裂开来,同时还不能将它们的次序颠倒。具体而言,在制定计划时,避免采用长、中、短期计划被混在一起的"一揽子"计划,那样的计划内容表述势必含糊不清,任务、目标、方法等重要方面都将不可能明确、具体,而且在执行、实施上也不便操作,在检查、考核计划完成情况时,更会出现困难。因此,各期计划必须是分开、分别制定,制定时要照顾它们之间的有机联系。中、短期计划要贯彻长期计划精神,分担长期计划的任务目标,短期计划要贯彻落实中期计划的任务目标。从而做到方向一致、相互支持,且各有侧重及特色。一般而言,计划时间越短,越应具体。在制定的顺序上,应首先着眼于长期,其次为中期,最后是短期。这个次序不能颠倒,因为,它们之间的逻辑、辩证关系和各自的特点决定了必须这样才更为科学。

3)制定网络营销计划应抓住关键,明确"表述"

网络营销计划并非工作流程或企业备忘录,它不可能也不应该太详尽,而应抓住企业

营销中的关键性问题予以列述。如企业产品如何定位,定位的品种、产量、质量指标和销售量、利润完成额,市场占有率以及新产品开发、营销促进、目标市场拓展等关键或重大事项应作为计划的主要内容,其他一般性管理和日常事务性问题不必列入计划,以免主次难辨,轻重不分。

同时,在计划中,对诸项重大问题应当进行具体而明确的规定或要求,而尽可能避免用模糊含混的语言进行表述。为此,应当尽可能采用定量化的标准予以界定和表述。对不能或不宜量化的目标任务,宜用文字简明而准确地予以界定和要求,此类表达要足以使执行者不致误解或出现解释分歧,给今后计划的履行衡量和检查带来困难。

4)制定网络营销计划应切实可行,灵活调整

没有可行性的网络营销计划是注定要失败的。要使网络营销计划具有较高的可行性,在计划制定中应注意做到如下几点。

(1)遵循市场规律;

(2)切合企业的实际和特点,这两点在前文中已涉及,此处不再述;

(3)实事求是、循序渐进,切忌头脑发热,搞不切实际的"大跃进",大干快上;

(4)加强反复论证,把计划建立在科学、合理的预测基础上;

(5)充分考虑市场、政策、企业自身等客观、主观因素,外部、内部等变动因素。

网络营销计划一旦制定并颁行,一般应相对稳定,不能朝令夕改,但是,市场是不断变化的,在计划实施过程中,当企业外部发生未能预期到的变化时,应对计划作出相应调整,这也是保证计划能够切实可行的最重要思路。这种调整可以看作企业网络营销计划制定的"后期阶段",或戏称为"售后服务阶段"。应该注意的是,调整和修改计划不能过多或太随意,只有当市场变化太大,不得不调整时才可以进行,否则会使计划丧失其权威性,甚至动摇企业各部门及其员工实现网络营销计划的信心。

13.3.2　网络营销计划的内容

网络营销计划的制定包括以下几方面的内容。

1. 计划概要

计划概要是对主要营销目标和措施的简短摘要,目的是使高层主管迅速了解该计划的主要内容,抓住计划的要点。例如,某网络零售商店年度营销计划的内容概要是:"本年度计划销售额为 5000 万元,利润目标为 500 万元,比上年增加 10%。这个目标经过改进服务、灵活定价、加强广告和促销努力,是能够实现的。为了达到这个目标,今年的营销预算要达到 100 万元,占计划销售额的 2%,比上年提高 12%"。

2. 营销状况分析

这部分主要提供与市场、产品、竞争、分销以及宏观环境因素有关的背景资料,具体内容如下。

学生笔记:

_____

_____

_____

（1）市场状况。列举目标市场的规模及其成长性的有关数据、顾客的需求状况等。如目标市场近年来的年销售量及其增长情况、在整个市场中所占的比例等。

（2）产品状况。列出企业产品组合中每一个品种近年来的销售价格、市场占有率、成本、费用、利润率等方面的数据。是否需要在网上开展营销活动，在很大程度上取决于行业的特点和产品的特性，网络营销是顺应营销手段的发展而不是为了赶时髦，如果一个行业的特点决定了利用传统方法更加有效，那么可以暂时不考虑网络营销。如果网络营销不能在短期内带来切实的收益，还是应该量力而行。

（3）竞争状况。识别出企业的主要竞争者，并列举竞争者的规模、目标、市场份额、产品质量、价格、营销战略及其他的有关特征，以了解竞争者的意图、行为，判断竞争者的变化趋势。互联网的发展为行业竞争状况分析提供了方便，同行业的企业由于生产类似的产品或服务，往往被收录在搜索引擎或分类目录的相同类别，要了解竞争者或其他同行是否上网，只需要到一些相关网站查询，并对竞争者的网站进行分析，对行业的竞争状况就会有大致的了解。

（4）分销状况。描述公司产品所选择的分销渠道的类型及其在各种分销渠道上的销售计划数量，如某产品在百货商店、专业商店、折扣商店、邮寄等各种渠道上的分配比例。

（5）宏观环境状况。主要对宏观环境的状况及其主要发展趋势作出简要的介绍，包括人口环境、经济环境、技术环境、政治法律环境、社会文化环境，从中判断某种产品的命运。

3. 机会与风险分析

首先，对计划期内企业营销所面临的主要机会和风险进行分析。再对企业营销资源的优势和劣势进行系统分析。在机会与风险、优劣势分析基础上，企业可以确定在该计划中所必须注意的主要问题。

4. 拟定营销目标

拟定营销目标是企业营销计划的核心内容，在市场分析基础上对营销目标作出决策。计划应建立财务目标和营销目标，目标要用数量化指标表达出来，要注意目标的实际、合理，并应有一定的开拓性。

（1）财务目标。财务目标即确定每一个战略业务单位的财务报酬目标，包括投资报酬率、利润率、利润额等指标。

（2）营销目标。财务目标必须转化为营销目标。营销目标通常由以下指标构成，如销售收入、销售增长率、销售量、市场份额、品牌知名度、分销范围等。由于网络营销的实质是服务营销，加上网民的规模以及消费者的接受心理等因素的影响，所以企业设立网站常常不是着眼于直接的网上销售量，而是网络营销的其他效应。一般有如下几种：通过网络营销向潜在顾客提供有用信息使之成为购买者；提高品牌知名度；建立顾客忠诚，从而留住顾客；支持其他营销活动；减少营销费用和时间；提供一对一的个性化服务等。企业要根据自身不同的特点和条件，设定不同效应的明确目标。

5. 营销策略

拟定企业将采用的营销策略，包括目标市场选择和市场定位、营销组合策略等。明确企业营销的目标市场是什么市场，如何进行市场定位，确定何种市场形象；企业拟采用什么样的产品、渠道、定价和促销策略。

6. 行动方案

对各种营销策略的实施制定详细的行动方案,即阐述以下问题:将做什么? 何时开始? 何时完成? 谁来做? 成本是多少? 整个行动计划可以列表加以说明,表中具体说明每一时期应执行和完成的活动时间安排、任务要求和费用开支等。使整个营销战略落实于行动,并能循序渐进地贯彻执行。

7. 营销预算

营销预算即开列一张实质性的预计损益表。收益的一方要说明预计的销售量及平均实现价格,预计出销售收入总额;支出的一方说明生产成本、实体分销成本和营销费用,以及再细分的明细支出,预计出支出总额。最后得出预计利润,即收入和支出的差额。企业的业务单位编制出营销预算后,送上层主管审批。经批准后,该预算就是材料采购、生产调度、劳动人事以及各项营销活动的依据。

8. 营销控制

对营销计划执行进行检查和控制,用以监督计划的进程。为了便于监督、检查,具体做法是将计划规定的营销目标和预算按月或季分别制定,营销主管每期都要审查营销各部门的业务实绩,检查是否实现了预期的营销目标。凡未完成计划的部门,应分析原因,并提出改进措施,以争取实现预期目标,使企业营销计划的目标任务都能落实。

13.3.3　网络营销计划的制定原则

1. 系统性原则

网络营销是以网络为工具的系统性的企业经营活动,它是在网络环境下对市场营销的信息流、商流、制造流、物流、资金流和服务流进行管理的。因此,网络营销方案的策划,是一项复杂的系统工程。策划人员必须以系统论为指导,对企业网络营销活动的各种要素进行整合和优化,使"六流"皆备,相得益彰。

2. 创新性原则

网络为顾客对不同企业的产品和服务所带来的效用和价值进行比较,带来了极大的便利。在个性化消费需求日益明显的网络营销环境中,通过创新,创造和顾客的个性化需求相适应的产品特色和服务特色,是提高效用和价值的关键。特别的奉献才能换来特别的回报。创新带来特色,特色不仅意味着与众不同,而且意味着额外的价值。在网络营销方案的策划过程中,必须在深入了解网络营销环境尤其是顾客需求和竞争者动向的基础上,努力营造旨在增加顾客价值和效用、为顾客所欢迎的产品特色和服务特色。

学生笔记:

_____

_____

_____

3. 操作性原则

网络营销计划的第一个结果是形成网络营销方案。网络营销方案必须具有可操作性，否则毫无价值可言。这种可操作性，表现为在网络营销方案中，策划者根据企业网络营销的目标和环境条件，就企业在未来的网络营销活动中做什么、何时做、何地做、何人做、如何做的问题进行了周密的部署、详细的阐述和具体的安排。也就是说，网络营销方案是一系列具体的、明确的、直接的、相互联系的行动计划的指令，一旦付诸实施，企业的每一个部门、每一个员工都能明确自己的目标、任务、责任以及完成任务的途径和方法，并懂得如何与其他部门或员工相互协作。

4. 经济性原则

网络营销计划必须以经济效益为核心。网络营销策划不仅本身消耗一定的资源，而且通过网络营销方案的实施，改变企业经营资源的配置状态和利用效率。网络营销策划的经济效益，是策划所带来的经济收益与策划和方案实施成本之间的比率。成功的网络营销策划，应当是在策划和方案实施成本既定的情况下取得最大的经济收益，或花费最小的策划和方案实施成本取得目标经济收益。

5. 协同性原则

网络营销计划应该是各种营销手段的应用，而不是方法的孤立使用。诸如论坛、博客、社区、网媒等资源要协同应用才能真正达到网络营销的效果。

13.4 网络营销战略计划的制定步骤

网络营销战略计划主要包括七大步骤，即形势分析、网络营销战略规划、确定网络营销目标、策划具体的网络营销策略、实施计划、预算、计划评估。

13.4.1 步骤一：形势分析

一个有操作价值的网络营销计划不仅对企业的营销活动有非常深远的影响，而且对于制定与营销活动密切相关的生产、财务、研发、人力资源等计划也有非常重要的指导意义。营销环境是千变万化的，这为企业提供了大量的机遇（如开发新产品、新市场、新的客户沟通媒介以及与业务伙伴交流的新渠道），但与此同时，企业也面临着许多来自竞争对手的、经济上的以及其他一些威胁。因此，制定营销计划，首先需要分析企业面临的经济形势，包括宏观经营环境的分析、对行业发展趋势的分析、对产品发展态势的分析、对竞争对手的分析等内容。SWOT分析法可以帮助企业正确认识当前面临的发展形势。

SWOT分析指的是在环境和竞争力分析时，对公司内部的优势与劣势，以及公司外部存在的机遇和挑战进行分析。分析机遇可以帮助公司确定目标市场或者开发新产品的机会。而挑战则是指企业面临的风险。例如，当初亚马逊公司抓住在线销售的机遇时，市场上的竞争还不是很激烈。公司面临的最大的风险是，一家大型连锁书店（巴诺书店）声称要全面进入在线市场。公司最大的劣势是没有销售书籍的经验，甚至没有利用信用卡交易的经验。此外，公司也不了解如何把书装箱托运。最初他们是把书放在地上打包的，后来一位木匠建议他们制作一个打包台，才解决了问题。公司最大的优势是具有一个精明的团队，他们肯钻研，善学习。对于亚马逊公司来说，幸运的是，那些大书店动作迟缓。正是它们的延迟进入，给了亚马逊创建网上品牌的机会。直到亚马逊公司的股票上市前夕，巴诺书店才开始反击，但为时已晚。

13.4.2　步骤二：网络营销战略规划

在进行了形势分析，并且审视了现有的营销计划以后，营销人员就要开始制定战略规划。制定战略规划应该考虑组织的目标、技术水平和资源与不断变化的市场机遇相适应，从而确定相应的市场细分策略、目标市场策略、差异化策略和产品定位策略，在此，把这些任务列为第一层次的策略。

营销人员所进行的营销机遇分析（Market Opportunity Analysis，MOA）包括对市场细分和目标市场定位两方面的供求分析。需求分析（demand analysis）部分中的细分市场分析要对潜在的获利能力、可持续性、可行性以及潜在的细分市场规模进行描述和评估。在B2C 细分市场分析（segment analysis）中，要使用各种描述性语言，如人口统计特征、地理位置、市场心理特征（如对技术及对拥有无线通信设备的态度等），以及对某种产品的历史行为（如在线或离线的购物方式等）。B2B 市场中的描述性语言包括企业的位置、规模、所属行业、需求类型等。这些描述性语言可以帮助企业识别潜在的有吸引力的市场。企业还必须了解细分市场的发展趋势，例如，某细分市场规模会扩大还是收缩，对产品的需求是增加还是减少等。

企业如果通过网络渠道进入一个新的市场，就应该使用传统的细分市场分析方法。然而，如果计划为目前的市场进行在线服务，就应该对现有的客户需求进行更深入的研究。例如，企业的哪些客户将会使用互联网？使用企业网站的客户的需求与其他客户的需求又有怎样的区别？（例如，网络用户往往希望自己的邮件能够在 24 小时之内得到回复，而普通信件在几周之内收到回复便可以令人满意了）。另外，企业往往因为客户发现了网站而开拓出一片新的市场。

营销人员可以通过网络跟踪器、数据库分析以及其他各种技术，来判断如何更好地为这些新市场提供服务。

企业进行供给分析的目的，一是帮助预测细分收益率，二是找到开拓在线市场的竞争优势。只有在对自身的竞争优势和劣势进行仔细分析之后，企业才能找到其自身的经营优势。因此，企业在启动网络营销创新计划之前，首先应该仔细研究竞争环境、网络营销创新计划以及自身的优势和劣势。同时，企业必须尽量去判断未来的行业变化情况，即哪些新的企业将有可能出现在互联网上，哪些将会逐渐退出。例如，iGo 公司的竞争优势在于该公司拥有一个关于电池信息的巨大的数据库，从而知道哪种电器应该与哪种电池相配套，并且可以在几个小时之内把电池送到客户手中。

学生笔记：
_____
_____
_____

进行了全面的营销机遇分析之后,企业就可以选择目标市场,并且清楚地了解其特点、消费行为以及对企业产品的需求情况。此外,企业还应该了解每一个市场的价值诉求。

网络营销战略规划中的第一层次策略还包括品牌差异化及品牌定位策略。在了解了竞争环境和目标市场以后,厂商就需要判断如何将本企业的产品与竞争对手的产品区分开来,而且要让目标市场的客户明显地感知这种差异。在花花公子公司的案例中,管理层必须建立品牌战略,以便使自己的产品区别于杂志、有线电视以及其他网络产品。进行差异化分析之后,应该制定一份品牌定位报告,说明企业的品牌形象以及本企业的品牌与竞争对手的差异。即使在传统营销计划中已经明确了定位策略,开展网络营销的企业还必须判断这一战略在网络经营中是否同样有效。如果是为一个新的品牌或市场做计划,企业就应该在这一环节制定品牌的差异化策略和品牌定位策略。

13.4.3 步骤三：确定网络营销目标

一般情况下,一份网络营销计划的目标包括以下 3 方面：一是任务,即需要完成什么；二是可量化的工作指标,即各项工作的具体工作量是多少；三是时间范围,即各项工作需要在什么时候完成。

假设亚马逊公司的伙伴扩展计划是在一年内将其合伙人数量从 80 万人增加到 90 万人。这一类型的目标是很容易评估的,而且是网络营销计划中一个关键的部分。这些计划一般要说明为什么设定这样的目标,即在一定的外部环境下,利用电子商务的策略和网络营销的手段,为什么这样的目标是可以达到的。

网络交易是电子商务经营中非常重要的一个方面,但是,其他方面同样值得重视,特别是企业仅仅依靠技术来提高内部工作效率的时候更是如此。事实上,大部分的网络营销计划旨在完成如下的多个目标：

(1) 增加市场占有率。

(2) 增加销售收入(指增加销售收入或销售量)。

(3) 降低成本(如分销成本或促销成本)。

(4) 完成品牌目标(如增强品牌知名度)。

(5) 完善数据库。

(6) 完成客户关系管理目标(如提高客户满意度、提高购买频率或维系老客户的比例)。

(7) 改进供应链管理(如提高渠道成员的协作能力,增加合作伙伴数量,优化存货水平)。

13.4.4 步骤四：策划具体的网络营销策略

营销人员按照规定的内容和关系管理制定营销战略,以实现既定的目标,即关于产品、定价、分销及促销的计划目标。此外,营销人员还要设计客户关系管理及伙伴关系管理战略,在这里,把这些任务列为第二层次的策略。在实践中,第一层次的策略与第二层次的策略是互相关联的。例如,营销人员选择最好的目标市场,确定具有竞争性的产品定位。这要求广告、定价等工作进行配合。

1. 产品策略

企业可以在网上销售商品、服务或广告。它可以采取某种电子商务模式(例如,网上拍卖)来获取收入。企业可以在在线市场创建新的品牌,也可以依然销售离线市场正在销售的某些产品,或者对现有产品进行一些改进。很显然,前期的市场分析意味着,企业可以有多种选择。如果企业在网上提供现有的品牌,就要设法解决许多问题。例如,显示在计算机屏幕上的颜色与印刷品上的颜色是不同的。很多精明的企业利用信息技术来改变它们在网上提供的产品的方式。例如,Dell 公司可以在瞬间按照客户的要求定制个性化的产品:客户只要在网上配置自己所希望的计算机,数据库就会提供一张反馈表,上面有最新的计算机配置信息和价格信息。

2. 定价策略

企业应该判断在线产品价格与离线产品价格的差异。要做到这一点,企业需要了解通过在线渠道进行产品分拣和配送会发生哪些成本,还要考虑竞争性因素和市场因素。在线定价主要有如下两种趋势。

(1)差别定价。这种策略主要是指针对不同的客户或不同的情况,应用不同的价格水平。例如,初次购买者或数月未购买者享受比经常购买者低一点的价格,或者在销售淡季降价。在网络环境中,企业可以对商品进行自动定价,或者对网络用户实行浮动价格(这一点在 Dell 公司的案例中已经提及)。

(2)在线竞价。这种方式为优化库存管理提供了一种方法。例如,西雅图的一些旅馆在淡季时允许旅客对旅馆房间进行竞价。它们指示承接房间预订的代理人根据当天的房间占有率来接受不同的最低竞价水平。Priceonline 网站、eBay 网站以及很多 B2B 市场交易操作都使用这种策略。

3. 分销策略

很多企业利用互联网递送产品,或者利用互联网提高供应链成员的工作效率。举例如下。

(1)直复营销。很多公司跳过传统销售渠道中的中间商,直接把一些产品销售给顾客。在 B2B 市场中,很多公司使用互联网开展销售活动,使成本大幅降低。

(2)电子商务代理模式。一些企业(如 eBay 公司和 E-TRADE 公司)把买卖双方撮合在一起开展交易,从中收取中介费。

4. 营销沟通策略

互联网产生了许多新的营销沟通方式,企业既可以用来把客户吸引到网络站点,也可以加强与传统企业客户的交流。一些公司利用互联网网页和电子邮件与目标市场以及业务伙伴进行沟通。通过这样的途径,它们还可以创建品牌形象,提高新产品的知晓度,对产品进行定位。企业利用数据库营销的形式来存储客户需求、消费者偏好和消费行为等信息。依据这些信息,它们可以在有利的时机发送相关的个性化信息,开展有针对性的沟通。

学生笔记:
_____
_____
_____

5. 客户关系管理策略

很多网络营销沟通策略可以帮助企业与其合作伙伴、供应链上的成员及客户建立关系。然而,一些公司通过客户关系管理(CRM)或伙伴关系管理(Partner Relationship Management,PRM)软件,将客户沟通和购买行为信息整合到一个综合的数据库中,以此来提高自己的竞争力。它们使用 CRM 软件来维系客户,增加平均订单价值和客户终身价值。还有一些企业则建立外联网(相似于使用 PRM 软件),以便企业间更好地沟通,更有效地开展交易。审视企业目标和网络营销战略的一种简单的方法是运用目标战略矩阵图。这种图示的方法可以帮助营销人员更好地理解执行计划的必要条件。

13.4.5 步骤五:实施计划

1. 怎样通过有创意、有效率的策略来完成目标

在这一步骤中,厂商为了实现计划目标选择营销组合(即 4P 策略)、关系管理以及其他策略,制定出详细的实施计划(即行动计划)。此外,它们还要判断是否有一支合适的营销队伍(即员工队伍、部门结构、应用服务提供者以及其他的外部企业)去执行计划。只要战术组合得当,企业就有可能有效地完成目标。

2. 网络企业格外关注信息收集的策略

因为信息技术对自动化信息收集有很大的优势。企业可以运用网站表格、电子邮件反馈、在线市场调研等形式,来搜集关于现有客户、潜在客户及其他利益相关者的信息。其他重要的策略如下。

(1) 网站日志分析软件帮助企业了解用户在网站上的行为,以便更好地满足客户需求。

(2) 商业智能利用互联网进行二手调查,帮助企业了解竞争对手及其他市场力量的信息。

13.4.6 步骤六:预算

任何一个战略规划的关键部分都是确定预期的投资回报。企业可以将收益与成本比较,进行成本-收益分析,计算投资回报率(ROI)或内部收益率(IRR)。管理层利用这些数据来判断他们所做的投入是否值得。如今,企业格外关注营销投资回报率(Return on Marketing Investment,ROMI)。在计划执行阶段,营销人员会密切关注实际发生的收入和成本,以判断企业是否在按既定目标执行。下面介绍的是与网络营销活动相关的一些收入和成本。

1. 收入预测

在预算中,企业运用固定的销售预测方法来评估网站在短期、中期、长期获取的收入。在计算的过程中,企业要利用自己的历史数据、行业报告以及竞争对手的信息。收入预测的一个重要部分是评估网站在一段时间内的访问量,因为这些数字会对企业期望从网站获取的收入产生影响。网络经营的收入渠道主要包括网站的直接销售、广告销售、订阅费、会员介绍费、在伙伴站点实现的销售、佣金收入以及其他收入。企业通常以电子表格的形式对这些分析进行汇总,电子表格能显示一段时期内的期望收入和这些收入的来源。

2. 无形收益

与实体企业的经营情况相似,网络营销战略中的无形收益也很难确定。例如,美国航空公司开展了一项活动,在活动期间,客户会定期收到关于他们常客计划账户余额信息的电子邮件。这项工作能够创造多少品牌价值呢? 网站帮助提高了品牌知晓度,它的价值又有多大? 用财务数据来显示这样的收益,是一项非常艰巨的工作,但又是必不可少的。

3. 降低成本

通过网络的高效率所节约的成本被称为企业的软收入。例如,如果在分销渠道中通过批发商、分销商和零售商将制造商和客户联系起来,那么每一个中间商都要从中获益。一个典型的提价方案是:制造商将价格提高 10% 卖给批发商,批发商将价格提高 100% 卖给零售商,零售商将价格提高 50% 卖给消费者。因此,如果一个制造商以 50 美元的价格将其产品卖给批发商,那么终端消费者需要支付 165 美元才能购买到此产品。如果制造商跳过那些中间商而在网上直接将产品卖给消费者,就可以将产品定价为 85 美元,增加 30 美元的收入。这种方法能否为厂商带来利润,取决于将产品递送给消费者所花费的成本。另外还有一个例子,假设打印、邮寄一封邮件需要 1 美元,那么给 5000 个消费者寄邮件就需要5000 美元。事实上,这 5000 美元厂商是可以节约的。如思科公司利用在线计算机系统销售来处理销售业务,每年竟然可以节约成本 2.7 亿美元。

网络营销成本指开展网络营销会产生各种成本,例如,人员工资,购置硬件、软件等设备的开支,项目设计费用等。此外,一些传统的营销成本也可能会出现在网络营销预算中,例如,为增加网站访问量而支付的离线广告成本。以下列出的是网站开发可能发生的一些费用。

(1) 技术费用。包括软件、硬件购置费用,联网费用,服务器购置费用,教育方面的资料及培训费用,以及站点的运营及维护费用。

(2) 站点设计。网站需要平面设计师来创建具有吸引力的页面,包括图片和照片。

(3) 人员工资。所有参与网站开发与维护的工作人员的工资都要列入预算项目。

(4) 其他网站开发费用。除去技术费用和人员工资,其他的费用都在这一项中列支,如域名注册、雇佣专家编写内容或进行其他开发和设计活动所需的费用。

(5) 营销沟通费用。凡是与增加网站访问量、吸引回头客消费直接相关的费用(如在线或离线的广告、公关、促销活动等)都列入营销沟通费用。其他费用包括搜索引擎注册、在线咨询费用、邮件列表租金、竞赛奖励等。

(6) 杂项费用。其他项目费用可能包括差旅费、电话费,网站建设初期发生的文具用品费用等。

学生笔记:

13.4.7 步骤七：计划评估

一旦网络营销计划开始实施,企业就应该经常地对其进行评估,以保证计划的成功实施。这意味着网络营销人员必须在网站开通前建立合适的跟踪系统。根据网络营销计划的目标决定应该对哪些内容进行评估。一般说来,如今很多企业都受到投资回报率的驱使。因此,营销人员必须明确一些无形的目标(如品牌建立、客户关系管理等)将如何引领他们获取更多的收益。同时,也必须采取准确、适时的度量手段来保证网络营销计划启动和发展各阶段费用支出的合理性。

【章末案例】

案例一：营销战略决定成败

美国辛迪诺商店在开业之初,进行了种种策划,做了各种广告宣传,常赞助那些在电台、报刊上抛头露面的项目,使商店知名度大大提高,但产品销售却一直处于滞销状况。为此,商店进行市场调查,多数人指出：我们认识了你,并不等于信得过你。老板恍然大悟,在策划上改变了策略。该企业把在大众媒介上的赞助费用改为定做许多垃圾箱,并将其放在大街小巷,在上面印刷该商店名称和销售的主要商品以及一些公益广告。它们又拿出更多的钱在一些城区大建绿地草坪,使策划更深入人心,让人们从内心对辛迪诺商店充满了由衷的感激,直至将敬爱之情转化为对辛迪诺商店及其商品真正的信赖之情。

思考题：请针对以上案例分析,网络营销战略目标应该有哪些?

案例二：拼多多的网络营销战略

拼多多成立于 2015 年 9 月,是国内移动互联网的主流电子商务应用产品。2019 年,拼多多平台成交额突破万亿元大关,成交总额位居中国网络零售 B2C 市场第三位,平台年活跃买家数达 5.852 亿。拼多多快速崛起的背后是对中国网络消费市场的深度理解,亦是对网络营销工具的战略性应用。

1. 拼多多的市场细分

2015 年之后,中国网络消费市场构成出现了新的变化,显著的改变是网购人群的增长主要来自 3～6 线城市以及广大的乡镇地区。小城市和乡镇居民的绝对收入虽然还比不上大城市,但和自己的过往相比,他们的收入确实在提升,而且买房和生活成本没有大城市那么沉重,可支配收入的上涨让一些新的需求开始出现。同时,随着移动互联网的应用,小城市和乡镇居民的互联网化进程加快,更便宜、更方便的网购成为这部分人群很重要的需求。拼多多成立,借着微信的普及覆盖到了这部分人群,满足了他们旺盛的消费需求。

2. 拼多多社交电商模式对用户的锁定

拼多多采用 C2M 社交电商模式,用户通过发起和朋友、家人、邻居等的拼团,可以以更低的价格,拼团购买优质商品。旨在凝聚更多人的力量,用更低的价格买到更好的东西,体会更多的实惠和乐趣。通过沟通分享形成的社交理念,形成了拼多多独特的新社交电商思维。从消费者的角度来看,社交化电子商务,既体现在消费者购买前的店铺选择、商品比较等,又体现在购物过程中通过 IM、论坛等与电子商务企业间的交流与互动,也体现在购买商品后消费评价及购物分享等。拼多多将关注、分享、沟通、讨论、互动等社交化的元素应用于电子商务交易过程,通过社交化工具的应用及与社交化媒体、网络的合作,完成企业营销、推广和商品的最终销售,实现了用户锁定。

3. 拼多多的产品运营

外部产业环境的变化给拼多多留出了崛起空间,但它要抓住这些机会,真正依赖的却是自身的产品和运营能力。拼多多的运营逻辑有两个特别值得关注的地方,"游戏式"运营和制造"爆品"。阿里集团湖畔大学的产品模块学术主任、百度集团的顾问梁宁女士写过一篇文章,专门分析拼多多的"游戏式"运营。她说,用户上京东、淘宝其实都有很明确的目的,知道自己要买什么,然后去搜索、比价、下单;但在拼多多上不是这样,用户无聊了,即使没有任何购物需求,也可以去拼多多上逛一逛,找点事情做,如可以看看限时秒杀、品牌清仓,也可以玩拆红包、现金签到、邀请好友砍价等。这些或多或少带有一些娱乐消遣的功能,并能借助微信分享扩散到更多人。这些做法有些像网络游戏里的套路,通过开发一些任务,让玩家能用最小的代价去获得大量经验,以诱使他们至少每天登录一次游戏。拼多多展现的就是一种商品流,规则是制造"爆品"。如果一种产品能让很多人感兴趣,有很好的定价能力和定价策略,那拼多多就会给予更多的流量扶持。这种规则跟淘宝、京东很不一样。在那两个平台,商家的核心能力是怎么从平台内部获得更多流量,他们需要研究广告推荐购买效率,懂搜索规则,设计定价策略以及商品的组合等,知道怎样才能让自己的商品在搜索结果里排在前面。但拼多多对商家的能力要求不同,在拼多多里,产品本身构成了流量的关键,商家的产品没有社交裂变能力,那也成不了"爆品"。同时,这种促进更多人去追求"爆品"的方式,反过来也给拼多多带来流量,因为这些产品在微信里产生了"病毒传播"的效果,推动着拼多多在流量和用户上一路狂奔。

随着互联网的普及,网络营销已经成为企业最重要的营销方式,必须对一定时期内网络营销发展进行总体设想和规划,从产品、用户、价格、推广等多角度出发建立整合营销策略,以实现企业的经营目标。

思考题:结合拼多多的案例,讨论网络营销战略的重要作用以及如何制定网络营销战略。

案例三:江小白——青春小酒品牌的网络营销计划

1. 公司简介

江小白成立于 2011 年,着力于传统酒业的品质创新和品牌创新,致力于引领和践行中国酒业的年轻化、时尚化、国际化。

1)公司业务简介

随着中国 80 后、90 后消费群体话语权的提升,传统酒企做高端、过度包装等特征离消

学生笔记:
_____
_____
_____

费者的需求越来越远。江小白酒业直面当代消费者的需求,研究消费者的体验推出了"我是江小白"酒。"我是江小白"将卡通形象与白酒产品紧紧结合在一起,是一款富含时尚青春气息,符合 80、90 后年轻人口味的颠覆性白酒产品。

2）营销服务宗旨

江小白作为创新性的青春小酒品牌,其营销服务的主要目标是吸引年轻群体的关注,建立全国性的白酒品牌,通过前卫而富于创造性的营销策划使江小白和消费者关系更为亲密。

2. 江小白公司的网络营销计划

1）网络营销对江小白意味着什么

江小白酒业的网络营销主要是借助各种网络手段,实现江小白与客户关系的建立,吸引客户访问,形成品牌形象,进而促进客户购买的过程。通过网络营销可以期望得到如下效果。

（1）增加客户。通过开发创造性的、充满智慧的、信息丰富的、吸引力强的网站、公众号、企业号等能够吸引更多的顾客。

（2）展示江小白的品牌形象。传统白酒品牌,是依赖地域、原粮、工艺、水源、酒理、人理等文化底蕴支撑的,在传统白酒行业,江小白是一个鲜活纯粹的年轻人,用当代人的语言,当代人的情怀,讲好当代人的故事。打破了千篇一律的历史文化诉求,转而关注鲜活的当代人文。在白酒的商品属性以外,挖掘深层次的延伸价值:一种社交场合的解决方案。

（3）客户关系管理。江小白网络营销创新性体现在独特的客户关系管理,利用技术手段让消费者能够参与文案创作。通过语录瓶和表达瓶,让消费者自己参与写文案,给消费者输出自己观点的机会,这不仅促进消费者和品牌之间的互动,同时还能为文案的持续输出提供更多的思路和想法。

（4）其他目标。通过网络营销还可以利用网络工具进行本公司的新闻发布,促进公共关系的建立;可以在网上发布对所需要的人才进行招聘的信息,并通过网络进行联络,以到在大范围内选择所需要的人才的目的等。

2）进入网络的任务

江小白酒业为了保证网络营销的成功,需要做以下工作。

（1）在产品设计上要体现出产品的个性化与创意,让产品媒体化,自带和消费者沟通的属性,成为表达自己态度和行为的载体。把产品通过自媒体的方式方法来做,让沟通变得互动性更强。

（2）建立企业的公众号与订阅号,实现与消费者的双向沟通与互动。

（3）文案库的建设。创新的文案是江小白网络营销的利器。文风犀利,情怀十足,人文色彩浓厚的文案能够吸引年轻的消费群体,进而形成网络品牌形象。

江小白公司采用以社交传播为主的 O2O 营销模式,利用免费的社交媒体,如社区论坛、微博、微信等社会化营销工具,并采取线上、线下结合的方式,围绕 80 后、90 后生活形态和心理特征,结合社会热点,制造有趣的流行内容,线下通过大量的集体创意活动（如约酒大会等）来吸引大家的眼球,并与线上形成联动,提高人们的关注度,快速建立了全国性的白酒品牌。

思考题:分析江小白公司的网络营销计划的创新之处与不足之处,并提出改善意见。

本章小结

本章系统阐述了网络营销战略的概念、作用、战略管理过程。网络营销战略是关系企业长远发展和全局利益的重大决策,因此网络营销战略的形成需要明确营销目标、确定目标市场,然后据此选择企业战略地位和营销组合。营销战略的实施则要围绕营销资源的预算和分配、营销组织的建立、营销过程的控制 3 个环节来展开。

企业在网络营销战略分析的基础上,需要制定相应的网络营销计划,以实现企业网络营销战略的目标。网络营销计划分析了网络营销计划的内容与制定要求,对网络营销计划的制定步骤进行了详细说明。网络营销方案是企业在特定的网络营销环境和条件下,为达到一定的营销目标而制定的综合性的、具体的网络营销策略和活动计划。它包括对网站页面设计的修改和完善,以及搜索引擎优化,付费排名,与客户的互动等诸多方面的整合,是网络技术和市场营销经验的协调作用的结果。一个成功的网络营销方案的实施需要进行细致的规划设计。根据不同的网络营销活动以及要解决的问题,营销方案也会有很大区别。但从网络营销策划活动的一般规律来看,基本上都遵循本章中的五个基本原则和七大步骤。

重点概念和知识点
- 网络营销战略管理过程;
- 网络营销计划的制定原则;
- 网络营销计划的制定步骤。

练习题
1. 网络营销战略的作用表现在哪些方面?
2. 网络营销计划的含义和作用是什么?
3. 网络营销计划的制定原则和步骤是什么?

本章参考文献

[1]　瞿彭志. 网络营销[M]. 5 版. 北京:高等教育出版社,2019.

[2]　刘新燕,陈志浩. 网络营销[M]. 3 版. 武汉:华中科技大学出版社,2020.

[3]　诸强新. 如何制定营销计划[M]. 北京:北京大学出版社,2006.

[4]　陆川. 网络营销实务[M]. 北京:对外经济贸易大学出版社,2008.

[5]　任鄂湘. 关于我国中小企业网络营销计划实施的思考[J]. 矿冶工程,2007(3):111-114.

[6]　王婷睿. 对我国企业网络营销战略制定再认识[J]. 江苏商论,2008(4):102-104.

[7]　张春法,韩耀. 传统零售业的电子商务导入及网络营销战略[J]. 经济问题,2005(12):76-78.

[8]　刘桂清,张秀娟,张志强. 浅谈网络营销战略分析[J]. 现代情报,2005,25(12):167-168.

[9]　陈书兴. 电子商务背景下的企业网络营销战略探讨[J]. 赤峰学院学报(自然科学版),2010,26(3):60-61.

[10]　申红艳. 浅析如何通过网络营销战略提高顾客忠诚度[J]. 商场现代化,2007(31):71-72.

学生笔记:

图书资源支持

感谢您一直以来对清华版图书的支持和爱护。为了配合本书的使用，本书提供配套的资源，有需求的读者请扫描下方的"书圈"微信公众号二维码，在图书专区下载，也可以拨打电话或发送电子邮件咨询。

如果您在使用本书的过程中遇到了什么问题，或者有相关图书出版计划，也请您发邮件告诉我们，以便我们更好地为您服务。

我们的联系方式：

地　　址：北京市海淀区双清路学研大厦 A 座 714

邮　　编：100084

电　　话：010-83470236　010-83470237

客服邮箱：2301891038@qq.com

QQ：2301891038（请写明您的单位和姓名）

资源下载：关注公众号"书圈"下载配套资源。

资源下载、样书申请

书圈

图书案例

清华计算机学堂

观看课程直播